HISTÓRIA MUNDIAL

G688h   Goucher, Candice.
        História mundial : jornadas do passado ao presente / Candice Goucher, Linda Walton ; tradução: Lia Gabriele Regius Reis ; revisão técnica: Paulo Fagundes Visentini. – Porto Alegre : Penso, 2011.
        383 p. ; 25 cm.

        ISBN 978-85-63899-03-3

        1. História mundial. I. Walton, Linda. II. Título.

        CDU 94(100)

Catalogação na publicação: Ana Paula M. Magnus – CRB 10/2052

CANDICE GOUCHER
Professora de História na Washington State University

LINDA WALTON
Professora de História na Portland State University

HISTÓRIA MUNDIAL
JORNADAS DO PASSADO AO PRESENTE

Tradução:
Lia Gabriele Regius Reis

Consultoria, supervisão e revisão técnica desta edição:
Paulo Fagundes Visentini
Professor na Universidade Federal do Rio Grande do Sul.
Doutor em História pela Universidade de São Paulo.
Pesquisador do CNPq. Pós-Doutor em Relações Internacionais pela London School of Economics.

2011

Obra originalmente publicada sob o título *World History: Journeys from Past to Present*
ISBN 978-0-415-77137-5

© 2008 Candice Goucher and Linda Walton
All Rights Reserved. Authorised translation from the English language edition published by Routledge, a member of the Taylor & Francis Group.

Capa: *Tatiana Sperhocke*

© Cameron Davidson/Corbis/ Latinstock
© Alain Keler/Sygma/Corbis/Latinstock
© Stefano Torrione/Hemis/Corbis/Latinstock

Preparação de original: *Marcelo Viana Soares*

Leitura final: *Rafael Padilha Ferreira*

Editora sênior – Ciências Humanas: *Mônica Ballejo Canto*

Editora responsável por esta obra: *Carla Rosa Araujo*

Projeto e editoração: *Techbooks*

Reservados todos os direitos de publicação, em língua portuguesa, à
ARTMED® EDITORA S.A.
Av. Jerônimo de Ornelas, 670 – Santana
90040-340 – Porto Alegre – RS
Fone: (51) 3027-7000   Fax: (51) 3027-7070

É proibida a duplicação ou reprodução deste volume, no todo ou em parte, sob quaisquer formas ou por quaisquer meios (eletrônico, mecânico, gravação, fotocópia, distribuição na Web e outros), sem permissão expressa da Editora.

Unidade São Paulo
Av. Embaixador Macedo Soares, 10.735 – Pavilhão 5 – Cond. Espace Center
Vila Anastácio – 05095-035 – São Paulo – SP
Fone: (11) 3665-1100   Fax: (11) 3667-1333

SAC 0800 703-3444

IMPRESSO NO BRASIL
PRINTED IN BRAZIL

Prefácio

A jornada deste livro reflete o tema da colaboração. A colaboração original começou aproximadamente há duas décadas, e culminou em um trabalho em dois volumes, *In the Balance, Themes in Global History* (Boston: McGraw-Hill, 1998), escrito em conjunto por Candice L. Goucher, Linda A. Walton e Charles A. Leguin. Somos gratas a Charles pelas muitas horas de ensino e escrita que ele dedicou ao projeto original, à medida que discutíamos possíveis temas que pareciam interligar nossas diferentes áreas de especialização ou relacionadas à África e ao Caribe, ao Extremo Oriente e à Europa, respectivamente. Agora com impressão esgotada, *In the Balance* foi uma valiosa fonte de inspiração e ajudou a desenvolver a estrutura temática para o projeto multimídia *Bridging World History* (Annemberg/Corporation para distribuição pública [2004] pode ser acessado em <http://www.learner.org/resources/series197.html>) material em inglês, do qual Goucher e Walton participaram como consultoras acadêmicas principais, e inspirou o livro que você tem em mãos agora, um fruto do campo da história mundial, refletindo avanços significativos na academia e no sistema de ensino de história mundial nos anos que se seguiram ao início de nosso trabalho colaborativo. Também estão disponíveis, no site do Grupo A, questões para discussão acerca dos temas abordados em cada um dos capítulos desta obra, que podem ser utilizados em salas de aula e que são ideais para universidades e cursos de história mundial voltados ao ensino médio, bem como para cursos mais específicos de história comparada e das civilizações.

Como acontece em todas as histórias, este livro é seletivo ao traçar a jornada do passado humano da pré-história mais remota das origens humanas à era atual da globalização. Historiadores de todo o mundo que defendem a história "como um todo" incorporam a narrativa de passados planetários e cósmicos no escopo da história mundial, bem como usam a escala de tempo mais longa possível, de milhões de anos de extensão. Eles argumentam que a seleção da distância do ponto inicial do tempo permite uma conceitualização ou um mapeamento diferente do passado humano mais recente. Esse foco diferente pode lançar novas luzes sobre temas já conhecidos. A abordagem que adotamos aqui emprega a cronologia mais estreita do passado refletido no destino dos povos isoladamente. Nosso ponto inicial da jornada da humanidade é a origem da espécie humana, e, à medida que percorremos os muitos caminhos temáticos dessa jornada, baseamo-nos em várias evidências e interpretações multidisciplinares. Aproveitamos os conceitos de arqueologia aliados a conhecimentos de ciência ao longo do livro, bem como incluímos as fontes principais e imagens visuais em cada capítulo para enriquecer o conteúdo do texto.

Neste livro, encaramos o desafio de empregar mais energia em nossas aspirações temáticas do que antes. Dos seres humanos que conquistaram o planeta pela imensa variedade de movimentos e momentos que nos transportaram ao presente, os 11 capítulos deste livro retratam sob diferentes lentes a diversidade e os aspectos comuns de comportamento da experiência humana. Os temas da história da humanidade proporcionam uma estrutura dinâmica para o estudo do amplo alcance do passado comum. E os temas também podem moldar nossa compreensão das diferenças que emergem de mudanças ao longo do tempo e nos ajudam a descobrir percepções que conectam o passado e o presente. Ao realizar a análise dos povos nos vários ambientes em que vivem, de suas origens até a atualidade, nosso foco se volta a uma série de temas comuns: na mobilidade e inter-relações de povos; em sua ligação com o ambiente; nos padrões de domínio e submissão inseridos nas formas como as pessoas se organizam em termos políticos, econômicos e sociais; como as pessoas construíram e expressaram cultura por meio de ideias, religião e arte; e como a tecnologia moldou e refletiu as sociedades.

O pensamento, o ensino e o aprendizado por temas oferecem vantagens especiais por apresentar aos leitores a oportunidade de ligar o conhecido ao novo, o passado ao presente. Elementos recorrentes reforçam o aprendizado, possibilitando a criação de caminhos de aprendizado complexos por meio do retorno a um mesmo evento ou sociedade antiga através de várias lentes temáticas. Embora os temas da história mundial sejam praticamente ilimitados, os temas da humanidade compartilhada e dos objetivos humanos guiaram nossa jornada ao longo da história do mundo, assim como certamente guiaram a jornada de nossos antepassados quando partiram das florestas e savanas da África pré-histórica para criar novos mundos.

Sumário

Prefácio v

1 MIGRAÇÃO HUMANA 13
História mundial em movimento

Introdução 14
Pegadas evolucionárias: origens humanas na África 14
Traço de rotas de migração 15
Colonização do planeta 16
Linguagem e comunicação 18
Demografia, animais e clima 19
Evidências linguísticas da migração 20
O fim da Era do Gelo 21
Cruzamento de fronteiras: migrações tardias 24
A criação da diáspora 25
Cruzando os mares: os vikings e os polinésios 26
Globalização: migrações de trabalho forçado e voluntário 27
Imperialismo, industrialização e urbanização 30
Deslocamentos de guerra 32
Desigualdade e legislação anti-imigrantes 32
Estudo da migração 32
Conclusões 34

2 TECNOLOGIA, AMBIENTE E TRANSFORMAÇÕES NA HISTÓRIA MUNDIAL 36

Introdução 36
A tecnologia define a cultura humana 37
Ambiente e tecnologia 38
Primeiras ecologias humanas 39
Subsistência e ambiente 40
Das ferramentas primitivas de pedra até a pirotecnologia 42
Origens agrícolas 44
O controle da água e o papel do ambiente 46
De fontes de alimento locais a fontes globais 47

Vilas, cidades e ambiente... 48
A Idade dos Metais 48
Tecnologia e ambiente: abastecimento da indústria 53
Ciência, tecnologia e Revolução Industrial 53
Capitalismo industrial, transporte e produção........................ 55
Transformações globais.. 56
Mudança elétrica.. 57
As paisagens do imperialismo 59
Guerras aquáticas 59
Tecnologia e guerra... 60
Ecologia, tecnologia e aquecimento global........................... 61
Conclusões 62

3 CIDADES E VIDA URBANA NA HISTÓRIA MUNDIAL 66
Introdução 67
Demografia mundial: multidão cotidiana 68
Emergência da complexidade 69
Assentamentos antigos tornam-se cidades 69
Agricultura e desenvolvimento da vida urbana........................ 70
Fatores ambientais e crescimento urbano............................. 71
Cidades como centros cerimoniais e comerciais....................... 73
Urbanização, conquista e crescimento comercial 75
A expansão de cidades comerciais 81
Primeiras culturas urbanas modernas no leste da Ásia 82
Cidades como locais de interação comercial 83
Cidades de conquista e colonização.................................. 85
Paisagens culturais urbanas e globalização industrial 89
Cidades e crescimento populacional 92
Conclusões 92

4 UNIVERSO, COMUNIDADE E CONFLITO 96
Religião na história mundial
Introdução 96
Leitura dos registros arqueológicos 98
O mundo dos espíritos: animismo e xamanismo........................ 100
Montes, megalitos e monumentos mortuários.......................... 101
Interpretação das tradições mitológicas 101
A diversidade de divindades: deusas, deuses e reis-deuses.......... 102
Sacerdotes, pregadores e profetas.................................. 106
Cristianismo, maniqueísmo e islã 111
A expansão das "religiões mundiais": budismos, cristianismos e islamismos 117
Budismos na Ásia 118

Cruzadas, conflito e mudança: a expansão do cristianismo 120
A expansão do islamismo: conquista, comércio e conversão 121
Renovação e reforma no mundo islâmico 123
Globalização e mudança religiosa 124
Escravidão, sincretismo e espiritualidade 126
Religião e mudança revolucionária 127
Conclusões 128

5 O LUGAR DA FAMÍLIA NA HISTÓRIA MUNDIAL — 132

Introdução 133
Família e unidade familiar na lei e na sociedade romana 133
Cristianismo, família e unidade familiar na Europa medieval e moderna 135
Mudança demográfica, família e unidade familiar na Europa moderna 138
O impacto do islamismo na família e na unidade familiar 139
Famílias e unidades familiares africanas: matriarcado e maternidade 142
Casta, família e unidade familiar no sul da Ásia 144
Família e unidade familiar no sudeste asiático: tradições nativas e influência
    islâmica 145
Confucionismo e família chinesa 146
Família e unidade familiar nas Américas 148
Globalização e mudanças nas famílias e nas unidades familiares 151
Colonialismo e família nas Américas, na Ásia e na África 152
Reforma e revolução: mulheres e família no mundo islâmico e na China 154
Fertilidade e família: a transição demográfica, 1750-2000 155
Conclusões 157

6 GERAÇÃO DO SUSTENTO — 160

Economias mundiais, passado e presente

Introdução 160
Cauris, moedas e comércio 162
Por terra e por mar: navios do deserto e do oceano 163
Rotas da seda e rotas centro-asiáticas de caravanas 165
Caravanas transaarianas e comércio 166
O Oceano Índico 167
"Terra abaixo dos ventos": Sudeste da Ásia 168
Cidades portuárias, mercadores e comércio marítimo 170
Subsistência nos feudos da Inglaterra medieval 171
Mercados e dinheiro na China: a revolução comercial 175
Comércio e tributos no Império Inca 177
Feudos, mercados e dinheiro: algumas conclusões e comparações 180
Redes comerciais nas Américas 180

O Mercantilismo e o mundo atlântico, 1500-1750 181
Intrusos no comércio internacional: o Império Português 183
A criação de uma economia atlântica: açúcar e escravos 183
O mundo do Pacífico 186
A China e a economia mundial, 1500-1800 187
A Revolução Industrial 188
Capitalismo 189
Imperialismo e colonialismo como sistemas econômicos 191
A economia global e a Grande Depressão 193
Segunda Guerra Mundial e economias nacionais 195
Tratados e organizações econômicas internacionais 195
A globalização e seus desconfortos 196
Conclusões 196

7 CRIAÇÃO DE ORDEM E DESORDEM 198
Estados e Impérios, antigos e novos
Introdução 199
Uma "sociedade sem Estado": arqueologia e Igbo-Ukwu 200
Sociedades de linhagem e impérios 202
Feudalismo: entre parentesco e Estado 203
Impérios marítimos e terrestres no sudeste da Ásia: Srivijaya e Khmer 204
Comércio, tecnologia, ecologia e cultura: o Império Mali no oeste da África 206
Nômades e império na Eurásia: o Império Mongol 209
Impérios marítimos e terrestres, 1500-1800 210
O Estado-Nação e as revoluções no mundo atlântico 211
Novas nações de um antigo império: América hispânica 215
Sociedades coloniais e novas nações: Canadá, Austrália,
    Nova Zelândia e África do Sul 217
Estados-Nação europeus, nacionalismo e o "novo" imperialismo 220
O novo imperialismo, o colonialismo e a resistência na África 222
De império a nação: o Império Otomano e a Turquia 224
De império a nação: o Raj Britânico e a Índia 225
Imperialismo, marxismo e revolução 227
Descolonização, nacionalismo e revolução na Ásia e na África 229
Novos Estados, novo colonialismo e novo império 232
Conclusões 233

8 EXPERIÊNCIA DE DESIGUALDADES 237
Dominação e resistência na história mundial
Introdução 237
Emergência de desigualdades de gênero e hierarquias sociais 239
Parentesco, linhagem, família e hierarquias de gênero 240

Gênero e guerra. 242
Casta, clientela e desigualdade. 244
Desigualdades econômicas: feudalismo e servidão 246
Escravidão e outros sistemas de desigualdade. 248
A globalização da desigualdade 252
Imperialismo, desigualdade e o crescimento do racismo global 259
Resistência e organização trabalhista 262
Trabalho internacional e emancipação política. 263
Gênero e resistência. 264
A globalização e a luta por igualdade 266
Conclusões 269

9 TRANSMISSÃO DE TRADIÇÕES 271
História, cultura e memória
Introdução 272
Tradições orais 273
Dispositivos de memória. 275
Sistemas de escrita. 277
Tecnologia e a transmissão da memória cultural 279
Tecnologia de informação e transmissão de ideias 281
A revolução do computador e a memória cultural 282
Arquitetura e memória cultural 284
Instituições e transmissão da memória cultural 289
Renascimentos: tradições e suas transformações. 294
Registro do tempo. 295
Sistemas de memória cultural e novos encontros 296
A colonização da memória 297
Resistência em movimento: memória cultural, política e performance. 298
Tecnologias transnacionais e a memória cultural global 300
Conclusões 302

10 CRUZANDO FRONTEIRAS 305
Limites, encontros e fronteiras
Introdução 306
Mapeamento do mundo 307
Encontros sagrados: peregrinos cristãos, islâmicos e budistas 308
Encontros sagrados: missionários jesuítas na Ásia, na África e nas Américas. 310
Fronteiras de gênero 313
Limites, encontros e fronteiras na América do Norte. 314
Limites e fronteiras no Império Russo 316
O "lar do Islã": limites, encontros e fronteiras do mundo islâmico. 318
Limites e fronteiras do Império Chinês 319

Limites marítimos, encontros e fronteiras 323
Pirataria, comércio e política nas fronteiras 324
Fronteiras de resistência no mundo Atlântico 328
Limites culturais e fronteiras no Caribe. 329
Limites, encontros e fronteiras do pacífico. 330
Encontros de culinária e de drogas 332
As Fronteiras do novo imperialismo 333
Fronteiras nacionais e fronteiras transnacionais 334
Conclusões 334

11 IMAGINANDO O FUTURO 339
As encruzilhadas da história mundial
Introdução 340
Mundos imaginados 340
Críticas ao industrialismo e visões de comunidade. 342
Marx e a crítica ao capitalismo industrial. 344
Guerra e paz global no século XX 344
O impacto da guerra na sociedade. 351
Guerra e resistência. 353
Mulheres na guerra e na paz 354
As tecnologia e os custos humanos da guerra global. 356
Ordem/desordem no pós-guerra 358
Ciência e incerteza: a física do século XX. 361
A irracionalidade e a incerteza do conhecimento: psicologia e filosofia. 363
Modernismo, artes e utopia. 364
Moralidade, direitos humanos, genocídio e justiça. 365
Conclusões 366

ILUSTRAÇÕES E CRÉDITOS 370
Mapas. 372
Figuras não numeradas 373
Quadros de texto. 373

ÍNDICE 374

Migração Humana
História mundial em movimento

A primeira temporada de campo Hadar, em 1975, testemunhou uma linha de barracas de pesquisa da National Science Foundation (Fundação Nacional de Ciência) armadas no centro do deserto Afar, com vista para o leito seco do Rio Awash na Etiópia. Um jovem paleoantropólogo, Donald Johanson, em sua primeira expedição, ponderou sobre o que aconteceria se ele não conseguisse encontrar os fósseis sobre os quais escreveu a respeito. Em uma inspeção mais longa, em uma tarde, Johanson descreve ter tropeçado no que parecia ser uma costela de hipopótamo emergindo do solo. Um exame mais minucioso deu a impressão de ser o osso de um pequeno primata. Assim que anotou a localização exata em seu caderno de notas, ele avistou outros dois pedaços de osso nas proximidades. O resto é história. Esses ossos, colocados juntos por Johanson, encaixaram-se em um ângulo surpreendente. Eles eram o fêmur e a tíbia de um ser de andar ereto e parte de um impressionante esqueleto de um hominídeo primitivo, quase 40% completo, que a equipe de arqueólogos localizou. Eles identificaram os notáveis restos de um indivíduo feminino de uma nova espécie, *Australopithecus afarensis*. O campo se encheu de excitação quando seus membros perceberam o quão significante era o achado de um hominídeo de gênero feminino de andar ereto com 3 milhões de anos. Enquanto comemoravam, tocava uma fita com músicas dos Beatles no gravador: "Lucy in the Sky with Diamonds". Eles carinhosamente apelidaram o fóssil de "Lucy".

Logo após a descoberta de Hadar, a arqueóloga Mary Leakey e sua assistente encontraram um extraordinário par de pegadas de 3,6 milhões de anos nas rochas vulcânicas de Laetoli, um sítio pré-histórico na Tanzânia. Em uma superfície relativamente plana, dois hominídeos primitivos caminharam sobre as cinzas frescas, recentemente precipitadas de um vulcão vizinho, deixando para trás suas pegadas. O evento subsequente da temporada de chuvas anual criou então um cimento de água e cinzas que preservou as pegadas. O par de, possivelmente, mãe e filho, cujas pegadas preservaram um momento da pré-história, eram mais provavelmente criaturas que habitavam em árvores.

A maioria das narrativas sobre o passado humano leva em conta a mudança ao longo do tempo, e não um evento singular do passado, como o que representam as pegadas em Laetoli. Observar a mudança ao longo dos anos requer que historiadores se distanciem daquele momento singular para que enxerguem padrões

Figura 1.1 Mary Leakey escavando. Entre 1976 e 1981, a arqueóloga britânica Mary Leakey e sua equipe trabalharam para descobrir a trilha de pegadas do hominídeo de Laetoli que foi deixada nas cinzas vulcânicas há mais de 3,6 milhões de anos.

mais amplos e os processos que emergem. Os processos que levam ao ponto no tempo em que os modernos ancestrais humanos, de fato, desceram das árvores e despertaram permanentemente a rotina do bipedalismo. Caminhar ereto sobre dois pés é uma estratégia que permitiu a esses ancestrais dos humanos a distinta vantagem de enxergar por cima da grama alta que substituiu as florestas durante uma era de mudanças climáticas. Essa locomoção terrestre ocorreu primeiro na África, e deu início à a longa marcha da história humana.

INTRODUÇÃO

Hoje temos a impressionante mobilidade de humanos como uma certeza. Com velocidade sempre crescente, humanos viajaram de um lado do globo para o outro. Desde suas origens, as migrações humanas tiveram consequências importantes para o planeta e todas as suas espécies. Como os historiadores raramente podem ver as pegadas deixadas de fato por humanos em movimento, eles têm de confiar em uma incrível variedade de evidências históricas e científicas para rastrear a história das migrações humanas que iniciaram bem antes do desenvolvimento da escrita. Por exemplo, a paleontologia estuda a história da vida na terra baseada em registros fósseis e se foca apenas em capítulos selecionados em nossa evolução biológica, tais como o da grande adaptação do bipedalismo ou o das mudanças na capacidade cerebral. Outros capítulos importantes da pré-história, como o desenvolvimento do comportamento onívoro (consumo de animas e plantas) e a emergência da cultura (padrões distintos ou estilos de comportamento), são menos documentados porque tais evidências são menos tangíveis e permanentes. A história das migrações humanas aponta para um único lugar de origem e diversos destinos. A migração é também uma das principais forças que moldaram a diversidade cultural e genética das populações humanas. Como as primitivas migrações humanas da África povoaram o planeta? Quais são as variadas fontes de estudo de padrões e de impactos da migração humana? Como as migrações posteriores moldaram a experiência humana? Finalmente, quais são as causas e consequências de uma história mundial em constante movimento?

PEGADAS EVOLUCIONÁRIAS: ORIGENS HUMANAS NA ÁFRICA

A descoberta em Hadar sugere aos arqueólogos o que deve ter sido um novo ramo evolucionário da árvore genealógica da espécie humana. Essa classificação foi utilizada para desenvolver um modelo para a aparição da espécie *Homo* (humanos e seus ancestrais). Ela arrasta as origens dos hominídeos e a pré-história humana até 3,6 milhões de anos atrás. Desde Lucy, os fósseis de muitos outros ancestrais hominídeos, ou humanos, foram descobertos. As evidências fósseis agora sugerem que pelo menos 12 espécies distintas, incluindo a nossa *Homo sapiens*, partem de um ancestral comum ao macaco africano e andaram sobre a terra durante os últimos 7 ou 8 milhões de anos. Apenas nossa espécie, que se desenvolveu há cerca de 100 mil anos, permanece. Essas descobertas levaram os historiadores a reconsiderar aquilo que faz da espécie humana algo único. Elas nos lembraram também de que aquilo que sabemos a respeito do passado depende de um amplo conjunto de evidências embasadoras, desde a tradição oral que descreve antigas paisagens até a geologia que documenta as mudanças com a passagem de milhares de anos.

Um outro grande sítio de pesquisa de hominídeos na África do Leste foi o de Great Rift Valley (Vale da Grande Fenda), incluindo o da Garaganta de Olduvai, na Tanzânia, investigado durante mais de duas gerações por uma família de cientistas: Louis Leakey (1903-1972), Mary Leakey (1913-1996, sua esposa britânica), seu filho, Richard, e sua nora, Meave. Na areia, cascalho e outros detritos depositados pela água corrente na Garganta de Olduvai, os Leakey encontraram ferramentas de pedra e outras evidências de 2,5 milhões de anos atrás. As ferramentas de pedra escavadas na Garganta de Olduvai pelos Leakey e outros fornecem parte da longa cadeia de evidências de que o uso de ferramentas de pedra se deu há milhares de anos. Hominídeos primitivos também foram encontrados no Chad, na África Central, e devem ter vagado em meio à África do Oeste também.

TRAÇO DE ROTAS DE MIGRAÇÃO

Finalmente, os movimentos dos hominídeos conectaram os continentes, à medida que eles viajaram da África para a Eurásia. A primeira viagem intercontinental ocorreu há aproximadamente 2 milhões de anos, quando hominídeos eretos e bípedes saíram da África. Cérebros maiores e membros longos, que um dia se pensou que adiantaram o êxodo, provavelmente não eram necessários para essas jornadas prematuras. Caminhar ereto sobre dois pés liberou as mãos desses hominídeos e levou ao aumento do uso especializado de ferramentas.

Em algum momento, há 2 milhões de anos, alguns dos hominídeos primitivos começaram a correr, uma atividade que o gênero *Homo* desenvolveu de forma única, e ainda está desenvolvendo. A habilidade de resistência para corridas longas dos hominídeos não só ajudou os caçadores primitivos e seus comensais, mas também levou a mudanças no mecanismo de equilíbrio do interior do ouvido, largas e vigorosas articulações do joelho e nádegas proeminentes. Mais ou menos ao mesmo tempo, uma ou outra espécie de hominídeos podia ser encontrada no meio da Afro-Eurásia. Finalmente os hominídeos se espalharam para o Sudeste da Ásia e para a China. Por fim, eles atingiram o sudeste da Austrália há aproximadamente 46 a 50 mil anos. A maior parte da área continental ao redor da África, Europa e Ásia recebeu imigrantes do leste da África há aproximadamente 1,5 milhões de anos. Hominídeos datados de 1,8 milhões de anos foram encontrados na ex-soviética Geórgia, onde eles teriam encontrado um bom pasto sazonal. Dois sítios eurasianos associados à espécie que se espalhou a partir da África (normalmente identificada como *Homo Erectus*), um em Israel e um nas montanhas do Cáucaso, são datados de 1,6 milhão de anos. Outro lugar é o Planalto do Deccan, no subcontinente indiano, onde se produziram os machados de mão feitos de pedras datadas de mais ou menos aquela mesma idade, enquanto na Ásia Central instrumentos de seixo manufaturados no local atestam a ocupação humana há 750 mil anos. Embora evidências arqueológicas de habitação humana primitiva nas partes tropicais da Ásia não tenham sido descobertas, é possível que tenham utilizado materiais perecíveis, como bambus, em vez de pedras em suas ferramentas, o que tornaria muito mais difícil para os arqueólogos encontrarem algum sítio.

Os mais conhecidos restos de hominídeos encontrados na Ásia do Leste são aqueles do *Homo erectus*, "O homem de Pequim", descoberto inicialmente na rede de cavernas em Zhoukoudian, próximo a Pequim, no norte da China, no começo dos anos de 1920. Datado de aproximadamente um milhão de anos, a coleção mais antiga de fósseis desse sítio desapareceu no tumulto da Segunda Guerra Mundial e nunca mais foi encontrada. Trabalhando com excelentes moldes dos fósseis e com restos adicionais encontrados nos anos de 1960, paleoantropólogos chineses, e de outras nacionalidades, continuaram a refinar seu conhecimento das várias camadas desse sítio. O Homem de Pequim comia a carne de animais selvagens, tanto como carniceiro quanto como caçador, e utilizava ferramentas de pedra. Inicialmente se acreditou que também sabia como usar o fogo, mas testes recentes nas cinzas indicam que aquele fogo pode não ter sido feito intencionalmente por humanos. Fragmentos fósseis do *Homo Erectus* mais recentemente encontrados em vários outros sítios, espalhados geograficamente do longínquo nordeste até o longínquo sudoeste da China atual, foram datados de quase 2 milhões de anos atrás. Uma datação recentemente revisada dos fósseis do "Homem de Java", no Sudeste da Ásia, indica que esses ancestrais do *Homo Erectus* viveram ao redor do Rio Solo e no Sangiran na ilha de Java, na atual Indonésia, há 1,6 a 1,8 milhões de anos atrás. Estimar as datas originais desses restos em 800 mil anos indica que o *Homo Erectus* esteve no sudeste da Ásia, bem como no leste da Ásia, como anteriormente na África, e então a mudança da África deve ter começado há cerca de 2 milhões de anos, bem mais cedo do que se acreditava inicialmente.

Devido ao lento recuo das geleiras, o ambiente da Europa há 2 milhões de anos era menos convidativo aos migrantes africanos do que era o da Ásia. Na medida em que as geleiras recuavam, por volta de 500 mil anos atrás, a Europa tornou-se mais atraente aos hominídeos. Conforme o clima melhorava, também melhoravam os suprimentos de alimentos: a vida animal passou por mudanças significativas, e novas espécies de cervos, bovinos, rinocerontes e cavalos apareceram à medida que condições mais favoráveis de forragem surgiram. Os mais antigos e mais amplamente distribuídos resquícios de hominídeos europeus não são aqueles do *Homo erectus*, mas sim dos Neandertais, um nome derivado das descobertas feitas em um sítio no Vale do Neanderthal, na atual Alemanha. As evidências disponíveis sugerem que uma segunda onda de migração para fora da África é responsável pelo surgimento do homem da anatomia moderna em outro lugar. Outros povos da Idade da Pedra Tardia, incluindo o *Homo sapiens* de anatomia moderna, parecem ter se mudado para a Europa a partir do oeste da Ásia durante o começo do recuo daquela que é chamada de Glaciação de Würm, há cerca de 35 mil anos. Esses migrantes, chamados de Cro-Magnon devido a um sítio no Vale de Dordogne, na França, finalmente desalojaram os mais antigos. Contudo, por mais de 15 mil anos depois que o *Homo sapiens* apareceu na Europa, a parte norte do continente permaneceu desocupada devido ao seu clima incerto e aos seus recursos alimentares imprevisíveis.

As origens e a dispersão dos humanos anatomicamente modernos a partir da África são suportadas por novas evidências da paleontologia (o estudo dos restos fósseis humanos), técnicas recentes de datação, simulações computacionais que modelam diferenças humanas e estudos genéticos. Um dos projetos científicos mais significativos do século XXI, o Projeto Genoma Humano (1990-2003), demonstrou a similaridade (até 99,9%) de todos os padrões genéticos por toda a espécie humana. Evidências genéticas da análise do DNA de amostras de sangue de pessoas ao redor do mundo mostram diminutas variações, comparadas com outras espécies. A evidência genética do estudo do DNA mitocondrial (encontrado em células e herdado da mãe) também confirma o rastro de uma única linhagem até a terra natal africana. Os povos na África apresentam a maior variabilidade genética, comparada com a variação insignificante pelo resto dos grupos raciais mundiais, demonstrando que não há base genética para classificar os humanos em tipos raciais.

As rotas migratórias que interconectam o planeta também foram cientificamente traçadas pelo estudo de similaridades genéticas e diferenças entre populações modernas e o rastreamento delas até um ancestral comum na África. As evidências genéticas confirmam que o movimento original para fora da África começou já por volta de 2 milhões de anos atrás. Sítios com restos de homens anatomicamente modernos são comuns na África durante a metade da Idade da Pedra (200.000-40.000 anos atrás), confirmando que a segunda onda migratória para fora da África se deu, talvez, por volta de 100 mil anos atrás. Mesmo que esses ancestrais humanos fossem anatomicamente modernos, eles possuíam características humanas totalmente modernas como a cultura? Uma mutação genética ou outro evento despertou as mudanças que permitiram o surgimento repentino da capacidade de produzir ferramentas e arte?

COLONIZAÇÃO DO PLANETA

O evento mais significativo de migração da pré-história mundial é a colonização do planeta: os humanos são os únicos animais a alcançar distribuição quase global. Pré-historiadores consideraram por muito tempo que o movimento dos humanos na pré-história refletia sua intenção; mas como essa noção de propósito surgiu? Compreender o processo de colonização global levanta as questões de como e onde os humanos surgiram como espécie e de como e por que os humanos se movimentaram ao redor da terra até ocupar todos os ambientes encontrados neste planeta. Após deixar a África, humanos anatomicamente modernos finalmente se espalharam, por terra ou por mar, para todas as partes habitáveis do planeta. Por que esses imigrantes primitivos deixaram a África para colonizar o mundo é uma questão complexa e importante. A resposta pode ser encontrada em uma rede de fatores inter-relacionados centrados no comportamento humano, especificamente o comportamento selecionado para reduzir os riscos e aumentar a aptidão individual para a sobrevivência. Migrações planejadas devem ter sido resultado de troca de informações, construção de alianças, memórias e habilidades em negociação – habilidades que necessariamente acompanharam os grupos de crescente complexidade social e cultural. A crescente complexidade da existência inevitavelmente levou os hominídeos para fora da África, resultando na distribuição global de diversos grupos humanos. O aumento das populações pode ter sido o gatilho da migração de alguns grupos. Armados com os atributos da cultura, os distintos e complexos padrões de comportamento compartilhados pelos grupos humanos, eles finalmente se adaptaram e conquistaram praticamente todos os ambientes do globo.

Qualquer que seja a natureza da origem humana, quando ou onde quer que seja que as primeiras sociedades humanas e culturas apareceram inicialmente, o povoamento de nosso globo foi produto das migrações de um lugar para o outro. Devido ao pequeno número de indivíduos e às vastas distâncias percorridas, e considerando seus métodos de transporte tecnologicamente limitados, o movimento de pessoas ao redor do globo parece algo milagroso. Ele foi feito completamente por pessoas que andaram a pé, e talvez tenham flutuado em jangadas, que recolheram e caçaram comida e tiveram sucesso em ambientes diversos e complicados.

A maioria dos historiadores concorda que expressões culturais simbólicas ajudam a tornar a espécie humana única. Recentes evidências dos símbolos, incluindo o pedaço vermelho de ferro gravado com hachuras cruzadas, encontrado no sul da África e datado de 70 mil anos atrás. A evidência apóia a teoria de que a segunda leva de ancestrais africanos deixou o continente com vantagens culturais que facilitaram sua migração. Alguns pesquisadores acreditam que as raízes culturais essenciais incluem o desenvolvimento do uso frequente de redes de cooperação social, uma importante marca humana. Adaptações bem-sucedidas capacitaram essas populações a sobreviver em diferentes zonas ecológicas e, competindo com populações de Neandertais, elas finalmente ganharam a disputa na Afro-Eurásia.

Muitos exemplos da colonização global dependem das interações entre pessoas, e entre elas e seus ambientes. Gradualmente, em algum momento em meados da Idade da Pedra (talvez entre 100 mil e 200 mil anos atrás), padrões distintos de interação surgiram entre humanos e entre eles e os locais geográficos nos quais viviam. Como os distintos ambientes físicos e sociais aos quais os humanos se adaptaram estavam em constante mudança, as culturas também mudavam continuamente. Aqueles humanos primitivos adquiriram habilidades tecnológicas e sociais que podem ser inferidas das evidências

Figura 1.2 Arte Saariana na pedra. A arte nas pedras reflete expressões humanas primitivas e pode ser utilizada por historiadores para documentar a mudança ao longo do tempo, como movimentos populacionais, mudanças no meio ambiente ou o passado que de outra forma seria provisório e intangível, desde cortes de cabelo até artes corporais.

espalhadas de sua cultura material – instrumentos e utensílios de pedra, figuras esculpidas, arte em pedras e cavernas, entre outros, datando de mais ou menos 40 mil anos atrás – que foram encontrar em quase todas as partes do globo.

LINGUAGEM E COMUNICAÇÃO

Os humanos também desenvolveram a linguagem e o compartilhamento dela, o mais alto nível de habilidade de comunicação, uma habilidade que ainda é exclusivamente humana. À medida que se espalhavam pelo globo, nossos ancestrais humanos desenvolveram linguagens eficientes e variadas como forma de lembrar e transmitir informações dentro de seus contextos sociais compartilhados. Exatamente como ou quando a linguagem surgiu é algo que permanece obscuro, mas quando eles criaram a linguagem e a habilidade de pensar abstratamente, isso separou os humanos de seus ancestrais hominídeos, e ambos os fatores reforçaram a exclusividade da espécie e confirmaram sua humanidade.

A linguagem teria sido essencial para comunicar ideias, planejar itinerários e transmitir cultura durante as aproximadamente cinco mil gerações que nos separam de nosso ancestral humano em comum. A adaptação física principal, que deve ter ocorrido há apenas 200 mil anos, foi a redução da laringe na garganta humana, nos tornando capazes de produzir a fala modificando a passagem de ar. Nenhuma outra espécie é capaz de modificar e reinventar seu comportamento por meio da fala. Os cientistas também utilizam as mudanças na linguagem para traçar a evolução da fala e os movimentos dos falantes de acordo com os lugares.

Todas as linguagens humanas são similares no que diz respeito à capacidade de expressar as necessidades, desejos e a história de seus falantes. Poucos iriam discordar de que a habilidade de se comunicar verbalmente e simbolicamente é o núcleo dos comportamentos e da crescente complexidade das estruturas sociais dos seres humanos. A comunicação estendeu o impacto do aprendizado coletivo humano durante muitas gerações. Os humanos se distinguem como uma espécie por causa de sua capacidade de herdar conhecimento. O desenvolvimento da linguagem inquestionavelmente catalisou a evolução social e tecnológica dos humanos e facilitou os sistemas de reciprocidade e troca cultural. Por exemplo, a divisão do trabalho na produção de comida e a troca e o transporte de mercadorias e produtos foram alavancados pela fala. Ser capaz de dividir diferentes tarefas entre diferentes indivíduos apressou a cooperação e acelerou o processo de evolução social e cultural. Compartilhar informações acelerou enormemente a adaptação e foi fundamental no impacto da espécie humana sobre o planeta.

A evolução da crescente especialização na linguagem e na tecnologia eram desenvolvimentos paralelos e provavelmente inter-relacionados. Das evidências disponíveis da tecnologia da pedra ao redor do mundo, mais ou menos há 500 mil anos, os tipos de ferramentas pareciam muito similares. Há aproximadamente 50 mil anos, diferenças distintivas apareceram: especializações regionais na confecção de ferramentas refletiam a evolução cultural e a ocupação de diferentes ambientes exigia ferramentas diferentes. Com base nas evidências existentes e seu padrão cronológico, o julgamento mais seguro parece ser o de que migrações contínuas do continente africano povoaram as massas de terras adjacentes no oeste da Ásia e lá criaram uma antiga encruzilhada de interação cultural. Assentamentos temporários espalhados, da Idade da Pedra, apareceram no oeste da Ásia, da mesma forma que apareceram no resto do mundo habitável. Evidências de sociedades humanas no oeste da Ásia, datando de 35000 a.C., são bem claras. Desde então não há evidências de migrações significativas de novas pessoas para o oeste da Ásia entre 1,5 milhão e 35 mil anos a.C., as pessoas que lá se assentaram eram provavelmente descendentes dos primeiros imigrantes da África. Depois de aproximadamente 10 mil anos atrás, seus descendentes se reuniram e mais tarde plantaram grãos selvagens, e logo estariam construindo a primeira das cidades do oeste da Ásia.

Muito depois da primeira migração global de hominídeos da África para a Austrália, iniciada mais ou menos há 50 mil anos, a continuidade do estilo cultural sugere a resistência de uma população constituída de apenas dois ou três grupos de linguagem relacionadas com linguagens Africanas. O desenvolvimento da cultura e da estrutura social do oeste da Ásia foi mais o produto de uma lenta mudança interna do que o fluxo de novas pessoas vindas de fora. O movimento inicial de pessoas provavelmente seguiu as margens do Oceano Índico até as áreas tropicais do lado do Pacífico. Movimentos para as terras do norte (e para o frio) ocorreram com o tempo.

DEMOGRAFIA, ANIMAIS E CLIMA

À medida que as culturas pré-históricas evoluíram, as pessoas se mudaram para áreas antes inabitadas. É provável que o aumento da população humana foi grandemente responsável por essas migrações. A influência das mudanças demográficas, do aumento ou diminuição no tamanho da população ou das características, interagiu com outros aspectos da ecologia, incluindo mudanças culturais e naturais, para encorajar as pessoas a se mudarem. Pressões populacionais devido a recursos escassos ou limitados forçaram as pessoas para ambientes ainda mais restritivos que, por sua vez, requeriam estratégias adaptativas. Desertos e terras áridas podiam ser colonizadas por humanos primitivos com ferramentas efetivas, estoque de comida e cooperação social.

Já vimos que as migrações africanas mais antigas estendem as realizações da evolução humana para outras partes do globo. Desde essas migrações, mais de 1 milhão de anos atrás, parte alguma do globo esteve realmente isolada. Nem todas as migrações foram permanentes, e descendentes dos emigrantes primitivos algumas vezes retornaram à África, resultando em troca de pessoas, produtos e ideias entra a África, o oeste da Ásia e as terras na borda do Mediterrâneo e do Mar Vermelho. A costa do Oceano Índico no leste da África e da Eurásia também

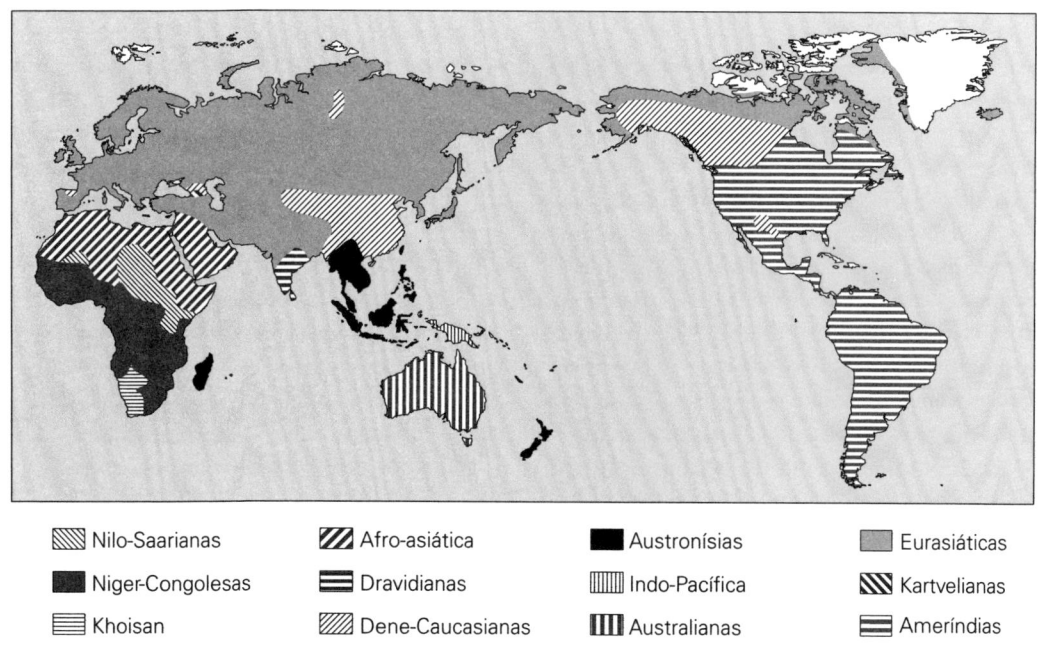

Mapa 1.1   Grupos de linguagens do mundo.

Fonte: Patrick Manning, *Migration in World History* (London e New York: Routledge, 2005), figura 2.1, p. 29.

foram um ponto de entrada de pessoas e de suas culturas, animais e colheitas, tais como bananas (iniciadas em algum ponto antes de 6 mil anos atrás). Os próprios descendentes de africanos também se aventuraram em viagens pelo Oceano Índico até o subcontinente indiano, acabando por se conectar à história da migração humana até a China, Austrália e Nova Guiné. Os humanos não foram as únicas populações a se alastrar pelos lugares. Por exemplo, o clima altamente variável do Saara, o maior deserto do mundo, cobrindo quase um terço do continente africano, experimentou condições severas de seca entre aproximadamente 8 mil e 7 mil anos atrás e novamente mais ou menos há 5 mil anos, resultando em seu ambiente árido atual. A mudança drástica de lagos e do clima úmido para condições de seca ocasionou a migração de espécies de animais como a do elefante, bem como a dos humanos. Após a última desertificação, os humanos se adaptaram, inventando a irrigação e a agricultura.

A domesticação de animais aprofundou ainda mais a mobilidade humana. A pé, a mobilidade era estimada em algo em torno de 72 quilômetros (45 milhas) por século. Migrações anteriores de animais espalharam as espécies mais úteis aos movimentos humanos – as famílias dos camelídeos (os camelos, as alpacas e as lhamas) e dos equinos (cavalos, burros, onagros e zebras) da América do Norte até a Eurásia. A domesticação do camelo asiático, da lhama sul-americana e do cavalo ou asno eurasiano ocorreu muito depois (domados da natureza por volta de 6000 a.C.), quando expandiram a atividade migratória dos primeiros grupos humanos exatamente quando estes estavam se sedentarizando. Sua utilização era cara mas acelerava as jornadas e fazia com que os contatos entre as regiões do mundo, cada vez mais colonizadas, fossem mais frequente. Em eras mais recentes, os historiadores dependem de evidências as mais diversas, como a linguagem e a arqueologia, para traçar os movimentos humanos. Redes de cooperação, definidas por meio da comunicação entre indivíduos e grupos, provavelmente moldaram as primeiras migrações humanas e constituíram o fator único mais significativo, modelando todas as migrações desde então.

EVIDÊNCIAS LINGUÍSTICAS DA MIGRAÇÃO

As primeiras origens da linguagem distinguem os humanos dos animais. O estudo da linguagem também pode oferecer importantes pistas a respeito da migração histórica de povos ao redor do mundo. Todas as linguagens humanas podem ser divididas em aproximadamente 12 grupos classificatórios: Nilo-saarianas, Nigero-congolesas, Khoisan, afro-asiáticas, dravidianas, dene-caucasianas, austronísias, indo-pacíficas, australianas, euro-asiáticas, kartvelianas e ameríndias. Há uma falta de consenso a respeito de quando exatamente cada um desses grupos surgiu. A maioria dos historiadores colocaria seu surgimento entre 10 mil e 20 mil anos atrás, baseando-se na atual distribuição dos falantes descendentes das línguas correlatas. A dispersão mais antiga e ampla dos grupos de linguagens também sugere dois períodos de migração principais. O primeiro foi da África para o Pacífico por meio de rotas aquáticas e por lugares tropicais entre 80 mil e 50 mil anos atrás. As migrações humanas subsequentes identificam dispersões ao longo das zonas temperadas, entre 40 mil e 30 mil anos atrás, alcançando zonas de ambientes mais extremos. Essa distribuição posterior também sugere que grupos humanos se diferenciaram em subgrupos de forma mais rápida e antes mesmo da grande Era do Gelo.

Características linguísticas distintivas, como sons secos, podem revelar padrões de movimento se elas são encontradas em populações geograficamente distantes. Também palavras similares em diferentes linguagens podem demonstrar origens comuns. Movimentos substanciais das áreas de savana do leste e do sul da África refletem na distribuição e na história das linguagens Khoisan há cerca de 80 mil anos. Falantes das linguagens Nilo-saarianas que se deslocaram para o leste na direção do Oceano Índico podem ter influenciado as similaridades existentes entre os grupos de linguagem africanos, asiáticos tropicais e oceânicos.

As migrações bantu na África demonstram maneiras de como o estudo da linguagem pode auxiliar os acadêmicos a traçarem os movimentos humanos no passado distante. Entre 6 mil e 1 mil anos atrás, falantes bantu da região do Lago Chade se espalharam lentamente em meio a maior parte da África subsaariana. Por volta de 1000 a.C., o ritmo de suas migrações se acelerou. Eles podem ter sido ajudados nesse processo por sua habilidade de confeccionar e utilizar ferramentas de ferro e armas, o que pode ter-lhes dado uma vantagem sobre outras comunidades humanas. A incorporação de palavras de outros grupos de linguagem na língua bantu, incluindo palavras relacionadas à agricultura e à pecuária, fornece evidências de outros grupos de falantes bantu encontrados e indicam que eles podem ter adquirido o conhecimento desse processo de não falantes de bantu.

A expansão bantu envolveu os falantes de linguagens parecidas que agora perfazem as populações da metade sul do continente africano. Essas migrações africanas recentes e mais largas e longas também foram importantes para os padrões culturais e políticos compartilhados que ajudaram a mitigar o ambiente e a diversidade cultural daquele continente. O movimento dos falantes bantu, como a dispersão de povos asiáticos no Pacífico, pode ter sido inicialmente o resultado de drásticas flutuações climáticas. Ambas migrações, bantu e asiática, foram documentadas por evidências arqueológicas e linguísticas, incluído as similaridades de estilo e decoração de cerâmicas escavadas e o compartilhamento do vocabulário entre povos distantes.

Um dia poderá ser possível traçar em maiores detalhes os padrões de todas as migrações humanas primitivas utilizando evidências linguísticas. Por enquanto, os historiadores possuem evidências limitadas e fragmentadas sobre como (ou quando) os 12 ou mais grupos mundiais de linguagem apareceram e se aqueles grupos são ancestralmente relacionados. Por exemplo, os falantes das linguagens indoeuropeias primitivas parecem pertencer a uma grande superfamília de linguagens (euro-asiática) que surgiu algum tempo depois de 40 mil anos atrás. Os historiados não concordam sobre a exata localização de sua terra de origem. Migrações posteriores podem ser traçadas entre as áreas ocupadas por ancestrais de grupos celtas e povos da Ásia Central, e provavelmente resultaram em características físicas e culturais compartilhadas. Por exemplo, há mais ou menos 4 mil anos, uma comunidade na Bacia do Tarim enterrou seus mortos em solos secos, e algumas vezes salgados, o que preservou e mumificou os corpos. Os arqueólogos conseguiram detectar traços distintamente caucasianos, pele e pelos claros, nos restos mortais desses migrantes indo-europeus que um dia viveram perto da atual cidade chinesa de Urumchi.

Migrações muito posteriores podem ser estudadas por meio do exame das similaridades e diferenças em grupos de linguagens. A Idade da Pedra Tardia dos povos celtas, que habitaram a área transalpina ao norte do Mediterrâneo e ao oeste dos Urais, foi um dos movimentos mais expandidos de povos na Europa. Melhores condições e a atração por outras culturas levaram os celtas para o sul em direção ao Mediterrâneo, ao oeste da Ásia e em direção ao oeste rumo ao Atlântico e às ilhas britânicas, onde se estabeleceram no primeiro milênio a.C.

O FIM DA ERA DO GELO

O fim da glaciação permitiu migrações e o assentamento do oeste da Ásia até a Europa, e quando a Era do Gelo acabou (aproximadamente 10 mil a.C), sociedades e culturas distintas lá se desenvolveram. O fim da Era do Gelo foi de significância similar no leste da Ásia, onde permitiu que os humanos primitivos desenvolvessem uma variedade mais complexa de estratégias de sobrevivência, as quais incluíam a caça, a pesca, a coleta e o uso de ferramentas diversificadas e especializadas. Para essas e outras migrações antigas, os historiadores têm apenas os registros mais genéricos de milhares de pessoas de várias gerações.

O que todas as migrações têm em comum são as evidências que cada uma fornece da extraordinária história de sucesso das primeiras populações humanas. Do oeste da África até outros continentes, as populações humanas constantemente aumentaram em número e os grupos humanos aumentaram em tamanho e complexidade. Populações em expansão enviaram novos migrantes até o novo vale ou pelo mar até o próximo porto, até ocupar praticamente todos os nichos ecológicos possíveis neste planeta. O aumento populacional foi o fator único mais importante no desenvolvimento da história humana.

O povoamento daquela enorme massa de terra que hoje chamamos de África e Eurásia foi executado principalmente a pé por terra, com o passar de centenas de séculos e por centenas de gerações. Algumas migrações para outras partes da Ásia, do Pacífico e para as Américas requisitaram viagens de longa distância pela água, seja por barcos ou atravessando pontes de terra temporárias que apareceram em várias partes do mundo durante a diminuição glacial do nível dos mares, há aproximadamente 50 mil anos. Para algumas partes do mundo – Austrália e Nova Guiné, por exemplo – tanto as pontes de terra como os canoas ou jangadas foram necessários para o sucesso das migrações humanas.

Atingindo as Américas

É geralmente reconhecido que os primeiros habitantes das Américas foram os imigrantes da Ásia, apesar de o retrato da migração para as Américas ser menos claro do que para outros lugares. Evidências biológicas de tipos de sangue e padrões dentários indicam que os parentes mais próximos dos primeiros americanos são encontrados no nordeste da Ásia. A falta de consenso sobre as datas resultaram em debates sobre quem exatamente eram os imigrantes e como e quando eles chegaram. Foi hipotetizado durante muito tempo que as pessoas tinham vindo da Eurásia (Sibéria) para os pontos mais ao norte da América do Norte. Ferramentas de seixo descobertas em um sítio siberiano, apenas provisoriamente datadas de 1,5 e 2 milhões de anos atrás, sugerem que os hominídeos habitaram na Ásia naquela data, muito antes do surgimento de humanos na Beríngia (Estreito de Bering), a área da ponte de conexão entre a Ásia e a América do Norte. Há também uma lacuna de evidências ao sul dos lençóis de gelo nas Américas. Consequentemente, opiniões confiáveis localizam as migrações da Eurásia pela Beríngia para as Américas durante o período entre 12 mil e 35 mil anos atrás.

As datas menos controversas do povoamento das Américas, 11 mil até 11.500 anos atrás, são baseadas em evidências de habitações humanas bem ao sul da Beríngia, em um sítio em Clovis, Novo México. Há, possivelmente, sítios mais antigos de habitações humanas que podem datar de até 19 mil anos atrás na América do Norte e até 33 mil anos atrás na América do Sul. Essa evidência inclui lugares que alguns historiadores especulam que podem ter sido alcançados por migrantes, via Atlântico Norte, do oeste da Europa para as Américas. Apesar de todas as datas serem controversas, evidências amplamente aceitas indicam que as Américas provavelmente foram habitadas por humanos por volta de 12 mil anos atrás. Essa data é baseada em evidências espalhadas nas regiões árticas do extremo leste na Groenlândia, no Canadá e no nordeste da Ásia. A colonização do Ártico tomou lugar à medida que as camadas de gelo retraíram-se ao fim do que foi conhecido como a glaciação de Wisconsin, há aproximadamente 10 mil anos.

A teoria beringiana da chegada de eurasianos nas Américas diz que na época da migração para as Américas, a Sibéria e o Alasca central estavam ligados por terra por meio de uma ponte atravessando o que hoje é o Mar de Bering. Tendo atravessado essa ponte para as Américas, as pessoas descobriram duas grandes camadas de gelo flutuantes, uma cobrindo a área ao redor e ao sul da Bacia de Hudson, e a outra descendo das Rochosas. Entre as duas havia um corredor livre de gelo, uma rota mais ou menos para o sul de Yukon, descendo através de Montana, a qual humanos e animais utilizaram à medida que ocupavam o que tinha sido uma terra despovoada.

Outra teoria de povoamento das Américas é a de que os migrantes eurasianos podem ter navegado ao sul ao longo de uma costa livre de gelo no Pacífico. As ligações íntimas entre a cultura dos povos da costa do Pacífico e os recursos marítimos podem ter dado crédito à ideia de que a migração para as Américas foi por mar. Estratégias adaptativas importantes foram desenvolvidas por povos da costa do Pacífico para utilizar recursos marítimos; foram descobertos arpões especializados que permitiam que, com barcos capazes de aguentar o alto-mar, os povos da costa do Pacífico matassem mamíferos marinhos. Alguns historiadores chegaram a sugerir que a migração da Ásia para as Américas foi feita inteiramente por barcos, pelo Oceano Pacífico. Teorias similares da migração para as Américas por meio do Atlântico a partir da África também foram propostas. Nenhuma delas conseguiu aceitação geral.

Atingindo as ilhas do Pacífico

O assentamento humano nas ilhas do Pacífico, Austrália e Nova Guiné devem ter começado há uns 50 mil anos, apesar do fato de que abrigos de pedra em sítios australianos recentemente escavados possam atestar a presença humana antes de 60 mil anos atrás. Esse foi um período de glaciação intermitente quando o nível do mar estava temporariamente baixo. Mesmo assim, pelo menos 50 quilômetros (31 milhas) de mar aberto teriam de ser cruzados para alcançar a Austrália, já que em momento algum nos últimos 3 milhões de anos houve uma ponte terrestre completa entre os continentes asiático e australiano. Tenham os humanos chegado como náufragos, à deriva em troncos ou outras vegetações, ou em barcos e canoas deliberadamente construídos para viagens, eles teriam ficado isolados assim que as geleiras retraíram-se e os mares retornaram aos seus níveis normais. Junto com os habitantes humanos da Austrália, a fauna e a flora também se isolaram, cada uma desenvolvendo-se de maneira única em seus ambientes isolados: cangurus, por exemplo, são um dos produtos da separação e do isolamento evolutivo de espécies. A datação recente de rochas gravadas, barro e artefatos de pedra descoberta em um sítio chamado Jinmium, no noroeste da Austrália, podem fazer voltar as datas das primeiras migrações para entre 75 mil e 116 mil anos atrás, sugerindo a alguns pesquisadores que os primeiros artistas não eram de forma alguma humanos modernos e sim uma espécie mais primitiva e arcaica de *Homo Sapiens*. Talvez a arte não seja uma característica definidora do comportamento humano.

Em meio a sítios do começo da Idade da Pedra, encontrados espalhados por grande parte da Austrália e da Nova Guiné, a ocupação contínua e em grande escala desses ambientes naturais complicados começaram como o resultado de migrações tardias durante a última era glacial, em torno de 12 mil a.C., quando Indonésia, Malásia e Bornéu estavam novamente ligadas umas às outras e ao continente asiático. Bandos de povos coletores e caçadores moveram-se constantemente para o leste e para o sul. Da Indonésia, alguns cruzaram por canoas ou jangadas para o continente da Nova Guiné-Austrália-Tasmânia. A presença desses novos migrantes pode ser documentada por linguistas, que estudaram a distribuição e a ligação entre as linguagens aborígenes australianas. Ambas as expansões por meio de terras criadas pelo rebaixamento do nível dos mares e pela eventual restrição de terras à medida que os mares se elevavam novamente afetaram as mudanças demográficas e o movimento de povos.

Uma migração bem mais recente de povos culturalmente relacionados aos asiáticos do sudeste do continente foi datada de 7 mil anos atrás. Essa migração da Idade da Pedra Tardia é dividida entre quatro grupos distintos, e está claro que as pessoas das ilhas e do sudeste do continente asiático participaram. Foram eles pressionados ao sul pelo frio das crescentes geleiras ou por outros povos do norte escapando de drásticas mudanças ambientais? Foram eles empurrados pelas pressões de populações crescentes? As evidências são insuficientes para fornecer uma resposta. Como foi o caso da maioria dos assentamentos costeiros e em ilhas, sítios primitivos datando do período das verdadeiras migrações foram destruídos pela mudança do nível dos mares.

O aumento e a diminuição dos níveis dos mares tiveram um impacto significativo nas migrações para o Pacífico e as Américas. A última mudança drástica no clima da Terra foi o fim da retração das geleiras em torno de 10 mil anos atrás, o que nos colocou em um período interglacial. As geleiras derreteram significativamente e os oceanos subiram aos níveis atuais das costas (apesar de o aquecimento global ter produzido o subsequente e contínuo derretimento glacial). As pontes terrestres anteriores submergiram, e os arquipélagos e ilhas atuais foram criados. Há até pouco tempo se pensava que não muito depois outra onda de migrantes, malaios do continente, mudou-se por canoas para a Indonésia, Filipinas, Melanésia e, finalmente, Micronésia. Apenas as ilhas do Pacífico e do mundo Polinésio permaneceram despovoados, tendo sido colonizadas entre 1000 a.C. e 1300 d.C. Essas últimas datas foram recentemente questionadas por achados arqueológicos datados de aproximadamente 30 mil a.C. na Melanésia, nas ilhas de New Britain e New Ireland, e no leste do Mar da China em Okinawa.

A travessia e colonização do pacífico não foi mais extraordinária do que cruzar o gelo e a neve da Beríngia para alcançar as Américas. Ambos os movimentos são evidências impressionantes do amplo alcance da potencial resposta humana a mudanças naturais. A colonização final da Polinésia atesta essa flexibilidade: polinésios se mudaram de uma zona equatorial tropical que não tinha inverno para o mundo resfriado e sazonal da Nova Zelândia e finalmente para as ilhas semitropicais havaianas. Milhares de milhas separavam essas colônias, e milhares de anos separaram esses assentamentos iniciais. Cada colônia desenvolveu diferentes culturas materiais em resposta a diferentes ambientes. Ainda hoje, como resultado da migração contínua, todos os assentamentos polinésios compartilham linguagens relacionadas e sistemas de crenças.

CRUZAMENTO DE FRONTEIRAS: MIGRAÇÕES TARDIAS

As primeiras migrações humanas que povoaram o planeta envolveram viagens por terra e mar, expandindo as fronteiras da interação e colonização humanas. As evidências genéticas, naturais e linguísticas dessas primeiras migrações ajudaram a identificar padrões em larga escala, bem como movimentos breves de muitos indivíduos e grupos. Os historiadores frequentemente têm sido capazes de identificar e documentar migrações sempre que há o acúmulo de movimentos de pequena escala de um número significativo de indivíduos e grupos de emigrantes e quando isso é observado por longos períodos de tempo.

Tendo o planeta sido colonizado e os humanos se assentado em um lugar, a necessidade humana de migração não diminuiu. As migrações continuaram a criar padrões históricos complexos e variados. O que distingue os movimentos tardios da primeira colonização é que todos eles podem ser caracterizados como travessia de fronteiras – fronteiras geográficas, naturais, linguísticas, culturais e políticas. Desde 12 mil anos atrás, os primeiros assentamentos distinguiram fronteiras entre a esfera natural e a humana. Depois do surgimentos das cidades em todas as partes do mundo, limites urbanos-rurais foram superados por migrantes atraídos por cidades e suas variadas oportunidades, onde grandes concentrações de população poderiam interagir e comerciar bens, genes e ideias (ver Capítulo 3). O estabelecimento da política – como cidades-estado e impérios – depende das fronteiras de comércio e território serem protegidas da ameaça de invasão, muitas vezes por exércitos regulares (ver Capítulos 7 e 10). A expansão imperial criou novas oportunidades para a migração, que cada vez mais significava trocar um local de nascença e uma língua nativa por um grupo de comunidades vastamente diferente e possivelmente mais complicado.

A tecnologia também desempenhou seu papel em permitir migrações por terra e por água (ver Capitulo 2). Os meios de transporte disponíveis e a razão de se mudar transformaram-se ainda mais rapidamente. A introdução do camelo no oeste da África, a domesticação ou o uso de animais de carga como o cavalo, a lhama, o jumento e o elefante foram mudanças críticas na relação homem-animal que regularizaram os contatos entre comunidades e criaram redes de cooperação sistemáticas que aprofundaram a migração entre os locais. Onde as lhamas podiam escalar facilmente a inclinação de uma estrada Inca do século XV da Era Cristã, os cavalos espanhóis (em 1532) não podiam. Essas adaptações tecnológicas eram específicas nos contextos cultural e natural em que ocorreram e ajudaram a determinar a direção e a motivação dos que desejam migrar. Migrações intercontinentais dependeram de tecnologias marítimas e outras – incluindo cavalos, armas, navios e barcos. O eventual uso do vento, do vapor e de outros tipos de energia permitiram a navegação com velas e os barcos a vapor, os aviões, as estradas de ferro e os automóveis a servir aos interesses migratórios das populações humanas com velocidade sempre crescente. Atualmente, na terminologia da "superautoestrada da informação", os usuários da rede mundial de computadores criaram uma metáfora chamada interconexão migratória para descrever as comunidades virtuais da era digital.

À medida que conexões por terra e por mar começaram a ser construídas em todas as partes do globo, elas propiciaram novas limitações e oportunidades para os indivíduos e os grupos participarem da migração. Nem todos os membros da comunidade humana participaram igualmente. Mulheres normalmente migram distâncias mais curtas e homens migram distâncias maiores. Em algumas sociedades, o acesso a destinos distantes significava o acesso ao poder e à riqueza. Na verdade, o comércio foi uma das forças motivacionais mais poderosas em atrair os humanos para as estradas e vias aquáticas. O impulso do comércio, a expansão e a retração da guerra, a expansão da política, doenças pandêmicas e a persistente exploração de novas comunidades – tudo isso contribuiu para o papel contínuo da migração em moldar a história humana.

A CRIAÇÃO DA DIÁSPORA

Todas as migrações compartilham uma característica comum de deslocamento. As pessoas deixam sua terra natal e viajam para um novo lugar com alguma distância. A maioria dos viajantes – sejam colonizadores, conquistadores ou refugiados – era absorvida gradualmente por suas novas comunidades, trocando uma linguagem e cultura por outra. Um tipo distinto de comunidade formada por emigrantes vindos em número suficiente permite que eles mantenham sua cultura original e sua linguagem. O termo "diáspora" vem da palavra grega que significa "a dispersão ou disseminação de sementes", e refere-se à dispersão das pessoas que sobrevivem como uma comunidade. As características comuns de uma diáspora persistem não importando se os emigrantes eram vítimas, trabalhadores, comerciantes, viajantes culturais ou participantes de impérios. Por exemplo, a diáspora judia foi criada por movimentos sucessivos dos judeus para fora da Palestina, para a Babilônia depois da invasão assíria em 722 a.C., e finalmente para a Península Ibérica depois da derrota frente aos romanos em 70 d.C. Os judeus, que posteriormente foram expulsos da Ibéria (1492-1497 d.C.), estabeleceram-se no leste da Europa; por fim, a era nazista (durante a Segunda Guerra Mundial) levou a migrações subsequentes, estendendo sua diáspora religiosa e cultural para as Américas e para o Estado moderno de Israel. Sequências de migrações criaram uma diáspora comercial Sul-Asiática, no início do século II d.C., ligando as trocas marítimas do Oceano Índico com a rede de portos do sudeste da Ásia. Pessoas conhecidas como "Roma" eram trabalhadores nas bordas do sistema de castas, enviados como escravos para outras partes do oeste da Ásia entre os séculos VIII e IX da era cristã e, após 1300 d.C., a caminho da Europa, onde "ciganos" que falavam Romani, os quais, por manter sua linguagem distinta e sua cultura intactas, mantiveram uma identidade separada. Migrações posteriores de trabalhadores e servos do sul e do oeste da Ásia contratados após o século XIV d.C. criaram diásporas de comunidades que se estenderam até a Austrália, a África, a Europa e para as Américas, especialmente para o Caribe, entre 1834 e 1924.

As oportunidades disponibilizadas pela expansão do comércio, dos impérios e da religião aumentaram o número de viajantes e a probabilidade de migrações permanentes e de larga escala – realocando-se nos distantes portos de comércio. As diásporas de comércio contaram com a gradual dispersão de pessoas, algumas vezes com o auxílio da expansão territorial de grandes impérios, como o Mongol ou o Mali (ver Capítulo 7). Por exemplo, mercadores muçulmanos espalharam-se a partir da Arábia Saudita para o Egito e pelo norte da África após o século VII d.C.. À medida que o Islã penetrou na rede de comércio Transaariana nos séculos XIII e XIV, os mercadores muçulmanos criaram uma diáspora comercial por meio das conexões culturais do Império Mali. Diásporas comerciais têm seu próprio ciclo de vida, contraindo e expandindo de acordo com as oportunidades mercantis ganhas ou perdidas. Outras diásporas de comércio finalmente ligaram os comerciantes do Iêmen, a Hausa do oeste da África, sul-asiáticos, chineses e libaneses cristãos, junto com os vários grupos cujas atividades comerciais ao longo dos últimos 2 mil anos levaram a migrações por terra. O comércio também influenciou a peregrinação de muitos grupos humanos, que viveram ao longo de vias aquáticas, notavelmente ilhéus do pacífico e os Vikings, cujas migrações contínuas finalmente levaram a mudanças de longo prazo na linguagem e na cultura.

CRUZANDO OS MARES: OS VIKINGS E OS POLINÉSIOS

A colonização normalmente substitui, absorve ou desaloja os grupos mais antigos de seu controle das comunidades e raramente estabelece novas comunidades. As migrações vikings criaram diásporas ou dispersões que alcançaram desde o norte da Rússia até Newfoundland (Terra Nova) e do sul até o norte da África. De acordo com os registros escritos e a arqueologia, suas incursões eram tanto pacíficas como violentas. Durante o século IX d.C., a aspereza do ambiente escandinavo e a pressão de uma elevada população em terras de produtividade limitada, junto com a atração pelo lucro e pela aventura, estimularam os ambiciosos governantes nórdicos ou Vikings a colocar seu povo em movimento. Como imigrantes, conquistadores e comerciantes, os Vikings deixaram seu território no extremo norte em barcos abertos de 21 a 24 metros (70 a 80 pés) de comprimento. Longos e estreitos, elegantes e eficientes, estes eram barcos movidos por remos primários com uma vela quadrada complementar, com lados altos, mas com um casco raso. Eles podiam carregar no máximo 60 ou 70 pessoas pelo mar aberto, assim como em meio às águas calmas dos rios internos.

Eles primeiro apareceram como saqueadores e aventureiros; permaneceram como comerciantes e mercenários e englobaram muitos grupos culturais, não só o nórdico. Em seus notáveis barcos, traçaram rotas em rios penetrando o sul até o Mar Negro, e impuseram seu controle perante os vários povos eslavos desunidos entre os quais eles apareceram. Por volta de 850 d.C. eles ganharam controle sobre Novgorod e logo depois controlaram Kiev.

Outros Vikings, principalmente da Noruega e da Dinamarca, foram para o oeste e para o sul. Antes do fim do século VIII, estavam contornando e invadindo a Escócia e a Irlanda. Por volta de 830, já estabeleciam vilas lá e nas ilhas oceânicas; eles usavam essas pequenas colônias como bases a partir das quais iam invadir e pilhar os ricos estabelecimentos monásticos nas margens da Europa Cristã. A partir de seus postos na Irlanda e nas ilhas do Mar do Norte, os Vikings navegaram para o oeste pelo Atlântico Norte.

Logo após a metade do século IX, eles alcançaram a Islândia e se estabeleceram lá permanentemente; a partir da Islândia eles foram atraídos para a Groenlândia, onde Eric, o vermelho, ergueu uma colônia em 981. De lá, o filho de Eric, Thorvald Erikssson – que ouviu falar de um lugar chamado "Vinland" (um antigo termo nórdico para "terra de pastos" ou "pastos") por seu irmão Leif, que chegou a essa terra (que, na verdade, se pensou tratar-se da Nova Escócia) em torno do ano 1000 – avançou para o oeste para Labrador e para o sul até a Terra Nova, em cujo ponto mais ao norte, em L'Anse aux Meadows, a primeira colônia "europeia" na América do Norte foi estabelecida. Os vikings podem ter navegado ainda mais para o sul até Massachusetts e Martha's Vineyard, mas sua colônia em L'Anse aux Meadows durou menos de um ano e sua ligação com as praias mais ao leste da América do Norte não foi permanente.

No lado oposto das Américas, até mesmo em contraste com a expansão dos Vikings para o oeste e muito mais cedo, as migrações Polinésias se moveram do oeste para o leste pelo Oceano Pacífico. Evidências de linguistas e arqueólogos sugerem que as milhares de ilhas espalhadas na face da Oceania no Pacífico permaneceram isoladas das conexões estabelecidas entre Africanos, Asiáticos e Europeus antes de 1250 d.C.. A Oceania se divide em Melanésia, Polinésia e Micronésia. Migrações tardias colonizaram esses *habitats* distantes, criando novas comunidades. As pessoas que habitaram essas ilhas estabeleceram suas próprias conexões regionais no Pacífico no primeiro e segundo milênios a.C., quando mercadores marítimos identificados com a tradição cultural Lapita começaram a se assentar na Melanésia, nas ilhas ao sul do equador desde Papua Nova Guiné até o oeste, Fiji e para o leste.

A cultura Lapita, nome dado a um sítio arqueológico em Nova Caledônia, foi provavelmente uma extensão de migrações muito mais antigas para as ilhas do Pacífico a partir do extremo sul da Ásia. Como agricultores sedentários, os Lapita trouxeram com eles plantas e animais domesticados, junto a um distintivo estilo de cerâmica. Eles cultivavam plantações como as de inhame, banana, fruta-pão e coco, as quais se espalhavam graças a viagens ocasionais entre as ilhas. Por volta de 1300 a.C., esses povos alcançaram os limites externos de Fiji e logo depois encontraram o caminho para a Polinésia por meio de Tonga e Samoa. Redes regionais de cooperação foram importantes para a disseminação da cultura Lapita até Vanuatu, um dos maiores grupos de ilhas da Melanésia

Central. A Polinésia, tendo como limites o Havaí, a Nova Zelândia e a Ilha de Páscoa, ficou sujeita às mudanças trazidas pelos contatos com navegantes bem como pela migração de pessoas provenientes de extensas rotas marítimas.

Os polinésios que se assentaram na Nova Zelândia, os Maori, forneceram um exemplo bem documentado sobre como os polinésios exploraram e se estabeleceram no Pacífico em barcos cobertos com capacidade para 100 ou 200 pessoas, com água e mantimentos armazenados, suficientes para semanas de viagem. Eles tinham conhecimento das estrelas e eram capazes de escolher estações favoráveis para as viagens. Eram bons navegadores, ajustando seu curso a partir de pontos familiares e guiando-se pelo sol, pelas estrelas e pela direção dos ventos e das ondas.

Os assentamentos polinésios na Nova Zelândia representaram um enorme desafio ecológico, já que a maioria das plantas e animais domesticados das ilhas Marquesas não conseguiram sobreviver à longa viagem ou morreram logo depois, devido à diferença climática. Colonizadores polinésios se adaptaram ao novo ambiente, tornando-se caçadores/fazendeiros, o que redundou em mudanças naturais e, consequentemente, na necessidade de se adotar novas estratégias de sobrevivência que não mais estavam ligadas às suas origens marquesas. Façanhas como essas, em distâncias tão longas, produziram marinheiros ousados e navegantes habilidosos. Para manter as ligações entre suas ilhas, os micronésios dominaram conhecimentos sobre estações, correntes e ventos e até mesmo desenvolveram mapas descritivos para guiarem-se em suas longas viagens.

GLOBALIZAÇÃO: MIGRAÇÕES DE TRABALHO FORÇADO E VOLUNTÁRIO

Os padrões de migração humana finalmente ligaram todos os oceanos do globo. Por volta de 1200 d.C., a maioria das migrações mundiais estava ocorrendo em pequena escala para terras já ocupadas por outras comunidades. Nem todas as migrações eram questões de escolha individual ou grupal. Impérios em expansão entre 1400 e 1600 ajudaram a criar migrações, como os Mongóis, os Ming, os Otomanos e administradores mughal, mercadores e colonos seguiram na trilha de soldados imperiais. A expulsão forçada de membros indesejados da comunidade era uma das formas com que uma comunidade protegia seus domínios, mantendo controle político e reforçando valores culturais e sociais. Por meio de rituais, ação comunitária, disparidade econômica, separação judicial ou escravidão, indivíduos podiam ser removidos à força de sua comunidade de origem.

Migrações forçadas

Um importante desenvolvimento na história das migrações foi a globalização do trabalho forçado após 1500 d.C. O comércio de criminosos e escravos seguiu a maioria das rotas mundiais de longa distância conhecidas pela história, já que a maioria dos outros bens podia ser convertida no valor de prisioneiros, de escravos ou de seu trabalho. Os escravos viajaram por terras interiores e rotas marítimas de comércio nas Américas, na África e na Eurásia por mais de mil anos. No oeste da África, caravanas de mercadores ligaram ambientes pelo Saara logo nos primeiros séculos da Era Cristã, por meio do comércio de escravos, de sal, de ouro e de outras mercadorias. O surgimento do capitalismo e da expansão imperial difundiu as plantações e encorajou o ressurgimento do comércio de escravos e a dependência do trabalho escravo (ver Capítulos 6 e 8). As rotas de transporte de escravos da Eurásia e do norte e leste da África chegaram ao Oceano Índico em torno do século XIII, e cruzaram os Oceanos Atlântico e Pacífico no século XV, onde as plantações refletiam as oportunidades de crescimento econômico no além-mar e criaram uma era de exploração crescente por volta do século XVIII.

Modelos migratórios involuntários foram criados quando as pessoas foram forçadas a se mudar contra sua vontade. Enquanto escravos, condenados e prisioneiros de guerra sempre tomaram parte das migrações, seus números cresceram significativamente com a globalização do comércio. Sob o impacto do capitalismo, novos sistemas de escravidão criaram as migrações de escravos africanos, que eram tratados como mercadorias. A escravidão se intensificou nas Américas à medida que a demanda por trabalho em minas e em plantações aumentou, estimulando a demanda por escravos em outras partes do mundo. Depois de 1500, a introdução de novas colheitas de alimentos na Ásia levou a enormes crescimentos populacionais. Uma das consequências foi aumentar o número de trabalhadores forçados disponível para os comerciantes marítimos. A migração acelerada de asiáticos do leste e do sul depois de 1800 envolveu um número estimado de 80 milhões de indivíduos, um número que suplanta o do mais estudado comércio de escravos africanos no Atlântico.

Na era atlântica, as costas da África Central e a do oeste também se tornaram imãs para a migração urbana após o século XV, atraindo comércio e pessoas para cidades portuárias, enquanto redirecionava rotas de comércio internas de ouro e escravos. Escravos, criminosos e servos deram suporte a novas atividades econômicas nas novas partes do mundo, mais notavelmente nas Américas, mas também na Ásia e no Pacífico entre 1500 e 1800. Por exemplo, a colonização da Austrália e partes do Caribe foram largamente conduzidas com a importação britânica de prisioneiros, com aproximadamente 15 mil condenados atravessando o Atlântico entre 1760 e 1820. Em contraste, mais de 12 milhões de africanos migraram forçadamente para as Américas do Sul e do Norte entre 1500 e 1900.

Ecologia das migrações

O impacto das migrações modernas foi mais do que econômico. Ambos os migrantes, voluntários e involuntários, transformaram os povos e lugares das Américas, do extremo sul ao norte da Ásia. Decréscimo populacional e territórios disponíveis encorajaram a onda inicial da migração global. Indubitavelmente, o impacto mais imediato e dramático das migrações pós-colombianas no mundo transatlântico foi epide-

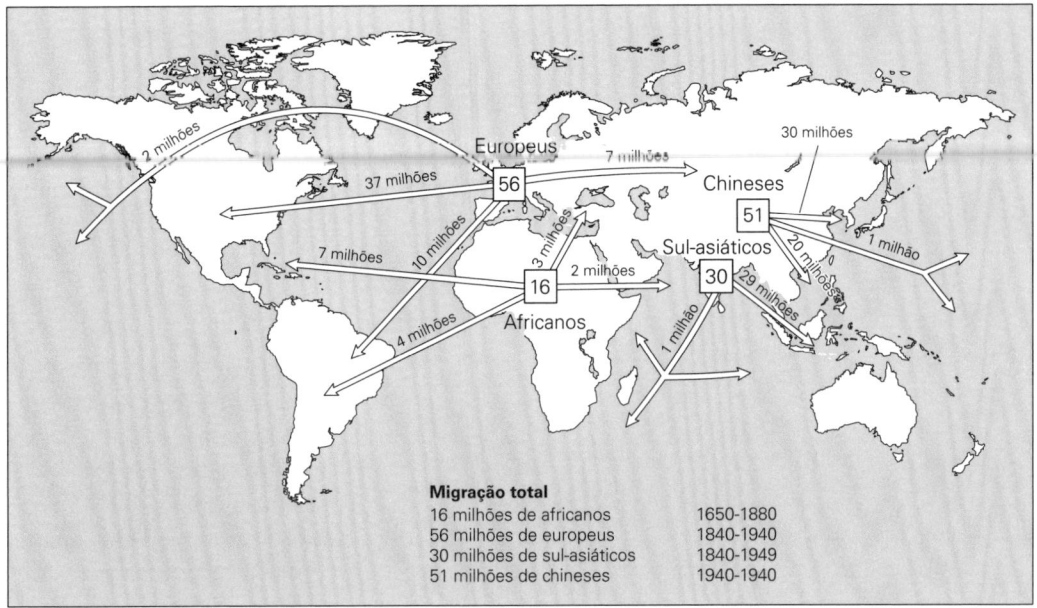

Mapa 1.2 Padrões globais de migração, 1650-1940.

Fonte: Adaptado de Patrick Manning, Migration in World History (Londres e Nova York: Routledge, 2005), Figura 8.1, p. 146

miológico. Os efeitos das doenças trazidas pelos primeiros europeus e africanos foram horrendos e proféticos. As doenças resultaram no desaparecimento de povos indígenas inteiros, dos Caribes da Bacia Caribenha até Beothuks na Terra Nova, e o extermínio geral da maioria das populações foi comum. Por exemplo, as populações indígenas do México Central, em 1519, foram estimadas em 25 milhões; em 1580, depois da conquista espanhola, havia menos de 2 milhões. Depois de décadas do contato com europeus, estima-se que 90% dos povos indígenas americanos desapareceram de algumas ilhas e regiões. A população ameríndia não possui imunidade contra doenças comuns na Europa e na África, como a gripe suína e a varíola. Introduzidas por hospedeiros humanos e animais, essas doenças virais trazidas da Europa e da África mataram a maioria dos indígenas adultos pelo contato nas Américas, abrindo novas áreas para conquista e assentamento.

Os emigrantes mudaram-se com as ideias e as culturas familiares de sua terra natal e encontraram novos povos, produtos e ideias. O domínios do migrantes europeus nas Américas foi também acelerado por um processo, descrito pelo historiador Alfred Crosby e outros, como imperialismo ecológico, dado o fato de que a introdução de plantas, animais e doenças teve um impacto irresistivelmente dominante nas relações com as comunidades e a natureza locais. O sucesso dos europeus, suportado por armas e políticas governamentais, ganhou o controle sobre ambos os continentes americanos e resultou no desarranjo das populações indígenas e suas culturas. Os emigrantes estabeleceram novas comunidades e construíram novas identidades. A migração acelerada estimulou a mistura de raças e grupos étnicos.

Migrantes voluntários

À medida que as cidades ao redor do mundo se tornaram mais e mais o destino de emigrantes voluntários no século XIX, suas atividades industrial e comercial urbanas criaram oportunidades para migrações de pequena escala por terra e por migrações marítimas intercontinentais.

O Imperialismo aprofundou os movimentos das pessoas em ambos os sentidos, de e para as terras conquistadas na África, Ásia e nas Américas. Migrantes por terra e por oceano responderam à expansão das fronteiras e ao estabelecimento de novas colônias. Os barcos a vapor de alto mar do meio do século XIX ajudaram a diminuir o tempo de viagem e a aumentar o número de travessias entre os continentes do mundo.

As viagens levavam novos migrantes, marinheiros retornando e correspondências entre a nova comunidade e antiga terra natal. Em 1854, a viagem do *L'aquitaine*, o primeiro barco a vapor de alto mar entre Bordeaux, França, e Saint-Louis, Senegal, criou um dos muitos caminhos de migração que iriam encorajar uma série de conexões intercontinentais durante gerações. Trabalhadores migrantes na Gâmbia eram conhecidos como *navetane*, uma palavra emprestada por colonizadores franceses da linguagem Wolof e utilizada para descrever trabalhadores sazonais. Durante a era colonial, muitos *navetane* não foram apenas voluntários, mas vinham predominantemente de famílias ricas e da elite, que enviavam os membros familiares para a França para reforçar suas posições tradicionais. Alguns migrantes tornaram-se acadêmicos ou intérpretes, alguns nunca retornaram, outros retornaram com riqueza e prestígio, e alguns eram marinheiros celebrados em canções *navatane* locais:

> Mamadu, o rico marinheiro, retornou a casa
> Suuleyman, o rico marinheiro, está de volta à casa
> Podem os pequenos pássaros servir de alimento aos morcegos?
> Escutem todos
> E vocês líderes das preces
> Escutem
> Nosso pai Mamadu Konte, o chefe dos marinheiros, voltou à casa, e Jama Majigi, que desceu dos navios para ver novamente sua mãe, Jele Alu, e sua tia, Awa Samba
>
> (Manchuelle 1997, p. 198-9)

Migrações contínuas no Vale do Rio Senegal buscaram oportunidades comerciais antes, durante e após a era colonial. Pelos anos de 1950 e 1960, os Soninke, dessa região, compunham a vasta maioria de Africanos na França.

Entre os anos de 1840 e 1940 houve múltiplas levas de migrantes para regiões do mundo que juntas criaram a maior era de migração na história humana. Entre essas se incluem as três maiores ondas, com mais de 30 milhões de pessoas cada. Sendo que 50 milhões de migrantes vieram da Europa para as Américas; outros 30 milhões do sul da Ásia e 50 milhões foram da China para o sudeste da Ásia, o Pacífico Sul, o Caribe, as Américas e o Oceano Índico, e do nordeste da Ásia e da Rússia para a Sibéria, Manchúria, Ásia Central e Japão.

Migrações globais causaram mudanças significativas na população mundial. As áreas de destino continham 10% da população mundial na metade do século XIX e quase 25% um século depois. Migrações para o extremo sul da Ásia e para o Oceano Índico e o Pacífico Sul foram realizadas por asiáticos, muitos dos quais participaram de um entre vários programas privados e governamentais de recrutamento de força de trabalho. As migrações do norte asiático foram encorajadas por políticas governamentais, pelas possibilidades de permanência e pelas oportunidades de trabalho. A intensificação de uma economia global também forneceu o contexto para o crescente número de migração de longa distância, amplamente nas mão de europeus que controlaram mais do que a metade da população mundial no começo do século XX.

IMPERIALISMO, INDUSTRIALIZAÇÃO E URBANIZAÇÃO

Indústria, império e guerras mundiais combinaram-se para criar as condições para essas migrações modernas massivas. A disseminação do capitalismo industrial e a criação do império requisitaram o movimento de mercadorias e pessoas ao redor do mundo. Inovações na tecnologia de transporte capacitaram a velocidade crescente e custos relativamente baixos para a

Figura 1.3 Trabalhadores chineses em uma mina de ouro na Califórnia. Trabalhadores chineses contratados trabalharam em minas na Austrália, na África do Sul e nas Américas no século XIX.

ocorrência dessas transferências. Somando na escala global de movimentação dos dois últimos séculos apareceu o processo interligado de industrialização e urbanização (ver Capítulos 2 e 3). Desde seu começo, a revolução industrial foi uma iniciativa global que se baseou fortemente na movimentação de matérias primas e trabalho humano. Migrantes voluntários concentraram-se nas cidades criadas pela nova indústria e para os empreendimentos industrializados concentrados na exploração de minas e colheitas comerciais, como as de óleo de palmeira ou borracha. A industrialização global também dependeu dos movimentos de migrantes para locais subpovoados e áreas de fronteiras vulneráveis no extremo sul da África, Austrália e Nova Zelândia, onde sua presença aprofundou a conquista. Trabalhadores contratados do sul e do leste da Ásia construíram estradas, colheram cana de açúcar e exploraram minérios da América do Sul até a Austrália, do Oeste da América até a África do Sul.

Os capitalistas buscaram mão de obra, mercados e recursos e transportaram tudo isso para a maximização do lucro. A industrialização, onde quer que ocorresse, aumentou a migração de capital e de *trabalhadores*, enquanto criava mercados mundiais. Isso foi particularmente verdadeiro para indústrias como a da mineração e as manufaturas. A expansão dos impérios acelerou a migração. A atividade colonial dependeu da cobrança de impostos e forçou os colonizados a buscar oportunidades de trabalho assalariado. Europeus e norte-americanos deixaram sua terra natal com o propósito de estabelecer entrepostos coloniais. Essas migrações alongaram os braços do império, criando linhas de trabalho e mercados para bens manufaturados.

Migrações pós-coloniais continuamente pressionaram as populações de ex-colônias a voltar para as metrópoles, como Paris e Londres, onde as vantagens econômicas e educacionais foram almejadas, mas nem sempre obtidas, pelos imigrantes. Os não europeus possuíam papéis fundamentais na expansão e integração da economia global. Nas maiores cidades do mundo, migrantes voluntários varriam as ruas e dirigiam táxis. Seus filhos forjaram novas identidades. Os movimentos padronizados de migrantes se cruzaram com as forças do nacionalismo. À medida que Estados-Nação se expandiam no século XIX, seu crescente reconhecimento de limites territoriais culminou em um mundo de passaportes, guerras e refugiados.

DESLOCAMENTOS DE GUERRA

Os deslocamentos de guerra foram um poderoso determinante na migração humana do mundo moderno. Prisioneiros de guerra sempre foram migrantes forçados. Fugindo de guerras e da opressão, eles encontraram novas oportunidades para sua habilidade de se realocar a meio mundo de distância. Refugiados econômicos e políticos, durante e após as duas Guerras Mundiais do século XX, resultaram em grandes deslocamentos de populações e levantaram a questão da definição legal internacional do *status* de refugiado. Um refugiado era alguém desalojado por condições econômicas ou de violência, e que iria procurar asilo em função da guerra, da fome, da perseguição ou da opressão. Além disso, o crescimento do Estado-Nação durante os séculos XIX e XX resultou em obrigações imperiais por novos territórios, recursos, trabalho e a crescente capacidade de controle das fronteiras nacionais ao estabelecer obstáculos de intervenção no envio e recebimento de migrantes. Por exemplo, a Liga das Nações mandou abrir a Palestina para colonização de larga escala por imigrantes cujo objetivo era criar um Estado judeu naquele território. Beneficiados pelo apoio ocidental e pela preocupação com o destino dos Judeus saídos do Holocausto e um grande influxo de refugiados europeus, especialmente mulheres e crianças, colonos judeus desalojaram os habitantes palestinos mais antigos. A oposição árabe à tomada das terras, que estiveram sob o domínio de suas famílias durante muitas gerações, redundou em um ataque ao novo Estado de Israel e criou muito mais refugiados. Conflitos em Ruanda, Sudão, Kosovo, Iraque, Afeganistão e no sudeste da Ásia criaram, similarmente, populações significativas de refugiados ao redor do mundo ao final do século XX e no começo do século XXI.

DESIGUALDADE E LEGISLAÇÃO ANTI-IMIGRANTES

Nem todos os fatores na política global favoreceram as ondas migratórias. O Ato Americano de Exclusão Chinesa, de 1882, foi uma política de imigração baseada em temores raciais e desenvolvida para restringir a imigração de trabalhadores chineses para os Estados Unidos. Durante e depois das Guerras Mundiais, o Congresso dos Estados Unidos limitou a imigração por meio de leis subsequentes. Durante os séculos XIX e XX, a política imigratória dos Estados Unidos era severamente discriminatória contra não brancos, exceto com propósitos de importação de mão de obra masculina para o trabalho pesado. Essa política foi posteriormente imitada pela Austrália (1901) e pelo Canadá (1923), mas finalmente repelida. Atualmente, muitos Estados-Nação e entidades multinacionais continuam a luta contra os problemas da migração internacional que testam e comprometem os limites nacionais e transformam as identidades (ver Capítulo 10). Vítimas da fome e regimes nacionais repressivos também tentaram escapar para lugares mais seguros; novamente, refugiados africanos e asiáticos tiveram menos sucesso em suas tentativas de migrar. Ainda assim, a migração para os Estados Unidos foi de tamanho excepcional, bem como a diversidade de países de origem.

ESTUDO DA MIGRAÇÃO

Nos dois últimos séculos, números cada vez maiores de imigrantes estimularam o estudo

QUADRO 1.1
Despedidas em realocações, centro de realocação Manzanar

A guerra e a política discriminatória combinaram-se para criar um programa de redistribuição visando famílias nipo-americanas e incluindo mais de 110 mil homens, mulheres e crianças, nos anos de 1940. O acampamento Manzanar de realojamentos no deserto da Califórnia foi um dos 10 acampamentos no estilo militar, situados em áreas remotas onde cidadãos americanos de descendência japonesa e residentes estrangeiros ficaram internados durante a Segunda Guerra Mundial. Esta fotografia capturou uma imagem pungente de uma mulher, e levanta questões a respeito do contexto mais amplo em que ela foi tirada. Como em qualquer outra fotografia, é um documento primário que conduz informações "de primeira mão" sobre o lugar, as pessoas e os eventos do tempo da fotografia.

O fotógrafo Ansel Adams foi convidado a fotografar Manzanar no outono de 1943 por Ralph Merrit (o diretor do campo). As fotografias que tirou não incluem nada que possa fazer o acampamento parecer um centro de detenção. Os historiadores podem questionar essa foto, assim como qualquer outro documento histórico, aspectos sobre o que é visível e o que pode estar faltando. Qual é o público almejado, e qual é a visão do artista? A imagem não inclui guardas, arame farpado ou torres de guarda. Outras fotografias de Adams documentam famílias sorridentes jogando beisebol. Porém, sabemos por descrições pessoais, que emoções intensas e condições duras foram as experiências dos detentos.

As fotos também não expressam as circunstâncias que levaram à realocação de tantas pessoas. Do outro lado do Pacífico, o ataque japonês a Pearl Harbor (7 de dezembro de 1941) causou amplo clamor público, midiático e governamental, ocasionando medos e suspeitas sobre pessoas de descendência japonesa. Em 1942, o presidente dos Estados Unidos, Franklin Roosevelt, assinou a ordem executiva 9606, que autorizou o estabelecimento de áreas militares para alojar essas pessoas que acreditava tratarem-se de ameaça aos esforços de guerra. De acordo com um detento, famílias marcadas tinham mais ou menos uma semana para se livrar de tudo que possuíam, exceto aquilo que poderiam levar consigo no ônibus. Eles não sabiam para onde iam nem quanto tempo permaneceriam. Embora as fotos de Ansel não parecessem ser posadas, a expressão da mulher parece refletir a incerteza da chegada ou partida na qual ela estava envolvida.

Fotografias constituem uma rica fonte de evidências para os historiadores mundiais. Desde a invenção da fotografia e a difusão de seu uso depois dos anos de 1840, imagens fotográficas eram vistas como sendo "escritas pela luz". Elas capturaram lugares e pessoas de todas as partes do globo com a urgência e o olhar profundo da câmera. Elas também refletem a luta dos historiadores mundiais para colocar esses momentos singulares, locais da "despedida da realocação", no contexto de padrões mais amplos e do processo global.

acadêmico da migração. Muitos acadêmicos notaram a disparidade dos padrões de migração quando considerado o gênero. O livro *Laws of Migration* de E. G. Ravenstein foi publicado inicialmente em 1885. Ravenstein argumentou que apesar da atenção prestada para as migrações de longa distância (internacionais), a maioria das migrações é local (rural e urbana) e ocorre em estágios. Essa observação constitui a origem da teoria da cooperação nas ciências sociais. Escrito em um período que recém havia testemunhado as correntes viagens transoceânicas em navios a vapor, Ravenstein discorreu sobre padrões de migração como correntes e contracorrentes de movimentos populacionais. Ele argumentou que as mulheres predominavam em migrações locais e homens em migrações de longa distância. Outras tipologias distinguiram entre os tipos e as motivações envolvendo migrações, incluindo a migração como uma resposta a uma mudança natural, migração forçada (comércio de escravos), coercitiva (trabalho contratado), migração livre e movimentos em massa. Suas observações sobre a disparidade de oportunidades permanecem parcialmente verdadeiras hoje. Significativamente, mais homens migram longas distâncias e as mulheres aproveitam muito menos oportunidades de realocação. Ainda assim, muitas migrações individuais foram instigadas por mulheres, como esposas e mães. Por exemplo, a fome na Irlanda encorajou praticamente o mesmo número de imigrantes irlandeses masculinos e femininos, que buscaram aliviarem-se das duras condições e da fome que suas famílias passavam.

CONCLUSÕES

Desde a disseminação do *Homo Sapiens*, os seres humanos permanecem como criaturas móveis. A mobilidade dos primeiros humanos foi uma de suas maiores realizações, pois eles cobriam vastas áreas sem o benefício da força de cavalos ou da roda, muito menos as facilidades da propulsão a jato, o conforto do ar condicionado e da velocidade. Durante sua história, as pessoas se mudavam constantemente. Migração, ocorrendo variadamente a partir de lugares não fixos, foi

Figura 1.4 Pegada da alunissagem deixada pelo astronauta Neil Armstrong. Mais de 3 milhões de anos após as pegadas de hominídeos preservadas em Laetoli (ver Figura 1.1) a espécie humana deu os primeiros passos na colonização de outras partes do sistema solar.

o produto de muitas coisas: a necessidade de comida e trabalho; a necessidade de proteção e por causa das pressões populacionais, dos conflitos contra outros ou pelo senso de aventura.

A migração foi o resultado e algumas vezes o catalisador de grandes mudanças na população durante a história mundial. Fontes das Nações Unidas estimaram aproximadamente 14-16 milhões de refugiados, 20-25 milhões de pessoas desalojadas e 35 milhões de "migrantes econômicos" no hemisfério norte no começo do século XXI. A migração moderna não foi apenas abastecida por guerras e conflitos, ela também foi consequência do desejo, da busca por ganhos educacionais, assim como consequência da pobreza, da fome, do terrorismo e dos desastres naturais. As condições modernas de mobilidade refletem as lacunas mais evidentes e amplas entre grupos ricos e grupos pobres. A maioria das migrações modernas reflete as formas sistemáticas com que as sociedades falham para providenciar as necessidades humanas básicas, mesmo quando são percebidas como oportunidades disponíveis para crescimento pessoal. Mais recentemente, programas espaciais internacionais estenderam a migração humana para o espaço, com a primeira chegada na Lua, em 1969, e a primeira comunidade permanente na Estação Espacial Internacional, um projeto conjunto entre os Estados Unidos, a Federação Russa, o Japão, o Canadá e a Europa, desde 2000. Como uma história mundial em movimento equilibrou as necessidades duais de mudança e continuidade que sustenta aos temas mais urgentes que conectam nosso passado, presente e futuro global.

REFERÊNCIAS SELECIONADAS

Chang, Kwang-chih (1986) *The Archaeology of Ancient China*, New Haven, Conn.: Yale University Press. Quarta edição revisada de um trabalho clássico de um dos principais antrópologos-arqueólogos. Ilustrações Detalhadas e explicações sobre as origens da humanidade na China.

Christian, David (2003) *Maps of Time: An Introduction to Big History*, Berkeley: University of California Press. Uma abordagem integrativa da história mundial formada pela análise da história humana dentro do contexto da história da vida, da Terra e do Universo.

Crosby, Alfred W. (2004) *Ecological Imperialism: The Biological Expansion of Europe, 900-1900*, Cambridge: Cambridge University Press. Investiga as raízes da dominação europeia na transformação das relações ecológicas.

Ehret, Christopher (2002) *The Civilizations of Africa: A History to 1800*, Charlottesville, Va.: University Press of Virginia. Enfatiza o mapeamento linguístico das migrações.

Eltis, David, ed. (2002) *Coerced and Free Migration: Global Perspectives*, Palo Alto, Calif: Stanford University Press. Examina as pessoas, os valores e as culturas das migrações pós 1500 d.C., enfatizando as similaridades entre migrações livres e coercitivas.

Hoerder, Dick (2002) *Cultures in Contact: World Migrations in the Second Millennium*, Durham, N.C. and London: Duke University Press. Explora os papéis do poder e da perspectiva na migração humana, com ênfase nos últimos 500 anos.

Jones, Steve, Robert Martin, and David Pilbeam, eds (1992) *The Cambridge Encyclopedia of Human Evolution*, Cambridge: Cambridge University Press. Apresenta as maiores questões da evolução humana.

Manchuelle, François (1997) *Willing Migrants: Soninke Labor Diasporas, 1848-1960*, Athens, Ohio and London: Ohio University Press and James Currey Publishers. Utiliza as grandes perspectivas da migração para entender o significado das escolhas africanas modernas.

Manning, Patrick (2005) *Migration in World History*, New York: Routledge. Utiliza a migração humana como uma perspectiva temática singular pela qual enxerga a história mundial.

Olson, Steve (2003) *Mapping Human History: Genes, Race, and Our Common Origins*, Boston, Mass.: Houghton Mifflin. Sintetiza as origens humanas e as primeiras migrações.

Stringer, Christopher and Robin McKie (1996) *African Exodus: The Origins of Modern Humanity*, New York: Henry Holt. Analisa a interpretação genética e arqueológica da evolução humana e da migração.

RECURSOS *ONLINE*

Annenberg/CPB Bridging World History (2004) <http://www.learner.org/channel/courses/worldhistory/>. Projeto multimídia com *website* interativo e vídeos por encomenda; Assista especialmente Units 3 Human Migrations e 26 World History and Identity.

The National Geographic Society *The Genographic Project: Atlas of the Human Journey* (2006) <https://www3.nationalgeographic.com/genographic/index.html>. O *site* mapeia marcos genéticos e momentos da jornada de migrações vindas da África e ao redor do mundo há aproximadamente 200 mil anos a.C. e 10.000 a.C.

Migration DRC (University of Sussex) *The World Migration Map* (Updated 2007) <http://www.migrationdrc.org/research/typesofmigration/global_migrant_origin_database.html>. Fornece acesso aos dados do banco de dados da Global Migrant Origin, desenvolvida pelo centro de pesquisa e desenvolvimento em migração, globalização e pobreza da Universidade de Sussex, permitindo aos usuários consultar as origens e os destinos dos migrantes de e para quase qualquer país no mundo.

2 Tecnologia, Ambiente e Transformações na História Mundial

O escritor romano Plínio, o Jovem, descreveu a erupção do Monte Vesúvio na Península itálica em 24 de Agosto de 79 d.C., um evento natural que destruiu e enterrou as cidades de Pompeia e Herculano. Depois de relatar os esforços heroicos de seu tio para resgatar as pessoas com os barcos da frota que ele comandava a partir da costa, Plínio registrou sua própria fuga.

> As chamas ficaram a alguma distância; então novamente a escuridão desceu e as cinzas começaram a cair mais uma vez, agora em pesadas chuvas. Erguíamo-nos de tempo em tempo e a sacudíamos, do contrário também seríamos enterrados e esmagados sob seu peso. Poderia me gabar de que não me escapou nem um gemido ou lágrima de medo durante aquele perigo, mas admito ter dedicado um pobre consolo ao meu lado mortal a partir da crença de que o mundo estava morrendo comigo e eu com ele... Ao menos a escuridão diminuiu e se dispersou como fumaça ou nuvem; então, houve uma verdadeira luz do dia, e o sol realmente brilhou, mas amarelado como durante um eclipse. Ficamos apavorados em ver como tudo mudou, enterrado fundo em cinzas como em um monte de neve. Voltamos a Misenum, onde atendemos às nossas necessidades físicas da melhor forma que pudemos e então passamos uma noite ansiosa, alternando entre esperança e medo. O medo predominou, pois os terremotos continuaram, e diversos indivíduos históricos fizeram as calamidades dos outros, e as suas próprias, parecerem ridículas em comparação com suas horríveis previsões.
>
> (Plínio, o Jovem, "A erupção do Vesúvio, 24 de Agosto de 79 d.C.", em John Carey, Ed., *Eyewitness to History*, Nova York: Avon Books, 1987, p. 19-20)

Nem todas as interações entre humanos e seu ambiente natural foram terrivelmente dramáticas como na erupção vulcânica do Monte Vesúvio descrita por Plínio, o Jovem, ou o recente tsunami que devastou a região do Oceano Índico, quase 2 mil anos depois, mas todas as interações como essas foram características de um tema importante na história mundial: as relações instáveis entre tecnologia e ambiente e sua interação com as comunidades humanas.

INTRODUÇÃO

A migração global e a colonização do planeta por humanos primitivos apresentaram uma sequência de paisagens em transformação e, por fim, colocaram as pessoas em contato íntimo com todos os ambientes naturais que o globo oferece. O planeta passou por grandes mudanças geológicas, climáticas e ambientais no passado e continua a passar por isso ainda hoje. Relativamente poucas das mudanças dos últimos 4 bilhões de anos foram induzidas por humanos. Eventos astronômicos e geológicos, como a erupção do Monte Vesúvio, contribuíram para os impactos mais dramáticos a serem documentados.

Os humanos também criaram tecnologias que forjaram processos sem precedentes de mudanças ambientais, não igualados por outras es-

los quais histórias ambientais e humanas estão intrinsecamente ligadas. Eras fundamentais na história ambiental humana podem ser identificadas com mudanças significativas em quatro áreas da vida humana: alimentação, metais, cidades e sistemas de energia. Fizemos as perguntas inter-relacionadas sobre como os ambientes moldaram a história mundial e como os seres humanos moldaram o ambiente. Qual foi o impacto da mudança de ambientes mundiais em sociedades humanas? De que forma foi o curso da mudança tecnológica moldado pelo ambiente? E como a tecnologia também transformou o ambiente?

A TECNOLOGIA DEFINE A CULTURA HUMANA

A tecnologia é uma característica definidora da experiência cultural humana. Cultura é o comportamento padronizado que um grupo social desenvolve para compreender, utilizar e sobreviver em seu ambiente. A cultura é moldada por forças humanas e naturais; ela engloba tanto as ideias como os artefatos e inclui aspectos como tecnologia, linguagem, crenças e valores. Transmitida conscientemente e de forma não intencional, a cultura se perpetua como comportamento adquirido, moldando as maneiras com que as sociedades se comportam ao longo das gerações. Apesar de os indivíduos fazerem uso de seu conhecimento cultural herdado para guiar suas ações e interpretar suas experiências, as culturas não se fixam permanentemente. Elas passam por mudanças à medida que membros da sociedade aprendem coisas novas e encontram e respondem a novas experiências, ideias e pessoas. Dessa forma as culturas se autorreproduzem.

As culturas primitivas foram identificadas pelo estudo de achados arqueológicos: variações culturais padronizadas, chamadas de estilo, podem ser observadas nas evidências da cultura material, como em ferramentas de pedras com 2 milhões de anos ou a arte na pedra que começou a aparecer há mais ou menos 40 mil anos. Antropólogos acreditam que, há aproximadamente 250 mil anos, grandes variações no clima global

Figura 2.1 Erupção do Monte Fuji. A erupção do Monte Fuji na Ilha do Japão ocorreu em 1707, antes de o artista Katsushika Hokusai ter nascido. A fumaça do vulcão está retratada como um dragão, um símbolo dos poderes sobrenaturais e o animal mítico cuja energia ativa "yang" acreditava-se reger o universo. Os japoneses tomaram emprestado da China o conceito de yin e yang como forças equilibradas.

pécies. A história humana intensifica o alcance e a escala de seu impacto nas mudanças ecológicas no último século. Neste capítulo, examinamos as diferentes formas pelas quais os humanos têm sido parte de ecossistemas e os padrões pe-

forçaram as espécies de hominídeos a se adaptar, sob pena de enfrentarem a extinção. Então, a evolução humana – especialmente a evolução do cérebro e da cognição humana avançada – foi ela mesma uma adaptação a um ambiente hostil. O uso dos sistemas de memória cultural (ver Capítulo 9) ajudaram esses ancestrais humanos a se adaptarem melhor para qualquer nicho ecológico. A variação cultural, ou estilo, ajudou a garantir a continuidade de povos e seus grupos, e permitiu aos grupos a preservação da memória de informações valiosas, como o processo de manufatura para criar uma machadinha, por meio da transmissão desse conhecimento além de uma geração. À medida que os grupos se espalharam ao redor do globo, essa comunicação e sua lembrança histórica tornaram-se essenciais à sobrevivência da comunidade.

Nenhum aspecto da cultura teve um impacto maior na história humana do que a tecnologia, a totalidade de meios utilizados para criar objetos necessários à sobrevivência humana e ao conforto. Mesmo no caso das primeiras ferramentas de pedra, estima-se que eram necessários mais de 100 golpes isolados e precisos para transformar uma única pedra em uma ferramenta útil, e milhares de pontos complicados criavam uma única cesta. A tecnologia inclui ideias tanto quanto ferramentas, pois se baseia na memória humana. A continuidade de estilos tecnológicos requer a comunicação de processos complexos de uma geração para a outra. A mudança tecnológica torna-se a vanguarda, por assim dizer, da história humana, da mesma forma que as ferramentas substituíram a evolução biológica como a principal fonte de mudança. As transformações da "história geral" para a "história humana" podem ser medidas pela análise dos nomes dos períodos designados para o passado. Essas eras não são definidas por mudanças ambientais ou climáticas, mas sim por suas características tecnológicas. Além de seus estilos culturais, as tecnologias contribuíram para a definição dos períodos significativos desde a "Idade da Pedra" até a "Era Nuclear".

Ferramentas sempre necessitaram do controle do conhecimento. Há mais ou menos 20 mil anos, alguns dos primeiros artefatos humanos pareciam estar associados ao controle da informação especializada. Esses objetos mágicos de chifre, ou osso esculpido, são chamados de bastão pelos arqueólogos, que interpretam seu uso como instrumentos de extensão da memória humana. Marcas gravadas em muitos desses objetos, como as pinturas e gravações em cavernas e paredes de abrigos de pedra, referem-se a padrões observados na natureza, como fases da lua ou migrações sazonais de animais. A posse desses bastões teria capacitado aqueles que possuíam a habilidade de convertê-los à previsão de mudanças na paisagem. Tais ferramentas também criaram e alteraram o nicho interno das pessoas, o modo como os seres humanos percebiam o mundo ao seu redor. Símbolos que poderiam ter sido utilizados e reutilizados para manipular o mundo constituem uma fonte de poder. O poder foi acumulado por aqueles especialistas, os quais reconheciam as possibilidades imaginadas de tecnologia e quem poderia expressá-las com sucesso no mundo físico, seja na identificação de estações, seja na confecção de ferramentas. Nenhuma outra adaptação biológica era necessária para a expansão humana para novos ambientes. Inovações culturais seriam necessárias, e sua evolução permitiu a carreira de sucesso dos homens. Utilizando ferramentas, as comunidades humanas começaram a ter sucesso nos novos ambientes aos quais se expandiram, alterando a paisagem física à medida que conquistavam o globo.

AMBIENTE E TECNOLOGIA

São importantes, entre os determinantes da variação cultural, incluindo as tecnologias, os contextos ambientais ou paisagens nos quais as pessoas viveram. Durante a história, as culturas foram influenciadas pelo mundo natural em que elas têm suas raízes. Apesar de os seres humanos terem se mudado de um lugar para o outro – coletivamente, uma média de 200 milhas por ano em suas primeiras migrações – eles também se ligaram a lugares específicos. O ambiente, dessa forma, tem um papel importante na construção da cultura e da variação cultural. Por exemplo, a tecnologia e a cultura Inuit, moldadas pelo ambiente ártico, permitiram a adaptação às temperaturas extremamente geladas do mundo de gelo e neve e forneceram ferramentas especializadas feitas de osso e pedra para pescar e caçar focas. Os lagos estáveis e de água fresca do leste da África, por outro lado, forneceram condições muito diferentes para o estabelecimento de tecnologias de coleta, caça e pesca em seu ambiente quente de savana pré-histórica com mata e pastagem.

Assim como o contato com outros grupos étnicos resultou em reajustes culturais e mudanças (como, por exemplo, o impacto recente euro-americano destruiu a cultura nômade Inuit), as mudanças naturais antigas contribuíram para a mudança cultural. Por exemplo, a desertificação do Saara ocorreu recentemente, apenas depois de 15 mil anos atrás, secando os grandes lagos e rios da região e criando um vasto deserto no qual hipopótamos e elefantes não poderiam mais sobreviver. A dramática mudança natural causou grandes mudanças nas culturas primitivas africanas e requisitou mudanças dramáticas no estilo de vida e nas tecnologias, até mesmo a migração forçada das populações. Arqueólogos identificaram conjuntos de ferramentas entre os artefatos carregados pelos primeiros emigrantes em sua colonização global, sugerindo a importância da manutenção da informação tecnológica em tempos de mudanças ambientais.

PRIMEIRAS ECOLOGIAS HUMANAS

Ecologia é a relação entre organismos e seus ambientes. A relação cultural entre humanos e seus ambientes variou de acordo com a percepção das pessoas da terra a seu redor. Dessa forma, tecnologia e cultura alteraram não só a paisagem interna do indivíduo como também a paisagem física do mundo natural. Apesar de, no mundo moderno, influenciados pelo poderoso impacto da industrialização, tendermos a ver a natureza como algo a ser dominado e controlado pelos esforços humanos, as primeiras culturas humanas eram moldadas e formadas pelo reconhecimento do poder da natureza. Mesmo nos tempos modernos, muitos povos, como de Fang, na África Central, acreditam que os humanos devem buscar um equilíbrio entre eles e o mundo natural, e não tentar dominá-lo ou controlá-lo. A ordem feita pelo homem na Vila Fang e em suas dependências ao redor da floresta tropical na África Central foi um ato de equilíbrio que moldou a cultura Fang. A similaridade da ecologia moderna empresta sua noção nuclear sobre a relação essencial entre a sociedade humana e a natureza desse tipo de pensamento.

Embora a preocupação com a ordem da sociedade e com as artes da cultura humana tenha tornado-se uma característica predominante do pensamento chinês, a lição ensinada na China antiga, conhecida como Taoísmo, demonstrava uma aguda sensibilidade com a necessidade dos humanos de viver em harmonia com a natureza, de reconhecer e apreciar os padrões humanos de nascimento, vida e morte como parte das constantes transformações da natureza. Com base na crença na unidade de todas as coisas – seres humanos, pedras, árvores, água, animais – as culturas nativas americanas foram moldadas pelos ambientes em que tomaram forma. Nativos americanos da costa noroeste regulavam suas atividades em torno dos padrões de vida do salmão; o padrão da vida Inuit era determinado pelas estações: caça do caribu e pesca no verão, caça de focas e pesca no gelo no inverno. Até mesmo suas casas eram determinadas pelas estações: estruturas em forma de tendas no verão, estruturas de gelo no inverno. Tais sociedades minimizaram as necessidades de seus ecossistemas mudando seus assentamentos de acordo com os padrões naturais. Para essas sociedades, a atividade cultural e o ciclo de mudança ambiental eram interdependentes.

O que essas visões diferentes têm em comum é o reconhecimento de que a relação entre a sociedade humana e o ambiente, qualquer que seja, é fundamental para a sobrevivência. A influência da natureza sobre as sociedades humanas e as formas com que diferentes culturas responderam à sua localização no mundo natural são elementos cruciais da compreensão histórica e básicos para a forma com que as culturas explicam seu passado. O estudo dessas relações também aumenta nossa compreensão do passado como um processo. Ver os eventos históricos humanos no contexto de tempos ecológicos, ou geológicos, de longa duração produz uma perspectiva sobre a história humana e um conjunto de preocupações históricas muito diferentes, desde uma preocupação baseada em eventos históricos singulares ou em realizações individuais. Abordagens do passado humano que focam a história relacionada das terras e dos oceanos tiveram uma profunda influência sobre os historiadores mundiais contemporâneos, encorajando-os a praticar o estudo de eventos históricos dentro do contexto de tempos geológicos lentos que se desdobram ao longo dos milênios e a enfatizar a relação entre a história humana e o ambiente.

A consciência da relação entre ambiente e culturas históricas também foi exaltada e intensificada por preocupações ecológicas atuais e o surgimento de sistemas científicos no século passado. Como os romanos poluíram suas fontes de água, a extensão com que os fundidores de ferro do oeste da África desmataram seu ambiente, a relação entre população e recursos na história chinesa – esses problemas históricos soam familiares nos tempos recentes. Os papéis do ambiente e da tecnologia foram interligados e estabeleceram tanto limites quanto oportunidades à experiência humana.

SUBSISTÊNCIA E AMBIENTE

Mudanças tecnológicas relacionadas a estratégias alimentares foram fundamentais na formação das relações entre os humanos e seu ambiente. Até o comércio alterar a equação, a comida que os caçadores e coletores primitivos consumiam se limitava ao que estava localmente disponível. Na maior parte da história humana as pessoas viveram em grupos relativamente pequenos, coletando e caçando aquilo que necessitavam de seu ambiente imediato. O sucesso era medido, em última instância, pela sobrevivência do grupo. Às vezes, estratégias de subsistência efetivas dependiam do movimento sazonal das pessoas, algumas vezes de sua cooperação e outras de compartilhamento ocasional, armazenamento e troca de comida. Por dezenas de milhares de anos e, em algumas partes do mundo até o século XX, tais padrões de subsistência sustentaram as populações humanas. Coleta, caça e pesca foram atividades essenciais das primeiras culturas humanas, à medida que forneciam os suprimentos básicos de comida.

Mudanças climáticas drásticas tornaram ajustes na relação entre humanos e seus ambientes necessários. As mudanças climáticas normalmente eram lentas, processos naturais como, por exemplo, o processo gradual pelo qual a África Saariana tornou-se um vasto e seco deserto. As mudanças também podem ter sido o resultado da intervenção humana, da manipulação constante do mundo natural e da superexploração dos recursos naturais: tais abusos ambientais não estão limitados aos dias atuais. Alterações extensas do meio ambiente, de origem natural ou humana, fizeram com que fosse essencial que os humanos mudassem seus padrões de subsistência. Por exemplo, evidências indicam que os povos pré-históricos, no oeste da região do Cabo na África do Sul, exploravam recursos marinhos em parte do ano e depois voltavam ao continente, onde seguiam rebanhos territoriais de pequenos mamíferos e coletavam intensamente plantas e tubérculos em outras estações. Iniciada há 20 mil anos, a cultura desses povos baseava-se em um padrão complexo e interativo do uso da terra e da adaptação da tecnologia para sua região.

Além dos ciclos sazonais recorrentes havia grandes padrões climáticos globais. O clima diário e da estação são os produtos de sistemas interligados de ciclos que são criados pelo movimento terrestre e pelo fato de que a terra tem o formato de globo. Devido a uma diferença herdada na maneira que o sol esquenta a metade mais próxima (equador) e as extremidades longínquas (polos) da terra, os polos são mais frios do que os trópicos e uma troca de ares quentes e frios estabelece caminhos de movimento que chamamos de vento e clima. Os cientistas estão começando a identificar ciclos que seguem os

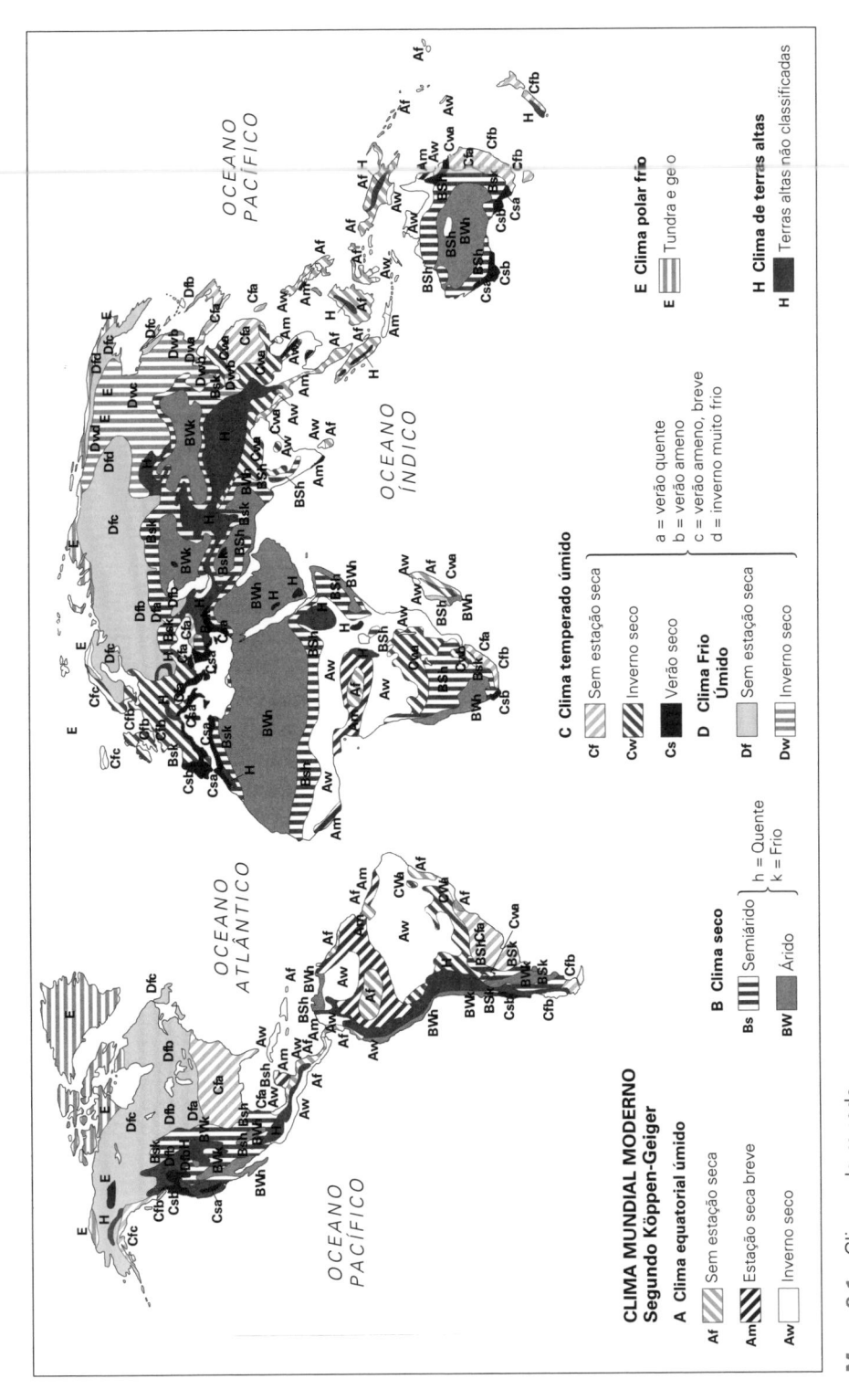

HISTÓRIA MUNDIAL: JORNADAS DO PASSADO AO PRESENTE 41

CLIMA MUNDIAL MODERNO
Segundo Köppen-Geiger

A Clima equatorial úmido

- Af ▨ Sem estação seca
- Am ▨ Estação seca breve
- Aw ☐ Inverno seco

B Clima seco

- Bs ▦ Semiárido } h = Quente
- BW ■ Árido   k = Frio

C Clima temperado úmido

- Cf ▨ Sem estação seca
- Cw ▨ Inverno seco
- Cs ■ Verão seco

a = verão quente
b = verão ameno
c = verão ameno, breve
d = inverno muito frio

D Clima Frio Úmido

- Df ☐ Sem estação seca
- Dw ▦ Inverno seco

E Clima polar frio

- E ▨ Tundra e gelo

H Clima de terras altas

- H ■ Terras altas não classificadas

Mapa 2.1   Climas do mundo.

movimentos ligados às áreas correspondentes de água quente no Pacífico. A formação de cada massa de água quente, ou "El Niño", produz um padrão de contrabalanço antes de reverter-se. Essas mudanças correspondem às crises ambientais mais fortes na história mundial e ajudaram a integrar grande parte do planeta muito antes de estarem conectadas pelas interações humanas.

As estratégias de caça e coleta eram menos vulneráveis às mudanças climáticas do que os sistemas de agricultura. As tradições dos antigos povos de caça-coleta foram mantidas pelos agricultores que sucederam o período. O conhecimento da flora e da fauna que normalmente não eram parte das dietas agrícolas posteriores (como as de insetos comestíveis, larvas e plantas silvestres) foi utilizado pelos fazendeiros em épocas de fome e seca. Apesar de parecerem ser arqueologicamente "invisíveis" se comparados ao esplendor das vilas, cidades e arquiteturas monumentais posteriores, as populações de caça-coleta e seus padrões únicos de relacionamento entre ambiente e sociedade permaneceu com importância para os pastores, fazendeiros sedentários e homens urbanos que os sucederam.

As primeiras sociedades de caça-coleta tiveram um efeito profundo sobre seus ambientes naturais. Mesmo que os humanos primitivos não possuíssem mais do que uma ferramenta de pedra ou osso a seu dispor, eles alteraram o ambiente de forma mais significativa do que outras espécies com as quais eles dividiram o planeta. As sociedades primitivas caçadoras-coletoras, as quais podem ter sido imaginadas como menos destrutivas de seus ambientes do que as sociedades agrícolas e sedentárias posteriores com seu grande potencial para o abuso ecológico, não vivenciaram uma relação imutável com a natureza.

Tanto a persistência de um estilo de vida nômade como o sucesso no crescimento em sociedades nas quais caçadores e coletores se assentaram de forma mais permanente em um local favorável dependeram de inovações culturais contínuas. A tecnologia era especialmente insignificante na negociação e nas mudanças das condições ambientais. A relação entre mudança demográfica e inovação técnica levou alguns estudiosos a sugerir que o aumento populacional constante deveria ser considerado uma característica definidora das realizações humanas. Enquanto nem a demografia e nem qualquer outro fator único pode explicar a história humana, o tamanho crescente das comunidades desafiou seus membros ao longo da história do mundo a propiciar um ímpeto por mudança e a lembrança de que os humanos vivem dentro do contexto e dos limites do mundo natural.

DAS FERRAMENTAS PRIMITIVAS DE PEDRA ATÉ A PIROTECNOLOGIA

Até mesmo as primeiras comunidades humanas eram dependentes de ferramentas que possibilitassem o próprio sustento pela exploração de seus ambientes de maneira mais eficiente. A tecnologia apropriada foi vital para a maneira como os humanos se organizavam para utilizar os recursos naturais disponíveis. Comunidades de caça-coleta dependeram de ferramentas de pedra, desde pedras brutas para esmagar grãos, sementes e nozes até instrumentos de pedra complexos e refinados, ou micrólitos, como raspadeiras e facas, em adição a pedaços de madeiras usados para cavar e implementos moldados a partir de ossos ou outros materiais orgânicos. A tecnologia envolvida na produção de ferramentas tornou-se crescentemente proficiente com a experiência e a necessidade. Está claro, por exemplo, que uma ferramenta bem confeccionada da Idade da Pedra Tardia envolvia experiência tecnológica bem maior que a do uso de uma pedra cujo tamanho e formas intrínsecos permitem que ela seja utilizada como ferramenta sem muita modificação. A tecnologia continua se desenvolvendo à medida que acompanha as mudanças naturais e das demandas de várias culturas ao redor do mundo, e, tanto como acompanhamento como causa, seu impacto alcança proporções revolucionárias durante as transições globais da caça e da coleta para um estilo de vida sedentário e agrário.

O uso do fogo foi uma das primeiras ferramentas que transformaram a paisagem física. O fogo produziu mudanças drásticas na

Figura 2.2 Modelo egípcio da confecção do pão e da cerveja. No Egito antigo, a cevada e o farro domesticados eram utilizados na fermentação de uma bebida popular sorvida por meio de tubos a partir de copos de cerâmica. Já em 1400 a.C., faraós e trabalhadores consumiam a bebida chamada "Aquilo que traz alegria" (*joy bringer*) nas tavernas. Cervejas de arroz primitivas na Ásia, vinhos de palmeiras no oeste da África e suco de cacto fermentado na Mesoamérica intoxicaram os povos ao longo da história.

vida dos humanos primitivos. Sua aplicação às ciências da culinária e da fermentação alterou as paisagens mentais, como os vários exemplos de antigas bebidas alcoólicas podem atestar. O estudo científico moderno dos resquícios da antiga cerveja egípcia tornou possível identificar a tecnologia sofisticada da fermentação utilizada pelos egípcios. Como o papel da tecnologia na transformação da sociedade continua a ser estudado e debatido, há uma pequena dúvida de que a tecnologia também ajudou a aquecer a vigorosa interação social dos povos antigos em todo o globo.

O fogo permitiu que grupos humanos conquistassem novos ambientes e provavelmente encorajou o desenvolvimento de redes de cooperação social e avanços na comunicação por meio do compartilhamento de comida e abrigo. A habilidade de cozinhar alimentos expandiu as dietas e melhorou a saúde das primeiras populações. E mesmo os níveis mais simples de tecnologia também eram capazes de alterar o ambiente e adversamente afetar a saúde de seus usuários. A fumaça do fogo em casas pequenas, fechadas e mal ventiladas teria causado doenças pulmonares crônicas em humanos da Idade da Pedra. Fogueiras provocadas pelo homem, especialmente a queima de florestas e campos, deixaram resíduos de poluentes que podem ser encontrados nos estratos de gelo polar dos últimos 100 mil anos. Poluentes como aerossol de chumbo, produzido por antigas tecnologias metalúrgicas, foram detectados em estratos polares datados de períodos como 800 a.C.

As evidências botânicas disponíveis no sedimento no fundo dos lagos na Ásia e no leste da África sugerem que modificações significativas nas comunidades de plantas e animais aconteceram como resultado de atividades humanas pré-históricas, como as de manufatura, e o uso de substâncias que se demonstraram venenosas para plantas e peixes. Coleta intensiva de recursos, até mesmo antigos excessos na caça e no pastoreio, também criaram desequilíbrio e alterações em ecologias primitivas. Por exemplo, a caça do leão marsupial australiano até sua extinção ou superexploração dos mamíferos marinhos no norte do Pacífico são argumentos para comprovar as significativas mudanças induzidas por seres humanos. A perda da cobertura de florestas primárias e a destruição das florestas tropicais do mundo, atualmente uma grande preocupação ecológica global, primeiro começaram como resultado da aplicação sistemática do fogo como auxílio à caça e à preparação da comida com a disseminação do *Homo Erectus*, a partir de 500 mil anos atrás.

ORIGENS AGRÍCOLAS

Os acadêmicos e o público de hoje debatem a sabedoria das modificações genéticas e da manipulação da flora e da fauna mundiais. Aquele processo de modificação começa com a domesticação das espécies e com o surgimento da agricultura. A mudança agrícola é só uma maneira com a qual as sociedades com populações crescentes adaptaram seu estilo de vida cultural para modificar a paisagem. A agricultura é a domesticação de plantas e animais para torná-los mais produtivos. O desenvolvimento da agricultura começou há mais ou menos 15 mil anos, seguindo os estágios finais da última Era do Gelo. Primeiro identificada a partir de evidências arqueológicas no oeste da Ásia, a tecnologia agrícola foi uma adaptação de caçadores-coletores mais ou menos 4 mil anos antes daqueles que primeiro começaram a colher variedades de trigo e cevada silvestres. Seus descendentes estabeleceram vilas semipermanentes. Buscando a partir de seus assentamentos, os primeiros produtores de comida reuniram grãos úteis como farro, trigo selvagem, cevada e centeio, levando a mudanças genéticas de longa duração que tornaram essas plantas dependentes da interferência humana. O processo de desmatamento acelerou-se com a introdução de práticas agrícolas e seu uso intensificado, e da manipulação genética de plantas e animais para torná-los mais produtivos. Outras novas tecnologias, como a confecção de cerâmica e a metalurgia, utilizaram fogo e trouxeram ainda mais mudanças à paisagem. Poluição e desmatamento, aparentemente, têm sido artefatos inevitáveis da história tecnológica humana dos tempos antigos até os contemporâneos.

A mudança da caça e da coleta para a agricultura seguiu muitos caminhos diferentes e aparentemente independentes ao redor do mundo em resposta à variedade de ambientes específicos. A mudança para a vida agrícola foi normalmente mais difícil e trabalhosa do que a caça e a coleta. Uma vez estabelecidas, contudo, as sociedades agrícolas podiam suportar sociedades maiores e mais complexas do que as sociedades de caça-coleta. À medida que as sociedades sedentárias cresciam, elas se tornavam estratificadas, revelando desigualdades sociais maiores e propensão a um caráter mais destrutivo do ambiente.

Os forrageiros, os caçadores remotos e seus descendentes, os fazendeiros e pastores foram impelidos em direção a uma nova e intensiva abordagem da produção de alimento. Onde quer que comunidades agrícolas sedentárias aparecessem a população aumentava, o ambiente era pressionado e aconteciam inovações tecnológicas. Apesar dessa mudança no curso da história humana – algumas vezes referida como Revolução Neolítica – ter sido de fato momentânea, não foi nem repentina nem uniforme. Na verdade, a "revolução" se deu durante milhares de anos, ocorrendo independentemente em diferentes regiões do mundo e baseando-se intensamente nas características de ambientes específicos.

Esforços para apontar as primeiras plantas domesticadas (plantações agrícolas) são complicados pelas características das próprias plantas. Grãos de cereais, com suas sementes duramente protegidas, eram frequentemente queimadas (carbonizadas) durante sua preparação e, portanto, preservadas para descobertas arqueológicas e análises. Em contraste, plantações de raízes domesticadas não possuem partes duras, inflamáveis e também são difíceis de distinguir de suas ancestrais silvestres. Consequentemente, tais plantações de raízes como batata, inhame e mandioca nas Américas, África e Ásia podem ter sido domesticadas até mesmo antes do que os cereais, para o que há boas evidências.

Em algum momento entre 9000 e 6000 a.C, povos coletores e caçadores no oeste da Ásia gradualmente se tornaram sedentários e dependentes de plantas e animais domesticados, os quais eles reuniram previamente em estado selvagem. O florescimento da agricultura no oeste da Ásia seguiu a criação de assentamentos permanentes. Os primeiros desses assentamentos foram encontrados no Irã, no Iraque, na Síria e na Turquia, localizados nas encostas do interior entre montanhas e planícies, próximos, mas não juntos, a rios ou cursos de água. Essas regiões são de ecologia complexa e oferecem uma variedade mutável de recursos alimentares selvagens durante o ano.

Sem exceção, as primeiras sociedades agrícolas tornaram-se comunidades social e materialmente complexas. Pelo menos no sexto milênio antes de Cristo, povos que habitavam várias regiões do lugar que hoje conhecemos como a China também praticaram agricultura sedentária, tecnologia de cerâmica, estratificação social observada em forma de funerais, sacrifícios humanos e animais e sistemas de notação ou protoescrita. A visão tradicional chinesa da origem da agricultura atribui esse fato a um sábio chamado "Lavrador Celestial", que ensinava as pessoas a como cultivar a terra:

> No tempo do Lavrador Celestial, o milheto caía dos céus como chuva. O Lavrador Celestial então trabalhava a terra e plantava

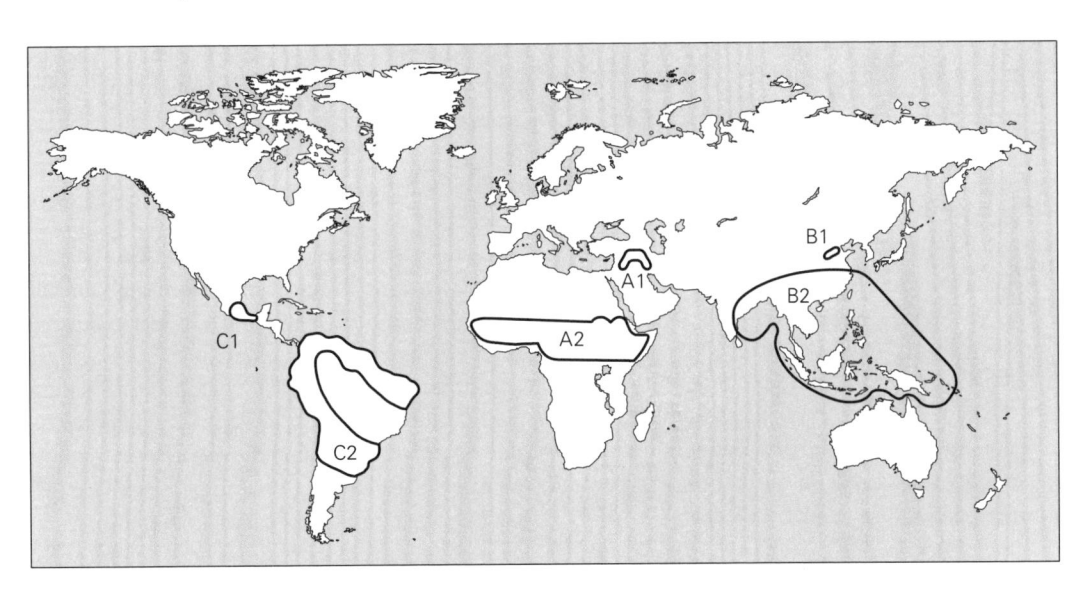

Mapa 2.2 Cereais alimentícios do mundo antigo.

Fonte: Cambridge Encyclopedia of Human Evolution, editado por Steve Jones, Robert Martin e David Pilbeam (Cambridge: Cambridge University Press, 1992), p. 376.

Diferentes regiões do mundo deram origem às principais espécies de plantações: A1: Oriente médio (cevada, trigo, ervilha, lentilha e grão de bico); A2, África (milheto, sorgo, amendoim, inhame, tâmara, café e melão); B1. Norte da China (milheto e arroz); B2, Sudeste da Ásia (arroz, banana, cana de açúcar, frutas cítricas, coco, taro e inhame); C1, Mesoamérica (milho, abobrinha, feijão e abóbora); C2, América do Sul (feijão de lima, batata, batata doce, mandioca e amendoim).

o milheto... Ele realizava a aragem e a capina com as quais ele abria o solo devastado.
(Francesca Bray, "Swords into Plowshares: A Study of Agricultural Technology and Society in Early China", *Technology and Culture*, 19 (1978, p. 3)

A domesticação de grãos e de outras plantas depende do uso da enxada e do arado primitivo, uma ferramenta também usada em todo o mundo por coletores. Em algumas áreas, particularmente as partes de florestas altamente densas do noroeste da Eurásia, era necessário usar técnicas de corte e queimada para fazer a transição para a agricultura. Densas florestas eram derrubadas e queimadas, e as áreas derrubadas eram cultivadas até a exaustão do solo. Sem os períodos de espera adequados ou fertilizantes, o cultivo fazia com que o solo perdesse sua fertilidade rapidamente. Isso resultava em mudanças frequentes, o que significava, essencialmente, a repetição das técnicas de corte e queimada em uma nova área. Em outros lugares, o estabelecimento temporário e a horticultura, combinados com a coleta e com a caça, continuaram por um milênio ou mais. A introdução do arado foi significativa apenas para o trabalho com certos solos. Mudanças tecnológicas na agricultura seriam amplamente beneficiadas a partir da aplicação de bois ou da força de cavalos na aragem dos campos, utilizando arados de ferro por volta do século III antes de Cristo na China, e depois de mais ou menos 800 d.C. na Europa, onde o arado era combinado com outras inovações, como a introdução dos arreios dos povos nômades da Ásia, ou com o uso ainda mais antigo (100 a.C.) da força da água e do vento na moagem dos grãos, o que também teve um impacto na produtividade.

O CONTROLE DA ÁGUA E O PAPEL DO AMBIENTE

Qual foi o papel desempenhado pela natureza no surgimento da agricultura? Certamente o ambiente forneceu uma variedade de espécies de plantas e animais disponíveis para possível domesticação. Quais fatores levaram os humanos a selecionar e investir intensamente em espécies específicas? Parte da resposta está na conexão das sociedades humanas às memórias culturais associadas ao cenário de nascimento e morte. A agricultura frequentemente necessitava de um investimento em um único ambiente e algumas vezes em uma única espécie. O conhecimento íntimo de uma paisagem foi transmitido de uma geração para a outra, cuja sobrevivência dependia dele.

O sucesso das primeiras civilizações dependeu da habilidade das sociedades de assegurar a própria estabilidade por meio de adaptação às condições ambientais variantes e pelo controle delas quando possível. Como no Egito e na Mesopotâmia, o controle da água na China primitiva foi um importante fator no crescimento tecnológico e na complexidade política. Uma teoria caracterizou tais comunidades como sociedades "hidráulicas", argumentando que a demanda pelo controle da água levou à concentração do poder e da autoridade. Na China, a necessidade por diques, construídos para prevenir que o Rio Amarelo inundasse suas margens e para irrigação auxiliar da agricultura aquática do arroz, trouxe o crescimento de um estado burocrático centralizado. Como o conceito de uma sociedade hidráulica pode ser altamente determinista, o controle da água desempenhou um papel nas mudanças dinásticas por minar a estabilidade política quando os diques rompiam e as enchentes destruíam casas e campos. Os dois principais cursos de água, os rios Amarelo e Yangzi, foram conectados pelo Grande Canal, produto do engenho humano no século VI d.C., que permitiu que os grãos, especialmente o arroz que crescia na área fértil do delta do Yangzi, fossem transportados para a área da capital. Outros sistemas de rios menores, canais e vias aquáticas possibilitaram a expansão de mercados e a economia comercial a partir do século VIII.

A história da agricultura nas Américas sugere a importância de uma consideração ecológica para a lista de possíveis explicações para o surgimento da agricultura. Há pouca dúvida de que a dependência de um pequeno território e da gama familiar de plantas e animais tornou as sociedades mais suscetíveis aos caprichos da aridez e do clima imprevisível do que fizeram as opções dadas por um alcance maior da forragem e da caça. Uma crise dramática, frequentemente referida como a Grande Seca, afetou a região sudoeste do atual Estados Unidos e o norte do México; ela começou por volta de 8000 a.C., atingiu o ápice em torno de 5500 a.C. e durou até mais ou menos 2000 a.C. A Grande Seca, um período de desertificação ou extensa aridez, foi como se fosse o grande ímpeto para o surgimento da agricultura na América do Norte e sugere que a transição para a agricultura em partes do hemisfério ocidental é cronologicamente comparável ao desenvolvimento das práticas agrárias em outras partes do mundo. Tanto a cultura do milho na Mesoamérica como a cultura da raiz no noroeste da América do Sul estavam bem estabelecidas na metade do século VI a.C.. O surgimento da "cultura do milho" como uma alternativa ou suplemento às péssimas condições de caça-coleta foi um corolário da seca. Na época dessa transição para o cultivo de plantas, os animais também foram domesticados, mas não para virar comida; parece que a dieta essencial da América quando a agricultura surgiu era amplamente vegetariana, complementada com caça e pesca.

DE FONTES DE ALIMENTO LOCAIS A FONTES GLOBAIS

Trabalhos arqueológicos nas terras altas do Vale Tehuacan sugerem que o cultivo intencional de milho ocorreu inicialmente depois de 6000 a.C., apesar de o milho primitivo dessa era inicial não ser ainda o alimento principal. Os primeiros cultivadores do milho eram provavelmente guiados por extensas secas que diminuíram os suprimentos de comida selvagem por toda aquela região montanhosa. Ainda assim, essas pessoas, vivendo em pequenos bandos, permaneceram primeiramente como forrageiros e caçadores, ocupando vários acampamentos durantes seus turnos sazonais em busca de carne ou outros alimentos. Níveis posteriormente escavados em Tehuacan começam a mostrar uma situação diferente. Depois de 5000 a.C., uma crescente população, de certa forma menos móvel, aumentou a proporção de plantas comestíveis, tanto as selvagens *quanto* as domesticadas, em sua dieta, enquanto a proporção de carne decrescia.

Os astecas chamaram a planta domesticada de *teocentli*, que significava "o milho da dádiva de Deus". O poder do milho, segundo as crenças dos mesoamericanos primitivos, era espiritual e físico. De acordo com as crenças astecas, o primeiro casal de humanos lançou sementes de milho para revelar seu futuro. Com milho e outras plantas selecionadas, a visão daquele futuro teria incluído a criação eventual de comunidades permanentes assentadas e grandes complexos cerimoniais. Já como alimentação eventual da Mesoamérica e grande parte das Américas do Norte e do Sul, o milho a princípio não teve necessariamente um grande impacto imediato onde apareceu. Arqueólogos conseguiram medir os átomos de carbono de ossos humanos escavados em sítios arqueológicos das Américas com o objetivo de identificar a quantidade de milho que as pessoas antigas consumiam e se esse milho era consumido em combinação com outros alimentos em particular, como recursos marinhos, e se aquelas populações eram móveis, dessa forma somando mais um meio científico de determinação das datas, da difusão e do impacto dessa plantação. A troca de alimentos pelo mundo depois de Colombo levou o milho para as partes do globo onde o impacto no crescimento populacional foi significativo.

Atualmente, o processo pós-colombiano de globalização trouxe aos povos o contato com alimentos de novos continentes. Plantas como a pimenta, nativa das Américas, conquistaram as cozinhas do planeta. Amendoim, milho, soja e formas melhoradas de arroz deram suporte a drásticas mudanças populacionais e alteraram o destino das sociedades mundiais. A eventual dependência dos humanos de alimentos globais em vez de locais tem sido debatida desde pelo menos o momento em que, no século XVIII, o filósofo francês Rousseau expressou suspeita em relação a alimentos que eram importados de terras distantes. A transferência de alimentos de *habitats* originais para novos foi acelerada pelo processo que alguns historiadores identificaram como imperialismo ecológico, reconhecendo o impacto da transferência, dominada por europeus, de plantas, animais e doenças.

VILAS, CIDADES E AMBIENTE

O entrincheiramento e a dispersão dos sistemas agrícolas nos milênios entre 12000 e 2000 a.C. causou explosões na produção de comida e na população. A agricultura deliberada na maioria das regiões do mundo estimulou aumentos impressionantes na população, o que, por sua vez, deu origem à dispersão dos povos agrícolas primitivos até novas áreas do globo. Contudo, à medida que os povos agrícolas sobrepujaram os povos pastores e caçadores, a relação dos seres humanos com seus ambientes começou a mudar drasticamente. Apesar de tudo, a transição mundial para a agricultura apresenta uma variedade de exemplos que nenhum modelo único de explicações satisfaz. A emergência de vários sistemas agrícolas e sociedades sedentárias ocorreu de forma bem independente em tempos muito diferentes e seguiu diferentes cenários em inúmeras partes do mundo, desde vales de rios até áreas montanhosas de temperatura seca.

Um número maior de pessoas vivendo juntas em comunidades relativamente estáveis, com animais domesticados também vivendo ao seu redor, deram origem a doenças infecciosas e outros males que eram facilmente disseminados por povos assentados, e raramente isso acontecia com povos pastores-caçadores nômades. Por exemplo, em decorrência de longa tradição urbana, a China acostumou-se a doenças populares, como sarampo e varíola, muito cedo. Uma vez que o pastoreio de animais foi adotado, a China, diferentemente das Américas, teve experiências com doenças compartilhadas com animais, como a gripe. Os povos das Américas foram devastados com os primeiros contatos com doenças carregadas por porcos introduzidos durante a conquista europeia. A grande concentração de comunidades humanas sedentárias, ocupada com uma relação *intensiva* com o meio ambiente, em vez de manter uma relação *extensiva*, também resultou em casos frequentes de degradação natural; poços poluídos, rios e riachos contaminados e paisagens desfolhadas. Então, enquanto a taxa de natalidade aumentava (em parte devido a mudanças na assistência, na amamentação e no período de resguardo) no seio de populações agrícolas sedentárias, as dietas ficaram limitadas, o trabalho tornou-se mais sujeito a rotinas e a expectativa de vida caiu.

A IDADE DOS METAIS

A segunda maior era de impacto humano no ambiente foi resultado do uso de metais, grande indicativo de "avanços" tecnológicos, sinônimo da definição de civilização. O impacto da crescente complexidade da cultura material era visível nas primeiras comunidades: o corte de árvores para fogueiras contribuiu para as primeiras evidências do desmatamento, que persiste até hoje. A madeira abasteceu o fogo na confecção de cerâmica para estocar comida e no tratamento de metais para serem transformados em ferramentas. Mais ou menos quando a cerâmica queimada começou a ser utilizada de forma generalizada (6000 a.C.), tecnologias para o tratamento de metal foram desenvolvidas. Tecnologias metalúrgicas foram utilizadas para produzir ferramentas que tiveram grande efeito na agricultura – no comércio e na guerra também – no tempo em que a transição para sociedades sedentárias estava ocorrendo.

A "era dos metais" variou de lugar para lugar e chegou mais cedo para alguns pontos do que para outros. Nem todas as sociedades desenvolveram tecnologia para os mesmos metais. No oeste da Ásia, nos Bálcãs, na Espanha e na região do Mar Egeu, por exemplo, a metalurgia do cobre foi a primeira a ser desenvolvida (entre 6000 e 2500 a.C.). Depois a metalurgia do ferro foi desenvolvida (pelo menos tão antigamente quanto 2500 a.C., com o trabalho de ferro meteorítico e, posteriormente, por volta de 1600 a.C., pelo derretimento de minério de ferro), e começou a substituir todas as outras em áreas onde o minério de ferro era encontrado. O ferro, sendo um metal mais duro e forte, capaz de reter pontas afiadas, podia ser utilizado para criar ferramentas mais duráveis e úteis. À medida que a demanda por ferramentas de metal aumentou, a distribuição desigual do minério ao redor do globo favoreceu algumas sociedades com a riqueza e outras com a necessidade do comércio. Ligas de estanho e bronze, ligas ou misturas de cobre e estanho (ou de chumbo ou antimônio) são encontradas em Velikent, no Daguestão (na região do Cáucaso), no terceiro milênio. Por volta de 1500 a.C., a demanda por bronze superior, metais mais duros do que o cobre (embora não tão duros quanto o ferro), resultou na importância do estanho em lugares tão distantes quanto a Cornuália (no oeste da Inglaterra) ou a Ásia Central até o oeste e sudeste da Ásia para o uso na metalurgia do bronze. Diferentemente do trabalho com pedra, um material que permanece essencialmente imutável, exceto na forma, o trabalho com metais representou uma alquimia fundamental: a própria natureza da matéria foi modificada pela habilidade humana e pela tecnologia.

A metalurgia teve um impacto devastador no ambiente em que foi aplicada. Atividades de mineração por si só eram destrutivas, como os mineiros neolíticos do sílex (pedra giz), de rochas e de obsidianas demonstraram ao redor do mundo. O primeiro uso do cobre nativo não envolveu extração do subsolo, mas logo depois o bronze e o estanho dos trabalhos mais antigos começaram a ser encontrados em veios ou filões em rochas mais antigas e duras. Sua extração requeria o uso do fogo e de martelos de pedra especializados, e até mesmo a construção de abrigos, suportes e sistemas de drenagem. O desmatamento e a erosão do solo foram consequências comuns da mineração e do trabalho com metais.

Metalurgia na África e nas Américas

No oeste da África, observou-se que a produção de ferro e aço (provavelmente após 2000 a.C.) lidava com forças técnicas e espirituais. Peritos em modificar a própria natureza da matéria, os metalúrgicos especialistas apareceram como membros poderosos da comunidade. Seus poderes dependiam de divindades mais poderosas: aquelas que controlavam a manufatura das ferramentas de ferro e das armas. O sítio de Meroe (400 a.C.), no Nilo Médio, é um exemplo da exploração intensiva do conhecimento pirotécnico. Quantidades substanciais de escória, os resíduos do derretimento do ferro, junto com ferramentas conservadas, incluindo lanças, pinças,

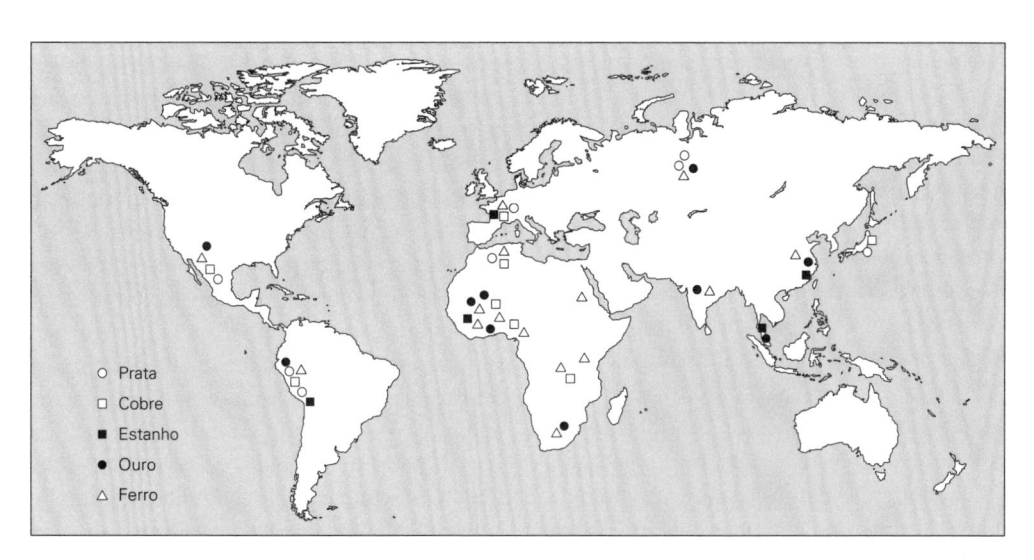

Mapa 2.3 Fontes primitivas de metais antes de 1500 d.C.

Figura 2.3 Fornalha de derretimento de ferro, região de Bassari, Togo, oeste da África. O estudo de práticas tecnológicas recentes foi auxiliado pela interpretação de resquícios arqueológicos do trabalho com metal. Fornalhas altas, com escapes naturais, produziam ferro de alto carbono e aço. O conhecimento específico necessário para sua operação era restrito a homens de certas linhagens.

enxós, machados, lâminas de enxadas e tesouras de tosquia sugerem uma indústria impressionante. O consumo de combustível da maioria dos centros metalúrgicos africanos, como os de Meroe, criou sérios problemas de desmatamento, e o trabalho eventualmente decaiu com o desaparecimento das florestas. Os especialistas – trabalhando com ferro, cobre, ouro e vidro – que alteraram o ambiente com tal impacto devastador eram reverenciados, bem como adorados e temidos. O controle sobre a tecnologia, tanto na África como em outros lugares, serviu como veículo para expressão do domínio e da subordinação social e política. Os metais adquiriram importância simbólica como expressão de poder e distinção social.

Nas zonas andinas do oeste da América do Sul (modernos Peru, Bolívia, Equador e Colômbia), os metais tiveram uma importância menor na guerra: não havia armas andinas com pontas de bronze ou aço, tecidos e fibras trabalhadas forneciam o armamento (tiras para projéteis) e como blindagem para proteção. Obsidianas, vidro vulcânico naturalmente formado, obtinham um preço alto e eram amplamente comercializados em sua forma crua, que era moldada em pontas de flechas e de lanças. O papel dos metais foi relegado aos reinos não utilitaristas. Na região andina, cobre, ouro e prata eram usados de forma decorativa e artística para demonstrar poder e *status* secular e religioso. O artesão andino estava interessado na cor e na aparência dos metais, e não em sua força e durabilidade. Técnicas sofisticadas de ligar metais, de polimento e prateamento que usavam métodos eletroquímicos de alteração superficial dominaram o repertório dos ferreiros nas sociedades andinas durante o primeiro milênio da era cristã.

Metalurgias complexas do cobre ajudaram a moldar as sociedades sul americanas. Já em 500 a.C., povos na costa norte do Peru trabalhavam com cobre e ouro. Artesãos posteriores produziam também uma liga de cobre e ouro muito apropriada para trabalhar com folhas de metal. Em um sítio peruano reconstruído, datando entre 900 e 1500 d.C., arqueólogos escavaram as primeiras evidências do mundo do derretimento intensivo de ligas de cobre e arsênio. A abertura das fornalhas revelou oferendas elaboradas de sacrifícios de lhamas e comida. Tubos de soprar com ponta de cerâmica eram usados para elevar a temperatura das fornalhas, e aditivos eram utilizados para ajudar a remover as impurezas para que o cobre quase puro pudesse ser produzido. Cada fundição poderia produzir apenas 0,3 até 0,6 Kg de cobre metálico, isso já utilizando quantidades enormes de combustível. Consequentemente, o funeral de um líder com 500 Kg de objetos de cobre era uma afirmação ostensiva de poder e riqueza.

Ligas de cobre e prata e de cobre e ouro expressaram aspectos culturais significativos do sistema de valores dos Andes. Por exemplo, quando o cobre encobria o ouro ou era misturado ao ouro puro, pensava-se que isso representava a qualidade divina de um governante aparentemente humano. Tanto na América do Sul quanto em outros lugares, a tecnologia refletiu preocupações culturais e forneceu evidências críticas para a compreensão do gênero e do *status* nas sociedades e culturas primitivas. Ironicamente, a prata sul-americana ocuparia um papel central na globalização e na perda ambiental depois de 1500 d.C.

Metalurgia na Eurásia

Esse padrão de desenvolvimento metalúrgico da África e das Américas contrasta com a Eurásia, na qual a Idade do Cobre foi seguida pela Idade do Bronze e, então, pela Idade do Ferro. A tecnologia que dominou cada uma dessas novas eras foi definida pela inevitável substituição dos metais antigos pelos mais novos. No terceiro milênio a.C., comunidades na China, no Vale Índico e na bacia do Mediterrâneo ocidental constituíram exemplos da cultura da Era do Bronze como o resultado de seus avanços significativos na experiência metalúrgica. Bronze (uma liga combinando cobre e estanho) foi uma elaboração da primitiva metalurgia do cobre, a qual se desenvolveu em áreas adjacentes a antigas fontes abundantes de cobre como aquelas perto dos Bálcãs, no Sinai e no leste e sudeste da Ásia. Na Tailândia, onde um dia se pensou que as mais antigas evidências da liga de estanho e cobre eram precedentes ao terceiro milênio, não se cogita que o desenvolvimento do bronze tenha começado antes de 2000 a.C. Os egípcios haviam adicionado anteriormente arsênio ao cobre (provavelmente por volta de 3000 a.C.) para produzir espelhos de cobre prateados com superfícies reflexivas: eles não ligaram cobre com estanho antes de 2000 a.C. Na China, armas de bronze eram usadas pelos fundadores da primeira dinastia histórica, a Shang (1600-1045 a.C.),

que emergiu no norte plano da China na parte inicial do segundo milênio antes de Cristo. Além de armas, embarcações de bronze para rituais eram lançadas para uso em cerimônias de sancionamento da legitimidade política dos reis Shang.

A transição do bronze para o ferro na bacia do Mediterrâneo e na Europa foi tardia e esporádica. A metalurgia do bronze da região data do segundo milênio a.C., e foi acompanhada do surgimento de crescentes comunidades hierárquicas com populações em expansão. A metalurgia e o desmatamento eurasianos no começo da Era do Bronze podem ter contribuído para a quantificação e compreensão das interações humanas com o sistema climático ao longo do tempo. O bronze supriu as necessidades europeias por aproximadamente mil anos até ser substituído pelo ferro. Desde o século VI a.C., gregos e romanos dependeram de ferramentas e armas de ferro, mas já no século VIII a.C., o poeta grego Hesíodo (766 a.C.) lamentava a nova Idade do Ferro: "Eu gostaria de não ser parte da quinta geração de homens... De hoje em diante é a era do ferro". As dúvidas de Hesíodo sobre os efeitos das armas de ferro na cultura grega dificilmente eram uma confirmação entusiástica da inevitável ou progressiva mudança. Inovações tecnológicas produziram respostas variadas ao longo da história.

Um fator importante na adoção do ferro para o uso em armas foi sua relativamente extensa disponibilidade. Os custos ambientais eram altos devido à densa quantidade de madeira que era necessária para produzir temperaturas constantes e altas dentro de fornalhas de fundição. Apesar de o minério de ferro ser, então, difícil de extrair e purificar, assim que técnicas metalúrgicas produtivas permitiram a produção de quantidades úteis, o ferro substituiu todos os metais anteriores nas armas e ferramentas. Esta era a principal forma de produção do ferro até o século XIX, quando novas técnicas revolucionaram a metalurgia do ferro na região.

Na China, os produtos de ferro preferidos eram o ferro e o aço moldados, ligas de alto carbono que eram muito mais resistentes. Artesãos chineses estavam produzindo aço e ferro moldado por volta do século IV a.C. Ambos eram amplamente utilizados na era conhecida como a dos Estados em Guerra (481-221 a.C.). A introdução e a disseminação do uso do ferro estiveram relacionadas a drásticas mudanças sociais e econômicas que resultaram de conflitos e frequentes trocas no poder durante esse período. O ferro era usado em armas, e o estado de guerra criou condições nas quais aqueles com acesso à tecnologia do ferro estavam em vantagem. Um texto do século III a.C. cita "pontas de lança de aço [...] afiadas como um ferrão de abelha". O ferro também foi usado no tempo dos Estados em Guerra em placas ou lâminas do arado de bois, provavelmente com base em arados de madeira utilizados por fazendeiros chineses na cultura do arroz molhado.

Apesar das condições caóticas na China, resultantes da guerra, ou talvez em parte por causa delas, o ferro adquiriu grande valor – e até mesmo as trocas comerciais utilizaram o elemento como moeda. Mercadores ficaram ricos com seus lucros e a agricultura prosperou, auxiliada pelo uso de ferramentas de ferro. Após a unificação do império no século III a.C., o governo rapidamente entendeu a importância do controle da produção de ferro como fonte de rendimentos. No século II a.C., o Imperador Wu, da dinastia Han (202 a.C. – 220 d.C.), criou monopólios governamentais de sal e ferro. Críticas dos discípulos de Confúcio como as preservadas no "*Debates on Salt and Iron*" (81 a.C.), não tiveram sucesso em acabar com os monopólios, e as dinastias posteriores continuaram a controlar a produção e a vender o sal e o ferro (junto com outros metais como estanho, cobre e chumbo).

No primeiro milênio da Era Cristã, a tecnologia do ferro moldado era normalmente utilizada para manufaturar itens domésticos, como tesouras, e para construir templos, pagodas e pontes. Mas os custos ambientais eram grandes: antes do fim do primeiro milênio, o norte da China estava desmatado. A expansão da produção de ferro depois disso depende do uso do carvão ou do coque. Na dinastia Song (960-1279), os níveis tecnológicos e de produção da indústria do ferro no norte da China igualou aqueles dos estágios iniciais da Revolução Industrial na Inglaterra mais de 500 anos depois. A mineração continuou a ser um empreendimento lucrativo e essencial controlado pelo Estado, que licenciou a produção do ferro e outros metais. Um poema do século XVIII revela algumas das condições vividas por mineradores:

Lamento das colinas de produção de cobre
Por Wang Taiyue

Eles se reuniam, ao amanhecer, à boca da mina,
Lá permanecendo nus, seu vestuário despido
Lanternas atadas a suas cabeças em cestas de transporte,
Provando no escuro o insondável fundo
No frio do inverno, seus corpos tremerão
As mãos empolando-se com frieiras. Seus pés e abrirão em fendas.
Mina abaixo, por esse motivo, eles se aconchegam juntos
Mas dificilmente renovam a força vital em um descanso...
A madeira que deverão catar não está mais disponível.
As florestas foram raspadas, como a cabeça de um condenado.
Destruídas
Apenas agora eles se arrependem – sentindo dia após dia
Que não lhes restou nada para abastecer suas fogueiras
 (Elvin e Liu Ts'ui-jung, 1998, p.10-11)

Nos lugares onde a metalurgia foi praticada, o impacto no meio ambiente foi visível. O poema de Wang Taiyue evidencia as dimensões humanas e ecológicas da exploração. O modo de vida dos mineiros chineses aumentou em dificuldade à medida que o minério foi tornando-se escasso e a madeira necessária para a fundição foi completamente gasta.

TECNOLOGIA E AMBIENTE: ABASTECIMENTO DA INDÚSTRIA

A demanda por ferro e aço acelerou na Europa depois dos anos 1000 d.C. devido a uma demanda crescente por armas de guerra, conquistas e uma crescente necessidade da população por mais implementos para a agricultura, para o lar e para a indústria. Como resultado, a escassez de madeira para o carvão, um ingrediente essencial do processo de fundição, logo colocou em perigo a indústria de ferro da Inglaterra e de outros países europeus. Um efeito da falta de carvão vegetal foi mudar o centro da metalurgia do ferro de um país para outro. A Suécia, por exemplo, que contava com extensas florestas, bem como muito minério de ferro, tornou-se a líder da produção europeia de ferro no século XVIII, tomando o lugar da Alemanha e da França. Em países como a Grã-Bretanha, a falta de árvores resultou na substituição do carvão vegetal pelo mineral, que era abundante na região.

A chave para o aumento da produção de ferro e aço, uma vez que o maior processo estava em andamento, era, obviamente, combustível, mas o uso de carvão mineral apresentou problemas complexos. Em todos os estágios da confecção do ferro e do aço, o uso do carvão mineral prejudicou a qualidade do produto por introduzir impurezas. Em 1614, um método foi descoberto para o uso do carvão mineral na conversão de barras de ferro em um produto de alto carbono (aço), mas por quase cem anos nenhum avanço foi realizado em relação ao uso de carvão mineral nas fornalhas em que o ferro poderia ser derretido em grandes e contínuas quantidades.

No século XVII, alguns cervejeiros em Derbyshire, Inglaterra, tentaram usar o carvão mineral para secar seu malte. A presença do enxofre no carvão estragou o gosto da cerveja, mas quando eles refinaram o carvão, aquecendo-o para produzir o coque, um novo carvão combustível, eles se livraram do enxofre e fermentaram uma cerveja famosa. Essa anedota industrial não deixou de ser notada pelos sedentos fabricantes de ferro, que estavam ficando sem carvão vegetal. A primeira experiência de sucesso com o coque na confecção de ferro foi conduzida pela Coalbrookdale, em Shropshire, na Inglaterra, em 1709, por Abraham Darby (1677-1721), que havia trabalhado como aprendiz no moinho de malte de uma cervejaria. O uso do coque por Darby em sua fornalha não foi acompanhado rapidamente por outros; por constituir um processo caro até a aplicação da força do vapor, apenas outras seis fornalhas a coque foram construídas na Grã-Bretanha no meio do século seguinte. A fundição do coque gradualmente abriu uma nova fase na tecnologia do ferro e disputou com a máquina a vapor o título de maior componente na Revolução Industrial europeia, que ocorreu entre 1750 e 1850. O que poderia ter acontecido se as indústrias de ferro do oeste africano tivessem explorado novas fontes de combustível na medida em que suas florestas diminuíram? Essa não era uma opção, já que não havia depósitos adequados de carvão mineral disponíveis para serem minerados. Na China, o uso muito mais adiantado do carvão mineral moldou a indústria do ferro fundido, mas o desenvolvimento tecnológico ocorreu em um contexto econômico e político muito diferente. Dessa forma, a Revolução Industrial favoreceu as indústrias de algumas partes do mundo mais do que outras.

CIÊNCIA, TECNOLOGIA E REVOLUÇÃO INDUSTRIAL

As aplicações práticas da maior parte do conhecimento científico inicial dos europeus foram poucas e espaçadas, mas a revolução científica dos séculos XVI e XVII levaram a um novo hábito mental: uma nova forma de analisar problemas particulares para resolvê-los. Inovações tecnológicas aconteceram em esferas bem distantes das arenas bem comportadas e suavizadas da filosofia e da teoria cientificamente abstratas, mas também dependeram das habilidades de pesquisa e da racionalização da ciência. Por exemplo, oleiros e maquinistas eram membros da Real Sociedade Britânica e da Academia Francesa de Ciência (fundadas em 1660 e 1666 respectivamente), e utilizavam a experimentação e a racionalização científica para resolver os grandes problemas tecnológicos relacionados à produção comercial e ao comércio internacional – desde a reprodução da porcelana chinesa até a construção de relógios e brinquedos mecânicos. Inovações que transformaram materialmente a Europa às vezes eram desenvolvidas em oficinas de artesãos sem instrução. Tais inovações não eram baseadas em abstrações ou teorias, mas sim na experiência do trabalho com os elementos comuns dos metais básicos e combustíveis fuliginosos. Entre as importantes mudanças tecnológicas europeias que acompanharam o desenvolvimento da ciência teórica estava a da metalurgia, especialmente a produção do ferro. Inovações na produção do ferro deram suporte aos avanços que tornaram possível a Revolução Industrial europeia.

Começando depois de 1700, o ímpeto da Revolução Industrial levou a exploração a níveis sem precedentes, medidos pelos custos em recursos humanos e naturais. Muitas mudanças globais na cultura material podem ser ligadas ao surgimento do capitalismo industrial mundial. No núcleo dessas transformações materiais estavam profundas mudanças no modo como as pessoas percebiam a si mesmas em relação ao mundo natural. Mudanças tecnológicas drásticas e transformações igualmente drásticas na economia resultaram em modificações na organização física e social da vida. Embora muitas dessas mudanças tenham ocorrido primeiro na Europa, seu impacto não ficou restrito ao território europeu. Em todo o globo os produtos e o impacto do industrialismo alteraram a vida cotidiana. A rapidez da mudança começou a criar uma consciência maior sobre a antiga experiência da globalização.

A aceleração da tecnologia no século XVIII foi denominada "Revolução Industrial", e como outras inovações agrupadas na história mundial, ela forneceu novos materiais e meios de produção. A Revolução Industrial não ocorreu de forma isolada, mas logo teve um alcance global. Inovações tecnológicas do século XVIII, acompanhadas pela expansão do capitalismo, revolucionaram as primeiras sociedades europeias e americanas em sua relação com o mundo não europeu. Outras partes do mundo logo a seguiram. A Revolução Industrial também introduziu novas tecnologias do ferro; na verdade, os parâmetros da revolução podem ser definidos pela introdução do coque como substituto do carvão vegetal no processo de fundição (século XVIII) e eventualmente a perfeição de um processo novo e bem-sucedido para a confecção do aço (século XIX). O escritor francês Émile Zola descreveu as potencialidades dessa era no romance *Germinal* (1885):

> Debaixo do sol flamejante, naquela manhã de novo crescimento, o campo vibrou com a música, conforme seu ventre inchava com o negro e vingativo exército de homens, germinando lentamente em seus sulcos, crescendo e ascendendo em prontidão para as colheitas por vir, até que um dia em breve sua maturação irá brotar da própria terra.

A abrangência das conquistas tecnológicas que começaram na metade do século XVIII, sua relação com as mudanças econômicas globais e seu amplo impacto talvez justifiquem o uso do termo "Revolução Industrial Global".

Energia de vapor

As inovações tecnológicas no século XVIII ocorreram principalmente em indústrias como as de mineração, metalurgia e têxteis. A maior parte das inovações industriais foi produzida por mecânicos e artesãos ligados aos empreendimentos cujas inovações eles ajudaram a transformar. A energia do vapor foi um pulo drástico do controle do poder da água, dos cavalos ou do calor: controlar o vapor requeria aplicações mecânicas. Já que o poder do vapor está muito mais associado à Revolução Industrial do século XVIII, a construção da máquina a vapor, em 1712, por Thomas Newcomen, um mecânico, pode ser encarada como seu evento inaugural: todas as máquinas modernas, seja nas fábricas ou aplicadas no transporte, são descendentes da máquina de Newcomen. As primeiras má-

tuição do carvão vegetal pelo coque forneceu combustível para a ampla aplicação do vapor à revolução industrial. Sem os crescentes suprimentos de ferro, Watt e Boulton não poderiam ter produzido máquinas a vapor em uma escala comercial, e sem essas máquinas a transformação europeia da indústria doméstica para o sistema fabril seria difícil de imaginar. Igualmente importantes eram as fontes de capital, trabalho e matéria-prima, bem como os mercados que consumiam a crescente produção. Servindo como base de todas essas inovações estava o mercado de escravos do Atlântico, que forneceu mão de obra e mercados e produziu capital para o investimento na indústria.

CAPITALISMO INDUSTRIAL, TRANSPORTE E PRODUÇÃO

A demanda por produção crescente e o surgimento dos mercados globais estavam no núcleo do novo sistema de capitalismo industrial (ver Capítulo 6). A habilidade de capitalizar no mercado global e explorar recursos globais dependeu de novas formas de transporte. Melhorias no transporte afetaram todos os tipos de produção industrial. A movimentação eficiente e barata de mercadorias foi instrumento do fornecimento dos suprimentos necessários para o aumento da produção e para a satisfação da demanda do mercado necessária para sustentá-lo. Essas mudanças tecnológicas ocorreram em um contexto global. Em 1829, uma prática locomotiva a vapor foi desenvolvida por George Stephenson na Inglaterra, e pouco tempo depois a construção de ferrovias aconteceu rapidamente. Apenas na Inglaterra os trilhos cresceram de 78 Km, em 1830, para 24.000 Km, em 1870. No final desse século, a Europa estava unida por uma rede de linhas de ferro e, em 1905, os viajantes poderiam ir de Paris até Moscou e Vladivostok no Pacífico ao longo da extensão (9.288 Km ou 5.772 milhas) da ferrovia Siberiana. Imperialistas na África sonharam com uma versão dessa ferrovia entre a cidade do Cabo e o Cairo.

Igualmente importante para o crescimento industrial na Europa foi o desenvolvimento

Figura 2.4 O aço trabalhado de Edgar Thompson. O artista Joseph Pennel (1857-1926) esboçou a realidade da indústria de aço local, capturando sua precária aproximação das linhas de força e dos sistemas de transporte, bem como seu impacto visível na linha do horizonte e na paisagem.

quinas a vapor eram máquinas puramente de bombeamento, restritas às minas de carvão. Não eram muito eficientes e eram muito caras de operar. Por fim, suas aplicações iriam criar poderosas ferramentas para a expansão da Europa e para o processo de urbanização e industrialização global.

Novas máquinas criaram a revolução têxtil, mas não antes de serem controladas pela máquina de Watt. Um maquinário dirigido por uma força nova, que era responsável pelo incremento da produção têxtil, dependeu da crescente disponibilidade de metais, particularmente do ferro. Dessa forma, as inovações na metalurgia eram tão importantes quanto a máquina a vapor na gênese da Revolução Industrial. Mas o problema da diminuição dos suprimentos de combustível permaneceu como obstáculo principal da produção em grande escala. A substi-

de um prático barco de alto mar a vapor, que tornou todas as partes do mundo prontamente disponíveis como fontes de matéria-prima e mercados para produtos acabados das fábricas europeias. Já em 1785, um barco a vapor havia viajado no Rio Potomac, nos Estados Unidos, mas, menos de 60 anos depois, linhas regulares de barcos a vapor transatlânticos foram inauguradas – e as aplicações no comércio e no correio logo se seguiram. Mais do que qualquer outra invenção, a estrada de ferro veio para simbolizar o alcance global da Revolução Industrial. As ferrovias se espalharam pela América no Norte e Europa. A ferrovia Transcontinental nos Estados Unidos estava completa em 1869, quando os trilhos conectaram Omaha a Sacramento (2.826 km ou 1.756 milhas), e a Expresso do Oriente originalmente (1869) ligou Paris a Istambul (2.254 km). Estradas de ferro também ligaram partes do interior das colônias africanas até portos na costa e aprofundaram o controle militar da Ásia imperial. Essas inovações se basearam no ferro e no carvão mineral.

As demandas por suprimentos e mercadorias acabadas dobravam em poucos anos com a expansão dos mercados globais. Por exemplo, a produção de ferro, basicamente na era da máquina, aumentou 100 vezes no século XIX. Inovações na metalurgia, um importante aspecto do começo da revolução industrial no século XVIII, continuaram no século XIX. Um engenheiro inglês, Henry Bessemer (1813-1883), patenteou um processo para a conversão eficiente do ferro para o aço duro em 1856, e, mais ou menos ao mesmo tempo, Willian Siemens (1823-1883), um alemão que havia se estabelecido na Inglaterra, aperfeiçoou um processo alternativo. Essas inovações, por sua vez, dependeram de novas fontes de combustível. Muitas indústrias novas apareceram nas décadas posteriores a 1850, e essa tendência se acelerou no século XX.

TRANSFORMAÇÕES GLOBAIS

Entre as mais importantes indústrias que apareceram na segunda metade do século XIX estavam aquelas ligadas a novas fontes de energia, como a eletricidade. Dínamos (geradores elétricos capazes de fornecer energia) e motores (conversão da eletricidade para motores mecânicos) eram melhorados e multiplicados, e novos tipos de máquinas resultaram em um desenvolvimento da produção industrial inédito durante a fase inicial da Revolução Industrial capitalista do século XVIII. Esse *status* era especialmente verdadeiro para a máquina de combustão interna, que resultaria no triunfo dos veículos motorizados do século XX e que, entre outras coisas, causou o salto da produção mundial de petróleo em 1000% nos primeiros 30 anos do século XX.

Ao mesmo tempo, um crescimento evidente de indústrias de consumo essencial ocorreu, produzindo utilidades para o conforto individual que em muito melhoraram o estilo e o padrão da vida material – primeiro em grande parte do ocidente e posteriormente em todo o mundo. Por exemplo, em 1879, Thomas A. Edison (1847-1931) patenteou a maior de suas invenções, a lâmpada incandescente, que rapidamente se tornou um luxo necessário. A fabricação de tecidos, como a da seda real, patenteada pelo químico francês Hilaire Chardonnet (1836-1931), e os corantes artificiais fizeram artigos finos tornarem-se disponíveis de forma mais ampla e barata. Nenhuma dessas mudanças tecnológicas ocorreu sem o acesso aos produtos de alcance global, especialmente aqueles tropicais como o óleo de palmeira e a borracha. Dessa forma, a Revolução Industrial foi uma questão global, mas seu impacto não foi sentido de forma igual por todas as nações. A exploração das novas plantações comerciais industriais substituiu a produção agrícola local de subsistência em favor dos empreendimentos de manufatura em todo o mundo (especialmente nas colônias europeias), com consequências crescentes para as relações de dependência e o subdesenvolvimento de grande parte do planeta (ver Capítulo 8).

A refrigeração, primeiramente utilizada em navios em 1877, foi um acréscimo imensurável para a disponibilidade e variedade de bens comestíveis. A Guiana Britânica na América do Sul poderia comer "maças verdes congeladas", a fruta da América do Norte, carregadas no gelo em navios a vapor, enquanto crianças em Detroit comiam laranjas tropicais. O planeta tornou-se o jardim para os trabalhadores urbanos industriais que não podiam produzir sua própria comida nas cidades em rápida expansão em que estavam confinados. Um membro da rica elite em inúmeras cidades mundiais poderia sentar para uma refeição extraída dos cinco continentes, e plebeus que poderiam custear tal refeição podiam ceder ao desejo de alimentos e suprimentos que até reis de eras anteriores não poderiam sequer imaginar. Fornalhas de queima de carvão e óleo mantinham as pessoas aquecidas e confortáveis, e trens, navios, bondes, bicicletas e, a seu tempo, o automóvel permitiram que a população se locomovesse. O impacto de uma variedade de inovações tecnológicas deveria fazer com que os caprichos da natureza fossem uniformemente hospitaleiros, independentemente do clima e da estação, dia ou noite.

MUDANÇA ELÉTRICA

A tecnologia moldou tanto o ambiente urbano quanto o rural, bem como a vida cotidiana das pessoas que migraram para as cidades e das que permaneceram em áreas rurais. Desenvolvimentos na tecnologia alteraram a qualidade, a conduta e até o ritmo da vida cotidiana. A industrialização ocorreu não apenas em fábricas, sistemas de transporte público ou mercados, mas também em casa. Embora Michael Faraday tenha construído o primeiro motor elétrico em 1831, mais de meio século transcorreu antes de Nicola Tesla, trabalhando para a Westinghouse Company, patentear com sucesso um pequeno motor elétrico para ser usado como ventilador (1889). Nos anos de 1890, a corrente elétrica ainda era um luxo discutido em todos os lugares, mas sempre se concordou que era muito cara para ter uso comum. Inventores como Tesla, por outro lado, previram que a eletricidade logo seria utilizada tão naturalmente quanto a água. A eletrificação do lar teve lugar primeiro nas partes industrializadas do mundo: lâmpadas elétricas rapidamente substituíram as lâmpadas a gás entre 1918 e 1928, tornando a dependência da luz do dia algo obsoleto para muitos.

Alterações na iluminação das ruas das comunidades e lares individuais não foram os efeitos mais profundos da eletrificação. O advento da iluminação elétrica aumentou a duração do dia de trabalho e modificou a vida material. Nos Estados Unidos e em outras partes industrializadas do mundo nos anos de 1920, ferros de passar e máquinas de lavar elétricos tornaram-se símbolos difundidos da Revolução Industrial em casa. Ainda assim, essas e outras inovações e utilidades não reduziram a quantidade de trabalho doméstico realizado pelas mulheres: o número de tarefas foi multiplicado, e a recente consciência de aspectos como germes e higiene requeriam limpezas mais frequentes, de forma que novos padrões impuseram tarefas adicionais.

O consumo crescente de bens materiais criado pela tecnologia industrial, por sua vez, trouxe as mulheres para a linha de frente do público consumidor. Um estudo no Oregon, em 1928, revelou que mulheres de fazendeiros (muitas delas sem eletricidade) dedicavam 61 horas por semana ao trabalho doméstico, enquanto esposas de cidades "eletrificadas" dedicavam 63,4 horas. Logo após a Segunda Guerra Mundial, economistas relataram que as esposas de fazendeiros dedicavam 60,55 horas em trabalho doméstico por semana, mulheres em pequenas cidades, 78,35 horas, e mulheres em cidades grandes dedicavam 80,57 horas – uma tendência que alguns historiadores viram como contribuinte para a chamada ao movimento de libertação das mulheres do fim do século XX. Por outro lado, invenções que dependiam de eletricidade, como o rádio, a televisão e o computador, mudaram a natureza da família e da vida doméstica. Seja ouvindo rádio nos anos de 1940, seja assistindo televisão em 1950, sempre foi um ritual familiar que ligou os lares isolados à grande comunidade. Mudanças tecnológicas tornaram essas inovações amplamente disponíveis aos indivíduos, com o resultado de que seu uso tornou-se menos social. Finalmente, a dependência da eletricidade levou ao controle

Figura 2.5 Tráfego de Tóquio, 1957. Engarrafamentos em cidades mundiais começaram com o congestionamento do tráfego de ônibus puxados por cavalos no começo do século XIX e levaram aos sistemas públicos de transporte, incluindo o metrô de Londres, em 1863, o de Paris, em 1900, o de Nova York, em 1904, e o de Tóquio, em 1927. Mesmo o automóvel chegou a ser celebrado como a solução do transporte, pois era silencioso e poluía as ruas visivelmente menos.

da potência de um número ainda maior de vias aquáticas, contribuindo para o crescente desequilibro entre as sociedades humanas e sua relação com o mundo natural.

AS PAISAGENS DO IMPERIALISMO

As atitudes de compreensão da natureza como uma força a ser controlada e explorada pela civilização cruzaram com a expansão do imperialismo no século XIX (ver Capítulo 7). Essa noção filosófica de conquista da natureza progressivamente tornou-se o modelo e o padrão para sociedades não ocidentais, e sua aceitação global levou a humanidade até a porta do desastre ecológico, no final do século XX. O imperialismo ecológico entrelaçou-se aos objetivos políticos das potências coloniais. Por exemplo, a Índia Britânica explorou e destruiu florestas do oeste do Himalaia entre 1815 e 1914, enquanto construía o serviço de administração de madeireiras mais sofisticado do mundo colonial. A colonização da natureza era vista como tão inevitável quanto a subjugação de povos pelos poderes coloniais.

Europeus consideravam jardins cultivados e cercados como as paisagens mais atraentes e idílicas durante o século XIX, um tipo de colonização da natureza. O legado da imagem dessa colonização é encontrado nos parques nacionais do mundo: do Quênia até Gana e até Yosemite, paisagens naturais protegidas tornaram-se necessárias para preservar ao menos alguma lembrança da natureza e da vida selvagem que quase foi perdida na turbulência do imperialismo no século XIX e no começo do século XX. Oficiais coloniais e outros europeus coletaram plantas e animais de todo o mundo para criar jardins botânicos e parques zoológicos, bem como para explorá-los mascarados pelo valioso conhecimento e por produtos comercializáveis. Por meio do que alguns estudiosos chamaram de "bioprospecção", os encontros globais de colonizadores com novos ambientes ameaçou aqueles que não tinham poder. Por exemplo, tanto os escravos africanos quanto os ameríndios utilizavam abortivos e outras plantas para controlar a fertilidade feminina e resistir à opressão, mas o conhecimento dessas plantas nunca foi transferido à Europa, possivelmente como consequência do empreendimento colonial ter sido dominado por homens. Hoje, corporações multinacionais rivalizam pelo controle do *copyright* sobre novas espécies de plantas altamente produtivas.

Da Tailândia à Amazônia, da África Equatorial até o nordeste do Pacífico nos Estados Unidos e no Canadá, a exploração de florestas modificou as paisagens globais drasticamente e impingiu padrões centenários de uso de recursos e de terras. O estudo científico auxiliou a habilidade das sociedades de aprofundar a compreensão e a exploração do mundo natural. A tendência global em relação ao desmatamento não era tanto uma resposta às pressões do aumento populacional quanto era a consequência das forças mundiais de mercado, geradas pelas demandas globais por mercadorias e matérias-primas. Em particular, os mercados das nações industrializadas demandaram madeira para construção, impressão de jornais e outros produtos de papel. Produto da colaboração entre nações ricas e menos desenvolvidas, o desflorestamento tornou muitas populações rurais mais dependentes das necessidades do mercado internacional e do controle externo. A ironia é que em várias partes do mundo, à medida que a informação científica sobre os sistemas de florestas do mundo ia aumentando, as florestas, progressivamente exploradas, desapareceram. Ao final do século XX, um total estimado em 20,4 milhões de hectares de florestas tropicais estava sendo perdido anualmente. Muito devido ao desmatamento, aproximadamente 1,4% dos biomas mundiais contém praticamente a metade da biodiversidade do planeta, tornando a perda futura de florestas ainda mais crítica.

GUERRAS AQUÁTICAS

O desmatamento é apenas um aspecto do ataque global ao equilíbrio ambiental. Desde as antigas "civilizações hidráulicas", o controle sobre a água simbolizou e acumulou poder político e econômico. Demandas crescentes por energia elétrica criadas pela necessidade da tecnologia e da população em expansão resultaram em alterações massivas na paisagem e no ambiente. Começando nos anos de 1920, represas nas Américas ajudaram a criar estabilidade na agricultura com altos custos ambientais. A represa Álvaro Obregón, construída em 1926, abastecia de água o Yacqui Valley em Sonora, México, para seus campos de trigo e girassóis. A Represa Hoover, concluída em 1936, de forma semelhante, irriga os desertos da Califórnia, criando campos de agricultura. A represa Aswan High, junto ao sul do Nilo, foi construída nos anos de 1960, com o custo de 1 bilhão de dólares para fornecer energia hidrelétrica. Custeada em parte pelo auxílio soviético, a represa criou um lago de 483 Km de extensão, chamado de Lago Nasser, em homenagem ao presidente egípcio, e inundou muitas vilas ao longo do Nilo, bem como alguns monumentos históricos. Nos anos de 1990, a China começou a construção da enorme represa Three Gorges junto às partes mais altas do rio Yangtze, com um custo projetado de 75 bilhões de dólares. Quando for concluída, essa represa será a maior estação hidrelétrica do mundo. Sua construção inundará terras agrícolas e vilas para criar uma reserva de 644 Km de extensão, forçando a evacuação de um total estimado de 1,5 a 2 milhões de pessoas para fora de suas casas. A crítica de grupos ambientais, sensibilizados pelo impacto ambiental, e da sociedade atrasou o financiamento internacional do projeto, que deveria vir principalmente de bancos norte-americanos, canadenses e europeus. O comércio internacional de água e de direitos sobre a água, estimulado pelo consumo ganancioso e esbanjador, tem progressivamente ameaçado vidas ao redor do globo.

TECNOLOGIA E GUERRA

O controle sobre o ambiente também foi a consequência direta das vantagens tecnológicas nos assuntos de guerra. Muitas das primeiras ferramentas humanas eram armas também. A utilização de guerreiros montados em cavalos, enquanto limitada a condições ambientais específicas, similarmente possibilitou que algumas entidades políticas obtivessem vantagens por meio da guerra. Alguns estudiosos chegaram a argumentar que a primeira era de guerreiros homens alterou o equilíbrio dos gêneros na sociedade e criou sistemas globais de dominação masculina.

O controle sobre a tecnologia e o território correram lado a lado. Uma invenção chinesa, a pólvora, quando combinada com a produção de ferro, teve consequências drásticas não apenas para os chineses, mas também para o mundo. A primeira evidência do conhecimento da pólvora data do século IX e estava ligada às experiências alquímicas taoístas, pelas quais os taoístas perceberam maneiras de transformar um elemento em outro. Por volta do ano 1000, a combinação

Figura 2.6 Vendedores de garrafas de água, Cidade do México, 1910-1915. A tecnologia redistribuiu os escassos recursos mundiais, inclusive a água.

de carvão vegetal, salitre (nitrato de potássio) e enxofre, que produz a pólvora, começou a ser usada pelos chineses em pequenos dispositivos incendiários. Gradualmente armas mais complexas e sofisticadas eram utilizadas nas guerras de Song contra seus vizinhos nômades, e tanto a descoberta da pólvora como o avanço do estado da indústria do ferro no norte da China poderiam ter feito dos chineses adversários formidáveis. Mas no começo do século XII, a China do norte foi conquistada pelos povos Jurchen da Manchúria, cujas cavalaria e habilidades militares os capacitaram a derrotar os chineses. Com a conquista Jurchen do norte da China, ocorreu uma forma primitiva de transferência tecnológica que finalmente colocou o ferro e a pólvora (na forma de flechas de fogo e bombas, ainda não armas) nas mãos dos mongóis, que sucederam os Jurchen e contribuíram significativamente para a conquista da Eurásia pelos mongóis no século XIII (ver Capítulo 7).

Cinco séculos depois, a transferência de tecnologia assumiu um papel central na expansão dos impérios: não eram apenas inovações no transporte e na comunicação, mas também nas próprias armas que se tornaram as ferramentas do império. A dependência de combustíveis fósseis desde a invenção do automóvel, no século XIX, resultou no desejo do mundo industrializado de controlar os campos de petróleo, o que, por sua vez, teve custos ambientais e humanos. Na guerra do Golfo, o deserto do Kuwait e a costa estavam sujeitos ao derramamento de petróleo, aos incêndios e aos bombardeios. A guerra do Vietnã apresentou níveis de bombardeios que desfolharam a cobertura da floresta tropical, deixando crateras e acabando com grande parte da produtividade da terra. Resíduos tóxicos continuam sendo uma ameaça no Camboja e na Europa.

O poder nuclear também surgiu no contexto da Segunda Guerra Mundial. A bomba atômica foi a tecnologia mais controversa da Segunda Guerra. Seu uso pelos Estados Unidos contra o Japão, em agosto de 1945, criou a eterna ameaça da guerra global e da destruição do meio ambiente. A tecnologia do satélite, cujo primeiro ímpeto foi dado pelo uso de foguetes V-2 alemães capturados que serviam para colher medidas a grandes alturas, por fim permitiu longas observações globais da superfície da terra, da biosfera e atmosfera e dos oceanos do planeta. Ainda assim, a vista do planeta a partir do espaço é uma vista progressivamente problemática.

ECOLOGIA, TECNOLOGIA E AQUECIMENTO GLOBAL

As forças ascendentes da globalização continuam a ter um impacto direto no ambiente nos dias atuais. Dois fatores definem quanto dano cada indivíduo causa ao ambiente: (1) padrões de consumo e (2) estilo tecnológico (o tipo de tecnologia utilizada, os detritos e a poluição que ela gera). Embora em países industrializados o "bilhão" de pessoas mais ricas tenha taxas de natalidade mais baixas, elas são responsáveis pela maior parte dos recursos consumidos, dos resíduos gerados, dos danos à camada de ozônio, da acidificação e de aproximadamente dois terços do aquecimento global. A combinação de pobreza e crescimento populacional entre o "bilhão" de pessoas mais pobres é, obviamente, também danoso ao ambiente por meio do desmatamento e da degradação do solo. A maioria dos cientistas concorda que a mudança climática resultante chamada de "aquecimento global" é uma grande ameaça à vida humana. De acordo com o relatório de 2007 do Painel Intergovernamental sobre Mudança Climática, o aumento estimado da temperatura no próximo meio século é significativo (talvez até 2,8 graus Celsius) e está criando uma alteração climática sem precedentes na história humana. Para os séculos futuros, espera-se que o aquecimento contínuo cause o derretimento de camadas de gelo e elevações no nível dos mares com implicações no aumento da quantidade de furacões e ciclones, doenças tropicais, secas e perda de *habitats*.

Muito da responsabilidade pela crise ecológica mundial é do tipo de tecnologia desenvolvido a partir da metade do século passado. A tecnologia contemporânea é potencialmente mais limpa do que a tecnologia de produção do ferro à base de carvão mineral da Revolução Industrial do século XVIII, mas muito dos desenvolvimentos técnicos no último meio século foram mais danosos do que as anteriores e continuam a queimar combustíveis fósseis e emitir gases do efeito estufa em taxas alarmantes. A grande diferença é o desenvolvimento de produtos sintéticos para substituir os naturais, orgânicos. Englobando as mudanças tecnológicas e ecológicas está a escala crescente do impacto humano. Nos anos de 1970, a poluição industrial tornou-se um sério problema nacional no Japão e revelou os aspectos mais negativos do rápido crescimento econômico do país ao longo do último século. Suspeitou-se de envenenamento por mercúrio na cidade de Minamata, no ponto mais ao sul da Ilha de Kyûshû, mas as autoridades se recusaram a reconhecer a fonte óbvia da poluição, uma indústria química que estava derramando seus resíduos na baía onde a maioria dos residentes retirava água e peixes para consumo. Apesar da ligação entre as descargas dos afluentes na baía do Minamata pela empresa e os casos de envenenamento por mercúrio que começaram a ser causados a partir de 1953, 20 anos se passaram antes de uma ação legal formal ser tomada, e antes de qualquer compensação ser paga às mais de 10 mil vítimas do "Mal de Minamata", uma doença neurológica grave causada por envenenamento por mercúrio. Relutantes em colocar em risco suas relações com os negócios e ameaçar a produtividade, o governo hesitou a atender as reivindicações das vítimas até que não se pudesse mais ignorar as evidências.

No século XX, muitas corporações multinacionais consideraram os países em desenvolvimento perfeitos como localização não regulamentada de perigosas instalações e territórios de despejo para resíduos químicos e perigosos. Quando a fábrica de pesticida da cidade de Bophal, Índia, revelou ser um empreendimento que dava prejuízos para a Union Carbide, a empresa foi parcialmente abandonada. Em 1984, o vazamento de uma nuvem de gás tóxico matou mais de 3 mil vítimas em uma só noite. Mais de 15 mil mortes subsequentes e a debilitante exposição dos ocupantes de uma comunidade pobre afetaram até 150 mil outras vítimas, fazendo deste o maior desastre industrial na história mundial.

A grande fonte da poluição urbana e do consequente aquecimento global foi a dependência dos automóveis dos combustíveis fósseis. A dependência global de combustíveis fósseis também criou uma divisão estrutural entre o consumo de energia entre os ricos e os pobres. Por exemplo, um indivíduo nos Estados Unidos consume cem vezes a quantidade de energia consumida na média de Bangladesh, apesar de partilhar de um futuro comum do planeta.

CONCLUSÕES

Desde o começo da história humana, tecnologia e ideias estiveram interligadas em seu impacto sobre a paisagem. As transformações tecnológicas não produziram um acréscimo inquestionável na qualidade de vida. As inovações tecnológicas tiveram um impacto profundo no consumo de recursos, enquanto transformava a paisagem física. Apesar de os humanos terem alterado a paisagem desde tempos pré-históricos com o uso do fogo e outras manipulações do ambiente, o impacto humano na natureza intensificou-se drasticamente nos dois séculos passados. As duas maiores mudanças ambientais nos últimos 3 mil anos foram a destruição de florestas e a reorganização das águas superficiais (irrigação, represas, etc.), ambas sendo aceleradas depois da Revolução Industrial. O período entre 1800 e 1914 testemunhou uma expansão da agricultura e um crescimento populacional sem precedentes em todo o mundo, ambos tendo efeitos devastadores nos recursos mundiais e na paisagem física. Essas forças podem ser diretamente responsabilizadas pelas pressões crescentes do desmatamento global iniciadas no século XIX.

Desde a Segunda Guerra Mundial, o impacto ecológico da tecnologia atingiu proporções de crise. Só nos Estados Unidos, os níveis de poluição subiram entre 200 e 2000% desde 1946. Essa situação não é o resultado do crescimento populacional ou sua afluência isolada-

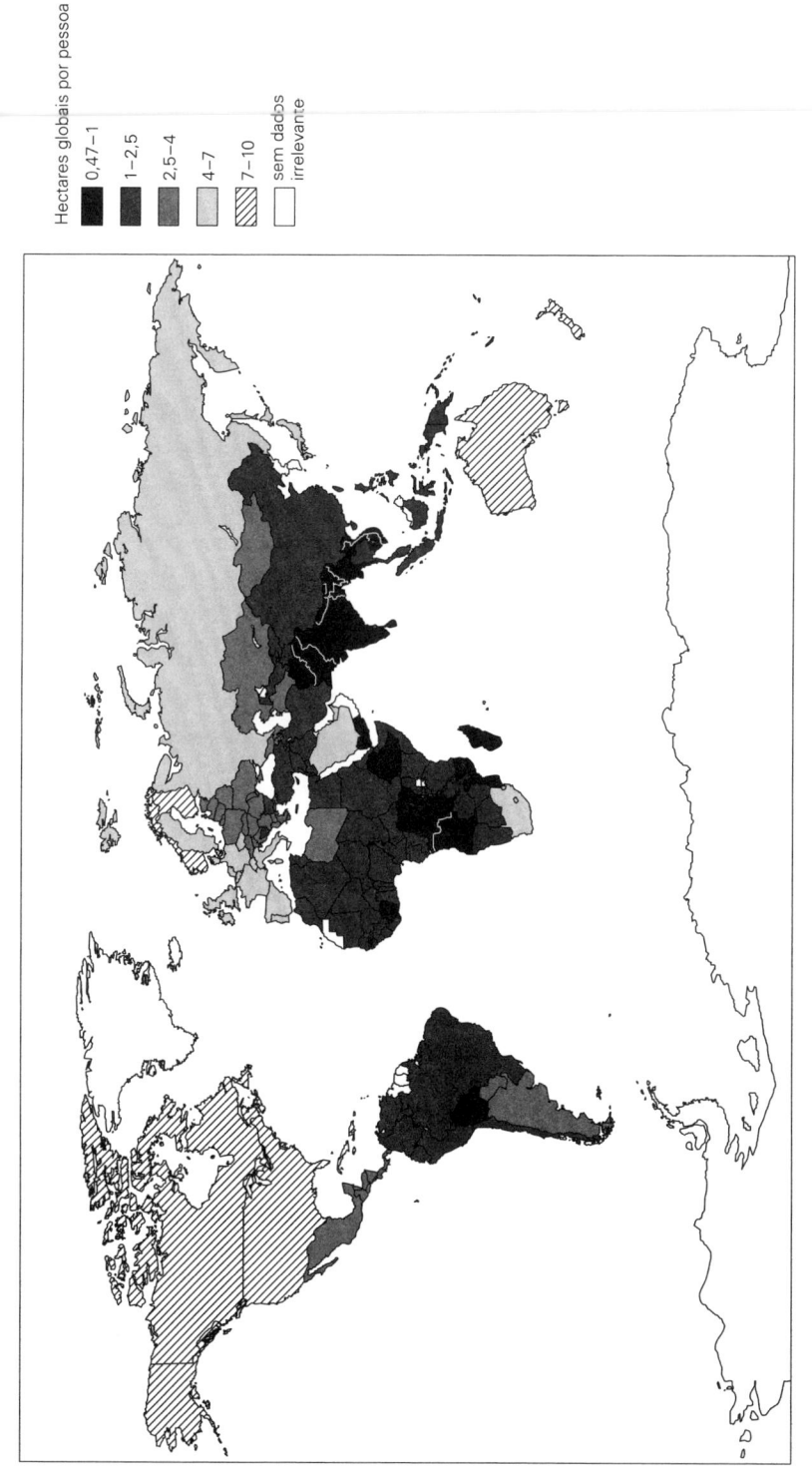

Mapa 2.4 Pegada ecológica.

Fonte: Adaptado de: <http://globalis.gvu.unu.edu/?840>. *Living Planet*, 2002 (WWF)

A Pegada Ecológica (PC) é uma medida do consumo de recursos naturais renováveis por uma população humana. A PC de um país é a área total da terra produtiva, ou de mar, exigidos para produzir todas as colheitas, carne, frutos do mar, madeira e fibras que ele consome para sustentar a energia consumida e para dar espaço a sua infraestrutura. O PC pode ser comparado à capacidade produtiva biológica da terra e do mar disponíveis para a população daquele país.

Para calcular o número de hectares disponíveis *per capita*, é somada a produtividade biológica da terra *per capita* das terras aráveis, pastos, florestas, terreno construído e espaços marinhos mundiais, excluindo o espaço para 30 milhões de espécies com as quais a humanidade divide o planeta. Pelo menos 12% da capacidade ecológica, representando todos os tipos de ecossistemas, deveriam ser preservados para a proteção da biodiversidade. Aceitando 12% como o número mágico da preservação da biodiversidade, alguém pode calcular que, dos aproximadamente dois hectares *per capita* de área de produtividade ecológica em nosso planeta, apenas 1,8 hectare está disponível para uso humano.

Hectares globais por pessoa
- 0,47–1
- 1–2,5
- 2,5–4
- 4–7
- 7–10
- sem dados irrelevante

mente, mas dos usos desqualificados da tecnologia do recente século XX. Novas tecnologias – e os lucros obtidos com elas – contam com até 95% da poluição ambiental adicionada no último quarto de século.

A explosão tecnológica do século XX ajudou a criar a primeira cultura global. Isso resultou em problemas ambientais fundamentais que, à medida que o século se encaminhava para o fim, geraram preocupações realmente globais e as maiores de nosso tempo. A poluição do ar na China é sentida no noroeste do Pacífico. No século XXI, com seus meios de transporte rápidos e confortáveis, o deslocamento de pessoas (mesmo em espaços virtuais) continua sem interrupções. Novos tipos de interação e movimentos humanos estão tomando forma no espaço virtual utilizando tecnologia digital. As forças que propelem as migrações contemporâneas são políticas (fugas da guerra ou da opressão), econômicas e ambientais. Ao mesmo tempo, a destruição ecológica no século XXI pode nos tornar nômades novamente, ao passo que reduz possibilidades alternativas de habitação e sobrevivência da diversidade ambiental do mundo.

REFERÊNCIAS SELECIONADAS

Crosby, Alfred (1986) *Ecological Imperialism: The Biological Expansion of Europe, 600–1900*, New York: Cambridge University Press.
Examina as Implicações ecológicas dos movimentos populacionais e deslocamentos, especialmente as vantagens europeias da expansão pós-1500 para as terras agrícolas favoráveis das Américas.
Diamond, Jared (1997) *Guns, Germs, and Steel: The Fates of Human Societies*, New York: W. W.Norton.
Discute os papéis do ambiente e da cultura na determinação de desenvolvimentos históricos em diferentes partes do mundo desde aproximadamente 11.000 a.C.
Elvin, Mark (2004) *The Retreat of the Elephants: An Environmental History of China*, New Haven, Conn. and London: Yale University Press.
Examina o passado da China e os potenciais futuros impactos no ambiente desde a extinção do elefante naquele país, há mais de 4.000 anos, por meio da mudança de perspectiva sobre as relações entre a natureza e a cultura.
Elvin, Mark and Liu Ts'ui-jung, eds (1998) *Sediments of Time: Environment and Society in Chinese History*, Cambridge: Cambridge University Press.
Artigos selecionados sobre história ambiental da China, incluindo demografia, clima e recursos hídricos e florestais.
Fagan, Brian (1999) *Floods, Famines, and Emperors: El Niño and the Fate of Civilizations*, New York: Basic Books.
Explora alguns dos eventos climáticos incomuns e mudanças climáticas na história humana e pondera sobre as causas e consequências.
Jones, Steve, Robert Martin, and David Pillbeam, eds. (2000) *The Cambridge Encyclopedia of Human Evolution*, Cambridge: Cambridge University Press. Excelente cobertura mundial sobre as questões da evolução primata (hominídeos e humanos): veja tabelas e gráficos úteis.
Keightley, David N., ed. (1983) *The Origins of Chinese Civilization*, Berkeley: University of California Press.
Artigos de especialistas em tópicos como ambiente e agricultura, culturas e povos do Neolítico, Metalurgia, escrita e organização política primitiva.
McNeill, J. R. (2000) *Something New Under the Sun: An Environmental History of the Twentieth-Century World*, New York: W.W. Norton & Company.
Uma história ambiental do mundo moderno, enfatizando o impacto do mundo industrializado sobre o desmatamento e a poluição.
McNeill, William H. (1977) *Plagues and People*, Garden City, N.Y.: Doubleday. Um estudo incitante das relações entre doenças e demografia e seus efeitos na história global.
Schmidt, Peter R., ed. (1996) *The Culture and Technology of African Iron Production*, Gainesville, Fla.: University of Florida Press.
Uma boa introdução às questões atuais nos estudos da Idade do Ferro na África.
Wertime, Theodore A. and James E. Muhly (1980). *The Coming of the Age of Iron*, New Haven, Conn.: Yale University Press.
Apesar de ser um pouco desatualizado, apresenta uma visão comparativa sobre a idade do ferro em diversos segmentos culturais de regiões do mundo.

Williams, Michael (2003) *Deforesting the Earth: From Prehistory to Global Crisis*, Chicago: University of Chicago Press. Examina 10 mil anos do impacto humano nas florestas da terra.

Worster, Donald (1977) *Nature's Economy: A History of Ecological Ideas*, New York: Cambridge University Press.
História essencial da relação humana com o mundo natural e como isso se expressou no pensamento humano.

FONTES *ONLINE*

Annenberg/CPB Bridging World History (2004) <http://www.learner.org/channel/courses/worldhistory/>. Projeto multimídia com *website* interativo e vídeos gratuitos para *download*; veja especialmente Unidade 4, Agricultural and Urban Revolutions; Unidade 19, Global Industrialization; e Unidade 24, Globalization and Economics.

PBS Nova Program: Tracking El Niño (1998) <http://www.pbs.org/wgbh/nova/elnino/>. Examina o impacto atual e histórico de eventos meteorológicos.

PBS Nova Program: Evolution (2001) <http://www.pbs.org/wgbh/evolution/index.html>. Um episódio e um site de apoio investigam as origens humanas.

3 Cidades e Vida Urbana na História Mundial

A diversidade e a variedade da vida aumentaram drasticamente com o surgimento dos centros urbanos. Desde as primeiras vilas, grandes comunidades de pessoas eram imãs de crescimento populacional e atraiam o agudo interesse dos viajantes. No terceiro século da Era Cristã, um poeta do sul da Índia relatou sua visita à cidade de Madurai, retratando vividamente a vida social, econômica e religiosa dessa cidade na ponta mais ao sul do subcontinente sul-asiático.

O poeta entra na cidade através de seu grande portão, cujos lados são entalhados com as imagens da Deusa Lakshmi. É dia de festival, e a cidade alegra-se com bandeiras; alguns, apresentados pelo rei para comemorar feitos heroicos, passavam pelas casas dos capitães; outros abanavam aos estabelecimentos que produziam o *toddy* (uma bebida fermentada feita das flores de uma palmeira). As ruas são grandes rios de pessoas de todas as raças, comprando e vendendo no mercado ou cantando com a música de trovadores andarilhos.

Os tambores rufam e uma procissão real desce a rua, com elefantes à frente e ao som de conchas (trompetes de conchas) (...) cocheiros levam sua carga, vendendo bolos doces, guirlandas de flores, cheirosas farinhas e rolos de noz de betel (para mastigar). Senhoras idosas vão de casa em casa vendendo ramalhetes e bugigangas. Homens nobres dirigem suas carruagens nas ruas, suas espadas banhadas a ouro luzindo, usando roupas vivamente coloridas e coroas de flores. As joias das mulheres perfumadas assistindo dos balcões e torres brilham ao sol... Artesãos trabalham em suas lojas, joalheiros, ourives, tecelões, artesões do cobre, floricultores, escultores e pintores. Lojas de comida estão ocupadas vendendo mangas, balas, arroz cozido e pedaços de carne cozida. Ao anoitecer, as prostitutas da cidade entretêm seus benfeitores dançando e cantando acompanhadas pelo som do alaúde. As ruas estão cheias de música. Aldeões bêbados, na cidade para o festival, cambaleiam nas ruas. Mulheres respeitáveis visitam os templos ao anoitecer com seus filhos e amigas, levando lanternas acesas como oferendas. Elas dançam no pátio dos templos, que ressoa com seu cantar e suas conversas. Finalmente a cidade dorme... todos menos os fantasmas e espíritos que frequentam o escuro e os ladrões, armados com escadas de corda, espadas e cinzéis. Mas os guardiões também estão vigilantes, e a cidade passa a noite em paz. A manhã vem com os sons dos brâmanes entoando seus versos sagrados. As bandas ambulantes renovam sua cantoria, e os comerciantes abrem suas portas. Os vendedores de *toddy* levam sua carga para os viajantes sedentos do começo da manhã. Os beberrões balançam-se sobre os pés. Por toda a cidade são ouvidos os sons de portas abrindo-se. Mulheres varrem as flores murchas do festival para fora de seus jardins. A ocupada vida diária da cidade se reinicia.

(A. L. Basham, *The Wonder That Was India*, New York: Grove Press, 1954, p. 203-4)

De muitas formas, isso nos surpreende por ser muito parecido com qualquer cidade moderna. Comida e mercadorias em quantidades e variedades estonteantes podem ser compradas, dia e noite. Artesãos, nobres, prostitutas, lojistas, músicos, capitães, nobreza – todos empurrados conjuntamente na trama da vida na cidade. À noite, um mundo diferente emerge – aquele dos "fantasmas e espíritos", mas também o dos ladrões bem equipados e os vigilantes que salvaguardam a cidade enquanto ela dorme. Por ser um dia de festival, há uma vibrante atmosfera religiosa. Mas a religião também é mais profunda e permanentemente presente, desde as imagens entalhadas nas colunas do portão até os templos que pontilham a paisagem urbana. O que é surpreendente, e característico até de algumas cidades indianas modernas, é a atmosfera de um dia de festival. Podemos dizer que o âmbito religioso particular a essas festividades é algo culturalmente distintivo da sociedade indiana, embora não seja exclusivo de nativos urbanos. Mas o que é comum na origem de cidades em todo o mundo e o que é peculiar a respeito delas enquanto se desenvolvem em diferentes configurações culturais e mudam com o passar do tempo? Por que as pessoas se agrupam em cidades, e quais benefícios e desvantagens existem na vida urbana?

INTRODUÇÃO

O aumento da população humana em uma escala global tem sido um constante fator na mudança das formas das comunidades e desenvolvimento das relações entre seres humanos e seu ambiente, apesar de drásticos decréscimos, embora de curta duração e regionalmente limitados, devidos a guerras ou doenças. A cidade é uma forma particular de organização humana que surge onde povos sedentários estavam concentrados em populações densas e assentamentos complexos. A complexidade foi tanto uma condição necessária para, como também uma consequência das grandes comunidades em expansão.

As complexidades apareceram na forma de burocracias que registraram populações, taxaram impostos sobre elas e mantiveram a ordem, bem como na forma de sistemas de comércio, comunicação e defesa. Não menos importantes foram os rituais de ordem pública, religiosos e seculares, e os aspectos da vida cotidiana, como ir ao mercado comprar alimentos ou participar de um festival anual. Neste capítulo, exploramos uma ampla variedade de forças e circunstâncias que encorajaram assentamentos humanos em formatos urbanos primitivos. Quais eram as relações entre as primeiras comunidades

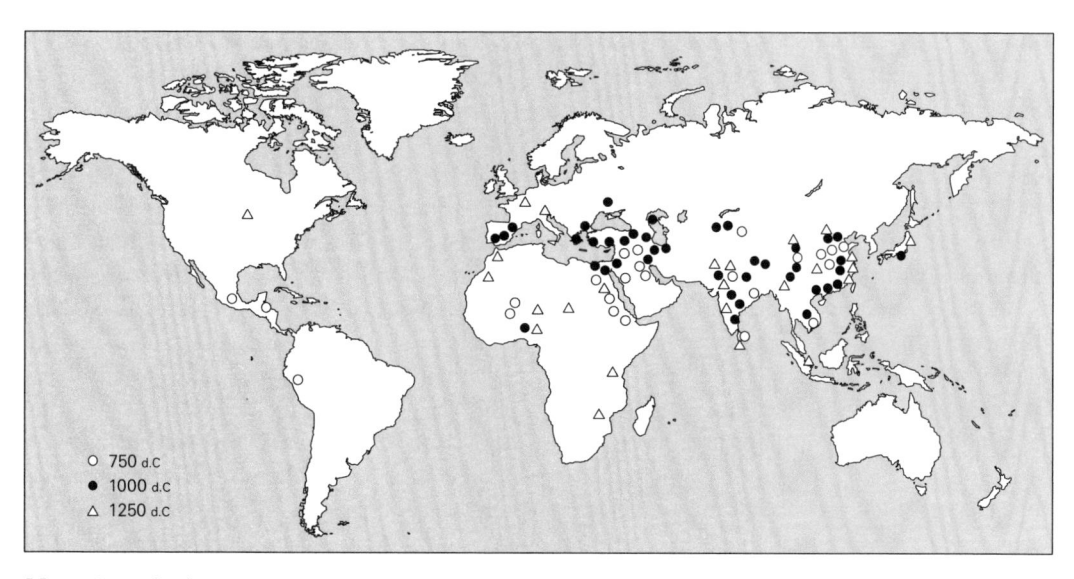

Mapa 3.1 Antigos centros de população, 750-1250 d.C.

urbanas e o ambiente? Como foram as estruturas em transformação das comunidades urbanas mais recentes moldadas pelas forças da industrialização global e do colonialismo? À medida que consideramos a criação das modernas cidades, examinamos a experiência humana da vida urbana pós-industrial, seus benefícios e os desafios globais criados pelas drásticas mudanças demográficas.

DEMOGRAFIA MUNDIAL: MULTIDÃO COTIDIANA

A criação de uma comunidade sedentária dependeu de grupos de pessoas que encontraram um propósito em comum de permanecer em um lugar. A fixação pode ter eventualmente ocorrido em todo o mundo, mas quais foram as forças dinâmicas que colocaram em movimento o processo de urbanização? A influência mútua entre crescimento populacional e inovações agrícolas reforçou-se continuamente e criou as condições para uma mudança revolucionária nos padrões de subsistência e na alteração das concentrações e da localização das primeiras comunidades. Acima de tudo, a agricultura criou e também sustentou poluições crescentes em todo o mundo. A dependência da agricultura fez necessário o comprometimento com a fixação em um lugar. O controle de doenças tornou-se um novo requisito das grandes populações agregadas em assentamentos permanentes, cuja complexidade inclui a administração dos recursos hídricos, parasitas e doenças infecciosas que antes eram desconhecidos das populações mais móveis. E onde quer que as cidades surgissem, não ficavam isoladas das terras rurais do interior, que continuaram a alimentar as pessoas da cidade.

A maior característica das populações mundiais com o passar do tempo foi o seu crescimento, apesar de doenças, da fome e da guerra. A demografia histórica é o estudo das mudanças na população ao longo da história. O aumento natural biológico das primeiras populações humanas refletiu o sucesso inicial da espécie na adaptação à variedade de alterações ambientais. É provável que muitas migrações humanas primitivas tenham resultado da pressão desses aumentos demográficos com fontes de alimentos limitadas. Apesar de a tendência cumulativa e de longo termo das populações humanas ter sido no sentido de um acréscimo regular com o tempo, o aumento não era sempre possível ou desejável na experiência histórica e de curta duração dos grupos individuais e sociedades. Doenças, secas, fome, guerras e desastres naturais figuram entre as causas de declínio temporário da população em partes do mundo, mas não alteram a tendência básica geral de aumento populacional.

A partir de uma perspectiva global, a maior consequência do estabelecimento de comunidades agrícolas sedentárias (aldeias) entre 4 mil e 12 mil anos atrás foi a crescente taxa de crescimento populacional. Aldeias povoadas maiores e mais densas eram comuns em todos os continentes. Os povos agrícolas experimentaram mais do que os aborrecimentos das circunstâncias de abarrotamento. A dependência focada apenas em plantações agrícolas resultou no consumo de recursos que eram menos diversos. Frequentemente isso levou a dietas menos balanceadas, desgaste dos dentes, devido ao crescente consumo de alimentos processados, especialmente carboidratos (como mingaus de grãos e pães), e maior suscetibilidade a doenças contagiosas, possivelmente como resultado de sua convivência mais próxima com animais domesticados e com vírus de procedência animal. Apesar dessas desvantagens das multidões na vida cotidiana, os primeiros habitantes das vilas, aldeias e cidades ocasionalmente tinham maior longevidade.

De acordo com demógrafos históricos, aqueles que estudam mudanças nas populações ao longo da história, muitos dos crescimentos demográficos comuns na pré-história também não foram o resultado de migrações ou alterações em taxas de mortalidade: em vez disso, parecem estar associados a taxas mais altas de fertilidade. O motivo de agricultores sedentários gerarem mais crianças é uma questão de especulação. Estudos demográficos de povos coletores e caçadores contemporâneos fornecem uma possível pista. Apesar de vários fatores poderem afetar o número de nascimentos em cada fêmea durante sua vida, o espaçamento entre nascimentos como resultado de aleitamento materno foi observado em muitas populações. Cuidar de uma criança estimula hormônios que suprimem a ovulação e a menstruação (chamada de amenorreia láctica), com a consequência da produção de um padrão de espaçamento de natalidade que reduz as taxas de fertilidade. Por fórmulas infantis (altos carboidratos, cereais fáceis de digerir e leite animal) já estarem mais prontamente disponíveis nas dietas dos agricultores do que na dos coletores e caçadores, as crianças eram desmamadas em idades menores, e o espaço entre os nascimentos tornava-se consideravelmente menor. O resultado foi uma tendência de crescimento populacional que caracterizou uma história humana mais povoada desde então.

EMERGÊNCIA DA COMPLEXIDADE

A crescente complexidade econômica, social e política também acompanhou a formação de cidades. Essa complexidade significou que muito mais pessoas, ocupações, mercadorias e ideias se uniram em um único assentamento que satisfazia necessidades diversas. Embora as cidades tenham surgido em todo o mundo, elas não foram um estágio universal no desenvolvimento da civilização, um termo derivado da palavra latina para "cidade", *civitas*, nem foram elas a culminação necessária e lógica das formas primitivas de comunidade. Embora a agricultura fosse comum em muitas cidades, ela não levou automaticamente à urbanização. Em algumas partes do mundo (México, Panamá e Equador, por exemplo) a domesticação das plantas já existia quase 5 mil anos antes de as pessoas começarem a se estabelecer em cidades. As definições mais comuns para "civilização" incluem a presença de alguns ou de todos os traços normalmente encontrados em comunidades complexas, de ampla escala, que chamamos de cidades: arquitetura de monumentos, normalmente de natureza religiosa; escrita ou outro sistema formal de manter registros e comunicação; comércio, estruturas governamentais formais, estratificação social e arte representativa. Quais forças uniram essas pessoas em grandes comunidades? O que encorajou a forma particular da complexa organização social e econômica característica da cidade?

ASSENTAMENTOS ANTIGOS TORNAM-SE CIDADES

O urbanismo não foi um acidente. Foi claramente a forma preferida de comunidade humana na medida em que as populações perceberam a variedade, o estímulo e a segurança de grandes assentamentos. O urbanismo tem sido mais extensivamente estudado no oeste da Ásia do que em qualquer outra parte do mundo. Isso se dá, em parte, devido a evidências abundantes e bem conservadas, produto de condições secas e solos menos ácidos, e, em parte, como resultado do interesse acadêmico no estudo do que se pensava constituir as primeiras cidades do mundo. As cidades mais antigas do oeste da Ásia eram baseadas em coleta e caça, bem como no cultivo de culturas domesticadas por fazendeiros sedentários. A caça e a coleta continuaram a suprir as necessidades depois da fixação dos grupos. Por volta de 6500 a.C., os povoamentos oeste-asiáticos, como o de Jericó, na Palestina, eram grandes o suficiente para serem considerados uma pequena cidade. Inicialmente eles serviam seus arredores, as áreas rurais que os cercavam, como centros de troca de mercadorias e serviços, cultura e ideologia. Por sua vez, o controle estratégico dos recursos das áreas circundantes era necessário para a sobrevivência urbana, dando origem a exércitos permanentes.

Jericó era um assentamento antigo e permanente, datando de 9000 a.C., quando o local foi estabelecido como um santuário e como ponto de partida de caçadores-coletores. Ao longo do milênio seguinte, seus descendentes fizeram a transição da existência errante para a sedentária. No oitavo milênio a.C, Jericó tinha uma população estimada de aproximadamente 2 mil pessoas. A comunidade era cercada por muros defensivos e protetores, que eram ligados a construções de arquitetura monumental, como torres fortificadas de pedra. Jericó parece ter sido apenas incidentalmente uma comunidade agrícola. Talvez tenha alcançado sua riqueza a partir do comércio, a troca de mercadorias que viajavam desde o Mar Vermelho até a Anatólia. Por volta de 7000 a.C., Jericó foi abandonada e substituída por uma comunidade agrícola mais modesta e moderna, com casas e muros construídos com tijolos de barro, um material amplamente utilizado por todo o oeste da Ásia naquela época. O declínio e a substituição de Jericó parecem ser indicativos de um padrão na Ásia oeste. Assim como Jericó, houve muitos outros assentamentos que apareceram e decaíram, expandiram-se e contraíram-se à medida que as cidades tornaram-se mais ligadas ao desenvolvimento agrícola de suas redondezas.

AGRICULTURA E DESENVOLVIMENTO DA VIDA URBANA

O desenvolvimento da agricultura foi importante para o surgimento da maioria das cidades em todo o mundo, pois ela sustentava o crescimento populacional que ocorria nas cidades (ver Capítulo 2). Os alimentos excedentes produzidos como resultado de inovações tecnológicas no cultivo intensivo de plantas ou da especialização no pastoreio de animais permitiu que as pessoas se fixassem em comunidades que cresciam em tamanho e densidade e tornavam-se cidades. Os suprimentos adequados de comida foram essenciais para a emergência e a sobrevivência das cidades. Os recursos necessários para populações em expansão, densamente assentadas, podiam ser obtidos pelo comércio ou por outros meios como a guerra, bem como pela integração das áreas agrícolas dos arredores com a concentração de população de um centro urbano.

O tamanho das cidades posteriores refletiu, na maioria dos casos, o potencial agrícola da região próxima que a cercava. Uma dessas cidades, Çatalhöyük, na Turquia central, é um exemplo de uma sociedade urbana complexa que se desenvolveu sem agricultura. Em torno de 5800 a.C., a cidade contava com uma população de aproximadamente 5 mil pessoas assentadas em mil casas densamente construídas e cercadas por uma planície bem abastecida de água. E as pessoas de lá ainda exploravam plantas silvestres e animais selvagens. Diferentemente de muitas cidades antigas, a localidade de Çatalhöyük não apresentava qualquer indicação de uma autoridade central ou estratificação social. Há evidências, como murais elaborados, estatuetas em forma de homens e funerais, de que as pessoas dessa comunidade construíram uma vida social e religiosa complexa.

As atividades associadas a especialistas religiosos eram frequentemente encontradas nas cidades. Outros especialistas eram habilidosos trabalhadores ou artesãos, alguns dos quais passavam valiosos segredos de seu negócio para a família ou pessoas de confiança. Em Çatalhöyük, por exemplo, havia uma força de trabalho especializada produzindo implementos de pedra, excelentes tecidos de lã e mercadorias feitas de metal e cerâmica para o mercado. Como outros habitantes da cidade, os especialistas eram dependentes dos seus equivalentes de zonas rurais, que eram produtores de alimentos em tempo integral, e é provável que o comércio e a troca tenham sustentado a comunidade ao longo de sua história de milhares de anos.

A sociedade e a cultura de Çatalhöyük, comparada com as da mais antiga e menor Jericó, demonstra a dificuldade de se traçar uma conexão unilinear entre a agricultura e a emergência de

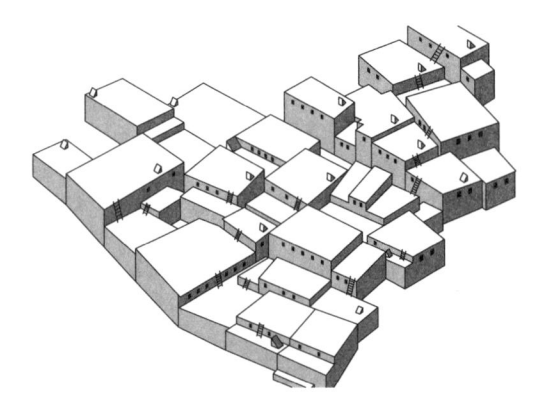

Figura 3.1 Reconstrução de uma seção de Çatalhöyük. Escavações nesse local mudaram as visões históricas sobre a origem urbana.

cidades. O processo de urbanização foi um processo de tentativa e erro, complicado por fatores acidentais e ambientais. A influência mútua entre ambiente, suprimentos de comida e o estabelecimento das cidades foi um processo social dinâmico. Nenhuma "primeira cidade" surgiu nessa ou em qualquer parte do mundo durante esse primeiro período. Várias delas surgiram, cada uma com sua própria maneira de buscar o sustento de uma sociedade que se tornava mais densamente povoada e complexa. Algumas tiveram sucesso e outras não; o sucesso, em alguns casos, significava construir sistemas políticos e urbanos maiores e mais complexos. Em outros lugares, o sucesso significava a sobrevivência de populações em comunidades humanas menores e o desaparecimento de centros urbanos.

FATORES AMBIENTAIS E CRESCIMENTO URBANO

Fatores ambientais também oferecem pistas sobre o processo pelo qual alguns povos estabeleceram cidades. Situados em um contexto de mudança ambiental do sul da Mesopotâmia, a Suméria era uma área atrativa para povoamento no quarto milênio a.C. Apesar de as chuvas serem limitadas, as terras da região eram fertilizadas pela lama depositada nos rios Tigre e Eufrates. Populações estabelecidas cultivaram os pântanos por mil anos e desenvolveram pequenos povoados espalhados ao longo da costa do Golfo Pérsico/Arábico. Técnicas agrícolas e de irrigação deram suporte a canais, represas e reservatórios que em muito aumentaram a produção agrícola, que por sua vez atraiu mais pessoas e criou povoados mais densos. Uruk foi uma das várias cidades que emergiram na Suméria seguindo as mudanças climáticas que ocorreram com o fim do Holoceno e no começo de um período de seca depois de mais ou menos 3500 a.C.

Garantir um suprimento de água tornou-se a maior atividade em Uruk. Na medida em que os anos de seca continuaram, projetos maiores eram postos em execução para estabilizar e limpar os cursos de rios e canais, que eram construídos a partir dos rios até os campos em padrões cada vez mais complexos. Uruk dá um exemplo das relações complexas entre o ambiente e o surgimento das cidades. Por volta de 2800 a.C., as planícies da Suméria não eram mais profusamente pontilhadas por pequenas aldeias. Em vez disso, havia linhas de cidades – Uruk, Lagash, Nippur e Kish – cada uma com sua área de abrangência de povoamentos associados que seguiam as linhas dos rios e canais principais. Eles utilizavam métodos complexos de irrigação para se adaptar às condições cada vez mais secas e à escassez de comida. Especialistas urbanos de tempo integral como escribas, sacerdotes e artesãos eram sustentados por rações de cevada e outros alimentos. A organização dessas cidades representou estratégias públicas para enfrentar as potenciais adversidades.

Nordeste da África

O nordeste da África (Egito) foi povoado de forma lenta, provavelmente no início por povos que saíram de áreas na África central-leste, talvez já em 13000 a.C. Esses povos domesticaram e plantaram cevada e trigo em comunidades espalhadas ao longo do Vale do Nilo. Terras aráveis eram encontradas apenas ao longo dos estreitos limites das margens dos rios. Assim como na Suméria, com mudanças climáticas ocasionadas pelo fim da última glaciação, desertificação e alterações no Delta do Nilo intensificaram o problema de terras no Vale do Nilo. À medida que as pessoas eram forçadas na direção de menores pedaços de terras irrigáveis próximas a fontes de água, elas tinham de viver em povoamentos mais densos, que sobreviviam apenas da exploração intensiva dos recursos e controlando sua distribuição. Ao final do quarto milênio a.C., quando as cidades se desenvolveram, elas eram sustentadas pelas relações entre aquelas situadas perto dos rios e aquelas nas cercanias das primeiras comunidades agrícolas-pastoris.

Os povoados de Tebas, no Alto Egito, e de Mênfis, no delta do Baixo Egito, foram a consequência de desenvolvimentos políticos e religiosos centrados nas excelentes condições ambientais do próprio Nilo. Ao fim do quarto milênio a.C., respostas aos fatores ambientais ajudaram a moldar uma sociedade agrícola estável no Vale do Nilo, baseada em agricultura com irrigação nas planícies inundáveis do delta do Nilo. Variações na precipitação regional e nas tendências de longo e curto prazo das cheias do Nilo requeriam respostas sistemáticas. Os esforços comunitários para controlar a água precisavam da organização do trabalho, reações que refletiam a crescente complexidade das atividades nas cidades egípcias. Sustentadas por seus arredores agrícolas ao sul, as cidades tornaram-se centros de troca e uma cultura distinta.

O estabelecimento de sistemas agrícolas de sucesso e a capacidade de prever as cheias do Nilo foram vitais para a liderança política e religiosa efetiva. Uma das tarefas mais importantes do faraó era alimentar o povo. Fome e fartura eram vistos como indicativos de uma ordem cósmica, desde a cheia do Nilo até o crescimento da vegetação e o aumento dos rebanhos. À medida que os assentamentos se tornavam mais populosos, o espaço vital era expandido para os telhados e algumas vezes para o segundo andar. Comerciantes viajavam para cima e para baixo no Nilo, realizando suas transações a partir dos barcos, o que definiu as cidades como bases e também como eixos de atividade. Nunca longe das águas do Nilo, os antigos egípcios viveram como parte de um sistema elaborado que ligava o rio, a terra e o trabalho a um mundo de fé.

Sul da Ásia

As primeiras cidades sul-asiáticas, como aquelas da Suméria e do Nilo, apareceram em um vale de rio, o Vale do Indo, na área em que hoje é o Paquistão. A cultura Harappa do Vale do Indo floresceu entre aproximadamente 2300 e 1500 a.C. A cultura Harappa surgiu de uma rede de comunidades baseadas na pecuária e na prática limitada do cultivo de grãos, não diferente da região do Tigre-Eufrates. Os sítios indicam comunidades aldeãs numerosas feitas de tijolos de barro e espalhadas ao longo do Indo e seus afluentes e ao longo das praias do Mar Arábico.

O aparecimento eventual de cidades grandes, algumas das quais abrigando populações estimadas em mais de 35 mil pessoas, sugere que o tipo de desertificação que contribuiu para a urbanização da Suméria e do Egito pode também ter sido um fator no desenvolvimento de assentamentos urbanos no Vale do Indo.

Mohenjo-Daro, o local mais bem documentado, localizava-se na metade do Rio Indo, e Harappa ficava a 6.500 Km (4.000 milhas) ao nordeste em um rio tributário do Indo. A inundação anual do Vale do Indo, junto com técnicas simples de irrigação, tornou possível o estabelecimento de comunidades relativamente grandes na região no terceiro milênio a.C. As cidades harappas eram parte de um sistema de comércio e economia local, ligando produtores rurais a centros urbanos com profissões especializadas. Elas também se tornaram centros de comércio de longa distância, estabelecendo contatos com o Golfo Pérsico com e a Mesopotâmia, Pérsia, Afeganistão e áreas ao sul do Rio Indo no subcontinente indiano.

Pouco depois de 1750 a.C., a característica dessa civilização foi interrompida por uma série de enchentes e pela mudança do curso do rio, o que contribuiu para o esvaziamento de recursos. Quando o Rio Indo alterou seu curso, o padrão de estratégias de irrigação foi alterado, destruindo os alimentos excedentes e a atividade comercial. Ondas sucessivas de migrações podem ter incluído indivíduos pobres de vilas vizinhas, comunidades nômades substituindo a população urbana e muros esfacelados substituindo as gloriosas cidadelas. Outros povos, equipados com carroças, reivindicaram os resquícios da cultura Harappa, trazendo seu modo de vida seminômade e suas ideias amplamente diferentes sobre alimentos, organização social e religião. Esses recém-chegados gradualmente se assentaram na região em comunidades muito menores, incluindo algumas que cercavam a outra grande bacia hidrográfica do norte da Índia, o Ganges. Por volta do sexto século a.C., o Vale do Ganges era um centro primário de população, produtividade, cidades e comércio no sul da Ásia.

CIDADES COMO CENTROS CERIMONIAIS E COMERCIAIS

Muitas cidades antigas eram notáveis centros cerimoniais e religiosos por suas estruturas monumentais e também pela tecnologia de planejamento da cidade empregada por aqueles que as construíram (ver Capítulo 4). O comércio podia ser, ao mesmo tempo, um catalisador para a urbanização e também sua consequência. À medida que sistemas regionais de comércio e troca se desenvolveram, eles incluíam concentrações maiores de atividades e povoamento. Centros que eram cerimoniais também podiam levar ao crescimento da atividade comercial, servindo a grandes populações. Em geral, uma vez que as necessidades materiais de grandes populações estavam sendo satisfeitas, uma forma urbana característica que surgiu foi o complexo cerimonial.

Vale do Indo

As cidades do Indo estavam entre aqueles primeiro centros ostentando arquitetura monumental. Locais de templos são encontrados em cada centro urbano, onde os fiéis se reuniam para conduzir rituais. Ritos de purificação pela água, ainda encontrados na cultura indiana moderna, foram uma parte importante dos antigos rituais, e evidências de banhos públicos foram escavadas. As sociedades urbanas do Indo dominavam a escrita. Sua escrita, datada de 2500 a.C., é diferente de qualquer escrita antiga do oeste da Ásia e permanece, na maior parte, sem ser decifrada. Como símbolos de ordem cósmica, social e moral, as estruturas de cerimônias públicas como pirâmides, altares e templos eram centros do espaço político, social e sacro. Dirigidos por sacerdotes a serviço dos governantes, esses monumentos sugerem a redistribuição básica dos recursos neles aplicados, sustentando as relações econômicas que davam suporte às elites dependentes da proteção das conexões entre um centro urbano e seu entorno agrícola. Práticas religiosas frequentemente serviam como formas simbólicas de redistribuir recursos, fornecendo acesso estratégico sem recorrer ao uso de exércitos.

As Américas

Processos de urbanização podiam ser acionados pela atração de grandes populações para lugares sagrados. Umas das primeiras cidades na América do Sul foi Chavin de Huantar, localizada nas terras altas do norte do Peru atual, entre 1000 e 100 a.C. Grandes construções de pedras, provavelmente utilizadas com propósitos cerimoniais ou religiosos, eram erigidas como templos em formato de plataformas. Fora do centro da cidade e ao redor de seu núcleo religioso estavam habitações ocupadas, que eram feitas de materiais perecíveis. Aí era onde as pessoas comercializavam e praticavam sua arte. Os especialistas de Chavin produziam uma distinta cerâmica: "Chavin" tornou-se o nome ligado à cultura associada a um estilo de cerâmica que retratava jaguares bravos e aves de rapina. Evidências indicam que havia contatos e comércio entre as pessoas de Chavin e outros centros de peregrinação, entre os quais se incluíam os reinos costeiros de Mochica, Nazca e Chimu e os impérios das montanhas de Tiahuanaco e Huari.

Ao longo da costa e no interior do Golfo do México estão os importantes resquícios arqueológicos – estruturas monumentais de pedra e esculturas – da sociedade urbana do povo de Olmeca, que floresceu entre 1200 e 900 a.C. Como em todos os lugares das Américas, as construções eram primeiramente de natureza cerimonial – pirâmides com templos no alto em frente a vastas praças – e eram geralmente construídas do lado de fora das cidades. Foram encontradas evidências de sistemas de irrigação que sugerem dependência dos arredores agrícolas, e os artefatos e a influência disseminada do estilo artístico e dos motivos olmecas sugerem que eles praticaram comércio de longa distância de matérias-primas como conchas, pedras e obsidianas.

No Vale do México, Teotihuacán era um centro cerimonial sagrado fundado por volta de 100 a.C. e que durou até aproximadamente 750 d.C., quando a cidade foi incendiada. Aproximadamente 2600 construções foram escavadas nesse local, não muito distante da atual Cidade do México. Suas fases iniciais podem estar as-

Figura 3.2 Mural Teotihuacán. Murais como este eram pintados em emplastros finos das paredes das coabitações ao redor da cidade de Teotihuacán. Seu estilo reto e linear e suas cores primárias registram imagens associadas a divindades masculinas e femininas.

sociadas a um santuário sagrado, que atraiu a reunião de pequenos vilarejos em um centro sagrado maior. Os palácios, templos, coabitações, praças cerimoniais e mercados de Teotihuacán em seu auge eram dispostos em um padrão ordenado em forma de grade, tendo sido ocupados por pelo menos 100 mil habitantes. As grandes habitações uniformes organizadas ao redor de pátios, cada uma com seu próprio sistema de escoamento, podem ter sido habitadas por clãs ou guildas. Quartos para sacerdotes e depósitos flanqueavam a Pirâmide do Sol.

A vida na cidade de Teotihuacán era agitada e animada pela chegada diária e constante de visitantes. Penas de papagaio e de quetçal* com cores vivas, alimentos de campos rurais, prisioneiros de guerra para serem sacrificados na capital urbana – todo tipo de povos e mercadorias ordinárias e exóticas entravam na cidade. Os residentes da cidade eram principalmente da elite rica e seus servos, que viviam em habitações luxuosas que consistiam em quartos ao redor de um pátio comum. Trabalhadores e especialistas viviam ao redor da cidade, mas o comércio diário deve ter trazido muitos deles para o centro da cidade para praticar o comércio e fazer trocas. A vida dentro da cidade provavelmente incluía muitos artistas mascarados e com fantasias magníficas. A arte mural dessas e outras atividades mostra um rico vocabulário de imagens, figuras mascaradas e divindades. As leis da cidade consistiam na materialização da ordem natural do universo, tão dura e exigente quanto um paraíso abundante e exuberante. Sustentar uma população de mais de 100 mil pessoas quer dizer que problemas de superpopulação, de higiene e pobreza estavam sempre presentes.

Outras cidades maias (250-900 a.C.) clássicas incluíam as cidades sulistas de Tikal, Palenque, Copán e Clakmul, em adição à rede de cidades nas terras baixas do norte. Alguns lugares são marcados por pirâmides e palácios, evidências de importância cerimonial e religiosa. Outros locais utilizaram características naturais (como cavernas ou colinas) para seu surgimento. Placas de pedra entalhadas, chamadas de Estelas, retratavam imperadores e descreviam os feitos de guerra e do comércio. Nas terras baixas da península do Yucatán, onde os maias (maias clássicos, aproximadamente 250-900 a.C.) estavam concentrados, existiam em torno de 50 cidades, centros cerimoniais para a prática de rituais religiosos e altares em forma de plataformas com degraus. Tikal, uma das principais cidades maias, ostentou uma população de quase 50 mil pessoas. As cidades maias controlaram territórios afastados e extraíram recursos dessas áreas para sustentar a rica vida material dos centros urbanos. Tais cidades rivalizavam pelo prestígio religioso e também por recursos. A economia dos maias era baseada no cultivo do milho, e a maioria da população urbana era sustentada pelo trabalho de fazendeiros. Outros recursos eram recolhidos por meio de coerção, e a guerra conduzida por reis-xamãs apresentava uma distinta base ritual.

China

As primeiras cidades no leste da Ásia também eram centros cerimoniais. O surgimento do urbanismo na China esteve diretamente relacionado com a formação de ordens políticas primiti-

---

* N. de R.: Ave centro-americana.

vas, em particular o primeiro estado dinástico, o Shang (1600-1207 a.C.). Os reis Shang basearam sua autoridade política na afirmação de que eram descendentes dos ancestrais que conseguiram interceder junto à divindade central da religião Shang. Pelo fato de a autoridade política ser legitimada pela religião, a capital real onde o governante vivia era um centro cerimonial sagrado que incorporava a relação íntima entre a realeza e o urbanismo na China antiga. Os governantes Shang mudaram sua capital diversas vezes durante o curso da dinastia, possivelmente como resposta às alterações das necessidades de defesa ou acesso a recursos.

Assim como as primeiras capitais Shang, Anyang era um centro cerimonial, incluindo tumbas reais contendo evidências de sacrifícios humanos e uma rica cultura material como vasos de ouro, carruagens e jade. Próximas da moderna cidade de Anyang, no norte da China, ficam as ruínas da antiga capital Shang, que foi escavada já no século XX. O "palácio", como outros edifícios do complexo de Anyang, era feito de pau a pique (varas de madeira entrelaçadas e afixadas com barro) em uma fundação de terra batida, criando um chão de terra que com o tempo ficaria polido com o uso. Nichos de armazenamento e canais de escoamento preenchiam as necessidades práticas da população concentrada, grande parte da qual vivia em um "buraco" subterrâneo construído direto no chão. A estratificação social era evidente na distinção entre as habitações nobres no nível do solo com seus assoalhos de terra batida e as habitações cavadas de 4 metros de profundidade (13 pés) dos populares urbanos, que lembram as daqueles de mesmo *status* social que viviam no interior.

A habilidade de relativamente poucos – o rei Shang e a nobreza – de reclamar seus direitos sobre os frutos do trabalho de muitos – fazendeiros e produtores – tornou possível o estabelecimento de locais urbanos pela permissão de que elites governantes sejam alimentadas e sustentadas pelo trabalho daqueles sujeitos a seu controle político. Não só nos artefatos encontrados em tumbas foram verificadas as evidências de uma rica cultura material, mas também em artigos e alimentos que davam suporte à vida diária, que eram produzidos por artesãos e fazendeiros cujo trabalho era controlado por uma pequena elite.

Depois da unificação do império no século III a.C., as principais cidades chinesas mantiveram suas antigas funções cerimoniais. Capitais imperiais e outros locais urbanos eram mais centros administrativos e políticos do que centros primários de assentamento, produção e comércio. Os lugares eram escolhidos com o uso de princípios de geomancia; quer dizer, eram escolhidos de acordo com propriedades topográficas que se acreditava conferirem benefícios aos residentes da cidade. Na capital imperial, o palácio do imperador e outras construções importantes eram erguidos com orientação direcionada ao sul para obter os benefícios dos benevolentes ventos do sul. Chang'an, a capital imperial durante as dinastias Han (206 a.C.-220 d.C.) e Tang (618-907 d.C.), localizada no noroeste da China, também era a ponta oriental da Rota da Seda. A cidade estava construída em um formato quadrado regular, com ruas indo de norte a sul e de leste a oeste, expressando simetria e ordem da mesma forma que a capital imperial manifestava o padrão de ordem do império.

URBANIZAÇÃO, CONQUISTA E CRESCIMENTO COMERCIAL

Na metade do século VIII d.C., Chang'an provavelmente era a maior cidade do mundo, com uma população de mais de um milhão confinada dentro dos muros da cidade e nos subúrbios próximos que a cercavam. Como ponto final da Rota da Seda, a cidade recebeu mercadorias da grande rota de caravanas que atravessava a Ásia Central, que também levava a seda chinesa e as especiarias para outras partes do continente eurasiano. Dessa forma, Chang'an era, ao mesmo tempo, uma capital imperial – um centro político e cerimonial – e um centro de comércio internacional. Iniciando no recente período Tang, cidades e centros urbanos cresceram progressivamente como centros de comércio, mas essas cidades comerciais existiam lado a lado com cidades administrativas que eram enclaves cercados para a autoridade política.

Oeste da África

Enquanto algumas cidades surgiram como centros comerciais em resposta ao estímulo do comércio externo, as origens de outras cidades são encontradas em sistemas urbanos locais que lentamente se expandem com o tempo. Lentos desenvolvimentos evolucionários de sistemas urbanos integraram uma hierarquia de lugares interligados. Evidências das escavações arqueológicas de Jenne-Jeno, no Mali dos dias atuais, confirmaram um crescimento nativo do urbanismo no oeste da região Sudanesa. Dados de radiocarbono documentam o povoamento contínuo de Jenne-Jeno antes de 250 a.C. Nas fases iniciais do lugar, seus habitantes pescavam, caçavam, usavam cerâmica e haviam domesticado a vaca. No primeiro século da Era Cristã, eles estavam cultivando o arroz africano. Mais ou menos na mesma época, as pessoas começaram a construir estruturas de barro mais permanentes, e o tamanho do assentamento cresceu para uma área de mais de 10 hectares (aproximadamente 25 acres). No auge desse povoado (400-900 d.C.), Jenne-Jeno havia se espalhado para três vezes aquele tamanho. Sua população chegou a ter entre 7 mil e 10 mil habitantes. Achados de cerâmica e esculturas de terracota, cobre, escória de ferro e ouro indicam uma rica cultura material, a especialização artística e o envolvimento da cidade com o comércio de longa distância.

A antiga Jenne-Jeno era uma cidade de comércio sem arquitetura monumental. Um grande muro, contudo, medindo 3 metros de altura, foi construído ao redor da cidade. Como característica das tradições urbanas de construção de muros no oeste da África, o muro de Jenne-Jeno provavelmente não foi construído com propósitos defensivos. Ele servia para definir a identidade do povoado e permitia à elite da cidade proteger e cobrar impostos sobre o fluxo de mercadorias, caravanas e pessoas. Além disso, havia em comum com outras cidades antigas a distinção entre centro urbano e interior. Algum tempo antes do século XII, mercadores clérigos islâmicos se juntaram às caravanas comerciais trilhando a rota comercial do Saara. Na África ocidental islâmica, a necessidade de proteção das rotas de comércio de longa distância conectando cidades também levou à criação de estados militares, que cresceram poderosos por meio de seu acesso estratégico aos recursos. Eventualmente cidades islâmicas oeste-africanas como Jenne adquiriram a característica urbana definitiva – a mesquita.

Assim como inúmeros outros centros urbanos oeste-africanos, Jenne-Jeno estava localizado na intersecção de grandes rotas de comércio. A cidade foi um importante ponto de coleta de ouro e outras mercadorias e era crucial para o desenvolvimento das relações comerciais do oeste africano. Como outros centros de complexidade social, econômica e política, Jenne-Jeno desfrutou de uma base agrícola estável. Fazendeiros das ricas terras alagáveis do interior no delta do Niger produziram um excedente considerável de arroz, sorgo e milheto, produzindo esses e outros produtos alimentícios, como peixe seco e defumado, para o comércio. Bem localizada no eixo entre a savana e a região nos limites do deserto, chamada de Sahel e situada no ponto mais alto para o transporte adequado por canoas ao longo do Rio Niger, Jenne teve um papel importante na rede de comércio regional. Isso, por sua vez, tornou possível a rápida expansão do comércio com os árabes nos séculos posteriores.

O exemplo de Jenne-Jeno sugere que uma cidade deveria ser considerada junto com seu campo. Comércio nativo e desenvolvimento urbano independente efetivamente têm ligação com a relação da cidade com suas áreas de abrangência em um sistema regional integrado. Arqueólogos pesquisaram uma área de aproximadamente 1100 Km^2 da área rural ao redor de Jenne-Jeno e colheram amostras de 42 sítios contemporâneos. Com base em seus tamanhos e diversidades, está claro que esses locais funcionaram em uma relação hierárquica com Jenne-Jeno, tendo-a como seu centro e constituindo povoados cada vez menores espaçados em distâncias cada vez maiores, apesar de situarem-se em um raio circular. Esse padrão também dá suporte à presença de um alto grau de urbanismo e economia intrarregional com Jenne-Jeno como ponto central. Jenne-Jeno floresceu não de forma isolada, mas dentro de um rico e antigo sistema urbano.

América do Norte

Os sistemas agrícolas complexos e os centros urbanos de comércio comparáveis àqueles que se desenvolveram em outras regiões do mundo também apareceram na América do Norte em uma área que é hoje o sudeste dos Estados Unidos, entre o Atlântico e as grandes planícies, os vales do Mississipi e do Ohio e o Golfo do México. Essa é a área da cultura mississipiana, na qual as maiores cidades surgiram como tentativas de integrar a economia da região.

A cultura mississipiana começou a se desenvolver antes de 700 d.C. e cresceu nos 700 anos seguintes. Um padrão de cultivo de feijões, milho e abóboras similar ao da Mesoamérica, que tornou possível que a agricultura em tempo integral sustentasse uma população crescente. Os mississipianos – um nome genérico para muitos povos e culturas espalhados ao longo de milhares de quilômetros quadrados – viveram em fazendas ou vilas, aldeias e cidades. Nenhuma delas, contudo, pode ser comparada com Cahokia, certamente o principal centro da cultura mississipiana, que se localizava no atual sul de Illinois, logo além do rio da cidade moderna de Saint Louis, Missouri. Cerca de 25 mil pessoas viveram em Cahokia em seu auge, em torno de 1100 d.C., e ela era o foco de um grupo de pessoas ainda maior que vivia em pequenos vilarejos e aldeias que constituíam sua área de abrangência. Com a crescente complexidade do centro urbano de Cahokia, esses assentamentos menores nas cercanias se adaptaram para satisfazer as demandas de obrigações e oportunidades cada vez mais estruturadas pela alteração de sua produção de mercadorias, provisões e serviços e pela participação em cerimônias que os ligavam ritualmente ao centro urbano. O desenvolvimento urbano, assim, afetou não só as pessoas que viviam nas cidades, mas também aquelas que viviam ao redor delas.

Cahokia, como outras cidades mississipianas, era parte de uma rede de comércio que se estirava desde a Baía de Hudson até o Golfo do México, e provavelmente até a Mesoamérica, e do Atlântico até as Montanhas Rochosas (ver Capítulo 6). Os túmulos em Cahokia revelam a extensão do comércio que lá se centrava. Dentro deles, cobre do Lago Superior, pedras das áreas de Oklahoma e da Carolina do Norte e muitos objetos de arte de locais distantes foram encontrados. Cahokia cobria quase 16 Km^2 e era protegida por uma série de cercas e bastiões. Ela continha mais de cem altares feitos por humanos, dominados pelo maior altar feito de terra da América do Norte, Monk's Mound, cuja base cobre 37 hectares (em torno de 91 acres). Com 30 metros de altura, o Monk's Mound foi uma das maiores estruturas feitas por humanos nas Américas antes da conquista europeia. Altares em colinas artificiais, que eram comuns em cidades mississipianas, contaram para que os mississipianos fossem descritos como "construtores de colinas". Assim como na Mesoamérica e na América do Sul, as colinas eram utilizadas com propósitos rituais e cerimoniais, como templos ou colinas tumulares, mas também tinham um papel econômico vital por visivelmente integrar o interior. Eram construídos com grande esforço com os materiais locais de maior disponibilidade: terra, cada grão da qual era carregado e colocado no lugar por humanos. A cultura mississipiana alcançou seu auge em algum momento entre 1200 e 1300 d.C., depois do que suas *populações entraram em declínio* e suas cidades foram abandonadas. A causa da decadência de Cahokia ainda não foi totalmente compreendida, mas a competição regional por poder político e econômico levou ao desenvolvimento de outros centros.

Cidades mediterrâneas

Cidades na região Mediterrânea também refletiram o surgimento de ordens políticas complexas que integraram a riqueza comercial de centros urbanos. Desenvolvimentos urbanos antigos no Mediterrâneo podem ser vistos em Atenas, onde as ruínas de muros, fortificações antigas e pedaços de uma torre e tumba sugerem o povoamento já em 1500 a.C. Esses resquícios indicam um pequeno lugar de menor relevância, um povoamento primário de importância local. O poeta grego Homero (800 a.C.) fez raras menções da Ática, ou a colina abrupta – a Acrópole – na qual os atenienses erigiram seu primeiro assentamento. Eventualmente, foi o papel da cidade como recinto reservado aos deuses e deusas da Ática que distinguiram Atenas como centro urbano das terras agrícolas e vilas que formavam seu interior.

O festival mais importante na antiga Atenas era a Panateia, o festival anual do Estado em honra à divindade patrona da cidade, a Deusa Atenas Polias ("da cidade") (ver Capítulo 4). A cada quatro anos o festival era celebrado em uma grande escala, incluindo competições musicais, recitais das poesias épicas de Homero, disputas equestres e de ginástica e uma longa e colorida procissão pela cidade até o altar da deusa Atenas, na Acrópole. O ponto culminante desse espetáculo era a oferenda de um *peplos*, uma túnica de um tecido rico, à estátua do culto de Atenas. A agitação e os acenos ocupavam a maior parte do tempo das mulheres, até mesmo daquelas mulheres da elite ateniense.

A ágora, ou mercado, onde todos tinham o direito de comercializar os excedentes agrícolas, ou artigos manufaturados, era o foco da vida comercial. Nenhuma elite controlava o acesso ou a distribuição de mercadorias valiosas. A ágora era um palco cívico também, onde, depois do culto e do comércio, os proprietários discutiam assuntos comunitários – como obrigações costumeiras ou os assuntos do governo ou da guerra – em uma espécie de conselho local a céu aberto. Aceitava-se em Atenas que as decisões tomadas em consenso eram preferíveis àquelas tomadas por uma só pessoa.

Pequenos fazendeiros sempre foram de importância decisiva para Atenas, na medida em que eles faziam a conexão entre a vida em vilas agrárias independentes e a sociedade urbana. Como infantaria eles protegiam a cidade. Os fazendeiros iam ao centro urbano em dias de mercado, para ocasiões religiosas ou para estar presente no conselho municipal. Os primeiros atenienses a abandonar esse modelo e tornarem-se residentes permanentes na cidade foram os artesões e outros artistas, ferreiros, oleiros, tecelões e curtidores. Esses habilidosos trabalhadores desprezavam os trabalhadores rurais e os pobres urbanos. Entre 750 e 550 a.C., o número de habitantes da cidade inchou como resultado de uma explosão populacional, o que diminuiu a quantidade já esparsa de terras aráveis na Ática. A crescente urbanização levou à expansão do comércio além da cidade, bem como ao aumento de sua complexidade.

Os atenienses olharam para o mar. O comércio e as empreitadas resultaram em conexões e expansões no além-mar. Comércio e valores associados ao mar triunfaram. Grandes fortunas eram feitas por mercadores que comerciavam pelo Mediterrâneo, e por volta do século V a.C., inúmeros comerciantes intermediários começaram a dividir seus lucros nesse comércio. Atenas começa a desenvolver trabalhadores especializados e, devido a isso, importa muito de suas matérias primas e alimentos: dois terços dos grãos consumidos por atenienses eram importados de fora dos limites da cidade. Os primeiros planejadores de cidade reconheceram que o sucesso de funções públicas e políticas complexas de Atenas, uma Cidade-Estado com seu distinto governo participativo, dependia do controle do crescimento populacional ou da expansão além de seus limites.

Sul da Ásia

Os atenienses podem ter tido consciência do florescimento de cidades tão distantes quanto as do subcontinente sul-asiático. Em 331 a.C., Alexandre, o Grande, derrotou o exército persa de Dário, em Gaugamela, e então voltou suas atenções ao subcontinente indiano. Um relato do século IV a.C., do grego Megastenes (350-290 a.C.) descreve a cidade de Pataliputra, um centro econômico e político localizado ao longo da rota comercial do Rio Ganges. Pataliputra era a capital do império Maurya, fundado por Chandragupta Maurya em 322 a.C. No tempo em que o conto de Megastenes estava sendo escrito, e talvez durante dois séculos depois, Pataliputra foi provavelmente a maior e mais sofisticada cidade do mundo. Cercada por grandes muralhas de madeira com 570 torres e 64 portões, Pataliputra era o centro de um sistema econômico rico e altamente organizado que incluía fazendas, celeiros, indústrias têxteis e estaleiros que construíam embarcações para comércio marítimo. Pataliputra também era o local de uma famosa universidade e biblioteca, junto com palácios, templos, jardins e parques.

Vários séculos depois, no século III d.C., a cidade de Madurai, capital de um estado indiano ao sul, floresceu como centro cultural, econômico, religioso e político. Como outras cidades sul-indianas daquele tempo, Madurai enriqueceu devido ao comércio marítimo, principalmente com a Ásia sudeste, e foi dominada por um complexo de templos. Como descrito na introdução deste capítulo, Madurai exibiu a complexidade social, econômica e cultural característica de outras cidades encontradas ao redor do mundo nos primeiros séculos da Era Cristã.

A cultura urbana do continente indiano foi grandemente afetada por repetidas conquistas. Cidades indianas tradicionais de todos os tamanhos tinham dois focos: o palácio e o templo. Os lares dos pobres urbanos eram humildes cabanas de madeira, junco e barro, cobertos com palha. Muitos pobres urbanos não possuíam abrigos e dormiam a céu aberto, onde conseguissem, na cidade. Ambos, templos e palácios, frequentemente eram cercados por áreas abertas que continham árvores e extensões de água – lagos, piscinas e fontes. Cidades fortificadas eram circundadas por fossos, alguns dos quais continham fortificações cobertas por arbustos de espinhos e por altas muralhas com numerosas torres e balcões para tropas defensivas.

O mundo islâmico

A vasta esfera interativa do mundo islâmico dependia da existência de grandes cidades, que serviam os centros de atividades religiosas e comerciais. Por sua vez, o florescimento do comércio dependeu de conquistas para sua expansão. A antiga cidade Hindu de Delhi foi um local de invasões muçulmanas entre 1000 e 1200 d.C., e tornou-se uma capital durante o sultanato muçulmano (1206-1526). Uma das alterações mais notáveis na cidade foi a destruição dos templos hindus, cujos materiais foram utilizados para construir a mesquita e a cidadela. Monastérios budistas e conventos na fronteira noroeste da Índia também se tornaram alvos das incursões dos sultões entre os séculos XIII e XVI.

Não só no subcontinente sul-asiático, mas em outros lugares na Eurásia e na África, a criação de impérios muçulmanos levou ao crescimento de grandes cidades. As complexidades e requisitos da vida urbana deram direção e ímpeto ao comércio de longa distância que serviu as populações das cidades islâmicas. As maiores cidades islâmicas, como Bagdá e Constantinopla, eram centros de comércio e manufatura. Ao redor da população urbana estável, composta de mercadores, donos de estabelecimentos e artesãos, havia uma grande população de trabalhadores sem aptidão, vendedores ambulantes, limpadores de rua e semiempregados, um estrato que incluía uma grande proporção de imigrantes rurais. Granjas situavam-se nos subúrbios da cidade e atraiam força de trabalho flutuante do interior.

A estrutura das cidades islâmicas refletia os papéis econômicos e outros: comércio e manufatura, religião e estudos, governo e justiça. Dois ou mais complexos de construções maiores eram parte de qualquer cidade islâmica. Um complexo era a mesquita principal, cercada pelas cortes dos chefes, escolas de ensino superior, lojas que vendiam objetos de devoção e, possivelmente, o altar de um santo identificado com a vida da cidade. Outro complexo incluía o mercado central (o principal ponto de trocas), escritórios de cambistas, depósitos e lojas que vendiam mercadorias importadas ou locais. Um terceiro complexo poderia ser o de prédios governamentais. O poder do governo estava presente na vida urbana diária (na forma de vigilantes, supervisores de mercados e polícia), mas também se expressava por meio de prédios públicos grandes, e algumas vezes suntuosos.

Mercadores prósperos, comerciantes e artesãos ricos residiam próximo de suas construções, acadêmicos e líderes religiosos perto dos prédios das suas universidades e mesquitas, mas a maior parte da população urbana vivia fora do centro, em bairros que eram entroncamentos de pequenas ruas e becos sem saída. Cada bairro possuía sua própria mesquita (ou altar, ou igreja, ou sinagoga), mercado local e banheiro público. A tendência era de cada bairro abrigar grupos religiosos ou étnicos específicos. Mais distantes do centro, próximos ou além das muralhas da cidade, estavam os bairros pobres de imigrantes rurais e as oficinas de artesões barulhentas e mal cheirosas (como as de curtição ou de abate). Também fora das muralhas da cidade estavam os cemitérios.

Não muçulmanos em cidades islâmicas eram separados das famílias de fiéis. Eles pagavam um imposto especial (*jizya*), e a lei islâmica exigia que eles usassem sinais de sua diferença, vestindo-se de formas especiais e evitando cores (especialmente a verde) associadas ao Islã. Eles eram proibidos de carregar armas e conduzir cavalos (de forma parecida como as populações nativas da América espanhola eram proibidas) e não podiam construir novos locais de adoração ou reparar aqueles pré-islâmicos sem permissão. Leis a respeito de casamento eram estritamente forçadas: não muçulmanos não podiam casar ou herdar de muçulmanos. E apesar de cristãos ou judeus poderem ocupar posições de importância em determinadas atividades econômicas, como as artes, eles eram praticamente excluídos de outras, como as de preparo de comida.

Enquanto todas as cidades islâmicas compartilhavam um papel comercial, algumas se originaram como centros administrativos imperiais. Bagdá foi fundada em torno de 750 d.C., como a capital do Império Islâmico Abássida e o lar do califa (regente do Profeta na terra). Por mais de cinco séculos, a cidade foi um centro mundial de educação e cultura. Sob o reinado abássida, Bagdá tornou-se uma cidade de museus, hospitais, bibliotecas, mesquitas e banhos públicos:

> Os banheiros na cidade não podiam ser contados, mas alguém da cidade do xeque nos disse que, somando as partes do oeste com as do leste, existiam cerca de 2 mil. Alguns deles eram cobertos de betume, de forma que quem o observasse tivesse a impressão de que era de mármore preto polido, e quase todos os banheiros desses lados eram desse tipo por causa da grande quantidade de betume que eles tinham... As mesquitas comuns nos lados oriental e ocidental não podem ser estimadas, e muito menos contadas. Os colégios eram cerca de 30, todos no lado leste; e nenhum deles deixa de superar os melhores palácios. O maior e mais famoso deles é o Nizamiya, que foi construído por Nizam Al-Mulk e restaurado em 504 Anno Hegira. Esses colégios possuíam grandes doações e propriedades associadas que sustentavam os faqihs que lecionavam lá e eram distribuídos aos acadêmicos.
>
> (R.J.C. Broadhurst, *The Travels of Ibn Jubayr*, London: Jonathan Cape, 1952)

A ascensão e o declínio dos impérios tiveram um impacto no destino das cidades. Constantinopla era a principal cidade do Império Bizantino após a queda do Império Romano. Era a ponta ocidental da Rota da Seda, e em 1432 tornou-se a capital do Império Otomano. Bagdá foi conquistada e destruída pelos mongóis em 1258. Os novos governantes estabeleceram o Império Il-Khan na Pérsia e no Iraque com sua nova capital em Tabriz, no norte da Pérsia. Bagdá ficou reduzida a uma cidade secundária no novo Império Mongol e seu papel como cidade principal do mundo islâmico foi tomado pelo Cairo, onde o califado foi restaurado e por onde a maior parte do comércio da época passava, do Mediterrâneo ao Oceano Índico.

Como notado por Ibn Battuta no século XIV, a cidade do Cairo foi vívida e próspera. Chamada por alguns de "(cidade) mãe do mundo", a cidade do Cairo floresceu nos séculos XIII, XIV e até mesmo no começo do século XV, embora o auge de sua população tenha ficado em meio milhão na primeira metade do século XIV. Bem antes da elevação da cidade do Cairo ao seu papel central no comércio leste-oeste durante o século XIII, mercadores prósperos eram parte de uma vida comercial essencial na cidade (ver Capítulo 6). Como Constantinopla ou Istambul, a capital do Império Otomano e uma cidade grande como qualquer outra da Europa, a importância da cidade do Cairo aumentou como resultado da conquista muçulmana. Ao longo do século XIV, quando os otomanos conquistaram o controle do Egito, a cidade do Cairo tornou-se uma das mais importantes do mundo, com 250 mil habitantes. Sua população subiria para o número estimado de 300 mil ao fim do século XVII, quando continuava a ser um grande centro de comércio e troca cultural entre a África, o oeste da Ásia e a Europa.

A EXPANSÃO DE CIDADES COMERCIAIS

Em 1000 d.C., a população europeia era aproximadamente a mesma que havia sido durante o auge da Roma imperial um milênio antes – aproximadamente 36 milhões de pessoas. Durante os séculos XII e XIII, ela subiu rapidamente como resultado da cultivação expandida de terras marginais e inovações tecnológicas, alcançando cerca de 80 milhões. A escalada demográfica na maioria das cidades, porém, também foi pontuada por períodos de doenças e declínios. A Peste Negra, como ficou conhecida, reduziu de forma devastadora a população na Eurásia à medida que se espalhava para cidades maiores. A doença provavelmente irrompeu da região de Yunnan, no sudoeste da China, e foi espalhada primeiramente por meio de incursões militares dos mongóis e mais tarde por meio de rotas de comércio afro-eurasianas. Na província Hebei (próxima à cidade moderna de Pequim) cerca de 90% da população morreu. Em muitas partes da Europa, onde a praga continuou, a população diminuiu para um número estimado em 19 milhões de pessoas em 1400.

Não só as doenças, mas também a fome atormentou os pobres nas cidades (ver Capítulo 8). A Paris antiga sofreu o crescente incômodo dos muitos centros de populações em expansão. Algum tempo após o século IV a.C., o povoado de Paris se estabeleceu em uma ilha no Sena muito menor do que a atual Île de la Cité, um local central e defensivo. A partir desse local, seus moradores navegaram o curso inferior do Sena e talvez tenham alcançado a costa da Bretanha. Na medida em que Paris expandia seu comércio pelo rio e crescia em riqueza, também se tornou um centro religioso. Os romanos construíram lá, um templo de Júpiter e posteriormente os cristãos alocaram um de seus mais antigos bispados do norte europeu, provavelmente no século III d.C. Ao transformar-se na base de um bispado, Paris, como os cristãos a viam, tornou-se uma cidade. Levou mais mil anos até que ela virasse um grande centro urbano – de governo secular, comércio, indústria e cultura.

As divisões entre vida no campo e urbana eram frequentemente confundidas. As ruas eram campos de pasto embarrados onde ovelhas e porcos se esbaldavam no pasto e no lixo. Um "congestionamento" parisiense do século XII fez com que um porco corresse entre as pernas de um cavalo, incomodando seu dono, o herdeiro do trono real. Moradias individuais possuíam jardins e videiras (do lado de fora dos muros da cidade) para complementar a disponibilidade de comida e equilibrar seus altos preços. Ainda assim, havia muitos pobres e famintos. Até mesmo os ricos parisienses não podiam escapar das coisas desagradáveis e da poluição que era consequência de uma crescente população urbana.

A concentração de especialistas, como pessoas que trabalhavam com couro, com metais, tecelões e outros artesões, que rumavam em multidões para as cidades para produzir e vender seus artigos nos grandes mercados municipais, contribuíram no significativo declínio da qualidade da água e da higiene, mesmo tendo ajudado a desenvolver o comércio e a economia da cidade. O governo municipal de Paris deparou-se com problemas enormes e reclamações sobre as atividades que tentou regular e controlar. Sangue e carcaças de abatedouros e a urina, os alcalinos e os sais utilizados nos curtumes, produtos residuais da fundição, fumaça sufocante da queima do carvão e outros combustíveis, atividades industriais barulhentas – todas criando condições de vida indesejadas para os residentes da cidade. Doenças e pragas, como ratos, eram intensas. A sujeira era em todos os lugares uma condição da existência urbana. Banheiros públicos – em contraste com Bagdá, haviam apenas 32 em toda a Paris de 1268 d.C. – foram banidos pela Igreja devido à sua notável contribuição para a excessiva promiscuidade. Na época da praga, a concentração urbana em Paris estava especialmente vulnerável à disseminação da doença, que matou um terço dos habitantes em apenas um ano. As ligações entre a cidade e seus campos circundantes permaneceram fechadas, especialmente onde, como na Itália e na Holanda, as cidades eram numerosas, e o equilíbrio de poder e domínio lentamente mudou do campo para a cidade, da terra para os mercados, cada vez mais ligados aos mundos marítimos.

Apesar de grandes atrasos como pragas, epidemias e fome, em 1500 d.C. a população mundial chegou a quase 450 milhões de pessoas. Esses níveis iriam dobrar nos 300 anos seguintes – o que significa dizer que o planeta abrigaria 900 milhões de pessoas em 1800 d.C. Entre 1500 e 1800, mudanças sem precedentes na população também ocorreram ao redor do globo. Alterações nos centros demográficos deram vida a novas cidades, reconstruíram e aumentaram outras, e tornaram obsoletos locais abandonados às margens do novo poder marítimo.

A globalização do comércio, a partir de 1500 d.C., forjou mudanças tecnológicas e comerciais que tiveram seus impactos maiores e mais poderosos sobre as cidades. Como centros de população, produção e consumo de bens materiais, as cidades eram locais de transformação. Elas agiam como imãs, atraindo populações do campo e misturando pessoas de classes, origens regionais e culturas diversas. Cidades eram centros tecnológicos e artísticos onde bens materiais eram produzidos em profusão. Ao mesmo tempo, as cidades eram centros de consumo que forneciam grandes mercados consumidores de mercadorias produzidas com crescente eficiência pela especialização regional e transportados com relativa velocidade por meio de redes de estradas bem administradas. Cidades também eram centros culturais que forneciam diversão e atividades culturais para residentes e visitantes, sendo, assim, locais significantes de transformação.

PRIMEIRAS CULTURAS URBANAS MODERNAS NO LESTE DA ÁSIA

No Japão do século XVII, por mais que o governo dos Xoguns Tokugawa (ditadores militares) tentasse ignorar o comércio e promover uma ordem social e econômica rígida baseada na agricultura, o comércio floresceu, os mercadores prosperaram e áreas urbanas em expansão tornaram-se centros de uma vívida cultura popular. Concentrada nas cidades de Osaka, Kyoto e na capital Edo, essa nova cultura urbana foi o produto do patrocínio dos comerciantes. Com uma população de mais de meio milhão, Edo era a maior cidade do mundo no fim do século XVII, enquanto as populações de Osaka e Kyoto aproximavam-se daquelas de Londres e Paris no século XVI, as duas maiores cidades da Europa na época.

Comerciantes que patrocinaram as artes no Japão urbano sob o domínio Tokugawa fizeram isso como membros de classe social humilde que não possuía poder político. Os filhos dos mercadores, por exemplo, eram proibidos de casar com filhos de samurais. A riqueza dos comerciantes não se resume em poder político ou *status* social maior, mas podia ser utilizada para patrocinar artistas cujo trabalho retratava a vida e o mundo das pessoas urbanas. A nova cultura urbana do Japão Tokugawa patrocinada pelos mercadores incluía teatros *Kabuki* coloridos e teatros de bonecos elaborados (*bunraku*), pinturas estampadas de *ukiyo* – o "mundo flutuante" dos bairros urbanos agradáveis – e ficção popular.

Figura 3.3 *A Mirror of Actors' Likenesses* extraído de *An Album of Toyokuni Actor Portraits.* Série de retratos de 33 atores *Kabuki* de *Edo,* ilustrado por Utagawa Toyokuni I (1769-1825). *Kabuki* era uma forma de teatro colorida e vibrante que floresceu na Era Tokugawa, no Japão, (1600-1867), atraindo grande audiência de mercadores e outros residentes de cidades como as de Edo e Osaka. A imagem aqui mostrada é de Bando Yasosuke I (1759–1814), um ator *kabuki*. Os retratos de atores *kabuki* famosos eram lembranças populares vendidas como impressões em papel.

Apesar do rápido crescimento da urbanização na China dos séculos XV e XVI, antes do século XIX a maioria dos chineses vivia em áreas rurais e ocupava-se principalmente com a agricultura. Contudo, a rápida taxa de aumento nas populações urbanas no começo da Era Moderna (1500-1800) é significativa na China e em outros lugares. O fato é que até a vida de moradores rurais estava progressivamente ligada à economia comercial, e a vida cultural das cidades é ainda mais importante. Hierarquias de locais eram criadas, ligando vilas menores, centros maiores e grandes cidades em sistemas urbanizados regionais. Nos períodos imperiais recentes da China, pessoas de todos os lugares do interior foram influenciadas pelo que acontecia nas cidades. Apesar de não haver qualquer aumento na taxa geral de urbanização no século XVIII, uma hierarquia de lugares tornou-se mais amplamente desenvolvida e refinada ao longo de todas as regiões do império Manchu (ver Capítulo 10). Redes de comércio e associações regionais de mercadores ligaram os mercados rurais aos das cidades.

No século XVII, a cidade de Nanjing, um centro cultural imperial, foi eclipsada pelas áreas de Yangzhou, Suzhou e Pequim. Como Nanjing, Yangshou e Suzhou eram cidades do delta do Yanzi, enquanto Pequim, tal como Edo no Japão, era a capital, distinguindo-se, assim, de outros centros urbanos. Suzhou, um pouco como Veneza, era conhecida por seus canais; seu crescimento populacional resultou de condições de prosperidade econômica, não devido às necessidades administrativas do governo. Centros urbanos, como os de Suzhou, Hangzhou e Nanjing também eram cidades de disputas e distúrbios nos períodos imperiais recentes (Ming [1368-1644] e Qing [1644-1911]). Acadêmicos ricos e mercadores tinham vidas plenamente consumistas, colecionando artes e livros e construindo elegantes jardins. Trabalhadores urbanos (da indústria têxtil de Suzhou, por exemplo) viviam com dificuldade e também eram forçados a cumprir serviços obrigatórios executando as obrigações municipais de manutenção da ordem, da higiene e de outras tarefas necessárias à vida urbana.

CIDADES COMO LOCAIS DE INTERAÇÃO COMERCIAL

Centros urbanos tornaram-se zonas de interações comerciais e culturais globais. A mobilidade da força de trabalho entre os continentes foi uma das consequências do comércio marítimo depois de 1500, colocando novas culturas em contato. A expansão do comércio marítimo europeu enviou mercadores de cidades em um continente para cidades de outros continentes. Essas eram cidades de "estranhos", como o escritor inglês Thomas Mun (1571 – 1641) as descreveu. O anonimato urbano da era econômica baseava-se em vender mais para os outros do que seria consumido em retorno por sua própria sociedade. Mun não havia pensado no tremendo crescimento das cidades além da Europa quando estava escrevendo seu tratado econômico *A Discourse of Trade from England unto the East Indies* (1621).

Cidades como Malacca surgiram como entrepostos estratégicos para os impérios comerciais europeus. Por muito tempo uma cidade portuária fluvial do sudeste asiático, Malacca situava-se na costa sudoeste da península da Malásia. Sua expansão marítima se deu no século XV como uma Cidade-Estado Islâmica, cujas frotas policiavam o percurso do estreito contra exércitos tailandeses. Mercadores indianos, árabes, persas, chineses e, mais tarde, europeus montavam centros de operações ali. Depois de conquistada por portugueses, em 1511, Malacca era guarnecida por 200 soldados e 300 mercenários, um reconhecimento da riqueza comercial encontrada ao longo de rotas marítimas no Oceano Índico.

Na maior parte da África, europeus construíam comunidades mercantes, mas, com poucas exceções, eles não colonizaram partes do Continente antes de obterem vantagens tecnológicas no recente século XIX. Durante os primeiros três séculos de interação africano-europeia, entre 1450 e 1750, a intensificação da atividade comercial e o consequente impacto da cultura europeia foram sentidos nas novas cidades costeiras como Lagos ou Luanda, onde africanos agiam como agentes dos Estados africanos existentes e das corporações. Sua adoção das linguagens e vestimentas europeias tornou-se sinal da nova cultura comerciante e símbolo de *status*. Algodão de Manchester e sedas chinesas podiam ser encontrados em quase qualquer vila, assim como o couro marroquino e o ouro do oeste africano normalmente estavam presentes em mercados e feiras da Normandia e da Grã-Bretanha. À medida que os mercados costeiros e suas comunidades cresciam em tamanho e complexidade, os centros urbanos tornaram-se lugares de transformações sociais e culturais e imãs de migração.

Umas poucas antigas cidades africanas, como as de Ife e Benin, permaneceram locais de contestada autonomia política e econômica, onde os governantes africanos lutavam contra os mercadores portugueses, holandeses e ingleses para manter o controle sobre a produção das exportações e sobre o preço e a demanda das importações:

> (Na cidade de Benin no oeste da África) o palácio do rei é quadrangular, e é certamente tão grande quanto a cidade de Haarlem, na Holanda, e inteiramente cercada por um muro especial, como aquele que circunda a cidade. É dividido em vários magníficos palácios, casas, apartamentos dos cortesãos e compreende longas e belas galerias quadradas, quase tão largas quanto o Mercado de Amsterdã, mas uma maior que a outra, repousando sobre colunas de madeira, cobertas de cima a baixo por cobre trabalhado, no qual são entalhadas as gravuras de suas proezas de guerra e batalhas, e são mantidas muito limpas.
>
> (H. Ling Roth, *Great Benin: Its Customs, Art, and Horrors*, Londres: Routledge, 1968, p. 160)

Em contraste, viajantes europeus descreveram Luanda, a cidade construída por portugueses na África Central, como pequena e esquálida. A colocação marginal de comerciantes europeus em bairros separados para visitantes era uma estratégia tradicional e difundida para organizar os habitantes dos assentamentos.

De Luanda a Nagasaki, mercadores europeus frequentemente eram separados dos processos urbanos independentes e locais. Entre 1609 e 1641, os holandeses mantiveram um posto em Hirado, uma ilha da costa de Kyushu. Então os japoneses garantiram os direitos comerciais holandeses e os colocaram junto a comerciantes chineses em uma ilha artificial na Baía de Nagasaki, onde permaneceram até a "abertura" do Japão, em 1853.

Do século XVII em diante, as influências europeias eram mais marcantes em certos centros urbanos da Índia, especialmente Bombaim, Madras e Calcutá. Essas cidades tornaram-se centros administrativos, criando um tripé a partir do qual a Companhia Britânica do Leste da Índia baseou seu monopólio de poder. Em cada centro a companhia ergueu um forte ao redor do qual um complexo urbano se expandiu, atraindo indianos como agentes ou serventes dos oficiais da companhia. Cada comunidade britânica assentada consistia em apenas algumas centenas de homens, mercadores, administradores e tropas, pelo menos até o fim do século XVIII. No início, os residentes britânicos apegaram-se à cultura europeia e se isolaram, fechando o grande portão à noite. Finalmente, as interações culturais venceram, e muitos comerciantes europeus viviam com mulheres indianas, vestiam roupas de estilo indiano e comiam alimentos indianos. Uma camada cultural mais profunda foi adicionada nos casos de Madras e Calcutá, onde membros da elite mercantil Hindu cuidaram da continuidade da estrutura pré-colonial da cidade e preservaram recursos rituais até o século XIX.

CIDADES DE CONQUISTA E COLONIZAÇÃO

Outras cidades foram definidas pela conquista e dominação europeia. A visão europeia sobre a paisagem da América do Norte, particularmente de onde seria conhecido como Nova Inglaterra, ilustra ao mesmo tempo a falta de compreensão ecológica e um desejo de criar mercadorias a partir da presumida abundância de recursos, atraindo assentamentos europeus. Enquanto os americanos nativos eram grandemente reduzidos em número por genocídios e doenças durante os contatos e as permutas colombianos, as populações europeias cresciam em número. Os indígenas eram forçados em direção a terras agrícolas menos desejadas, enquanto os europeus que os suplantaram causaram grandes mudanças na paisagem. As terras foram limitadas por conceitos de direito de propriedade em formas de cercas e mapas; florestas foram derrubadas para as plantações e para permitir que os rebanhos domesticados bovino e ovino dos europeus pastassem. A vida animal selvagem abundante rapidamente desapareceu. Dentes-de-leão e ratos da Europa e da Ásia foram introduzidos no continente norte-americano, eles e outras pestes e pragas de plantações se espalharam nas áreas dos povoados europeus.

As transformações mais profundas na cultura nativa das Américas ocorreram nas vicissitudes da vida urbana. A conquista espanhola resultou na imposição dos padrões urbanos europeus que transformaram a vida dos nativos das Américas Central e do Sul e do Caribe. Assim que eles

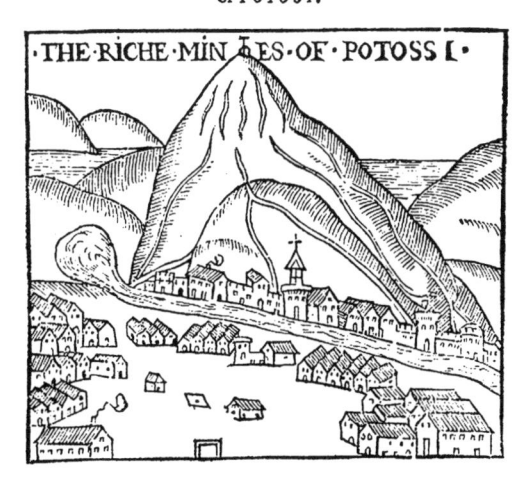

Figura 3.4 Anônimo, ilustração da cidade de Potosí, nas montanhas (1581). O local de *cerro rico* (montanha rica), a cidade colonial está retratada neste desenho, incluindo a igreja proeminente, algumas casas patrícias e os *barrios mitayos*, as áreas onde os trabalhadores viviam.

chegaram, os espanhóis substituíram centros e cidades pré-colombianas por outras novas organizadas e funcionando no modelo espanhol. Por exemplo, Cuzco, capital do Império Inca, abriu o caminho para a cidade imperial espanhola de Lima, que foi construída sobre as antigas muralhas da cidade inca. Centrais nesses novos centros urbanos espanhóis, os sistemas econômicos e culturais, os valores e os julgamentos morais a respeito de quase tudo, desde o vestuário ao casamento, que eram impostos aos povos conquistados. Em outros lugares, uma combinação de conquista e doenças forneceu os caminhos para a construção de povoados e cidades de colonizadores ingleses, holandeses e franceses.

As cidades eram as características mais evidentes da América colonial. Até mesmo cidades mineradoras, como Potosí (a maior cidade no hemisfério ocidental em 1600, com uma população estimada em 150 mil habitantes), onde trabalhadores indígenas constituiam a maioria da população, possuíam um distinto estilo europeu. Seu brasão diz:

> Eu sou a rica Potosí
> Tesouro do Mundo.
> A rainha de todas as montanhas
> E a inveja de todos os reis.
> (Citado por John Demos, "The High Place: Potosi", *Common-Place* (Special Issue on Early Cities of the Americas), vol. 3, n. 4 (2003), s.p.)

Durante o século XVI, cerca de 200 cidades coloniais surgiram na América espanhola; em 1600 eram 250; na metade do século XVII uma Lima aristocrática e luxuosa, com uma população de 170 mil habitantes, tornou-se a maior cidade da América espanhola. Quando a conquista espanhola se completou, por volta de 1700, um sistema imperial urbano dominante se estabeleceu.

As cidades coloniais espanholas se distinguiam por doações de terra (4 léguas quadradas ou 18 mil acres) e por grupos de 10 a 100 líderes de família espanhóis que se assentavam nessas áreas. Na medida em que as cidades cresciam, tornavam-se centros da cultura europeia. Como cidades da Espanha, cada uma possuía suas próprias praças, parques, majestosas igrejas e monastérios, escolas e grande quantidade de construções governamentais. Em uma década depois de sua fundação, São Domingo tornou-se uma cidade perfeitamente ibérica, com seus conventos, escolas e um bispo. De forma semelhante, a Quebéc francesa, em 1608, era a única cidade fortificada na América do Norte. Quando se tornou o centro da diocese da Nova França, ela consequentemente se transformou em uma cidade europeia por definição.

Atitudes urbanas eram parte de uma bagagem cultural de grande parte dos migrantes dos séculos XVII e XVIII. Até mesmo vilas recém-criadas realizavam funções urbanas, incluindo a troca de mercadorias, serviços e ideias extraídas da economia global por meio de seu contato com centros urbanos maiores. No século XVII, colonizadores estabeleceram pequenos centros urbanos na extensão da costa atlântica e na direção do Vale do Rio São Lourenço. Algumas cidades coloniais cresceram fora dos postos avançados que protegiam os habitantes dos povos indígenas ou de potências europeias adversárias. Outros centros foram estabelecidos com o apoio de companhias governamentais e sociedades privadas para aumentar os lucros por meio de uma exploração mais eficiente dos recursos das áreas circundantes. Outras cidades ainda foram criadas pela pressão em direção ao oeste para novos territórios reclamados pela expansão imperial.

Cidades coloniais eram frequentemente assentamentos costeiros, pequenos para os padrões atuais. Boston, a maior cidade da América do Norte britânica do século XVII, dificilmente passou de uma população de 7 mil habitantes. A Filadélfia e a Nova York dessa época alcançaram quase 4 mil habitantes, embora no século seguinte elas tenham ficado à frente. No final do século XVIII, a Filadélfia tinha 40 mil habitantes, tornando-a uma das maiores cidades do império britânico. Da mesma forma, a posição costeira das novas cidades norte-americanas permitiu que elas participassem de rotas globais de comércio, as quais supriam de peixes, peles, trigo, arroz, tabaco, índigo e madeira. Os estaleiros

QUADRO 3.1

Vista do século XVIII da antiga praça, o principal mercado de Havana

A cidade caribenha de Havana, na ilha de Cuba, foi um dos primeiros testes da globalização. Vista nesta imagem da antiga praça, a cidade é retratada como um local que misturou a arquitetura transplantada da Europa (modificada para o clima tropical) e os mais diversos grupos de pessoas que se encontravam e interagiam em um mercado típico da África. No começo do século XVIII, a população de Havana era de mais de 27 mil habitantes, mais do que metade da população de toda a ilha de Cuba. Provavelmente um terço dessa população era de descendentes africanos. A ilustração do mercado reflete precisamente essa diversidade racial nas cenas de interação como pano de fundo. Os mercados caribenhos dependiam em muito da capacidade de barganha de mercadores especialistas – frequentemente mulheres escravas africanas comerciantes chamadas de "pechincheiras". Essas vendedoras eram conhecidas por espalhar informações de uma plantação para outra por meio de suas redes de comércio – frequentemente incentivando rebeliões e resistência.

A praça do mercado transbordava com a vida e o drama humano – porcos domesticados, galinhas, ovelhas, aves engaioladas e cargas humanas. Assim como outras cidades caribenhas, o porto de Havana atraía piratas, ladrões, turistas, marinheiros e comerciantes. Centenas de viajantes procuravam lembranças americanas e não ficavam desapontados com as bugigangas e mercadorias que podiam comprar. Cargas chegavam quase diariamente da Ásia, de outras partes das Américas, da África e da Europa, e os produtos do mercado incluíam de tudo, desde frutas e vegetais colhidos no local até artigos básicos importados como trigo e vinho. A praça do mercado era um lugar de mais do que o comércio. Muitos residentes teriam assistido a execuções, a procissões religiosas, a touradas e festejos a partir de seus balcões

> no segundo andar com vista para a praça. Esse era um mercado de ideias assim como de mercadorias. Debates políticos e observações sociais conectavam os cidadãos da cidade.
> Relatos de viagem ilustrados tornaram-se uma leitura de lazer cada vez mais popular nos séculos XVIII e XIX. Muitas pinturas europeias de cidades distantes eram compostas, pelo menos parcialmente, de cenas confeccionadas por artistas que sequer as haviam visitado e que enfatizavam os locais românticos e exóticos inserindo, às vezes, imagens estereotipadas, como cúpulas orientais e roupas fantásticas imaginadas. Relatos de viagens e suas ilustrações revelam, dessa forma, muito das noções pré-concebidas dos autores e artistas sobre um local do qual eles fornecem detalhes historicamente verdadeiros e precisos sobre a vida local. Ainda assim, nesse caso, algumas das construções nessas ilustrações podem ser identificadas com estruturas existentes em Havana hoje, sugerindo que o artista era mais do que um viajante de poltrona.

expandiram-se para dar suporte à base mercantil urbana. Em 1720, Boston ostentava 14 estaleiros e produzia mais de 200 navios por ano.

A posição global das colônias em relação à economia do Atlântico também influenciou o desenvolvimento do urbanismo colonial. Embora a colônia puritana de Boston tenha começado como uma comunidade religiosa reformista que não era diferente da Genébra de Calvino, a expansão do comércio, após 1650, enfraqueceu a homogeneidade social de Boston e acabou minando o poder dos líderes da comunidade puritana. O crescimento do comércio marítimo afetou todos os elementos da cidade. Embora ainda no quarto final do século XVII, pequenos fazendeiros ainda cultivassem em grande parte da península onde a cidade se situava, novos imigrantes da África e da Europa se agruparam ao longo de suas margens.

O local de Montreal era originalmente a aldeia indígena de Hochelaga, encontrada pelo explorador francês Jacques Cartier em 1535. Quando a França do século XVII veio para dominar esse povoado, ele se tornou um porto-chave para o interior continental. Ambos os comércios, interno e internacional, eram responsáveis pelo crescimento de Montreal. Como outras cidades longínquas do norte, era um lugar difícil, com casas e prédios públicos feitos de frias pedras cinza. Montreal não obteve água potável com aquedutos públicos até 1801. As ruas estreitas da cidade eram opacamente iluminadas por lâmpadas a óleo, e o policiamento consistia em uns poucos policiais e um guarda noturno. Embora lucros enormes fossem feitos com o comércio de peles, a maior parte da riqueza era canalizada de Montreal direto para a Europa.

A Cidade do México foi construída sobre e a partir das ruínas da cidade asteca de Tenochtitlán, conquistada por Cortes, em 1521, e reconstruída como o vice-reinado da Nova Espanha. Para os povos nativos, a vida nas cidades coloniais certamente ofereceu maior liberdade e mobilidade do que a vida levada pelas pessoas nas terras rurais e no sistema de trabalho conhecido como *encomienda* (ver Capítulo 6). Não significava menos trabalho. Nas oficinas de artesanato das cidades, as pessoas eram transformadas de cultivadores do solo em assalariados e eram potencialmente liberadas do *status* servil ao qual a conquista e a nova economia os tinha designado; trabalhadores urbanos ganhavam maiores pagamentos do que trabalhadores manuais rurais, mas eles também tinham um custo de vida maior. Mulheres trabalhavam fora de casa tanto na América espanhola rural quanto na urbana. Algumas manufaturas têxteis profissionais estavam completamente em suas mãos, e na Cidade do México, já no século XVI, havia guildas femininas associadas e oficiais de guilda mulheres. Muito da arte e da arquitetura na América espanhola era eclesiástica, e as pessoas eram treinadas a buscar pedras para as igrejas, monastérios e escolas e a se tornarem os pedreiros que os construiriam. Elas eram treinadas como carpinteiros e marceneiros, escultores e pintores, construtores de instrumentos e músicos, tudo a serviço da religião.

A era colonial trouxe enormes mudanças às cidades do mundo, criando novos imãs de cres-

Figura 3.5 Dakar, Senegal, oeste da África. As amplas avenidas da cidade de Dakar eram um *design* importado de planejadores coloniais. O desenvolvimento industrial só ocorreu após a independência.

cimento e aprofundando a divisão entre o rural e o urbano. No século XX, forças políticas e econômicas – especialmente nos anos entre-guerras (anos de 1920 e de 1930) – trouxeram africanos e asiáticos para as cidades onde infelizmente as provisões sociais inadequadas dos administradores coloniais estavam abastecendo o descontentamento econômico. Os outros centros urbanos atraíram força de trabalho migrante (homens) como trabalhadores em busca de dinheiro para pagar taxas e comprar mercadorias importadas. De Nairóbi a Calcutá, as cidades tornaram-se cruciais para a mudança política e social. Nos anos de 1940, uma era de rápido crescimento da força de trabalho assalariado e a agitação trabalhista nas cidades estava encaminhando-se, juntando-se a um período igualmente ameaçador de descontentamento rural. Apenas a coalizão dessas forças – intelectuais urbanos, trabalhadores urbanos organizados e o protesto das massas rurais – poderia criar movimentos nacionalistas bem-sucedidos na África e na Ásia do pós-guerra. Eles fizeram isso na forma de greve de estivadores e ferroviários em Dakar (de 1922 até os anos de 1940), os boicotes ao cacau e os protestos em Gana (1930 e 1938), ou os protestos do sal e dos têxteis nas cidades sul-asiáticas (1930-1942). A resistência depois dessa época raramente teve alguma relação com a soberania ou a identidade racial: em vez disso, resultou de crises abrangentes no mundo material e estava mais intimamente relacionada aos conflitos de classe.

PAISAGENS CULTURAIS URBANAS E GLOBALIZAÇÃO INDUSTRIAL

Cada vez mais o crescimento de muitas cidades modernas seria diretamente ligado à expansão da indústria global e aos mercados que essa indústria criou. Devido às culturas urbanas modernas, que surgiram em várias partes do mundo, às vezes, serem originadas a partir de cidades mais antigas, elas não eram necessariamente um novo fenômeno, mas sua influência estava crescendo na medida em que o processo de industrialização global moldou as vidas ao redor do mundo. O impacto do comércio, da industrialização e da urbanização foi desigual. Ao redor do globo, as cidades tornaram-se locais de industrialização e de variedade de bens e refletiram os processos globais envolvidos no movimento da força de trabalho, dos recursos e do capital.

As cidades ao redor do mundo receberam um ímpeto de crescimento da expansão da industrialização global. As redes de comércio e informação que conectavam recursos, processos de manufatura e os mercados criados interligaram as forças de urbanização, especialmente em cidades portuárias. As inovações tecnológicas por volta de 1850, como navios a vapor, eletricidade, telégrafo, telefone e outras invenções, dependeram da organização do capital e do trabalho em âmbitos disponíveis cada vez maiores. Sistemas de crédito tinham como base as cidades. Indústrias eram construídas próximas a portos, que recebiam recursos naturais e força de trabalho de todo o globo. Como da noite para o dia, no século seguinte, nações de populações rurais tornaram-se urbanas. A Rússia foi um caso típico da extensão da drástica urbanização no século XX, como uma nação de camponeses antes de 1900 que transformou quase 50% de habitantes rurais em urbanos em 1970.

Em outros lugares, ferrovias e outras tecnologias construíram novos caminhos de crescimento cultural urbano. A industrialização e o transporte férreo, nos anos de 1840, começaram a criar imãs de migração para as cidades. As mudanças demográficas dos séculos XIX e XX foram parcialmente realizadas pela pressão de migrações em massa para áreas urbanas à medida que as pessoas buscavam emprego e outras oportunidades. Por exemplo, cidades pontilharam o sistema férreo transamericano e levaram afroamericanos das cidades do sul agrícola até as do norte industrial. Outras cidades, como Paris, nunca perderam sua densidade de povoamento, que em tempos de epidemia poderiam ser mortais. A epidemia de cólera de 1832 e a de 1849 ceifaram dezenas de milhares de vidas parisienses. As amplas avenidas da cidade foram criadas como um pináculo das realizações da engenharia durante a exposição de 1889, e monumentos arquitetônicos, como a Torre Eiffel (a construção mais alta do mundo até 1930), foram criados mais tarde nesse século. Por sua vez, a rápida urbanização trouxe problemas de saneamento, saúde, crime e desemprego, exacerbando as disparidades econômicas e naturais do mundo moderno. Na verdade, cidade alguma da era moderna evitou a experiência de urbanidades ricas convivendo com os pobres e os miseráveis.

Uma vez que a indústria a vapor do ferro e do aço estava encaminhada, a paisagem urbana em todo o mundo estava cada vez mais definida por seus altos prédios e chaminés. Durante a Restauração Meiji, a industrialização da economia japonesa foi intensamente promovida pelo governo. Edo foi renomeada como Tóquio e, junto com Osaka, tornou-se um centro comercial e industrial, assim como político. Influências ocidentais impregnaram a vida da cidade, enquanto a economia japonesa imitava o capitalismo industrial ocidental. Um hino do final do século XIX da cidade japonesa de Yawata entoava "as ondas de fumaça preenchendo o céu, nossa fábrica de aço, grandeza sem igual".

Quando os comunistas dominaram a China, em 1949, viram as cidades como centros do imperialismo ocidental, assim como dos nacionalistas e japoneses que eles enfrentaram. Camponeses foram heróis da revolução, e não os capitalistas e mercadores urbanos. As cidades eram suspeitas, mas, com o passar do tempo, tornaram-se lugares mais desejáveis por todos para se viver, devido ao acesso à educação, à saúde e a mercadorias que não estavam disponíveis no interior. O governo da República Popular da China (RPC) distribuiu vales de racionamento para produtos essenciais, como óleo de cozinha e sabonete, e eles só podiam ser trocados nos locais onde as pessoas estavam oficialmente designadas e registradas. Mesmo assim, na medida em que a economia da China ficava maior e as cidades tornavam-se ainda mais ricas, grande número de "populações flutuantes" migrou para as cidades e trabalhou como ambulante ou diarista ou em outro serviço para tentar o sustento.

Xangai começou como uma vila de pescadores que se tornou uma cidade mercante no século XIX e, posteriormente, floresceu como centro comercial um pouco antes de se tornar a uma cidade portuária de tratado como resultado da Guerra do Ópio (1839-1841). Como um porto resultado de um acordo, Xangai foi dividida entre a cidade chinesa, o Assentamento Internacional e a Concessão Francesa. Isso refletiu a penetração da China por potências estrangeiras, que controlaram algumas partes da cidade e mantiveram os chineses de fora. Xangai foi também um centro de indústrias assim como de comércio, e os trabalhadores de Xangai exerceram um papel fundamental no movimento organizado dos trabalhadores no século XX. Foi também um local de crime organizado em alta escala, de prostituição, de tráfico internacional e de círculos de espiões. No começo do século XXI, Xangai tornou-se novamente uma cidade internacional, um centro bancário, financeiro e de comércio, com uma paisagem modernista de novos edifícios que se destacavam em oposição ao grande Bund, as construções em estilo europeu que demarcam as margens do Rio Huangpu, que um dia abrigaram os bancos e os escritórios consulares de potências imperiais estrangeiras.

Hong Kong não passava de um promontório rochoso distante de centros de cultura e poder quando foi cedido aos britânicos como resultado do Tratado de Nanquim (1842), que acabou com a Guerra do Ópio. Quando ela voltou ao controle chinês, em 1997, Hong Kong era um centro comercial e financeiro internacional povoado por chineses que eram cidadãos britânicos, falavam inglês e cantonês, e que não se encaixaram facilmente na estrutura política ou econômica da RPC.

Do outro lado do Pacífico, na América do Norte, o poeta Carl Sandburg uma vez retratou Chicago (1916) como "a tempestuosa, enérgica e briguenta Cidade de Ombros Grandes" mesmo aludindo à dura violência, às carênicas e à prostituição. Centros urbanos claramente significavam mais do que sujeira e poluição industrial. As cidades do mundo moderno tornaram-se sinônimo dos prazeres culturais dos palácios e castelos de uma era anterior. Elas inspiravam produção cultural e abrigavam museus de arte e universidades, jornais e editoras, bandas de jazz, sinfonias e companhias de balé. Parte do apelo urbano moderno tem sido a concentração de recursos culturais em profusão para o consumo dos habitantes da cidade. Na Feira Mundial de Chicago (Exposição Colombiana), realizada em 1893, artistas e arquitetos colaboraram para criar a "Cidade Branca", um modelo ideal de cidade. Para manter a exibição branca, os planejadores tiveram de instituir o banimento do uso do carvão mineral durante a feira. Utilizando o estilo romano clássico, eles desastradamente construíram uma cidade perfeitamente ordenada para abrigar elefantes, gôndolas, estátuas gregas, o "show dos otomanos árabes do oeste selvagem" e impressões japonesas, entre outros diversos artefatos culturais mundiais.

Não só a diversidade, mas o anonimato foi uma característica da vida cultural urbana. No século XXI, as cidades de "estranhos", descritas por Thomas Mun, materializaram-se em culturas em todos os continentes. Nas abarrotadas ruas da capital do Senegal, Dakar, a imagem do Xeque Amadou Bamba (1853-1927) pode ser vista em quase todos os lugares, desde ônibus recém-pintados até os muros das construções da cidade. Bamba, um poeta e um santo sufi, é o líder espiritual de 4 milhões de muçulmanos no Senegal e de milhares outros que seguem seus ensinamentos ao redor do mundo. Sua imagem deriva de uma única fotografia em que seus traços estão escondidos sob uma mortalha de pano e sombra. Hoje a arte urbana anônima é provavelmente melhor exemplificada pelo trabalho dos grafiteiros em vagões de trem e em "galerias" de calçadas. Junto com a cultura *hip-hop*, o grafite reflete a extensão em que as ruas urbanas modernas geraram crime e cultura com a mesma ferocidade.

CIDADES E CRESCIMENTO POPULACIONAL

Tanto o tamanho quanto a escala das cidades mudaram radicalmente com o passar do tempo. Uma vez que a urbanização levou a concentrações de população significativamente maiores e a uma proliferação das realizações humanas, as cidades tornaram-se o foco do questionamento do impacto global causado pelo crescimento populacional. Afinal, as cidades absorveram dois terços do crescimento populacional desde a metade do século XX. As elevadas taxas do aumento da população por si só atraíram a atenção pública. O efeito do aumento populacional humano tem sido debatido pelo menos desde o século XVIII. Thomas Malthus, em seu influente *Essay an Population* (1798), expressou a crença de que a população crescia em uma taxa maior do que a taxa de crescimento dos recursos; essa teoria levou muitos a concluir que o excesso de população significa muitas pessoas e alimentos insuficientes. Outros atribuíram a percepção sobre a superpopulação à divisão desigual dos recursos na sociedade. Capitalistas do século XIX, em contraste, receberam bem os elevados números de trabalhadores e consumidores que criaram os mercados expandidos necessários para o crescimento do capitalismo industrial.

O crescimento populacional foi até mesmo encorajado por alguns líderes políticos no século XX, como Stálin, na União Soviética, e Mussolini, na Itália. Ambos deram prêmios pela maternidade. Durante os anos de 1950, Mao Tsé-Tung encorajou seu povo a expandir sua já enorme população, argumentando que o país poderia compensar em pessoas o que lhe faltava em indústria e outros recursos. Mas essa política foi drasticamente revertida com a introdução da política "filho único", nos anos de 1960, pela qual apenas uma criança era permitida por família, uma estratégia que pretendia diminuir a taxa de natalidade da China e o crescimento demográfico.

O enorme aumento populacional no pós-guerra foi notado com preocupação por muitos no século XX, incluindo o biólogo Paul Ehrlich, que descreveu o "problema" do crescimento em seu livro *The Population Bomb* (1968), em um tempo em que havia 3,5 bilhões de humanos, cinco vezes a população do mundo de Malthus.

Mais de 90% do atual crescimento demográfico ocorre nos países mais pobres do mundo, e 1 bilhão dos atuais 6,6 bilhões de habitantes do mundo, o "bilhão de baixo", vive na pobreza, um fato que sugere que uma grande parte da crise nessa encruzilhada é política e econômica. Tal crise global alterou a natureza das cidades mundiais, que agora abrigam metade da população do planeta em favelas urbanas. O que significa ser uma cidade mundial hoje (controlando fluxos de capital e informação) pode não ser válido para a próxima geração.

CONCLUSÕES

Este capítulo forneceu exemplos da transição das primeiras comunidades estabelecidas até o começo dos centros urbanos já no milênio VI a.C. Algumas como Mênfis, que transformou-se na cidade do Cairo, sobreviveram por milênios, enquanto outras decaíram e desapareceram. As primeiras cidades eram concentrações de população cada vez mais diversa e altamente estratificada. Muitas originadas como, ou tornadas, centros cerimoniais, atraindo grande número de pessoas para participar de rituais que se acreditava agradarem às divindades, para encorajar boas colheitas agrícolas, ou para pedir o apoio dos deuses na guerra contra os inimigos.

As cidades, desde suas origens, existiram em um contínuo de relações urbano-rurais. Gradualmente elas transcenderam suas funções primárias originais. Eram centros nos quais ideologias, instituições, bens materiais e outros produtos urbanos eram transmitidos a suas áreas circundantes, das quais, por sua vez, elas dependiam. Tais sistemas eram também recipientes dos deuses, pessoas e ideias de áreas além de seu raio. O grau de urbanismo em qualquer parte do mundo era dependente da habilidade de cada grande comunidade de manter um sistema integrado entre ela própria e sua área de abrangência. Embora as cidades

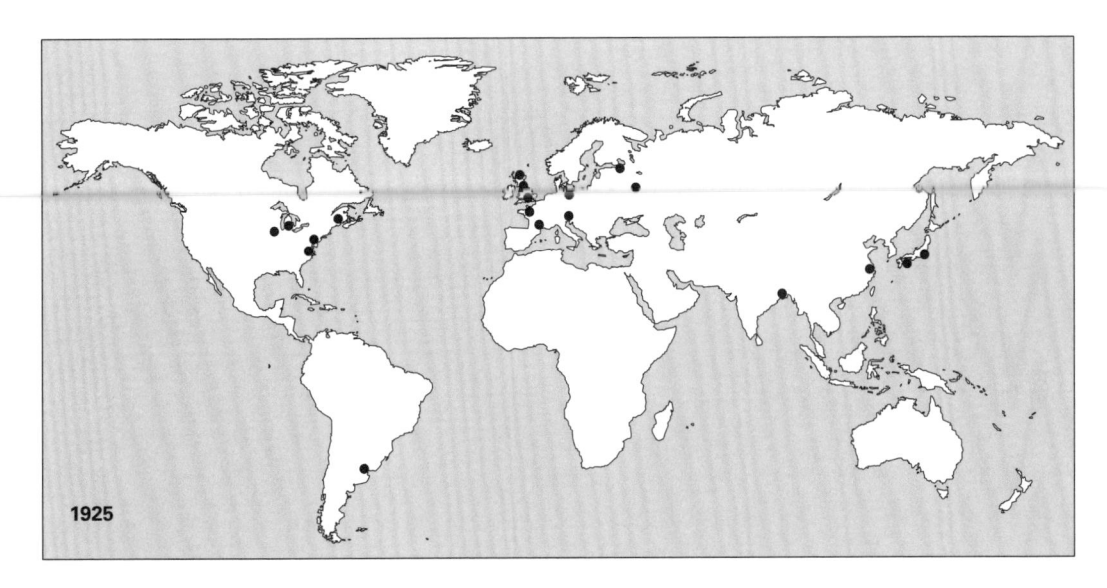

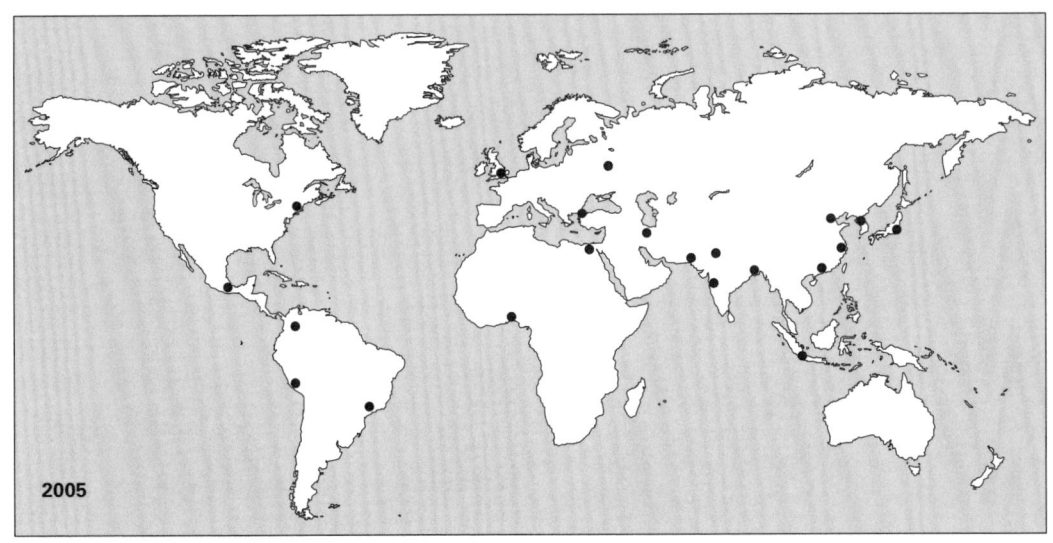

Mapa 3.2 Mudança na distribuição das maiores cidades do mundo.

florescessem ao redor do mundo, a maioria das pessoas não vivia nas cidades antes do século XIX, mas em intrincada relação com elas, visitando-as, comerciando e sustentando-as com alimentos e outros bens e serviços necessários e valiosos. A revolução comercial e a industrialização global resultaram em mais um impulso nas populações em direção aos centros urbanos nos últimos séculos.

Onde quer que sistemas urbanos aparecessem, eles tinham características comuns. A sociedade urbana tornou-se mais complexa. Ela envolvia grande número de pessoas e maior controle e administração dos recursos e ambientes, resultando em uma variedade mais ampla de atividade econômica e em estruturas e organizações mais rígidas dos habitantes da cidade. Além de maiores oportunidades e da disponibilidade de mais bens e serviços, a vida urbana frequentemente significou a intensificação da desigualdade e das divisões rígidas entre linhas de classes, *status* e gêneros. Os sistemas de autoridade e as relações de desigualdade encontradas nos conjuntos urbanos cresceram a partir de padrões mais antigos de agrupamentos sociais maiores e se desenvolveram para se adequar às condições da vida urbana: comunidades grandes e complexas de partes variadas e interdependentes requeriam os mecanismos de controle e centralização da tomada de decisões para dar conta dessas diferenças. Por exemplo, as diferenças de gênero e as relações tornaram-se mais claramente definidas. Até mesmo em primitivas comunidades agrícolas, o domínio masculino era mais acentuado do que havia sido nas sociedades caçadoras-coletoras, uma ênfase que foi poderosamente confirmada e perpetuada nas sociedades urbanas. Algumas vezes, os deuses masculinos recebiam os créditos pelo crescimento das cidades, e os homens guerreiros e governantes protegiam as rotas de comércio que conectavam as cidades com seu interior ao redor.

Tendo as cidades posteriores tornado-se centros para acumulação de capital, elas também exerceram poder político e aprofundaram as divisões baseadas em gênero e classe. Cidades superpopulosas e poluídas, especialmente em regiões menos desenvolvidas do mundo, tornaram-se locais de instabilidade e de enorme mudança social e econômica. Entre 1950 e 1990, houve um aumento quintuplicado do número de residentes urbanos em países subdesenvolvidos, um crescimento muito mais rápido do que no mundo como um todo. Antes do século XXI, a vasta maioria das pessoas do mundo vivia em fazendas de caráter rural, e seus estilos de vida, enquanto culturalmente distintos, compartilhavam certas similaridades tecnológicas. O abismo entre sociedades altamente industrializadas e aquelas "em desenvolvimento" começou a surgir durante a era colonial, na medida em que capitalismo industrial se espalhou e encorajou o crescimento dos centros urbanos. Até hoje nosso "planeta de favelas" ostenta muitas cidades com estendida pobreza e sem indústrias modernas. Atualmente, mais pessoas vivem nas cidades do que em áreas rurais, pela primeira vez na história humana.

É impossível entender o surgimento histórico do urbanismo sem levar em conta a relação funcional entre o centro urbano e seu entorno. O processo bem-sucedido de integração da cidade com o interior, de construção de uma identidade e política comunitárias, a partir de partes cada vez mais diversas e divergentes, é comum a todas as sociedades urbanas descritas neste capítulo. As cidades permaneceram uma constante durante a história após sua aparição no milênio VI a.C., e ambas as circunstâncias culturais e históricas determinam a mudança da natureza das cidades e suas variedades. No século XXI, o processo de urbanização está se expandindo, com o agudo crescimento de cidades em partes menos desenvolvidas do mundo. Em 1950, pouco menos de 30% das pessoas do mundo vivia nas cidades; agora, no começo do século XXI, mais da metade vive – e esse número está constantemente crescendo. Tóquio é atualmente a única cidade do mundo com uma população de mais de 20 milhões, mas provavelmente ela será acompanhada por Bombaim, Lagos, Xangai, Jacarta, São Paulo e Karachi, com Beijing, Dhaka e a Cidade do México logo atrás. Em 2025, estima-se que mais de dois terços da população mundial será habitante das cidades, tornando a experiência urbana um dos poucos denominadores comuns entre a espécie humana.

REFERÊNCIAS SELECIONADAS

Allchin, F. R. (1995) *The Archaeology of Early South-Asia: The Emergence of Cities and States*, Cambridge: Cambridge University Press. Fontes úteis sobre urbanismo asiático.

Balter, Michael (2006) *The Goddess and the Bull, Çatalhöyük: An Archaeological Journey to the Dawn of Civilization*, Walnut Creek, Calif.: Left Coast Press. Leitura interessante do estudo de casos acerca da maneira com que arqueólogos estudam como e por que as pessoas se estabeleceram nas primeiras cidades.

Cipolla, Carlo M. (1967) *The Economic History of World Population*, Harmondsworth: Penguin. Visão breve e estimulante sobre o desenvolvimento demográfico e econômico, traçando a história das grandes tendências na população e na riqueza que afetaram as sociedades globais como um todo.

Esherick, Joseph W. (2000) *Remaking the Chinese City: Modernity and National Identity, 1900 1950*,Honolulu: University of Hawai'i Press. Uma coleção de artigos sobre transformações urbanas em relação à modernidade e à identidade nacional durante a primeira metade do século XX, traçando comparações com desenvolvimentos similares fora da China.

Heng, Chye Kiang (1999) *Cities of Aristocrats and Bureaucrats: The Development of Medieval Chinese Cityscapes*, Honolulu: University of Hawai'i Press. Um estudo contrastando o padrão regular da paisagem urbana da capital Tang (618-907), Chang'an, com o do *design* irregular das cidades de Song (96-1279), utilizando a capital do norte, Kaifeng, como principal exemplo.

Johnson, Linda Cooke, ed. (1993) *Cities of Jiangnan in Late Imperial China*, Albany, N.Y.: State University of New York Press. Uma coleção de artigos sobre vida urbana econômica, social, cultural e política nas cidades de Suzhou, Hangzhou, Yangzhou e Shanghai, no delta do Yangzi.

McEvedy, Colin and Richard Jones (1978) *Atlas of World Population*, London: Allan Lane/Penguin. História da demografia mundial totalmente ilustrada (com gráficos, mapas e diagramas).

McIntosh, Roderick J. (2005) *Ancient Middle Niger: Urbanism and the Self-organizing Landscape*, Cambridge: Cambridge University Press. Resume pesquisas essenciais sobre o urbanismo primitivo oeste-africano em um só lugar, explorando conceitos de hierarquia de assentamento em um contexto global.

Morris, A. E. J. (1994) *History of Urban Form: Before the Industrial Revolution*, New York: Longman Scientific and Technical. Terceira edição da introdução clássica à evolução histórica das cidades.

Roberts, Allen F. *et al.* (2003) *A Saint in the City: Sufi Arts of Urban Senegal*, Los Angeles: University of California, Fowler Museum. Situa a cultura visual do Senegal urbano na longa história das artes islâmicas na África.

UN-Habitat (2003) *The Challenge of the Slums: Global Report on Human Settlements (2003)*, London: United Nations. Estudo das Nações Unidas sobre as tendências do século XXI em pobreza urbana.

Whitfield, Peter (2005) *Cities of the World: A History in Maps*, Berkeley: University of California Press. Uma visão geral ilustrada de mais de 60 cidades mundiais.

FONTES *ONLINE*

Annenberg/CPB Bridging World History (2004) <http://www.learner.org/channel/courses/worldhistory/>

Projeto multimídia com *website* interativo e vídeos por demanda; veja especialmente as Unidades 4 Agricultural and Urban Origins, 9 Connections Across Land, 10 Connections Across Water, 19 Global Industrialization, 24 Globalization and Economics e a 25 Global Popular Culture.

Hodder, Ian *Çatalhöyük Research Project* (2007) <http://www.catalhoyuk.com/>. O *site* oficial das escavações em andamento da aldeia Neolítica na Anatólia.

UNESCO World Heritage Site (2007) <http:// whc.unesco.org/en/list/>. Documenta o que há de mais valioso em sítios conhecidos, incluído os resquícios das cidades mais antigas e seus monumentos.

Waugh, Daniel Silk Road Seattle Project (Simpson Center for the Humanities,University of Washington) (2007) <http://depts.washington.edu/silkroad/cities/cities.html>. Cidades ao longo da Rota da Seda.

4 Universo, Comunidade e Conflito
Religião na história mundial

No dia de ano novo de 1946, o imperador Hirohito cumpriu as ordens das forças de ocupação da Aliança e fez uma transmissão de rádio para o povo japonês negando sua divindade como descendente dos Deuses xintoístas. De acordo com a tradição xintoísta, Hirohito e seus ancestrais imperiais eram descendentes de Amaterasu Omikami, a Deusa do Sol. A Linhagem Solar, como era conhecida a família imperial, representava uma ligação contínua com a fundação do Japão e a própria criação do mundo. Apesar disso, essa tradição – identificando a nação japonesa com a religião xintoísta – era, na verdade, bem recente, um produto da restauração Meiji na metade do século XIX, que "restaurou" o governo imperial e legitimou o imperador como um descendente dos deuses. No século XX, o xintoísmo foi oficialmente adotado como religião do Estado pelo governo em tempos de guerra, intensificando a identificação da nação japonesa com o xintoísmo. Apesar do fato de que relativamente poucos japoneses ainda acreditavam na descendência divina do imperador, o poder simbólico dessa ideia como a pedra angular do Estado xintoísta era suficiente para convencer as autoridades da ocupação depois da Segunda Guerra Mundial a exigir a renúncia pública do imperador Hirohito. A partir da perspectiva da ocupação Aliada, a união do Estado e da Religião no Japão em tempos de guerra contribuiu para o militarismo e para o fascismo e, por isso, teve de ser dissolvida.

Além da associação à família imperial e da identificação com o Estado, qual é o sentido do xintoísmo como religião? O nome literalmente significa "Caminho dos Deuses", e foi adotado apenas depois que a introdução do budismo no Japão criou uma necessidade de distinguir os hábitos nativos com os quais as pessoas protegiam suas comunidades, garantindo o nascimento seguro das crianças e fontes de alimento suficientes, e buscavam consolo ao encarar a morte. Diferente do budismo e muitas outras religiões da história do mundo, o xintoísmo não teve fundador, nem textos fundamentais sagrados, nenhum código moral ou de ética, e ainda assim é considerado uma religião. Como a compreensão do xintoísmo pode nos ajudar a revelar o denso tecido e a fina textura da trama da religião na história mundial?

INTRODUÇÃO

Evidências daquilo que agora chamamos de práticas xintoístas entre os primeiros habitantes do arquipélago japonês podem ser encontradas por meio da arqueologia. Bonecos no formato humano, conhecidos como *haniwa*, que marcam as bordas das tumbas, por exemplo, incluem dançarinos masculinos e femininos cujos papéis são sugeridos a partir de fontes textuais posteriores que descreviam performances rituais. Uma crônica chinesa do século III fornece alguns dos mais antigos registros escritos do ritual de luto xintoísta:

Quando alguém morre, a família permanece de luto por mais de 10 dias, período durante o qual não se come carne. O principal parente lamenta e chora, enquanto os outros cantam, dançam e bebem licor. Quando o funeral acaba, a família inteira entra na água para se limpar, de uma maneira similar aos chineses em seus ritos de purificação.

(*Wei zhi* [História de Wei], citado em David J. Lu, ed., *Sources of Japanese History*, Vol. 1 (1974), p. 9)

Traços de tais rituais de purificação permanecem no núcleo dos rituais de limpeza pela água observados nas entradas dos santuários xintoístas no Japão moderno. Visitantes atuais desses santuários realizam o ato simbólico de derramar água sobre as mãos com uma concha de bambu, mas a origem desse rito de purificação pode ter sido de proteção da comunidade contra a possível disseminação de doenças associadas à morte.

Com os rituais desenvolvidos para dar suporte e proteger a comunidade, o xintoísmo forneceu a base de uma identidade comum entre aqueles povos que habitavam o arquipélago japonês. A transformação de práticas comunitárias sem nome para uma religião com nome após o advento do budismo, e então para uma religião estatal moderna que dava suporte às regras da Linhagem Solar, ilustram aspectos centrais do tema abordado neste capítulo: Como as pessoas ao redor do mundo entenderam e interpretaram seu lugar no cosmo? Como a religião ajudou a construir e a dar sentido aos mundos sociais e políticos que as pessoas habitavam?

A religião é uma das maneiras mais poderosas e importantes com as quais as pessoas responderam à necessidade de entenderem a si mesmas e o mundo ao seu redor. A religião é também um dos tópicos mais difíceis de abordar na história mundial. O estudo da religião na história do mundo nos convida a investigar o reino evasivo da fé, assim como as tradições e práticas historicamente visíveis. A expressão da fé pode tomar muitas formas – oral, escrita, artística, performática – e essas são as únicas fontes que os historiadores possuem para descrevê-la.

Não temos como saber precisamente no que as pessoas acreditavam em um dado momento no passado ou no presente – mesmo que saibamos exatamente o que eles disseram a respeito do que acreditavam – mas *podemos* traçar as evidências da fé por meio de sua expressão nas tradições orais, nos textos, nos artefatos e nos rituais, conforme eles mudam ao longo do tempo. No entanto, devemos reconhecer a dificuldade e a complexidade particulares no acesso à fé no passado. Com o uso necessário de termos como xintoísmo e budismo para rotular credos e práticas religiosas, arriscamo-nos a reduzir a experiência vivenciada por essas pessoas no passado a características fixas definidas por esses rótulos.

A religião pode ser expressa por lembranças pessoais ou significados sociais, intermediando o lugar dos indivíduos ou comunidades em relação aos mundos naturais e espirituais, como no antigo xintoísmo. As religiões podem ser moldadas pela política, ou entrelaçadas com ela, reforçando relações de poder por meio da legitimação de hierarquias sociais ou de ordens políticas, exemplificando-se com o uso do xintoísmo para sancionar o governo imperial no Japão. A religião tem a capacidade de integrar comunidades e promover uma identidade comum, como fez o xintoísmo no Japão antigo; mas ela pode também ser uma força causadora de discórdia que divide a teia social ou uma fonte de resistência contra formas institucionalizadas de autoridade e estruturas de poder.

A introdução do budismo no Japão, ao mesmo tempo em que estimulou a definição do nome das crenças e práticas nativas como xintoísmo, confrontou o povo com uma concepção de religião inteiramente nova. Diferentemente do xintoísmo, que era diretamente ligado às origens e à identidade do povo japonês, o budismo trouxe uma mensagem de apelo universal que transcendia as identidades étnicas, as origens culturais e o espaço geográfico. Entretanto, quando o budismo encontrou as crenças e práticas nativas no Japão, assim como em outros lugares, foi influenciado pela tradição local da mesma forma que influenciou a vida religiosa. Podemos dizer que o xintoísmo era local e o budismo global, mas entre essas religiões havia uma relação dinâmica que serve como guia para o conteúdo deste capítulo: como as religiões locais, com base nas comunidades, interagiam como religiões institucionalizadas, "portáveis", ou, como eram chamadas, religiões mundiais?

Este capítulo também abordará a questão do local e do global da perspectiva das religiões "mundiais" espalhadas por seus seguidores e religiões com base em comunidades que se movem com a imigração das pessoas (ver Capítulo 1). Diferentemente das religiões "mundiais" transmitidas por missionários, mercadores e até mesmo soldados, outras religiões – como o judaísmo ou as religiões africanas nas Américas – moviam-se ao redor do globo por meio da diáspora das pessoas, que carregavam suas religiões consigo na medida em que eram pressionadas de um lado para o outro até estabelecerem suas comunidades em novos lugares. Como as forças da globalização reformularam os contextos da religião, desafiando seus seguidores a buscar novas formas de ter acesso ao poder espiritual e de expressar sua fé?

LEITURA DOS REGISTROS ARQUEOLÓGICOS

Evidências de práticas pré-históricas que possam refletir a crença em forças invisíveis com poderes sobre a vida e a morte datam de 600 mil anos atrás, quando o arcaico *Homo sapiens* usou hematitas em funerais neandertais para decorar os corpos dos mortos. O uso ritual da hematita, um minério de ferro usado para criar um pigmento vermelho-ocre, sugere uma ligação com a cor do sangue ou da força vital. Evidências subsequentes de pigmentos vermelhos utilizados em funerais e artes na pedra estão espalhadas ao redor do mundo, da Europa ao sul da África, Indonésia, Austrália e Américas. Evidências de uma verdadeira mineração da hematita datam da Idade da Pedra média, há cerca de 28 mil anos, no sul da África. A descoberta da caverna de Chauvet, nos Pirineus franceses, em 1994, entusiasmou os arqueólogos com suas impressionantes pinturas rupestres retratando rinocerontes vermelhos e pretos, ursos, leões, cavalos e até mesmo impressões de mãos humanas, criadas há mais de 30 mil anos. Assim como artes rupestres bem posteriores de Lascaux, no sul da França, Altamira, no norte da Espanha (20 mil – 15 mil anos atrás), ou ainda petróglifos do sul da África, Austrália ou oeste da América do Norte, essas imagens fornecem evidências sedutoras das tentativas dos nossos antigos ancestrais de conduzir suas experiências do mundo em que habitavam e talvez de comunicar-se com o mundo invisível. Eram elas representações ilustradas da boa magia, esboçada a partir de rituais de populações humanas em crescimento nas áreas circundantes às cavernas, desenvolvidas para garantir caça abundante ou acalmar os espíritos dos animais mortos para serem comidos ou para extrair suas peles? Ou eram simples registros das atividades humanas e das populações animais utilizados para ensinar aos jovens, transmitindo informações vitais para as gerações seguintes?

Embora estatuetas em formas animais e humanas, de igual antiguidade das pinturas nas cavernas, tenham sido encontradas no sul da Alemanha e da França, iniciando por volta de 25 mil anos atrás, houve um acentuado aumento na produção de modelos femininos em grande parte da Eurásia, do oeste da Europa até a Sibéria. Feitas de pedra, marfim ou argila, muitas dessas figuras retratam fêmeas bem desenvolvidas, até mesmo obesas, com traços sexuais muito acentuados. Parece plausível associar essas figuras de "Vênus" com a ideia de fertilidade e especular que o exagero nos seios, abdome, vulva e nádegas foi feito para evocar a reprodução humana. Como pelo menos a metade das imagens encontradas é feminina – a maioria é simplesmente antropomórfica, não claramente feminina nem masculina – e há imagens de animais também, não podemos dizer mais do que a reprodução feminina ter sido (obviamente) valorizada e que a representação das formas femininas com sinais de gravidez pode ter sido uma tentativa de encorajar a reprodução.

Um grande número de imagens femininas foi encontrado em sítios do Neolítico (aproximadamente 7000 – 3500 a.C.), na área ao redor do Mediterrâneo e no sudeste da Europa, levando a se especular que elas representam a continuação de um culto de fertilidade muito mais antigo. Mas a surpreendente diversidade de imagens produzidas ao longo de milhares de anos sugere que é muito simplista essa interpretação: agrupar todas juntas como "imagens de fertilidade" pode distorcer a compreensão histórica da variedade dos papéis femininos na sociedade, indo de caçadoras-coletoras nômades até fazendeiras sedentárias. Sejam femininas, sejam masculinas, ou de animais, realmente não sabemos como essas imagens eram utilizadas – em rituais religiosos, como brinquedos, para ensino (sobre o nascimento, por exemplo) – então não podemos necessariamente presumir seu papel em um culto de fertilidade assim, embora possamos associar imagens de mulheres obviamente fecundadas com preocupações sobre a reprodução da mão de obra necessária para o cultivo de grãos nos tempos neolíticos. Pequenas estátuas de argila do sítio mesoamericano de Chalcatzingo, no sul do México, da primeira metade do primeiro milênio antes da Era Cristã, por exemplo, retratavam a mulher em vários estágios do ciclo de vida: puberdade, gravidez e educação das crianças – e eles mais parecem ter sido utilizados em cerimônias de pontos críticos da vida da mulher, do que como objetos de adoração em rituais religiosos. A produção crescente de imagens antropomórficas, tanto masculinas como femininas, não parece contrastar com a retratação de animais em pinturas rupestres e com o domínio das imagens animais nos tempos paleolíticos, o que pode refletir uma preocupação primária com a relação dos homens com o mundo animal.

Na medida em que as representações de humanos aumentaram, evidências consideráveis atestam a importância contínua dos animais na vida religiosa dos povos neolíticos ao redor do mundo. Selos de pedra e argila datando de 3200 a.C., oriundos de Mehrgarh, no atual Paquistão, e de outros sítios Harappas no Vale do Rio Indo, retratam animais, junto de figuras humanas, em posições de ioga, divindades com chifres e árvores. Um selo particularmente complexo exibe uma divindade com chifres parada entre dois galhos de uma árvore, e uma figura ajoelhada com as mãos entrelaçadas, atrás da qual há o sacrifício de uma cabra. Na parte debaixo do selo existem sete figuras de chapéu e penteados distintos, sacerdotes talvez. Os animais eram usados como ofertas de sacrifícios porque eram valiosos, e sua representação em artefatos atesta sua importância. Unicórnios e touros são frequentemente pintados, algumas vezes junto de queimadores de incenso, indicando atividade ritual.

Os símbolos inscritos nos selos não foram completamente decifrados, mas podemos especular que, embora eles tenham sido utilizados com funções práticas como a de autenticar mercadorias em transações comerciais, assim como em amuletos, os artistas que os produziam aproveitaram a oportunidade de retratar os aspectos importantes da vida religiosa e ritual da Sociedade Harappa que eram característicos das práticas e crenças posteriores. O Zebu (*bos indicus*) encontrado nos selos Harappas, por exemplo, tornou-se o animal bovino sagrado posteriormente na tradição do hinduísmo ("dos indus"), embora a transformação dessa criatura na "vaca sagrada" da Índia moderna tenha sido um processo longo e complexo. O endeusamento do zebu esteve relacionado tanto com seu valor ecológico como recurso quanto com seu uso metafórico como representação da unidade universal. Importância similar como ícone religioso foi dada à vaca em outros lugares também, provavelmente devido ao seu valor como fonte de alimento. A deusa egípcia Hathor, por exemplo, foi representada como uma vaca ou como uma divindade com cabeça de vaca alimentando os vivos com seu leite. Hathor foi retratada algumas vezes amamentando o faraó, dessa maneira sustentando a sociedade humana.

Diferenças ecológicas determinaram o papel de animais específicos nas culturas humanas e nas vidas religiosas ao redor do mundo. Vasos de bronze para rituais dos antigos chineses (aproximadamente 1500 a.C.) eram algumas vezes moldados em forma de elefantes ou rinocerontes, animais que vagavam nas planícies do norte da China naqueles tempos antigos, ou decorados com o modelo "máscara de monstro", representando uma face animal achatada e simétrica. A imagem do jaguar foi abundante na Mesoamérica desde os antigos olmecas (aproximadamente 1250-400 a.C.) até os astecas (aproximadamente 1350-1521 d.C.). Houve uma associação física e simbólica entre os grandes gatos predadores, a guerra e alto *status* social. Imagens de felinos, criaturas de formas felinas e guerreiros com atributos ou adornos felinos são encontrados em uma grande variedade de culturas cronológica e espacialmente separadas. Governantes maias (aproximadamente 200 a.C.-900 d.C.) são algumas vezes retratados vestindo peles de jaguar, ou chapéus elaborados em forma de cabeça de jaguar. A associação física com o jaguar em seus adornos simbolizava o poder e a força do imperador.

Entre os olmecas e alguns povos mesoamericanos posteriores, os caimans (crocodilos da América do Sul e Central) também tinham significado religioso. Uma grande fonte de alimento, os caimans (como os jaguares) eram predadores de humanos, e sua representação, dessa forma, projetava poder. As imagens dos caimans eram usadas tanto para retratar a autoridade política como a religiosa. Um governante, por exemplo, poderia ser representado vestindo uma pele de caiman. Esses animais também eram associados à fertilidade por conta da sua habilidade de se reproduzir até mesmo em circunstâncias de suprimentos de alimento limitados.

O MUNDO DOS ESPÍRITOS: ANIMISMO E XAMANISMO

Reconhecendo as forças naturais e sua habilidade de afetar vidas humanas, muitas comunidades humanas primitivas desenvolveram sistemas de crenças baseados na ideia de que os mundos natural e animal eram favorecidos pelo poder espiritual (animismo). No xintoísmo essas forças são chamadas de *kami,* e podem ter incluído de tudo, desde cachoeiras e montanhas até divindades com características humanas como a Deusa do Sol. Entre muitos povos mesoamericanos, incluindo os zapotecas (cerca de 500 a.C.-500 d.C.) e os maias, a noção do sopro, a brisa ou espírito animístico incorporado em forças naturais e no mundo natural foi fundamental à sua cosmologia: tudo aquilo que se move deveria ser respeitado como o reflexo de um criador único, incorpóreo. Essas forças eram, então, personificadas como deuses ou deusas.

Comunidades humanas antigas também praticavam o xamanismo, crenças e práticas focadas em indivíduos com habilidades especiais que permitem a comunicação com espíritos. O xamanismo persiste no mundo contemporâneo, em lugares como a Coreia e até mesmo nos Estados Unidos e na África. Xamãs, que podem ser mulheres ou homens, que se pensava que poderiam se comunicar com outros seres antropomórficos ou espirituais em favor da comunidade por meio de transes cerimoniais. Na sociedade coreana moderna, refletindo práticas que podem ser originárias dos primeiros habitantes da península coreana, xamãs femininos realizam cerimônias para dar assistência a seus clientes que buscam ajuda com uma onda de azar ou para garantir um futuro benefício.

Algumas artes rupestres têm sido interpretadas como representações das experiências xamânicas, notavelmente nos exemplos do sul da África, oeste da América do Norte e na Austrália. Entre os povos san do sul da África, acreditava-se que os xamãs influenciavam os rebanhos de elandes, um tipo de antílope que eles caçavam. Imagens de figuras antropomórficas (parte humanas, parte elandes) em artes rupestres recentes e antigas podem ser referências às suas experiências de transes, nas quais os xamãs tornavam-se um elande. De forma semelhante, utilizando evidências etnográficas e arqueológicas, acadêmicos interpretaram artes nas pedras de 4 mil anos, da região do baixo curso do Rio Pecos no sudoeste do Texas e no norte do México, que retratavam figuras antropomórficas atravessando uma abertura em forma de um arco sinuoso que eram a representação pictográfica de uma jornada xamânica dentro do mundo espiritual.

Junto à arte rupestre, os artefatos mais antigos que oferecem uma dica sobre as ideias e práticas religiosas na América do Norte são cachimbos com figuras humanas que pareciam estar em transe, esculpidas na parte saliente. Esses cachimbos, datando de 3 mil anos atrás, provavelmente eram usados em cerimônias xamânicas nas quais fumar uma substância produzia um estado de transe que permitia que o xamã entrasse em contato com o mundo espiritual. Os cachimbos surgiram quando os construtores de altares norte-americanos começaram a erguer plataformas nas quais as cerimônias – que presumivelmente deveriam utilizar esses cachimbos – podiam acontecer no alto de grandes montes de terra.

MONTES, MEGALITOS E MONUMENTOS MORTUÁRIOS

A alteração da paisagem feita pelos construtores de altares na América do Norte foi drástica, vista ainda hoje no monte em forma de pássaro em Poverty Point (aproximadamente 1000 a.C.), em Louisiana, e em montes de efígies como os de Great Serpent Mound (aproximadamente 500 – 1000 d.C.), no sul de Ohio. Esses montes eram monumentos arquitetônicos que frequentemente assumiam um papel na vida religiosa por meio das plataformas cerimoniais construídas em seu topo.

Embora os materiais e o desenho diferissem consideravelmente, o zigurate na cidade de Ur, na Mesopotâmia, construído por volta de 2000 a.C., foi uma pirâmide escalonada em degraus representando uma montanha na qual o templo de deus na cidade foi construído. De forma semelhante, como outras pirâmides mesoamericanas, a Pirâmide do Sol, em Teotihuacán, um grande local urbano no Vale do México, que floresceu entre 100 a.C. e 600 d.C., servia como base para um templo em seu topo. A Pirâmide do Sol representou uma montanha sagrada, assim como a própria cidade – mais tarde chamada de "o Palácio dos Deuses" pelos astecas – também era um reino sagrado.

Em outros lugares do mundo, as pessoas construíram tumbas elaboradas para guardar os mortos. As pirâmides egípcias podem ser as mais impressionantes – a maior, em Gizé, foi construída por volta de 2500 a.C.), mas os *kurgans* da Idade do Bronze (2000-1300 a.C.) no sudeste europeu, montes de terra nas ilhas britânicas e, mais tarde (aproximadamente 300-500 d.C.), túmulos em forma de buraco de fechadura, no Japão, provam o trabalho e os recursos que eram despendidos na construção desses monumentos aos mortos. Junto à elevação de grandes blocos de pedra (megalitos) para marcar os locais dos túmulos ou outras atividades rituais, como as de Stonehnge, na Inglaterra (aproximadamente 2400 a.C.), estruturas tumulares são também evidências de uma estratificação cada vez mais aguda na sociedade, na qual os mortos da elite eram sepultados com rituais elaborados e abundante riqueza. Tumbas reais da Idade do Bronze, na China, como aquelas em Anyang (aproximadamente 1400 a.C.), foram exemplos vívidos disso. Sepultados com grandes e bem decorados vasos rituais de bronze e com os restos mortais de serventes, escravos e animais executados para acompanhar e servir aos mortos na vida após a morte, os reis Shang exibiam na morte seu poder e *status* como divindades ancestrais que podiam se comunicar com o deus supremo do povo Shang.

INTERPRETAÇÃO DAS TRADIÇÕES MITOLÓGICAS

Ao redor do mundo, à medida que as pessoas buscavam se localizar no tempo e no espaço, elas desenvolveram explicações de como o mundo começou – mitos criacionais – e histórias sobre como os seres humanos se tornaram parte do mundo – mitos de origem. O relato bíblico do judaísmo e do cristianismo sobre a criação está no Livro de Gênesis: "e Deus criou os céus e a terra". A *Popol Vuh* maia, oralmente transmitida até o século XVI, descreve as origens do povo Quiché maia inserido em uma história da criação:

> Dobrada quatro vezes, curvada quatro vezes, medida, quatro vezes fortificada, dividindo em dois pela linha, esticando a

linha no céu, na terra, os quatro lados, os quatro cantos... pelo Criador, Modelador, pai-mãe da vida, da humanidade, doador do sopro, doador do coração, provedor, portador da luz que permanece daqueles que nasceram na luz, foram gerados na luz; preocupado, conhecedor de tudo, tudo que há: céu-terra, lago-mar.

(do *Popul Vuh*, trad. Dennis Tedlock, Nova York: Simon e Schuster, 1985, p. 71-2; citado em Thomas Sanders et al., *Encounters in World History*, Vol I, Boston: McGraw-Hill, 2006, p. 53)

Versões de suas origens, únicas para aborígenes australianos, refletem migrações arqueologicamente comprovadas que ocorreram talvez há 50 mil anos. As lendas referem-se à era da criação como "Era dos Sonhos", e elas explicam a migração de seus ancestrais para a Austrália em termos de crenças em espíritos ancestrais sobre-humanos que viveram durante a "Era dos Sonhos". O povo kakadu, da Austrália, acredita que a chegada de Imberombera, a Grande Ancestral Mãe Terra, foi por canoa, uma versão mítica de um evento que os arqueólogos e pré-historiadores aceitam, mesmo que canoa alguma – sendo elas artefatos perecíveis – tenha sobrevivido. A lenda kakadu explica um pouco mais o povoamento da Austrália com o fato de que quando Imberombera veio para a Austrália ela estava grávida, com seu útero cheio de crianças. Uma vez no continente, ela criou a paisagem natural – colinas, riachos, plantas e animais – e a povoou com suas crianças.

Assim como Imberombera, os atores nos dramas da criação são frequentemente divindades antropomórficas – deuses e deusas – que criaram a terra, geraram o universo e até mesmo deram à luz governantes humanos. De acordo com a mitologia japonesa, um casal de deuses, Izanami e Izanagi, deram à luz as ilhas japonesas e ao grande número de divindades:

Quando a matéria primordial cristalizou-se, mas ainda não haviam surgido o sopro da vida e as formas, não havia nomes nem ação. Quem pode saber sua forma? Contudo, quando o céu e a terra foram primeiramente divididos, as três divindades tornaram-se as primeiras de toda a criação. O Masculino e o Feminino aqui começam, e os dois espíritos (Izanagi e Izanami) eram os ancestrais de toda a criação.

(Donald L. Philippi. Trad., *Kojiki*, Tóquio: Tokyo University Press, 1983, p. 37).

A prole desses dois deuses inclui Amaterasu, a Deusa do Sol, que se tornou a divindade central do xintoísmo, ancestral da família imperial, e uma das muitas divindades solares, masculinas ou femininas, encontradas ao redor do planeta. Quando o irmão da Deusa do Sol a incomodou, ela se retirou para uma caverna e colocou uma pedra na entrada, trazendo escuridão ao mundo até que ela foi atraída para fora pelas danças e risadas de outras divindades. Essa era uma explicação japonesa antiga para o eclipse solar, e retrata o papel da performance de rituais e danças xintoístas para agradar a Deusa do Sol, garantindo a luz e o calor solar necessários para colheitas abundantes.

A DIVERSIDADE DE DIVINDADES: DEUSAS, DEUSES E REIS-DEUSES

De acordo com a mitologia japonesa, Amaterasu mandou seu neto, de sua moradia no céu, para estabelecer o governo da Linhagem Solar, criando, assim, a ligação entre a Deusa do Sol e a linhagem da família imperial. As relações entre deuses e humanos foi central ao desenvolvimento da religião ao redor do mundo.

A deusa Inanna surgiu, no quarto milênio a.C., como divindade protetora de Uruk, um centro urbano na região da Suméria, ao sul da Mesopotâmia. Ela era a divindade do depósito central da cidade, sugerindo a conexão entre o surgimento da vida urbana dependente do armazenamento de comida com a proteção desses recursos (ver Capítulo 3). Como outras divindades da região, ela tinha um consorte humano, um rei-sacerdote que governava com os favores da deusa. Mestra da vida e da morte,

Inanna era ao mesmo tempo misericordiosa e cruel – protetora, sedutora, demônio e amante. Por volta da metade do segundo milênio a.C., Inanna surgiu com sua contraparte mesopotâmica, Ishtar, a divindade protetora da Cidade-Estado de Acádia, e exibia um caráter multifacetado, andrógino.

No terceiro milênio a.C., a cidade suméria de Nippur parece ter adquirido um *status* sagrado único, elevando assim a divindade de sua cidade, o deus guerreiro Enlil, à posição de domínio sobre outros deuses. Conquistadores, mais tarde, incluindo o imperador acadiano Sargão I (aproximadamente 2300 a.C.), legitimou seu governo com a sanção de Enlil: inscrições religiosas dessa época promovem a ideia de que Sargão I foi apontado como governante por Enlil.

Deuses como Enlil podiam sancionar o governo de um homem, mas alguns governantes eram vistos como reis-deuses. No terceiro milênio a.C., havia um panteão de deusas e deuses egípcios que davam suporte ao governo dos reis-deuses. O governante egípcio, o faraó, era adorado como um deus vivo que era o ponto de contato entre os reinos humano e divino. Era responsabilidade do faraó preservar e manter a *ma'at*, a ordem do universo e a harmonia da sociedade humana. Os faraós alegavam ser descendentes de Amon-Rá, o Deus Sol. Imediatamente abaixo de Amon-Rá estavam as três principais divindades que refletiam as condições ecológicas do vale do Nilo, essenciais à sobrevivência humana naquela região: Osíris representava o poder fertilizante das cheias anuais do Nilo; sua esposa Ísis, a fertilidade da terra; e seu filho Hórus, a força vital da vegetação, resultante da união de Ísis com Osíris. Acreditava-se que o faraó era a personificação de Hórus.

Uma escrita conhecida como hieróglifos ("entalhes sagrados") foi utilizada em inscrições em pedra, assim como em papiros. Tanto os murais em câmaras mortuárias nas pirâmides quanto os hieróglifos que os acompanham retratam uma gama de divindades e descrevem o pós-vida no submundo, que era governado por Osíris. Crenças funerárias egípcias foram agrupadas no Livro dos Mortos, datando da era do Novo Império (aproximadamente 1530-1070 a.C.) e contendo um conjunto ilustrado de hinos, preces e fórmulas mágicas para guiar e proteger a alma em sua jornada.

Na época do Novo Império no Egito, a introdução da tecnologia do bronze levou ao surgimento do Estado Shang (aproximadamente 1700-1045 a.C.), no Vale do Rio Amarelo, a partir de centros neolíticos nas planícies do norte da China. O reinado dos reis Shang, e suas carruagens, foram validados por meio de um culto religioso que ligava sua autoridade política à habilidade dos ancestrais reais de interceder com uma divindade suprema, Di. Artesãos habilidosos criaram vasos de bronze elaborados que eram usados para apresentar oferendas de comida e vinho aos ancestrais dos reis Shang. Práticas de adivinhação também sancionavam o governo dos reis Shang. Oráculos de ossos, omoplatas de bois, ovelhas ou couraças de tartarugas (a parte achatada no ventre dos cascos de tartaruga), eram inscritas com questões como "Haverá uma boa colheita?" ou "Nós (os Shangs) teremos sucesso na batalha contra nossos inimigos?". Feitas na escrita chinesa arcaica, as questões eram endereçadas a Di, e as respostas eram lidas pela interpretação das rachaduras feitas nos ossos quando atirados no fogo. Essas práticas de adivinhação eram realizadas por escribas xamãs, que serviam aos governantes Shang como um tipo de sacerdócio com controle da tecnologia da escrita e, dessa forma, da comunicação com os espíritos ancestrais.

Iniciando por volta de 1500 a.C., pastores de gado nômades e guerreiros do sudoeste da Ásia mudaram-se para o reino da civilização do Vale do Indo. Bem equipados tecnologicamente com bigas puxadas por cavalos e inspiradas em seu deus da guerra, Indra, eles conquistaram o restante da civilização do Vale do Indo e estabeleceram-se naquele local. Esses invasores assimilaram as ideias nativas e gradualmente integraram as crenças primitivas do Vale do Indo com as suas próprias. A nova ordem política e social foi sancionada por um panteão de divindades, que eram manifestações das forças cósmicas, e textualmente, o Vedas ("conhecimento"), uma coleção de rituais e hinos oralmente transmitidos que eram compilados como textos escritos entre 1200 e 600 a.C. Culminando, no passar dos séculos, no rico panteão de deuses e deusas hindus, o triunvirato original de divindades centrais incluindo Brahma, o criador, Shiva, o destruidor, e Vishnu o protetor. As deusas figuraram no panteão védico apenas em número relativamente menos significante bem mais tarde (aproximadamente 400-800 d.C.), quando o poder divino feminino (*shakti*) foi reconhecido e a imagem da deusa mãe como um ser supremo tornou-se parte importante da tradição Hinduísta. As consortes de Shiva e Vishnu são as encarnações de Devi, a grande deusa. Durga é a forma guerreira da consorte de Shiva, e Kali é a versão demoníaca, uma deusa cruel associada à morte e à destruição.

Contemporâneos às invasões da civilização do Vale do Indo no sul da Ásia, vários povos indo-europeus invadiram a Bacia do Egeu, onde conquistaram e absorveram centros de culturas mediterrâneas mais antigas (do terceiro ao primeiro milênio a.C.), como o palácio minoano, em Knossos, na ilha de Creta, e a cidadela de Micenas no interior grego. Figuras do palácio em Knossos, utilizando vestidos que expõem e enfatizam os seios, representam a sacerdotisa da religião minoana, ou talvez imagens de uma deusa com poder sobre a natureza a exibam em sua ação de torcer cobras em ambas as mãos. Santuários em Creta, datando de 1400 a.C., contêm estátuas da deusa em terracota, e no segundo milênio a.C., Micenas ostentava um elaborado panteão de deuses e deusas. Esse panteão incluía os futuros deuses gregos Zeus, Poseidon e Dionísio, os quais residiam no sagrado Monte Olimpo.

Os poetas gregos Homero e Hesíodo (aproximadamente no século VIII a.C.) descreveram os deuses e deusas do panteão olímpico como figuras antropomórficas que controlavam as forças da natureza e interagiam com seres humanos. No século VI a.C., a *polis* (Cidade-Estado) de Atenas poderia ostentar uma religião cívica completa, centrada na deusa do Olímpio Atena Polias, a divindade patrona de Atenas, em seu templo na Acrópole (ver Capítulo 3). O festival da Panathenaia celebrava a deusa com uma procissão pública, sacrifícios, hinos e danças.

Em contraste com a prática dessa religião cívica, o filósofo Platão, no século V a.C., assumiu a tarefa de criar um sistema de pensamento que uniria o natural e o teórico e providenciaria uma visão de mundo ao mesmo tempo ordenada e bela. Em sua obra *Timaeus*, Platão retornou à tradição das crenças gregas antigas e postulou um deus criador que desenvolveu um mundo ordenado que é mantido pela ação dos deuses. O dever dos humanos é continuar os esforços dos deuses pela realização de sacrifícios religiosos, o que garante a harmonia e a ordem.

Contemporâneas da prática da religião cívica que era comum e pública, as religiões de mistério, que louvavam o conhecimento secreto exclusivo dos iniciados, também floresceram. As religiões de mistério prometiam renascimento ou regeneração, exigindo a discrição de seus iniciados em troca de benefícios na vida ou após a morte. O santuário da deusa olímpica das colheitas e da fertilidade, Deméter, em Eleusis, próxima a Atenas, tornou-se o centro dos mistérios eleusianos, que se focavam na vida, na morte e no florescimento de uma nova colheita. Como Deméter, a deusa egípcia Ísis também foi associada à renovação da vida. Embora Ísis fosse conhecida dos gregos já no século V a.C., uma religião de mistério dedicada a ela apareceu apenas nos últimos dois séculos a.C., quando se espalhou pelo lado oriental do mediterrâneo.

Até mesmo mais popular que o culto à Ísis, a adoração da grande deusa-mãe Cibele se originou durante o primeiro milênio a.C, na Anatólia (moderna Turquia), e se espalhou pelo mundo greco-romano. Conhecida como Meter (mãe) na Grécia, Cibele foi oficialmente venerada em Roma ao final do século III a.C., como a *Magna Mater*, expressão latina para "Mãe Maior". Seus adoradores participavam de danças agitadas, e o abate de touros fazia parte de uma performance ritual que produzia sangue, com o qual os iniciados eram respingados. Seguidores de Cibele e de Ísis eram encontrados por todo o mundo greco-romano, e as duas deusas eram frequentemente confundidas. Em um trabalho do século II d.C., Ísis se anuncia pela descrição de vários nomes pelos quais ela é conhecida por todo o mundo Mediterrâneo, começando com a Mãe dos Deuses frigia (Anatólia), a antecedente de Cibele:

> Os frígios, os primeiros humanos, me chamam de... Mãe dos Deuses... para os eleusianos eu sou a antiga deusa Ceres (Deméter), para outros, Juno... e para os etíopes, que são iluminados pelos primeiros raios de sol, os africanos e os egípcios, cheios de inteligência e sabedoria, me honram com os verdadeiros ritos e me chamam pelo meu verdadeiro nome: Ísis.
> (Apuleius, *The Golden Ass*, citado em Graf, "What is Ancient Mediterranean Religion?," em Sarah Iles Johnston, ed., *Religions of the Ancient World*, Cambridge, Mass.: Belknap Press of Harvard University Press, 2004, p. 3)

Além da adoração à Cibele, a crença em Mithras, baseado em um antigo deus do sol indo-iraniano, floresceu entre soldados do Império Romano, no século I da Era Cristã. O abate de touros também foi central à religião mithraica, o que atraía os soldados pela ênfase nos laços de camaradagem afirmados pelas cerimônias de iniciação, incluindo uma refeição compartilhada. Seguidores de Mithras podiam ser encontrados em todo o Império Romano, em lugares tão distantes quanto a Bretanha.

Apesar do reconhecimento da *Magna Mater* e da popularidade do culto a Mithras, o governo romano não via com bons olhos cultos populares que atraiam, de forma igual, cidadãos e não cidadãos. Embora o templo de Ísis e seu marido, Sarapis (a versão greco-romana de Osíris), tenha sido construído em Roma em 43 a.C., perseguições ao culto de Ísis começaram a ocorrer na mesma época em que o Estado romano começou a promover a veneração dos imperadores como divindades. Na reversão da disseminação da deusa Cibele para fora da Anatólia, em tempos mais antigos, o Imperador Augusto foi deificado após sua morte e idolatrado na Anatólia e em outras partes do Império Romano.

A aceitação inicial de diversas divindades do Egito e da Anatólia nas Cidades-Estado gregas, e mais tarde em Roma, pode ter sido responsável por uma diversidade étnica e por disparidades sociais baseadas em gênero e classe: religiões de mistério populares providenciavam uma saída tanto para homens quanto para mulheres que de outra forma estariam desamparados. Mas tais grupos podiam também se tornar uma ameaça ao poder do Estado, um exemplo da forma com que as religiões podem expressar divisões na sociedade e posar como um obstáculo à ordem social e política. Pela deificação de imperadores, ou pela identificação de deuses romanos com deuses locais (Minerva, por exemplo, era identificada com o deus celta Sulis nos banhos públicos romanos), o Estado romano tentou recuperar o controle confirmando sua autoridade pela religião.

Enquanto a crença em Ísis e Cibele se espalhava pelo Mediterrâneo e o Império Romano promovia a adoração de imperadores deificados, no lado oposto do globo os governantes da Teotihuacán contemporânea associavam seus líderes com a Serpente Emplumada, Quetzalcoatl, cujo templo repousava próximo a um dos lados da praça cerimonial, no centro da cidade, e também com a principal divindade, Tlaloc, cujo santuário era a Pirâmide do Sol. Imagens existentes de uma poderosa Deusa (ver Figura 3.2), talvez associada com a Pirâmide da Lua do outro lado da praça cerimonial, demonstram aspectos da guerra e da fertilidade, ambos aspectos centrais à identidade Teotihuacán como poder dominante na região, até o século VI d.C.

Governantes dos reinos maias, que coexistiram com Teutihuacán nas terras baixas de florestas tropicais da América Central da Península tropical de Yucatán, guerrearam pelo controle do território, mas compartilharam seus deuses. O panteão maia incluía numerosas divindades, manifestações do sopro cósmico que dava vida aos mundos natural e humano. Os nomes dos deuses e deusas maias, assim como os eventos alinhados com o complexo sistema de calendário maia, foram registrados em uma escrita hieroglífica inscrita nas paredes dos templos e monumentos. O sacrifício de sangue acreditava-se necessário para alimentar os deuses, seja pelo sangramento autoinfligido (lóbulos da orelha e língua) ou pelo sacrifício de prisioneiros de guerra.

Diferentemente dos reis-deuses como os faraós egípcios, acreditava-se que os governantes mesoamericanos, incluindo os maias, governavam para os deuses, mas eles mesmo não eram deuses. Ancestrais reais falecidos podiam, contudo, compartilhar o reino dos deuses. Os deuses maias e os ancestrais dos reis maias frequentemente eram retratados como habitando o mesmo reino e, algumas vezes, compartilhando os mesmos atributos. Uma grande divindade associada aos governantes maia é a Deusa do Milho, que ciclicamente morria e renascia conforme o milho era colhido e plantado. Um vaso da Cidade-Estado maia de Tikal, datado de aproximadamente 250-600 d.C., retratando o Rei "Grande Pata de Jaguar" como o Deus do Milho, estava inscrito como títulos que ligavam o governantes ao deus e sua divindade protetora.

Na Eurásia e no norte da África, já no terceiro milênio a.C., sistemas de crenças similares se desenvolveram, focando em deuses que sancionavam o poder dos reis para governar. No Egito, os faraós foram considerados "deuses vivos", enquanto os reis de outros lugares governaram com a sanção divina dos deuses, como na Suméria, onde os deuses e deusas eram consortes dos governantes, ou na China Shang, onde os ancestrais reais intercediam junto à suprema divindade. Baseando-se em crenças animísticas e xamânicas anteriores, como os maias mesoamericanos, sacerdotes e escribas desempenharam importantes papéis na confirmação da autoridade dos líderes, clamando comunicarem-se com os deuses e assegurando a legitimidade dos reis. Inscrições sagradas ajudaram os governantes na preservação dos registros de suas relações com as divindades e, dessa forma, sancionaram seu domínio.

Na África subsaariana, as crenças em reis divinos e em outros ancestrais eram características comuns da vida comunitária. Na cidade sagrada de Ife, no primeiro milênio d.C. (e no reino seguinte, de Benin), máscaras retratando a vida e cabeças comemorativas eram forjadas em ligas de cobre e colocadas em altares. O regente (*oba*) era representado como tendo pernas de peixe, um traço que se pensava possibilitar que *oba* viajasse pelos domínios marinhos do mundo dos espíritos. Do oeste da África até seu centro, objetos de ferro foram símbolos do poder de transformação que se pensava necessário para o parentesco divino, pelo menos desde aproximadamente 800 d.C. Concorrentes das ideias religiosas que davam suporte e validavam o poder político eram as crenças nos espíritos e nos ancestrais, que renasciam como crianças. Acreditava-se que tanto os ancestrais quanto outros espíritos interagiam com os vivos por meio dos sonhos, da adivinhação e do ritual, reproduzindo, dessa forma, os reinos do mundo perceptível e não perceptível.

No final do primeiro milênio a.C., religiões menores e mais diversas, distintas das religiões cívicas ou estatais, atraíram as pessoas de todos os níveis sociais e floresceram em todo o mundo. Religiões dedicadas às deusas Ísis e Cibele, algumas vezes apropriadas por governantes e em outras vezes subversivas ao Estado, se espalharam pelo mundo mediterrâneo, desde a Espanha até a Anatólia (atual Turquia), e do norte da África até a Europa (até a atual Alemanha). Ao redor do mundo, da América Central até o Mediterrâneo, visões do pós-vida forneciam consolo em face da experiência universal da morte e vividamente retratavam os reinos dos mortos, frequentemente enfeitado com bens materiais oferecidos pelos vivos. Na proliferação de tradições locais, os povos de todos os lugares buscaram obter segurança encarando mudanças.

SACERDOTES, PREGADORES E PROFETAS

Já no segundo milênio a.C., ideias religiosas que não se focavam nas deusas, deuses ou reis-deuses começaram a tomar forma na Eurásia. Novos sistemas de crenças desafiaram o poder dos xamãs, sacerdotes e reis-deuses e se centravam, em vez disso, em questões éticas sobre o certo e o

Figura 4.1 Busto de pedra da Deusa Maia do Milho, Período clássico tardio (600-800 d.C.), de Copán, Honduras. A Deusa do Milho é representada aqui como uma bela jovem, com cabelo de seda de milho e uma espiga de milho protuberante como adorno em sua cabeça. Como relatado no *popol vuh*, o povo Ki'che maia foi criado a partir do milho, então essa divindade e o tema do milho são características proeminentes da arte religiosa.

errado, explicações sobre o bem e o mal e sobre o significado da existência e do sofrimento humano.

Judaísmo

As raízes do judaísmo podem ser traçadas entre os povos semipastoris do Iraque no segundo milênio a.C., e a antiga história da religião está intimamente ligada à experiência histórica de um grupo, os hebreus. Eles se moveram em direção ao oeste no começo do segundo milênio sob a liderança do patriarca Abraão. De acordo com a Bíblia, Abraão abominava a adoração de ídolos que acontecia em sua terra natal, Ur, na Mesopotâmia, e mudou-se com sua família e rebanho pelo deserto da Síria para um novo lar na Palestina, no limite oriental do Mediterrâneo, onde continuaram a adorar a divindade ancestral do clã.

Por volta da metade do segundo milênio a.C., os hebreus se mudaram para o Egito, onde foram escravizados. Em torno de 1250 a.C., seguindo um líder chamado Moisés, os hebreus fugiram do Egito e se restabeleceram na Palestina. Sob a direção de Moisés, Jeová, originalmente o mais poderoso entre numerosos deuses, surgiu como o deus favorito das tribos hebraicas. Moisés afirmou que Deus (Jeová) transmitiu a ele leis sagradas pelas quais a comunidade deveria viver. Esses eram os 10 mandamentos, e eles foram guardados em uma caixa chamada "Arca da Aliança", refletindo a aliança, ou pacto, com Deus, feito pelo povo hebreu.

Sob o comando do sucessor de Moisés, Josué, as 12 tribos hebraicas, que têm sua descendência a partir de Abraão e seus filhos, estabeleceram seu território na Palestina e, no século XI a.C, Saul tornou-se o primeiro rei de Israel. Sob o governo de seu filho Davi (aproximadamente 1000 – 960 a.C.), a transição de uma confederação de tribos para uma monarquia unificada se completou. A Arca da Aliança foi trazida para a nova capital de Davi, Jerusalém, que se tornou o centro político e religioso do reino de Israel. O primeiro templo foi construído pelo filho e sucessor de Davi, Salomão (aproximadamente 960 – 920 a.C.), sendo que depois o reino foi dividido em dois, entre Israel ao norte e Judá ao sul.

Os assírios destruíram Israel em 721 a.C. e deportaram muitos israelitas para o leste. Foi durante esse tempo de tribulação que os ensinamentos de grandes críticos e reformistas sociais e morais – os profetas Ezequiel, Amós, e Isaías, entre outros – confirmaram que o deus tribal de Abraão, Jeová, não era apenas o deus mais poderoso, mas também o único deus. Em 587 a.C., os babilônicos invadiram Jerusalém, destruíram o templo e deportaram muitas das principais famílias judias para a Babilônia, junto com trabalhadores habilidosos como ferreiros e escribas. Essa era a origem da diáspora (palavra grega para "dispersão" ou "difusão"), na qual os judeus foram deportados à força ou fugiram de sua terra natal para se estabelecer em outros lugares.

Além do ritual religioso centrado no templo de Jerusalém ou em uma sinagoga em outro local, uma questão central da crença hebraica tornou-se o comportamento justo e moral entre os seres humanos. Tal comportamento era o resultado de obedecer às leis de Jeová, enquanto a transgressão dessas leis resultava em punição. No quinto século a.C., o templo foi reconstruído e um código de leis foi introduzido para guiar o povo hebreu, de forma que eles não errassem novamente. Nessa época, o judaísmo era uma cosmologia baseada em um deus, que era o criador e quem fez as leis, e em humanos, que governavam idealmente a terra de forma justa, guiados pelas leis de Deus.

Zoroastrismo

Na época em que os hebreus estavam criando uma comunidade religiosa baseada na crença em um deus e compartilharam sua experiência histórica, os Medos e os Persas, que governaram o Irã no século VII a.C., eram parte de um mundo cultural e religioso indo-iraniano: eles falavam uma linguagem indo-europeia, usavam textos sânscritos e acreditavam no panteão de deuses e deusas hindus. Eles viam a existência, o mundo e eles mesmos como a passagem por ciclos eternos na "Roda da Vida" hindu. Seu lugar naquela roda era definido pelo nascimento em um rígido sistema de castas.

Esse era o contexto no qual um sacerdote indo-iraniano, conhecido por seu nome grego Zoroastro, começou a pregar para fazendeiros e pastores semissedentários que viviam ao sul do Mar de Aral, no leste do Irã. Essa terra de fronteira tradicional entre o Irã povoado e a ampla faixa de estepes dos nômades da Ásia Central estava sujeita a invasões e guerras. No século VI a.C. não havia exceção nessa perene instabilidade, e as ideias de Zoroastro ganharam uma audiência receptiva, pois ele falava sobre as dificuldades sentidas pelos povos nessa região e pedia mudança.

No lugar dos numerosos deuses e deusas indo-iranianas, Zoroastro propôs um par dualista de deuses: Ahura Mazda, o "Senhor Sábio", que representava o deus ético, e Ahriman, a personificação da escuridão e da falsidade. A vida era uma constante guerra moral entre as duas forças, e os humanos tinham de escolher entre as mentiras e a verdade, as trevas ou a luz. Os ensinamentos e princípios de Zoroastro são encontrados no Avesta, uma coleção de hinos e provérbios feita um pouco depois de sua morte. As ideias de Zoroastro atraíram o suporte da aristocracia governante do Império Persa, e pelos 1200 anos seguintes algumas variações do zoroastrismo continuaram a angariar seguidores na Pérsia e nos territórios sob seu controle. As ideias do zoroastrismo também foram influentes depois na formação do judaísmo, particularmente o dualismo de Deus e Satã e de Paraíso e Inferno.

Hinduísmo

Enquanto Zoroastro respondeu à confusão nas fronteiras do Império Persa, a expansão comercial, os conflitos sociais e as novas ideias religiosas transformaram a rica planície do Rio Ganges no norte da Índia, pontilhando-a com mais de uma dúzia de reinos. Nessas condições, desafios surgiram a partir da tradição védica que colocava em oposição a dominação dos sacerdotes brâmanes e a reinterpretação do significado do ritual védico. Diferentemente dos brâmanes ("Discursos sagrados"), os textos védicos que enfatizavam os rituais como meios de regular a ordem social de acordo com divisões de casta, os Upanishads ("sessões", referindo-se ao conhecimento esotérico adquirido por sentar aos pés de um mestre) representam uma tradição especulativa que busca explicar o significado da existência humana.

De acordo com os Upanishads, o objetivo da existência humana deveria ser escapar da eterna sequência de causa-efeito do ciclo contínuo da existência e alcançar identificação individual com uma essência cósmica unificada. Devido a seu foco em questões metafísicas ou abstratas a respeito da existência humana, mais do que a rígida participação em rituais, a tradição dos Upanishads em muito reduziu o papel dos sacerdotes e a importância do ritual e preparou o terreno para o surgimento do jainismo e do budismo. Ambas as religiões têm suas raízes no movimento "ascético errante", que ficou em oposição ao poder dos sacerdotes védicos; também rejeitavam a ideologia de castas e os rituais de sacrifícios da religião védica, inspirando-se na crítica tradição intelectual associada aos Upanishads.

Jainismo

Mahavira (aproximadamente 540-468 a.C.), cujo nome significava "Grande Conquistador", foi o fundador do jainismo (de Jina, "Vencedor"). Ele abandonou sua confortável vida como filho de um chefe tribal para tornar-se um asceta errante por volta dos 30 anos. Reagiu contra o ritualismo sacerdotal promovendo práticas ascéticas com seus seguidores. Jainistas acreditam que tudo na natureza está vivo e dotado com uma forma de essência espiritual; eles também acreditam na doutrina da não violência, que exerceu uma profunda influência na cultura e na sociedade indiana nos tempos modernos. O jainismo, entretanto, nunca obteve muitos seguidores, nem na Índia nem em outros lugares.

Budismo

Os ensinamentos do homem mais tarde conhecido como Buda foram profundamente moldados por conceitos desenvolvidos nos Upanishads, como as *samsara*, o ciclo e o vínculo do renascimento, e o *karma*, a casualidade cumulativa de ações que impelem os humanos vida após vida. Nascido durante o sexto século a.C., filho de um governante de um reino na base do Himalaia, o jovem príncipe Sidarta cresceu entre os arredores luxuosos da vida palaciana. Na medida em que amadurecia, começou a reconhecer a existência do sofrimento, das doenças e da morte. Ele buscou a compreensão das causas do sofrimento humano seguindo os ensinamentos de vários ascetas e homens santos. Insatisfeito com esses ensinamentos, Buda finalmente atingiu o *nirvana* (a extinção de forças que causa o renascimento), "iluminação", ou a realização da verdadeira natureza da existência por meio de uma combinação de meditação e práticas ascéticas. Buda, sua vida e seus ensinamentos que compreendem a lei fundamental (*dharma*), e a *sangha* (comunidade de monges) tornaram-se conhecidos como as Três Joias, o núcleo da doutrina budista.

As Quatro Nobres Verdades, ensinadas por Buda em um famoso sermão no Parque Deer, em Sarnath, contém os preceitos básicos da crença budista: que a vida é sofrimento; que a causa do sofrimento é o desejo; que para acabar com o sofrimento, deve-se parar de desejar e que a maneira de realizar isso é por meio do Caminho Óctuplo, que inclui práticas ascéticas e disciplinas mentais seguidas por monges, homens santos que vivem fora da sociedade e compromissaram suas vidas com as práticas religiosas. Depois da morte de Buda, os discípulos continuaram a disseminar suas doutrinas. Gradualmente, os ensinamentos transmitidos de modo oral foram registrados como escrituras (*sutra*) e agrupados no cânone budista. Surgiram divisões a respeito das interpretações dos ensinamentos de Buda, e conselhos foram realizados para resolver e esclarecer as disputas doutrinárias.

Um desses conselhos foi convocado por Ashoka (aproximadamente 272-232 a.C.), governante do império mauriano que se estendia pelo norte da Índia, do Vale do Indo até o Ganges. Ashoka adotou e padronizou o budismo, erigindo pilares escritos e *stupas* marcando locais sagrados relacionados com Buda por todo seu império. Nessas inscrições, Ashoka é chamado de "Querido dos Deuses"; ele é descrito como arrependido pelas mortes e pela destruição que acompanharam suas conquistas e como alguém que busca a próxima vida mais do que aproveita os prazeres do poder e a luxúria de seu papel como rei. A adoção do budismo por Ashoka ajudou a estabelecer a legitimidade de seu governo sobre muitos grupos étnicos diferentes, alegando ser o primeiro e verdadeiro *chakravartin* ("aquele por quem a Roda da Lei gira"), ou monarca universal.

Durante os dois primeiros séculos da Era Cristã, os crentes budistas dividiram-se entre as tradições Mahayanas ("Grande Veículo") e Theravadas ("Doutrina dos Anciãos"). Os budistas Mahayanas enfatizavam a salvação universal por meio das práticas religiosas acessíveis para os fiéis menos devotos. Isso contrastava com a Theravada (também conhecida pejorativamente como Hinayana, ou "Veículo Menor") que se concentrava na disciplina da renúncia, automotivação espiritual e meditação característica da vida monástica, e na crença de que apenas aqueles que devotaram suas vidas à prática do budismo podem alcançar a iluminação. Como o objetivo mudou de iluminação, no coração do budismo primitivo, para salvação no budismo Mahayana, houve uma profunda mudança na orientação fundamental dos budistas praticantes.

O objetivo religioso central da crença Mahayana era que o *bodhisattva*, aquele que busca a iluminação com o propósito de ajudar outros seres na perseguição do despertar, em contraste com o Theravada *arhat*, que se preocupava apenas com a liberação espiritual individual. O *bodhisattva* ideal tinha sua raiz no altruísmo de Buda em suas vidas passadas, quando ele buscou ajudar outras pessoas, e isso foi representado no budismo Mahayana pelos budas e *bodhisattvas* que se tornaram o foco de adoração pelos fiéis Mahayanas, como o *bodhisattva* Avalokiteshvara ou o Buda Amitabha, ambos se tornaram o centro das crenças budistas sectárias e praticadas na Ásia Central e do Leste. Na medida em que o budismo foi transmitido da Índia pela Ásia, a tradição Mahayana veio a dominar a Ásia Central e a Ásia do Leste, enquanto a Theravada tornou-se dominante no sudeste da Ásia, e essas diferenças continuam até hoje.

CRISTIANISMO, MANIQUEÍSMO E ISLÃ

O cristianismo, o maniqueísmo e o islamismo originaram-se na mesma configuração geográfica e cultural e derivam das antigas tradições daquela região, particularmente aquelas do povo judeu e do judaísmo, assim como do zoroastrismo. Como Abraão, Moisés e Zoroastro, os fundadores do cristianismo, do maniqueísmo e do islamismo eram pregadores e profetas cujas lideranças carismáticas e ensinamentos atraíam discípulos devotos e finalmente geravam movimentos que se espalhavam bem além de seus lugares de origem.

Cristianismo e maniqueísmo

No começo do primeiro milênio da Era Cristã, na Palestina, então uma província do Império Romano, um judeu chamado Jesus nasceu na cidade de Belém. A Palestina ficou sob o controle romano por volta de 65 a.C., mas alguns grupos judeus continuaram a resistir à ocupação romana.

Ativistas políticos judeus chamados de "zelotes", uma pequena minoria da população judia, realizaram ataques de guerrilha contra o governo romano. Outro grupo de judeus, os essênios, escolheu se retirar das tensões da vida cotidiana sob a ocupação romana e se estabelecer em comunidades para esperar o fim iminente do mundo que iria ser guiado para uma nova era. Quando Jesus estava com cerca de 30 anos, ele começou a pregar a reforma nos arredores de uma Palestina com muitas crenças e práticas religiosas. Ele falou contra a limitada confiança no ritual, atacou o caráter legalista e excessivamente material dos líderes religiosos da comunidade, e novamente alertou para o iminente fim do mundo, a ressurreição dos mortos, o julgamento e o estabelecimento do Reino de Deus. Depois de três anos de pregação para audiências cada vez maiores, os romanos julgaram Jesus por duas acusações: por blasfêmia e por alegar ser o "rei dos judeus". Ele foi condenado pelas acusações e executado por crucifixão por volta de 35 d.C.

Nas décadas que se seguiram à crucifixão de Jesus, auxiliadas pelas zelosas atividades do missionário Saulo de Tarso, um judeu da Anatólia, mais tarde conhecido como Paulo, comunidades cristãs se multiplicaram ao longo do lado oriental do mar Mediterrâneo. Por volta de 100 d.C., os textos sagrados do cristianismo foram estabelecidos. Havia quatro livros, ou "boas histórias", escritas em grego pelos apóstolos de Jesus. Eles descreviam as parábolas e os feitos de Jesus e demonstravam coletivamente como essas parábolas e esses feitos deveriam ser compreendidos. A esses livros foram adicionados as Epístolas de Paulo, reunidas na forma de cartas de aconselhamento e sermões escritos por ele para comunidades cristãs necessitadas de conselhos. Esses textos (o "Novo Testamento") foram anexados às sagradas escrituras judaicas (o "Velho Testamento").

Depois de um século da morte de Jesus, existiam comunidades de cristãos espalhadas por volta do lado oriental do Mediterrâneo. O número de cristãos se expandiu com o passar do segundo e terceiro séculos. Já no começo do século IV d.C., o movimento cristão ganhou um grande encorajamento pelo governador da metade oriental do Império Romano. Em 312, na véspera de uma grande batalha, o Imperador Constantino (cerca de 306-37) prometeu declarar-se ao deus cristão no caso de uma vitória. O vitorioso Constantino cumpriu sua promessa, sancionando o cristianismo ao dar seu *status* legal e favorecer os cristãos pelo resto de sua vida. Em 380 d.C., o cristianismo tornou-se a religião do Estado imperial, um reconhecimento garantido pelo imperador Teodósio. Depois de 380 d.C., imperadores da capital da metade oriental do Império Romano, Bizâncio (renomeada Constantinopla) reinaram sobre o

Figura 4.2 Buda pregando, Sarnath, século V d.C. Sarnath, próxima à cidade atual de Varanasi, foi o local em que Buda deu seu primeiro sermão para cinco discípulos e formou o *sangha*, a comunidade de monges.

Império Bizantino e governaram como "vigários de Deus", com autoridade religiosa igual a dos apóstolos. Seguindo o declínio do Império Romano do Ocidente, o bispo de Roma (*il papa*, "o pai" ou papa) gradualmente surgiu como líder das comunidades cristãs no oeste europeu. O papa tornou-se chefe da Igreja de Roma, e o imperador bizantino chefe da Igreja no leste, dividindo, assim, o cristianismo entre o catolicismo romano e a ortodoxia do leste. No

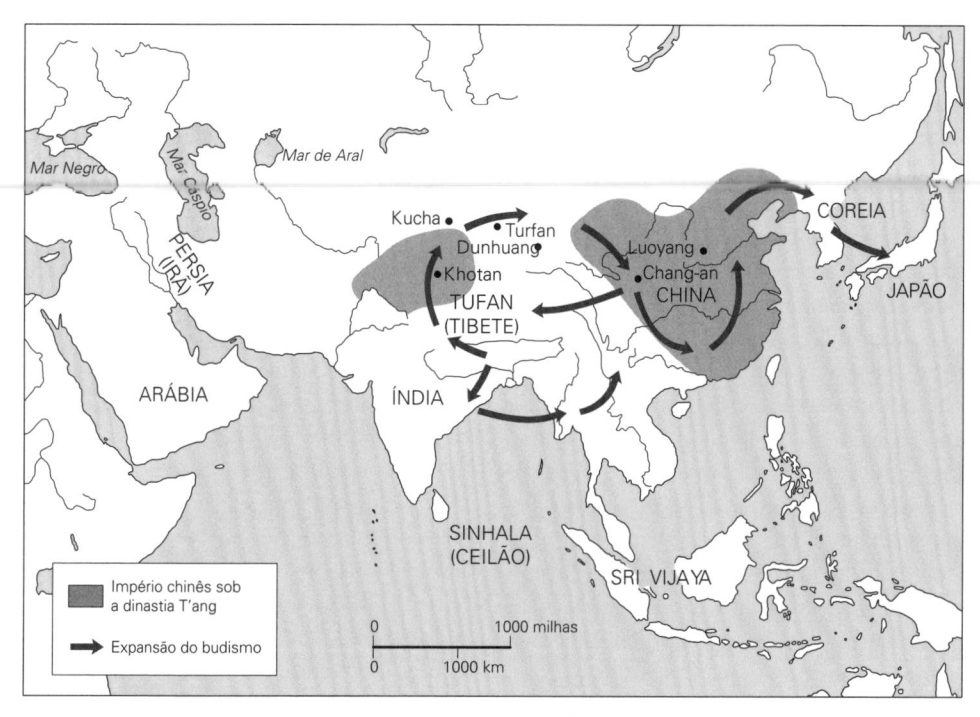

Mapa 4.1 Expansão do budismo do sul para o leste da Ásia.

quarto século, contudo, antes dessa divisão, o cristianismo rivalizou com o zoroastrismo persa e sua manifestação posterior, o maniqueísmo, influente no oeste da Ásia.

O conceito familiar zoroastra de uma guerra em andamento entre o Bem e o Mal, Luz e Escuridão, fornecem o pano de fundo essencial para o desenvolvimento do maniqueísmo, batizado com o nome de seu fundador Mani (aproximadamente 216-77 d.C.), um médico e pregador errante do sul do Iraque. De acordo com Mani, a humanidade foi criada para ser feita de soldados do lado da Luz, mas devido a derrotas e atrasos ela se tornou tragicamente envolvida na teia do Mundo das Trevas. Uma série de mensageiros e profetas foi enviada para a terra para oferecer a salvação contra o pântano de trevas malignas que é a Terra; Buda foi um deles, Zoroastro outro, e Jesus foi um dos maiores. Seguindo-o, Mani surgiu como o "selo do profeta", o "apóstolo de Jesus Cristo", para iluminar a humanidade sobre como identificar e venerar suas fagulhas de Luz. O maniqueísmo oferecia, por meio de seu sacerdócio instruído, um caminho para a salvação dos problemas do mundo.

Embora Mani tenha sido executado como um herege no tribunal persa, durante os séculos III e IV o maniqueísmo ganhou seguidores na Ásia Central e do oeste, no norte da África e na Europa, finalmente chegando até a China. Algumas ideias maniqueístas influenciaram a primitiva Igreja Cristã. O norte-africano Agostinho (354-430 d.C.), um dos maiores pensadores cristãos e o "pai da Igreja", professou as crenças maniqueístas antes de se converter ao cristianismo.

A conversão de Agostinho ocorreu na Itália, mas o cristianismo já estava florescendo no continente africano quando ele retornou para o norte da África. Bem antes do nascimento de Agostinho e próximo da época em que Constantino adotou o cristianismo, o Rei Ezana, governante do estado de Axum, nas terras altas da Etiópia, no nordeste da África, também se converteu à nova fé. O cristianismo chegou ao Vale do Nilo durante os tempos romanos, finalmente se espalhando para a Núbia e para a região montanhosa da Etiópia. A introdução oficial do cristianismo foi atribuída ao primeiro bispo consagrado de Axum, Frumêncio de Constantinopla, em 315 d.C. Uma das motivações primárias para a conversão do Rei Ezana de Axum, no século IV, foi a vantagem comercial oferecida a Axum como resultado das conexões religiosas com o mundo bizantino; o *status* de uma política cristã conferia certas garantias de preços e parceiros comerciais. Religiões pré-axumitas e axumitas primitivas incluíam o deus da lua, de origem sul-arábica, e Mahrem, um deus da guerra. Seus símbolos associados, a lua crescente e cheia, finalmente deram lugar à cruz, que apareceu exclusivamente em estelas de pedra e em moedas cunhadas no tempo do Rei Ezana.

Missionários cristãos também levaram sua fé até o norte e oeste de Gaul, Espanha, e às ilhas britânicas, onde o cristianismo se fundiu com as tradições nativas, como as crenças e práticas celtas na Irlanda. Pela segunda metade do primeiro milênio d.C., comunidades cristãs podiam ser encontradas por toda a Bacia do Mediterrâneo e no Vale do Nilo, ao norte e oeste da Bretanha e da Península Ibérica, e na direção leste, para as bordas da Ásia e além. O cristianismo nestoriano, enfatizando mais o lado humano do que a natureza divina de Jesus, foi considerado uma heresia pelas autoridades da Igreja Católica no século V. Os nestorianos posteriormente tomaram rumo para a Ásia Central, Índia e bem ao leste até a China, onde comunidades de fiéis permaneceram ativas durante vários séculos.

Islamismo

O cristianismo já era uma religião bem estabelecida na época em que o islã apareceu em Meca, no século VII d.C., uma próspera cidade comercial localizada na metade da costa do Mar Vermelho, entre o Egito e o Oceano Índico. O povo de Meca conheceu o zaroastrismo por meio de contatos comerciais no Iraque e no Golfo Pérsico, e o cristianismo por meio de viagens comerciais ao norte da Síria e ao Egito ou pela Etiópia Cristã. Eles sabiam alguma coisa sobre judaísmo, não só por causa dos negócios, mas também devido ao grande número de judeus que viviam no Iêmen e ainda mais próximos na cidade agrícola que posteriormente seria conhecida como Medina.

No ano 610, um dos homens de negócio de Meca, Maomé, teve uma visão na qual ele foi chamado pelo anjo Gabriel para falar a palavra de Deus, para alertar a humanidade da iminente chegada do dia do julgamento e da necessidade de corrigir a ganância e os modos imorais. Persuadido de que ele havia sido escolhido para ser um mensageiro de Deus, dedicou o resto de sua vida à exortação e ação: exortação para se levar uma vida justa e moral, e ação de estabelecer uma comunidade devota na qual todos os membros aceitam, ou se submetem, aos planos e leis de Deus. Islã é a palavra arábica para "aceitação" ou "submissão", e um muçulmano é aquele que segue o islamismo.

Os ataques de Maomé à moral da riqueza e do poder e aos falsos deuses de Meca fizeram com que ele fosse perseguido. Em 622, a perseguição levou à migração (*hejira*) de Maomé e seu grupo de seguidores, já de tamanho razoável, para a cidade de Medina, 483 Km ao norte de Meca. Lá, a primeira comunidade muçulmana foi formalmente estabelecida. Para comemorar esse evento, o calendário muçulmano, calculado em meses lunares, começa em 622. Após alguns anos de luta, Maomé e seus apoiadores retornaram para Meca, em 630. A cidade rapidamente se tornou muçulmana, e, nos dois anos seguintes, a comunidade se expandiu para incluir toda a Península Arábica e parte do sul da Síria também.

O Alcorão é o livro sagrado muçulmano. Uma coleção feita em 651 com as revelações de Maomé anotadas pelos seguidores à medida que ele as pronunciava, esse livro contém todos os princípios e preceitos necessários para se viver de acordo com os planos de Deus. Considerado como a eterna palavra de Deus, o Alcorão foi revelado e copiado em árabe. Além do Alcorão e sua linguagem, as leis islâmicas e os rituais diários mantiveram a comunidade islâmica unida na fé, tendo se expandido rapidamente para incluir diversas culturas. O *Shari'a*, ou Lei Islã-

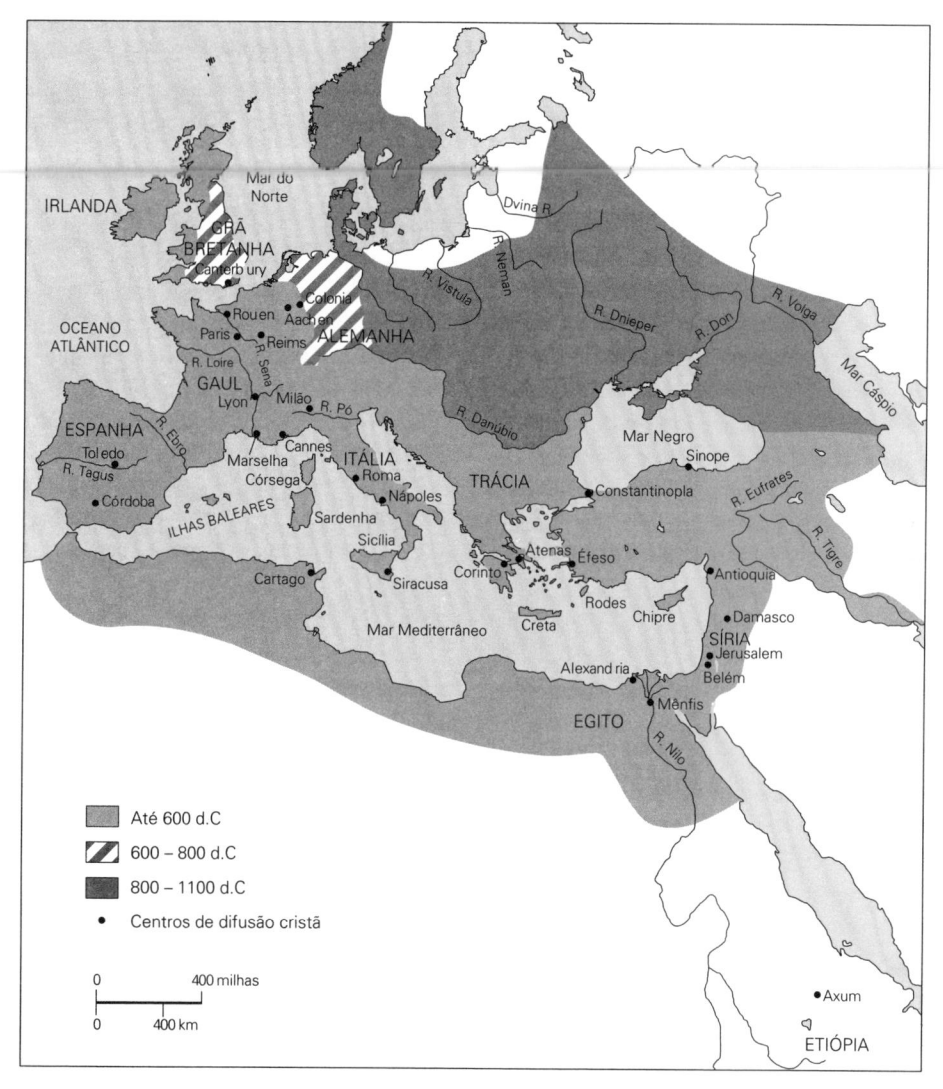

Mapa 4.2 Dispersão do cristianismo no Mediterrâneo, na Europa e no norte da África antes de 1100 d.C.

mica, tomou sua forma final no século IX. Assim como o Talmude judeu, ele é abrangente, lidando com leis alimentares e com um ritual de preces também, assim como códigos de construção e punições para assassinato. O *shari'a* está baseado no Alcorão, o qual funciona, na verdade, como a Constituição de Deus. Em casos não claramente abordados pelo Alcorão, os costumes locais, *hadith* (histórias sobre as lições e ações de Maomé), o consenso geral e a analogia eram utilizados para modificar e estender o *shari'a*, o qual se tornou a lei da terra onde os governos muçulmanos mantinham sua influência.

Enquanto o *shari'a* definia as relações legais no mundo islâmico, os "Cinco Pilares do Islamismo" guiavam as práticas individuais cotidianas do islã. Para ser um muçulmano, alguém tem de seguir as cinco regras primárias ditadas pelo Corão. A primeira é a de que os muçulmanos devem testemunhar ou declarar que acreditavam em um, e apenas um, Deus, e que Maomé era seu último profeta. A segunda é que eles deviam orar

Figura 4.3 Verso do Corão escrito em *kufic*, uma forma angular batizada com o nome da cidade de Kufa, no sul do Iraque. Esse verso é da *sura* (capítulo) 38, versos 87-8, e diz: "Esta é uma mensagem para o mundo. E você certamente saberá a verdade"; e a *sura* 39, verso 1: "Esta é a revelação da escritura, de Deus, o Todo-Poderoso, o sábio".

diariamente. Cinco vezes por dia é o especificado no Alcorão, e eles devem orar especialmente na sexta-feira, quando toda a comunidade se reúne para ouvir um sermão. A terceira, os muçulmanos devem doar voluntariamente um décimo de seus rendimentos anuais para ajudar os pobres da comunidade. Quarta, durante um mês do ano, o Ramadã, todos os muçulmanos devem jejuar durante as horas de claridade do dia. Por último, pelo menos uma vez durante suas vidas, eles devem ir para Meca em peregrinação.

Depois da morte de Maomé, em 632, a expansão do islamismo continuou. O Estado Islâmico expandiu-se para fora da Arábia na metade do século VII. Tendo rapidamente dominado a Palestina, a Síria e o Iraque, em 640, os exércitos moveram-se continuamente para o Egito e pelo norte da África até a Espanha, ao leste pelo Irã e ao sul para dentro da Índia. Mesmo enquanto os exércitos árabes ganhavam grandes quantidades de territórios na Eurásia e na África, uma divisão doutrinária dividiu a comunidade muçulmana. Isso se originou como uma disputa política sobre sucessão governamental que se seguiu após a morte de Maomé. Alguns achavam que um membro de sua família deveria sucedê-lo, enquanto outros pensavam que deveria ser alguém eleito a partir do conselho geral dos líderes da comunidade. Os segundos eram os sunitas, ou o método "tradicional", e eles venceram. Os outros eram o método de Shi'i, ou "partidários" da família do Profeta e de seus descendentes. Com o passar dos séculos, os sunitas ortodoxos encararam não apenas a oposição política e religiosa do xiismo, mas também a tarefa de chegar a um acordo com o misticismo popular, ou sufismo. O sufismo coexistiu inquietamente com a ortodoxia sunita durante vários séculos antes do fortalecimento do islamismo. Ele se desenvolveu a partir de um movimento asceta que apareceu no primeiro século muçulmano em reação à grande riqueza material gerada pelas conquistas árabes. O misticismo sufi enfatizava um

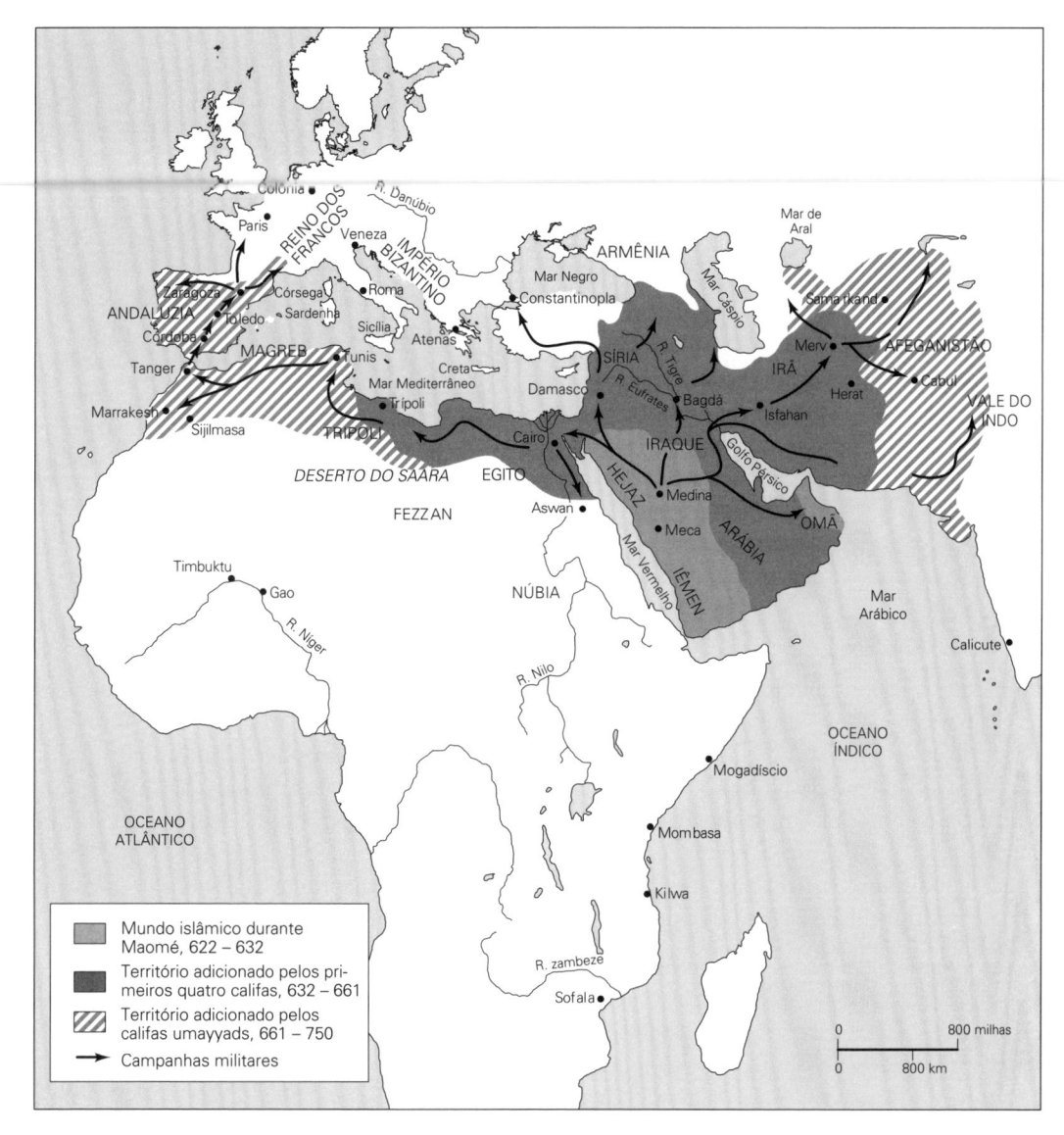

Mapa 4.3 Expansão do islamismo e dos primeiros impérios islâmicos.

amor espiritual especial a Deus e, acima de tudo, fornecia os meios para direcionar experiências religiosas pessoais do divino, o que foi de grande apelo ao fiel comum.

A EXPANSÃO DAS "RELIGIÕES MUNDIAIS": BUDISMOS, CRISTIANISMOS E ISLAMISMOS

Frequentemente referidas como religiões "mundiais", o budismo, o cristianismo e o islamismo tinham raízes em tradições religiosas e éticas de onde elas começaram, no sul e no oeste da Ásia, mas finalmente transcenderam seus locais de origem e se expandiram, espalhando-se por cada região do globo. Como o cristianismo e o islamismo, o budismo foi uma religião proselitista: budistas, cristãos e muçulmanos, todos tentaram converter outros para suas crenças. Também como o cristianismo e o islamismo, o budismo era algumas vezes patrocinado por governantes e tornava-se envolvido na política dos Estados do sul, leste e sudeste da Ásia. Mas o budismo não se tornou o tipo de força política que o cristianismo e o islamismo se tornaram, inspirando conquistas e impérios.

Na medida em que se espalhavam pela África e pela Eurásia, o cristianismo e o islamismo encontraram outros sistemas de crenças e culturas, as quais eram absorvidas de várias maneiras ou adaptadas pelos governantes daquelas religiões. O budismo similarmente engajou as crenças religiosas e os ideais culturais das sociedades em que seus missionários penetravam. Em contraste com a base monoteísta do cristianismo e do islamismo, o budismo se desenvolveu em um ambiente cultural e filosófico que reconhecia a coexistência de muitas divindades, até mesmo muitos panteões diferentes. Conforme ele se espalhou da Índia para a China, Coreia, Japão e sudeste da Ásia, encontrou e adaptou-se a muitas culturas diferentes, mudando-as da mesma forma que o próprio budismo se transformava pela exposição a essas culturas. Devido à diversidade de crenças e práticas refletidas nas formas em desenvolvimento do budismo, cristianismo e islamismo conforme iam se espalhando pelos continentes e pelas culturas, referir-se a elas no plural – budismos, cristianismos e islamismos – capta a multiplicidade engendrada por tais encontros e reduz a tendência de enxergar as "religiões mundiais" como monolíticas.

BUDISMOS NA ÁSIA

No começo do século I da Era Cristã, missionários budistas estavam levando suas crenças e práticas para além da Índia Central e do leste e sudeste da Ásia ao longo das Rotas da Seda e por rotas marítimas. Missionários budistas na China foram desafiados a ensinar essa nova religião em um contexto de crenças e práticas nativas, especialmente naquelas ideias comumente referidas como confucionismo e taoísmo. Os ensinamentos de Confúcio (551-479 a.C.), registrados por seus discípulos nos *Analects*, exortavam as pessoas a seguir o modelo dos reis sábios da antiguidade e a buscar a ordem tanto na família quanto na sociedade por meio da prática de rituais. Confúcio não prestou muita atenção ao reino espiritual porque ele preferia lidar com aquilo que podemos conhecer por meio da experiência na sociedade humana. Em contraste com o foco de Confúcio na ordem ritual na família e na sociedade, o conhecimento de como ligar a vida de alguém ao *chi*, o "sopro da vida" do cosmos que dá vida à natureza, aos humanos e aos deuses, é o objetivo dos ensinamentos e práticas imprecisamente chamadas de taoísmo. Os primeiros textos taoístas, *Daodejing* e *Zhuangzi*, foram compostos não muito tempo depois dos *Analects* confucionistas e articulados em parte como uma filosofia de misticismos como o Tao, o "caminho" ou "estrada".

No tempo em que o budismo foi introduzido na China, muitas pessoas seguiam os caminhos do taoísmo em busca de imortalidade por meio de elixires de prolongamento da vida e outros meios físicos, e uma rica variedade de divindades eram adoradas. Uma das divindades mais importantes era a Rainha Mãe do oeste, que permitia que seus fiéis alcançassem a transcendência espiritual. As pessoas acreditavam na habilidade dos espíritos interferirem na vida humana e precisavam agradar esses espíritos. Tanto espíritos bons quanto os malévolos preenchiam o universo, e entre eles havia os fantasmas de ancestrais já falecidos que requeriam veneração ritual.

Monges da Ásia Central exerceram um papel fundamental na transmissão do budismo à China. Fluentes em Sânscrito e Pali, as linguagens dos *sutras* budistas, esses monges traduziram os textos sagrados para o chinês, frequentemente sob o patrocínio de governantes do norte da China. A transferência das ideias budistas pela vasta fronteira cultural entre a Índia e a China exigiu dos tradutores a busca por vocabulário nativo que pelo menos vagamente sugerisse os conceitos que eles estavam tentando passar adiante. Mas, na verdade, eles ficavam restritos a uma terminologia que poderia ser bem distante do significado com o qual eles começaram. A tradução de textos, embora profissional, significava a transformação de ideias. Por exemplo, o conceito de *nirvana* foi criado a partir do termo taoísta *wuwei* (literalmente "não ação"). Finalmente novas divisões sectárias do budismo desenvolvido no ambiente chinês, incluindo Chang, que instigou em nativos chineses ideias associadas ao taoísmo.

Dadas as barreiras linguísticas e culturais que os missionários budistas encararam na pregação de sua fé, o patrocínio do Estado foi vital para o florescimento do budismo na China. Governantes não chineses dos Estados do norte adotaram o budismo como forma de ajudar a unificar as populações chinesas e não chinesas sob seu comando, já que o budismo fornecia uma mensagem universal que transcendia ambas as crenças locais dos chineses e aquelas de seus governantes. Como o governante indiano Ashoka, os líderes chineses das dinastias Sui (589-617) e Tang (618-907) patrocinaram o budismo, suprindo-o de fundos para entalhar grandes templos em cavernas, erigindo templos magníficos e dando suporte a grandes monastérios até mesmo quando eles governavam como monarcas do confucionismo cumprindo o Mandato dos Céus.

Embora todos os sutras supostamente deveriam ser ensinamentos de Buda, na verdade eles eram altamente inconsistentes nas doutrinas que ensinavam, e isso deu origem a tradições sectárias diferentes dentro do budismo chinês. Um dos mais importantes desenvolvimentos sectários foi a Escola Terra Pura, que consta ter se originado com um culto devoto ao Buda Amitabha, estabelecido pelos clérigos cultos Huiyuan no quarto século d.C. Apesar de o nome da escola Terra Pura ter sido extraído de um sutra com o mesmo nome, o sutra que se tornou a fonte doutrinária principal dos fiéis da Terra Pura foi o Sutra do Lótus. A escola Terra Pura prega a eficácia da fé total dos preceitos do budismo para obter a salvação e da prática da adoração a Buda Amitabha e a *bodhisattva* Avalokiteshvara, ou Guanyin em chinês. Essas duas divindades presidiam o Paraíso do Oeste, a "Terra Pura", onde os crentes tentavam ir para alcançar a iluminação com o auxílio de Amitabha e Avalokiteshvara. A escola da Terra Pura alcançou uma audiência muito maior do que obtiveram outras doutrinas escolásticas mais baseadas em textos.

Mesmo tendo o Estado chinês contribuído para a riqueza e o poder do budismo institucionalizado, crenças e práticas religiosas diferentes inspiraram-se no budismo, no taoísmo e em outras fontes e criaram novas imagens de fé e devoção que expressavam a resistência contra a ordem confucionista da sociedade, bem como contra o estabelecimento do budismo e do taoísmo. O movimento do Lótus Branco, fundado por um monge budista no século XII, tornou-se o centro de uma religião budista popular que enfatizava a adoração agregadora e a comunhão de fiéis para dar graças ao misericordioso Buda, Amitabha, o "Senhor do Paraíso do Oeste".

Missionários budistas carregaram os ensinamentos até a Coreia durante o século IV, de onde ele foi transmitido para o Japão dois séculos mais tarde. Após um período de exposição a essas novas ideias e de acomodação entre as crenças nativas e a nova religião, o budismo ganhou um firme alicerce no Japão com o patrocínio do Estado. Por volta da metade do século VIII, o Japão foi o novo posto avançado do budismo leste-asiático, com a construção do Grande Buda na capital imperial de Nara, em 752. Inicialmente, a audiência do budismo no Japão foi aristocrática, mas com o passar do tempo, assim como na China e em outros lugares, sacerdotes zelosos criaram métodos de alcançar uma população ainda maior.

O budismo popular no Japão, que se desenvolveu no período Heian (794-1185) posterior e floresceu no período Kamakura (1185-1333), trouxe o despertar da fé a grandes massas. A seita da Terra Pura, centrada na crença da salvação por meio da fé no misericordioso Buda Amitabha, e sua companheira feminina, a *bodhisattva* Avalokiteshvara, enraizou-se no Japão no século XI. Em contraste com os ideais da iluminação que animava seitas budistas mais ortodoxas, seguidores da Terra Pura acreditavam que a redenção de Amida (Amitabha em japonês) os levaria para o Paraíso do Oeste, a "Terra Pura". Como sua contraparte e predecessora na China, o amidismo no Japão alcançou uma audiência massiva que foi excluída dos ensinamentos doutrinários complexos e frequentemente esotéricos das seitas escolásticas ortodoxas estabelecidas como a da Plataforma Celestial (na China, Tiantai; no Japão, Tendai).

Tanto o hinduísmo como o budismo foram transmitidos para o sudeste da Ásia já nos primeiro e segundo séculos d.C. O budismo cresceu rapidamente no arquipélago do sudeste da Ásia durante o século VII. Antigas inscrições na pedra em Palembang, a capital do Império Srivijaya (aproximadamente 683-1085) na Península Malaia e na ilha de Sumatra, revelaram um governante que misturava as imagens da montanha e do mar sagrados com a veneração tradicional dos ancestrais com símbolos e éticas budistas. Os temas budistas impostos a tradições nativas providenciaram um conjunto comum de ideias que transcenderam as comunidades locais. Para angariar prestígio regional, os governantes Srivijayas tornaram-se grandes construtores de templos budistas e patrocinadores do ensinamento escolástico em seus territórios. Posteriormente, no século VIII, os líderes de Java construíram Borobudur, o maior monumento budista já construído.

Logo depois, no interior do sudeste da Ásia, o Estado Khmer ganhou o controle sobre o delta e o Vale do Rio Mekong. Governando por mais de 600 anos (802-1432), em seu auge, no século XII, o Império Khmer controlou provavelmente um milhão de pessoas na área do atual Camboja, Laos, Tailândia e parte de Burma, Vietnã e da península Malaia. O hinduísmo e o budismo promoveram a sanção da autoridade dos governantes e construíram laços culturais e religiosos comuns entre o povo Khmer.

Governantes inicialmente fundiram o hinduísmo com as crenças nativas para consolidar seu poder sobre seu território em expansão, e a linguagem Sânscrita foi adotada pela Corte Khmer. A adoração ao deus hindu Shiva, que foi identificado como o "Senhor da Montanha", estava ligada às crenças nativas da santidade das montanhas, o lar de espíritos ancestrais. Shiva também foi associado à fertilidade, e similarmente a adoração de Shiva emergiu com as crenças locais de fertilidade na representação de Shiva como um "falo" de pedra ou metal, o *lingam*, inserido dentro de uma "vulva" circular, ou *yoni*, em santuários dedicados a ele no Estado Khmer. O complexo de templos hindus do século XII, Angkor Wat, finalmente incorporou imagens budistas de governadores ao lado de divindades hindus, e posteriormente budistas. Nos muros da capital Khmer Angkor Thom, também construída no século XII, existem enormes imagens budistas de quem o governador khmer afirmou ser uma manifestação.

CRUZADAS, CONFLITO E MUDANÇA: A EXPANSÃO DO CRISTIANISMO

O cristianismo e o islamismo se espalharam muito devido ao trabalho de missionários e comerciantes, mas ambas as religiões também se espalharam como consequência de conflitos. O cristianismo colidiu com um Islã e com os impérios islâmicos em expansão e na "Terra Sagrada" da Palestina no lado ocidental do Mediterrâneo. Em 1095, o Papa Urbano II encorajou cavalheiros cristãos a pegar em armas para recuperar o controle da Terra Sagrada. Apoiados pelos monarcas cristãos europeus, oito cruzadas ocorreram durante os dois séculos seguintes para devolver a Palestina ao controle cristão. Inicialmente eles tiveram sucesso e estabeleceram reinos cristãos na Palestina, mas pelo final do século XIII seus reinos foram perdidos para os muçulmanos.

Apesar das derrotas dos cruzados, a Igreja continuou a dominar a sociedade e a política europeias, assim como a vida espiritual. Mas a dominação da Igreja na vida religiosa na Europa encontrou resistência, algumas das quais foram suprimidas e outras foram incorporadas de alguma forma, assim como aconteceu com as práticas e crenças pré-cristãs. Festivais religiosos populares frequentemente tiveram origens pagãs. Aspectos das crenças populares da magia pré-cristã foram transformados pela Igreja na crença em milagres, e a veneração de divindades pré-cristãs foi incorporada no culto aos santos. Durante o século XII, enquanto os escolásticos estavam debatendo as fronteiras da fé e da razão, os milagres centrais do cristianismo, incluindo o nascimento de Jesus de Nazaré a partir de uma mãe casta, Maria, também passou por esse escrutínio. A veneração a Virgem Maria tornou-se um movimento tão popular que teve de ser incorporado aos rituais e práticas tradicionais.

Os aspectos mágicos das práticas e rituais religiosos, como a transubstanciação (transformação do pão e do vinho no corpo e no sangue de Cristo), tornou-se parte do dogma cristão. Essas magias "do bem" eram ortodoxas, mas havia uma outra "magia negra", como a bruxaria, a qual a Igreja condenou e rejeitou como pertencente ao reino do Diabo. A Igreja enxergou a feitiçaria como algo perigoso aos padrões e às doutrinas ortodoxas e considerou aqueles culpados pela prática de heresia passíveis de punição. Em tempos de crise social ou econômica, a percepção, e talvez a realidade das práticas não ortodoxas, como a bruxaria, aumentaram. Seitas religiosas hereges também foram acusadas de práticas satânicas e sofreram a mesma condenação e perseguição que sofreram os indivíduos acusados por feitiçaria.

Uma drástica reforma da Igreja, contudo, surgiu de dentro dela mesma. No século XVI, Martinho Lutero, um teólogo e professor da Universidade de Wittenberg, desafiou a posição da Igreja argumentando que o indivíduo não necessitava da intervenção do clero ou da Igreja para alcançar Deus. Ele alegou que a salvação era, na verdade, uma questão de fé individual. As ideias de Lutero tiveram grande apelo na Alemanha do século XVI, em que os governantes estavam brigando para afirmar sua independência do papa e os camponeses rebelando-se contra seus mestres. O rei inglês cortou os laços com a Igreja em Roma e afirmou sua própria autoridade sobre a Igreja na Inglaterra (a Igreja Anglicana).

A reforma protestante decisivamente dividiu a Igreja Católica a partir do século XVI, e seu impacto finalmente se espalhou além da Europa. João Calvino, um francês do século XVI que experimentou uma súbita conversão religiosa, promoveu a ideia de que só Deus decide quem será escolhido para a salvação e quem será condenado por causa do pecado original de Adão. O luteranismo esteve essencialmente confinado na Alemanha (e mais tarde na Escandinávia), e outros movimentos protestantes foram igualmente localizados. Mas o calvinismo se espalhou amplamente ao longo da França, Vale do Reno, Holanda, Escócia e parte da Europa Central. A visão calvinista do mundo rapidamente se alongou até a América do Norte, especialmente na Nova Inglaterra, e ao sul da África.

Frente às revoltas luteranas e outras revoltas protestantes, a Igreja Católica respondeu com seu próprio movimento, conhecido como a Contra Reforma. Além de censurar livros e perseguir hereges, em 1534 a Igreja criou a Sociedade de Jesus, uma ordem religiosa católica cujos membros (jesuítas) ajudaram a controlar a dispersão do protestantismo por meio de pregação e ensinamentos. Expandindo-se para além da Europa, missionários jesuítas levaram o cristianismo para regiões da África, Américas e Ásia concomitante ao aumento do alcance global dos Estados europeus. No século XVI, o cristianismo, o comércio e a colonização se combinaram para espalhar o cristianismo ao redor do globo. No século XIX, uma geração de movimentos missionários cristãos protestantes ainda mais zelosa ligou suas fortunas ao novo imperialismo na medida em que a colonização se intensificou em partes da África e da Ásia.

A EXPANSÃO DO ISLAMISMO: CONQUISTA, COMÉRCIO E CONVERSÃO

Seguido da expansão do Islã por meio da criação de impérios islâmicos que se alongavam da Península Ibérica até o norte da Índia, mercadores árabes levaram sua fé pelo Oceano Índico até as costas do sul da Índia, à costa leste da África e ao sudeste da Ásia. Caravanas ao longo das Rotas do Ouro na África e das Rotas da Seda na Eurásia transportaram o islamismo, junto com ouro, seda e outras mercadorias. Pela unificação de uma vasta faixa de terra da Eurásia no século XIII, os Mongóis ajudaram a expandir o islamismo pela Ásia Central até o leste da Ásia.

Assim como a expansão do cristianismo além da Europa, uma combinação de conquista, comércio e conversão levou o islamismo até os pontos mais distantes da África e da Ásia.

Iniciando no século VIII, invasores muçulmanos encontraram tanto o hinduísmo como o budismo entre as populações que eles conquistaram no norte da Índia, assim como a estrita hierarquia social imposta pelo sistema de castas. Invasores anteriores foram absorvidos pela antiga civilização do subcontinente, mas os muçulmanos eram portadores de uma crença religiosa de conversão com uma poderosa ideologia social e política que desafiaram agudamente as ordens culturais e sociais, assim como as políticas, da Índia. Depois das invasões muçulmanas que começaram no século VIII, a Índia tornou-se uma terra onde as mesquitas muçulmanas e os templos hindus conviviam lado a lado.

No século XII, várias ordens sufistas migraram do oeste da Ásia até o subcontinente indiano. O sufismo encontrou muitas semelhanças no *bhakti* hindu, que se centrava na devoção a um deus pessoal, na linguagem comum, em suas imagens e motivos. O sufismo na Índia forneceu os meios de estabelecimento do contato entre muçulmanos e hindus, sendo responsável por muitas conversões ao Islã e contribuído para os movimentos sincréticos hindu-islâmicos. No *bhakti* hindu, Deus era visto de três formas: Vishnu (geralmente na encarnação de Rama ou Krishna), Shiva, e *shaktii* (a forma feminina). Nenhuma casta ou distinção social era estipulada entre as pessoas no *bhakti*, embora o movimento fosse tipicamente organizado por brâmanes. O *bhakti* pode ser visto com uma reação contra o bramanismo exclusivo altamente ritualístico do período.

Figuras medievais de *bhakti* influenciaram o desenvolvimento da religião Sikh ("discípulo" em sânscrito), que foi fundada pelo guru (mestre ou professor) Nanak (1469 – 1533). Nanak teve uma revelação de que Deus era uma força espiritual unitária compartilhada por todas as religiões e que as divisões sociais, étnicas, de gênero, castas e outras eram todas ilusórias. Junto a um músico muçulmano, Nanak perambulou por toda a Índia e terras islâmicas, compondo e executando canções religiosas, que posteriormente foram registradas nas escrituras Sikh, o Adi Granth. Essa nova comunidade de fé floresceu no Punjab, atraindo recrutas hindus e muçulmanos entre o campesinato.

Após as invasões do Egito e do Norte da África começarem no século VII, o Islã gradualmente começou a penetrar ainda mais no continente africano por meio da influência de comerciantes e clérigos. Na costa leste africana, o Islã chegou já no século VIII, coincidindo com a crescente urbanização da costa ligada ao comércio do Oceano Índico. O sincretismo caracterizou a primeira expansão do Islã tanto no leste quanto no oeste da África. O comércio com mercadores árabes era atraente para os líderes dos Estados no oeste da África, que se converteram ao Islã ao mesmo tempo em que mantiveram as crenças e práticas religiosas locais. No século XII, a influência das tradições sunitas e sufistas sobrepujou aquelas das primeiras conversões xiitas. A ortodoxia sunita foi amplamente dominante nas cidades onde os centros de ensinamento islâmico, *madrasas*, foram construídos. A tradição sufista, mais mística, dominou as áreas rurais, espalhando-se amplamente por meio de comércio de longa distância e escolásticos sufistas independentes.

Originada como uma cidade comercial em um oásis para o comércio transaariano antes do século XII, dos séculos XIV a XVIII, Timbuktu foi um centro de transmissão do Islã no oeste da África, embora as crenças religiosas nativas continuassem a dominar a vida das pessoas fora das elites comerciais e escolásticas dos centros urbanos como Timbuktu. A influência do Islã se manifestou na peregrinação ostensiva do governante de Mali, Mansa Musa, até Meca em 1324-1325.

O Islã na África também estimulou movimentos de mudança política e social. Começando no século XVI, uma onda de *jihads* (guerras santas) varreu partes da África oeste e oeste-central. Africanos que estudavam em Meca e Medina durante suas *hajj* (perigrinações) absorveram ideias a respeito das *jihad* e da conversão ao Islã. Quando eles retornaram à África, levaram junto essas ideias e ajudaram a transformar os protestos sociais e políticos locais em movimentos reformistas islâmicos. A *jihad* na região da Senegâmbia, que estabeleceu o Estado dominado por muçulmanos de Bundu nos anos de 1960, é um exemplo. Reformas na agricultura acompanharam a substituição da elite tradicional por governantes muçulmanos. Em contraste, as vitórias em Fuuta Jaalo, sul de Gâmbia, no século XVIII, estabeleceram os governantes muçulmanos, mas estes fizeram pouco mais do que converter seus escravos ao Islã.

A lenta difusão do islamismo pelo Saara por meio do comércio e da influência dos clérigos muçulmanos se compara bem à expansão do islamismo pelo Oceano Índico e para a Indonésia. Comerciantes muçulmanos árabes e indianos eram ativos nas águas do sudeste asiático já no século VIII. Durante o século XIII, Marco Pólo visitou Sumatra e notou que muitos residentes das vilas e cidades se converteram ao Islã, enquanto outros vivendo no interior e nas montanhas continuaram a seguir suas tradições antigas – provavelmente uma combinação de práticas nativas, hindus e budistas. No tempo em que Marco Pólo fez essa observação, santos sufistas estavam viajando nas mesmas estradas e nos mesmos navios que os comerciantes muçulmanos, preparados para buscar seguidores de sua própria versão do Islã na região.

Evidências da conversão dos governantes locais ao Islã começam depois no século XIII, com o governador Samudra-Pasai. O primeiro Estado na região a se converter oficialmente ao islamismo, no século XIV, era um centro de estudos islâmicos. Ao final do século XV, o islamismo foi encontrado por toda a parte do sudeste marítimo da Ásia, embora não no sudeste asiático continental, onde o budismo e o hinduísmo continuaram como a influência cultural e religiosa dominante junto às crenças nativas.

Entre 1500 e 1800, iniciando nas extremidades costeiras da Península Malaia e ao redor da ilha de Sumatra, o Islã realizou maciças invasões no sudeste da Ásia adentro, adquirindo um papel tanto político como religioso. O Islã interagiu com as crenças nativas, e também com o hinduismo e o budismo, remodelando as sociedades do sudeste asiático durante o período de expansão europeia para essa área do mundo. As influências europeias formaram ainda outro estrato nas sociedades complexas e multifacetadas do sudeste asiático. Diferente das antigas expansões do Islã por meio das conquistas militares, o Islã do sudeste da Ásia foi levado adiante por árabes e outros comerciantes muçulmanos que exploraram os arredores marítimos da Península Malaia e do arquipélago indonésio.

No século XVI, números crescentes de mercadores da parte sul da península arábica seguiram as rotas de comércio do Oceano Índico e se estabeleceram em cidades portuárias do leste da África até o sudeste da Ásia. Muitos desses mercadores possuíam uma posição religiosa especial em sua terra natal pela alegação de serem de descendentes de Ali, que emigrou para o sul da península arábica, e nos portos do Oceano Índico onde eles se assentavam e normalmente recebiam um tratamento especial como autoridades religiosas, que por sua vez conferiam oportunidades econômicas e políticas. Líderes dos Estados que surgiram e declinaram na região frequentemente fizeram uso do Islã para sancionar sua liderança, da mesma forma que seus predecessores se basearam no budismo, no hinduísmo e nas crenças nativas em tempos anteriores. Por exemplo, o Islã foi adotado no Estado javanês central de Mataram, cujo governante, Agung (1613-1645), assumiu o título de sultão e estabeleceu o sistema do calendário islâmico em Java.

RENOVAÇÃO E REFORMA NO MUNDO ISLÂMICO

Como as reformas protestantes do século XVI no cristianismo europeu, o século XVIII foi um tempo de intensa renovação e reforma no mundo do Islã. Assim como no cristianismo europeu, a ideia de mudança não era nova, mas tanto o grau quanto a intensidade e o impacto da reforma foram sem precedentes.

Provavelmente, a reforma mais influente foi a de Muhammad Ibn Abd al-Wahhab

(1703-1792), que mudou o debate escolástico para o campo da ação. Abd al-Wahhab recebeu uma educação islâmica ortodoxa de seu pai, combinando a escritura sagrada do Corão, o *hadith* (tradições do Profeta) e os trabalhos de jurisprudência que compreendem o *shar'ia* (lei islâmica). Ele também se expôs ao misticismo sufista, que enfatizava a busca por uma experiência direta de Deus e o poder dos santos como canais da ação de Deus no mundo, personificados em místicos-estudiosos, pregadores extáticos e homens santos milagreiros.

Depois de sua educação formal em casa, na região de Najd na península arábica, Abd al-Wahhab viajou muito durante duas décadas – a Meca, Bagdá, Damasco, Isfahan e além. Depois de sua volta para casa, ele começou a pregar ensinamentos ortodoxos e antissufismo como resultado da corrupção e da debilidade nas práticas religiosas que ele observou durante suas viagens. O puritanismo de Abd al-Wahhab sugeriu a queda da superestrutura medieval do Islã e uma volta à autoridade "pura" do Alcorão e do *hadith*. Em 1744, ele conseguiu converter Ibn Sa'ud e outros membros de sua família, e os dois homens realizaram um pacto de fazer com que a palavra de Deus prevalecesse na Arábia e nas terras vizinhas. O líder tribal e o reformista religioso fundiram seus interesses e talentos, e no princípio do século XIX eles estabeleceram firmemente o Estado Saudita na península arábica.

Outros movimentos de reforma também apareceram no mundo islâmico. Um dos mais poderosos movimentos reformistas islâmicos floresceu entre o povo fulani, no que hoje é o norte da Nigéria. Liderado por um clérigo fulani muçulmano, Usman dan Fodio (1754-1817), esse movimento de revitalização islâmica anexou as livres práticas religiosas dos antigos governantes Hausa nesta parte do oeste da África. Dan Fodio pertencia a uma irmandade sufista, uma das muitas ordens sufistas que ajudaram a espalhar o Islã no oeste da África no começo do século XVI. A revolta que dan Fodio liderou, em 1804, fez cair os governantes Hausa e criou uma confederação de emirados islâmicos sob o controle dos fulani. Junto a seu irmão e seu filho, dan Fodio estabeleceu o Califado Sokoto (governo islâmico), em 1809, e espalhou o Islã por toda a região.

A obrigação do *hajj*, a peregrinação obrigatória a Meca, significava que muitos muçulmanos passariam um tempo nessa cidade sagrada, convergindo com peregrinos de todo o mundo islâmico. Era a oportunidade perfeita para a troca de ideias e para a inspiração da renovação e reforma. Durante o século XIX, existiram peregrinos que voltaram de Meca e tentaram revitalizar o Islã em sua terra de origem, da África e Índia até o sudeste da Ásia.

GLOBALIZAÇÃO E MUDANÇA RELIGIOSA

No século XIX, o *dar al-Islam*, o "mundo do Islã", se estendia do oeste da África até o sudeste da Ásia. Enquanto os reformadores davam energia aos fiéis e revitalizavam a religião, líderes políticos adotaram o Islã e o promoveram por meio da construção de mesquitas, pelo apoio a clérigos e aplicação do *shar'ia*. O cristianismo, igualmente, assegurou um alcance global no século XIX. Embora tenham os missionários católicos – jesuítas, dominicanos e franciscanos – acompanhado a expansão europeia do século XVI e obtido uma influência duradoura na Ásia e na África, eles tiveram mais sucesso nas Américas (ver Capítulo 10). No século XIX, contudo, o movimento missionário protestante forneceu o suporte ideológico para o novo imperialismo, especialmente na Ásia e na África. O comando bíblico "Ide por todo mundo, e pregai o evangelho a toda criatura" foi seguido ao pé da letra por homens e mulheres protestantes na medida em que saíam de seus lares, culturas e sociedades para dar sua contribuição particular ao novo imperialismo por meio da evangelização, convertendo outras pessoas ao cristianismo. Embora os movimentos de revitalização religiosa como uma forma de resistência contra a força do império não fossem novidade – a resistência druida ao governo romano da Gália e da Bretanha é um exemplo –, o alcance global das forças entrelaçadas do cristianismo e do colonialismo montaram o palco para muitas e variadas respostas modeladas pelas experiências culturais e históricas diversas.

O impacto da conversão era imprevisível, como na Rebelião de Taiping na China do século XIX. Missionários protestantes pregando o evangelho no porto de Cantão, no sul chinês, ocuparam a imaginação de um jovem homem chamado Hong Xiuquan, da minoria Hakka, que estava desapontado por suas tentativas frustradas de passar nos exames do serviço civil chinês e, dessa forma, tendo negado seu acesso ao mundo da elite erudita. A mensagem do Antigo Testamento de um panfleto de batismo missionário inspirou a visão de Hong de que ele era o irmão mais novo de Jesus Cristo, enviado pelo Deus pai para salvar as pessoas na China e levá-las de volta ao caminho para o Pai Celestial. Houve uma congruência entre a ideia de um povo excluído, oprimido – o povo hebreu (leia-se Hakka) – e os problemas econômicos e sociais das pessoas nos degraus mais baixos da ordem social no sul da China. Essas foram as pessoas mais afetadas pelo impacto das Guerras do Ópio, quando os navios de guerra britânicos abriram a China à força, perpetuando o lucrativo comércio de droga para os empresários britânicos. Despertado pela própria frustração de Hong e seu carisma visionário, o cristianismo foi a fagulha que acendeu uma massiva rebelião, causando a morte de pelo menos 20 milhões de pessoas antes de chegar ao fim. O movimento Boxer, mais tarde nos anos de 1890, em contraste, utilizou práticas e crenças religiosas tradicionais para resistir à presença estrangeira na China, mais visível para os chineses rurais, desafeiçoados e ignorantes, na forma de missionários cristãos.

Na Nova Zelândia, uma resposta Maori aos conflitos com os europeus e a opressão do governo colonial tomou a forma de um movimento religioso conhecido como Pai Marire ("O Bom e o Pacífico"), também chamado de Hauhauismo em homenagem a seu fundador, Te Ua Haumene. Te Ua foi batizado por um missionário cristão e também foi um seguidor do movimento do Rei Maori que se opôs à venda de terras para europeus. Em 1862, Te Ua alegou ter tido uma visão do anjo Gabriel, que lhe disse para rejeitar a guerra. Te Ua pregou uma mistura do Novo Testamento cristão e as crenças maori tradicionais, incluindo as "artes de paz" como canções, danças e tatuagens, que culminaram em uma profecia milenar de um novo mundo livre de dor, sofrimento e opressão. Em seu auge, no meio dos anos de 1860, aproximadamente um quinto da população Maori era seguidora do movimento Pai Marire. Embora seu líder pregasse a paz e o comportamento virtuoso, elementos mais radicais do Pai Marire se envolveram em violência contra europeus, levando a divisões dentro da sociedade Maori entre aqueles que resistiam à invasão europeia e aqueles que cooperavam com europeus e ganhavam alguns benefícios como resultado disso.

Uma série de catástrofes na província do Cabo no leste da África do Sul tornou os xhosa, cujas terras ancestrais foram anexadas ao império britânico em 1847, trabalhadores migrantes sem terra. Uma doença epidêmica matou quase 100 mil cabeças de gado, o centro do modo de vida e tradição cultural dos xhosa. Uma resposta a essas circunstâncias desesperadoras veio na forma de uma profecia de morte de gado revelada em uma visão experimentada por uma garota Xhosa, de 15 anos, chamada Nongquwase, alegando que "toda a nação irá ressurgir dos mortos se todo o gado vivo for abatido porque ele foi cultivado por mãos sujas, já que havia pessoas que estiveram praticando bruxaria" (J.B Píeres, "The Central Beliefs of the Xhosa Cattle-Killing", *Journal of African History*, 27 (1987):43). Também enraizadas nas visões da jovem garota estavam as noções de apressamento da mudança por meio de sacrifício.

Desde que a Sociedade Missionária Londrina estabeleceu seu primeiro posto nas terras Xhosa, em 1817, ideias cristãs penetraram nas crenças Xhosa. A profecia de Nongquwase representou um amálgama das crenças tradicionais Xhosa na onipresença dos espíritos dos parentes mortos e as ideias cristãs e africanas de sacrifício para atingir um fim desejado (ressurreição em termos cristãos, mas mudança política na tradição xhosa). A maioria dos xhosa seguiu as instruções de Nongquwase, e ao fim de 1857, mais de 400 mil cabeças de gado foram abatidas com o resultado de que mais de 40 mil xhosa morreram de fome. Como consequências dessa tragédia, os xhosa foram divididos entre aqueles que acreditavam na obediência das formas tradicionais e aqueles que agora estavam sem recurso algum e prontos para buscar oportunidades na presença colonial e se opunham ao abate do gado por isso ser sem sentido.

Embora movimentos proféticos não fossem novidade entre povos nativos americanos, um dos exemplos mais dramáticos ocorreu no século XIX, como resposta a décadas de privação e perdas em meio aos Sioux. Condições econômicas desesperadoras na grande reserva sioux, no inverno de 1889, levaram os Sioux a se voltarem para a religião da Dança dos Fantasmas, baseada nos ensinamentos de Wovoka, um xamã paiute do oeste de Nevada. Nos anos de 1880, sob a influência de evangelistas protestantes, Wovoka teve uma visão da união dos vivos e dos mortos. Wovoka comandou seus seguidores a realizar a dança circular (ou dos fantasmas) na qual homens e mulheres juntavam-se em um círculo com os dedos entrelaçados como a chave para a regeneração do mundo. A visão de Wovoka e a Dança dos Fantasmas se espalharam para os Arapaho e os Shoshoni, em Wyoming, para os Cheyenne, em Oklahoma, assim como para os Sioux, nas Dakotas. Os agentes do governo dos Estados Unidos viram o movimento da Dança dos Fantasmas como uma ameaça e se organizaram para suprimir o movimento entre os Sioux, com o resultado de tornar militantes alguns de seus praticantes. O conflito surgiu entre o governo federal e os Lakota Sioux, atingindo o clímax no massacre em Wounded Knee, no inverno de 1890.

Apesar do desfecho fatal, o movimento profético de Wovoka, como outros anteriores, atraiu as tradições nativas (como a Dança do Sol), assim como as novas ideias cristãs em um esforço para lidar com o novo mundo. Visões milenares de mundos utópicos (ver Capítulo 11) que integraram o cristianismo e as religiões locais – como aquela dos sioux, taiping, xhosa ou Pai Marire – autorizavam respostas às realidades distópicas enfrentadas pelos povos vivendo com as consequências do colonialismo e da conversão cristã.

ESCRAVIDÃO, SINCRETISMO E ESPIRITUALIDADE

A criação da diáspora africana, enquanto originada da escravidão e de condições de extrema opressão, apesar de tudo, também é sinônimo de criação de sistemas de crenças vibrantes, sincréticos, entre pessoas descendentes de africanos no mundo Atlântico. Os escravos levaram suas crenças das regiões da África Central e do oeste da costa da Guiné, a costa dos escravos, do golfo de Benin, Congo, Angola e de todos os cantos para as Américas, onde eram utilizadas para alterar, ou até mesmo subverter, as condições de escravidão. O mundo africano atlântico era um universo espiritual poderoso e interativo de pessoas vivas, espíritos e ancestrais que funcionavam como elos essenciais ao passado, quer dizer, à memória humana do passado.

Religiões derivadas da África sobreviveram da ampla variedade de crenças praticadas em comunidades de escravos africanos, que eram muçulmanos, cristãos e praticantes de sistemas de crenças nativas africanas. Novas religiões sincréticas misturavam crenças díspares congolesas, iorubas, católicas, maçônicas e outras mais em formas coerentes de espiritualidade, que promoviam resistência pela preservação da memória histórica na forma do *Candomblé*, Santeria, Vodu e outras religiões. Hoje, o legado vivo dessas crenças pode até ser visto em suas aplicações nas tecnologias modernas. Por exemplo, Ogum (o deus ioruba do ferro) é o protetor dos táxis e aviões; sua imagem aparece ao redor do mundo atlântico e até mesmo em extensões da religião ioruba tão distantes quanto o oeste da África e o Caribe, assim como Londres, Toronto, Brooklyn e Los Angeles.

Figura 4.4 Seguidores da religião afro-brasIleira no Rio de Janeiro, Brasil, dançando e orando junto a oferendas à Iemanjá, deusa africana do mar. As oferendas serão levadas em procissão até a praia. No dia de Iemanjá, que corresponde à festa católica da Nossa Senhora dos Navegantes, milhares de seguidores vão até a praia com oferendas de flores, perfumes e joias.

RELIGIÃO E MUDANÇA REVOLUCIONÁRIA

A religião pode inspirar mudança social e política bem como dar suporte às forças da opressão institucionalizada. Desde a introdução do catolicismo durante a conquista Europeia no século XVI, a Igreja Católica Romana exerceu, algumas vezes, um papel contraditório na mudança histórica na América Latina. Começando no século XIX, missionários protestantes fizeram incursões, especialmente entre os pobres, embora a Igreja Católica continuasse a dominar a América Latina. A vitória da revolução cubana, em 1959, escancarou para a Igreja na América Latina (e seus apoiadores estrangeiros) a realidade das crises econômicas e políticas da região. Gradualmente durante os anos de 1960 e de 1970, o papel da Igreja como defensora do Estado e das aristocracias dominantes começou a se transformar. O Papa Paulo VI editou várias encíclicas papais nos anos de 1960 que condenavam o capitalismo e desencadeavam uma política de apoio ao desenvolvimento econômico e social como parte da missão da Igreja para abolir a injustiça. A histórica conferência de Medelín dos bispos da América Latina, em 1968, foi ainda mais além e declarou que o que estava atrasando o desenvolvimento era a opressão; a liberação exigia ação política e o estabelecimento do socialismo. Acontecimentos semelhantes ocorreram dentro da comunidade clerical protestante.

O envolvimento cristão em movimentos revolucionários na Nicarágua, em El Salvador e na Guatemala vieram a ser descritos como o seguimento a uma "Teologia de Libertação", uma ideologia cristã que enfatizava o poder revolucionário e subversivo das Escrituras como um testemunho histórico da possibilidade de mudança radical nos campos social e político. A Teologia da Libertação inspirou o ativismo social e o político, incluindo o apoio à luta guerrilheira. Como consequência, muitas Igrejas tornaram-se inimigas dos Estados autocráticos; líderes da Igreja, incluindo arcebispos, eram martirizados.

Em resposta aos ataques às comunidades cristãs, o ressurgimento das ideias religiosas tradicionais maias na Guatemala substituiu a Teologia da Liberação, focando, por sua vez, nas crenças nativas, na justiça, no esforço e na proteção da terra. Essa é uma resposta local, mas está enquadrada em um conjunto de consciência global – de movimentos de povos indígenas e conscientização ambiental. Preocupações contemporâneas sobre o desaparecimento das florestas tropicais e outras transformações da natureza causadas por humanos encorajaram a reconexão com tradições religiosas mais antigas que privilegiavam a veneração da natureza.

O budismo também deu suporte à mudança política pacífica no mundo moderno. O dhammayietra é uma caminhada anual da paz no Camboja, que se originou na repatriação de refugiados de campos tailandeses na fronteira, na transição para a democracia em 1992. Embora com base no budismo tradicional Khmer, a marcha representa a conexão a um budismo global além do espaço local da nação do Camboja. Uma das figuras espirituais mais poderosas do mundo é o líder tibetano Dalai Lama, cuja voz foi uma lembrança constante da não violência, mesmo em face da ameaça da destruição da cultura tibetana pelas políticas do governo chinês.

No último quarto do século XX, o islamismo tornou-se uma poderosa força política, removendo o Xá do Irã, em 1979, na Revolução Iraniana e colocando no seu lugar o governo ocidentalizado, o do aiatolá Ruhollah Khomeini, um clérigo xiita. Muitos muçulmanos rejeitaram as noções ocidentais do contraste social como a base do Estado em favor do ideal islâmico de "comunidade de verdadeiros fiéis". No final do século, os objetivos da mudança revolucionária islâmica, moldados pela restauração do wahhabismo do século XVIII, foram distorcidos pelos meios estratégicos do terrorismo, buscando minar ou destruir as instituições, as comunidades e os Estados cristãos e judeus. Ecos das cruzadas do século XX foram ouvidos nas conclamações à *jihad* contra não muçulmanos e no conflito, do século XXI, entre o islamismo e o oeste.

CONCLUSÕES

Um dos aspectos mais revolucionários da religião no mundo moderno é a transformação das religiões mundiais na medida em que foram transportadas ao redor do globo. O próprio significado de "religião mundial" mudou, já que o judaísmo, o hinduísmo, o ioruba e outras religiões identificadas com culturas ou comunidades particulares também se espalharam pelo mundo junto com o movimento de pessoas. Diásporas de judeus, chineses, indianos e africanos estabeleceram novas comunidades em locais bem distantes de sua terra natal, sejam voluntárias ou não (ver Capítulo 1). Populações crescentes de muçulmanos na Europa e na América do Norte estão mudando a paisagem religiosa desses centros de cristianismo.

O próprio cristianismo está passando por uma mudança drástica conforme o cristianismo pentecostal está atraindo números cada vez maiores de fiéis, especialmente na África e na América Latina. Espalhando-se a partir de sua base em uma seção miserável de Los Angeles em 1906, o pentecostalismo cresceu até ser um movimento internacional no contexto do cristianismo protestante, atraindo mais de 500 milhões de seguidores ao redor do mundo no seu aniversário de cem anos em 2006. Os pentecostais acreditam na experiência individual do Espírito Santo e no poder da fé, tanto na cura física quanto na espiritual. A ênfase na experiência em vez da doutrina permite aos fiéis que se adaptem a uma ampla variedade de práticas advindas de outras religiões, incluindo tudo, desde a possessão espírita e a adoração ancestral à fé de cura e ao xamanismo. Essa habilidade de absorver e adaptar, junto ao zelo missionário de evangelização, em muito conta para o rápido cres-

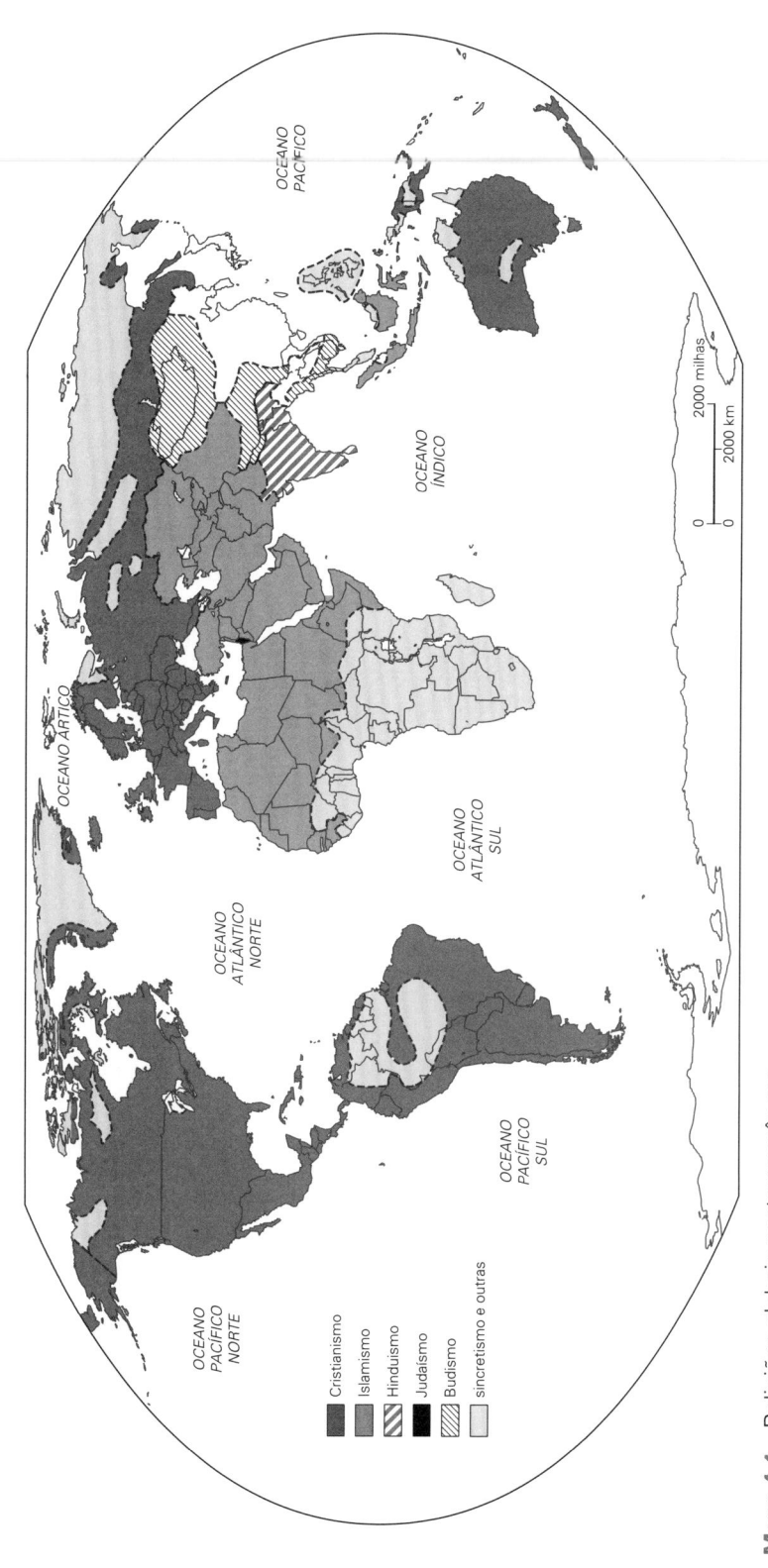

Mapa 4.4 Religiões globais contemporâneas.

Cristianismo
Islamismo
Hinduísmo
Judaísmo
Budismo
sincretismo e outras

cimento em lugares como o Quênia e o Brasil, onde os pentecostais contam como metade da população. Como o Islã radical, que tinha profundas raízes na escassez econômica e nas lutas políticas no mundo moderno, o pentecostalismo começou entre pessoas pobres e oprimidas, que encontraram consolo, esperança e auxílio por meio de suas habilidades individuais de experimentar a graça e se conectar ao divino.

O cristianismo é de longe a maior fé mundial, com mais de dois bilhões de fiéis, e espera-se um crescimento para 2,6 bilhões em 2025, quando 50% dos cristãos mundiais serão da África e da América Latina. Refletindo o legado do sucesso jesuíta no século XVI e depois, em 2025, quase três quartos dos católicos do mundo serão encontrados na África, na Ásia e na América Latina, alterando dramaticamente a face do catolicismo. A maior ordem jesuíta se encontra, atualmete, na Índia. Muçulmanos são um pouco mais do que a metade do número de cristãos, mas eles se espalharam igualmente de forma ampla, da Ásia às Américas. O budismo é encontrado não só em seu berço histórico na Ásia, mas também em partes do mundo onde outras religiões foram dominantes, como na América do Norte – onde aproximadamente um milhão de pessoas alega ter-se convertido a alguma forma de budismo – e na Europa.

Tão global quanto os movimentos do budismo, do cristianismo e do islamismo, para cada lugar onde avançam, essas religiões mundiais adquirem novas e diferentes características que as possibilitam sobreviver e florescer em contextos locais. Como sugerido na Introdução, é na interação entre as "religiões mundiais" – sejam carregadas por missionário, peregrinos, conversões ou por comunidades diaspóricas – e as crenças locais que está a chave para entender a religião no contexto da história mundial. Um exemplo convincente disso pode ser encontrado em uma cena que ocorreu em 2006, na nação muçulmana mais populosa do mundo, a Indonésia. Um clérigo muçulmano celebrou uma cerimônia anual presenteando com oferendas a deusa do mar. O clérigo abençoou as oferendas – seda, curry, bananas, cabelo e unhas – antes de elas serem levadas em procissão ao mar e jogadas nele. Esse ritual é profundamente enraizado nas práticas e crenças hindus e nativas, e para os participantes da cerimônia, do clérigo muçulmano até a audiência popular, a convergência dessas tradições diversas era normal.

Das primeiras evidências da consciência humana e da comunicação com forças espirituais, as pessoas buscaram se localizar como indivíduos e comunidades no universo. As religiões têm sido construídas como maneiras múltiplas de se ter acesso ao poder divino com a intenção de buscar benefícios para os vivos e conforto para os mortos. Pregadores e profetas carismáticos atraíram seguidores para suas ideias e as instituições se desenvolveram para promover novas fés. Até mesmo para os movimentos religiosos no mundo contemporâneo que se focam em uma experiência individual, como o pentecostalismo, a habilidade de alcançar grandes audiências em lugares distantes por meio de comunicação eletrônica expandiu drasticamente as comunidades de fiéis e moldou identidades coletivas ao longo de fronteiras culturais e nacionais globais (ver Capítulos 7 e 10). As religiões inspiraram conflitos e deram suporte à opressão, mas elas também providenciaram visões poderosas e convincentes da possibilidade humana. Apesar de a modernidade ter sido associada, no século XX, com a secularização e o presumido declínio da religião, no século XXI estava claro que a religião era uma potente força política, social e cultural como nunca havia sido na história mundial.

REFERÊNCIAS SELECIONADAS

Berkey, Jonathan P. (2003 (reprint 2005)) *The Formation of Islam: Religion and Society in the Near East, 600–1800*, New York: Cambridge University Press. Uma recente pesquisa sobre o desenvolvimento do Islã no contexto histórico.

Gill, Sam (1987) *Native American Religious Action: A Performance Approach to Religion*, Columbia: University of South Carolina Press. Uma coleção de ensaios feitos por especialistas em religiões americanas nativas que confrontam os desafios da compreensão da experiência religiosa dos povos orais pela média do discurso acadêmico

Grube, Nikolai, ed. (2000) *Maya: Divine Kings of the Rainforest*, Cologne: Könemann. Uma visão geral ricamente ilustrada das recentes pesquisas sobre maias, incluindo religião, com contribuições de muitos acadêmicos diferentes.

Hayden, Brian (2003) *Shamans, Sorcerers, and Saints: A Prehistory of Religion*, Washington, DC: Smithsonian Books. Uma pesquisa arqueológica e um histórico de religiões primitivas de uma perspectiva cultural materialista.

Herman, A. L. (1991) *A Brief Introduction to Hinduism: Religion, Philosophy, and Ways of Liberation*, Boulder, Colo.: Westview Press. Bases históricas e textos-chave do hinduísmo relacionados com líderes e movimentos religiosos modernos.

Jenkins, Philip (2002) *The Next Christendom: The Coming of Global Christianity*, New York: Oxford University Press. Uma apresentação convincente das transformações dramáticas que ocorreram durante o crescimento do cristianismo na África, na Ásia e na América Latina.

Johnston, Sarah Iles, ed. (2004) *Religions of the Ancient World: A Guide*, Cambridge, Mass.: The Belknap Press of Harvard University Press. Guia histórico e tópico das religiões no antigo mundo mediterrâneo.

Jolly, Karen Louise (1997) *Tradition and Diversity: Christianity in a World Context to 1500*, Armonk, N.Y.: M.E. Sharpe. Uma coleção de recursos primários escolhidos para ilustrar o desenvolvimento histórico do cristianismo, tanto em seu contexto europeu tradicional quanto na perspectiva de outras vozes fora dessa tradição.

Kitagawa, Joseph, ed. (1987 (reprint 1989)) *The Religious Traditions of Asia*, New York: Macmillan. Uma coleção de artigos da *Enciclopédia da Religião* sobre hinduísmo, budismo, islamismo e outras tradições religiosas do centro, leste, sul, e sudeste da Ásia.

Stark, Rodney (2001) *One True God: Historical Consequences of Monotheism*, Princeton, N.J.: Princeton University Press. Uma análise do papel do monoteísmo na história mundial.

RECURSOS *ONLINE*

Annenberg/CPB Bridging World History (2004) <http://www.learner.org/channel/courses/worldhistory/>. Projeto multimídia com *website* interativo e vídeo sob demanda; veja especialmente as unidades 5, Early Belief Systems, e 7, The Spread of Religions.

Buddhism in China <http://depts.washington.edu/chinaciv/bud/5budhism.htm>. Parte de "A Visual Sourcebook of Chinese Civilization" (Fonte de imagens da civilização chinesa), esse *website* retrata o impacto do budismo sobre a sociedade chinesa e a transformação chinesa das crenças e práticas budistas.

Islam: Empire of Faith <http://www.pbs.org/empires/islam/>. Site auxiliar a este filme em PBS sobre o Islã.

Pew Forum on Religion and Public Life <http://pewforum.org/>. Informação sobre uma variada gama de assuntos relacionados com a intersecção de religião e política no mundo contemporâneo.

5 O Lugar da Família na História Mundial

Na China do século XVII, o autor de um guia para a vida familiar, chamado Yuan Cai, na verdade explicava as origens dos laços entre pais e filhos:

> Os bebês são intimamente ligados aos seus pais, e estes são extremamente generosos com seu amor por seus filhos, fazendo todo o possível para cuidá-los. A razão parece ter sido que não passou muito tempo desde que eles eram a mesma carne e sangue e, além disso, os sons de um bebê, os sorrisos e os gestos são de uma natureza que traz à tona o amor humano. Além do mais, o Criador fez com que esse elo fosse um princípio da natureza, de forma a assegurar que a sucessão de nascimentos continue ininterruptamente. Até mesmo o mais insignificante inseto, pássaro ou animal se comporta dessa maneira. Quando o primeiro recém-nascido sai do ventre ou da casca, essas criaturas o amamentam ou alimentam com comida pré-mastigada, passando por tudo para cuidar dele. Se algo ameaça o filhote deles, eles o protegem, sem se preocupar com a própria segurança.
>
> Quando os humanos estão completamente desenvolvidos, distinções no *status* se tornam mais estritas e a distância começa a se estabelecer: espera-se, então, que os pais expressem completamente seu carinho e os filhos realizem suas obrigações. Em contraste, quando insetos, pássaros e animais amadurecem um filhote, eles não mais reconhecem suas mães nem elas os reconhecem. Essa diferença separa os seres humanos de outras criaturas.

(Patricia Buckley Ebrey, trad., *Family and Property in Sung China: Yüan Ts'ai's Precepts for Social Life*, Princeton, N.J.: Princeton University Press, 1984, pp. 188–9)

Yuan acreditava que os laços de família começavam com a dependência de uma criança em relação aos seus pais durante a infância, quando a alimentação e a proteção eram essenciais para sua sobrevivência. O elo estabelecido entre pais e filhos por meio daquela experiência, ele argumentou, é um princípio da natureza e pode ser visto em todas as criaturas existentes. De acordo com Yuan, o que distingue uma vida humana de uma animal é a evolução desse elo quando a criação atinge a vida adulta. No mundo humano, os pais cuidam de seus filhos quando eles são jovens; depois de crescerem, os filhos tratam seus pais com gratidão, amor e obediência. A audiência de Yuan Cai teria sido familiar a esse conceito, traduzida para o português como "piedade filial". A noção de dever e obrigação moral que as crianças devem aos pais por suas vidas, a piedade filial foi um valor que Yuan acreditou que todos na sociedade compartilhavam, ou deveriam compartilhar.

Podemos concordar com Yuan Cai nas bases biológicas comuns da vida familiar enraizadas na reprodução e sobrevivência da espécie humana, mas questionar esse raciocínio de que a piedade filial flui naturalmente desse processo biológico. Da perspectiva da história mundial, a piedade filial não é uma característica universal de todas as famílias humanas, mas um valor familiar chinês distintivo. A história do mundo revela tanto variações nos valores familiares quanto na organização da vida familiar, e no próprio significado de família. Como a "família" foi definida pelas culturas e ao longo do tempo, e o que isso pode nos dizer a respeito dos modelos e processos na história mundial?

INTRODUÇÃO

Buscando as mais antigas evidências da vida familiar, podemos começar com uma coleção de fósseis de hominídeos que foi apelidada de "A Primeira Família". Os fósseis vieram de pelo menos 30 indivíduos que provavelmente morreram juntos, há uns 3,2 milhões de anos, sob circunstâncias desconhecidas (talvez uma enchente?). Essa é a primeira evidência de hominídeos vivendo juntos em grupos, mas não sabemos se os indivíduos se relacionavam de uma forma que possamos chamar de família. Outros locais com evidência do uso de ferramentas ou abates também fornecem vislumbres de cooperação e colaboração primitivas. Quando esse comportamento se aproximou de algo parecido com o que podemos chamar de "vida familiar"? No sítio da caverna Shanidar, no Iraque (datado entre 70 mil e 40 mil anos atrás), o funeral de uma pessoa idosa que estava parcialmente cega, com um só braço, de mobilidade debilitada, sugeriu aos arqueólogos que houve algum cuidado ao ancião, talvez como membro de uma família multigeracional.

Por mais remota e incerta que seja essa evidência, até em tempos históricos mais recentes tem sido frequentemente difícil reunir a história das famílias e da vida familiar a partir de esparsas fontes textuais. Até mesmo quando as fontes existem, são frequentemente algumas que tratam a família como um objeto de controle do Estado com propósitos de cobrança de impostos ou como alvo de regramentos morais das autoridades religiosas. Contudo, historiadores também podem observar uma multiplicidade de fontes além dos documentos históricos comuns que iluminam o reino íntimo da família e da vida no lar na história do mundo: testemunhos orais, mitologia, genealogias, história de vida, códigos legais, achados arqueológicos, linguagem e literatura.

Agentes de produção econômica e também de reprodução biológica, famílias e arranjos domésticos eram moldados por forças sociais, culturais, políticas, econômicas e ideológicas. Cada aspecto da família e da comunidade familiar – desde o mais íntimo e pessoal até o mais público e formal – interage com e reflete os modelos maiores da mudança histórica: migração, urbanização, o surgimento e a queda de Estados e Impérios, a expansão de religiões, industrialização e revoluções políticas. Compreender as continuidades assim como as mudanças na família e nos arranjos domésticos com o passar do tempo e das culturas ilumina a relação dinâmica entre um processo mais amplo de mudança histórica e os âmbitos mais íntimos da interação humana.

FAMÍLIA E UNIDADE FAMILIAR NA LEI E NA SOCIEDADE ROMANA

Pelo vasto Império Romano, alongando-se, em seu auge, do norte da África até as ilhas britânicas, e do Mar Negro até a Península Ibérica, havia enorme variedade nas estruturas da família e da unidade familiar. Mesmo Roma sendo vista a partir da limitada perspectiva do centro urbano, podemos identificar aspectos das instituições familiares que continuaram a influenciar o Mediterrâneo e mais tarde as sociedades europeias após a queda do Império Romano.

A palavra inglesa para "Família" vem diretamente da palavra latina *familia*, mas o significado dessas duas palavras é quase completamente diferente. Em seu uso mais comum, *familia* referia-se a todas as pessoas e propriedades sobre o controle (*patria potestas*) do chefe da família (*paterfamilias*), incluindo serventes e escravos, assim como os parentes. Embora os romanos não tivessem um termo para a unidade conjugal pai-mãe-filho, essa tríade era central à vida familiar romana, mesmo em situação de famílias estendidas e multigeracionais. As relações essenciais eram aquelas entre o marido e a esposa e entre pais e filhos, mesmo que núcleos familiares da elite também incluíssem numerosos servos e escravos que serviam ao mestre e à senhora, cuidavam de suas crianças como amas de leite, babás e mães adotivas e que gerenciavam as propriedades e os negócios pertencentes ao *paterfamilias*. Embora os escravos não fossem legalmente livres para casar, eles frequentemente realizavam algumas formas de união dentro da *familia*; escravos livres tendiam a casar dentro da *familia* e adquiriam o nome da família (*nomem*) de seus antigos donos. O *domus*, o lar e a unidade familiar romana, era para os romanos da elite um espaço público bem como um domínio da intimidade e privacidade familiar. O átrio, a principal área pública da casa, era o local onde os ritos de passagem eram marcados e celebrados, e nascimentos e mortes eram anunciados ao mundo exterior por meio de decorações no solado das portas. A localização da casa e da própria construção era a expressão física do lugar da família na sociedade.

O governo romano implementou políticas para encorajar a gravidez e desencorajar o celibato ou casamentos sem filhos entre a elite. A lei de Júlio César de 59 a.C., por exemplo, disponibilizou terras para pais com mais de três filhos. Em 18 a.C. e, novamente, em 9 d.C., o imperador Augusto editou uma legislação para promover o nascimento de crianças. Preferências políticas eram dadas aos pais de três ou mais crianças, e mulheres que deram à luz três filhos eram dispensadas da necessidade de um guardião masculino. O encorajamento à criação de filhos enfatizada na legislação de Augusto continuou posteriormente pelo Império Romano. A cunhagem romana do segundo século d.C., por exemplo, foi usada para dar publicidade a ideias da maternidade romana, frequentemente em associação com mulheres da família imperial.

As mulheres romanas gozaram de um grau relativamente maior de independência no casamento. Em matrimônio, uma mulher era transferida da autoridade do pai para a de seu marido, e seu dote ia junto com ela para ser parte da propriedade do marido. Mas no evento da morte dele, a esposa era intitulada a uma parte igual da propriedade do marido junto com seus filhos. Uma esposa também poderia se divorciar de seu esposo e levar grande parte de seu dote consigo, dando a uma esposa rica uma grande parcela de independência.

Afora as prescrições legais sobre divórcio e direitos de propriedade, contudo, há plenas evidências de casamentos apaixonados nos quais maridos e esposas compartilhavam respeito e afeição mútuos um pelo outro e por suas crianças. O discurso de despedida de uma carta escrita do exílio em 58-57 a.C., pelo orador romano Cícero à sua mulher, Terência, expressou o laço emocional que ele sentia por ela e por suas crianças: "Minha querida Terência, a mais fiel e melhor das esposas, e minha querida filhinha, e última esperança da minha raça, Cícero, adeus!" (Cícero, *Letters*, Harvard Classics, 1909, p. 14).

Contudo, a devoção de Cícero à Terência não evitou seu divórcio cerca de 10 anos depois de escrever essa carta. Cícero não era um homem rico, e ele teve uma grande dificuldade de restituir o dote de Terência, como foi dele exigido quando do divórcio. Tanto Cícero quanto Terência voltaram a casar, também uma ocorrência comum entre a elite romana devido à mortalidade e também ao divórcio, levando à proliferação de unidades familiares complicadas de madrastas e padrastos, meio-irmãos e outros parentes.

Os líderes e autoridades romanas frequentemente promoviam uma visão idealizada da família romana sob a firme autoridade do *paterfamilias* na qual as esposas eram fiéis, as crianças obedientes e os escravos submissos. O escritor satírico Juvenal (60?-140?), por exemplo, descreveu exemplares de mulheres virtuosas da Roma arcaica em contraste com as mulheres decadentes e adúlteras de seu tempo. A juventude, também, era vista como desrespeitosa e desobediente, diferente daquela dos tempos antigos sob a dominação dos patriarcas que determinavam a vida ou a morte. O rompimento da ordem patriarcal na família e a violação dos laços familiares foram atribuídos por muitos comentadores ao colapso social. Lamentações da decadência moral dentro da família ecoaram pelo posterior Império Romano, para ser explorada pelas antigas comunidades cristãs que criticavam a decadência da vida romana.

Figura 5.1 Um Casal Romano. Pintado pelo artista flamengo Peter Paul Rubens, no século XVII, esse retrato foi baseado em uma escultura romana clássica que Rubens viu na Itália. Ele reflete o casamento romano idealizado, e pode ser a representação do César Germânico, um grande líder militar, e sua esposa Agripina, conhecida por sua devoção marital.

CRISTIANISMO, FAMÍLIA E UNIDADE FAMILIAR NA EUROPA MEDIEVAL E MODERNA

Com a conversão do imperador romano Constantino (306-37) ao cristianismo, essa nova religião ganhou o apoio do Estado. Espalhando-se pelos reinos dos impérios romano e bizantino, o cristianismo gradualmente transformou a sociedade, incluindo ideias sobre família e a unidade familiar. Embora outro convertido ao cristianismo, o norte-africano Agostinho (354-430), tenha escrito extensivamente em suas obras *Confissões* e *Cidade de Deus* sobre a família como uma unidade da sociedade baseada na união conjugal do marido e sua esposa, de outras formas o cristianismo desafiou o modelo da família conjugal pelo oferecimento de alternativas ao casamento e procriação tanto para o homem quanto para a mulher. No tempo de Agostinho, a vida monástica dava a oportunidade de viver fora das estruturas da família e dos arranjos familiares, dentro de uma comunidade religiosa. As antigas comunidades cristãs, assim, criaram elos de camaradagem que transcendiam e substituíam os laços familiares. Mas os cristãos também se inspiraram no simbolismo social das relações da comunidade familiar e da vida familiar na criação de suas novas comunidades religiosas. Começando pelo conceito de Jesus como "filho de Deus" e a ideia de "Deus pai", o simbolismo da família foi um modelo poderoso na ideologia cristã.

Nos séculos entre a queda do Império Romano e a coroação de Carlos Magno como Sacro Imperador Romano pelo papa em 800, o cristianismo penetrou além dos centros urbanos, como o de Roma e de Constantinopla, até o interior. Juntamente com o cristianismo, mudanças econômicas começaram a transformar a sociedade rural. A unidade familiar camponesa substituiu a agricultura com base na escravidão como meio de produção econômica. O chefe da família, muito parecido com o *paterfamilias* romano, exercia controle sobre os seus membros e era o elo entre a família e o mundo exterior, a casa e o campo. As habitações e a dieta dos pobres rurais eram parcas e simples, uma cabana de barro e sapê, compartilhada com os animais, construída ao redor de uma fogueira constante para aquecimento, com nabos, cerveja, pão e talvez algum queijo para comer. A cama era o item mais importante da mobília, e até mesmo a família camponesa mais pobre tinha pelo menos um colchão, se não tivesse uma cama, que frequentemente era compartilhado por adultos e crianças.

Figura 5.2 Xilogravura medieval exibindo o nascimento de uma criança. O parto medieval era difícil e perigoso, requeria a ajuda de uma quantidade de mulheres, além daquelas do âmbito familiar imediato, para ajudar a cuidar da mãe e da criança.

No século XIX, o estabelecimento de paróquias cristãs pelo interior europeu transformou a vida cotidiana dos camponeses que trabalhavam nas mansões e propriedades de senhores de terra e compareciam a igrejas paroquiais regularmente. Embora o casamento não tenha se tornado oficialmente um sacramento da Igreja até o século XII, eventualmente os registros paroquiais anotavam nascimentos, mortes e casamentos tanto da aristocracia quanto do campesinato. De acordo com a Igreja, o casamento era uma questão de consentimento afirmado por meio da troca de votos entre a noiva e o noivo; uma vez formada a união conjugal, ela era considerada indissolúvel. A intrusão da Igreja na vida familiar foi além de seu controle sobre o sacramento do casamento. A prática da confissão regular a um padre, que prescrevia a penitência, significou que a Igreja, por meio de seu clero, exerceu controle sobre o comportamento familiar. Além de exigir o celibato para o sacerdócio e idealizar a vida religiosa de castidade, pobreza e obediência, a Igreja excluiu as mulheres do sacerdócio.

Com o desaparecimento gradual da servidão nos séculos XI e XII, vilas e cidades aumentaram de tamanho e número. Entre 1300 e 1800, o número de cidades com população de mais de 10 mil habitantes quase dobrou, de 5,6 a 10%. A migração de áreas rurais foi responsável pela maior parte desse crescimento, visto que os trabalhadores rurais buscavam trabalho nas indústrias e negócios urbanos. Famílias e unidades familiares se adaptaram às novas oportunidades de trabalho oferecidas nos conjuntos urbanos, enviando seus filhos e filhas para trabalhar como serventes domésticos ou como aprendizes. Na Toulouse dos séculos XIV e XV, no sul da França, por exemplo, mais da metade dos aprendizes e jovens serviçais masculinos veio de fora da cidade, incluindo jovens de 8 a 12 anos. Enviar as crianças para trabalhar na cidade era uma estratégia econômica adotada por muitas famílias rurais que lhes permitia sobreviver às incertezas da dependência da agricultura. Mas a vida urbana também tinha seus inconvenientes, já que as taxas de mortalidade eram altas. Populações densas e higiene precária criaram as condições para doenças que não se verificavam nas vilas rurais. Seja como residentes urbanas de longo prazo ou imigrantes recém-chegadas, as mulheres trabalhavam, em grande número em uma variedade de ocupações – de tecelãs a vendedoras de comida – que providenciavam importantes fontes de renda para elas e suas famílias.

Indivíduos que migraram para as cidades deixaram para trás qualquer rede de cooperação familiar que tinham. Alguns desses migrantes permaneceram solteiros, outros casaram e estabeleceram suas próprias famílias. Mas muitos foram deixados por conta para buscar ajuda em tempos de crise. As crianças eram as mais vulneráveis, tanto os bebês quanto os órfãos. O mais antigo orfanato para crianças abandonadas foi estabelecido na Itália durante o século XIII, e a instituição se espalhou nos dois séculos seguintes, para a Espanha, Portugal e França. Outras instituições de caridade se desenvolveram também para fornecer comida, roupas e assistência médica. Muitas dessas instituições eram o produto da caridade religiosa e de doações feitas para as igrejas, monastérios e conventos.

Como a influência da Igreja sobre a vida familiar da Europa medieval, a reforma protestante teve um profundo impacto na vida familiar na Europa do século XVI. Martinho Lutero e outros líderes da reforma promoveram a ideia de lar como berço de cidadania, estendendo seus valores e exemplos para o mundo ao redor. O casamento foi descrito como uma responsabilidade compartilhada entre marido e esposa, com expectativas e papéis claramente definidos. A esposa era a "mulher da casa", uma posição de autoridade e respeito, mas claramente subordinada ao marido e ao pai. Um tratado evangélico de 1524 constatou:

> Porque está escrito, o senhor da esposa é o marido, o senhor do marido é Cristo e o senhor de Cristo é Deus...não há autoridade mais nobre e maior do que a dos pais sobre as crianças, pois eles têm a autoridade espiritual e terrena sobre eles.
>
> (Extraído de Kertzer e Barbagli 2001: xxv-xxvi)

MUDANÇA DEMOGRÁFICA, FAMÍLIA E UNIDADE FAMILIAR NA EUROPA MODERNA

Juntamente ao impacto da reforma, as famílias europeias dos séculos XVI e XVII estavam sujeitas a uma variedade de pressões econômicas e sociais, assim como aos efeitos de guerras religiosas e mudanças políticas. Com o passar de três séculos entre 1500 e 1800, contudo, a população europeia mais do que dobrou, de 81 para 180 milhões, embora algo desse crescimento fosse cíclico por natureza e regionalmente desigual. Os historiadores fizeram uso de registros populacionais e outros tipos de fontes para examinar a demografia da família e do núcleo familiar nessa era. O demógrafo John Hajnal, em 1965, representou, por meio de um gráfico, pela primeira vez o notável fenômeno da idade de casamento tardia na Europa moderna, uma descoberta com profundas implicações para a compreensão da relação entre a família e a unidade familiar e o processo mais amplo de mudança histórica. Embora a igreja sancionasse o casamento de homens a partir de 14 anos e de mulheres aos 12, de 1500 a 1800, era mais provável que os homens estivessem na metade de seus 20 e poucos anos ou mais quando casassem. Durante o período medieval, mesmo que o casamento fosse um sacramento sagrado, a troca privada de votos oficiada por um pai, por exemplo, foi reconhecida pela Igreja. Depois da reforma, votos públicos na Igreja foram cada vez mais exigidos para que se considerasse válido o casamento, e então os casamentos tenderam a ocorrer em idades tardias.

O casamento tardio também pode ser explicado, em parte, pela demografia: o crescimento populacional nos séculos XV e XVI, estimulado pela recuperação da destruição da Peste Negra, significava que havia mais crianças para dividir as heranças, por isso, era mais difícil para homens e mulheres jovens estabelecer famílias independentes, pois lhes faltavam recursos econômicos para viverem separados de seus pais. O que muitos jovens faziam para juntar recursos para estabelecer suas próprias unidades familiares era trabalhar fora da casa dos pais, como serventes ou trabalhadores agrícolas. Essas circunstâncias davam uma boa parcela de flexibilidade para famílias agrícolas, na medida em que sua necessidade de mão de obra flutuava com as estações, e jovens trabalhadores de fora da família podem também ter dado apoio a negócios familiares nos estágios iniciais da Revolução Industrial. Embora não esteja claro ainda em que extensão ou precisamente de que forma o fenômeno do casamento tardio – junto a uma alta taxa de celibato ou não casamento, até 10% – pode ter contribuído para a expansão da economia europeia no século XVIII, é possível reconhecer os benefícios de anos de trabalho feminino dentro do ambiente familiar ou fora dele, antes do casamento e dos filhos, na metade de seus 20 e poucos anos. Decisões familiares, individuais ou coletivas, sobre trabalho e casamento podem ter desempenhado um papel significativo como base da Revolução Industrial europeia, mudando a concepção de que tudo que as famílias podem fazer é responder às mudanças impostas por forças externas – políticas, sociais e econômicas.

No século XVIII, parece ter havido um aumento no nascimento de filhos ilegítimos, uma consequência da desordem na vida social, causada pelo começo da industrialização e urbanização. O surgimento de instituições para cuidar de crianças abandonadas, como a Casa de Enjeitados de Paris (1670) e a Casa de Enjeitados de Londres (1739), testemunham tanto o aumento do nascimento de filhos ilegítimos e a maior preocupação com o bem-estar dessas crianças, desposada por autoridades políticas e religiosas. Um meio possível de cuidar dessas crianças – a adoção – praticamente desapareceu da Europa sob a influência da Igreja Cristã, que baniu a prática. A adoção – enviar uma criança para trabalhar ou ser criada por outro lar – permaneceu como uma prática comum, assim como as amas de leite, mesmo que a Igreja não visse a primeira com bons olhos e tivesse tentado banir, sem sucesso, a segunda.

o filósofo francês Jean-Jacques Rousseau (1712-1778) fez campanha aberta contra as amas de leite, encorajando as mulheres da aristocracia a amamentar seus próprios filhos como parte de um modelo familiar que iria sustentar uma nova forma de Estado baseado no contrato social (ver Capítulo 7). Em uma rude demonstração do abismo entre o pensamento e a ação, o próprio Rousseau abandonou o filho que teve com sua amante na Casa de Enjeitados de Paris. Há dois pontos que devemos notar nisso: a existência de instituições comunitárias – especialmente em centros urbanos, como Paris – que oferecem uma certa segurança para crianças que acabaram sem o suporte dos parentes, e o contraste entre o ideal e a realidade na história da família e da unidade familiar.

O IMPACTO DO ISLAMISMO NA FAMÍLIA E NA UNIDADE FAMILIAR

Como o cristianismo influenciou a família e os arranjos familiares na sociedade europeia, o Islã trouxe mudanças importantes nesse mesmo âmbito onde começou, na Península Arábica, e finalmente em outras partes do mundo para onde a fé se espalhou (ver Capítulo 4). A mudança crítica que acompanhou a introdução do Islã na Península Arábica repousa na imposição de um texto religioso escrito, o Corão, como um guia para a ordem social e política e a interpretação desse texto como um código de leis, ou o *shari'a*. Os fundamentos do *shari'a* eram os comandos e proibições ambíguos encontrados no Alcorão, sistematicamente ordenado em códigos de comportamento, começando nos séculos VIII e IX, como o trabalho de vários colegiados de estudiosos oficiais. O código legal regulava a vida individual e familiar dentro da comunidade, que era definida como consistindo daqueles que eram "verdadeiros fiéis" do Islã.

Códigos escritos, por sua própria natureza, mudaram costumes sociais porque removeram práticas comuns a membros de uma sociedade, a partir de seu contexto cotidiano, e os transformaram em princípios gerais a serem aplicados pelo mundo islâmico, sem se preocupar com o contexto. Além do Corão e do *shari'a*, havia outra fonte de sabedoria conhecida como *hadi-th*, ou tradições orais. A intersecção dessas duas autoridades, escrita e fixa, oral e fluida, fornecia as linhas de direção das relações entre homens e mulheres e entre pais e filhos, a gerência das famílias e unidades familiares e a divisão e herança da propriedade.

A família era retratada no Corão e no *shari'a* como a unidade social, econômica e política primária da comunidade. Tanto as revelações de Maomé quanto o código legal que elas inspiraram surgiram de uma sociedade baseada em laços parentais muito fortes e solidariedade na linhagem. Embora os laços de sangue fossem essenciais à organização social nas comunidades sedentárias da Península Ibérica, eles eram, talvez, sentidos mais profundamente entre os clãs tribais de pastores nômades. Escrevendo séculos depois do estabelecimento do Islã, o historiador norte africano Ibn Khaldun (1332-1406) descreveu o conceito de "espírito de grupo" (*'asabiyya*) que ele observou entre os beduínos de sua terra natal.

> O respeito pelos laços de sangue é algo natural entre os homens, com raras exceções. Isso leva à afeição pelo próximo e pelos parentes de sangue, (o sentimento de que) mal algum cairá sobre eles nem a destruição os atingirá. Alguém sente desonra ao ver um parente ser tratado injustamente ou atacado, e deseja intervir entre eles e qualquer perigo ou destruição que os ameaça. Essa é uma necessidade natural nos homens, desde que existem seres humanos.
> (Ibn Khaldun, *Muqaddimah*, trad. Franz Rosenthal, Princeton, N.J.: Princeton University Press/Bollingen Foundation, 1969, reimpressão, p. 98)

O "espírito de grupo" característico à sociedade beduína, como retratou Ibn Khaldun, forneceu o núcleo dos valores sociais que foram transpostos para o mundo urbano e comercial de Meca por Maomé, um mercador desse centro de comércio de caravanas na Península Arábica. No núcleo dos ensinamentos islâmicos relacionados à família e à unidade familiar está o desejo de assegurar que os laços de parentesco, por parte de pai, sejam protegidos, a ordem patriarcal seja sustentada e a propriedade da família seja dividida e transmitida justamente. Em outros lugares, contudo, a autoridade de códigos de comportamento escritos para regular a família e os arranjos familiares foi sujeita a muitas variações. No caso do Islã, em particular, conforme tenha se espalhado por regiões geográficas e culturais amplamente diferentes, a lei islâmica se adaptou ao costume e às tradição locais e, por sua vez, esses lugares eram influenciados pela lei islâmica.

A vida doméstica variou pelo mundo islâmico, dependendo das culturas pré-islâmicas, do clima, materiais de construção disponíveis e da geografia. Contudo, dois conceitos domésticos eram amplamente compartilhados: o direito da família de manter seus assuntos privados e o impacto da lei islâmica e da prática religiosa sobre as mulheres. A riqueza, as interações sociais e as áreas íntimas da vida familiar permaneciam escondidas no âmbito doméstico. Nada na fachada de uma casa revelava o funcionamento interno ou o conforto do grupo. A família vivia ao redor de um pátio, frequentemente ornamentado com árvores e fontes. De acordo com o Alcorão, os fiéis não deveriam "entrar nas habitações de outro homem até que (ele) peça permissão a seus donos e os deseje paz". Se os visitantes fossem recepcionados, eles eram admitidos apenas até a área de recepção para os homens. As mulheres eram apartadas para suas próprias áreas separadas (harém) em apartamentos.

Em seu *Livro de Etiqueta no Casamento*, o erudito religioso muçulmano al-Ghazali escreveu que havia cinco vantagens no casamento: procriação, satisfação do desejo sexual, arrumação do lar, como companhia e autodisciplina (Madelain Farah, *Marriage and Sexuality in Islam: A Translation of Al-Ghazali's Book on the Etiquette of Marriage from the Ihya'*, Salt Lake City: University of Utah Press, 1984, p. 53). O casamento no Islã era baseado no mútuo consentimento, sendo, portanto, uma relação contratual que envolvia tanto obrigações econômicas quanto sociais. O contrato formal de casamento, escrito ou não, ligava os recursos de duas famílias e era o evento mais importante na vida de alguém. Exigia pelo menos duas testemunhas e, caso o órgão legal estivesse a uma distância razoável, era então registrado. O contrato podia especificar dotes de terra ou de outra propriedade da família para a mulher ou sua família. Mulheres muçulmanas podiam se casar apenas com homens muçulmanos, uma restrição que prevenia o fluxo de propriedade e população da comunidade muçulmana para outros grupos. Dependendo do que o contrato estipulava, uma mulher poderia manter o controle sobre seu dote. De um homem se exigia que providenciasse o sustento de sua esposa, e ele poderia ter mais de uma – até quatro – desde que as trate de forma igual, como ditava o Alcorão. As sociedades mais antigas do oeste asiático também incluíam números significativos de escravos, que eram em muito integrados às unidades familiares muçulmanas livres. Muitas escravas fêmeas tornavam-se concubinas, e aos seus filhos eram concedidos os mesmos direitos que eram concedidos às crianças nascidas a partir de pais casados.

Diferente do cristianismo, que considerava o casamento como um sacramento e, por isso, indissolúvel, a base contratual do casamento islâmico significava que, se as obrigações não eram cumpridas, o casamento poderia ser dissolvido. O divórcio era relativamente fácil para os homens: eles tinham apenas de repudiar a mulher três vezes com o objetivo de se divorciar. Era mais difícil e complicado para as mulheres, que só podiam iniciar o divórcio por meio de um apelo à corte de julgamento e apenas por razões específicas. Tanto o divórcio quanto um outro casamento eram comuns ao redor do mundo islâmico, entre a elite e também entre os plebeus.

A relativa facilidade do divórcio e do novo casamento, até mesmo para aqueles nas camadas mais baixas da sociedade, pode ser observada nos três contratos de casamento consecutivos, preservados no arquivo de um tribunal, de uma escrava livre chamada Zumurrud, uma residente de Jerusalém no século XIV. Em 1389, ela casou com um leiteiro que estava obrigado, pelos termos do contrato, a fornecer a ela um dote de casamento de três moedas de ouro, pagas em prestações. Ele se divorciou de Zumurrud um pouco mais de um ano depois, e apropriou-se do restante de seu dote de casamento. Ela rapidamente casou com outro escravo livre, Sabih, embora não tenha esperado os três meses exigidos das mulheres divorciadas antes do novo casamento. Além de um modesto dote monetário de casamento, ele se comprometeu a sustentar o filho de Zumurrud, de seu ex-marido, que tinha direito de custódia e que aparentemente escolheu não exercê-lo. Seis meses mais tarde, Sabih divorciou-se de Zumurrud, e pouco tempo depois ela estava novamente casada, desta vez com um tecelão que também se comprometeu a dar um dote de casamento a ser pago em parcelas (Rapoport 2005: 64-8). Evidente na história dos casamentos de Zumurrud não é só a facilidade com que os contratos de casamento eram feitos e revogados, mas também as complicadas negociações financeiras que embasavam os contratos.

Durante séculos, do vivo centro urbano do Cairo até o al-Andalus na Península Ibérica, a lei islâmica providenciou um grau de coerência na regulamentação da família e das práticas no ambiente doméstico por sociedades culturalmente diferentes que pontilhavam o mediterrâneo. Isso continuou com a expansão do Império Otomano nos séculos XV e XVII por grande parte do oeste da Ásia, do leste da Europa e do lado leste do Mediterrâneo. Registros da Bulgária otomana ilustram o papel dos tribunais islâmicos nos casamentos, divórcios e outros assuntos familiares, como os de herança, dentro de uma sociedade composta amplamente por ortodoxos cristãos, incluindo búlgaros, gregos e valáquios, junto de

Figura 5.3 Marido e esposa divorciados acusam-se mutuamente frente a um juiz (*qadi*). Aqui um escrivão escuta e registra as queixas. A maioria dos divórcios ocorria sem a intervenção de um juiz.

armênios e muçulmanos. Um contrato de casamento, datado de 1715, escrito em árabe, dizia: "Pelo nome de Alá e de acordo com o *shari'a*, o juiz Abdullah, da cidade de Rousse, filho de Alhaj Ibrahim, realizou o casamento entre Abdalhata e Hava, com dote no valor de 100.000 *akçes*, na presença de duas testemunhas" (Svetlana Ivanova, "The Divorce Between Zubaida Hatun and Esseid Osman Aga: Women in the Eighteenth-Century *Shari'a* Court of Rumelia," em *Women, the Family, and Divorce Laws in Islamic History*, editado por Amira El Azhary Sonbol, Siracusa, N.Y.: Syracuse University Press, 1996, p. 115). Na mesma região, Osman Aga e sua esposa, Zubaida Hatun, divorciaram-se pela decisão do tribunal local (Ivanova, p. 112-113). Mais cedo e em outros lugares do mundo islâmico, o casamento era uma relação contratual registrada em tribunais e frequentemente dissolvida por meio de procedimento de divórcio conduzidos por juízes islâmicos.

FAMÍLIAS E UNIDADES FAMILIARES AFRICANAS: MATRIARCADO E MATERNIDADE

O grau com que variavam as ideias islâmicas sobre família e ambiente doméstico pode ser visto nas observações do viajante muçulmano Ibn Battuta sobre o matriarcado na Mali do século XIV:

> Suas mulheres são de uma beleza inigualável e demonstram mais respeito do que os homens. O estado dos romances entre essas pessoas é na verdade extraordinário. Seus homens não mostram quaisquer sinais de ciúme; ninguém alega ser descendente de seu pai, mas, pelo contrário, do irmão da mãe dele. O herdeiro de uma pessoa são os filhos de sua irmã, não os seus próprios filhos. Isso é algo que não vi em outro lugar do mundo exceto entre os indianos de Malabar. Mas eles eram pagãos; esse povo é muçulmano, meticulosos em observar as horas de rezar, estudar os livros da lei e memorizar o Corão. Ainda assim suas mulheres não demonstram timidez perante os homens e não se cobrem com véus, embora sejam assíduas em cumprir suas preces.
>
> (Extraído de Erik Gilbert and Jonathan R. Reynolds, *Africa in World History: From Prehistory to the Present*, Upper Saddle River, N.J.: Pearson Prentice-Hall, 2004, p. 93)

Ibn Battuta ficou assustado com esses costumes matriarcais, que eram típicos de muitas sociedades africanas, até mesmo daquelas convertidas ao Islã. Tanto o matriarcado quanto o proeminente papel da mulher na sociedade surpreenderam esse viajante islâmico, pois tais costumes revertiam o patriarcado islâmico e a ordem patriarcal com a qual Ibn Battuta estava familiarizado.

Como em outros locais ao redor do globo, uma preocupação que permeava as sociedades africanas ao longo da história era a continuidade, a habilidade da família e do grupo de se reproduzir. O sentimento de completude social de um adulto dependia de sua habilidade de dar à luz ou sustentar uma criança. A maternidade era um aspecto essencial da identidade feminina na maioria das sociedades. Os filhos garantiam o bem-estar de um indivíduo em idade avançada e asseguravam a transição dos espíritos dos pais para a comunidade de ancestrais, que seriam honrados por seus descendentes. A crença predominante na reencarnação dos ancestrais, como membros recém-nascidos da linhagem, significava que as crianças eram altamente valorizadas como símbolos visíveis da continuidade da vida. A preocupação pragmática, de muitas mulheres e homens africanos, com a fertilidade garantia uma ampla e produtiva força de trabalho doméstica.

Entre os Batammaliba do norte de Togo e Benin, que viviam em assentamentos dispersos, sem organização central, no século XV, a mesma palavra designava, ao mesmo tempo, a família em toda sua extensão e a casa onde seus membros viviam. O significado de unidade familiar (aqueles dividindo o mesmo espaço físico) e de família (aqueles que compartilham o espaço social) foi o de uma continuidade conceitual. Sem uma unidade familiar, um indivíduo estaria sem suporte social e espiritual. A casa era vestida com roupas humanas, e suas partes eram identificadas como partes do corpo humano assim como específicos ancestrais humanos de sua linhagem.

O lar Batammaliba também refletia a importância de ancestrais históricos na identidade da composição familiar. Cada lar servia para simbolizar uma tumba; sem a morte de um idoso se acreditava não haver uma vida nova. A disposição do cemitério de um assentamento era idêntica à disposição das casas das famílias na vila, reafirmando a complementaridade entre a casa e a tumba, o presente e o passado. Na casa, a história da família era evocada e manipulada por meio dos contatos diários entre os membros vivos da família e seus ancestrais.

O povo akan, de Gana, criou um dos mais poderosos impérios e Estados florestais do oeste da África, começando por volta do século XIV e culminando no Império Ashanti no século XVII. Central à identidade akan estava a estrutura matriarcal da sociedade, centrada na *abusua* (que se refere à família ou à linhagem materna, assim como ao clã). Descendência materna na sociedade akan refere-se ao padrão pelo qual os homens e as mulheres akan marcavam sua posição na continuidade dos ancestrais, em referência ao lado feminino da família. Não havia qualquer conotação especial para a distribuição do poder político, que em outros lugares, em grande escala, favorecia aos homens.

A preocupação akan com a fertilidade e a criação de crianças era o reconhecimento da importância da *abusua* na obtenção da identidade individual e comunitária. Os indivíduos tinham seus direitos reconhecidos apenas por meio de suas posições dentro da *abusua*. Sem a proteção disponibilizada aos membros eles eram considerados sem ancestrais e sem identidade sexual. A incerteza e a ambiguidade inerentes à falta de ancestralidade e *status* são mais bem exemplificadas pelo fato de que os inimigos capturados, pelo Estado akan em expansão, tornavam-se escravos permanentes a menos que fossem integrados a uma *abusua* por meio da adoção ou casamento. Durante a expansão do Estado Akan, dos séculos XIV e XV, nem mulheres nem crianças ganharam posições ou poder. A ênfase na guerra resultou no ganho de *status* pelos homens, e o aumento no número de escravos disponíveis para executar as tarefas domésticas desvalorizou o trabalho feminino e diminuiu ainda mais a influência das mulheres.

Uma das tradições esculturais mais conhecidas da região akan é a pequena e abstrata escultura de uma figura humana, conhecida como *akuaba*, literalmente "O filho de Akua". As tradições orais alegam que uma mulher chamada Akua, desesperada para engravidar, certa vez abordou um sacerdote local. Ele consultou o mundo dos espíritos e então instruiu a Akua que encomendasse a confecção da estátua de uma criança pequena. Ela foi instruída a carregar a criança em suas costas, alimentá-la e cuidá-la como se fosse real. A aldeia inteira riu da mulher até que ela teve sucesso em sua busca por engravidar e deu à luz uma bela filha. A tradição ilustra o alto *status* e importância associados à maternidade nas sociedades matriarcais, mesmo naquelas nas quais as mulheres são politicamente subordinadas. As crianças tinham relativamente poucos direitos, pois o conhecimento e o poder, considerados como a base dos direitos, eram acumulados com a idade. Ainda assim, às crianças era concedido respeito porque se acreditava que elas seriam as reencarnações de ancestrais. As figuras de fertilidade *akuaba* sugeriam a importância do papel da criança no reflexo da harmonia espiritual, nos ideais de beleza individual e no bem-estar da ordem familiar.

A extensão com que tais unidades, como arranjos familiares, eram mediadas pelo Estado Akan, ou pela autoridade política local, variava de acordo com o *status* de seus membros.

Tipicamente, a interferência na criação de alianças matrimoniais permitiam o controle patriarcal do trabalho feminino e de suas crianças e, assim, a acumulação de um recurso familiar adicional. Mesmo quanto a riqueza era herdada por

Figura 5.4 Figura de fertilidade *akuaba*. A imagem idealizada reflete o desejo de ter filhos que, acreditava-se, eram a reencarnação dos ancestrais.

meio da linhagem feminina, a maioria das mulheres era excluída da maior parte dos postos políticos. Exceções eram feitas para as mulheres akan da elite, as quais haviam passado da idade para gerar filhos. O posto feminino de rainha mãe era secundário em relação ao de rei, mas ela era onipresente e consultada na ascensão do chefe de Estado. As mulheres que atuavam como sacerdotisas e até como diplomatas podiam ser vistas fazendo contribuições significativas para a administração do estado e para a política estrangeira.

CASTA, FAMÍLIA E UNIDADE FAMILIAR NO SUL DA ÁSIA

Em sua desabonadora descrição da sociedade matriarcal na Mali do século XIV, o viajante muçulmano Ibn Battuta mencionou que ele conhecia apenas mais uma ocorrência similar e que era "entre os indianos de Malabar". Ibn Battuta referia-se ao sistema de casamento praticado ao longo da costa Malabar da Índia, na qual as mulheres *sudra* (a casta mais baixa) de um grupo étnico que vivia em união familiar matriarcal e matrilocal casavam com homens *brahman* (a casta mais alta), que viviam em união familiar patriarcal e patrilocal. Esse costume confere uma complicada série de ajustes que ao fim resultam na união familiar ser formada ao redor da mãe e da criança sob a autoridade do membro masculino mais velho da linha matriarcal. Mas essa tradição regional também é claramente uma exceção aos padrões de patriarcado, linhagem patriarcal e laços de castas que predominava por todo o sul do subcontinente indiano.

Divisões herdadas da sociedade, baseadas em corporações sociais, descendência comum e endogamia, determinava o que as pessoas deveriam fazer com suas vidas, com quem elas deveriam casar, com quem elas deveriam comer e trabalhar e onde elas deveriam viver (ver Capítulo 8). As castas ajudaram a modelar as famílias, pois determinavam os laços do agrupamento e criavam restrições sobre o casamento, embora as famílias fossem moldadas também por outros fatores. A união familiar estendida, patriarcal e de linhagem paterna – filhos ou irmãos, suas esposas e filhos, netos e suas esposas e filhos – era a estrutura básica da vida familiar. A família era unida por meio de ritos de comemoração ancestral, nos quais participavam três gerações de descendentes do falecido. Esse grupo formava o núcleo da união familiar, e o chefe da família gerenciava sua propriedade pelo bem de todos.

Os casamentos eram arranjados pelas famílias, os filhos traziam suas esposas para o lar parental e lá educavam seus filhos. As mulheres normalmente se casavam muito jovens –, antes da puberdade –, em teoria para protegê-las da participação em atividades sexuais antes do casamento e da humilhação, tanto para elas quanto para suas famílias. A poligamia (ter muitas mulheres, especialmente esposas) era costumeira, embora houvesse muitas variações, até mesmo a poliandria (ter múltiplos maridos). Das viúvas, esperava-se que seguissem um regime duro de vida cotidiana para honrar seus maridos mortos, e algumas viúvas de classes mais altas até se atiravam dentro da pira funeral de seus maridos para demonstrar fidelidade.

Os três propósitos do casamento eram o religioso (a realização de ritos ancestrais), a continuação da linhagem familiar e o prazer sexual. Práticas matrimoniais variaram enormemente de acordo com a região ou com a casta. Por exemplo, no sul da Índia, o casamento cruzado entre primos (o casamento de um filho com a filha do irmão de seu pai) não só era permitido como também encorajado. Para os hindus, no norte da Índia, tais casamentos eram geralmente proibidos, enquanto os muçulmanos do norte frequentemente escolhiam esposas dentro do clã ou linhagem patriarcal e, dessa forma, casavam com uma prima.

Assim como em muitas outras sociedades, o casamento foi um meio de estabelecer alianças entre famílias e equilíbrio econômico em oposição ao *status* político ou social; por exemplo, uma família rica pode desejar formar uma aliança com uma família politicamente poderosa por meio da contratação do casamento de sua filha com o filho daquela família. Esses objetivos no casamento, contudo, eram sempre moderados no caso da Índia pelo sistema de castas. Na maioria das castas, a herança era por meio da linhagem masculina, mas em algumas castas a propriedade familiar era herdada pela linhagem feminina. Tanto no norte quanto no sul da Índia, porém, e para os muçulmanos, assim como para os hindus, o casamento era uma negociação econômica que envolvia os dotes. O costume do purdah (uma palavra em Urdu) – a rigorosa separação das mulheres e a exigência de que cubram suas faces em todas as companhias exceto na da família imediata – chegou à Índia no rastro das invasões muçulmanas, iniciadas no século VIII e que parece ter-se espalhado pelo norte da Índia durante os séculos XV e XVI. Embora essa prática possa ter o efeito primário nas mulheres da elite e as mulheres de classes baixas possam não ter respeitado completamente o purdha, elas tendiam a abster-se quando homens estivessem presentes.

FAMÍLIA E UNIDADE FAMILIAR NO SUDESTE ASIÁTICO: TRADIÇÕES NATIVAS E INFLUÊNCIA ISLÂMICA

Entre 1500 e 1800, começando nas margens costeiras da Península Malaia e ao redor da ilha de Sumatra, o Islã fez incursões substanciais ao sudeste asiático, onde interagiu com crenças nativas, e também com o hinduísmo e o budismo (ver Capítulos 4 e 6). Em termos de lei pessoal, como casamento e divórcio, as práticas e ideias tradicionais locais tendiam a moldar a aplicação da lei islâmica e moderar seus aspectos mais rígidos. Por ser costume tradicional, a monogamia prevaleceu, em parte porque o divórcio era facilmente obtido por qualquer parceiro, e era frequente. Tanto as crianças quanto as propriedades eram divididas em uma base mais ou menos equitativa. As filhas eram altamente valorizadas, e, por meio do casamento, a riqueza passava do lado do homem para o da mulher na forma de um pagamento feito à família da noiva. Em contraste com o dote, que seguia a filha em seu casamento, este pagamento demonstrava o grande valor dado à mulher.

O diário do tribunal do Estado de Makassar, no século XVII, detalha a história marital de uma mulher, o que ajuda a ilustrar o padrão da relativa facilidade de divórcio enraizado no costume local em contraste com a lei islâmica, que normalmente não permitiria tal liberdade para uma mulher se divorciar como esta fez. Karaeng Balla-Jawaya (1634), filha de uma das mais importantes linhagens de Massakar, foi casada com a idade de 13 anos com Karaeng Bontomarannu, que finalmente se tornou um dos maiores guerreiros de Massakar. Aos 25, ela se separou e logo se casou com seu rival, Karaeng Karunrung, o primeiro ministro. Em 1666, aos 31 anos, ela se separou novamente, e se casou mais tarde com Arung Palakka, que estava em processo de conquista de seu país com a ajuda dos holandeses. Aos 36 anos, ela se separou outra vez e viveu mais 50 anos (Anthony Reid, *Southeast Asia in the Age of Commerce, 1450-1680*, Vol. I: *The Lands Below the Winds*, New Haven, Conn. and London: Yale University Press, 1988, p. 152-3).

A relativa liberdade de relações sexuais e das práticas maritais no sudeste da Ásia conflitava agudamente tanto com as crenças islâmicas quanto com as católicas, que eram cada vez mais influentes após o século XV. O Islã e o Cristianismo proibiam as relações sexuais antes do casamento, e o Islã, em particular, impôs punições severas para as transgressões. As crenças islâmicas gradualmente impuseram restrições no modo de vida dos nativos e influenciaram as sociedades do sudeste asiático na Península Malaia e por todo o arquipélago da Indonésia. Isso está particularmente claro no que toca à posição das mulheres do sudeste asiático, que foram participantes ativas e independentes no comércio e na vida social pública e foram parceiras iguais aos homens em matéria de amor e vida doméstica antes da imposição do Islã.

CONFUCIONISMO E FAMÍLIA CHINESA

Como o Cristianismo na Europa e o Islã no oeste da Ásia, o Confucionismo modelou profundamente a vida familiar na China e por todo o leste da Ásia. Nascido em uma era de desordem social e política no século VI a.C., o pensador conhecido no ocidente como Confúcio considerou a família como o alicerce da sociedade. Ele encorajou as famílias a venerarem seus ancestrais, de forma que a realização de ritos ancestrais tornou-se uma atividade importante da família confucionista. Cada geração era obrigada a produzir herdeiros masculinos de forma que as gerações sucessoras pudessem continuar honrando seus ancestrais.

O Estado e a sociedade foram modelados sobre a família. O imperador deveria tratar seus súditos como um pai trata seus filhos, e vice-versa. A virtude da piedade filial caracteriza idealmente essa relação: o pai tem a autoridade absoluta dentro da família e a obediência absoluta era exigida do filho. Além da relação entre imperador e súdito, a relação pai-filho, entre o irmão mais velho e o mais novo e entre marido e esposa, estavam entre as cinco relações humanas fundamentais (a quinta era entre amigos). Certos aspectos dessas relações, como descritas por Confúcio, são aparentes: o domínio da idade sobre a juventude e do homem sobre a mulher. Idade e gênero determinaram a hierarquia dentro da família. As mulheres, não importando a idade que tivessem, não podiam escapar da autoridade do homem. Como filhas, elas eram dependentes e subordinadas aos seus pais; como esposas, a seus maridos; como viúvas, a seus filhos.

Uma das mais influentes intérpretes dos ideais confucionistas, no que diz respeito ao papel das mulheres na família, foi Ban Zhao (45 – 115 d.C.), a filha de uma famosa família de intelectuais da época e uma notável estudiosa. Ela compilou as *lições para mulheres*, um tratado a respeito de princípios éticos e morais pelos quais uma mulher deveria pautar sua vida. Esse trabalho também fornecia um guia para as preocupações práticas da vida cotidiana para filhas, esposas e mães. Alguns dos títulos de capítulos desse trabalho sugerem os temas de Ban Zhao: humildade, respeito, cautela, devoção, obediência e harmonia. Ela incentivava as mulheres a reverenciar, respeitar e dar a preferência aos outros. Entre outras coisas, ela abordou o papel da mulher e do homem dentro da família: "Se uma esposa não serve seu marido, a própria relação entre homem e mulher, bem como a ordem natural das coisas foi negligenciada e destruída" (Alfred J. Andrea e James H. Overfield, eds, *The Human Record: Sources of Global History*, Vol. I: *To 1700*, 2nd edn, Boston, Mass.: Houghton Mifflin, 1994, p. 454).

Além os comportamentos prescritos, sobre os quais se escreveu em textos clássicos, sabemos relativamente pouco, a partir de fontes-padrão, sobre os detalhes íntimos da vida familiar ou sobre a operação prática de um ambiente doméstico no começo da China Imperial de quase todo o primeiro milênio da Era Cristã. Mas em parte devido aos achados extraordinários feitos no começo do século XX, em Dunhuang, no árido noroeste da China, temos alguns registros domésticos compilados por agentes governamentais por volta de 750, com propósitos fiscais. Esses registros nos contam alguma coisa sobre os membros familiares, suas idades, e as gerações compreendidas por uma unidade familiar. Uma família inclui o chefe, cuja idade informada é de 56; uma madrasta viúva, 60; esposa, 58; dois irmãos mais novos (do chefe da família), 28, 42; filho, 18; um irmão mais novo da esposa, 25; cinco filhas, indo de 13 a 31 anos; dois filhos de um irmão mais velho falecido, 23 e 17; uma irmã mais nova (do chefe da família), 43. (Patricia B. Ebrey, *Chinese Civilization: A Sourcebook*, New York: Free Press, 1993, pp. 125–6).

Por volta de 1000 d.C., começamos a ter muito mais documentação disponível para reconstruir a família e o lar chinês, recursos literários, especialmente poesia, fornecem perspectivas pessoais e privadas que em muito melhoram aquilo que podemos aprender por meio de registros oficiais. Recursos literários podem abrir um tipo diferente de janela para a vida familiar do passado, documentando dimensões emocionais e psicológicas das relações familiares e sugerindo como os ideais do Estado eram vividos na prática. Apesar da aparente rígida demarcação do papel dos gêneros no casamento, sugerida pelo livro de Ban Zhao, *Lições para mulheres*, laços emocionais entre marido e esposa poderiam ocorrer de forma profunda.

Um laço emocional e intelectual profundo existiu entre uma poetisa chamada Li Qingzhao (1084? – 1151) e seu marido. Como outras mulheres de seu tempo, ela se casou jovem, aos 16 ou 17 anos. Após a morte do marido ela escreveu uma tocante memória de seu casamento como uma parceria intelectual íntima. Li Qingzhato e seu marido viveram em uma era na qual os laços de casamento frequentemente eram usados como estratégia para aumentar o *status* político, social e econômico da família. A riqueza era um fator importante, mas ainda mais importante era o *status* adquirido por aquele que passava nos exames do serviço imperial civil. Por exemplo, uma rica família sem filhos homens poderia casar sua filha com o filho de uma família relativamente pobre que houvesse passado nos exames e, assim, aumentavam tanto seu poder quanto sua riqueza. A adoção também podia ser usada como um meio de obter um filho com potencial de adquirir *status* por meio dos exames, particularmente se uma família não possuía filhos homens. No século XVIII, a troca econômica envolvida no casamento mudou do dote do noivo (a transferência da riqueza e da propriedade de um noivo para a família da noiva) para o dote da noiva (riqueza e propriedade trazidas pela noiva ao casamento), sugerindo um equilíbrio relativamente igual em termos de troca de propriedades entre as famílias da noiva e do noivo.

O casamento era o meio mais simples de aumentar o *status* social ou econômico, e as famílias eram mais do que unidades para a produção de candidatos aos exames ou filhas casadoiras. Casamento e vida familiar refletiam uma complexidade de noções sobre o papel e a posição da mulher e de suas relações com o homem, e criavam laços emocionais complicados que eram frequentemente negados ou frustrados pelos costumes e práticas sociais. O guia de Yuan Cai para a família, escrito no século XII, deu conselhos práticos sobre como lidar com problemas que afetavam a harmonia familiar, como o tratamento das mulheres (como esposas, concubinas, serviçais, parentes solteiras ou viúvas), e sobre como manter o *status*. Mais do que ser a idealização da vida familiar retratada nos textos de Confúcio, esse guia foi escrito a partir da perspectiva das preocupações cotidianas da vida familiar, demonstrou uma atitude mais flexível e tolerante em relação à mulher e uma visão mais realística do comportamento humano da perspectiva da vida diária. Genealogias familiares ao fim da China Imperial (1300-1800) algumas vezes incluíam instruções sobre o que vestir, o que comer, quais ocupações eram aceitáveis, alertava aos descendentes para honrar seus ancestrais com os ritos adequados e a não gastar sua herança. Desta forma, as memórias da vida familiar serviram como impressões para gerações futuras decifrarem e ordenarem seu próprio mundo.

FAMÍLIA E UNIDADE FAMILIAR NAS AMÉRICAS

Os tipos de evidências históricas que temos para descrever as famílias e os arranjos familiares variam tanto quanto seu próprio conceito: paróquias inglesas registram nascimentos, casamentos, mortes; o tribunal islâmico registra documentações sobre casamentos e divórcios; confucionistas registram as genealogias familiares e os guias. Na ausência de tais registros, a redescoberta da história familiar nas Américas pré-colombianas depende de uma combinação de fontes escritas, arqueológicas e oralmente transmitidas.

O continente norte-americano foi o lar de uma gama de sociedades desorganizadas de pequena escala, baseadas na organização comunitária por linhagem (ver Capítulo 7). Habitações multifamiliares, ou habitações comunais, eram comuns às comunidades da região costeira do noroeste do Pacífico, as Grandes Planícies e entre os Iroquois nas florestas do leste. No começo do século XVI, um dos primeiros observadores europeus de povos nativos nas Américas, Américo Vespúcio, escreveu sobre centenas de pessoas dormindo em um lar compartilhado. Em alguns casos, habitações multifamiliares estavam associadas ao desenvolvimento da agricultura, embora elas também fossem características do noroeste não agrícola do Pacífico. Mais comumente, parentesco compartilhado era a base do estabelecimento de habitações multifamiliares, com uma sociedade onde a linhagem determinava a ligação à residência. Descendentes do lado materno e do lado paterno eram reconhecidos em sociedades diferentes, e em alguns casos, como o dos grupos da costa noroeste, a descendência bilateral (reconhecimento de ambos os lados dos ancestrais de alguém) era reconhecida.

A linhagem matriarcal, na qual tanto a descendência quanto a propriedade eram transmitidas para as mulheres, era característica dos Iroquois nas florestas do leste. Os Iroquois viviam de uma combinação de caça, coleta, pesca e agricultura de subsistência em assentamentos semipermanentes a partir do ano 500. Por volta do ano 1000, os Iroquois adotaram sementes mais fortes e melhoradas das plantações "três irmãs" – feijão, milho e abóbora – que os permitiu mudar para uma maior dependência da agricultura. Isso resultou em mudanças importantes na organização de sua sociedade. Os suprimentos crescentes de alimentos tornaram possível o crescimento rápido da população, e isso significou que unidades familiares individuais começaram a se unir e viver em habitações multifamiliares. Evidências arqueológicas sugerem que cada casa multifamiliar em uma aldeia vinha a receber uma linhagem, ou um segmento dela, e que levavam o nome de um animal, como Urso, Tartaruga, e assim por diante. Relações de parentesco foram usadas para facilitar os esforços cooperativos (como a limpeza da terra) e para manter a ordem em uma sociedade cada vez maior e mais complexa. Habitações multifamiliares foram provavelmente ocupadas por famílias de linhagem matriarcal, ligadas por parentesco às mulheres que seguiam seus descendentes a partir de um ancestral comum. A nova importância da agricultura reafirmou a importância da mulher na subsistência e nos assuntos domésticos, e os homens não tinham qualquer autoridade no lar. A habitação comunal foi dominada por uma matrona, assistida por um conselho de mulheres.

No lado oposto do continente norte-americano, os habitantes da costa noroeste, como os Tlingit, Haida e Kwakiutl, prosperaram na generosidade natural do clima tropical temperado. Correntes oceânicas e massas de ar relativamente quentes encorajaram a produção natural de alimento, e os rios, descendo das montanhas, eram repletos de peixes migratórios durante a primavera e o verão. Essa área naturalmente rica foi o lar de densas populações assentadas em aldeias espalhadas. Por volta do ano 1000, surgiram, assentamentos grandes e permanentes, com várias centenas de pessoas, apesar da ausência da agricultura. Tipicamente, a linhagem ou os grupos familiares estendidos da costa noroeste viviam em habitações separadas, com mais ou menos 30 pessoas morando em uma grande habitação feita de troncos ou placas de cedro. Essas habitações eram comandadas por um chefe – qualquer homem que possuía uma habitação era um chefe – e cada uma tinha seu totem, como um urso, uma baleia ou um corvo, frequentemente decorando um poste de totem localizado na residência. A unidade social básica entre os povos da costa noroeste era similar: grupos de parentes politicamente autônomos, suas esposas e crianças, dispostos de acordo com um dos três métodos. Alguns deles estavam baseados na descendência matriarcal, no qual a sociedade e a herança vinham da mãe e de seu lado da família; outros eram de linhagem patriarcal (na qual o parentesco, sociedade e herança vinham a partir do pai); outros, ainda, seguiam um reconhecimento bilateral (determinado tanto pela linhagem do pai quanto pela da mãe) de descendência e sociedade.

O centro do continente norte-americano era dominado por pastos temperados, lar de numerosas espécies de animais herbívoros e escavadores que forneciam caça generosa aos povos. Os primeiros povos das planícies (antes do ano 900) uniram-se em bandos em sua busca conjunta por sustento, baseados primariamente na caça de bisões. A participação no grupo era determinada pela residência. Mais tarde, no período de aldeias horticultoras nas planícies, a associação na comunidade era fixada por hereditariedade, que era adquirida pela desconsideração contínua de um lado da família e pela ênfase do outro lado. Todas as pessoas de ambos os sexos descendiam do ancestral masculino, por meio da linhagem masculina apenas, formando uma comunidade patriarcal, ou clã; todos aqueles descendentes de uma ancestral feminina, apenas pela linha feminina, formavam uma comunidade matriarcal, ou clã. Enquanto a unidade familiar reconhecia ambos os pais, os clãs ignoravam um deles em favor do outro na determinação da sociedade. Esse tipo de organização significava que metade dos descendentes de alguém, sejam maternos ou paternos, eram considerados para certos propósitos (admissão em uma cerimônia ou banquete ou para compartilhar uma herança), enquanto para outros assuntos a outra metade eram igualmente importante. Os clãs tomavam nomes, normalmente de origem animal, como de Lobo, Águia, Alce e Castor, e alguns deles detinham funções cerimoniais e políticas distintivas.

Por volta do ano 1000, os povos Pueblo do sudoeste árido americano praticaram agricultura de irrigação intensiva e viveram em habitações comunais que consistiam em casas contíguas de tijolo ou de pedras achatadas, algumas vezes com vários andares. Entre 1250 e 1500, evidências arqueológicas demonstram que os povos Pueblo mudavam-se constantemente e em grande número, provavelmente devido a mudanças no nicho ecológico em que habitavam. Ambientes eram construídos, ocupados, abandonados e mais tarde novamente ocupados. Por volta do século XVI, os índios Pueblo perfaziam uma população total de menos de 250 mil horticultores que residiam em aldeias de tamanho pequeno e vilas espalhadas por todo o Novo México e o Arizona. A sociedade Pueblo era ao mesmo tempo matriarcal e patriarcal: quando uma mulher casava, seu marido deixava a casa da mãe e vinha viver na casa dela, onde ele permanecia para sempre como um forasteiro. A casa e seus pertences, os objetos sagrados e o patrimônio, principalmente na forma de milho estocado e acesso aos campos, pertenciam à mulher que ali vivia. A típica unidade familiar consistia em uma avó e seu marido, suas irmãs e seus maridos, suas filhas e seus maridos, filhos e talvez um órfão ou escravo. Enquanto as mulheres permaneciam ligadas a suas casas originais por toda a vida, os homens se mudavam de acordo com seu estágio na vida: na infância um homem vivia com sua mãe; quando jovem ele se mudava para a Kiva (cabana masculina e câmara ritual) para aprender tradições rituais masculinas; e então ele ia residir na casa de sua esposa.

Fontes escritas que revelam a natureza da família e dos conjuntos domésticos, na sociedade asteca e mexicana no Vale do México e da sociedade inca nos Andes da América do Sul, restringem-se em grande parte a relatos registrados por escribas espanhóis após a conquis-

Figura 5.5 Cerimônia de casamento asteca. A esposa é carregada até a casa do noivo (embaixo) e suas roupas eram ritualisticamente amarradas (em cima) para significar união.

ta. Integrando territórios e povos ao longo de um vasto terreno, os incas estabeleceram seu império nos Andes no começo do século XV.

Mudanças nos papéis dos gêneros, da família e da unidade familiar acompanharam a expansão territorial. Os homens vieram a simbolizar o conquistador, e as mulheres as conquistadas. Como resultado de uma guerra de invasão, na qual as mulheres inimigas eram incorporadas às famílias como escravas e esposas e os homens inimigos eram mortos, o *status* das mulheres incas foi desvalorizado e o poder que elas um dia ostentaram, devido aos seus papéis econômicos e reprodutivos, foi diminuído. A guerra tornou-se tão importante quanto a geração de filhos para o crescimento populacional.

A família, ou *ayllu*, representava a base da organização social inca, e era considerada pelo Estado inca como a unidade de produção econômica (ver Capítulo 6). As famílias eram agraciadas com terras pelo Estado, que reclamava tudo que era produzido e tinha o poder de mudar os membros da família e das unidades familiares para onde seu trabalho fosse necessário. Os homens pagavam tributos para o Estado por meio do trabalho em serviços públicos ou na agricultura, ou pelo serviço militar; as mulheres gastavam muito de seu tempo tecendo. Roupas de tecido possuíam um extraordinário valor ritual e cerimonial.

Um prédio público especial servia como um convento para as Mulheres Escolhidas, trazidas para a capital inca para tecer roupas e participar de rituais. A dominação masculina foi mantida na sociedade patriarcal inca por meio do tratamento da mulher como uma propriedade. O adultério era considerado como roubo da mulher envolvida, e o homem era punido por ter cometido um crime contra a propriedade. Meninos e meninas eram educados em escolas separadas.

Menos ainda se sabe sobre a família e a unidade familiar na sociedade asteca, centrada no Vale do México e atingindo seu auge no século XV, logo antes da conquista europeia. A complexa sociedade tributária asteca concentrava-se ao redor da cidade de Tenochtitlán, fundada em 1325. A partir desse centro, os méxico-astecas lideravam por meio de sete *calpulli*, ou unidades de parentescos tribais. O culto ao guerreiro, que dominava a cultura e a sociedade asteca refletia as crenças e práticas associadas ao nascimento de crianças e sua criação. A metáfora da batalha foi usada para o nascimento, e a criança era descrita como um "cativo", ganho na batalha. A mulher, ao dar à luz, era possuída pelo espírito da Terra Mãe. Se uma mulher morria ao conceber, a Terra Mãe deveria ser apaziguada. Desde o nascimento, as meninas eram cuidadosamente distinguidas de suas contrapartes masculinas, com diferenças no cuidado e na alimentação, de acordo com os papéis que cada um iria desempenhar na sociedade. O dever social do homem era ser um guerreiro; o da mulher era ser uma esposa. O casamento era um rito secular que simbolizava a transferência de um homem jovem dos cuidados de sua mãe para os de sua esposa.

GLOBALIZAÇÃO E MUDANÇAS NAS FAMÍLIAS E NAS UNIDADES FAMILIARES

Ao redor do globo, famílias e unidades familiares foram moldadas por tradições culturais, instituições religiosas, condições econômicas e ecológicas, e estruturas políticas variantes. Mesmo dentro de regiões geográficas amplas – Europa, Américas, África, Ásia – houve grande variação nos sistemas de casamento, no papel desempenhado pelos gêneros e nos valores referentes às relações entre homens e mulheres e entre pais e filhos. O próprio casamento era, em grande parte, uma transação econômica ou política, marcando a transferência de riqueza e criando alianças entre famílias. A religião, desde a veneração aos ancestrais da família até instituições como a Igreja Cristã, teve um impacto poderoso sobre as famílias de todos os lugares, sancionando casamentos, reforçando o patriarcado e determinando as práticas de herança para a transmissão da propriedade. As famílias eram igualmente moldadas por considerações econômicas. Padrões variantes de atividade econômica e mudanças nos modos de produção tiveram efeitos profundos sobre a família e os arranjos domésticos.

Depois de 1500, o processo de globalização começou a influenciar as famílias e as unidades familiares em todos os lugares, conectando regiões, pessoas e culturas com novas formas.

O impacto da expansão europeia ao redor do globo foi sentido no âmbito íntimo da vida familiar, assim como nos mundos econômicos, sociais e políticos mais amplos. Padrões de migração levaram as noções patriarcais europeias a encontrar sistemas de famílias e unidades domésticas muito diferentes. E ainda, as mulheres europeias em áreas de fronteiras desempenharam importantes papéis econômicos e experimentaram maior independência do que antes, e gradualmente desafiaram o patriarcado a surgir entre sociedades estabelecidas. Na última metade do século XIX, as mulheres estavam ganhando terreno na educação e na vida política. Por exemplo, em 1893, as mulheres na Nova Zelândia contavam como metade de todos os estudantes da universidade e também ganharam direito ao voto.

COLONIALISMO E FAMÍLIA NAS AMÉRICAS, NA ÁSIA E NA ÁFRICA

Em áreas do "Novo Mundo", onde a escravidão fornecia mão de obra para as plantações e para a mineração, sistemas familiares híbridos se desenvolveram a partir do encontro forçado das tradições nativas com as estruturas patriarcais europeias. Na região andina da América do Sul, o sistema híbrido ou Crioulo se alinhou às formas nativas de casamento, que podiam ser rastreadas desde o tempo dos incas. "Casamento de ensaio", conhecido em Quéchua como *watanaki* ou *servinakuy* (noivado que envolvia a coabitação), foi amplamente praticado e se encaixava bem nas estruturas familiares flexíveis da sociedade crioula, que permitia a experimentação sexual e era de dissolução relativamente fácil. Um sistema familiar dual gradualmente surgiu na América Latina e no Caribe, no qual uma variação ibérica do sistema de casamento europeu ocidental – patriarcal, racialmente puro, matrimônio forte – contrastava com uma família nativa etnicamente misturada, informal e centrada na mulher.

Na metade do século XIX, no Estado brasileiro da Bahia, a família baseada no casamento de um homem com uma mulher era a exceção e não a regra: quase metade da população de Salvador nunca se casou. O colonialismo e a escravidão agrícola, em parte, contaram para isso: havia sérios impedimentos ao casamento inter-racial, e as enormes diferenças econômicas e sociais significavam que os casamentos não poderiam ser realizados entre índios pobres e colonizadores brancos, embora isso não quisesse dizer que as relações sexuais não eram possíveis. Em 1900, a região andina do Caribe teve o sistema familiar e o casamento multifacetado mais complexo do que qualquer outro no mundo, devido à conjuntura de colonialismo com culturas indígenas.

No Caribe, a situação dos sul-asiáticos, que vieram trabalhar como mão de obra contratada, contrastava com a dos escravos africanos cujo trabalho forçado era a base da economia de plantações. Em ambos os casos, ou por meio da migração forçada ou voluntária, as famílias eram exterminadas e, no caso de escravos africanos, destruídas. Aos homens e mulheres escravizados não era permitido o casamento, mas se permitia gerar e produzir crianças como mercadoria para manter o sistema de escravidão. Mulheres escravas que davam à luz filhos de seus mestres brancos frequentemente os perdiam para o comando da família. O colonialismo produziu uma aguda distinção entre as mulheres brancas, protegidas e isoladas, e as mulheres negras, índias ou mulatas, às quais os homens brancos tinham acesso sexual. A família branca patriarcal, de linhagem paterna, contrastava com a família matriarcal, de linhagem materna, afro-crioula, cujos pais e maridos eram "castrados" pelas condições brutais da escravidão e servidão. No século XX, o doutor e escritor caribenho Frantz Fanon viu o patriarcado e o colonialismo como relacionados, por meio da ideia comum de dominação sexual.

O impacto do colonialismo na família e no âmbito doméstico em regiões da Eurásia, onde a escravidão das *plantations* não era o sistema econômico dominante, foi diferente. O casamento foi visto na sociedade hindu como um ato sacramental, indissolúvel e não repetível por uma mulher. Quando uma cunhada do brâmane Bengali, Rammonah Roy, foi forçadamente queimada na pira funeral de seu irmão em 1811, Roy tornou-se um opositor apaixonado do costume do *sati* (imolação da viúva) e trabalhou para erradicá-lo. Em 1829, o governador britânico de Bengala outorgou uma legislação proibindo a prática, e as ocorrências do *sati* realmente diminuíram. O governo colonial também editou uma legislação para proibir o infanticídio e para permitir o novo casamento de viúvas e o casamento entre castas. Numa tentativa de reformar as práticas familiares tradicionais, o governo britânico apresentou suas políticas como parte de sua "missão civilizadora", e foi seguido por indianos como Roy, que viu essas mudanças como parte de uma transformação necessária da sociedade indiana para se tornar parte do mundo moderno. Mas muitos indianos nacionalistas rejeitaram algumas dessas mudanças, incluindo o aumento da maioridade e a permissão para o novo casamento, pois eles as viam como uma ocidentalização da mulher indiana. Ainda assim, relativamente pouco mudou, pois as reformas do governo apenas penetraram, na melhor das hipóteses, no meio anglicanizado e nas classes altas das elites urbanas da sociedade indiana. Em grande parte da Índia rural, entre os aliterados e distantes do contato direto com as influências estrangeiras, as práticas tradicionais se mantiveram firmes pelo século XX. O casamento, por exemplo, permaneceu como o objetivo primário de uma mulher: em 1901, 96% das mulheres na Índia, entre a idade de 20 a 24 anos, eram casadas.

Embora seja difícil generalizar dentro do mundo islâmico ou pelo sul da Ásia por causa de religião, casta, diferenças linguísticas e culturais regionais, é ainda mais difícil fazer afirmações sobre a família e o ambiente familiar africano. Amplas diferenças étnicas e culturais caracterizam o continente africano, e mesmo na África subsaariana existem distinções fundamentais nas práticas matrimoniais entre os povos do oeste, do leste e do sul da África. Talvez seja mais útil reconhecer a amplidão de diferenças, das áreas costeiras do oeste da África – onde o ioruba de linhagem patriarcal e o ibo dominavam e onde havia autoridade feminina sobre o reinado masculino, particularmente no comércio e nas atividades econômicas – até o leste e o sul da África, onde o rígido controle masculino era exercido entre os ndebele no Zimbábue, os zulus no sul da África, e os luo no Quênia. Embora entre os akan em Gana, o matriarcado tenha criado condições que permitiam papéis importantes às mulheres, incluindo a existência de cochefes femininas.

O transporte de 3 milhões de escravos pelo Atlântico no século XIX, junto com a imposição do poder colonial por grande parte do continente africano, trouxe mudanças abrangentes para as famílias e unidades domésticas africanas, quaisquer que fossem as diferenças entre elas. Um legado colonial foi o desenvolvimento econômico desigual, ditado pelo desejo europeu de extrair a riqueza do continente por meio de empreendimentos como mineração e plantações comerciais. As demandas por mão de obra para operar minas e fazendas levaram, finalmente, a um padrão de longa distância e longo prazo de migração do trabalho masculino africano, deixando para trás esposas e famílias em um crescente subúrbio empobrecido de agricultura de subsistência. A urbanização acompanhou o colonialismo, embora novamente houvesse diferenças regionais no impacto da urbanização colonial (ver Capítulo 3). Apesar do fato de cidades como Lagos e Abidjan serem criações coloniais, elas foram erguidas sobre tradições pré-coloniais de centros urbanos comerciais que formavam a base de uma população relativamente balanceada de homens e mulheres, e nas quais as mulheres detinham legítima autonomia econômica. Mas na África do Leste, Sul e Central, tais tradições estiveram amplamente ausentes, e então as populações urbanas eram predominantemente masculinas, com poucas atividades femininas, além das de prostituição, produção da cerveja e atendente em bares. A desestabilização da família africana pelo legado colonial do desenvolvimento econômico desigual e da urbanização foi composta por contradições na legislação familiar colonial que estava enraizada nas tradições nacionais europeias e no cristianismo, mas também reconheceu costumes africanos. Essas condições frequentemente levaram a sistemas legais duais com grandes diferenças na percepção sobre o que constituía um casamento legal, as bases do divórcio e os direitos de herança.

O declínio da família africana, como resultado do contato europeu e do desenvolvimento industrial urbano, causou a mais drástica mudança nas estruturas familiares tradicionais no século XX. A família e os sistemas de parentesco, que providenciavam a estrutura essencial das relações individuais e sociais, foi radicalmente minada onde as influências europeias foram mais fortes. Estruturas familiares tradicionais variaram com os diferentes grupos étnicos, mas cada forma foi fortemente sancionada pelo costume. Na maioria das comunidades, a família ou o grupo de parentesco era uma unidade econômica independente, na qual todos compartilhavam os interesses de produção e consumo. Foi também uma unidade de criação de filhos. A autoridade dos mais velhos se estendia a todos, de forma que os pais não tinham a completa ou autônoma responsabilidade sobre os jovens.

No correr do século XX, as estruturas familiares em muitas partes da África foram alteradas e reduzidas a uma fonte de identidade nas cidades e enfraquecida em muitas partes do interior. Áreas rurais foram especialmente afetadas pelos ensinamentos e pelas atividades missionárias cristãs que atacavam práticas como a poligamia. A influência muçulmana foi menos avassaladora, nesse sentido, pois o Alcorão permitia a poligamia e os líderes religiosos não tentaram acabar com ela. Os administradores coloniais geralmente deixavam as instituições familiares costumeiras intactas, a menos que elas afetassem medidas desenvolvidas para lidar com o comércio e com a administração. Tais medidas, algumas vezes, contribuíram para fazer ruir as formas familiares que mantinham unidas as comunidades. Ainda assim, às vezes, as mudanças forjadas pelo poder colonial foram negociadas dentro das instituições familiares e domésticas, na medida em que os tribunais coloniais reconheciam os padrões nativos de direitos legais e de herança.

O principal abalo às estruturas familiares africanas veio da industrialização e da urbanização promovidas por meio da influência europeia. No começo do século XX, homens que viajaram para trabalhar deixaram seus grupos familiares enfraquecidos e uma crescente demanda pela mão de obra feminina. Uma grande quebra ocorreu quando as mulheres finalmente acompanharam os homens até áreas urbanas e estabeleceram unidades familiares urbanas em cidades africanas, como Johannesburgo, Nairóbi, Dakar, Lagos, Accra, Mombasa e Kinshasa. De um lado a outro da África, o número sempre crescente de famílias urbanas africanas representou uma quebra com praticamente todos os elementos da estrutura familiar tradicional africana, mesmo que laços próximos fossem mantidos com os parentes rurais.

A economia familiar tradicional de autossubsistência, baseada na contribuição e no compartilhamento do consumo por todos, praticamente desapareceu. A estrutura da autoridade decaiu: os mais idosos não eram mais capazes de reforçar a autoridade dos pais sobre as crianças, tendo sido questionada pelas forças do Estado e da educação ocidental, e ainda assim os pais frequentemente não possuíam experiência em encarar suas responsabilidades sozinhos. As famílias urbanas africanas foram forçadas a reconstruir a si mesmas quase do zero; e vindo de uma sociedade na qual as estruturas familiares asseguravam que ninguém deveria experimentar incertezas sobre quem são ou sobre o que se espera deles, muitos africanos urbanos do século XX se encontraram em uma sociedade da qual essas certezas foram varridas. Ainda hoje muitos residentes africanos exilados na diáspora permanecem conectados e dão apoio aos membros rurais da família nas aldeias do continente por meio do envio de dinheiro.

REFORMA E REVOLUÇÃO: MULHERES E FAMÍLIA NO MUNDO ISLÂMICO E NA CHINA

Eruditos reformistas islâmicos, já na virada do século XX, começaram a debater as questões da mulher e da família no moderno mundo urbano. O estudioso indiano muçulmano Mawlana

Ashraf Thanawi (1864-1943) argumentou que se deveria esperar que as mulheres detivessem todo o conhecimento islâmico que as permitisse estabelecer a regra islâmica dentro de seus lares. A luta entre o poder estatal secular e a autoridade religiosa tornou o destino das mulheres muçulmanas um objeto de conflito. Embora visto por algumas como um símbolo da opressão, o véu também se tornou, para outras mulheres, um símbolo de autenticidade cultural que permitiu um movimento de nova geração dentro do espaço público em transformação da modernidade – instituições de ensino superior, por exemplo.

Em países islâmicos, a família muçulmana tornou-se o ponto central do conflito relativo à reforma social, especialmente na segunda metade do século XX. Exceto nos países islâmicos mais conservadores, aqueles conhecidos como repúblicas islâmicas, tem havido algum esforço para estabelecer a monogamia, para liberar a mulher – um décimo da população mundial – de práticas restritivas de vestimentas e costumes, como, por exemplo, se elas deveriam ou não sair cobertas ou descobertas por véus, e para permitir a crescente independência dos filhos. Essa transformação da tradição é especialmente verdadeira em áreas urbanas de países como o Egito ou a Turquia, nos quais ocorreu a maior interação com o ocidente. Mas em países ainda mais conservadores, como a Arábia Saudita ou o Afeganistão, notou-se um enfraquecimento do sistema familiar tradicional, pelo menos nas cidades e antes do aumento dos movimentos fundamentalistas islâmicos.

Na China, a família tradicional e suas instituições receberam ataques na parte inicial do século XX, durante o movimento de 4 de maio (1919), e tornou-se uma brecha maior na sequência do estabelecimento de um regime comunista em 1949 (ver Capítulo 7). As mulheres chinesas, escreveu Mao, em 1927, eram dominadas por quatro amarras: as da dominação política, as do clã, as da religião e a dos homens. Na República Popular da China, práticas familiares costumeiras, como casamentos arranjados, concubinato e a venda de filhas foram substituídas pela ênfase no casamento como uma questão de escolha pessoal e responsabilidade e pelos esforços do governo em regular e controlar o tamanho da família. A ênfase confuciana no respeito pelos mais velhos e pela família, como o alicerce da sociedade, foi inicialmente rejeitada pelo regime como obstáculo aos ideais comunistas de uma sociedade igualitária, e a propriedade coletiva da terra e dos empreendimentos substituiu a posse familiar. Mao reconheceu precisamente que a participação das mulheres no trabalho seria um golpe devastador na ideologia patriarcal feudal.

A coletivização radical da metade dos anos de 1950 enfatizou as unidades suprafamiliares, como o trabalho em grupo, a brigada de produção ou as coletividades rurais de alta escala, conhecidas como comunas. Mais recentemente, em especial em áreas urbanas, a política da limitação de casais terem mais de um filho produziu um novo fenômeno: o "pequeno imperador" ou a "pequena imperatriz", um termo usado para descrever um filho único cujos pais não poupam gastos para alimentá-lo, vesti-lo e educá-lo, como seu precioso único descendente. Na China, como em muitas outras sociedades asiáticas, os filhos homens são preferidos e o ultrassom fetal, o aborto e o infanticídio feminino são práticas que compravam a persistência da discriminação sexual, apesar dos grandes ganhos sociais e econômicos obtidos pelas mulheres.

FERTILIDADE E FAMÍLIA: A TRANSIÇÃO DEMOGRÁFICA, 1750-2000

Iniciando na metade do século XVIII, uma transição demográfica mundial começou a ocorrer, uma alteração de condições de crescimento lento e alta fertilidade e mortalidade para um crescimento lento de baixa fertilidade e baixa mortalidade. Não foi uma transição tranquila, mas sim um produto de longo prazo das oscilações cíclicas e da variação regional. Como os avanços na tecnologia médica aumentaram a expectativa de vida de grande parte da população mundial e, sendo assim, contribuíram para a expansão populacional, outras inovações tornaram possível o controle da taxa de natalidade, alterando o tamanho da família ao mesmo tempo em que mudou o *status* da mulher, propiciando-lhe meios artificiais para planejar os nascimentos. Seguindo o desenvolvimento de técnicas de aquecimento de materiais especiais (1839), uma borracha flexível foi normalmente usada como um dispositivo contraceptivo, como a camisinha. A primeira grande onda de declínio da fertilidade ocorreu entre o final século XIX e o começo do século XX, aproximadamente dos anos de 1880 até os de 1930. Precisamente por que isso ocorreu não se sabe bem. A disponibilidade do maior controle de natalidade pode ter providenciado os meios, mas para entender o porquê de um grande número de casais ter decidido limitar o número de crianças que teriam, precisamos considerar as condições históricas da industrialização e da urbanização. Sob as condições urbanas do século XX, as crianças tornaram-se uma desvantagem econômica mais do que algo benéfico, pois as leis de trabalho infantil e a educação compulsória postergaram sua contribuição econômica e aumentaram seu período de dependência.

A ideia de que o tamanho da família poderia ser uma questão de planejamento e controle consciente surgiu durante o último quarto do século XIX e se disseminou rapidamente no século XX. O trabalho de pioneiros, no século XIX, em planejamento familiar e controle da natalidade, como o médico holandês, Dr. Aletta Jacobs, ou a senhora Annie Besant, na Inglaterra, foi desenvolvido no século XX pelos esforços das doutoras Marie Stopes, na Bretanha, e Margaret Sanger (1883-1966), enfermeira da saúde pública que foi aprisionada durante sua luta pelo controle da natalidade, nos Estados Unidos. A espiral descendente generalizada da taxa de natalidade, durante o começo do século XX, foi atribuída à legalização dos métodos contraceptivos e sua grande aceitação pela população feminina. De acordo com Sanger:

> Hoje, contudo, a mulher está se erguendo em uma revolta fundamental... Milhões de mulheres estão afirmando seu direito à maternidade voluntária. Elas estão determinadas a decidir por elas mesmas se devem se tornar mães, sob que condições e quando. Essa é a revolta fundamental a que me referi. É para as mulheres a chave do templo da liberdade.
> (Margaret Sanger, *Woman and the New Race*, New York: Brentano's, 1920, p. 5; citado em Helga Harrison, *Women in the Western Heritage*, Guilford, Conn.: Dushkin, 1995, p. 51)

Reformadores familiares queriam limitar a família ao número de crianças que ela era capaz de suportar. Alguns eram motivados pela crença de que a mulher deveria ter a escolha reprodutiva e não deveria estar sujeita à geração contínua e indesejada de crianças. Mas o Estado frequentemente resistia ao declínio da fertilidade por meio do incentivo à geração de filhos como se fosse um dever nacional, patriótico (ver Capítulo 7). Na Alemanha nazista e na Rússia stalinista, por exemplo, as mães eram celebradas e recompensadas pela produção de jovens cidadãos.

Conforme progredia o século XX, a ênfase mudou da prevenção da gravidez indesejada para o planejamento familiar abrangente. A Liga do Controle da Natalidade (fundada em 1914) foi substituída pela Paternidade Planejada, cujo objetivo ia além do controle de natalidade para ajudar as famílias a ter o número de crianças saudáveis que elas sentiam que poderiam cuidar. As clínicas ofereciam ajuda na esterilidade superveniente bem como no uso de meios contraceptivos efetivos. Contraceptivos orais foram introduzidos em 1954, seguido, 25 anos depois, pelo desenvolvimento de um método no qual um conjunto de pequenos tubos implantados sob a pele de uma mulher era programado para liberar um hormônio que prevenia a contracepção por um período de cinco anos. Uma segunda onda de declínio da fertilidade ocorreu no último quarto do século XX, de 1975 a 2000. Essa onda foi frequentemente impulsionada pelos Estados, que encorajavam ou até comandavam o controle populacional. O exemplo mais conhecido disso é a política draconiana notória de "filho único", executada pela China no começo dos anos de 1970, que foi bem-sucedida em frear o crescimento populacional, mas também redundou na alteração da proporção de gêneros devido ao contínuo desejo de ter filhos homens. Tradições culturais não acabam facilmente, e a antiga preferência por herdeiros masculinos significou que muitas pessoas faziam o possível para assegurar que a única criança que podiam ter fosse um homem, incluindo o infanticídio feminino e o aborto tardio de fetos femininos. Ao final do século XX, meninas abandonadas na China tornaram-se crianças transnacionais por meio da adoção de casais sem filhos dos Estados Unidos e de outros lugares.

CONCLUSÕES

De muitas formas, conforme a industrialização e a urbanização se espalhavam pelo mundo, as famílias de todos os lugares se sujeitaram às influências e aos processos similares de mudança. Um sinal importante disso é o declínio de 40% na taxa de fertilidade no mundo menos desenvolvido, no último quarto do século XX, contribuindo para a queda da fertilidade humana mundial de 4,9 para 2,7. Ainda assim, uma grande diversidade existe entre famílias e unidades familiares ao redor do mundo, testemunho da flexibilidade das tradições culturais frente a transformações econômicas, sociais e políticas associadas à globalização. A presunção de que, sob o impacto da industrialização e da urbanização, as famílias de qualquer parte finalmente se tornariam exatamente iguais não é mais sustentável.

Pesquisadores da história mundial, como todos os historiadores, buscam por mudanças ao longo do tempo e frequentemente perdem de vista a continuidade. Estudos sobre a família e as unidades domésticas já deram suporte a uma visão de famílias estendidas, multigeracionais, como característica de sociedades pré-industriais, gradualmente mudando para a unidade familiar nuclear ou conjugal, na medida em que ambientes industriais de trabalho e lares urbanos substituíram fazendas e vilas rurais. Agora é amplamente reconhecido que

Figura 5.6 Família chinesa contemporânea. A política do filho único foi apenas uma das influências para famílias de tamanho menor. Na medida em que mais pessoas viviam em conjuntos urbanos abarrotados, longe de rede de suporte da família mais ampla, e na medida em que mais mulheres trabalhavam fora de casa, os casais tenderam a ter menos filhos.

a unidade conjugal pode ser encontrada como núcleo constitutivo em muitas conjunturas históricas e culturais amplamente diferentes. De forma semelhante, um dia se acreditou que a infância fosse um desenvolvimento moderno, produto de mudanças das condições que tornaram as crianças mais valorizadas. Altas taxas de fertilidade e de mortalidade, argumentava-se, fizeram com que a viabilidade de ter crianças se fragilizasse, e então os pais não investiam muito emocionalmente ou de outra forma em seus filhos. Novamente, essa noção foi questionada por muitas evidências de que os pais, por toda a história, guardaram luto pela morte de seus filhos, e que não houve uma profunda transformação nas relações entre pais e filhos em certo ponto do tempo. Resumindo, a família pode ser um reino que exibe continuidades relativamente significativas ao longo do tempo e até mesmo das culturas, bem mais resistente às pressões externas do que tendemos a pensar.

Dos esforços para promover a geração de filhos pelo imperador romano Augusto até a política governamental chinesa do "filho único", os Estados buscaram controlar o domínio íntimo da sexualidade e da reprodução no núcleo da vida familiar. Ambas as autoridades, políticas e religiosas, como a Igreja Cristã medieval ou o *shari'a* islâmico, definiram e regulamentaram a instituição do casamento, vendo-a como um laço entre homens e mulheres que fornecia a base para a família, unidade essencial da reprodução social e econômica. O casamento permanece, no mundo contemporâneo, como uma esfera de contenção, na medida em que diferentes modelos de casamento refletem mudanças nos pontos de vista sobre sexualidade e reprodução. A tecnologia tornou possível não só limitar a concepção, mas também estendê-la a casais que desejam ter crianças, mas não podem concebê-las. O que permanece uma constante é o papel vital da ação humana na determinação da família e dos arranjos domésticos. Decisões individuais – se, quando e como casar, se deve ter ou não filhos e quantos deles – fez a intimidade da vida privada, combinada com a mudança das condições históricas, contribuírem para transformações dramáticas na história mundial.

REFERÊNCIAS SELECIONADAS

Burguière, André, Christiane Klapisch-Zuber, Martine Segalen, and Françoise Zonabend, eds (1996 (original French edition 1986)) *A History of the Family*, Vols. 1 e 2, Cambridge, Mass.:
The Belknap Press of Harvard University Press. Uma coleção de doutrina internacional sobre a família em todo o globo, com abordagem limitada sobre as sociedades não europeias.

Goitein, S. D. (1978) *A Mediterranean Society: The Jewish Communities of the Arab World as Portrayed in the Documents of the Cairo Geniza*, Vol. III: *The Family*, Berkeley, Los Angeles, London: University of California Press. Um retrato da vida familiar e matrimonial entre as famílias judias, cristãs e muçulmanas do Cairo medieval, com base em cartas e outros documentos recuperados do Cairo *geniza*, um repositório de relatos escritos descartados.

Gutiérrez, Ramón A. (1991) *When Jesus Came, the Corn Mothers Went Away: Marriage, Sexuality, and Power in New Mexico, 1500–1846*, Stanford, Calif.: Stanford University Press. Um estudo inovador sobre o império colonial hispano-americano e os indígenas Pueblo, na forma de um diálogo entre as duas culturas pelas lentes das práticas matrimoniais e sexuais.

Hartman, Mary S. (2004) *The Household and the Making of History: A Subversive View of the Western Past*, Cambridge: Cambridge University Press. O autor argumenta que um padrão único de casamento tardio, identificado na Europa desde a Idade Média, tem suas raízes nas mudanças que ocorreram no mundo moderno após 1500.

Kertzer, David I. and Marzio Barbagli, eds (2001) *Family Life in Early Modern Times, 1500–1789*, Vol. I: *The History of the European Family*, New Haven, Conn. and London: Yale University Press. Uma coleção e síntese de doutrinas recentes sobre a família europeia, incluindo estudos sobre demografia, religião, vida material, casamento e infância.

Lynch, Katherine A. (2003) *Individuals, Families, and Communities in Europe, 1200–1500: The Urban Foundations of Western Society*, Cambridge Studies in Population, Economy, and Society in Past Time 37, Cambridge: Cambridge University Press. Integração da história da família com a história da vida pública, colocando a família no centro da "sociedade civil" e enfatizando a relação entre parentesco e grandes organizações coletivas voluntárias na sociedade urbana europeia.

Meriwether, Margaret L. (1999) *The Kin Who Count: Family and Society in Ottoman Aleppo, 1770–1840*, Austin: University of Texas. Um estudo de uma parte do final do Império Otomano, focado em três aspectos da vida familiar: lar, casamento e herança.

Rapoport, Yossef (2005) *Marriage, Money, and Divorce in Medieval Islamic Society*, Cambridge: Cambridge University Press. Um estudo ricamente detalhado e documentado sobre as causas econômicas, legais e sociais do divórcio muçulmano no Cairo, em Damasco e em Jerusalém no Período Mameluco (1250-1517).

Sonbol, Amira El Azhary, ed. (1998) *Women, the Family, and Divorce Laws in Islamic History*, Syracuse, N.Y.: Syracuse University Press. Uma coleção de doutrinas recentes sobre casamento, divórcio e família nas sociedades islâmicas.

Therborn, Göran (2004) *Between Sex and Power: Family in the Modern World, 1900–2000*, London and New York: Routledge. Uma tentativa sociológica para explicar as transformações globais da família no mundo moderno por meio do cruzamento das mudanças históricas no patriarcado, no matrimônio e na fertilidade.

Thornton, Arland (2005) *Reading History Sideways: The Fallacy and Enduring Impact of the Developmental Paradigm on Family Life*, Chicago, Ill. and London: University of Chicago Press. Um provocativo argumento criticando o que o autor chama de "Paradigma do desenvolvimento": entender a instituição familiar na Europa como progredindo de uma forma tradicional para uma forma moderna ao longo de uma série de estágios lineares.

RECURSOS *ONLINE*

Annenberg/CPB Bridging World History (2004) <http://www.learner.org/channel/courses/worldhistory/>. Projeto multimídia com *website* interativo e vídeos por encomenda: veja especialmente a Unidade 13, Family and Household.

Women in World History <http://chnm.gmu.edu/wwh/>. Um projeto da organização *Center of History and New Media* na Universidade de George Mason, esse *website* fornece uma ampla variedade de recursos sobre a mulher na história mundial.

6 Geração do Sustento
Economias mundiais, passado e presente

Mapas da África, anteriores a 1500, invariavelmente incluíam uma imagem do rei de Mali sentado em seu trono, segurando uma pepita de ouro acima de sua cabeça. Era o líder malês do século XIV e seu séquito, quem havia se desfeito de tanto ouro durante sua *hajj* (peregrinação) a Meca, que o preço do ouro no mercado do Cairo entrou em colapso pouco tempo depois. Os cronistas egípcios escreveram sobre o evento por todo o século seguinte, e o viajante Ibn Battuta descreveu o governante oeste-africano por volta de 1350: "(O sultão) tinha um alto pavilhão, cuja porta ficava dentro de sua casa, onde ele ficava a maior parte do tempo". Sua imagem como um sultão de turbante dourado sob um domo de seda fica em completo contraste com a vívida descrição das caravanas do deserto que, na realidade, carregavam mercadorias, como sal e cobre, de alto valor que eram trocadas por ouro. Ibn Battuta escreve sobre os mercantes de Sijilmasa que "carregavam seus camelos no começo da madrugada, marchavam até o sol nascer, até sua luz se tornar um brilho no céu e o calor no solo se tornar severo... Quando o sol começa a cair e afundar no oeste, eles partem (novamente)". Depois de 25 dias, as caravanas alcançavam Taggaza, uma grande área mineradora de sal. Descrevendo as enormes quantias de ouro trocadas na perigosa e estéril cidade mineira, Ibn Battuta diz, "Essa é uma aldeia que não tem nada bom a seu respeito. É o lugar mais abandonado de todos" (Ross E. Dunn, *The Adventures of Ibn Battuta: A Muslim Traveler of the 14th Century*, Los Angeles: University of California Press, 1989, p. 302, 296–7).

Embora eles dependessem do que era produzido e comercializado em seus reinos e além, governantes ornamentados a ouro, como o rei de Mali, pouco se preocupavam com – e provavelmente pouco sabiam a respeito – aqueles escravizados nas minas, os que trabalhavam no campo ou que viajavam para perto e para longe, fornecendo mercadorias para sustentar sua vida de extravagâncias. Mas rei, fazendeiro, mercador ou mineiro, cada um tinha um lugar na ordem econômica de suas sociedades e cada um era dependente do perfeito funcionamento daquela ordem econômica para assegurar comida, abrigo e roupas. Neste capítulo, focamos na questão básica e universal sobre como as pessoas se sustentaram no passado. Como elas tiveram acesso àquilo que precisavam para sobreviver e até mesmo prosperar? Como as sociedades criaram sistemas de troca baseados em conceitos diferentes de valor? O que era considerado valioso: terra, trabalho, mercadorias (ouro, sal)? E, finalmente, como os sistemas de economia interagiam por meio do comércio, como as economias eram unidas em sistemas regionais e, por fim, globais?

INTRODUÇÃO

Após a dispersão da agricultura por grande parte do mundo, muitos povos se estabeleceram em aldeias e se tornaram fazendeiros. A concentração de populações em assentamentos cada vez maiores levou ao desenvolvimento das cidades, que se tornaram dependentes dos suprimentos de alimentos pelos fazendeiros nas áreas rurais circundantes nos sítios urbanos (ver Capítulo 3). Outros, contudo, não adotaram um estilo de vida sedentário em suas cidades ou suas áreas de abrangência e continuaram a viver como nômades, seguindo rebanhos de animais conforme eles se moviam por estepes, por terras de pastos e por tundras. Povos pastoris frequentemente caçavam e pescavam, era comum que combinassem horticultura – e até agricultura – com a pecuária. Tanto o pastoreio quanto a agricultura foram praticados de forma comum e diversa, moldados pelos ambientes habitados pelos povos e pelas tecnologias que empregavam.

No começo do primeiro milênio d.C., um padrão regular de relações se desenvolveu em muitas partes do mundo entre economias pastoris nômades e as agrícolas sedentárias. Pelas fronteiras que dividiam essas duas formas de vida diferentes, relações comerciais e guerra eram comuns. Habitando as estepes da Mongólia durante o começo do segundo milênio d.C., os mongóis possuíam uma economia pastoril baseada em ovelhas, cabras e iaques para sustento (alimento, roupas e abrigo), e camelos para transporte relacionado ao comércio, cavalos para caça, pecuária, comunicação e guerra. Por sua economia estar sujeita às excentricidades da seca e do frio, assim como outros problemas potencialmente devastadores como as doenças animais, os mongóis eram dependentes do comércio de grãos, têxteis, chás e outras mercadorias com seus vizinhos agricultores sedentários, particularmente os chineses. Da mesma forma, os chineses tinham necessidade de mercadorias de seus vizinhos nômades, especialmente cavalos. As relações comerciais entre os Estados vizinhos periodicamente se transformavam em guerra, com invasões chinesas em acampamentos mongóis ou invasões mongóis nas comunidades chinesas.

O sucesso dos mongóis em sua expansão pela Eurásia no século XIII baseou-se fortemente na adaptação da tecnologia tradicional de criação de cavalos ao ambiente. Os criadores de cavalos mongóis preservaram uma forma antiga de cavalos domesticados, com um corpo troncudo e uma crina grossa e densa, que os ajudavam a sobreviver às temperaturas extremamente frias e secas da Mongólia. Quando os mongóis criaram seu império, eles se tornaram líderes nômades de grandes povos agrários, e cobravam tributos ou impostos das populações dos Estados conquistados (ver Capítulo 7). Pela unificação da Eurásia, a conquista mongol também facilitou o comércio ao longo da Rota da Seda e conectou as rotas de caravanas. Conforme argumentou Janet Abulughod, a dominação mongol da Eurásia ajudou a criar um "sistema mundial do século XIII", uma rede de laços comerciais que se estendia pelo continente eurasiano e ligava a vida econômica, política, social e cultural de povos tão distantes uns dos outros como o de Hangzhou e Veneza ou Cairo e Palembang.

O império Mongol ilustra aspectos chave da vida econômica considerada neste capítulo: o papel do ambiente e da tecnologia ao dar forma aos sistemas econômicos (agricultura, pastoreio); o controle e a distribuição de recursos materiais por governantes e Estados por meio de sistemas de tributos e impostos; o papel do comércio na conexão de diferentes economias, assim como na troca de mercadorias dentro de uma economia. Embora além do âmbito do Império Mongol, outras partes da Ásia, África e das Américas experimentaram sua própria variedade de agricultura, pastoreio e comércio, e o surgimento e declínio de economias regionais. Mesmo sendo vasto e poderoso, o Império Mongol se estendeu pela Eurásia, não pelo globo. Foram os europeus que lideraram essa aventura, conectando economias da África, das Américas e da Ásia, dando forma a uma nova era de globalização.

A competição entre as Nações-Estado europeias emergentes, no final do século XV e no começo do século XVI, inspirou as viagens de exploração que levaram a mudança do comércio e da riqueza mundial, finalmente, para o Oceano Atlântico. Avanços nas tecnologias marítimas e comerciais na Europa foram essenciais ao desenvolvimento do capitalismo e à expansão da Europa. Por volta 1500, a Europa estava pronta para coletar, acumular e investir os lucros do desenvolvimento da economia capitalista da nova fronteira do Atlântico como a periferia vital à expansão do núcleo europeu da economia.

Entre 1500 e 1800, na sequência das viagens de Colombo, as relações econômicas e as sociedades das Américas, da Europa de parte da África, da Ásia e do Pacífico foram transformadas por meio da criação de uma economia do mundo Atlântico que forneceu os meios para a subsequente expansão europeia para a Ásia e para o Pacífico. O estabelecimento das conexões do Atlântico teve um impacto profundo na vida e cultura dos povos africanos, particularmente aqueles da África Central e do oeste, assim como aqueles das Américas. As novas conexões globais afetaram o equilíbrio das relações há muito estabelecidas entre a Ásia, a África e a Europa, substituindo e redirecionando seus sistemas mundiais, via terrestre e marítima, e o comércio inter e intrarregional.

Em 1800, o capitalismo e o industrialismo alteraram profundamente a vida econômica de pessoas na Europa e nas Américas, pela transformação das formas como elas conseguiam seu sustento e das comunidades em que viviam. As mudanças nos modos de produção da agricultura rural e das indústrias manufatureiras, baseadas na vida comunitária e moldadas pelas relações pessoais, para a Revolução Industrial, relativamente impessoal, e para o sistema fabril urbanizado tiveram um efeito dramático na vida individual e familiar. Pelo imperialismo, essas transformações foram estendidas por todo o mundo, criando drásticos desequilíbrios entre as economias europeias e as economias coloniais controladas por europeus. Nos séculos XX e XXI, esse desequilíbrio mudou, embora não tenha desaparecido, e uma nova era de globalização trouxe seu próprio desenvolvimento desigual.

CAURIS, MOEDAS E COMÉRCIO

Embora a globalização seja um fenômeno relativamente recente, o desenvolvimento de redes de troca por si só é um antigo comportamento humano. Sabemos que entre 1,9 e 1,6 milhões de anos atrás, os hominídeos carregavam pedras valorizadas de seus locais de extração até lugares distantes, onde elas eram moldadas em ferramentas úteis. Evidências de comércio em ferramentas de pedra e do comércio especializado de âmbar e obsidianas indicam a extensão das interações comerciais entre culturas e regiões. Redes de troca pré-históricas de minérios estão entre as primeiras rotas de comércio distantes. O estanho era valorizado do Mediterrâneo até o sudeste da Ásia, e especulou-se que ele era originário das minas da Ásia Central, sugerindo uma extensa rede de troca.

O comércio de metais e pedras preciosas indica extensos contatos comerciais envolvendo mercadorias altamente valorizadas. Embora a maior parte do comércio primitivo tenha sido realizada pelo escambo de um bem por outro, há evidências do uso de dinheiro, cujas primeiras formas eram de materiais raros, portáveis e praticamente impossíveis de serem falsificados. Conchas de Cauri se encaixam bem nessa descrição. As conchas de Cauri eram uma forma monetária comum no mundo afro-eurasiano de tempos muito antigos até o recente ano de 1800 d.C. As conchas de Cauri, na verdade de várias espécies, incluindo a *Cypraea moneta*, encontrada no mar próximo às Maldivas, e com uma distribuição limitada, foram utilizadas na China com propósitos comerciais já no século VII a.C., e ainda mais cedo, como um sinal de riqueza. A tumba de uma das consortes de um rei que viveu por volta de 1200 a.C. contém mais de 7 mil cauris. Mesmo depois do desenvolvimento das moedas de metal, os cauris continuaram a ser usados em alguns lugares. Tão recentemente quanto no século VIII d.C., mercadores árabes de ouro, no oeste do Sudão e da antiga Gana, descobriram que os mercadores africanos demandavam cauris em pagamento. Um sistema de troca baseado no cauri prevaleceu no sudoeste da região chinesa de Yunnan, do século IX até o século XVII.

Outros tipos de moedas de conchas foram utilizados em outros lugares, até mesmo em tempos mais recentes, como as *quiripa* (cordão de conchas) utilizadas na Bacia do Orinoco, na América do Sul, no século XVIII. Na América do Norte, *wampum* (derivado da palavra algonquiana *wampumpeag*, significando "fios brancos [de pérolas]") foi usado para se referir a muitos sistemas monetários pré-colombianos. Em

Papua-Nova Guiné, conchas de lesmas foram coletadas e amarradas em comprimentos específicos que correspondiam a valores monetários, e o *kina* (como a moeda de concha era conhecida) ainda é utilizado para referir às notas bancárias de papel.

As primeiras moedas conhecidas foram cunhadas no Reino Anatólio da Lídia, na metade do século VII a.C. Não muito depois disso, os governantes dos reinos na China forjaram suas própria cunhagem de bronze no formato de pás, facas e conchas. Tanto o próprio metal quanto os objetos simbólicos em cujo formato eram moldados contribuíram para o valor econômico da cunhagem, pois as ferramentas de ferro eram importantes na agricultura e as conchas tinham sido usadas como uma forma monetária. Como o ferro, outros metais de suprimento relativamente raro, como chumbo, estanho, cobre ou bronze (uma liga de estanho, cobre e chumbo), eram transformados em moedas, juntamente com o ouro e a prata cada vez mais raros. A moeda de cobre foi utilizada na África Subsaariana, onde era trocada por ouro até pelo menos o ano de 950 d.C. Mas para a África, o cobre era o "ouro vermelho", um metal escasso que era altamente valorizado na vizinhança. Para aqueles fora do continente, a África do Oeste era conhecida pelo nome arábico de *bilad al-tibr* ("terra do ouro"), e seu ouro representava a principal fonte para o mundo Mediterrâneo durante o tempo medieval.

Por assumir os monopólios tanto sobre a mineração quanto sobre a produção de metais valiosos e pelo estabelecimento do peso, grau de adulteração e valor das moedas de metal, grandes e pequenos Estados por todo o mundo começaram a cunhar e controlar as moedas. Algumas moedas estatais rapidamente se tornaram aceitas como unidade de troca em locais a milhas de distância de suas origens. Do século VI até o século XII, a moeda de ouro bizantina, o *bizâncio*, foi amplamente usada por todo o Mediterrâneo como meio de troca. Seguindo as conquistas Árabes dos séculos VII e VIII, que lhes deram acesso às ricas fontes de ouro da África, o *dinar* árabe foi utilizado no comércio internacional pela Afro-Eurásia. Por fim, contudo, tanto o *bizâncio* quanto o *dinar* decaíram em pureza e peso e foram substituídos por moedas de ouro das cidades mercantes italianas de Florença (o *florim*, em 1252) e Veneza (o *ducado*, em 1284). Foi o *ducado* que se tornou a primeira cunhagem internacional, mantendo sua pureza e, assim, seu domínio por mais de 500 anos.

POR TERRA E POR MAR: NAVIOS DO DESERTO E DO OCEANO

O desejo pelo comércio levou ao desenvolvimento de sistemas monetários, mas as trocas de longa distância tornaram-se possíveis por mercantes dispostos a se arriscar e pelas tecnologias de transporte eficientes. Desde tempos muito antigos, tanto por terra quanto por mar, mercadores movimentaram mercadorias luxuosas e bens volumosos entre cidades, regiões e continentes, atrasando ou mudando suas cargas de acordo com as variações dos mercados, das guerras, dos rumores e do clima. Motivados pela esperança de lucros, eles buscaram comercializar itens que podiam aumentar seu valor. Bens luxuosos como a seda e as mercadorias cotidianas, como o sal, eram frequentemente comercializados tanto no comércio regional quanto internacional pela integração das rotas terrestres com as marítimas. Mercadores que assumiram riscos no comércio e ficaram ricos ou empobreceram não estavam sozinhos em suas aventuras comerciais. Governadores também aliaram suas fortunas ao comércio. Eles aumentavam seu poder e expandiam seus Estados pela união das áreas agrícolas do interior com centros comerciais estrategicamente localizados e portos marítimos, e pela obtenção de vantagens da mudança das rotas comerciais internacionais.

No século I d.C., pessoas, bens e ideias se movimentaram ao longo de várias rotas famosas e estabelecidas há muito tempo: a rota marítima do Oceano Índico e a Rota da Seda por terra, na Ásia Central, assim como as duas conexões africanas estabelecidas, as estradas transaarianas e o sistema costeiros do leste africano. A Áfri-

QUADRO 6.1

Moeda Tang

Moedas redondas de metal com um buraco quadrado no centro foram cunhadas pelo primeiro governo imperial chinês, o Qin (221-210 a.C.) e essa prática continuou sob as dinastia subsequentes. As moedas eram amarradas juntas pelos buracos quadrados para fazer uma unidade monetária chamada de "fio de dinheiro" ("dinheiro" é a tradução do termo genérico dinheiro em espécie). Essa moeda, como outras do tipo, é feita de bronze (uma liga de cobre, estanho e chumbo) e estampada com um período de reinado que fica dentro da dinastia Tang (618-907 d.C.), quando o poder da China no leste da Ásia estava em seu auge.

Moedas de muitos lugares e tempos são as portadoras de ricas informações culturais, ao ponto de todo um subcampo, a numismática, se dedicar ao estudo delas. Moedas estampadas com imagens de governantes, frases ou desenhos revelam muitas coisas diferentes aos historiadores, e os metais com os quais as moedas eram feitas também nos contam sobre o comércio de metais, pelo rastreamento da localização das fontes e conectando-as com os locais das fundições que forjavam moedas. A distribuição de moedas, propriamente dita, também rende informações sobre padrões de comércio transregionais. As moedas tang, por exemplo, foram encontradas em sítios desde a costa arábica até o sudeste da Ásia e no Japão, indicando a extensão das trocas comerciais.

Como todos os governos, o governo imperial chinês teve dificuldade em regular o dinheiro, pois o valor das moedas cunhadas se relacionava com os metais utilizados. Durante o período Tang, especialmente depois da metade do século XVIII, quando uma rebelião devastadora levou ao fechamento de muitas minas de cobre, o número de moedas cunhadas caiu drasticamente. Ao mesmo tempo, a alta percentagem de cobre (83%) nas moedas significava que o valor do metal nelas era maior que o valor da própria moeda, e então as pessoas começaram a derreter as moedas para usar o cobre para outros propósitos, como a confecção de ferramentas e até mesmo estátuas budistas. A dinastia seguinte, a Song (960-1279 d.C.) tentou estabelecer uma moeda padrão a partir dos vários tipos de cunhagem (incluindo moedas de cobre, ferro e chumbo) em uso por todo o império. A unidade monetária era o cordão, 1.000 moedas por cordão, mas na prática ele poderia conter apenas 700 ou 800. O governo Song cunhou muito mais moedas do que seu predecessor, mas continuou atormentado pela falta de habilidade em controlar e regular o sistema monetário. Mesmo que

> o governo Song tenha reduzido drasticamente a quantidade de cobre em sua cunhagem (para 46%), as pessoas ainda derretiam moedas por causa do valor do cobre. Para piorar ainda mais a questão, era lucrativo exportar cobre, especialmente para o Japão, o que reduziu ainda mais a disponibilidade desse metal e aumentou seu valor doméstico.
>
> Com o tempo, essas dificuldades levaram à criação do primeiro dinheiro de papel do mundo. Um dos primeiros dinheiros de papel foi conhecido como "dinheiro voador", elegantemente descrevendo a virtude de sua circulação como um meio rápido e leve para os mercadores negociarem. O desenvolvimento completo da moeda de papel ocorreu na dinastia mongol de Yuan (1279-1368). O dinheiro em papel era lastreado em depósitos de prata e ouro, bem como de seda. Pesos de prata, conhecidos como "lingote", foram utilizados como padrão de valor na China durante muitos séculos, além de moedas e dinheiro de papel. Quando as conexões globais tornaram-se possíveis no século XVI, a China Ming (1368-1644) tornou-se o que os historiadores econômicos chamaram de "depósito de prata" mundial, atraindo enormes quantidades de prata minerada nas Américas e transportada pelo Pacífico nos galeões de Manila.

ca, no lado ocidental da Rota da Seda e da rota do Oceano Índico, além de participar da troca leste-oeste, forneceu uma conexão sul-norte que adicionou outra dimensão ao comércio global estabelecido e à interação cultural. Ao longo do vasto continente, importantes estradas foram criadas para ligar os mercados interafricanos e para conectá-los à Ásia e à Europa.

Havia duas grandes fronteiras históricas de interconexão global na África: o Mar Vermelho e a fronteira do Oceano Índico do leste da África, e da fronteira do Saara no oeste da África. Embora o comércio da fronteira Mar Vermelho-Oceano Índico fosse marítimo e o da fronteira saariana fosse baseado na terra, ambas pareciam fazer fronteira com o oceano: o Saara é um deserto formidável de 4,8 milhões de Km^2 em área que pode ser considerado um oceano de areia. A palavra arábica *sahel* é traduzida como "linha costeira", e na região do Sahel, que fica nas bordas do sul do deserto, estavam situados muitos "portos" de entrada. Como os oceanos do leste da fronteira africana, as areias do deserto não eram tanto uma barreira quanto um espaço a ser regularmente atravessado, o que os africanos faziam ao longo de rotas de comércio bem estabelecidas, começando pelo menos já no século II.

Entre 100 e 500 d.C., o camelo, o "navio do deserto", foi introduzido no Saara no oeste da Ásia por meio do Egito. O uso do camelo foi uma inovação no comércio terrestre africano equivalente às melhorias na tecnologia marítima em outros lugares. O camelo levou a um comércio mais rápido, mais frequente e mais regular. Criados em diferentes tamanhos e formatos para diferentes terrenos, o camelo padrão de uma corcova podia levar cargas de até 250 quilos enquanto viajava por mais de uma semana sem água. O camelo era usado em caravanas terrestres na África e na Ásia.

ROTAS DA SEDA E ROTAS CENTRO-ASIÁTICAS DE CARAVANAS

Por mil anos antes da conquista mongol da Eurásia, no começo do século XIII (ver Capítulo 7), uma das interconexões mais importantes entre o leste e o oeste era a Rota da Seda pela Ásia Central, criada entre o segundo século a.C. e o segundo século d.C. No primeiro século d.C., zonas comerciais grandes e ricas situavam-se nos lados ocidentais e orientais da Ásia: a China Han no leste e, no oeste, o Império Parto na Pérsia com suas conexões com o Império Romano na Europa. Rotas pela Ásia Central ligaram o comércio entre esses mercados, mas havia pouca segurança garantida aos mercadores cautelosos.

Antes da Rota da Seda, as mercadorias eram transportadas esporadicamente em pequenas quantidades. Por 1500 anos depois de seu estabelecimento, a Rota da seda foi a principal conexão por terra pela qual povos, tecnologias, comércio e ideias se movimentaram entre o leste e o oeste da Ásia, a Europa e o norte da África. Na medida em que mercadores oeste-asiáticos e soldados romanos alcançaram o oriente e os mercadores chineses e os exércitos Han se estenderam para o ocidente, os Estados de oásis da Ásia Central prosperaram ao longo dessa rota de caravanas. O ouro era um dos mais importantes itens de comércio, mas especiarias, sedas e outros itens de luxo também foram comerciados.

Situada em uma encruzilhada entre a rota lateral leste-oeste e uma via norte-sul entre a Índia e a Rússia, Samarkand era uma das mais antigas cidades da Ásia Central e exerceu um papel fundamental no comércio de caravanas que atravessou essa região por mais de mil anos. Samarkand foi governada sucessivamente por turcos, árabes e persas e foi conquistada novamente por mongóis em 1220. Um relato sobre Samarkand, escrito logo depois disso, retrata uma cidade repleta de jardins, cercada por três muralhas concêntricas: uma muralha externa com 12 portões de madeira, cercando uma segunda muralha ao redor da própria cidade, uma área murada interna que cercava a mesquita principal e a cidadela amuralhada contendo o palácio do governante. Samarkand e outras cidades de oásis, como Bukhara, Tabriz ou Turfan, ao noroeste da China, foram essenciais ao comércio de caravanas pela Ásia Central que conectou a China ao oeste da Ásia e à Europa. Elas serviam como pontos de parada necessários para abastecimento de água e provisões para as grandes caravanas que atravessavam os desertos e as estepes da Ásia Central.

CARAVANAS TRANSAARIANAS E COMÉRCIO

O comércio transaariano de ouro precedeu a expansão norte-africana do Islã no século VII d.C. Mais de sete séculos depois, o ouro ainda estava sendo carregado e levado sobre as costas dos camelos ao longo de rotas centenárias que atravessavam o grande deserto. Uma vez que os camelos e os veículos de rodas foram adotados ao longo da rota de caravanas transaariana nos tempos de Roma, os padrões de crescimento comercial permaneceram tecnologicamente estáveis até a introdução de armas de fogo e da cavalaria no século XVI. As rotas do deserto raramente mudaram seus cursos, pois elas tinham base nas habilidades de navegação das famílias mercantes africanas, acostumadas com a localização de oásis. A incorporação de rotas de comércio antigas às redes comerciais do mundo islâmico mais amplo ocorreu de forma gradual e praticamente de modo pacífico, conforme os clérigos-mercantes muçulmanos viajavam para longe, envolvidos no comércio e na peregrinação. Não há dúvida de que a crescente islamização das sociedades oeste-africanas aprofundou ainda mais sua participação no mundo do comércio via terrestre que ia desde o Atlântico até o Oceano Índico e além.

Assim como eram essenciais as caravanas transaarianas no sistema comercial do norte e do oeste da África, as caravanas organizadas para que os mercadores norte-africanos obtivessem lucro eram apenas associações temporárias de grupos que por acaso estavam levando mercadorias pelo deserto ao mesmo tempo. Empresas individuais, não as caravanas propriamente ditas, eram o núcleo organizacional do comércio transaariano de caravanas e esses grupos eram unidos em empreendimentos de caravanas tanto por laços formais como informais. A lei islâmica fornecia a base da formação de acordos escritos de parcerias em empresas comerciais ou adiantamento de créditos entre mercadores independentes.

A cidade comercial de Begho, no limite da floresta oeste-africana, estava estrategicamente situada em um entreposto para as minas de ouro de Akan, enviando o ouro para o norte, ao mundo Mande, e além pela rota transaariana de caravanas, interconectando os mundos mediterrâneo e islâmico. Em seu auge (séculos XIII a XVI), Begho provavelmente tinha 15 mil habitantes, incluindo mercadores de um vasto número de regiões culturais. Diferentes grupos de linguagem residiam nos diferentes bairros da cidade. Artesões viviam e trabalhavam em bairros separados, onde forjavam panelas de latão e bronze, ferro trabalhado, aço, marfim, roupas de tecidos e algodão tingido, valorizadas em lugares tão distantes quanto a costa do Atlântico.

Em Begho e em outras cidades comerciantes de ouro, pesos de barro e latão de diferentes formas e tamanhos eram usados pelos mercantes para pesar o ouro, este sendo colocado em balanças de contrapeso para pesar o pó e as pepitas. Esses pesos adequavam-se ao sistema islâmico de onças, utilizado no norte da África e no oeste do Sudão já no século IX. O mais pesado dos padrões islâmicos, a onça de 31,5 gramas, tornou-se conhecida como a onça de troia na Europa. Comerciantes de ouro viajavam sob o comando de um comerciante chefe, frequentemente em grandes grupos como forma de proteção contra ladrões.

Jornadas pelo Saara eram repletas de perigo, como demonstram os ossos e resquícios de caravanas perdidas; elas poderiam durar meses, e os oásis poderiam ficar até 10 dias de distância um do outro. Até mesmo quando impostos e taxas eram pagas às autoridades locais para garantir a passagem segura, as caravanas se encontravam sob o perigo constante dos ataques de ladrões e bandidos. Dunas que se moviam e vento com areia confundiam até os mais experientes guias. Os perigos eram grandes, mas o potencial de fazer grandes fortunas também era. Estimativas confiáveis da produção de ouro dos akan, uma grande fonte de comércio saariana, sugerem que durante os anos de 1400, de 5 mil a 22 mil onças de ouro foram produzidas anualmente. Essa enorme riqueza foi complementada com as fortunas que podiam ser feitas a partir do comércio de vasilhames de latão, nozes de cola (mastigadas como estimulante) e sal minerado do Saara. Além da rede comercial do Saara ter servido como canal de transferência de tecnologias e ideias. Os grandes portos saarianos de Sijilmasa, Timbuktu, Gao e outros eram os pontos de entrada de uma viva troca de povos e culturas. Por esses portos passaram mercadores e viajantes de Gênova, Veneza, Gana, Cairo, Marrocos e outros.

Nos séculos anteriores a 1500, o comércio transaariano com a Europa foi documentado pela aparição regular, nos mercados europeus, de itens como o couro "marroquino", um produto que, na verdade, era manufaturado na região sudanesa da atual Nigéria. Por séculos nenhuma mercadoria africana chamou tanto a atenção do comércio mundial quanto o ouro oeste-africano. Como o ouro siberiano, aquele da África sustentou muitos sistemas monetários europeus da época. Foi o rumor do ouro, bem como as outras riquezas do continente africano, que inspiraram os portugueses e outros viajantes marítimos europeus posteriores que vieram a alterar as conexões globais estabelecidas e a afetar significativamente o equilíbrio global.

O OCEANO ÍNDICO

As rotas marítimas do Oceano Índico foram estabelecidas até mesmo antes das Estradas da Seda terrestres da Eurásia e das rotas de caravanas transaarianas, e eram o adversário principal dessas redes terrestres de comércio mundial entre o leste e o oeste. As rotas marítimas eram menos sujeitas aos problemas de segurança e divisões políticas a que estavam sujeitas as rotas terrestres, e consistentemente carregavam quantidades maiores de mercadorias e pessoas. O comércio marítimo de longa distância no oeste do Oceano Índico existiu desde o terceiro milênio a.C., e no século I d.C., o número de portos se expandiu significativamente.

A marinha mercante ligou o oeste da África e o sudoeste da Ásia com a Índia, com o sudeste da Ásia e com a China. As conexões mais antigas foram feitas por navios que se movimentavam devagar, acompanhando a grande saliência da linha costeira entre o leste e o oeste. No começo do século I d.C., tanto no lado leste como no lado oeste dessa rota longa e complexa, as condições do mercado e as circunstâncias políticas forçaram uma mudança nos padrões do comércio costeiro: a rota do oceano índico tornou-se uma via marinha expressa atravessando os oceanos entre os portos do leste e do oeste. Portos do sudeste da Ásia serviram como condutores do comércio chinês com os comerciantes árabes e africanos que navegaram o Oceano índico. O olíbano árabe, um dos principais ingredientes do incenso utilizado em cerimônias religiosas e também em muitos remédios, e o marfim africano, juntamente com as especiarias do sudeste asiático, estavam entre os artigos de consumo do comércio do Oceano Índico destinados ao mercado chinês, que passavam pelos portos do sudeste da Ásia. Os produtos chineses procurados por seus parceiros comerciais incluíam a seda, o chá e as mercadorias manufaturadas, como as cerâmicas.

Havia três circuitos comerciais interligados no Oceano Índico: o do Mar Arábico, o do Oceano Índico e o do sul do Mar da China. O primeiro era dominado pelos muçulmanos, o segundo incluía mercadores muçulmanos do leste da África e hindus do sul e sudeste da Ásia, e o terceiro era dominado pelos chineses. Nenhum único Estado, cultura ou grupo étnico dominou o comércio do Oceano Índico totalmente: em vez disso, ele era um mundo multiétnico onde mercadores árabes residiam em portos chineses, comerciantes leste-africanos nos portos indianos, e mercadores indianos nos portos chineses e no leste da África. Mercadorias e ideias eram trocadas nesses encontros entre mercadores, e os ventos das monções determinavam quando o comércio ocorria e como ele se configurava.

"TERRA ABAIXO DOS VENTOS": SUDESTE DA ÁSIA

A região que conhecemos como sudeste da Ásia foi moldada pelo florescimento do comércio marítimo de longa distância entre leste e oeste pelo Oceano Índico e além. Atingido pelas monções, chuvas pesadas trazidas por ventos, que também moviam navios a velas pelos mares com grande regularidade sazonal, o sudeste da Ásia era conhecido por seus habitantes – e pelos forasteiros que trilhavam as águas do Oceano Índico por causa do comércio – como as "Terras Abaixo dos Ventos". Tanto o sudeste da Ásia continental como suas ilhas eram dependentes do comércio marítimo levado pelos ventos de monções, e certas cidades portuárias, como Malacca, na ponta da Península Malasiana, existiam somente como o resultado do comércio no Oceano Índico.

Ao final do século I d.C., a área do atual Vietnã, Camboja, Tailândia e Burma, as grandes planícies fluviais do sudeste do continente asiático, estava dividida entre um número de políticas regionais. Tornadas férteis pelos sedimentos de cheias de monção regulares e relativamente brandas, essas planícies eram muito produtivas para a produção de arroz alimentada pela chuva e progressivamente irrigada. Elas eram, além disso, bem maiores e capazes de suportar populações de grande porte e concentradas. As planícies também eram fáceis de dominar politicamente, em contraste com as regiões montanhosas, onde a comunicação e o transporte eram mais complicados. Em algum momento por volta de 50 d.C., aquilo que as fontes chinesas posteriores descreveriam como o "Reino de Funan" surgiu no curso baixo do Delta de Mekong e ao longo da linha costeira da Tailândia para o oeste.

O Funan primitivo era composto de um número de comunidades, cada qual com seu líder, ligadas livremente por uma cultura comum e por um padrão econômico compartilhado de produção de arroz. complementada pela participação no comércio regional costeiro. A população Funan eram composta principalmente por povos fazendeiros dos arredores e por comerciantes marítimos das cidades costeiras, os quais eram economicamente interdependentes. O excedente da produção de arroz encontrava um mercado pronto nos portos, onde os navios que passavam ao longo da costa se abasteciam. Os comerciantes marinheiros, por sua vez, não tinham dificuldade em pagar pelo arroz e outros produtos agrícolas com as mercadorias trazidas de portos estrangeiros. Esse sistema de trocas bem equilibrado, que pode ter ocorrido durante centenas de anos, passou por uma mudança significativa por volta de 50 e 150 d.C. A mudança foi causada por fatores externos e ganhou força internamente graças aos líderes ambiciosos, que transformaram Funan em um império. O catalisador dessa transformação foi o crescimento do comércio marítimo entre a Índia e a China, que intensificou a importância das trocas.

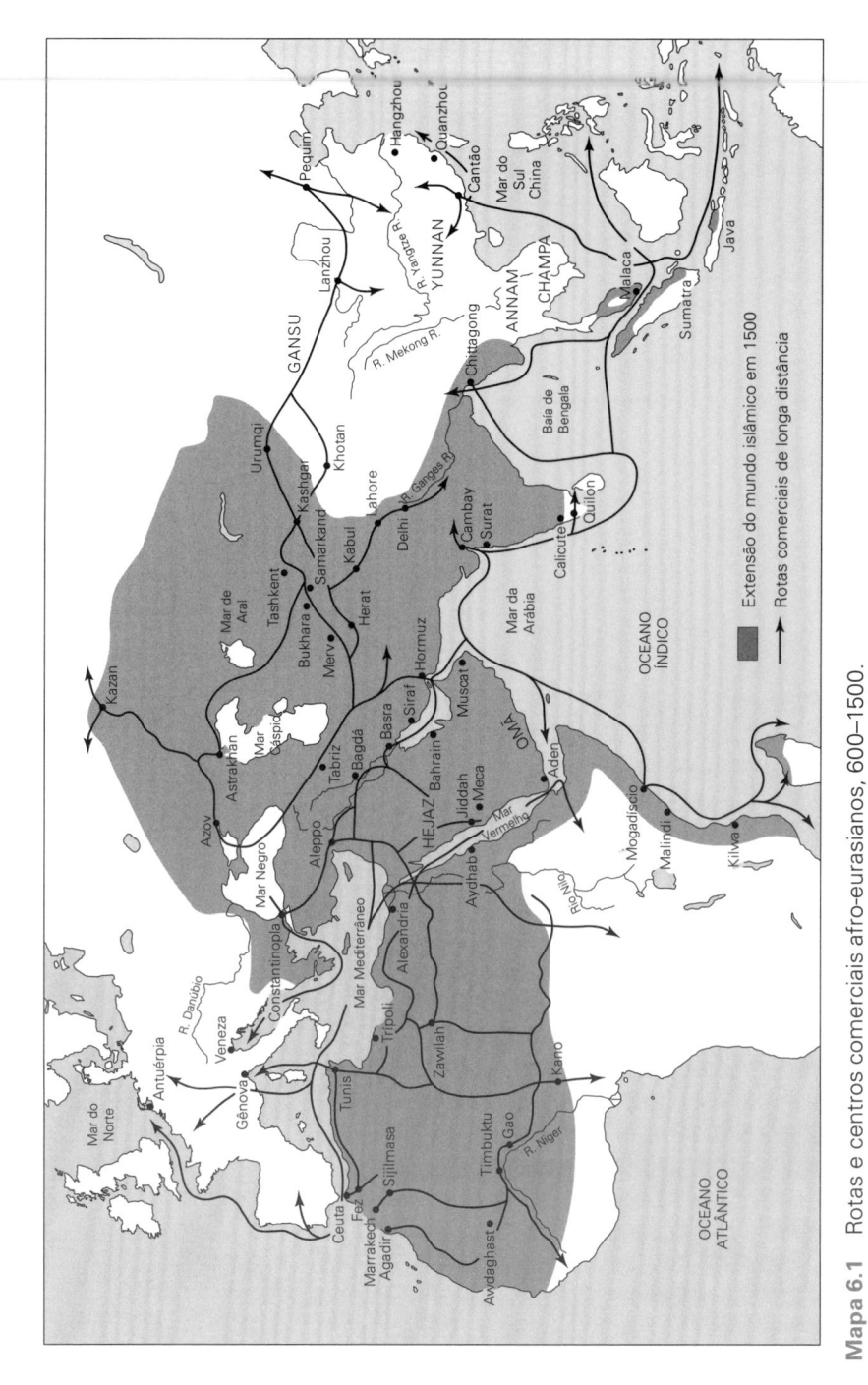

Mapa 6.1 Rotas e centros comerciais afro-eurasianos, 600–1500.

Fonte: Francis Robinson, *Cambridge Illustrated History of the Islamic World* (Cambridge: Cambridge University Press, 1996), p. 126.

Funan, que começou como um grupo de comunidades agrícolas autônomas no curso baixo dos rios Mekong e Tonle Sap, descobriu que o crescimento do comércio marítimo que passava pela região trouxe lucros comerciais suficientes para dar suporte a uma base populacional maior. Com uma população expandida, os líderes Funan expandiram a produtividade agrícola de suas terras pelo investimento em irrigação mais intensiva, e começaram a conquistar comunidades vizinhas. Eles também buscaram monopolizar o comércio marítimo da região pela conquista de empórios ou centros comerciais costeiros rivais.

Enquanto as origens dos Funan repousam em comunidades baseadas na agricultura transformadas em um império, pela riqueza e pelo poder que vieram do controle das redes comerciais costeiras internacionais, Srivijaya surgiu a partir de comunidades comerciais costeiras com base fluvial, que estavam unidas na forma de um império marítimo (ver Capítulo 7). Pelo desenvolvimento de boas relações entre os arredores agrícolas, com o objetivo de obter um suprimento confiável de mercadorias para o comércio, os fundadores de Srivijaya foram capazes de sustentar uma grande zona de comércio marítimo e ainda estabelecer um império que dominou a região de 670 até 1025. A capital Srivijaya, Palembang, na ilha de Sumatra, na atual Indonésia, estava estrategicamente situada próxima à entrada sul do estreito de Malacca. Com suas frotas e exércitos, ela gradualmente estabeleceu o domínio da costa e construiu um grande empório na costa sudeste de Sumatra.

Em Java, durante os anos de declínio de Srivijaya, a região marítima comercial da costa leste tornou-se unificada sob o governo de Majapahit, uma Cidade-Estado dinástica e uma confederação comercial. Ao final do século XIII, Majapahit desenvolveu sua própria rede comercial, extensiva e rigorosamente controlada, com a península Malaia e as ilhas ao norte, incluindo Sumatra, Borneo, Sulawesi e as Molucas.

Do século XIII em diante, a influência islâmica cresceu constantemente no mundo das ilhas do sudeste asiático. A Cidade-Estado islâmica de Malacca foi fundada em 1401. Malacca desenvolveu-se durante o século XV em um rico entreposto (ponto de troca e distribuição), com um volume comercial em rápida expansão, passando seu porto estrategicamente localizado do norte para o sul e do sul para o norte, pelo apertado Estreito de Malacca. Comerciantes indianos, árabes e persas estabeleceram seus postos comerciais em Malacca, e a linguagem malaia tornou-se a língua principal do comércio pelo sudeste da Ásia. O algodão indiano era uma das principais mercadorias que passavam pelo porto de Malacca, onde era trocado pelas especiarias do leste indiano, destinadas ao mercado europeu. Em 1500, Malacca era o maior e mais populoso empório do mundo comercial internacional do sudeste da Ásia.

CIDADES PORTUÁRIAS, MERCADORES E COMÉRCIO MARÍTIMO

Por meio do Oceano Índico, Cidades-Estado leste-africanas também cresceram como centros de administração do comércio marítimo. Situadas nas ilhas dos atuais Quênia e Tanzânia, na costa leste africana, sociedades urbanas complexas como as de Kilwa, Pemba, Lamu e Pate surgiram (século II d.C.) a partir do arcabouço de civilizações mais antigas do continente africano. Esses centros urbanos costeiros foram o contexto no qual a cultura e a linguagem Swahili (baseada em um núcleo linguístico bantu com elementos árabes adicionados) surgiram por volta de 1100 d.C. A riqueza e a importância política dos Swahili estavam baseadas em seu controle da extensiva rede comercial do Oceano Índico. Comerciando ouro, marfim, escravos, madeiras raras e outras mercadorias obtidas dos arredores africanos em troca de porcelanas chinesas, mercadorias islâmicas de vidro, vasos de vidro e colares de contas, ricos sultões construíram depósitos luxuosos, centros comerciais para importação e exportação com as funções de coleta e distribuição.

Três áreas centrais do subcontinente se envolveram no comércio do Oceano Índico: a península do Gujarat, a costa de Malabar, no oeste, e a costa de Coromandel, no leste. Ibn Batutta elogiou a bela arquitetura da cidade de Cambay, o maior porto do Gujarat, construído por mercadores estrangeiros que perfaziam a maioria de seus habitantes. Mercadores gujaratis desempenharam um papel importante no transporte marítimo e no comércio, foram proeminentes entre as cidades portuárias do leste da África também. Bem ao sul de Cambay, ao longo da costa de Malabar, a cidade de Calicute era um complexo comercial onde mercadores gujaratis e judeus se ocupavam com o comércio. Calicute foi erigida na metade do século XIII, quando Bagdá foi derrotada pelos mongóis e o Golfo Pérsico foi eclipsado em importância como uma rota comercial, quando os Karimi do Cairo tomaram o controle do comércio de especiarias do Oceano Índico.

Karim (significando "grande") era um termo árabe utilizado para distinguir mercadores atacadistas de grande porte dos pequenos negociantes. Mercadores Karimi cresceram em importância no Cairo durante o final do século XIII e o início do século XIV, assim que o Cairo atingiu seu auge no comércio internacional. Embora as especiarias fossem mercadorias primárias comerciadas pelos mercadores Karimi, roupas, porcelana, pedras preciosas, seda e escravos (não muçulmanos) figuravam entre os outros bens comercializados. Alguns mercadores Karimi eram banqueiros ou donos de navios. Como suas contrapartes nas Cidades-Estado italianas como Veneza e Gênova, os mercadores Karimi formavam parcerias para empresas no além-mar em uma época em que um parceiro colocava dois terços do capital e o outro contribuía com o um terço restante, mais a mão de obra para acompanhar as mercadorias fora do país. Os lucros eram igualmente divididos, uma vez que o transporte e os outros custos da iniciativa fossem subtraídos. Esse tipo de parceria foi conhecido em Veneza e Gênova como *commenda* e foi amplamente utilizado por seus mercadores.

Ao final do século XI, a Primeira Cruzada inaugurou um processo de renascimento comercial que reconectou as economias europeias com aquelas da Ásia e da África, com o resultado de que as cidades italianas tornaram-se centros mercantis de comércio de longa distância. Os esforços para recapturar a Cidade Sagrada provaram ser uma vantagem ao comércio, e os mercadores italianos acumularam grandes lucros. Veneza se fortaleceu durante as quatro primeiras Cruzadas, conquistando seus rivais, como Gênova, dominando o leste do Mediterrâneo e acumulando as riqueza das rotas de comércio entre Constantinopla e a Europa ocidental.

Situada no alto do mar Adriático, Veneza cresceu sobre ilhas pantanosas localizadas em lagoas salgadas entre o continente e os bancos formados pelos detritos de alguns rios, notavelmente do rio Pó, que eram despejados para a área marinha. Embora os venezianos tivessem de recolher água da chuva para ter água potável, o mar lhes ajudava de quase todas as outras formas. O mar era a maior fonte de alimento, pois a terra nas ilhas era escassa e a maior parte dela não era adequada à agricultura. Do comércio primitivo de peixes e sal com o continente ao monopólio mercantil leste-oeste que Veneza atingiu por volta do século XIII, o comércio marítimo enriqueceu os venezianos e tornou a cidade uma importante potência europeia. Na medida em que Veneza foi tornando-se rica e poderosa com o generoso comércio mediterrâneo e com os lucros ligados às cruzadas, como sobreviviam as pessoas fora dessa conjuntura de cidades portuárias dependentes do comércio?

SUBSISTÊNCIA NOS FEUDOS DA INGLATERRA MEDIEVAL

Antes de mais ou menos 1200, tanto na economia pastoril quanto na agrícola por todo o globo, as relações de parentesco definiam a unidade básica de produção e consumo. Em muitas partes do mundo, unidades familiares consistiam amplamente (embora não exclusivamente) em indivíduos com relações sanguíneas que eram organizados em unidades de larga escala, como na economia feudal na Inglaterra medieval.

A Inglaterra do final do século XI era uma sociedade agrária na qual 90% da população sobrevivia da terra. No natal, em 1085, William (Guilherme), o Conquistador, rei da Inglaterra, discutiu com seus conselheiros sobre o povo e a terra do reino que governava. Um cronista contemporâneo reconta o resultado dessa discussão:

> Então ele enviou seus homens por toda a Inglaterra, para cada condado, para que descobrissem quantas centenas de medidas de terra (hides) havia no condado, ou quanta terra e gado o próprio rei tinha no país, ou quais impostos ele deveria receber, em 12 meses, do condado. Ele também fez um registro de quanta terra seu arcebispo possuía, e seus bispos e seus abades e seus condes... o que e o quanto tinha cada um que estivesse ocupando terras na Inglaterra, em terras ou gado e quanto dinheiro aquilo valia.
>
> (Citado em David Roffe, *Domesday: The Inquest and the Book*, Oxford: Oxford University Press, 2000, p. 1)

Essa avaliação foi registrada no livro que, mais tarde, tornou-se conhecido como "Domesday Book", nome recebido do Dia do Julgamento devido à sua importância sem precedentes, aos olhos dos habitantes da Inglaterra daquela época. Um relato preciso e detalhado da riqueza e da propriedade administrada pelo rei, seus lordes, a Igreja, e todos os outros, o "Domesday Book" fornece uma fotografia da distribuição de riqueza na Inglaterra, naquele dado período de tempo. Um rico retrato da vida econômica da Inglaterra do fim do século XI pode ser percebido a partir dos dados registrados em suas páginas.

Menos de 200 não clérigos e quase uma centena de grandes igrejas (incluindo bispados, abadias e conventos) juntos possuíam cerca de 75% dos valores estimados do país inteiro. Lordes poderosos arrendavam parcelas de suas propriedades a arrendatários que frequentemente eram descritos como cavaleiros e, por isso, pertenciam aos mesmos círculos sociais que os lordes. Alguma coisa entre metade e três quartos da propriedade eram mantidas "sob servidão" para fornecer ao lorde as necessidades diretas de alimento e rendimentos para sua unidade doméstica pessoal. A maioria das servidões eram arrendadas mediante aluguel em dinheiro, e os arrendatários constituíam uma classe média proprietária, o gentio. Mas de longe o maior número de pessoas era de vilões, aqueles que possuíam ou alugavam algum pedaço de terra, ou servos, aqueles que eram ligados ao solo e trabalhavam a comando do senhor feudal.

Os campos cultivados eram divididos em faixas longas e estreitas, as quais eram divididas entre os vários requerentes dos direitos sobre a terra: o senhor feudal, cavaleiros, vilões e servos. Para manter a posse de até mesmo modestas tiras de terras a eles designadas, os servos deviam mais do que seu trabalho ao senhor feudal. Juntamente com tributos e aluguéis costumeiros, eles eram obrigados a dar uma porcentagem de tudo que era retirado da terra ao seu suserano, um dízimo à casa senhoral ou ao sacerdote da aldeia, e talvez uma parte ao gerente que fiscalizava e gerenciava as terras da propriedade. Também existiam obrigações extras, como contribuições feitas ao senhor feudal em certos feriados e outras ocasiões especiais, e havia um trabalho adicional devido, chamado de *corveia*, como coletar a lenha do senhor ou realizar outras tarefas para ele além da manutenção das estradas e pontes no feudo.

O senhor feudal também tinha o controle sobre certos produtos de seu feudo, conhecidos como *banalidades*. Essas incluíam produtos do esmagador de uva, moinhos de trigo e do uso dos fornos do feudo, o que pertencia ao senhor e que os residentes de suas terras não tinham outra escolha senão usar. A terra comunal era mantida coletivamente pela comunidade aldeã, enquanto as florestas, prados e cursos de água eram controlados pelos senhores. Os lordes possuíam privilégios de caça, os quais eram negados aos camponeses, e os direitos de caça incluíam cavalgar pelos campos perseguindo presas.

Começando no século XI, houve um aumento na produtividade agrícola, impulsionado por posteriores melhorias tecnológicas como a ferradura e o colar de cavalo, que tornou mais fácil o controle dos cavalos para lavrar os campos. Combinadas com a proliferação dos moinhos movidos à água para fornecer energia para a moagem de grãos e a limpeza de mais terras para o cultivo, as inovações tecnológicas ajudaram a acelerar o crescimento demográfico que, por sua vez, levou a um crescimento considerável nas vilas e cidades. Os centros urbanos ofereciam oportunidades aos camponeses do interior de se envolverem com o comércio, manufaturas e outros trabalhos conforme surgia o desenvolvimento de uma economia comercial. Mas a terra feudal continuava como a base primária da agricultura, mesmo que alguns lordes tenham começado a mudar suas plantações para produzir para o mercado.

Nos dois séculos seguintes, houve um crescimento generalizado das populações e alguma expansão da economia por meio do volume crescente de comércio de mercadorias como lã, roupas e madeira, mas não houve revolução agrícola ou comercial. Também não houve avanços significativos na tecnologia industrial, e as maiores indústrias permaneceram essencialmente as mesmas: mineração, produção de sal, construção de navios, pesca marinha. O comércio exterior da Inglaterra no século XIII era controlado por mercadores italianos operando fora dos portos de Veneza e Gênova. As cruzadas dos séculos XI a XIII reconectaram a Europa do noroeste às redes comerciais do leste do Mediterrâneo e as rotas terrestres afro-eurasianas, mas a Inglaterra permaneceu na periferia. Demandas por lã inglesa, contudo, ajudaram a preservar o equilíbrio comercial e a garantir que os metais preciosos fluíssem para a Inglaterra para manter a cunhagem – a moeda de prata – em um padrão consistente. E o crescimento populacional entre os séculos XI e XIII significou a expansão pelo menos dos assentamentos e do cultivo e o crescimento das cidades. Entre 1100 e 1300, aproximadamente 140 novas cidades podem ser documentadas.

Mas a expansão do cultivo para terras marginais não forneceu necessariamente a produtividade necessária. No século XIII, tentativas de cultivar terras aráveis mais intensivamente levaram à adoção generalizada do sistema de três campos de cultivo em vez de dois. Um padrão de cultivo que promoveu a "agricultura sustentável" pela rotação de culturas entre dois ou três campos, deixando um campo ocioso ou desocupado, ambos os sistemas foram desenvolvidos para recuperar o solo e manter a produtividade. Para preservar a qualidade do solo sob cultivo mais intenso – o efeito da mudança do sistema de dois campos para três – foi necessário o uso de mais fertilizante, o que, por sua vez, dependia dos rebanhos. E o pasto do gado foi reduzido na medida em que pastos e bosques foram utilizados para o cultivo.

Há algumas evidências de que as condições econômicas pioraram para os camponeses ingleses ao fim do século XIII, conforme o crescimento populacional ultrapassou a produtividade agrícola. Registros de propriedades da época indicam que pelo menos o tamanho médio das propriedades dos inquilinos estava diminuindo. E, embora a escravidão não tenha desaparecido, talvez metade da população era composta de servos sujeitos às demandas dos lordes em cujas propriedades eles trabalhavam. No século XII, os serviços devidos por muitos servos eram convertidos no pagamento de aluguéis em dinheiro. Por volta de 1200 – e certamente com o impacto da Carta Magna (1215) na promoção do domínio da lei – os juízes do rei começaram a decidir quem tinha o direito, como um "homem livre", de ser ouvido perante o tribunal e quem não tinha. O efeito disso foi o de estabelecer uma classificação dual da sociedade: metade de não livres na servidão e metade considerada como livre. Enquanto no passado os senhores eram livres para manipular os serviços costumeiros devidos por seus inquilinos, uma forma legal de lidar com as disputas ganhou terreno, as extorsões arbitrárias dos senhores tornaram-se mais difíceis de impor. A classe mais baixa, porém, continuava sendo daquelas pessoas com ou sem terras, livres ou não, que mal tinham para sobreviver. Viver no limite da existência significava que a menor queda nas colheitas poderia ter um grande impacto sobre a mortalidade, seja pela fome ou pelas doenças originadas da péssima nutrição.

O crescimento da população significou uma demanda crescente por comida e consequências devastadoras para os pobres, mas um formidável desenvolvimento para os ricos quando os preços subiam, conforme aconteceu por volta de 1200 e novamente no final do século XIII. Um resultado relacionado ao aumento populacional foi a abundância de força de trabalho disponível, o que significava que os salários não cresciam paralelamente ao aumento dos preços. Ricos proprietários de terras obtinham grandes lucros pela venda do seu excedente produtivo nos mercados que estavam proliferando por todo o interior. A importância crescente da produção para o mercado levou muitos senhores feudais a assumir o controle da gerência de suas propriedades, em vez de arrendar a seus inquilinos. Por exemplo, por volta de 1200, o abade Samson de Bury St. Edmunds assumiu suas propriedades com suas próprias mãos e indicou gerentes para dirigi-las, com o objetivo de produzir um excedente para venda no mercado livre. Esse gerenciamento revolucionou-se e acompanhou o interesse na tecnologia agrícola, beneficiando apenas alguns dos habitantes da Inglaterra da época. No final do século XIII, pressões populacionais estavam tensionando a economia agrícola tradicional e aumentando a divisão entre ricos e pobres.

Em 1300, camponeses ingleses estavam vivendo em um mundo onde a terra era escassa, as alternativas ao cultivo eram poucas (os salários eram baixos, mesmo quando havia emprego) e os preços eram altos. O crescimento da população inglesa atingiu seu pico por volta de 1300, e, na metade do século XIV, padrões de vida mais baixos para grande parte da sociedade – produzidos por muitas pessoas tentando se sustentar com muito pouca terra – resultou em altas taxas de mortalidade que refrearam o crescimento demográfico. Uma série de colheitas pobres, por conta do mau tempo e dos desastres naturais na primeira metade do século XIV, demonstrou a fragilidade e a vulnerabilidade da economia e da subsistência das pessoas, e provocou um declínio temporário na população. Mas foi a epidemia conhecida como Peste Negra que teve o maior impacto sobre a população em todos os níveis da sociedade inglesa, na metade do século XIV.

Começando em 1348, a praga se espalhou pela Inglaterra e pela a Escócia rapidamente, reduzindo a população em cerca de um terço. O declínio catastrófico na população melhorou as

Figura 6.1 Camponeses realizando a colheita sob a supervisão dos agentes do lorde (1300-1325). O trabalho dos camponeses cultivando os campos e fazendo a colheita de plantações que pertenciam em parte ao lorde, cujos agentes eram responsáveis por assegurar que a terra produzisse as colheitas mais fartas possíveis.

condições de trabalho com o aumento da demanda e, por isso, dos salários, mas o custo humano físico e psicológico foi enorme. Encarando a diminuição da força de trabalho, os proprietários ingleses de terra tentaram exercer controle sobre o campesinato, e a Coroa, da mesma forma, deu apoio a esses esforços por meio de regulamentos que tentaram estabilizar os salários e devolvê-los aos níveis anteriores à praga. As frustrações camponesas se acumularam e irromperam finalmente na Revolta Camponesa em 1381, precipitada ainda por outro aumento no imposto pessoal, um aumento triplo como o de muitos anos. A oposição contra isso aproximou uma grande parte da sociedade inglesa, desde trabalhadores agrícolas até moradores urbanos, que ao fim convergiram até Londres para exigir que o rei Ricardo II desmanchasse a servidão. Mas a espontaneidade que gerou a insurreição não foi capaz de sustentar sua força e os rebeldes rapidamente se dispersaram para suas casas nas cidades e no interior. No final das contas, o crescimento do comércio e da urbanização teria o efeito de fazer ruir o antigo sistema feudal e, pelo menos em alguma extensão, libertar os camponeses.

MERCADOS E DINHEIRO NA CHINA: A REVOLUÇÃO COMERCIAL

Na época em que as mudanças comerciais estavam começando a dilapidar o sistema feudal na Inglaterra, os camponeses chineses já haviam experimentado uma revolução comercial. A revolução comercial na China, contudo, foi atrasada e hesitou por causa das invasões de povos nômades em suas fronteiras, que culminaram na conquista mongol ao fim do século XIII. Embora os debates continuem a discutir a precisa natureza da propriedade de terras na China durante o período Song (960-1279), a era da "revolução comercial", duas coisas são certas: havia grande variação regional nos modos de posse da terra, e não havia um sistema "feudal" difundido que prendia genericamente os camponeses à terra. Com uma população de cerca de 100 milhões no ano 1000, a China começou a experimentar uma série de mudanças que projetaram sua economia em um rápido crescimento e a revolução comercial estava bem encaminhada.

No começo do século XI, a introdução de novas espécies de arroz do sudeste da Ásia, de maturação mais rápida e resistentes à seca, começou a aumentar o suprimento de comida. Essa espécie de arroz permitiu, ao mesmo tempo, o cultivo e a colheita de mais de um campo por ano, pois os pés de arroz amadureciam mais rapidamente, ou permitiu que os fazendeiros plantassem arroz em locais que não eram bem irrigados e onde não havia sido possível plantar antes. Ao mesmo tempo, melhorias na tecnologia de represas permitiram a utilização de áreas de terras baixas e pantanosas como novas terras para a agricultura. O aumento da produção de alimentos, disso resultante, contribuiu para a expansão populacional. Tal crescimento, por sua vez, contribuiu para a expansão dos mercados para os produtos. Um mercado expandido, acompanhado de redes de transporte eficientes, facilitadas pelas condições políticas estáveis no século XI, encorajaram a especialização regional da produção para o mercado. As regiões começaram a se especializar na produção de têxteis, como a seda – que requeria o cultivo de arbustos de amora e a alimentação dos bichos da seda, assim como as habilidades de tecelões – ou em produtos agrícolas, como laranjas ou chá. O chá, por exemplo, era produzido no sudeste costeiro da província de Fujian, mas era comercializado em regiões de toda a China.

O comércio com vizinhos nômades forneceu aos chineses mercados para seus produtos e o acesso às mercadorias que eles precisavam. Eles importavam prata, panos de linho, ovelhas, cavalos e escravos do norte, e exportavam chá, arroz, porcelana, açúcar, seda e outros bens em troca de remédios, cavalos e outros itens. O comércio marítimo começou a prosperar na Dinastia Tang anterior, quando os mercadores marítimos que singravam as rotas marítimas do Oceano Índico estabeleceram comunidades permanentes ao sul do porto de Cantão. Com a revolução comercial de Song, o comércio marítimo foi reconhecido como parte vital da economia e recebeu o patrocínio e a supervisão oficial. Por volta da metade do século XII, os lucros do comércio marítimo figuravam como aproximadamente um quinto do total de receitas estatais.

No século XI, as receitas estatais das taxas comerciais e os monopólios do Estado (principalmente o de ferro e sal) se igualaram às receitas advindas das taxas agrícolas; no século XII, os rendimentos comerciais em muito excederam aqueles percebidos a partir das taxas agrárias. O crescente uso das moedas de metal e papel e o desenvolvimento das instituições bancárias e de crédito, que ocorreu durante a era Song, foram aspectos chave da revolução comercial do período. Entre os séculos VIII e XI, por exemplo, a emissão de moeda quadruplicou, enquanto a população crescia de forma muito mais lenta.

A mudança de economias localizadas, baseadas no escambo ou troca de mercadorias, para uma economia de escala cada vez mais monetarizada que integrou economias regionais, foi auxiliada pelo uso da moeda de papel e do crédito. A moenda de bronze redonda com um buraco no meio, chamada de "dinheiro", que era amarrada em unidades de 1.000, era a unidade monetária básica cunhada pelo Estado Song, mas era pesada e inconveniente para usar e transportar em grandes quantidades. Inovações como o uso de certificados de créditos ou letras de câmbio – documentos demonstrando que o dinheiro depositado em um lugar poderia ser trocado por um recibo que poderia ser utilizado para pagar mercadorias em outro local – tornaram possível que os mercadores realizassem o comércio com outras regiões com facilidade. O papel foi inventado na China no começo do primeiro milênio, e o uso do papel-moeda também começou na China, entre negociantes regionais no século X. No século XI, o governo Song estava imprimindo papel-moeda oficial.

O desenvolvimento da tecnologia da impressão – tanto a impressão com tipos móveis quanto a com blocos de madeira – e uma indústria gráfica comercial facilitaram a dispersão de outras tecnologias, tornando disponíveis livros baratos, por exemplo, que instruíam os fazendeiros com os novos métodos agrícolas. Avanços na indústria têxtil aumentaram a produção, em uma escala que é sugerida em um antigo relato do século XIV de uma roda de tear mecânico que poderia enrolar 59 quilos de fios em 24 horas. Juntamente com a produção de têxteis de algodão e seda, a produção de cerâmicas expandiu-se, com fornalhas comerciais, imperiais e privadas, espalhadas pelo império. A técnica de confecção da porcelana atingiu a perfeição no século XII, e uma variedade de arte cerâmica foi produzida.

Por muitos séculos, os artesãos chineses produziram ferro fundido, e também produziram aço, utilizando técnicas de fundição bem avançadas da Europa. No começo do século XII, a produção de ferro cru, concentrada no norte da China, girou em torno de 35 a 125 mil toneladas, um nível comparativamente favorável com aquele da Inglaterra de vários séculos depois, nas vésperas da Revolução Industrial. Como as planícies do norte da China já estavam desmatadas pela dinastia Tang, e, portanto, o acesso ao carvão vegetal era limitado, o crescimento da produção de ferro durante o século XI era dependente do uso do carvão mineral, uma inovação que a Europa não empregou antes do século XVIII.

As cidades cresceram e prosperaram, assim como os mercados e os centros de população (ver Capítulo 3). Um relato da capital sulista, Hangzhou, escrito em 1235, descreve a vibrante atmosfera comercial dos seus mercados urbanos:

> Durante as horas da manhã, os mercados se estendiam do Portão da Tranquilidade do palácio até os lados norte e sul da Nova Avenida. Aqui encontramos pérolas, jades, talismãs, plantas e frutas exóticas, frutos do mar da época, caças exóticas – todas as raridades do mundo parecem estar reunidas aqui. Os mercados de alimentos e mercadorias... estão lotados e repletos de tráfico.
>
> (Patricia B. Ebrey, ed., *Chinese Civilization: A Sourcebook*, New York: Free Press, 1993, p. 178)

Cidades como Hangzhou tornaram-se destinos para pessoas do interior porque os restaurantes, as lojas e as casas de entretenimento ofereciam trabalhos que pareciam atraentes, em comparação com a vida rural. As populações de Hangzhou e outras cidades cresceram, a vida social em áreas urbanas criou novas oportunidades culturais e causou mudanças nos papéis dos gêneros e do *status* social. Mesmo que a população chinesa ainda fosse predominantemente rural, em 1200, quando o sistema feudal na Inglaterra estava em seu auge, a revolução comercial do século XI alterou substancialmente a paisagem chinesa – fisicamente, socialmente e, acima de tudo, economicamente.

COMÉRCIO E TRIBUTOS NO IMPÉRIO INCA

Tão ecologicamente diversas quanto eram as variadas paisagens da Europa, diferenças ambientais enormes estiveram concentradas em áreas muito menores na região andina da América do Sul, onde o império Inca surgiu no começo do século XV. A verticalidade era a característica definitiva das limitações ambientais ao garantir a subsistência da região. Apenas 2% da terra era arável, comparada com os quase 25% do arquipélago vulcânico montanhoso do Japão. A topografia sobe e desce centenas de metros em pequenas distâncias, criando vários microclimas e nichos ecológicos que produzem diferentes produtos e são o lar de vários animais, dos quais os habitantes humanos dependem. Tubérculos andinos – mais de 470 variedades dessas "batatas" foram identificadas até hoje – e camelídeos, como as lhamas e as alpacas, são encontrados no *altiplano* (planalto alto) de mais de 4 mil metros de altura. Milho e pimenta são produzidos nos altos vales, de

Figura 6.2 Qiu Ying, Festival de Primavera rio acima (detalhe de uma ponte, 1500). Atribuída a um artista da dinastia Ming (1368-1644), essa representação de um pergaminho famoso do século XII, retratando a vivacidade do comércio e de outras atividades urbanas daquela era, pode, na verdade, ser uma cópia ainda mais antiga. O pergaminho original, acreditava-se, retratava a capital norte de Song (960-1126), a cidade de Kaifeng, embora agora seja considerado como representação de uma cidade genericamente idealizada.

1.800 a 3.000 metros acima do nível do mar; coca, no vale de "cílios da selva" de 900 metros de altura. Mel, nozes e pássaros são encontrados na floresta tropical Amazônica, o sal e os peixes comerciados ao longo da costa árida do Pacífico. O acesso a toda essa gama de nichos ecológicos era necessário para se consumir a cesta completa de mercadorias.

Obtendo o controle sobre as variadas economias regionais de numerosas ecozonas, encontradas ao longo da costa andina da América do Sul, os Incas adquiriram a experiência e as instituições de seus predecessores para construir um império que governou mais de 10 milhões de pessoas, pelo comando da mão de obra e dos recursos materiais das comunidades espalhadas pela região. Para fazer isso, os incas tiveram de construir um sistema econômico que integrou e utilizou a riqueza e a capacidade produtiva de comunidades ecológica e etnicamente distintas, que se espalhavam ao longo da costa ocidental de mais de 4.800 km da América do Sul. A habilidade de transportar mercadorias de uma parte do império para outra era vital. O sistema inca de estradas, com 40.000 km, era uma vasta rede de estradas que constituíam uma realização essencial dos governantes incas e também um feito notável de engenharia. Um observador espanhol comentou:

> Na memória humana, eu acredito que não há registro de uma estrada tão grande quanto esta, percorrendo os vales profundos, as altas montanhas, bancos de neve, torrentes de água, rocha viva e rios selvagens... Em todos os lugares estava limpa e livre de lixo, com pousadas, depósitos, templos solares e postos ao longo da rota.
> (Terence N. D'Altroy, *The Inkas*, Oxford: Blackwell, [2002] 2003, p. 3 [citando Pedro Cieza de Leon])

Os depósitos mencionados aqui tiveram um papel igualmente crucial na habilidade do Estado Inca de extrair riqueza dos povos que conquistava e redistribuí-la. O armazenamento é essencial para manter um suprimento estável de alimentos por meio dos ciclos desiguais de plantio e colheita das economias de agricultura de subsistência. As edificações de armazenamento são igualmente importantes nas economias políticas como aquela do Império Inca. Os governantes Inca alocaram recursos por meio de um elaborado sistema de reciprocidade, no qual os líderes de províncias (*kuraka*) forneciam mão de obra e mercadorias em troca de sua autoridade local ser reconhecida pelo Estado Inca. Embora o trabalho físico fosse considerado como a obrigação básica nessa relação recíproca e a principal fonte de riqueza para o Estado Inca, produtos como a coca também eram fornecidos pelas comunidades locais e armazenados para redistribuição nos grandes armazéns que pontilham a paisagem Inca.

Quando os Incas conquistaram a região, eles exigiram todos os recursos e os alocaram entre o Estado, a religião estatal e as comunidades sujeitas. Então, para repartir as terras produtivas e de pastoreio de volta à comunidade, o Estado Inca exigia mão de obra (*mita*) em troca. Na região peruana de Huanaco, por exemplo, as pessoas eram designadas para, pelo menos, 30 tarefas diferentes para o Estado: agricultura, pastoreio, construção, serviço militar ou de guarda, mineração, estiva e artesanato. E no âmbito da comunidade local, a unidade chave era o *ayllu*, um grupo cooperativo de parentes que organizava unidades domésticas e era a base da distribuição do acesso a terras agrárias, pastos e outros recursos. Membros da elite do *ayllu* tinham o direito ao trabalho agrícola e pastoril, aos serviços pessoais e a alguns produtos manufaturados, em troca de sua liderança cerimonial, política, militar e pela organização de eventos festivos. Eles estabeleceram sua autoridade, em parte, distribuindo bens materiais e comida a seus povos, incluindo tecidos, cerveja de milho e coca. Essa relação – econômica, política e social – se espalhava entre as elites provinciais (especialmente seus líderes, os *kukaka*) e o Estado Inca. Como as diversas ecozonas exigiam, as economias regionais variavam muito e também os produtos que elas forneciam, indo desde produtos marítimos ou agrícolas, até têxteis, cerâmicas e sandálias.

Reconhecendo a grande diversidade de povos e economias controladas pelos Incas, como deve uma região ter funcionado dentro da estrutura da economia estatal Inca? O povo Wanka do alto do Vale Mantaro das terras altas centrais peruanas foi conquistado pelos Incas por volta de 1460. A principal estrada Inca da capital imperial Cuzco para Quito, no norte, percorria esse vale. A população Wanka total provavelmente era de quase 200 mil habitantes, e após a conquista Inca, as comunidades Wanka se mudaram para baixo, dos locais nos altos das colinas para residir em um padrão mais disperso de assentamento ao longo das margens do vale. Assim como em outros lugares, as elites Wanka fora atraídas para a administração estatal como representantes locais dos líderes Incas, e as taxas de serviço foram impostas perante a população local. Informantes Wanka, a serviço dos espanhóis, mais tarde revelaram que eles foram, na verdade, convocados a produzir artigos de consumo para o Estado:

> Eles (os Wankas) foram enviados para administrar campos de alimentos e (fazer) roupas, e virgens foram nomeadas como suas esposas; e as roupas nativas e todas (as coisas) que eles podiam produzir se exigia que armazenassem em depósitos, a partir dos quais doações eram feitas aos soldados, aos senhores, aos valiosos índios e a quem aparecesse; e igualmente, se ordenava que aqueles que trabalharam em seus campos e casas recebessem algo do depósito.
> (Terence D'Altroy and Timothy K. Earle, "Staple Finance, Wealth Finance, and Storage in the Inka Political Economy", *Current Anthropology*, 26, 2 [April 1985], p. 193).

Além dos artigos fornecidos pelos povos conquistados como os Wanka, o Estado Inca continuou práticas mais antigas de circulação de mercadorias prestigiadas, como ouro e prata, conchas, plumas e pedras semipreciosas. O Estado Inca demandava "doações" de elites locais, que podiam incluir colares de pérolas e objetos de ouro, prata e cobre. Alternativamente, bens de consumo coletados de comunidades como tributos podiam ser convertidos no sustento de artesões da capital que produziam mercadorias prestigiadas. Um dos mais importantes desses bens era o tecido fino utilizado como dote da noiva, sepultados como artigos de múmias, sacrificadas em rituais e usados como marcos do *status*. Os tecidos eram produzidos para o uso estatal tanto por artesãos especialistas por meio de sua prestação laboral, utilizando lã fornecida pelo Estado, ou por colonos deslocados e tecelãs empregadas pelo Estado Inca baseados em tempo integral de serviço. Colônias de produtores de artesanato incluíam tecelãs, como os habitantes de uma cidade próxima a Cuzco, onde um mestre tecelão Wanka relatou posteriormente a um cronista espanhol que seu pai detinha a posição de chefe de 500 famílias de lá. Tecidos finos, na verdade, funcionavam como uma unidade de valor que poderia ser trocada por outros bens e serviços.

Conforme o Estado Inca se expandia, recursos ficavam sob o controle dos grupos de parentesco reais e aristocráticos no centro. Alguns desses recursos eram terras que foram convertidas em propriedades privadas, para reis vivos e mortos, seus grupos de parentes descendentes e outras linhagens aristocráticas. A mais imponente dessas propriedades estatais repousa naquilo que era chamado de O Vale Sagrado dos Incas, entre Pisac (próximo a Cuzco) e Machu Picchu. Os governantes e a elite Inca esculpiram propriedades a partir de territórios virgens, comandando terras que já haviam sido desenvolvidas ou aumentando suas posses pela aceitação de "doações" de súditos (voluntárias ou não). As propriedades reais se espalhavam pelos territórios para oferecer acesso a uma ampla gama de recursos. Por exemplo, a propriedade de um governante continha terras de cultivo, pastos, assentamentos, florestas, parques, um reservatório de água e um pântano, uma área de caça e campos de sal. Os trabalhadores que mantinham essa propriedade chegavam a 2.400 homens e suas famílias. Devido à heterogeneidade ecológica dos Andes, as propriedades se espalhavam por diferentes zonas e, por isso, são difíceis de medir em tamanho, mas algumas posses imperiais provavelmente cobriam milhares de hectares. Tão grandes e impressionantes como deveriam ter sido essas propriedades rurais, tão diversas quanto suas posses eram, elas estavam concentradas no coração do Império. Por toda a parte dos locais mais distantes do Império Inca, contudo, eram as forças produtivas combinadas – tanto o trabalho quanto as mercadorias – exploradas pelos governantes Incas que abasteceram a máquina estatal e caracterizaram sua distinta economia política.

FEUDOS, MERCADOS E DINHEIRO: ALGUMAS CONCLUSÕES E COMPARAÇÕES

Camponeses trabalhando nos campos ou feudos na Inglaterra, mercadores chineses utilizando papel-moeda para realizar suas transações e os tecelões Wanka produzindo tecidos finos para seus governantes Incas, estavam todos engajados no ganho de seu sustento. Eles compartilhavam o objetivo comum de trabalhar para produzir bens ou serviços que os possibilitariam obter alimentos e abrigo para si e para suas famílias. Mas a habilidade de satisfazer essas necessidades básicas humanas era determinada literalmente pelo lugar desses indivíduos na cadeia alimentar – por seu lugar em uma rede complexa de relações econômicas moldadas por sistemas políticos distintos. Nos três casos – feudos na Inglaterra, revolução comercial na China e a economia política do Império Inca – as formas de subsistência foram circunscritas às estruturas políticas e econômicas que limitavam a capacidade dos indivíduos de se beneficiarem do próprio trabalho. Mas nos dois primeiros casos, Inglaterra e China, está claro que o desenvolvimento de mercados e de uma economia monetária, pelo século XIV, começou a quebrar as barreiras entre o urbano e o rural e entre o senhor e o camponês. Em contraste, o Império Inca funcionou como uma distinta economia que não se baseava no mercado, rigidamente controlada pelo centro. É impossível saber o que poderia ter ocorrido se os espanhóis não tivessem aparecido e imposto sua própria ordem imperial sobre os Incas, explorando para seus próprios benefícios econômicos o sistema utilizado de forma tão bem-sucedida pelos Incas para comandar os vastos recursos de seu império andino (ver Capítulo 7). No século XVI, povos do império Inca estavam ligados às suas contrapartes na Inglaterra, no Japão e na China pelas forças globais da mudança econômica que transformou fundamentalmente suas formas de subsistência.

REDES COMERCIAIS NAS AMÉRICAS

Muito antes do surgimento do Império Inca, como as Estradas da Seda eurasianas e as rotas de caravanas transaarianas, redes de comércio nas Américas ligaram povos, culturas e economias regionais umas às outras, e rotas de distâncias ainda maiores conectaram os dois continentes da América do Norte e do Sul. Diferente da extensiva rede em zigue-zague das rotas do Oceano Índico, as rotas fluviais e das costas marítimas nas Américas transportavam mercadorias por água utilizando embarcações menores e mais leves. Viajantes equatorianos ao longo da costa sul-americana, por exemplo, utilizaram balsas navegáveis grandes, de madeira, com placa móvel central de estabilização, equipada com velas para as viagens no pacífico.

Na Mesoamérica, depósitos de jade no território controlado pelos olmecas (1000 a.C.) contribuíram para o comércio distante, da atual Costa Rica e Guatemala ao sul, ao Vale do México no norte. Teotihuacán (100 a.C.-650 d.C.) estava envolvida em uma ampla rede comercial que provavelmente ligava todas as maiores culturas mesoamericanas contemporâneas. A obsidiana de Teotihuacán, um dos materiais mais comuns usados em armas, foi encontrada em locais bem distribuídos pela região.

As evidências sugerem que o fulgor cultural de Teotihuacán foi conhecido pelos Maias mais antigos (300-900 d.C.) como o resultado do comércio realizado entre essas duas culturas. O comércio maia regional de sal, pedras e cerâmica reuniu distritos remotos e pode ter sido uma grande base para a integração da sociedade maia. Tão antigas quanto Teotihuacán, havia também rotas ao norte que se estendiam em direção ao oeste até o Arizona e o Novo México e ao Anasazi do planalto do Colorado, onde as plumas, o ouro e as sementes de cacau (então o maior meio de troca monetária) mesoamericanas eram trocadas por turquesas.

Entre 900 e 1200, o uso de turquesas tornou-se disseminado por toda a Mesoamérica. Como as fontes minerais contendo essas gemas azuis repousavam na América do Norte, da Califórnia ao Colorado, e como objetos com turquesas foram encontrados em muitos sítios mesoamericanos, está claro que a turquesa era comercializada em longas distâncias. Como o ouro na África e a seda na Ásia, a turquesa era valorizada pelo seu apelo estético e raridade, mas para os mesoamericanos também possuía significado religioso. Depois de ser extraída e tratada, ela era trabalhada em objetos cerimoniais e frequentemente colocada em locais de funerais.

Os mesoamericanos também possuíam conexões intercontinentais com a América do Sul. O surgimento do milho na agricultura ao longo da costa peruana, por volta de 1500 a.C., sugere conexões mais antigas com a América Central, onde o milho foi pela primeira vez domesticado. Conexões regionais na América do Sul existiram antigamente, floresceram e foram contínuas. Já no tempo de Chavin de Huantar (1000-200 a.C.), quando as lhamas e alpacas foram domesticadas para o transporte e também como fonte de lã, rotas comerciais foram estabelecidas ao longo da costa oeste da América do Sul. Elas foram expandidas por outras culturas, como a de Chimu (800-1400) e, ao fim, foram trazidas ao controle dos Incas (1438-1536).

Conexões regionais mississipianas na América do Norte são mais conhecidas. Elas se concentraram no grande centro de Cahokia (900-1300), uma cidade construída por nativos norte-americanos (ver Capítulo 3). Por meio de extensas conexões comerciais, Cahokia esteve em contato constante com outras comunidades espalhadas por aproximadamente um terço do continente norte-americano. A elite dominante de Cahokia controlava o comércio de matérias-primas, como conchas, cobre, sílex e mica, que eram trazidas de um amplo raio que se estendia desde o norte do Lago Superior até os bancos de areia da costa do Golfo da Flórida, das Apalaches até o oeste nas planícies das Dakotas do Norte e do Sul e Nebraska. Além disso, os cahokianos manufaturavam uma variedade de bens para exportação: sal, ferramentas, joias e objetos cerimoniais.

As exportações e importações – era necessário um fluxo estável de cerca de 11.300 a 13.600Kg de alimentos por dia para alimentar a população de Cahokia – viajavam principalmente por água, pois animais de carga domesticados (outros além dos cães) não eram utilizados. Grande parte da produção era transportada por rios e lagos, talvez interligados por canais; a cidade também pode ter sido interligada com hidrovias que teriam lembrado a Veneza europeia. Toneladas de mercadorias carregadas em canos de até 15 metros de comprimento eram movimentadas ao longo de rotas fluviais até centros-satélite e postos avançados.

Similares na forma às da Ásia, África e Europa, as conexões nas Américas ligaram dois continentes e serviram como avenidas para o intercâmbio comercial e cultural. Se estendendo sobre distâncias comparáveis às conexões leste-oeste e norte-sul entre a Eurásia e a África, elas tinham características únicas: por exemplo, a ausência de cavalos, mulas e camelos como animais de carga nas rotas terrestres e as diferenças nas embarcações utilizadas em rotas marítimas ou fluviais. Elas serviram às necessidades dos povos das Américas antes da conquista europeia e foram organizadas e integradas em um padrão variante de conexões que deram suporte ao estabelecimento do domínio europeu global após 1500.

O MERCANTILISMO E O MUNDO ATLÂNTICO, 1500-1750

A economia europeia começou a se transformar quando sistemas feudais autossuficientes em serviços e obrigações deram lugar à economia urbana baseada no dinheiro e no comércio, controlada por mercadores-manufatureiros. Por esses mercadores-manufatureiros terem se tornado muito ricos, os governantes das Cidades-Estado e das monarquias – e até mesmo o papa – viraram suas atenções a eles, pela riqueza monetária que necessitavam para manter e estender seu poder. Proporcionalmente à dependência do príncipe em relação à riqueza da classe mercante, a influência política dessa elite urbana começou a substituir aquela dos vassalos feudais proprietários de terras. Conforme sua influência crescia, a riqueza urbana cada vez mais influenciou as políticas do Estado. O que os mercadores-manufatureiros mais necessitavam e desejavam era a liberação das restrições da economia estática medieval, que era comunal e autossuficiente demais, e na qual a produção e o comércio com vistas ao lucro eram limitados ou restringidos por regulamentações e restrições como tarifas, taxas de pedágio, e pelos conceitos de preço justo e proibição dos juros (usura). A demanda por mercadores-manufatureiros e banqueiros para expandir suas empresas e aumentar os lucros os levou ao conflito com as normas da sociedade agrária medieval. Com o fim de atrair a crescente riqueza da elite comercial, ambiciosos governantes, cada vez mais, deram apoio às suas demandas por mudanças na economia. O uso do poder político para promover e proteger o comércio foi necessário para aumentar a riqueza comercial, o que beneficiaria, da mesma forma, tanto o príncipe quanto os mercadores.

A parceria que se desenvolveu entre líderes e mercadores-manufatureiros aumentou a riqueza e o poder de ambos. Também produziu um conjunto de doutrinas e práticas conhecidas como mercantilismo, que visava aumentar o poder do Estado com o acréscimo de riqueza. O mercantilismo era baseado no uso da intervenção governamental para promover a acumulação de lucros, que, acreditava-se, garantiria a prosperidade e a autossuficiência do Estado ao mesmo tempo em que beneficiaria aqueles que mais contribuíram para tanto – a elite comercial urbana.

As viagens de Cristóvão Colombo ilustram o papel do príncipe no mercantilismo e os benefícios mútuos auferidos tanto pelo príncipe quanto pelo mercador. Embora Colombo fosse natural de Gênova, ele buscou apoio financeiro para suas viagens primeiro junto ao rei de Portugal e então de Isabel de Castela e Fernando de Aragão, na Espanha. Os monarcas espanhóis colocaram Colombo sob seus serviços, mas levou cerca de cinco anos para convencê-los a fornecer 2.500 ducados para a viagem. A pessoa que finalmente persuadiu Fernando e Isabel do potencial financeiro da empreitada foi um banqueiro e coletor de impostos papal de Valência, que conseguiu, com sucesso, levantar alguns empréstimos para eles e quem acumulou, pessoalmente, uma fortuna como um sagaz homem de negócios. Mercadores, cujo poder repousava na riqueza, eram tão necessários para as empresas mercantilistas quanto os reis, e recebiam grandes vantagens deles, pelo menos até a metade do século XVIII, quando os mercadores começaram a afirmar sua independência da proteção e do suporte governamental.

Um dos componentes da teoria e da prática do mercantilismo europeu foi o bulionismo. Para os governantes ambiciosos, o bulionismo, a aquisição de um excedente de metais (metais preciosos, especificamente lingotes de ouro e prata) significava que mais navios poderiam ser construídos, frotas e exércitos maiores e equipados e a expansão territorial financiada. Uma forte razão para a decisão de apoiar a viagem de Colombo foi a falta de moeda (especialmente de ouro) da monarquia espanhola; a possibilidade de lucros enormes de um conjunto de redes comerciais inteiramente novo se mostrou tentadora o suficiente para encobrir os riscos da iniciativa de Colombo. Outro componente do mercantilismo era a esperança intensa de que as viagens europeias de exploração levariam ao estabelecimento de colônias, a extensão das atividades europeias no além-mar. Os portugueses assumiram a liderança na realização disso.

INTRUSOS NO COMÉRCIO INTERNACIONAL: O IMPÉRIO PORTUGUÊS

Desde o tempo das Cruzadas, a cidade italiana de Veneza dominou o comércio no Mediterrâneo. Excluído desse comércio, o pequeno reino de Portugal, virado para o Atlântico, na Península Ibérica, foi forçado a procurar suas fortunas comerciais em outros lugares e então inaugurou as viagens europeias de exploração. As viagens marítimas começaram como uma "Cruzada" moderna. Os portugueses, junto aos espanhóis, estiveram envolvidos, por séculos, nas guerras para expulsar os muçulmanos e judeus da Península Ibérica e reduzir o poder e a influência de ambos os grupos nas áreas ao redor. Em 1415, os portugueses estenderam a "cruzada" ibérica até o Norte da África com o ataque contra a cidade de Ceuta, um centro comercial e estratégico muçulmano. A aquisição de Ceuta deu aos portugueses o acesso ao comércio africano e tornou-se uma base para as expedições portuguesas posteriores em direção ao sul, descendo para a costa oeste da África até a área do Congo, um grande reino no centro do continente, e para o Cabo da Boa Esperança, o ponto mais extremo ao sul do continente africano, que os portugueses atingiram em 1488.

A partir do Cabo, expedições subsequentes saíram para o norte, tentando substituir as iniciativas comerciais centenárias de árabes e africanos em cidades portuárias ao longo da costa leste da África. Do leste da África, os portugueses navegaram pelo Oceano Índico, alcançando a Índia em 1498. Em sua tentativa de controlar o movimento de mercadorias, Portugal então construiu grandes frotas, que foram utilizadas para conquistar Aden, Hormuz, Diu e Malaca, portos estratégicos essenciais nas rotas comerciais leste-oeste do Oceano Índico. Aí, como em outros lugares, eles foram bem-sucedidos na intromissão nas vastas e antigas redes comerciais internacionais.

Desta forma, no século XVI, Portugal construiu um império comercial nos mares que, embora fosse distante do monopólio global, era enormemente lucrativo. Provando que o comércio do Mediterrâneo não era a única forma de sucesso comercial, a experiência portuguesa estimulou a eventual mudança do mercado e da riqueza europeia em direção ao norte e oeste do Atlântico. O sucesso português demonstrou quão lucrativo um império marítimo poderia ser, e, posteriormente, nos séculos XV e XVI, as explorações europeias buscaram rotas alternativas até a Ásia.

A CRIAÇÃO DE UMA ECONOMIA ATLÂNTICA: AÇÚCAR E ESCRAVOS

A entrada da Europa no mundo das América teve efeitos catastróficos sobre os povos indígenas, que sucumbiram perante as doenças e a violência que acompanhou a conquista europeia; e na trilha dos decréscimos populacionais ameríndios, outras formas de trabalho forçado, incluindo a escravidão, foram exploradas na construção do "Novo Mundo" (ver Capítulo 8). No centro do crescimento do comércio atlântico estiveram dois artigos de consumo: açúcar e escravos. A história do comércio atlântico é inseparável da história da escravidão, e a transferência tanto do trabalho quanto do capital pelo Atlântico está intimamente ligada à produção de açúcar. A tecnologia e a cultura estiveram interligadas no desenvolvimento da indústria açucareira, um dos pilares da nova economia do Atlântico.

Antes do século XVI, a única fonte de açúcar do norte da Europa eram as abelhas. No século XIV, a crescente demanda por açúcar levou primeiro às plantações da cana de açúcar na costa do Mediterrâneo e nas ilhas do Chipre e da Sicília, e depois, no século XV, às plantações espanholas e portuguesas em ilhas do Atlântico, como as de Madeiras e São Tomé e Príncipe, próximas da costa centro-oeste africana, onde o trabalho de escravos africanos foi explorado, e finalmente até as Américas. O açúcar era vendido a altos preços como uma especiaria ou remédio. Sua produção e comercialização logo se tornaram enormemente lucrativas.

Com o aumento dos preços, a expansão do cultivo de açúcar dominou a lista dos in-

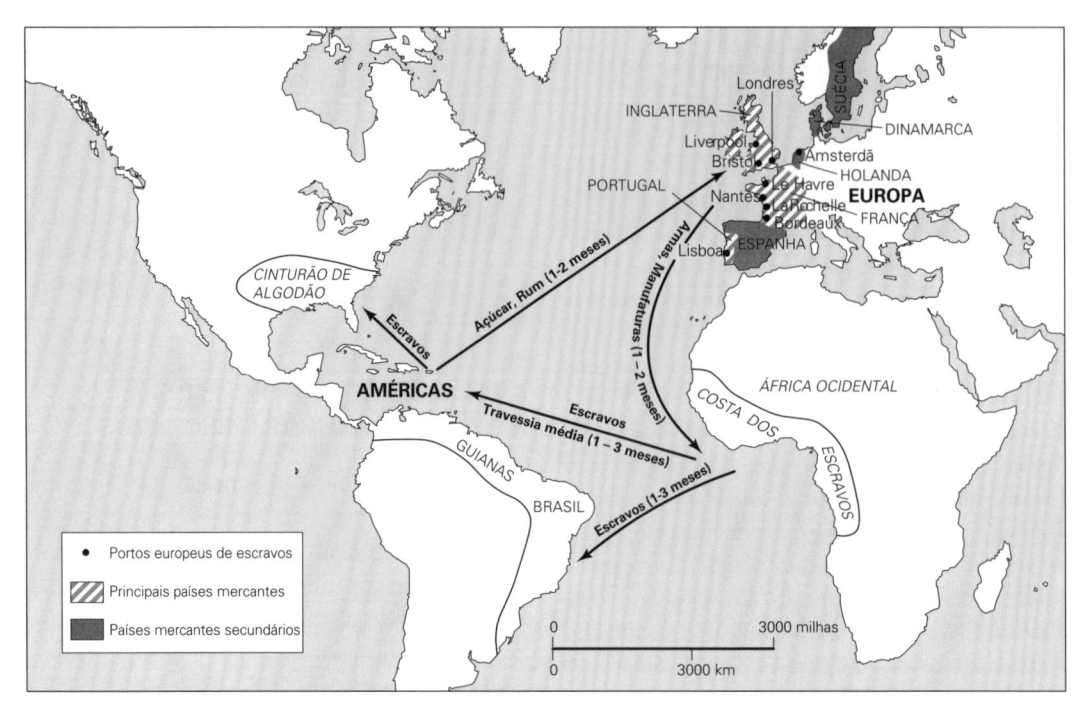

Mapa 6.2 Triângulo comercial do Atlântico, séculos XVI a XIX.
Fonte: Peter Ashdown, *Caribbean History in Maps* (Trinidad e Jamaica: Longman Caribbean, 1979), p. 16, no alto.

vestimentos lucrativos portugueses no Brasil e no Caribe. A demanda por açúcar cresceu, e, conforme o suprimento também se expandiu, novos usos para ele foram encontrados. Mercadores franceses e holandeses competiam pelo poder. Os europeus vieram a desejar o gosto do açúcar, especialmente como adoçante de dois outros produtos do mundo afro-asiático: café e chá. Eles se tornaram adições populares nas dietas europeias, especialmente valorizados como estimulantes e incentivadores dos trabalhadores nas fábricas europeias, cujos produtos, por sua vez, preenchiam os mercados do mundo atlântico com mercadorias manufaturadas baratas, como enxadas e panelas de ferro fundido.

Os holandeses foram os pioneiros na tecnologia e no comércio do Atlântico. A Companhia das Índias Ocidentais holandesa dominou e controlou a área mais produtiva de açúcar no Brasil (próxima de Recife) de 1630 até 1654. As usinas açucareiras holandesas no Brasil serviram como modelo para outros empreendimentos de larga escala no Caribe. Mercadores holandeses controlavam o mercado de cobre que supria de vasilhames as usinas das plantações. Esses negociantes basearam-se em sistemas de crédito, seguro e finanças com que as companhias comerciais holandesas já tinham experiência e que eram necessários para arriscadas iniciativas no além-mar. O financiamento de corporações e o suporte do Estado promoveram, em conjunto, o desenvolvimento das plantações de açúcar e a escravidão. Credores em Amsterdã, Londres e outras cidades, que acumularam capital tanto com a venda de mercadorias quanto de pessoas, financiaram preocupações logísticas envolvendo a transferência dessas mercadorias e pessoas e investiram seus lucros na manufatura.

O sistema de escravidão em plantation que se desenvolveu pelo Caribe não teve precedente, como uma instituição econômica, social e política. As plantações de açúcar eram propriedades de terra especializadas na exportação da

Figura 6.3 Moinho de açúcar em atividade, Índia Ocidental (1849). Esta pintura, publicada no jornal *Illustrated London News*, retrata um engenho de açúcar idealizado no Caribe. O fiscal europeu se recosta contra a parede, observando os trabalhadores africanos. O processamento da cana era altamente mecanizado no século XIX.

produção. Elas combinavam agricultura tropical de grande escala, trabalho africano, tecnologias europeias e africanas, agropecuária europeia, plantas asiáticas e americanas e o clima e solo das Américas. A típica plantação de açúcar era um estabelecimento comercial de larga escala, e também uma fazenda e uma fábrica. A cana de açúcar era cultivada, o açúcar puro manufaturado, e o melaço destilado em rum.

O proprietários das plantações eram frequentemente ausentes, utilizavam procuradores ou outros fiscais europeus. Gerentes, contadores, carpinteiros, ferreiros, pedreiros, fabricantes de barris e doutores forneciam serviços essenciais. Pelo suprimento de alimentos fornecido pelas plantações ser insuficiente para manter a população escrava, os escravos cultivavam suas próprias provisões para complementar suas dietas. Em 1740, Charles Leslie descreveu como os escravos jamaicanos faziam isso:

> Seus donos separavam para cada um uma pequena parcela de terra, e os permitiam adubá-las no domingo: lá eles plantavam geralmente milho, sorgo de guiné, bananas, inhames, cocos, batatas, etc. Essa é a comida que os sustenta, a menos que alguns deles sejam mais habilidosos, e acontecer de criarem algumas aves, que eles levam para os mercados aos domingos (que é o único dia de mercado na Jamaica) e as vendem por algum dinheiro, com o qual compram carne seca ou porco para fazer seus ensopados e molhos.
>
> (Roger D. Abrahams and John F. Szwed, eds, *After Africa*, New Haven, Conn.: Yale University Press, 1983, p. 329)

Os escravos desenvolveram uma economia informal, baseada nas práticas oeste e centro-africanas da barganha e do escambo, que frequentemente dependia de mulheres comerciantes especializadas, chamadas de "pechincheiras". Elas se tornaram agentes essenciais da comunicação interna da plantação e da resistência escrava.

Os efeitos do comércio de escravos na Europa são, talvez, não tão óbvios, mas, não por isso, menos profundos. Os europeus se beneficiaram não apenas do lucrativo uso da força de trabalho barata no Caribe, mas também de seu controle sobre o comércio no Atlântico que conectava a Europa à África, a África às Américas e ao Caribe, e o Caribe e as Américas à Europa. Mercadores europeus e interesses comerciais estavam envolvidos no fornecimento de mercadorias trocadas por escravos, como comerciantes desses bens e de escravos, e como negociantes das mercadorias produzidas pelo trabalho escravo. A experiência organizacional e as demandas do sistema atlântico produziram capital e experiência empresarial inigualáveis. O controle europeu do mundo do Atlântico providenciou os meios para sua dominação mundial posterior.

O MUNDO DO PACÍFICO

A primeira conexão documentada entre as Américas e as ilhas do Pacífico foi estabelecida por uma expedição espanhola liderada pelo aventureiro português Fernão de Magalhães. A frota de Magalhães saiu da Espanha no outono de 1519, passou o inverno na Patagônia, na ponta sul da América do Sul, e então cruzou para o Pacífico pelo que hoje é conhecido como Estreito de Magalhães. Depois de cem dias no mar, a frota de Magalhães alcançou um grupo de ilhas que reclamaram, sob os termos do Tratado de Tordesilhas, de 1494, que dividia o mundo entre a Espanha e Portugal. A Espanha finalmente assegurou sua reivindicação das ilhas em 1542, renomeando-as para "ilhas filipinas" (as Filipinas). A ocupação espanhola das Filipinas foi confirmada em 1571, quando uma terceira expedição tomou o controle de Manila, um importante centro comercial que se tornou o principal entreposto espanhol na Ásia.

Na segunda metade do século XVI, seguidos da conquista espanhola das Filipinas, padrões complicados de comércio, tanto legítimos quanto de contrabando, criaram uma rota paralela entre o assentamento espanhol de Acapulco no México e Manila, a partir de onde ela alcançava a China, principalmente por meio do entreposto português de Macau. Em 1560, as "peças de oito"* espanhóis tornaram-se a moeda do mundo comercial em expansão, e os galeões espanhóis carregados de mercadorias, incluindo prata, tornaram-se o objeto da pirataria, tanto a privada quanto a patrocinada pelos inimigos e rivais espanhóis da Europa. Em 1573, o primeiro galeão partiu de Manila em direção ao leste, pelo Pacífico, carregando seda chinesa, cetim, porcelanas e especiarias para Acapulco, a partir de onde ele voltou para Manila carregado de prata das minas hispano-americanas. Potosí, a mais de 4.500 m de altura nos Andes, a dois meses e meio de jornada de distância de Lima, foi o local da mina de prata mais rica da história mundial (ver Capítulo 3). Encontrada em 1545, a montanha de prata de Potosí custeou o Império Espanhol até mais ou menos a metade do século XVII.

Ao fim do século XVI, a quantidade de metais fluindo de Acapulco para Manila ultrapassou a soma que estava envolvida nos carregamentos do Atlântico. Entre 1570 e 1780, um número estimado entre 4 e 5 mil toneladas de prata fluíram para o leste da Ásia ao longo da rota Acapulco-Manila. Conforme os metais hispano-americanos fluíam para o oeste e leste, tanto asiáticos quanto europeus enriqueceram. Esse comércio durou até a primeira metade do século XIX, quando o poder espanhol nas Américas chegou ao fim.

Ao fim do século XVI, os holandeses adquiriram o conhecimento de navegação necessário para entrar na competição comercial mundial. Seu objetivo inicial era o comércio de especiarias dominado por portugueses do sudeste da Ásia. Em 1602, a Companhia das Índias Orientais holandesa, um monopólio comercial unificado formado sob a tutela do Estado, iniciou a administração da economia do arquipélago indonésio sob o controle holandês. Em 1640, eles haviam substituído os portugueses e consolidado seus domínios por meio de uma grande varredura das ilhas desde o Ceilão no oeste, por Malacca e Java (onde eles tinham um importante centro administrativo em Batavia), até as Molucas no leste. Os holandeses possuíam embarcações, armas e organização superiores, e também mercadores mais habilidosos. Eles misturaram pirataria e atividades missionárias com o comércio.

---

* N. de R.T.: Moedas de oito.

Devido à força dos holandeses no sudeste da Ásia, os interesses comerciais britânicos desviaram para o sul da Ásia, que se tornou a base a partir da qual a Companhia das Índias Orientais britânica (1600) fez incursões em direção ao sudeste e ao leste da Ásia durante o século XVIII. Em contraste com a Espanha, que retirou sua riqueza das Américas, e com a Holanda, que explorou o arquipélago indonésio, a Inglaterra concentrou-se, por meio da Companhia das Índias Orientais, na Índia e na China, no coração das duas maiores civilizações asiáticas; porém, o governo britânico não estabeleceu seu predomínio antes do século XIX. O que todos os impérios marítimos europeus na Ásia tiveram em comum, no século XVIII, foi seu ponto de partida nas costas do Atlântico.

Como o crescente desejo pelo açúcar na Europa abasteceu o sistema de *plantation* no Caribe e contribuiu para o crescimento da economia do Atlântico, a introdução de produtos da Ásia criou um novo desejo entre europeus que dirigiam o comércio no Pacífico, e teve um impacto global. O chá chinês, introduzido por mercadores holandeses, estava sob grande demanda nos mercados europeus, em 1664, o chá alcançou a Inglaterra e rapidamente tornou-se a bebida nacional. A importação do chá transformou-se em um grande negócio sob o monopólio da Companhia das Índias Orientais britânica e uma importante fonte de receitas fiscais do governo. A China exigia o pagamento de seu chá em prata, e grande parte do fluxo de prata do comércio europeu para a China originou-se nas Américas.

A CHINA E A ECONOMIA MUNDIAL, 1500-1800

Quando os europeus navegaram para as águas do leste da China, no século XVI, encontraram um mundo dominado pela China, uma civilização mais antiga e sofisticada do que qualquer outra da Europa. A expansão europeia no leste da Ásia foi limitada, durante o século XVI, a contatos missionários e mercantis periféricos; só depois do século XIX que o poder europeu iria erodir o domínio da China e destruir a ordem do mundo leste-asiático. Mesmo assim, a expansão da Europa e a criação de uma economia global por meio da abertura da fronteira do Atlântico exerceram um impacto na China, o núcleo econômico do mundo leste-asiático.

Com o crescimento da economia chinesa seguido do fim do poder mongol e da restauração da dinastia chinesa nativa, a Ming (1368-1644), mercadores prosperaram, e até tornaram-se membros poderosos da sociedade. O crescimento do comércio doméstico, contudo, não foi igualado por aquele do comércio exterior. Os governantes Ming geralmente seguiam políticas desenvolvidas para controlar o comércio estrangeiro e trazê-los para o âmbito do sistema tributário. Embora o sistema tributário fosse concebido como meio de condução de relações diplomáticas, o comércio era um aspecto importante das relações tributárias. Os tributos eram pagos em forma de doações ao imperador chinês pelos governantes dos Estados ao redor da China, para prestar suas homenagens ao Filho dos Céus, o líder do centro do mundo. Doações feitas pela corte chinesa, em troca, faziam das relações tributárias um tipo de permuta de mercadorias. Às missões tributárias de países estrangeiros era permitido, também, se envolver no comércio na China. Mercadores viajando com as missões tributárias também conduziam seus próprios negócios. Apesar da hostilidade do governo Ming contra o comércio externo, uma quantidade substancial desse comércio ocorreu dentro desse sistema tributário.

A prosperidade Ming foi abastecida pela revolução agrícola que se iniciou por volta de 1500, a qual viu a introdução de novos cultivos provenientes das Américas – milho, amendoim e batata doce – transmitidos indiretamente na Ásia pelos europeus em suas viagens de exploração (ver Capítulo 10). Essas culturas contribuíram significativamente para o aumento dos suprimentos alimentares, pois elas podiam ser cultivadas em solos marginais, impróprio para outros plantios, e fornecer nutrição substancial. Parte como resultado de um aumento nos estoques de alimentos, a população cresceu de 60 a 80 milhões (a qual havia caído como resultado da conquista mongol) para pelo menos 150 milhões em 1600.

A importação de novos plantios foi apenas uma dimensão da participação do crescimento chinês em um sistema econômico mundial que finalmente seria dominado pela Europa. Embora na metade do século XV, em contraste com as políticas estatais mercantilistas europeias, o governo Ming tenha retirado seu apoio às viagens de exploração, a China não podia mais permanecer completamente isolada do sistema mundial que estava sendo construído pela expansão europeia. Em 1500, a China estava tornando-se parte de um sistema monetário global por meio de ligações indiretas estabelecidas por seus parceiros comerciais asiáticos. O leste da Ásia na era de império e exploração europeus formou seu próprio setor na economia mundial, com fluxo de prata para os cofres chineses proveniente do Japão, da Europa e das Américas, frequentemente por meio de intermediários que utilizavam a prata para pagar pelos produtos chineses, como sedas, especiarias e porcelanas, que eram extremamente lucrativos no mercado mundial. A monetarização da economia chinesa, que acompanhou o crescimento comercial durante o período Ming, tornou a China suscetível às mudanças da economia global e fez com que até os mais pobres camponeses nas vilas mais remotas se tornassem vítimas da inflação que aumentava os preços de mercadorias além de seu alcance, custando a eles mais tributos em moedas de bronze para atingir o valor equivalente em prata, que era apreciada no mercado internacional.

Entre 1500 e 1800, após as viagens de Colombo, as relações econômicas e as sociedades das Américas, da Europa e de partes da África, Ásia e do Pacífico foram transformadas pela criação de uma economia mundial do Atlântico que forneceu os meios para a subsequente expansão europeia para a Ásia e o Pacífico. O estabelecimento das conexões do Atlântico tiveram um impacto profundo na vida e na cultura dos povos africanos, particularmente daqueles da África central e do oeste. As novas conexões globais afetaram o equilíbrio das relações, há muito estabelecidas, entre a Ásia, a África e a Europa, substituindo e redirecionando seus sistemas comerciais mundiais, baseados em terra e no mar, inter ou intrarregionais.

As conexões triangulares entre sociedades na África, Europa e Américas giraram em torno de um comércio atlântico em expansão, com suas bases fundadas na escravidão e no capitalismo comercial. Logo depois de sua criação, o desenvolvimento comercial do mundo atlântico interconectado não era mais um conjunto de relações equilibradas. A expansão europeia para o Pacífico adicionou novas conexões globais e constituiu uma mudança de poder em direção ao oeste, para longe daqueles centros mais antigos afro-eurasianos como o mundo comercial do Oceano Índico e o núcleo econômico chinês no leste asiático. No século XVIII, novos desenvolvimentos na Europa iriam providenciar os meios para a intensificação da dominação europeia da economia global.

A REVOLUÇÃO INDUSTRIAL

A aceleração da tecnologia europeia no século XVIII foi tamanha que ficou conhecida como uma "Revolução Industrial" (ver Capítulo 2). Sob o impacto das mudanças tecnológicas e do capitalismo em expansão, primeiro as economias europeias, depois aquelas ao redor do globo, foram transformadas. Inovações tecnológicas, no século XVIII, ocorreram principalmente em indústrias como a de mineração, de metalurgia e de têxteis. Antes da revolução têxtil, os tecidos eram produzidos por trabalhadores em casa, utilizando matérias-primas fornecidas por mercadores, que então recolhiam os tecidos acabados. As mulheres enrolavam os fios e os homens geralmente faziam a tecelagem. A localização, organização e produtividade das indústrias mudaram drasticamente durante a Revolução Industrial. A introdução de novos equipamentos de enrolar e tear na Europa, no começo do século XVIII, iniciou o processo de mudança da produção têxtil de casa para as fábricas. No caso da produção de têxteis, o novo maquinário não só retirou o trabalho de casa e das vilas agrícolas, mas também (algumas vezes) reverteu as tarefas tradicionalmente baseadas em gêneros: na fábrica industrializada, enrolar os fios virou trabalho de homens e não de mulheres, pois acontecia fora do ambiente doméstico. A fábrica substituiu a casa como local de trabalho, exigindo que um grande número de trabalhadores se deslocasse até a cidade diariamente ou se mudasse para lá.

A instituição distintiva da Revolução Industrial capitalista foi o sistema fabril de produção, no qual os trabalhadores eram colocados juntos em prédios durante horas fixas de labor em máquinas movidas por energia elétrica. As fábricas eram, contudo, lentas na substituição da indústria doméstica, onde os trabalhadores fiavam e teciam em seus próprios lares, utilizando seus próprios roteadores e teares. Exceto na fiação e tecelagem do algodão, já nos anos de 1830, muitos empregadores continuaram achando a indústria doméstica mais lucrativa e preferiram a produção em pequenas lojas em vez do empreendimento de grandes fábricas.

Conforme as fábricas se multiplicavam, jovens aprendizes, muitos deles mulheres, que não tinham qualquer compromisso com os modos antigos de produção, substituíram os artesões tradicionais e os antigos trabalhadores. O trabalho na fábrica significava a perda da independência dos artesões e frequentemente um reajustamento das relações familiares, pois a produção saiu de casa e alterou os papéis dos trabalhadores individuais. Em 1831, um comitê governamental na Inglaterra, investigando o trabalho infantil na indústria têxtil, descobriu as duras circunstâncias da vida cotidiana de muitas jovens crianças condenadas a trabalhar nas fábricas para complementar a renda da família.

Muitas pessoas compararam a fábrica com o trabalho doméstico, onde os pobres ou doentes eram mandados para trabalhar. Muitos donos de fábrica, que se acreditavam justos, moral e também fisicamente, mantinham o controle e a disciplina de seus trabalhadores, introduzindo rígidos códigos de trabalho que regulavam cada aspecto da rotina da fábrica, bem como as horas após as atividades. Apesar da relutância de alguns empreendedores, e da resistência de alguns trabalhadores, na metade do século XIX, o sistema fabril tornou-se o modo comum de produção, e os industriais capitalistas que possuíam fábricas organizavam e controlavam a vida econômica, cultural e até mesmo religiosa das comunidades fabris.

No século XIX, o impacto da Revolução Industrial foi percebido ao redor do globo. No Brasil, a manufatura têxtil competiu com a da capital da metrópole, Lisboa. No Japão, a rápida industrialização foi encorajada após as políticas governamentais Meiji, após 1868. A produção de seda tradicionalmente foi o trabalho de mulheres japonesas. Quando as fábricas foram construídas, elas atraíram um grande número de mulheres muito jovens, que trabalhavam longas horas em péssimas condições. Às mulheres eram repassados os empregos mais monótonos e com salários mais baixos, enquanto os homens detinham posições especializadas. A divisão desigual do trabalho continuou século XX adentro. No Japão e ao redor do globo, a fábrica substituiu o lar como local de trabalho, exigindo que um grande número de trabalhadores viajasse diariamente para a cidade ou se mudasse para lá. A migração do trabalho e do capital redundou nas forças que reconhecemos como globalização, a interconexão de pessoas, tecnologia e ideias. Inovações trouxeram possibilidades que estenderam o alcance do capital global. A industrialização exigiu recursos de lugares longínquos: o algodão do Egito e da Índia alimentou das fábricas da Inglaterra; a borracha e o óleo dos trópicos abasteceram as máquinas da América e do Japão. A demanda de larga escala por mercadorias apressou a velocidade da mudança nos sistemas de transporte e comunicação.

CAPITALISMO

A Revolução Industrial esteve intimamente ligada ao sistema econômico do capitalismo, o uso ou investimento do dinheiro para gerar lucro. A primeira forma de capitalismo foi o agrícola, na qual a riqueza era feita a partir da terra e investida em suas melhorias e expansão.

Figura 6.4 Ichiyosai Kuniteru, *O interior de uma fábrica de seda japonesa* (1870). Kuniteru era um artista da impressão com blocos de madeira na tradição de Hiroshige, Hokusai e outros que retrataram as paisagens da vida rural e urbana do Japão tradicional, nos século XVIII e XIX. Em contraste, Kuniteru era conhecido por seus retratos da vida industrial e das influências ocidentais no Japão do final do século XIX.

A agricultura localizada e autossuficiente foi substituída lentamente pela agricultura com vistas ao mercado, que exigia investimento de capital. O capitalismo comercial se desenvolveu com a reanimação medieval tardia das cidades e do comércio, e floresceu como resultado da exploração, do comércio e da colonização global, iniciada no século XVI. Antes desse século, o poder dos monarcas dependia de suas relações com a aristocracia agrária-militar; com o desenvolvimento do capitalismo comercial, os monarcas foram apoiados por mercadores parceiros no mercantilismo.

O capitalismo industrial tomou forma ao final do século XVIII e no começo do século XIX, juntamente com a fronteira atlântica do oeste da Europa e, talvez antes e com mais sucesso, na Inglaterra. O capitalismo industrial foi o resultado de muitos fatores, incluindo o crescimento econômico encorajado pelo governo, o comércio de larga escala, a disponibilidade de excedente de capital e as inovações tecnológicas que se desenvolveram cumulativamente desde o século XVI. Desenvolveu-se antes na indústria de ferramentas, que são básicas a todas as formas de produção industrial, e de têxteis, que supriam as vastas demandas do mercado. Empreendimento como a mineração e a metalurgia, que eram subsidiárias da produção de maquinário e têxtil, também foram essenciais ao primitivo desenvolvimento do capitalismo industrial.

Ao fim do século XVIII, o investimento de capital na indústria, muito do qual era derivado do comércio e da agricultura, começou a vasta expansão que tornaria o capitalismo industrial a forma dominante de capitalismo, ao final do século XIX, na Europa. Formas antigas de capitalismo foram gradualmente englobadas pelo capitalismo financeiro, no qual os banqueiros e financistas investiam na indústria, no comércio e até mesmo na agricultura. Capitalistas financeiros combinaram grandes corporações e imensas concentrações de dinheiro em atividades econômicas que eram cada vez mais globais e interligadas com a expansão dos Estados-Nação nas Américas, na Ásia e na África.

IMPERIALISMO E COLONIALISMO COMO SISTEMAS ECONÔMICOS

Conforme foram sendo atingidos os limites do capitalismo industrial nas economias europeias durante a segunda metade do século XIX, mercados e recursos alternativos tiveram de ser encontrados no além-mar. Enquanto havia pelo menos uma pequena possibilidade de utilização mais intensiva dos recursos da Europa, cada vez mais os europeus voltaram-se à exploração de outras partes do mundo. No final do século XIX, o imperialismo europeu completou o processo de dominação do mundo que começou com a abertura da fronteira atlântica, no século XVI. Empurrados pelo capitalismo industrial e pelas Nações-Estado, o novo imperialismo disseminou tanto o industrialismo como o nacionalismo por todo o mundo. Os europeus pouco perceberam, e menos esperaram, que ambos pudessem por fim ser usados por não europeus para desafiar e reajustar a posição da Europa no mundo.

O comércio transatlântico de escravos foi central ao desenvolvimento e crescimento comercial capitalista na África Central e do Oeste. Até mesmo depois da abolição da escravidão pelas potências europeias, começando por volta de 1807, a dependência das sociedades africanas do trabalho escravo não desapareceu. A era do comércio de escravos foi seguida pela era do "comércio legítimo", um período entre 1800 e 1870, durante o qual as iniciativas econômicas afro-europeias foram forçadas a encontrar outros produtos para substituir as cargas humanas ilegais. Em quase todos os casos, os produtos vendidos nos mercados internacionais eram agrícolas ou florestais, cultivados ou coletados para exportação à Europa. Eles incluíam madeira, borracha, óleo de palmeira, minérios e marfim. Até quando os escravos já não eram mais exportados, a escravidão e outras formas de trabalho forçado continuaram essenciais à produção e ao transporte de mercadorias. Esse período também foi chamado de período de império informal, sugerindo que as relações econômicas características dos subsequentes impérios formais da era colonial estavam em andamento ao final do século XIX.

De algumas formas importantes a era do domínio colonial foi fundamentalmente diferente daquela que a precedeu. Antes do domínio colonial, os africanos eram parceiros comerciais independentes, senão sempre iguais. Após o estabelecimento do colonialismo, a economia africana tornou-se dominada por europeus. Sob a regra colonial pós-Conferência de Berlim (depois de 1885), as políticas econômicas africanas, controladas por potências coloniais – como a Grã-Bretanha, a França ou a Alemanha – foram rapidamente estabelecidas sobre bases capitalistas ocidentais que iriam, inevitavelmente, reduzir o poder e a oportunidade econômica dos participantes africanos. Enquanto a produção permaneceu amplamente em mãos africanas, os europeus controlaram o crédito e as tarifas. Poucos africanos prosperam durante essa era; os controles coloniais atrasaram o desenvolvimento da livre iniciativa, e os governos europeus contrabalancearam os altos custos da extração de matéria-prima e seu transporte para centros manufatureiros baseados na Europa fornecendo ajudas de custo.

A hegemonia política e econômica europeia dependeu do desenvolvimento do sistema colonial. As colônias africanas deram suporte a muitas indústrias europeias que, de outra forma, não teriam sido lucrativas. Por exemplo, a indústria têxtil da França dependia dos suprimentos baratos de algodão, das colônias francesas oeste-africanas, para continuarem competitivas em relação às manufaturas mais avançadas tecnologicamente da Grã-Bretanha e dos Estados Unidos. O outro lado da relação colonial foi, é claro, o desenvolvimento de mercados na África. Mercados africanos continuaram a dar suporte aos padrões de crescimento industrial ocidental conforme os africanos se tornaram consumidores dependentes dos têxteis europeus, de panelas de ferro, de implementos agrícolas, de sabão e até mesmo de produtos alimentares.

A Guerra do Ópio (1839-1842), entre britânicos e chineses, serve como exemplo do impacto do poder europeu na Ásia (ver Capítulo 7). O apetite insaciável dos mercadores britânicos pelo chá chinês e outras mercadorias foi satisfeito enquanto houve suprimentos suficientes de prata para pagar por elas. Depois de a Revolução Americana cortar o acesso britânico às fontes de prata nas Américas, os comerciantes foram pressionados a comprar as mercadorias que desejavam. O controle britânico de Bengala, na Índia, deu a resposta: Ópio. Ilegalmente importado para a China pelos mercadores britânicos, e distribuído por meio de redes de agentes chineses, o ópio teve um impacto devastador sobre a sociedade chinesa. Quando o governo chinês tentou banir as importações da droga, os britânicos retaliaram com navios de guerra. A humilhante derrota chinesa perante os ingleses resultou na abertura forçada dos portos avençados ao longo da costa, pontos de entrada para os mercadores estrangeiros no comércio do enorme império chinês. Embora a China nunca tenha diretamente sido colonizada por uma potência europeia, foi dividida em "esferas de influência" que garantiram direitos comerciais e outros mais aos estrangeiros.

O vizinho da China, o Japão, também foi visitado e ameaçado por navios americanos com um enviado do presidente norte-americano, em 1853, um evento que rapidamente provocou mudanças políticas no país. A restauração Meiji, em 1868, levou ao poder um grupo de líderes cujo objetivo principal era industrializar e militarizar, utilizando os modelos ocidentais, mas sem o controle colonial de forças ocidentais. O sucesso da modernização econômica e militar no Japão teria consequências dramáticas para a economia e a guerra global.

Diferente de seus vizinhos do leste asiático, a Índia foi colonizada no século XIX e a economia indiana foi mantida refém dos interesses britânicos. A indústria têxtil, começando na Revolução Industrial inglesa, foi tipicamente uma das primeiras indústrias a se desenvolver como uma economia industrializada. O algodão indiano era conhecido há séculos, mas a produção desse algodão foi comprometida para que se providenciassem mercados para as mercadorias britânicas. Quando Mahatma Gandhi vestiu a tradicional roupa indiana, o *dhoti*, feito de algodão indiano, ele estava se opondo ao controle colonial britânico da economia e do padrão de vida indiano por meio do boicote aos produtos ingleses (ver Capítulo 7). Gandhi já havia experimentado o imperialismo também em outro continente, na África do Sul, e em cada continente do mundo podiam ser sentidos os exemplos da força econômica do imperialismo.

A ECONOMIA GLOBAL E A GRANDE DEPRESSÃO

Em nenhuma arena de interação a interdependência global foi mais aparente do que nas relações econômicas. A construção de uma economia mundial capitalista interdependente sob a dominação da Europa, em progresso desde o século XVI, significava que os cultivadores de café no Brasil, fazendeiros do trigo nos Estados Unidos, produtores de Açúcar em Java, e criadores do bicho da seda na China estavam unidos por suas dependências comuns dos suprimentos e demandas determinadas pelo mercado mundial de mercadorias. Em seu romance *Spring Silkworms* (1932), o escritor Mao Dun descreveu vivamente o empenho dos camponeses chineses cuja dependência econômica do cultivo do bicho da seda ligou seu estilo de vida às forças do mercado mundial, bem além de sua compreensão e controle:

> O velho Tung Pao ouviu o jovem mestre Chen – filho do mestre Chen que viveu na cidade – dizer que Xangai estava fervilhando de intranquilidade, que todas as fábricas de tecelagem da seda haviam fechado suas portas, que os fiadores de seda daqui provavelmente não abririam mais também. Mas ele não podia acreditar. Ele havia passado por inúmeros períodos de confusão e tumulto em seus 60 anos, e ainda assim nunca havia visto um tempo em que as brilhantes folhas das amoreiras foram deixadas secar nos galhos e tornarem-se alimento para as ovelhas. É claro que se os casulos dos bichos da seda não abrissem, aí seria diferente... No tempo das mercadorias estrangeiras – cambraia, tecidos, óleo – apareceram no mercado local, no tempo em que barcos fluviais estrangeiros cresceram em número nos canais, aquilo que ele produzia valia cada vez menos no mercado todo dia, e aquilo que ele precisava comprar tornava-se mais e mais caro...
>
> (Extraído de Patricia B. Ebrey, ed., *Chinese Civilization and Society: A Sourcebook*, New York: Macmillan/Free Press, 1981, p. 310–11, 320)

A seda tem sido produzida na China por milhares de anos, e comercializada na Eurásia como o item de luxo que deu o nome à Rota da Seda, a rota de caravanas que liga a China com a Europa. Camponeses não diferentes do velho Tung Pao ganharam a vida com a produção de seda durante séculos, mas no tempo em que Mao Dun escreveu sua história, os camponeses chineses estavam profundamente imersos em uma economia global que transformou suas vidas de forma que eles sequer podiam entender ou mudar.

Esse sistema econômico era um mecanismo complexo e integrado, com bancos, ações e direção corporativa cada vez mais global e interdependente. Uma mudança em qualquer parte dele poderia ter um impacto poderoso no sistema inteiro. A operação tranquila do mercado mundial dependia da mútua confiança no sistema pelos investidores e na continuidade da troca mútua.

No período após a Primeira Guerra Mundial, um *boom* de prosperidade, de 1924 a 1929, foi abastecido pelo comércio internacional, pela construção de novos prédios e pelas novas indústrias. O automóvel tornou-se um artigo de produção em massa. Seu uso disseminado aumentou a demanda por petróleo, aço, borracha e equipamentos elétricos, juntamente com a pavimentação de estradas. Toda essa atividade estimulou novas profissões secundárias, como a mecânica. Outros tipos de mercadorias de consumo, como os rádios, foram produzidos para um mercado de massa. Mas os sindicatos permaneceram enfraquecidos, os salários e remunerações não mantiveram o passo com os lucros e dividendos, e o poder aquisitivo popular ficou aquém da produção.

Foi no setor agrícola, contudo, que os problemas foram mais severos. A superprodução de trigo, em meados dos anos de 1920, causada pela mecanização, pela expansão e recuperação de terras aráveis para o cultivo, e outras melhorias, levaram ao colapso do mercado mundial de trigo, mercadoria para a qual a demanda permaneceu relativamente estável, pois as pessoas podiam comer só certa quantidade de pão. Em 1930, o preço de um bushel (medida) de trigo, calculado no padrão mundial de mercado, em ouro, caiu para seu menor preço em 400 anos. Os preços de certas mercadorias, como algodão, milho, café, cacau e açúcar também entraram em colapso, causando grande agonia aos fazendeiros do mundo todo, cujas subsistências dependiam desses produtos.

A bolsa de ações quebrou e a subsequente Grande Depressão de 1929 acabou com vários anos de crescimento sem precedentes no capitalismo ocidental. Na metade dos anos de 1920, o investimento desregulado resultou na especulação massiva, "jogando com o mercado" com a compra de ações, principalmente a crédito, com a esperança na revenda rápida com grandes lucros. Os compradores pagavam apenas uma fração do custo em dinheiro e tomavam o restante emprestado (algumas vezes o pagamento em dinheiro também) de bancos. De forma semelhante, bens de consumo – automóveis, refrigeradores, rádios – estavam em demanda crescente, pois podiam ser financiados ou comprados com dinheiro emprestado.

Finalmente, quando os perspicazes investidores começaram a vender suas ações, com medo de que o mercado em expansão pudesse se contrair, a bolha estourou. As dúvidas dos investidores tornaram-se um fato: a confiança decrescente levou à queda dos valores das ações e a perdas. Aqueles que tomavam dinheiro emprestado dos bancos não podiam mais pagar por isso. Grandes instituições financeiras, como o Credit Ansalt, de Viena, foram incapazes de encontrar investidores e faliram. A onda atingiu proporções catastróficas com a queda da Bolsa de Nova York em Outubro de 1929. Milhares de bancos norte-americanos e estrangeiros fecharam suas portas. O capital não estava mais

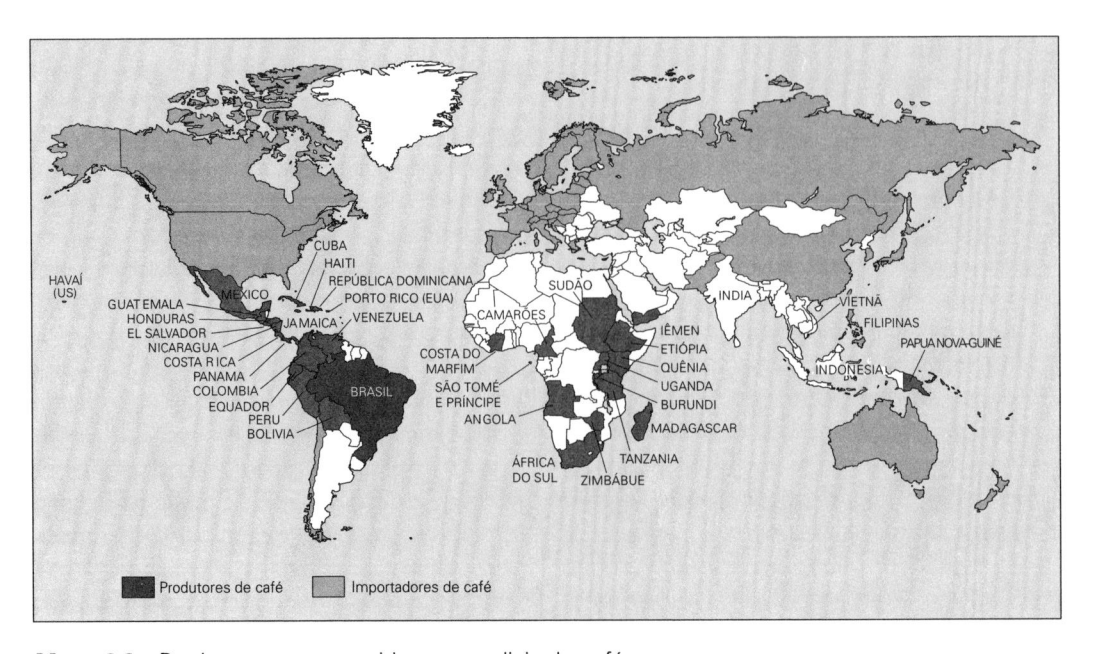

Mapa 6.3   Produtores e consumidores mundiais do café.

disponível para investimentos ou empréstimos; a demanda do mercado diminuiu, a produção industrial declinou, e as fábricas fecharam, deixando milhões de desempregados e pobres.

As repercussões globais desse colapso financeiros foram devastadoras. A exportação de capital norte-americano, um dia importante para investir em iniciativas estrangeiras, tornou-se hesitante, as bases da recuperação da economia alemã do pós-guerra ruíram, e os efeitos dessa calamidade econômica se estenderam por toda a Europa. Entre 1929 e 1932, conforme secavam os investimentos em negócios, estima-se que a produção mundial tenha caído em mais de dois terços. As carências logo foram sentidas nos mercados ao redor do mundo, incluindo aqueles das colônias na África, no Caribe e na Ásia. As demandas por exportações das colônias também caíram drasticamente, enquanto os preços e impostos sobre importações aumentaram. O desemprego e a fome disseminada ocorreram da África do Sul até a Austrália.

SEGUNDA GUERRA MUNDIAL E ECONOMIAS NACIONAIS

Após a Revolução Russa de 1917, Lênin, e depois Stálin, começou uma série de programas desenvolvidos para industrializar a economia soviética. Economias planejadas tornaram-se a estratégia nacional para os Estados acompanharem as economias europeia e americana. Stálin industrializou a União Soviética à custa dos camponeses, extraindo deles e da agricultura o capital necessário para custear a indústria. Após a Segunda Guerra Mundial, Mao Tse-Tung e os líderes da República Popular da China, seguindo seus mentores soviéticos, empreenderam um plano quinquenal para industrializar a economia chinesa. Mao resistiu ao modelo soviético e desafiou as ideias preponderantes sobre como industrializar rapidamente pela extração de recursos do campesinato. Ele acreditava que os custos sociais (e políticos) eram muito altos, e em vez disso, voltou-se à dependência da agricultura lado a lado com a industrialização em pequena escala. Esse programa, no final das contas, foi um grande fracasso, criando as condições que levaram à fome geral e a milhões de mortes.

As políticas nacionais em outros lugares do mundo pós-guerra tentaram sustentar as pessoas por meio de programas de bem-estar social suportados e organizados pelo Estado, mais notavelmente na Escandinávia, mas também em outros lugares da Europa e dos Estados Unidos. O Estado tornou-se um tipo de segurador dos fracos, idosos e pobres, da mesma forma que o havia sido antes a Igreja, por meio da caridade, e a família.

TRATADOS E ORGANIZAÇÕES ECONÔMICAS INTERNACIONAIS

Surgindo logo após da Segunda Guerra Mundial, uma série de acordos internacionais e operações financeiras foram realizadas pelos vitoriosos. O Banco Mundial e o Fundo Monetário Internacional foram criados em 1944, inicialmente para preparar a restauração da ordem na Europa após o fim da guerra, mas depois se adaptou ao mundo do pós-guerra para o desenvolvimento econômico do "Terceiro Mundo". A noção de Terceiro Mundo foi aplicada às antigas – e atuais – colônias africanas, asiáticas e latino-americanas. Ambas as organizações eram controladas pelo "Primeiro Mundo", as economias capitalistas mais desenvolvidas, incluindo aquelas que mais lucraram com o imperialismo. Em 1971, os Estados Unidos separaram o dólar do padrão de ouro, efetivamente desmantelando o tratado de Bretton Woods, de 1944, que atrelava os valores monetários internacionais ao ouro. Isso pavimentou o caminho para que outros sistemas monetários internacionais se livrassem de seus laços com o dólar americano e criassem um clima financeiro internacional mais fluido e volátil. Esse foi um ponto crucial ao desenvolvimento de um novo sistema de gerenciamento informal pelas fronteiras que substituiu aquele gerenciamento mais formal e institucionalizado do Banco Mundial e do FMI. Mercadorias como sal, ouro, seda e especiarias que um dia foram comercializadas ao longo de redes de rotas de caravanas e rotas marítimas de monções foram substituídas por petróleo, borracha, têxteis e narcóticos.

A GLOBALIZAÇÃO E SEUS DESCONFORTOS

Em 1995, a Organização Mundial do Comércio (OMC) substituiu o Acordo Geral sobre Tarifas e Comércio (GATT) do pós-guerra (1947), criado para estipular as linhas gerais e regular o comércio mundial. A OMC provocou forte oposição entre muitos que a viam como a perpetuação do controle das economias e potências políticas dominantes sobre os povos mais pobres do mundo que não tinham voz em suas deliberações e decisões. A China e o Vietnã, que um dia foram apaixonadas economias comunistas, transformaram-se em economias de mercado, tornando-se membros da OMC, um reflexo da crescente importância do papel que as economias asiáticas desempenharam no mundo pós-guerra e do poder do modelo capitalista, começando com o Japão. Blocos comerciais regionais também emergiram no final do século XX, o mais notável dos quais é a União Europeia, promovendo um sistema monetário unificado e um banco comum para as nações-membro.

No mesmo ano (1995) que a OMC foi fundada, um jovem engenheiro de *softwares*, Pierre Omydar, desenvolveu o código que tornaria possível que as pessoas comprassem e vendessem itens na internet, por meio daquilo que se tornou conhecido como "eBay". Um novo tipo de Rota da Seda, a internet forneceu uma rota cibernética para o comércio que era individualizada, em contraste direto com as gigantes corporações multinacionais que dominavam a economia global ao fim do século XX.

Com estrondoso sucesso, o empresário bilionário que criou o *eBay* voltou sua atenção ao problema de como solucionar a pobreza global. Seguindo a trilha de Muhammad Yunus, que venceu o prêmio Nobel em 2006, Omydar e outros ricos filantropos, como o magnata da Microsoft, Bill Gates, investiram em formas diferentes de microfinanças e microcrédito: a entrega de pequenos empréstimos a mulheres pobres (e algumas vezes a homens) para iniciar seus próprios negócios e ganhar um grau de dependência econômica. Mas qualquer que seja o ganho financeiro que façam, seus esforços estão inseridos em uma conjuntura local que, em última análise, está ligada às forças do mercado global e da economia capitalista mundial. Sem mudanças estruturais de larga escala na economia global – o controle do capital, o sistema bancário – é difícil enxergar como a pobreza global pode ser eliminada, ou pelo menos substancialmente reduzida, com essas formas de lucratividade.

CONCLUSÕES

As economias transacionais do início do século XXI contrastam agudamente com as economias mercantilistas dos séculos XVI e XVII. No mundo econômico transnacional, os principais comerciantes aliam-se a governos para promover interesses econômicos e políticos comuns, mas corporações multinacionais frequentemente transcendem em poder e influência as economias nacionais a partir das quais elas são criadas. Os presidentes das corporações multinacionais frequentemente atraem tanto – ou mais – atenção do que os chefes de Estado.

Na história mais antiga, condições ambientais determinaram que tipos de economias se desenvolveriam, mesmo quando a tecnologia capacitou as pessoas a alterar seus ambientes – pela irrigação, pela terraplanagem de terraços, e assim por diante (ver Capítulo 2). As mudanças tecnológicas introduzidas pela Revolução Industrial iniciaram um processo que alterou drasticamente a natureza, da mineração do carvão até a poluição química. De alguma forma, a tecnologia libertou o homem da dependência de seu ambiente, ao mesmo tempo em que providenciou condições materiais muito melhores para muitos. Mas a combinação de mercadorias e resíduos produzidos pelo consumo excessivo arruinou o ambiente global, de forma que desafiam as pessoas a confrontar seu modo de vida, e o que ele representa, com a maneira em que outras pessoas ao redor do mundo vivem e irão viver no futuro.

REFERÊNCIAS SELECIONADAS

Abu-Lughod, Janet L. (1989) *Before European Hegemony: The World System, A.D. 1250–1350*, New York and Oxford: Oxford University Press. Um argumento ricamente documentado pela existência de um sistema mundial afro-eurasiano antes da expansão da Europa no século XVI e da criação do sistema mundial definido por Immanuel Wallerstein.

Chaudhuri, K. N. (1990) *Asia Before Europe: Economy and Civilisation of the Indian Ocean from the Rise of Islam to 1750*, Cambridge: Cambridge University Press. Um estudo da interação dinâmica entre a vida econômica, a sociedade e a civilização em torno do Oceano Índico durante um período de, aproximadamente, mil anos, modelado em parte na obra clássica de Fernand Braudel sobre o Mediterrâneo.

Dyer, Christopher (2002) *Making a Living in the Middle Ages: The People of Britain, 850–1520*, New Haven, Conn.: Yale University Press. Um estudo completo das formas pelas quais as pessoas, em todos os níveis da sociedade medieval britânica, sustentavam a si e a suas famílias em meio às circunstâncias econômicas em transformação.

Frank, Andre Gunder (1998) *ReOrient: Global Economy in the Asian Age*, Berkeley, Los Angeles, and London: University of California Press. Um estudo incitante sobre o "surgimento do Ocidente" como uma mudança temporária para longe daquilo que teria sido, e será novamente, uma economia mundial centrada na Ásia.

Pomeranz, Kenneth (2000) *The Great Divergence: China, Europe, and the Making of the Modern World Economy*, Princeton, N.J. and Oxford: Princeton University Press. Um estudo comparativo do desenvolvimento econômico de chineses e europeus no século XIX, argumentando que o sucesso europeu foi dependente do acesso fácil ao carvão mineral e do comércio com as Américas.

Pomeranz, Kenneth and Steven Topik (1999) *The World That Trade Created: Society, Culture, and the World Economy, 1400 to the Present*, Armonk, N.Y. and London: M.E. Sharpe. Um trabalho de leitura fácil que traça os movimentos das mercadorias pela ação das pessoas ao redor do globo e os resultados frequentemente imprevisíveis de suas interações.

Reid, Anthony (1988) *Southeast Asia in the Age of Commerce, 1450–1680*, Vol. One: *The Lands Below the Winds*, New Haven, Conn. and London: Yale University Press. Uma pesquisa abrangente sobre a vida cotidiana no sudeste asiático às vésperas da hegemonia europeia, incluindo a cultura material, os costumes familiares, a religião, o comércio e o direito.

Shiba, Yoshinobu (trans. Mark Elvin) (1992 (1970, first translation; 1968, original Japanese publication)), *Commerce and Society in Sung China*, Ann Arbor: University of Michigan Center for Chinese Studies. Um estudo sobre o transporte, os produtos agrícolas e artesanais, os mercados, as cidades e a organização do comércio na China, entre os séculos X e XIII.

Tracy, James D. (1991) *The Political Economy of Merchant Empires: State Power and World Trade, 1350–1750*, Cambridge: Cambridge University Press. Uma coleção de artigos relacionados a vários aspectos do comércio mundial entre os século XIV e XVIII.

Wright, Donald (2004 (2nd edn)) *The World and a Very Small Place in Africa: A History of Globalization in Niumi, The Gambia*, Armonk, N.Y. and London: M.E. Sharpe. Como os eventos globais e os sistemas mundiais afetaram a vida das pessoas nos últimos oito séculos em uma pequena área do oeste africano.

FONTES *ONLINE*

Annenberg/CPB Bridging World History (2004) <http://www.learner.org/channel/courses/worldhistory/>. Projeto multimídia com *website* interativo e vídeos por demanda; veja especialmente as unidades 8, Early Economies, 9, Connections Across Land, 10, Connections Across Sea, 14, Land and Labor Relationships, 15, Early Global Commodities, 16, Food, Demographics, and Culture, 19, Global Industrialization, 24, Globalization and Economics.

Asia for Educators: The Song Dynasty in China (960-1279) <http://afe.easia.columbia.edu/song/>. Este *website* interativo faz uso do famoso pergaminho, do século XII, "Festival de Primavera no rio", para retratar aspectos da vida urbana e da economia na China Song.

7 Criação de Ordem e Desordem
Estados e Impérios, antigos e novos

Ao final da Segunda Guerra Mundial, o líder nacionalista vietnamita Ho Chi Minh (1890-1969) escreveu a introdução à declaração de independência vietnamita:

> Todos os homens são criados iguais: eles são dotados, por seu Criador, com certos direitos inalienáveis; entre esses estão a Vida, a Liberdade e a busca pela Felicidade.
>
> Essa frase imortal foi feita na Declaração de Independência dos Estados Unidos da América, em 1776. Em um sentido amplo, isso significa: todos os povos na terra são iguais no nascimento, todas as pessoas têm o direito de viver, serem felizes e livres.
>
> A Declaração da Revolução Francesa, feita em 1791, sobre os Direitos do Homem e do Cidadão também afirma: "Todos os homens nascem livres e com direitos iguais, e devem sempre permanecer livres e com direitos iguais".
>
> Essas são verdades irrefutáveis.
>
> (Citado em William D. Bowman, Frank M. Chiteji, and J. Megan Greene, *Imperialism in the Modern World: Sources and Interpretations*, Upper Saddle River, N.J.: Pearson Prentice-Hall, 2007, p. 248)

Citando esses famosos documentos, muito depois de suas confecções nas revoluções americana e francesa, Ho indica os valores inspiradores que eles declaram como um prelúdio irônico de seu julgamento sobre a opressão colonial francesa (e japonesa) sobre sua terra natal. Livres do controle colonial francês apenas com a ocupação japonesa na Segunda Guerra Mundial, uma vez declarada a vitória aliada a França renovou suas reivindicações em relação à "Indochina francesa". Quando os franceses foram finalmente derrotados, os Estados Unidos tentaram controlar o Vietnã em uma longa e amarga guerra contra o comunismo na Ásia, e acabaram sendo derrotados pela resistência nacionalista e pelos herdeiros de Ho Chi Minh.

A experiência de ser controlado por uma potência estrangeira não era nova para a população do Vietnã, mesmo quando, no século XIX, a França colonizou suas terras. Por mais de mil anos (111 a.C.-939 d.C.), muito do que hoje é o moderno Vietnã estava sob o domínio chinês. Apenas no décimo século que os vietnamitas estabeleceram sua independência da China, e ainda continuaram sob a sombra cultural desse país, assimilando o modelo governamental imperial chinês em seu território. O nome moderno para Vietnã, na verdade, deriva do nome chinês, "Yue nan", sul de Yue, a região mais ao sul da China na época em que o Vietnã ficou sob o controle daquele país. Esse termo geográfico descrevia uma região que era povoada por diferentes grupos étnicos que falavam diferentes (embora relacionadas) línguas, e adaptaram suas formas de vida a uma paisagem variada, desde montanhas e colinas para deltas de rios e linhas costeiras.

No mundo pós-guerra do século XX, a Declaração de Independência vietnamita foi uma declaração afirmando seu *status* como um moderno e independente Estado-Nação, criado a partir da experiência compartilhada do recente colonialismo, uma linguagem escrita e falada comum e identidade histórica. Os vietnamitas modernos – entre eles Ho Chi Minh – podiam olhar para as heroicas irmãs Trung, que incitaram a resistência contra os chineses no século I da Era Cristã, como modelos de orgulho nacionalista. Eles também podiam procurar modelos do moderno Estado-Nação em princípios articulados nas declarações revolucionárias americana e francesa.

A experiência histórica do Vietnã fornece um rico campo para a introdução do tema deste capítulo. O que é um Estado e por que as pessoas criam Estados? Quando e como os modernos Estados-Nação surgiram na Europa e em todo o mundo? Que forças levaram à criação dos primeiros impérios (antes de 1500), e em que são diferentes os impérios modernos?

No caso do Vietnã, uma identidade histórica comum como Estado e povo foi forjada na resistência contra a expansão imperial chinesa, e a identidade nacionalista moderna foi um produto da resistência contra os franceses, japoneses, e, finalmente, contra o imperialismo norte-americano nos século XIX e XX. Este capítulo explora as transformações nas identidades coletivas corporificadas nas formações políticas cambiantes, desde os primeiros Estados e impérios até os mais modernos.

INTRODUÇÃO

Conforme as pessoas ao redor do mundo começaram a praticar a agricultura e a se mudar para cidades, crescentes populações vivendo juntas expandiram a escala das atividades humanas e levaram a uma complexidade social cada vez maior (ver Capítulo 3). A distribuição desigual de recursos – e, portanto, de poder – intensificou-se conforme as aldeias agrícolas tornaram-se cidades, Cidades-Estado, reinos e até mesmo impérios. Acompanhando a concentração da população e dos recursos estava o crescimento das forças militares para proteger os armazéns de alimentos, para defender o território e, finalmente, para expandir o controle de pessoas (seu trabalho) e também da terra. Ideias e práticas religiosas que inspiraram e guiaram a vida comunitária nos tempos antigos foram adaptadas para sancionar novos governantes e novas formas de organizações políticas, novas hierarquias sociais e novas relações econômicas. Inanna, a divindade tutora da cidade suméria de Uruk, por exemplo, protegia o depósito da cidade e possuía um consorte humano, um rei-sacerdote que governava em seu favor (ver Capítulo 4).

As Cidades-Estado eram centros urbanos independentes que controlavam os arredores agrícolas, baseados no comércio, ou ambos. Elas são uma das primeiras formas políticas, evidenciadas tão antigamente quanto o quarto milênio a.C., mas ainda encontradas por toda a história mundial e no presente. As Cidades-Estado gregas da região do Egeu do quinto século a.C. são exemplos, assim como as cidades portuárias que pontilhavam o Oceano Índico nos séculos XVI e XVII d.C., e a moderna Cidade-Estado de

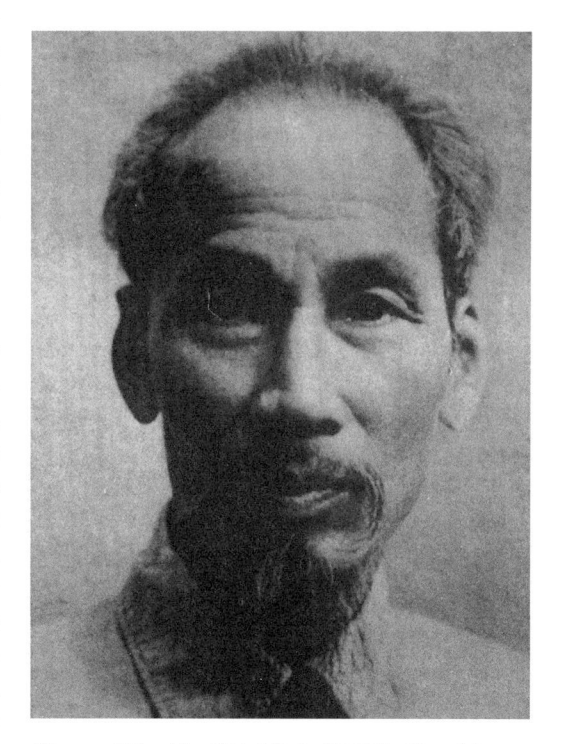

Figura 7.1 Ho Chi Minh (1967). Nascido no Vietnã, Ho Chi Minh foi criado em uma casa confucionista e educado em uma escola secundária francesa. Mais tarde, viveu e trabalhou nos Estados Unidos, na Inglaterra e na França, onde aderiu ao comunismo. Passou um tempo na China e na União Soviética antes de retornar ao Vietnã, em 1941, para liderar o Viet Minh, o movimento nacionalista vietnamita.

Cingapura. Os reinos eram maiores em escala do que as Cidades-Estado e controlavam diretamente um território que incluía mais de um centro urbano. Exemplos de reinos podem ser encontrados pela história mundial e no mundo todo, em todos os lugares, desde o reinado da Sicília, do século XX, no Mediterrâneo, até o reino Zulu do sul da África, no século XIX.

Impérios eram políticas de escala ainda maior e resultado da expansão de uma política, como a de um reino ou Cidade-Estado, à custa dos outros. Os impérios são definidos de muitas formas diferentes, e os processos que levam à formação de impérios são igualmente variados. O que todos eles parecem ter em comum é o controle de uma grande política multiétnica por um forte centro e a promoção bem-sucedida de uma ideologia que sanciona o exercício do poder imperial. O Império Romano é um exemplo clássico: em seu auge, no primeiro século d.C., o centro urbano de Roma repousava sobre uma vasta área reivindicada circundante ao Mediterrâneo, estendendo-se ao norte e oeste até a Península Ibérica e as ilhas da Bretanha, e ao leste até as bordas da Ásia central. As legiões romanas policiavam esse território, e o governo romano cobrava tributos de todo o império para financiar suas elites dominantes, o exército e sua administração. Os imperadores romanos foram deificados, tendo sua sanção para governar associadas aos deuses romanos.

Diferenças de escala, indo desde aldeias agrícolas até impérios, implicam diferenças na natureza das identidades coletivas. Laços de sangue constituem a fonte mais básica, ou primordial, de identidade para além do indivíduo, então o parentesco baseado em relações de sangue é um dos blocos de construção da identidade coletiva. Embora as sociedades organizem as relações de parentesco de formas muito diferentes, os laços familiares em todos os lugares podem ser considerados uma fonte primordial de identidade. O parentesco, como um constituinte da identidade coletiva, é seguido por comunidades de maior escala, Estado e impérios. Transformações nas identidades coletivas produzidas por interações transregionais e transculturais – incluindo aquelas ligadas à construção dos impérios – foram drasticamente intensificadas pelos processos de globalização que começaram no século XVI e que continuam progredindo no século XXI.

Neste capítulo, primeiro consideramos a relação entre laços de parentesco e ordens políticas, questionando a noção de um progresso necessário, de comunidades descentralizadas para Estados centralizados, e a presunção de que as alianças de parentesco são necessariamente mais puras se comparadas com a burocratização do poder de Estados de larga escala e impérios. Compararemos, então, os "velhos" impérios em diferentes partes do mundo antes de 1500, seguidos dos primeiros impérios modernos, terrestres e marítimos, o surgimento do moderno Estado-Nação, e, finalmente, os novos impérios. Iremos nos referir às questões sobre o que constitui um império, como e por que os impérios se diferem (tanto os novos quantos os antigos) e traçar o processo histórico do nacionalismo, do imperialismo e da revolução. Por esse amplo quadro de mudança histórica, a preocupação básica permanece sendo as formulações cambiantes da identidade coletiva tecidas pelas transformações dos Estados e impérios, antigos e novos.

UMA "SOCIEDADE SEM ESTADO": ARQUEOLOGIA E IGBO-UKWU

Os Estados, de qualquer escala (Cidade-Estado, reino, império) são produzidos pela centralização do poder, possibilitada pelo controle da tecnologia e das forças da violência. A formação do Estado é um processo complexo, incluindo não só caminhos diversos, mas também diferentes resultados. Não há um modelo universal com variações locais, mas sim uma quantidade de formas diferentes com que as pessoas atribuem o poder a indivíduos ou grupos, de acordo com noções hierárquicas de *status* e autoridade. As chamadas sociedades "sem Estado" oferecem visões alternativas da distribuição de poder, assim como oferecem aquelas que detêm uma organização frouxa do poder e da autoridade política, frequentemente enraizado em laços de parentesco.

Conforme as sociedades cresciam em tamanho e complexidade, a rede de relações sociais que mantinham os indivíduos em seus lugares e determinavam suas posições tornaram-se cada vez mais importantes. Um formato que essas redes tomaram frequentemente foi o da linhagem, ou grupos descendentes. A linhagem era a comunidade perceptível de pessoas ligadas por laços de sangue, por seu pertencimento a uma linha de descendência comum traçada a partir de um ancestral real ou fictício (imaginado). Fornecendo uma fonte primária de identidade, a linhagem permaneceu como um alicerce vital para as comunidades humanas e teve o poder de moldar estruturas políticas de larga escala, assim como destinos individuais.

O complexo arqueológico chamado Igbo-Ukwu (900), situado em uma região de floresta de aproximadamente 10 mil Km quadrados, ao leste do Rio Niger, no atual sudeste da Nigéria, fornece evidências de uma antiga política descentralizada do oeste da África que estava organizada ao redor de linhagens. Apesar da grande densidade populacional da região, não se sabe da existência nem de grandes cidades nem de Estados e impérios centralizados. Evidências da sociedade baseada na linhagem são principalmente arqueológicas. Escavações em três sítios produziram uma gama extraordinária de objetos e esculturas de bronze tecnicamente complexas, contas de vidro, têxteis importados e restos humanos. Entre os objetos escavados está o punho da espada de um cavaleiro, que talvez um dia tenha estado ligado a um conjunto de oficiais e retratado como um homem montando um cavalo. As figuras sentadas carregam sinais de cicatrizes faciais idênticos a desenhos de rostos encontrados entre os povos falantes da língua Ibo, na mesma área, em tempos modernos. As tradições orais Ibo, de forma semelhante, atestam um milênio de continuidade étnica na Região.

Em tempos mais recentes, os Ibo foram estudados por antropólogos como um exemplo de sistemas políticos "sem Estado", baseados em conexões altamente democráticas relacionadas à linhagem. Diferente das estruturas hierárquicas de sociedades altamente centralizadas, a sociedade com base na linhagem enfatiza os objetivos e realizações comuns dos grupos. A camaradagem nas linhagens foi útil para resolver disputas (pois um membro podia ter a garantia do apoio e da proteção dos outros) e para a redistribuição da riqueza ao longo das gerações. Pertencer a uma mesma linhagem também significava que os membros compartilhavam de uma herança espiritual comum, e central a ela era a crença de que os ancestrais renasciam dentro da mesma linhagem. A religião Ibo também incluía uma divindade criadora, assim como um componente que providenciava a cada pessoa reencarnada um *chi* pessoal, ou guia divino, do mundo espiritual. O poder político era, dessa forma, uma reflexão mundana das realizações espirituais do indivíduo.

O comando de um conselho de anciões eleitos dos Igbo-Ukwu fornecia aos membros oportunidades de desenvolvimento de suas maiores habilidades, de acumular cada vez mais riquezas e de exercer influência sobre os outros. Por meio de seu controle sobre as relações sociais, os membros do conselho tomavam decisões em grupo e recebiam apoio em retorno. Seu poder e influência se desenvolviam gradualmente e dependiam do consenso do grupo e dos frutos do patrocínio. Tanto o poder espiritual quanto o político eram reconhecidos pela concessão de títulos e posições. Os escavadores de Igbo-Ukwu interpretaram um desses sítios como o possível local do funeral de um rei-sacerdote, a pessoa de mais alta posição dentro da sociedade hierárquica Ibo. Evidências do sítio de Igbo-Ukwo também confirmam a existência de um comércio de longa distância no qual cavalos, metais e outras mercadorias eram importados por meio do Saara em tempos pré-islâmicos (anteriores ao século X). O envolvimento em tais redes comerciais não leva, invariavelmente, ao estabelecimento de uma autoridade centralizada. A complexidade organizacional da sociedade não deveria ser confundida com seu tamanho físico. Muitas sociedades descentralizadas eram grandes, envolvendo centenas ou milhares de pessoas em esforços voluntários e cooperativos.

SOCIEDADES DE LINHAGEM E IMPÉRIOS

Os sistemas social, econômico e ideológico dos impérios centralizados e das políticas de linhagem descentralizadas foram profundamente diferentes. A ideologia das políticas de linhagem exigia o compartilhamento de recursos, e não sua centralização (ver Capítulo 8). A rede de reciprocidade e o patrocínio exigiam constantes negociações e consensos, o que era impraticável devido à estratégia e controle político em um regime do tamanho de um império.

A relação dinâmica entre sucessivos impérios islâmicos e sociedades de linhagem da Península Arábica foi característica das relações entre impérios de outros lugares. As sociedades sanguíneas as cercavam e com elas interagiam. O historiados muçulmano Ibn Khaldun (1332-1406) chegou a teorizar que o surgimento e a queda dos Estados dependia em muito da inter-relação da linhagem e de outros fatores sociais internos, como proezas militares, grandes líderes e o poder dos deuses. A história dos Impérios Romano e Chinês foram marcadas por relações variantes entre um centro imperial e sociedades sanguíneas em suas fronteiras: os francos, celtas e os pictos para os romanos, e os Xiongnu e outros nômades do norte para os chineses.

Povos nômades que confrontaram o Império chinês na Grande Muralha, que negociavam com os chineses, que guerrearam com eles e que, por vezes, instituições políticas chinesas adotaram vieram de sociedades organizadas por linhagens em clãs que se estendiam até tribos. O historiador chinês Sima Qian (145-90 a.C.) registrou suas observações da organização social e política da vida nômade entre os povos Xiongnu, turcos e mongóis que formavam uma grande confederação no segundo século a.C., a qual periodicamente ameaçava o império chinês:

> Eles se mudavam em busca de água e pasto (para seus rebanhos), não erigindo cidades, habitações permanentes ou agricultura... Seus líderes têm sob seu controle desde alguns milhares até dezenas de milhares de cavaleiros. Existem 24 chefes ao todo, a cada um é designada uma "dezena de milhares de cavaleiros". Todos esses grandes postos são hereditários. Os três clãs dos Huyan, Lan e mais tarde os Xubu, são a nobreza.
>
> (Extraído de Patricia B. Ebrey, ed., *Chinese Civilization: A Sourcebook*, New York: Free Press, 1993, p. 55)

Séculos depois, outras sociedades baseadas na linhagem também interagiram com os chineses e algumas vezes ameaçaram ou até os conquistaram. Embora o estilo de vida dessas sociedades nômades ou seminômades e suas organizações básicas em tribos ou clãs tenha sido contrário à concentração de poder característica de Estados centralizados, o surgimento de um líder carismático, cuja base de apoio por meio de laços de lealdade pessoal fosse forte o suficiente, podia unir líderes tribais em grandes confederações. A adoção de alguns aspectos da administração do modelo estatal chinês se fortaleceu como uma influência sobre a região. Essa confederação podia transformar-se em uma poderosa organização para o domínio de um território extenso, assim como uma força de combate altamente habilidosa e móvel. A unificação das tribos mongóis, no século XIII, por Gengis Khan é o exemplo mais conhecido desse processo. A tensão entre as forças centralizadoras que levaram ao crescimento de regimes de larga escala, como os impérios, e os padrões descentralizadores da vida política característica das sociedades organizadas em linhagens, ao mesmo tempo em que abasteceram as mudanças históricas, destacaram poderosas continuidades do parentesco por laços de linhagem e de clã.

A transformação das sociedades sanguíneas em confederações (ou até mesmo em impérios) centralizadas, quando temporárias, não apresentou um padrão universal. Entre os povos da costa noroeste da América do Norte pré-conquista, a coesão social era similar àquelas das linhagens e clãs da Eurásia: grupos politicamente autônomos de parentes, suas esposas e filhos, alinhados de acordo com sistemas que reconheciam a descendência ou a posição baseando-se nas afiliações grupais. O *status* social era determinado pela hereditariedade e pela riqueza.

Tipicamente, a linhagem ou os grupos familiares ao longo da costa noroeste viviam em casas separadas, cerca de 30 pessoas ou mais habitando grandes casas de madeira de cedro. As habitações eram lideradas por um chefe – qualquer homem que possuísse uma casa era um chefe – e cada um possuía seu totem, como um urso, baleia ou corvo. A chefia era herdada tanto da matriarca quanto do patriarca, mas os chefes (homens ou mulheres) também eram dependentes da riqueza e do prestígio de sua linhagem. Quanto maior a coleção de presentes recebidos, maior a *potlatch* (a manifestação de riqueza) que podia ser criada e mais importante era o chefe desse clã. Alianças eram, algumas vezes, realizadas com grupos sociais similares com o propósito de defesa comum ou com fins cerimoniais, mas os grupos nunca rendiam a outros alguns direitos altamente individuais e importantes, como totens, penachos e danças.

FEUDALISMO: ENTRE PARENTESCO E ESTADO

Na Europa, um estilo de sistema político mais formalmente estruturado se desenvolveu, o que os historiadores chamaram de feudalismo. Embora o termo seja problemático, pois foi utilizado algumas vezes de uma forma que obscurece distinções importantes, ainda assim pode ser aplicado proveitosamente para comparar padrões de relações de poder. O feudalismo, neste sentido, pode ser considerado uma alternativa para as sociedades baseadas principalmente em seus laços pessoais de parentesco ou nas estruturas burocráticas impessoais das políticas centralizadas. Amplamente definido, o feudalismo descreve uma hierarquia de poder na qual a terra (do latim, *feudum* ou feudo) constitui a principal forma de riqueza e fornece a base para as ordens política e social, bem como para a estrutura econômica. As instituições e práticas do feudalismo europeu desenvolveram-se depois que o poder de um forte Estado centralizado (o Império Romano) mudou para unidades políticas locais. O Feudalismo, em suas várias formas, foi predominante na Europa entre os séculos IX e XIII; em partes do leste da Europa, só se desenvolveu mais tarde e durou menos tempo.

Central ao feudalismo estava a relação pessoal, especificamente militar, entre o lorde (patrão) e o vassalo (cliente). A base de todas as relações feudais era o contrato, uma poderosa força cultural e legal para a coesão em um mundo que era efetivamente localizado e descentralizado. O contrato tomou a forma de um pacto de fidelidade (lealdade), pelo qual o respeito era jurado pelo vassalo ao lorde, pela garantia de um feudo.

O termo "feudalismo" também foi utilizado para descrever as instituições políticas e sociais do Japão dos séculos XII a XIX. Mesmo que o termo não seja precisamente apropriado no caso do Japão, existem similaridades na evolução da sociedade japonesa durante esse período que dão sentido à comparação. Tanto as instituições feudais europeias quanto as japonesas surgiram a partir do desmoronamento de um governo imperial centralizado e de seu aparto legal-administrativo: o enfraquecimento do Império Romano e da lei romana, no caso da Europa, e do Estado japonês dos períodos Nara e Heian (dos séculos VIII ao XII), modelados sobre o governo imperial Tang da China (618-907). O desenvolvimento de relações contratuais entre patrões e clientes, em ambos os casos, repousou sobre bases legais e administrativas anteriores.

O feudalismo japonês se desenvolveu a partir da reafirmação, durante o período Heian (794-1185), da tradição aristocrática social, com base na linhagem, na qual as relações patrão-cliente eram a base da organização política e os meios de governar o Estado, exemplificado pelo governo da família Fujiwara durante os séculos IX a XI. A nobreza Heian levou uma vida de grande luxo e refinamento, suportada pelas receitas provenientes das propriedades de terras que existiam fora da capital, frequentemente em províncias distantes do centro de vida cultural e política da Corte Heian. Eles eram proprietários ausentes, dependentes dos administradores estatais para supervisionar suas propriedades e garantir suas receitas. O controle dos feudos gradualmente saiu das mãos dos aristocratas da corte e passou para aqueles administradores locais e para os militares que, na ausência da autoridade imperial, protegiam as propriedades contra os assaltos.

Assim como no feudalismo europeu, o feudalismo japonês era baseado em duas instituições: A casa senhoral (*shoen*), a qual era ligada à ideia de direitos sobre a terra, e o poder militar de uma elite guerreira. Com o declínio do poder dos Fujiwara, no final do século XII, e com o enfraquecimento subsequente da autoridade central, uma nova elite guerreira, conhecida como *bushi* ou samurai, desenvolveu-se na capital. Os samurais substituíram a aristocracia da corte como a elite social e política, cujo poder era consolidado por laços pessoais de lealdade e serviço militar.

IMPÉRIOS MARÍTIMOS E TERRESTRES NO SUDESTE DA ÁSIA: SRIVIJAYA E KHMER

A importância de alianças pessoais – baseadas em laços de parentesco ou em relações contratuais – pode ser vista na forma que até impérios tomaram em algumas partes do mundo. Os Estados do sudeste da Ásia podem ser pensados como sistemas complexos de lealdades pessoais que formaram a base de relações de poder, mais do que como territórios com limites definidos administrados por representantes de um ou outro governante. Os limites precisos dos territórios controlados por um governante não eram uma preocupação principal; o que importava era a rede de lealdades das quais o governante poderia depender. Os impérios marítimos e terrestres do sudeste da Ásia são exemplos disso.

O grande império insular de Srivijayan (670-1025) foi construído sobre a riqueza produzida pelo comércio marítimo (ver Capítulo 6), juntamente com uma combinação de força militar e perspicácia política do *datus* (chefes ou governantes) da capital, Palembang, na ilha de Sumatra. Dadas as flutuações do comércio internacional e as variações nas habilidades humanas, o poder militar e a capacidade política, sozinhos, eram insuficientes para garantir a sobrevivência de Srivijaya. Os líderes precisavam também de um sistema de crenças que pudesse unir as regiões conquistadas, com diferentes religiões e grupos étnicos, sob uma lealdade comum a Palembang. Os governantes de Srivijaya encontraram tal ideologia unificadora na religião universal do budismo.

O budismo cresceu rapidamente no arquipélago sudeste-asiático durante o século XII (ver Capítulo 4). Inscrições rupestres antigas, em Palembang, revelaram que houve um governante que misturou o imaginário local da montanha sagrada e do mar com a veneração tradicional dos ancestrais com símbolos budistas e éticos. Os temas budistas impostos sobre as tradições nativas providenciaram um conjunto comum de ideias que transcendiam as comunidades locais. Para reforçar essa ideologia e construir o prestígio regional sobre ela, os governantes de Srivijaya utilizaram alguns dos lucros de seu império para serem patrocinadores da escolástica budista em seus territórios e financiar grandes construções de templos, como o grande monumento budista de Borobudur, do século VIII, na ilha de Java. Nos séculos X e XI, o império dedicava-se a templos em locais tão distantes quanto Bengala e a costa sudeste da Índia.

No sudeste do continente asiático, o Império Khmer (802-1432), em seu auge no século XII, controlava provavelmente um milhão de pessoas na área dos atuais Camboja, Laos, Tailândia e partes de Burma, Vietnã e da península malaia. Uma rede de canais, utilizados tanto para transporte como para irrigação, ligava fisicamente o Estado Khmer, e os reservatórios ajudavam a controlar a precipitação irregular de um clima de monções, estocando a água das chuvas de monções para uso posterior.

Tanto o hinduísmo quanto o budismo sancionaram a autoridade dos governantes e os laços culturais e religiosos comuns entre o povo Khmer (ver Capítulo 4). Seus governantes inicialmente misturaram o hinduísmo com

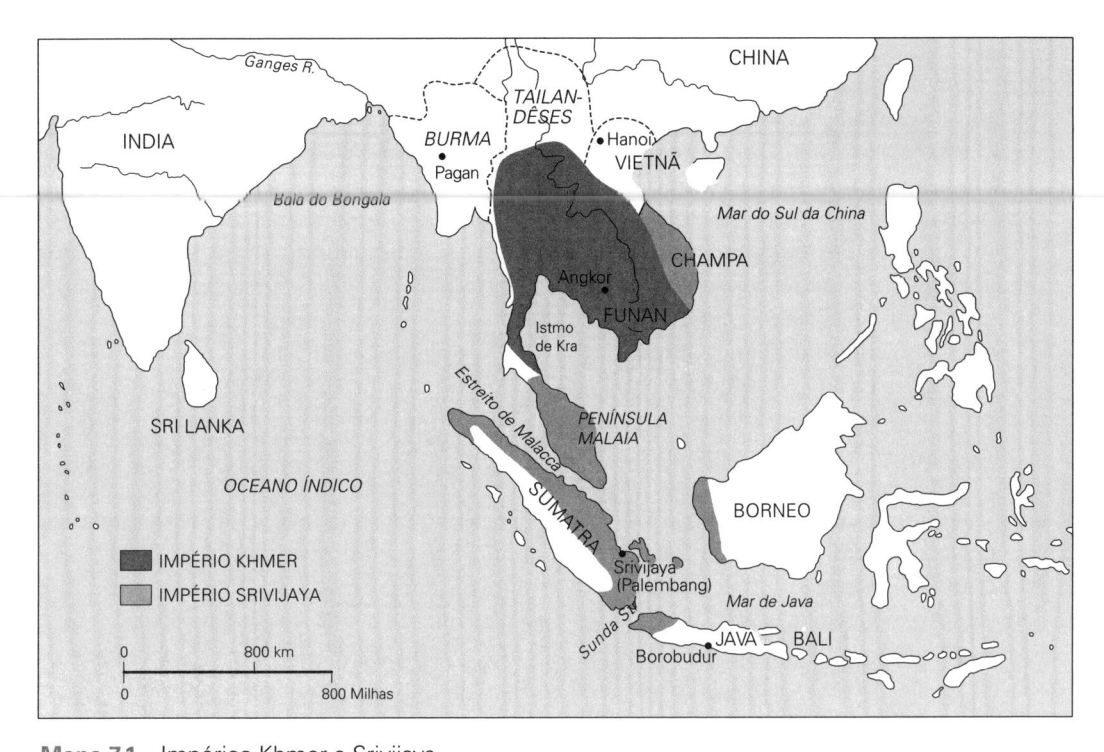

Mapa 7.1 Impérios Khmer e Srivijaya.
Fonte: anônimo, "Early South East Asia" (Boston, Mass.: Houghton Mifflin, 2001).

as crenças nativas para consolidar seu poder sobre o território em expansão, e a linguagem sânscrita foi adotada pela Corte Khmer. A adoração do deus hindu Shiva, que era identificado como o "Senhor da Montanha", estava ligada à crença nativa na santidade das montanhas, a casa dos espíritos ancestrais. A adoração a Shiva foi formalizada no culto ao *devaraja* (deus-rei), do governador Jayavarman II (770-834), que construiu o Estado Khmer, por meio de uma combinação de conquista e formação de uma rede de alianças pessoais. Seguindo Jayavarman, as estátuas dos deuses eram fundidas com a pessoa do governante, simbolizada pela emergência do título pessoal do monarca com o nome de um deus. Após o século XII, na cidade capital de Angkor Thom, o domínio budista era refletido pelas fachadas do complexo de templos de Bayon, que retratavam a divindade budista de Lokeshvara. Essa divindade budista era identificada com o construtor de Angkor Thom, Jayavarman VII (1181-1218?), cuja autoridade foi reforçada por meio do novo culto ao Buddharaja (rei-Buda).

Projetos de obras públicas massivas, realizados pela monarquia Khmer, como o complexo de templos hindus de Angkor Wat (*wat* significa "templo") construído no século XII, são testemunhos da habilidade do Estado Khmer em coletar e redistribuir recursos econômicos em grande escala. Isso foi realizado por meio de uma rede de templos, que serviam como centros de redistribuição, de vilas para templos locais, e subindo hierarquicamente até o templo central na capital do reino. Dessa forma, tanto a riqueza material quanto a capital simbólica, os símbolos culturais e religiosos utilizados para integrar a sociedade Khmer, foram distribuídos por uma complexa rede de templos espalhada pelo reino.

Embora o Khmer não tenha controlado o comércio marítimo que o teria permitido conectar os arredores agrícolas ao comércio marítimo, como fez Srivijaya, ambos os impérios controlaram recursos massivos, incorporando diferentes povos e culturas dentro de seus reinos, e criando bases ideológicas com o uso do hinduísmo e do budismo, que unificaram a região sob seu controle. Tanto no Império de Srivijaya quanto no Khmer, novas identidades coletivas foram construídas por meio da religião e suportadas por riquezas econômicas produzidas pelo trabalho de pessoas envolvidas na agricultura ou no comércio marítimo e fluvial. Templos e outros monumentos religiosos foram expressões vitais da identidade coletiva, conforme eles manifestam a riqueza material comandada por governantes e sancionada pela religião. As alianças pessoais estão no coração de ambos os impérios, e não há dúvida de que estavam presentes em um âmbito local, onde eles faziam parte de uma vida cotidiana que permanecia sem registros. As pessoas continuaram a se identificar intimamente com os parentes e com a vila, mesmo quando eles viviam à sombra de poderosos impérios.

COMÉRCIO, TECNOLOGIA, ECOLOGIA E CULTURA: O IMPÉRIO MALI NO OESTE DA ÁFRICA

Mali não foi o primeiro império a ocupar a grande região de savana do oeste da África que contornava o Saara, a fronteira semiárida do deserto conhecido como o "Sahel" (literalmente a "costa" do grande oceano de areia, em Árabe) e o interior do delta do Rio Niger. O Império Mali (séculos XIII a XVI) se desenvolveu a partir da conquista e unificação de vários Estados menores. Em seu auge, Mali cobriu grande parte do oeste da África e incorporou uma política composta de caçadores, pastores, nômades, mercadores e fazendeiros de muitos grupos de linguagem diferentes. As tradições orais dão o crédito a uma única figura legendária e heróica do ato final da unificação: Sundiata, o mais poderoso de todos os governantes Mali, que finalmente sujeitou o povo Soso à autoridade da língua e da cultura Mande, com o predomínio do clã Keita. Os louvores de Sudiata são hoje cantados por cada *griot*, ou historiador oral Mande, em nome do clã real. Desta forma, a história foi – e ainda é – usada para legitimar o império Mali e seus herdeiros.

A epopeia de Sundiata dedica grande parte de seu relato à magia e suas relações com o poder político. Todas as grandes façanhas, incluindo a fundação de impérios, exigiam o controle do sobrenatural, ou *nyama*, que os Mande viam como uma energia natural e mística. O acesso à magia é um componente da liderança política e como tal precisa travar campanhas militares de sucesso, para subjugar inimigos e até mesmo proteger a fortuna de alguém. Como muitos governantes divinos africanos, Sundiata venceu obstáculos, o exílio e a deficiência física (a incapacidade de caminhar quando pequeno) com o objetivo de demonstrar seu poder (*nyama*). Os *griots* geralmente atribuem a maior parte das inovações e estruturas administrativas do império ao reinado de Sundiata, que provavelmente foi o responsável pela divisão do império em duas regiões militares e pela codificação da formação hereditária do clã. Durante e depois de seu reinado, os trabalhos de ferreiro, coureiro e outras atividades especializadas se associaram ao Estado. Os produtos de tais atividades davam suporte à expansão do comércio e do império.

A gerência do comércio transaariano foi uma característica central ao império Mali, assim como de seu predecessor (Gana) e de seu sucessor (Shongai). Mali estava situada em um ecótono, uma área que permeia as fronteiras do deserto, do Sahel e da savana. A troca entre essas duas regiões, que fornecia diferentes produtos, também criou uma lucrativa fonte de receita. O comércio interno e as relações tributárias ocasionais, com regiões remotas sendo procuradas atrás de suporte, provaram-se necessários para o funcionamento do império. Centros comerciais como o de Jenne, Gao e Timbuktu eram, de forma semelhante, localizados em ecótonos. Contudo, a troca entre zonas não foi a única forma com que a ecologia desempenhou seu papel nas fortunas do Império Mali: muito da expansão do império foi possibilitado pelo uso militar do cavalo pelos Mande, o que os tornou dependentes de certas condições ecológicas para sua criação e sobrevivência, e essas condições existiam na região de savanas de Mali.

Fatores ecológicos desempenharam um papel essencial na definição e limitação do alcance da dispersão da cultura e da sociedade Mande. Na África tropical, a umidade e a presença das moscas tsé-tsé limitaram o uso do cavalo. A mosca tsé-tsé prosperava em condições de umidade e em pântanos, espalhando doenças que eram fatais aos cavalos. Sendo assim, a ocorrência de um período de clima seco no oeste da África, entre 1100 e 1500, foi particularmente significativa. Criadores de cavalos, guerreiros e comerciantes também retiraram grandes vantagens da desertificação progressiva, que inibiu a disseminação da mosca tsé-tsé. Com a crescente aridez do clima, a expansão a cavalo foi favorecida em uma área bem mais ampla. O sucesso militar de Sundiata sobre seus rivais foi intimamente associado à guerra de cavalaria. Também as regiões ocupadas

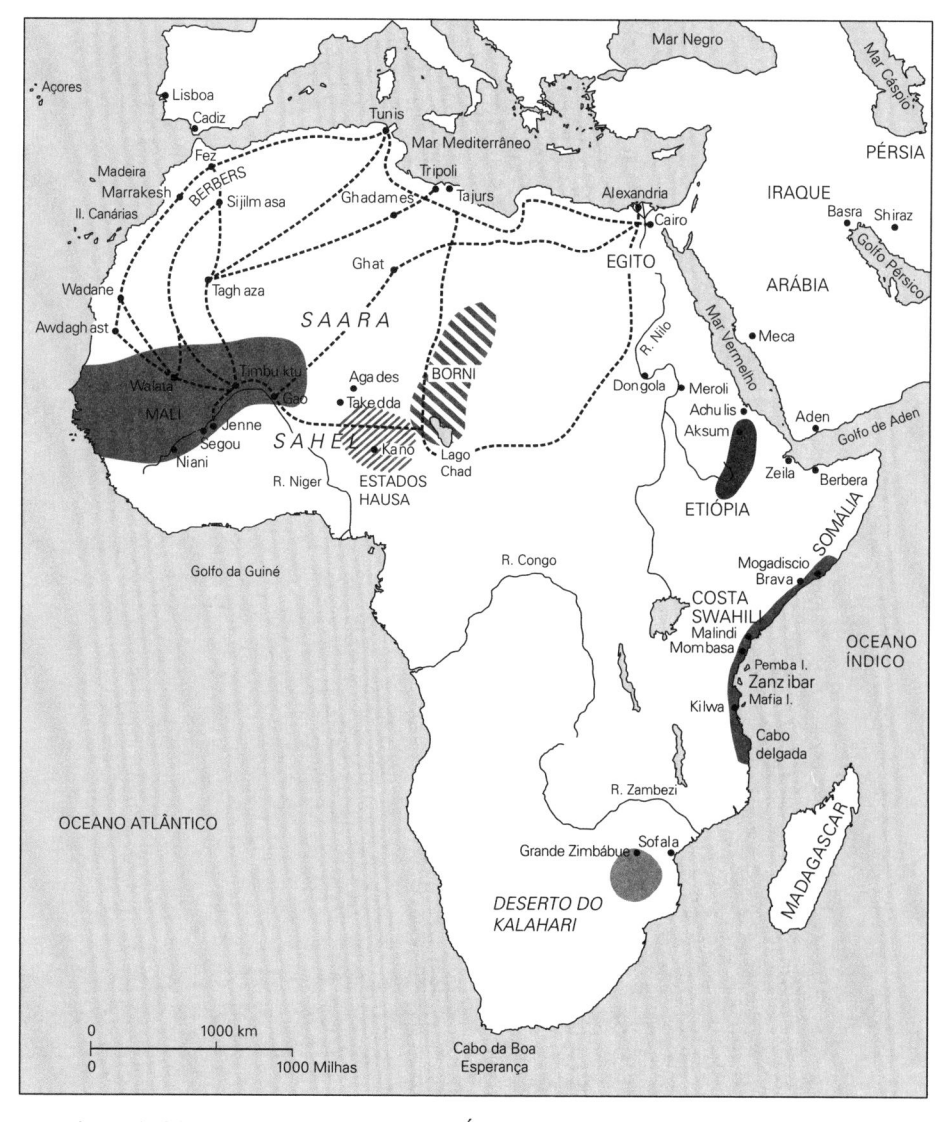

Mapa 7.2 Império Mali e Estados primitivos na África.

Fonte: anônimo, "Africa, 1200-1500" (Boston, Mass.: Houghton Mifflin, 2001)

QUADRO 7.1

Figura equestre, estilo do interior do Delta do Niger, região interior do Delta do Niger, Mali (séculos XIII a XV)

O cavalo de terracota e seu cavaleiro "maior-que-a-vida" retratado aqui pode sugerir o crescente prestígio associado aos cavaleiros, seja da própria cultura guerreira Mali ou daqueles Estados e cidades menores, resistindo à expansão estatal. Embora os cavalos não fossem nativos do Sahel oeste-africano e das regiões de floresta, a imagem do cavalo e do cavaleiro constituem um símbolo comum de poder e prestígio. É provável que apenas os ricos possuíssem condições de adquirir e manter cavalos. Embora provavelmente introduzidos no oeste da África no começo do primeiro milênio a.C., tais animais tornaram-se essenciais na guerra, por volta do século XIII d.C., correspondendo ao surgimento de vários Estados pequenos e outros notavelmente grandes como o Mali. Dizem que a cavalaria do rei Mansa Musa era composta por 100 mil homens, uma impressionante demonstração de riqueza e força militar que deve ter exigido recursos consideráveis para adquirir e manter animais, forragem, domesticação, armas, equipamentos e guerreiros.

Pesquisas arqueológicas descobriram a antiga herança artística da Mali atual. Esculturas de terracota ou barro queimado retratando a vida urbana da região, com figuras humanas idealizadas exalando calma e segurança. Essa escultura está no estilo artístico de Jenne-Jeno e do interior da região do Delta do Niger, onde a arte era utilizada em rituais para aumentar o controle sobre o ambiente. Como outras figuras equinas confeccionadas em barro, bronze e ferro, essa figura em particular exagera o tamanho do cavaleiro em relação ao cavalo. Fazendo isso, ela faz uma declaração definitiva sobre o papel do cavalo em elevar o *status* e a autoridade de alguém. Provavelmente um guerreiro, o cavaleiro senta-se ereto e está vestindo equipamentos militares, incluindo facas e coldre, o estojo de couro para carregar o arco e as flechas dos arqueiros da corte. Seus braços seguram as rédeas do cavalo e suas pernas se juntam às do animal, criando uma poderosa unidade de forma e função em um perfil antropomórfico. O cavalo também é decorado, talvez com sinos que possam evocar espíritos e divindades em busca de velocidade e força. Ambas as cabeças olham para o horizonte em uma pose ritual.

A região interior do delta é uma área na qual as enchentes ocorrem anualmente, e a falta ou abundância de água é um tema histórico constante. Um mito Dogon apresenta a fábula da arca divina, contendo toda a vida. A arca cai na terra e então é empurrada para a água por um cavalo. Sem dúvida, a associação do cavalo com o bem-estar ecológico deriva do fato de quão precária podia ser a sobrevivência. Estados podiam surgir e declinar, dependendo das variações do clima, dos recursos e da sanção ancestral. Criado pelo trabalho de artesãos com couro, barro e ferro, alguns dos mais poderosos objetos artísticos ritualísticos refletiam a crença na inevitabilidade dos espiritualmente dotados de controlar o resultado de suas atividades – desde a guerra até a agricultura.

pela vegetação do Sahel e da savana foram empurradas para o sul, à custa das florestas daquela região, aumentando o território no qual os cavalos podiam sobreviver. As linhas elípticas da expansão Mande, com a ajuda de sua cavalaria, podiam se estender para o leste e o oeste. Apenas a zona de floresta, onde outros grupos étnicos viviam, permaneceu inóspita para os guerreiros do império e seus cavalos. Por outro lado, mudanças nas condições ecológicas durante o período úmido, entre 1500 e 1630, também influenciaram as fortunas do império, que entraram em colapso no final do século XV. Condições meteorológicas limitaram o uso da cavalaria e colocaram o exército Mali em desvantagem.

A fortuita combinação, do império Mali, de habilidades tecnológicas, controle, culturas e circunstâncias ecológicas chegaram ao fim no final do século XV, mas o legado do Império Mali seria sentido em todos os lugares durante séculos. Isso sobreviveu junto com as vozes dos *griots*, cujos ancestrais criaram os heróis do mundo Mande e que continuam a cantar os feitos de Sundiata, relembrando os eventos dos séculos passados. Fazendo isso, eles expressaram, ao mesmo tempo em que fortificaram, a identidade coletiva dos povos compreendidos pelo império Mali, e dotaram de vida sua história muito tempo depois que seus palácios e muralhas já haviam ruído.

NÔMADES E IMPÉRIO NA EURÁSIA: O IMPÉRIO MONGOL

No começo do século XIII, as bases foram construídas para o que foi chamado de maior império contínuo terrestre da história da humanidade. O Império Mongol durou apenas um século, mas teve um profundo impacto na história mundial. Em algum momento, perto do fim do século XI e do começo do século XII, os clãs mongóis começaram a se organizar em tribos coletivas sob a liderança de chefes cujo poder baseava-se na lealdade pessoal. Em 1200, as tribos mongóis se uniram em uma grande confederação. Sob a liderança de Gengis (1162-1227), que foi eleito Khan (chefe), em 1206, por uma assembleia de chefes, eles começaram a atrair outras tribos, como os Uighurs turcos, sob seu controle. Com esse passo, teve início a conquista mongol da Ásia. Gengis era um líder político carismático e um brilhante estrategista militar que organizou as tribos mongóis e levou seus exércitos à vitória. Juntamente com a força militar que tornou a conquista possível, os mongóis foram levados para a conquista pela natureza incerta de sua base econômica, o que dependia em parte das fortunas flutuantes do comércio e era tornada ainda mais precária pela mudança climática que trouxe muito frio e a consequente pobreza de pasto para seus animais.

A sanção religiosa para a autoridade de Gengis Khan e a conquista do mundo vieram do deus do céu, a principal divindade da estepe. Sob a liderança de Gengis, uma linguagem escrita foi criada, adaptada do Uighur turco, e um código legal foi editado para fornecer, primeiramente, um guia para a administração das tribos mongóis e, posteriormente, conforme foi sendo modificado, para governar as terras e os povos conquistados. A sucessão para a posição de Khan, porém, não foi institucionalizada e, quando Gengis morreu, apesar de ter declarado que seria sucedido por seu terceiro filho, Ögödei (1186-1241), não houve claramente um sucessor. Em 1229, dois anos após a morte de Gengis, os territórios sob o controle mongol foram divididos entre o neto de Gengis, Batu (1255), que tornou-se o Khan da Horda Dourada (as terras ao oeste, por fim incluindo a Rússia); o filho de Gengis, Chaghadai (1185-1242), que assumiu o controle da Ásia central; e outro filho, a quem foi designada a responsabilidade pela terra natal dos mongóis e pelo norte da China. Em um gesto de obediência à vontade de Gengis, Ögödei tornou-se o khaghan, ou o Kahn dos kahns, governante de todos os domínios mongóis.

Durante a geração seguinte, o Império Mongol se expandiu para China, Rússia e para as terras islâmicas do oeste da Ásia, deparando-se com condições políticas, religiosas e sociais vastamente diferentes em cada região. Apesar dos conflitos contínuos entre eles pela liderança, os governantes mongóis de cada Khanato

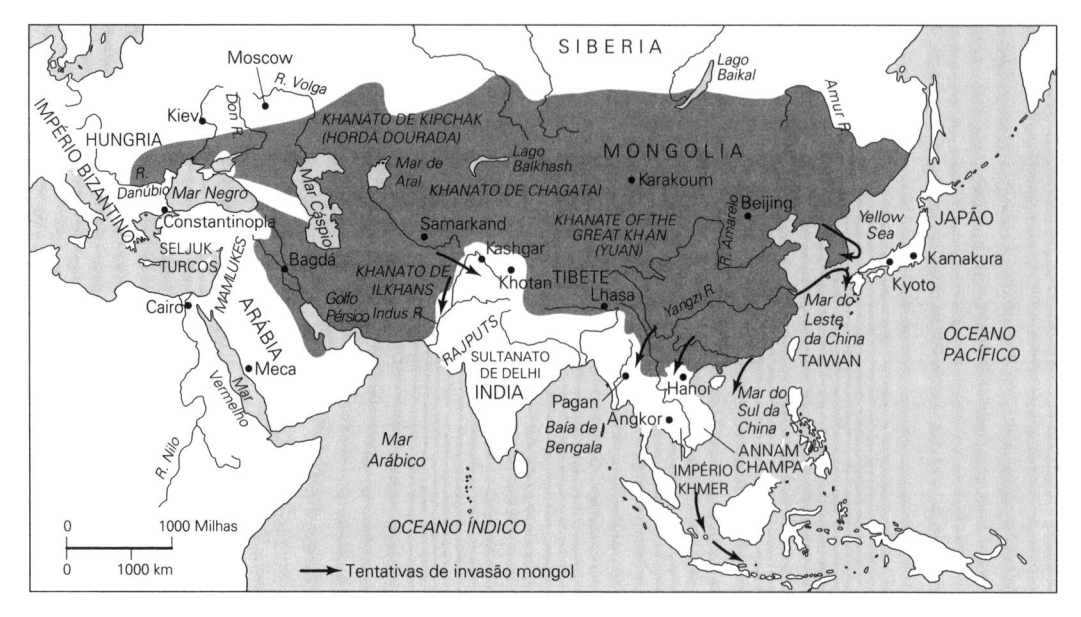

Mapa 7.3 O Império Mongol.

(território governado por um Khan) do império foram capazes de implementar um sistema administrativo eficiente que integrou chineses, muçulmanos, turcos e elementos nativos.

Gengis e seus sucessores, no século XIII e no começo do século XIV, tiveram sucesso em criar um enorme império por meio de suas proezas militares, sua disciplina e sua força, além de sua habilidade estratégica e logística na manobra de tropas muito numerosas ao longo das distâncias. Suas habilidades militares baseavam-se em sua cavalaria superior, adquirida no curso da vida mongol como caçadores e pastores nômades. Sua eficiente rede de comunicação, na forma de um sistema de mensageiros operado por cavaleiros, foi uma parte essencial das operações militares. Mas sua expansão e a conquista do mundo eurasiano não teria ido muito adiante se não fosse sua capacidade de utilizar com sucesso os recursos humanos e materiais das terras que conquistavam para o abastecimento de sua máquina expansionista e para providenciar as ferramentas do império.

Os exércitos mongóis ligaram vastas áreas do continente eurasiano, trazendo uma era conhecida como *pax Mongolica*, a "Paz Mongol". O que é impressionante sobre o Império Mongol não é que ele tenha sobrevivido por relativamente pouco tempo, mas que tenha existido um império de tal escala e complexidade em um tempo em que a comunicação e o transporte eram amplamente dependentes de cavalos, jumentos e camelos. O sistema de mensagens dos mongóis era conhecido por sua velocidade, por sua eficiência e pela efetividade de sua rede de comunicação, juntamente com habilidades militares e administrativas, contando em grande parte para o surgimento dos mongóis, a partir de uma sociedade com base na linhagem até uma confederação tribal e depois para um dos mais poderosos impérios da história humana. Seu próprio tamanho, contudo, também contribuiu para sua fragilidade e brevidade, pois o Império Mongol incorporou tantas culturas, povos e ecologias diferentes que era impossível criar uma única identidade coletiva com as limitações tecnológicas na comunicação e no transporte da época.

IMPÉRIOS MARÍTIMOS E TERRESTRES, 1500-1800

Em contraste com o império terrestre dos mongóis, os impérios de Estados europeus em expansão nos séculos XVI e XVII – Portugal, Espanha, Holanda e Inglaterra – eram marítimos. Cada um desses impérios marítimos se deslocou por antigas rotas, especialmente a do Oceano Índico, e abriu outras novas, pelo Atlântico e pelo Pacífico. Os portugueses estabeleceram postos avançados que pontilharam a linha costeira da África, Índia e no sudeste da Ásia, desde Ceuta (1415), na costa noroeste da África, até Goa (1510) na costa Malabar na Índia, e o porto de Malacca (1511), no sudeste asiático, e Macau (1517), na costa sul da China. Depois de o papa dividir o mundo entre portugueses e espanhóis, em 1494, com o Tratado de Tordesilhas, esses dois Estados europeus compartilharam os oceanos. No Oceano Índico e nas águas do sudeste asiático, os mercadores portugueses competiram com os comerciantes muçulmanos pelo controle dos mares, enquanto os espanhóis encontraram comerciantes chineses no Pacífico asiático. No final do século XVI e no começo do século XVII, holandeses e ingleses começaram a invadir os territórios portugueses e espanhóis na Ásia. Em terra, impérios europeus em expansão confrontaram impérios terrestres na África, nas Américas e na Eurásia. Na Eurásia, os Impérios Otomano, Safavid, Mughal, Russo e Chinês dominaram uma região que ia do Mediterrâneo até as bordas do Pacífico durante os séculos XVI a XVIII. Nas Américas, os impérios Azteca e Inca atingiram o auge durante o século XVI, quando eles foram destruídos e conquistados pelos espanhóis.

Durante o século XVI, bem antes dos ingleses, franceses e holandeses colonizarem a América do Norte, os *conquistadores* espanhóis e portugueses se estabeleceram em um grande perímetro, desde as parte ao sul da América do Norte até a ponta da América do Sul. Seguindo a conquista do México e do Peru, uma administração colonial bem organizada, que era controlada a partir da Espanha pelo Conselho das Índias, deu suporte aos objetivos mercantilistas do reino, vendendo mercadorias na América e transportando para a Espanha tanto metal precioso quanto fosse possível. No século XVIII, a monarquia espanhola estabeleceu "vice-reinados", unidades administrativas presididas pelos representantes do rei (o vice-rei), na Nova Espanha (México); Nova Granada (Colômbia, Equador e Venezuela), a partir do qual um vice-reinado foi separado para o Peru; e finalmente na Argentina (1776). Os vice-reis, responsáveis perante o Conselho das Índias e o rei europeu, chefiavam o sistema hierárquico bem definido como uma cadeia de comando facilmente reconhecível. A vice-realeza e o sistema mercantilista, pelo qual espanhóis e portugueses controlaram suas colônias americanas, criaram uma elite europeia na América Latina, consistindo em *peninsulares* (aqueles que vieram para as Américas provenientes da Península Ibérica) e os *crioulos* (Ibéricos que nasceram na América), que controlavam a riqueza e exerciam o poder, coisas que eles não tinham vontade de compartilhar com os *mestiços* (uma "nova raça", resultado da mistura da relação de europeus com nativos americanos). Tanto o monopólio europeu sobre a riqueza e o poder quanto as relações complicadas entre as populações nativas da América do Sul e os europeus tornaram-se componentes importantes das lutas nacionalistas na América Latina durante os séculos XIX e XX.

A expansão europeia pelo globo durante a Era Moderna (1500-1800) foi estimulada pelo impulso mercantilista (ver Capítulo 6), e, enquanto isso, os Estados europeus que promoveram e apoiaram os impérios marítimos pelo estabelecimento de companhias de comércio, como Companhia das Índias Ocidentais britânica (fundada em 1600), estavam experimentando mudanças que teriam profundas implicações para os empreendimentos globais subsequentes e para as transformações das identidades coletivas ao redor do mundo.

O ESTADO-NAÇÃO E AS REVOLUÇÕES NO MUNDO ATLÂNTICO

A Europa do século XVI era um conglomerado de mais de 500 comunidades políticas diferentes, indo desde Cidades-Estado, como Veneza, até o Sacro Império Romano (Germânico). A transformação dessa confusa gama de comunidades políticas em Estados-Nação aconteceu com uma variedade de formas e em velocidades diferentes. Começando com a transformação da monarquia inglesa, no século XVII, e as revoluções americana e francesa no século XVIII, os laços pessoais que ligavam a aristocracia privilegiada a seus governantes em Estados dinásticos foram substituídos, nos Estados-Nação, pelo ideal abstrato de contrato constitucional regulando as relações entre governantes e governados. A natureza contratual da sociedade era reconhecida por garantias políticas de isonomia e liberdade pessoal, embora o gênero e a classe social frequentemente determinassem a extensão com que esses princípios eram respeitados. Estados baseados no contrato social podem ser distinguidos como Estados-Nação – aqueles no qual o Estado é propriedade de todas as pessoas que fazem parte da nação, e não só do governante. O Estado-Nação é, dessa forma, baseado na construção de uma identidade histórica e cultura comum do governante e dos governados, e o nacionalismo – evidenciado na língua, na cultura e na história – fornecia a sanção ideológica para o Estado-Nação

Monarquia inglesa e revolução

A transformação da monarquia inglesa do absolutismo para a monarquia constitucional, na qual o rei compartilhava o poder com um corpo representativo chamado de parlamento, era um processo de longo termo que abrangeu mudança evolucionária, guerra civil e revolução. A Magna Carta, garantida pelo Rei João, em 1215, declarava que o rei se sujeitava às mesmas leis que se sujeitavam seus súditos e não podia impor sua vontade de forma arbitrária. Em 1295, Eduardo I convocou o primeiro ou "parlamento modelo", uma assembleia de nobres rurais e representantes das cidades, para angariar apoio para a guerra contra a França. Ao longo dos séculos a convocação de parlamentos tornou-se regularizada, embora eles continuassem como grupos elitistas cujo papel no governo era controlado por reis fortes.

No século XVII, uma série de conflitos culminou naquilo que ficou conhecido como a "Revolução Gloriosa", que decisivamente definiu as relações entre rei e parlamento: o rei foi, a partir de então, limitado a agir dentro e por meio do parlamento e apenas com a aprovação e o apoio deste. A "Revolução Gloriosa" inspirou o filósofo inglês John Locke (1632-1704) a sugerir que qualquer um, com autoridade, que excede o poder a ele concedido pela lei, ou que invade os direitos, perde o direito de governar. Tendo feito isso, ele pode receber oposição e resistência da mesma forma que "outro homem qualquer que, à força, invade o direito de alguém". A justificativa de John Locke para a revolução não só inspirou os revolucionários americanos, que buscaram a independência em relação à Inglaterra e seu rei, mas também foi o prenúncio das sublevações da Revolução Francesa ao final do século XVIII.

A Revolução Americana

A Revolução Americana (1776-1783) ocorreu logo após o ápice do poder imperial britânico nas Américas ter sido atingido, na metade do século XVIII, quando os britânicos ganharam o controle do continente norte-americano com sua vitória sobre os Franceses (1763). Assim, a Revolução Americana foi uma resposta ao imperialismo britânico, embora os próprios colonos, em sua maioria, fossem originariamente britânicos. O descontentamento com a política colonial britânica cresceu, com inúmeros incidentes específicos que exacerbaram as relações entre as colônias costeiras e o governo imperial. O descontentamento incitou a resistência, e a resistência tornou-se rebelião. Os colonos tornaram-se mais radicais quando se convenceram de que a liberdade que acreditavam ter por serem súditos britânicos estava em perigo. Eles adotaram os conceitos de contrato social propostos por Locke e foram influenciados pelos pensadores iluministas franceses, assim como por Benjamin Franklin, um dos seus conterrâneos. A resistência contra as restrições do governo imperial britânico sobre a expansão, contra o controle da economia e, acima de tudo, contra a cobrança de "impostos sem representação", inflamou-se em conflito armado no último quarto do século XVIII. Apoiados por governos europeus (França, Espanha e Holanda), que possuíam suas próprias motivações antibritânicas, os colonos finalmente derrotaram os ingleses e declararam a independência.

A Declaração de Independência exibia os ideais do século XVIII de direito comuns e iguais para todos e o conceito de contrato social: "Todos os homens são criados iguais... (e) dotados de certos direitos inalienáveis, entre os quais está a Vida, a Liberdade e a busca pela Felicidade... Os governos retiram seus justos poderes a partir do consenso dos governados". A declaração justificava explicitamente a rebelião americana: "Para assegurar esses direitos, os governos são instituídos entre os homens... quando qualquer forma de governo se torna destrutiva desses fins, é o Direito do Povo alterá-lo ou aboli-lo, e instituir um novo Governo". Levou quase uma década para se traduzir esses ideais nos princípios e na estrutura do governo e expressá-los em um contrato, a Constituição de 1789. Como a Declaração de Independência, a Constituição reflete ideias e ideais do século XVIII, como a separação entre Igreja e Estado.

A Revolução Francesa

Diferente de suas contrapartes inglesas, nas monarquias absolutas do continente europeu dos séculos XVII e XVIII, como a de Luis XIV da França (1642-1715), visto por ele mesmo como a personificação do Estado, como ele famosamente declarou: "L'étar c'est moi" ("O Estado sou eu"). Embora o primeiro parlamento francês, conhecido como "Estados Gerais" e representando os três "Estados" do clero, da nobreza e dos comuns, tenha sido convocado mais ou menos ao mesmo tempo em que o parlamento modelo inglês, o parlamento francês nunca se desenvolveu em uma instituição que ativamente participou do governo. Quando questionou a política real, foi simplesmente dissolvido. Tensões entre a monarquia e os aristocratas continuaram durante os séculos XVII e XVIII, até que uma severa crise fiscal sucedeu em 1789, forçando o rei Luis XVI a convocar os Estados Gerais pela primeira vez em 175 anos.

Os ideais mais poderosos que inspiraram as ações dos representantes do Terceiro Estado (comuns) vieram dos escritos de pensadores iluministas, especialmente Jean-Jacques Rousseau (1712-1778), cujo *Contrato Social* tornou-se o principal guia do Terceiro Estado. Rousseau argumentava que o contrato social entre governantes e governados exigia que aqueles obedecessem a "vontade geral" do povo. Se eles falhassem em obedecer a isso, então o povo tinha o direito de derrubá-los. Esses ideais foram materializados na Declaração do Homem e do Cidadão, adotada em 1789, Essa "solene declaração dos direitos sagrados, naturais e inalienáveis do homem" afirmava que a soberania está no povo que constitui a nação, e que "ninguém, nenhum indivíduo pode exercer a autoridade" a menos que ela seja garantida pelo povo.

Embora às mulheres fossem negados direitos cívicos e a igualdade em relação aos homens, elas desempenharam papéis ativos nas *jornadas* revolucionárias populares, que frequentemente eram incitadas pela fome e começavam como disputas pelo pão, lideradas por mulheres. Por exemplo, a marcha feminina de outubro de 1789, em Versalhes, fez com a família real – popularmente chamada de "o padeiro, a mulher do padeiro e a filha do padeiro" – voltasse a Paris. A participação nas *jornadas* deu às mulheres oportunidades políticas e experiência. Mulheres militantes responderam à sua exclusão do processo político com a organização de clubes políticos e exercendo pressão ao se manifestarem em reuniões e durante conflitos. Uma mulher militante revolucionária, Olympe de Gouges (1748-1793), respondeu à Declaração de Direitos do Homem com a publicação da Declaração de Direitos da Mulher (1791), que proclamava que a "mulher nascia livre e vivia igual aos homens em seus direitos".

A Constituição inicial de 1791 foi invalidada devido às tensões entre o rei e os Estados Gerais e a oposição de membros da população, ainda sem vinculação, incluindo as mulheres. A Constituição de 1793 refletia muito mais a visão de Rousseau do contrato social baseado na vontade geral. Ela concedia o sufrágio universal masculino, libertava os escravos da França e seus territórios e dava aos cidadãos o direito de trabalhar e se revoltar. Lutas internas e as ameaças dos inimigos externos – a França revolucionária estava em guerra contra o restante da Europa – ofereceram a um jovem oficial de artilharia corsicano, Napoleão Bonaparte (1769-1821), a oportunidade de chegar ao poder. O comando napoleônico do exército permitiu que ele controlasse o Estado e até mesmo o convertesse, de uma república para um império, mas ele aceitou o ideal revolucionário de que "soberania se encontra essencialmente na nação" e que a "lei é a expressão da vontade geral".

A Revolução Haitiana

Os ideais europeus do século XVIII, como o de que "o homem nasce livre e igual em direitos" e de "liberdade, igualdade e fraternidade", também se espalharam para as praias do caribe, onde foram traduzidos em questões sobre propriedade, trabalho e raça. Logo depois da Revolução Francesa (1789), fazendeiros brancos em Santo Domingo (o terço ocidental da ilha de Hispaniola, atual Haiti) receberam o controle das assembleias coloniais e uma grande parcela de autonomia. Então, na Assembleia Nacional de Paris, em 1791, respondendo às pressões da sociedade abolicionista europeia, Lês Amis des Noirs ("Os Amigos dos Negros"), aprofundaram a extensão dos direitos a todas as pessoas livres, incluindo mulatos (aqueles com mistura de raças), decretando que as "pessoas de cor, nascidas de pais livres" deveriam ter direito a voto nas assembleias coloniais. Os fazendeiros brancos exigiram que a lei fosse repelida e ameaçaram aliar-se ao império britânico se não fossem atendidos. Tanto os fazendeiros brancos quanto os mulatos começaram a se armar, e então o conflito que estourou entre eles ofereceu aos escravos a oportunidade de se revoltar.

A ameaça potencial da revolta escrava de Santo Domingo foi enorme. A maior parte dos escravos, diferentemente daquelas nos Estados Unidos, era nascida na África, e eles formavam a maioria da população, superando em números outros grupos étnicos por uma razão de 30 para 1. Como o interior montanhoso da colônia oferecia amplos esconderijos inacessíveis, existiram várias comunidades de quilombos (em guerra pela liberdade). Crenças comuns, como aquelas da religião derivada da África do Vodun (Vudu), e o compartilhamento de mitos e heróis, uniu diversas populações escravas (ver Capítulo 4). Em 1791, os escravos do norte de Santo Domingo exigiram sua própria liberdade e se rebelaram; durante grande parte do período entre 1791 e 1792, ataques e revoltas escravas se espalharam pela ilha. Os franceses enviaram tropas com releutância. Tentativas de negociação para restaurar a ordem colonial falharam ao tentar ganhar o apoio de escravos. Em 1793, a Assembleia Nacional Francesa garantiu a emancipação dos escravos, um ato que libertou os negros e irritou ainda mais os fazendeiros, que aceitaram o auxílio dos britânicos (os quais estavam alarmados com a possibilidade de que a rebelião escrava pudesse se espalhar para suas colônias) contra os escravos rebeldes.

Mais de 100 mil escravos participaram da rebelião sob a liderança de Toussaint L'Ouverture (1746-1803), o filho instruído de pais escravos. Em seus esforços para liberar seus companheiros negros escravos, Toussaint lutou durante uma década contra a intervenção, e o bloqueio das nações escravocratas (França, Grã-Bretanha, Espanha e Estados Unidos), e até mesmo contra a oposição dos mulatos. Em 1801, ele e seus apoiadores controlaram toda a ilha de Hispaniola, mas muitas batalhas foram travadas antes da vitória final estabelecer a independência do Estado-Nação do Haiti.

Uma vez que Napoleão assumiu firmemente o controle na França, ele enviou um enorme exército para invadir Santo Domingo. L'Ouverture foi induzido a se encontrar com os franceses, e foi traiçoeiramente capturado e levado para a Europa, onde foi aprisionado e depois morto em 1803. Jean-Jacques Dessalines e Henri Christophe continuaram a luta no Haiti, a tenacidade negra e a febre amarela derrotaram os massivos esforços franceses de recuperar o controle de Santo Domingo. Em 1º de Janeiro de 1804, a independência da metade ocidental de Hispaniola foi proclamada, à nova nação foi dado o nome de Haiti. Mas a independência veio com um alto preço, deixando o país empobrecido e infestado de disputas políticas pelos próximos 200 anos.

NOVAS NAÇÕES DE UM ANTIGO IMPÉRIO: AMÉRICA HISPÂNICA

Como os colonos da América do Norte que se rebelaram contra o governo Imperial Britânico no final do século XVIII, descendentes dos colonos espanhóis e nativos americanos se rebelaram contra a Espanha no começo do século XIX. O turbilhão da Revolução Francesa e as décadas napoleônicas levaram ao colapso do Império Espanhol nas Américas. No começo do século XIX, a Espanha estava severamente enfraquecida na Europa, bem como em suas possessões coloniais nas Américas. Em 1807, Napoleão invadiu a Península Ibérica, fazendo com que o rei português fugisse para sua colônia brasileira, e substituiu o rei espanhol por José Bonaparte. O poder naval espanhol foi destruído, um acontecimento fatal para um império marítimo.

A confusão da monarquia espanhola permitiu que os povos da América do Sul se libertassem do controle espanhol. Muitos líderes *crioulos*, cuja lealdade à terra natal era maior que à Espanha e que viram a independência como uma chance de substituir os *peninsulares* no poder, exerceram papéis centrais nos levantes que se tornaram a guerra pela independência. O governo espanhol não foi capaz de vencer os rebeldes pela força ou com acordos, e uma quantidade de revoluções sul-americanas essencialmente acabaram com o controle imperial espanhol nas Américas.

Simon Bolívar (1783-1830), educado em Caracas, na Venezuela, e na Espanha, foi um desses heróis da luta pela independência sul-americana contra a Espanha. Como muitos de seus contemporâneos na América do Norte e na Europa, Bolívar foi influenciado pelos ideais iluministas, como o contrato social de Rousseau; essas ideias inspiraram seus esforços para conquistar a independência de seu país natal. Em sua luta contra a Espanha na Venezuela, Bolívar foi derrotado várias vezes antes de finalmente conseguir a independência, em 1817. Durante a luta contra a Espanha, ele visitou o Haiti em busca de apoio, e enquanto vivia no exílio temporário na Jamaica, em 1815, Bolívar escreveu uma carta ao governador da ilha britânica na qual declarou eloquentemente sua visão sobre a independência:

> Os americanos ou defendem seus direitos ou sofrerão repressão nas mãos da Espanha, que, embora tenha sido um grande império mundial, agora está muito fraca, com o pouco que lhe restou para controlar o novo hemisfério ou até mesmo se manter no antigo. E deverá a Europa, a civilizada, comerciante, a amante da liberdade, permitir que uma antiga serpente, que só se preocupa com sua raiva venenosa, devore a parte mais honrada de nosso globo?...
>
> (se) ela (Espanha) se fixar em seus próprios domínios poderá crescer em prosperidade e poder sobre bases mais sólidas do que conquistas dúbias, comércio precário e impostos forçados de povos distantes e poderosos.
>
> (Extraído de Alfred J. Andrea and James H. Overfield, eds, *The Human Record: Sources of Global History*, Boston, Mass.: Houghton Mifflin, 1994, p. 187)

Dois anos depois, Bolívar liderou seu exército pelos Andes para libertar a Colômbia, que foi então unida à Venezuela. Em 1822, o Equador foi libertado, seguido do Peru, cuja parte sul foi chamada de Bolívia.

Bolívar foi auxiliado por outros na libertação da América Latina, como José de San Martín (1778-1850), um argentino que liderou um exército de libertação pelos Andes, em 1817, e com o líder chileno Bernardo O'Higgins (1778-1842), libertou o Chile, em 1818, invadiu o Peru e dominou Lima, em 1821. Bolívar tinha a visão de uma América Latina unida e tentou atingir a unidade política entre os territórios que ele libertou dos espanhóis. Seu sonho foi destruído pelo partidarismo e rivalidade entre os líderes da libertação e pela tensão e suspeitas entre *crioulos*, *peninsulares* e *mestiços* herdada da era colonial.

O Brasil português, diferente de seus vizinhos sul-americanos, não se desvencilhou de sua metrópole como resultado de uma revolução nacionalista. Quando os franceses invadiram a Península Ibérica, em 1807, o governo português simplesmente se mudou para o Brasil, e o Rio de Janeiro, em vez de Lisboa, tornou-se a sede do governo português. Em 1815, o Rei D. João VI declarou que o vice-reinado era um reino e decidiu permanecer no Brasil, embora a ocupação francesa de Portugal já houvesse chegado ao fim. Em 1820, líderes de uma revolução em Portugal exigiram que o governo

Mapa 7.4 Novas nações na América Latina.

retornasse à Lisboa e que o Brasil fosse reduzido ao *status* de colônia. Quando D. João retornou à Lisboa, deixou seu filho, Pedro, para continuar o controle português; mas em 1822, quando a independência foi declarada, Pedro tornou-se o imperador do Brasil, e manteve-se o governo monárquico até 1889.

No século XIX, os conflitos políticos brasileiros entre a nova e antiga ordem exibiram características da era do imperialismo global. Os laços entre essa antiga colônia portuguesa e a economia do atlântico foram talvez os mais intrincados da região. A escravidão durou mais tempo e os laços com a África Central e do oeste foram mais numerosos e duradouros (ver Capítulo 8). Entre 1850 e 1874, o número de escravos foi cortado em mais da metade, mas ainda girava em torno de um milhão. Quando a escravidão foi finalmente abolida, em 1888, os fazendeiros se sentiram traídos pela monarquia brasileira; essa oposição inflamou o ímpeto de golpe militar e a criação de uma nova república. Seu lema era "Ordem e Progresso", e ambos foram almejados, frequentemente com resultados contraditórios durante as gerações seguintes.

SOCIEDADES COLONIAIS E NOVAS NAÇÕES: CANADÁ, AUSTRÁLIA, NOVA ZELÂNDIA E ÁFRICA DO SUL

As sociedades coloniais nasceram durante o começo da expansão marítima britânica e de outras nações europeias, e as ambições dos imigrantes tiveram consequências significativamente particulares sobre as vastas massas de terra da América do Norte e do Pacífico. Essas comunidades não só estenderam a hegemonia europeia por meio da conquista e da colonização, mas também deram exemplos do surgimento de novas identidades nacionalistas em conflito e competição com as antigas. No Canadá, na Austrália e na Nova Zelândia, a expansão veio à custa da subjugação das populações nativas. Comunidades de imigrantes também tiveram conflitos entre suas novas identidades coloniais e seus laços com a terra natal.

Canadá

O Canadá, como grande parte do globo, tornou-se uma arena para as ambições competitivas da Europa imperialista, na sequência das viagens de exploração dos séculos XVI e XVII e de sua subsequente colonização. Como partes dessa vasta metade norte do continente norte-americano foram reivindicadas, exploradas e colonizadas tanto por franceses quanto por britânicos, transformaram-se na extensão de sua competição pelo domínio na Europa. Em 1763, no Tratado de Paris, a questão foi resolvida: o Canadá, incluindo as partes reivindicadas e colonizadas por franceses durante 200 anos, virou, em sua totalidade, parte do Império Britânico. Os canadenses se sentiram incomodados com seu *status* de súditos coloniais. O desejo de controlar seu próprio destino, independentemente de Londres, tornou-se uma força motivadora em suas políticas e levou à independência no século XX.

A Guerra Civil Americana (1861-1865) foi crucial para o desejo de confederação do nacionalismo canadense. Novamente aflorou a preocupação com a ameaça do sul, e reafirmou o sentimento canadense de dependência da Inglaterra. Embora a ameaça de invasão norte-americana tenha diminuído quando a guerra chegou ao fim, o perigo da competição e ambição norte-americana continuou. Os canadenses, cerca de 3,5 milhões, não podiam ignorar 35 milhões de norte-americanos, cujas energias e ambições nacionais, finalmente livres dos conflitos internos, viraram suas atenções em direção ao oeste em sua expansão. O nacionalismo também cresceu conforme os canadenses reconheciam que minguava o interesse e o comprometimento britânico com a América do Norte. Como resultado, negociações entre os canadenses e o Ministério Colonial Britânico levaram à criação da Confederação do Canadá pelo ato da América do Norte Britânica de 1867, que declarou oficialmente o Governo do Canadá.

O desenvolvimento do nacionalismo canadense também ocorreu com o pano de fundo das reivindicações expansionistas contra povos indígenas, aqueles conhecidos no Canadá atual como as "Primeiras Nações". Alguns povos nativos resistiram a serem transferidos para "reservas". Pelo menos um importante Chefe das Planícies, Grande Urso (1825-1888), juntou-se aos Métis (mestiços) descontentes em uma rebelião (1885) contra a intrusão das políticas governamentais e dos imigrantes nas Grandes Planícies do norte. A rebelião do Métis Grande Urso foi abafada, e a política indígena permaneceu dirigida pelos interesses dos colonizadores. Após 1885, as Primeiras Nações foram empurradas para longe da vista dos colonizadores e "pacificadas" nas reservas, do Atlântico ao Pacífico.

Austrália

A história australiana exibe algumas similaridades com aquela do Canadá, mas também se difere de forma que cria sua própria experiência distinta do imperialismo britânico e do crescimento do nacionalismo. Embora os holandeses tenham sido os primeiros europeus a atingir a Austrália, os primeiros assentamentos britânicos naquele local foram durante o final do século XVIII e início do século XIX, eram colônias penais para condenados transportados da Grã-Bretanha. A dispersão dos colonizadores europeus para o interior do continente destruiu a frágil ecologia dos aborígines australianos, o povo indígena que foi forçado em direção ao interior e cujo estilo de vida foi praticamente destruído pelas incursões dos colonos europeus.

O crescimento de um mercado mundial de lã e avanços tecnológicos no transporte e na refrigeração contribuíram para o desenvolvimento de uma economia comercial. A grande população britânica e europeia permaneceu predominante nas maiores cidades, especialmente Melbourne e Sydney, apesar de importantes descobertas minerais que levaram à corrida do ouro nos anos de 1850 e novamente em 1890. As colônias individuais da Tasmânia, da Austrália Ocidental, da Austrália do Sul, de Victoria e de Queensland foram unidas em uma federação como a Nação da Austrália, em 1901, fazendo parte do Império Britânico.

Nova Zelândia

Como a Austrália, a colonização da Nova Zelândia data do final do século XVIII, no rastro das viagens do Capitão Cook; e, tanto quanto a Austrália e o Canadá, a Nova Zelândia tornou-se um domínio autogerido dentro do Império Britânico no começo do século XX (1907). Assim como outros locais do Império Britânico, a colonização da Nova Zelândia por europeus se deu à custa dos povos nativos. A Grã-Bretanha reivindicou a soberania sobre a Nova Zelândia e seus habitantes nativos, o povo Maori, no Tratado de Waitangi, de 1840, embora os termos desse tratado, conforme interpretados por maoris ou britânicos, diferisse.

Outorgada uma Constituição, em 1852, a Nova Zelândia foi governada de acordo com o sistema britânico de províncias. Na década de 1850, um influxo de colonos europeus para a colônia levou a disputas pela terra entre os "Pakehas", como os europeus eram conhecidos, e os maoris. Em resposta à exigência europeia por terras, os maoris formaram uma liga pantribal contrária à venda de terras, conhecida como "O Movimento do Rei Maori". As guerras pela terra, iniciadas em 1860, finalmente levaram ao confisco de grande parte das terras maoris, e, em 1864, os maoris foram confinados em reservas.

A Lei da Terra Nativa, em 1865, o Ato de Escolas Nativas e o Ato da Representação Nativa, em 1867, promoveram a assimilação dos maoris pela educação, alguma representatividade e um Tribunal da Terra Nativa. A individualização dos títulos de posse foi o resultado da Lei da Terra Nativa, e o Tribunal da Terra Nativa passou por dificuldades com os maoris para confirmar suas reivindicações por terra pelos meios legais. Muitos maoris foram, na verdade, obrigados a vender suas terras para pagar pelas taxas legais necessárias para provar seus direitos sobre a terra. Nos anos de 1890, a maior parte da Nova Zelândia foi transferida para a propriedade dos Pakeha, e muitos maoris foram deixados na pobreza.

África do Sul

Na África do Sul, como no Canadá, na Austrália e na Nova Zelândia, colonizadores europeus reivindicaram os territórios africanos que eles consideravam como sua terra natal. Isolados das raízes europeias e marginalizados pelas mudanças nas relações globais, esses colonos "brancos" – os africâners – estavam competindo com os impérios africanos e europeus pelo controle sobre o território e seus recursos. Eles eram descendentes dos antigos colonos holandeses que começaram a chegar apenas no século XVII; no século XIX eles ostentavam uma linguagem e uma cultura originárias dos dois séculos de interação com as populações africanas e começaram a desenvolver um nacionalismo cultural que um dia se tornaria político.

Para os africâners, a história da África do Sul começa em 1652, o ano do primeiro assentamento permanente na cidade do Cabo. A partir daquele século, sua história tomou proporções míticas. Eles se consideravam de origem divina e, portanto, pura (a reivindicação das terras pelo povo escolhido por Deus), e com a proteção de seu deus, os descendentes desses primeiros colonos europeus encontraram-se contrapondo dois tipos de inimigos: o britânico, que adquiriu o controle sobre a Colônia de Cabo em 1815, e os africanos. Na visão africâner da história, a saga central é a chamada "Grande Trek (Jornada)" de 1838, a era da migração africâner em direção ao norte, a partir da Cidade do Cabo, quando os inimigos se opuseram à expansão do Estado africâner.

Para os zulus, Mandlathule foi uma fome que devastou o sul da África dos anos de 1790 até aproximadamente 1810, aprontando o palco para o surgimento do grande reino Zulu. Durante a fome, aldeias maiores foram obrigadas a defender o estoque de grãos dos ataques de saqueadores. O controle do gado sobre uma grande área era também necessário para compensar o decréscimo dos pastos comestíveis. Um líder poderoso e carismático, conhecido como Shaka (1818-1828), aproveitou-se da crise. Ele utilizou táticas militares revolucionárias (o uso de uma nova arma, uma lança curta; uma nova formação conhecida como "chifre de vaca"), e converteu o sistema de graduação por idade em uma organização militar. O sistema era uma associação de homens de idades similares, que desde jovens até adultos criaram regimentos em um exército unificado.

Com seu controle sobre os casamentos (e, dessa forma, sobre a população e a produção), Shaka foi capaz de revolucionar as relações sociais zulus. As práticas matrimoniais tinham consequências econômicas e políticas potencialmente importantes. Como transações sociais e políticas, os casamentos transferiam riqueza e criavam alianças estratégicas entre famílias. Shaka, ao postergar o casamento de seus jovens soldados, foi capaz de controlar o movimento de uma parcela significativa da produção e do poder do reino. Com o atraso dos casamentos e os planos de guerra aumentados, Shaka conseguiu solucionar as pressões induzidas pelo Madlathule.

A era após a fome veio a ser chamada de Mfecane, o "tempo de fragmentação", as forças e os povos do Mfecane transformaram a região, e as sociedades que não conseguiam resistir aos exércitos de Shaka viraram refugiadas sem-terra e famintas. Os sobreviventes eram altamente militarizados. Pequenas unidades políticas não eram mais viáveis; as populações foram drasticamente redistribuídas pelo sul da África. A era do Grande Trek (1836-1854) da história africâner foi a colisão entre a expansão Bôer e essas forças.

A metade do século XIX apresentou um equilíbrio momentâneo de forças: os Estados independentes dos zulu e de outros africanos, as "repúblicas" independentes dos Bôer (não mais que pequenos assentamentos), e o controle britânico sobre as duas colônias sul-africanas, Cabo e Natal. O Mfecane deixou grandes áreas despovoadas vulneráveis aos imperialistas europeus. Essa foi a véspera da revolução mineral do país: as descobertas europeias de diamantes e ouro em 1868 e 1886 alteraram dramaticamente o papel da terra e do capital. A exploração mineral estimulou a expansão britânica para o interior da África do Sul, onde encontrou a resistência de africanos e bôeres, a fronteira mercantil e as sociedades agrárias dos fazendeiros "brancos" descendentes dos holandeses e racialmente misturados na cidade do Cabo.

Conflitos pela terra e pela ideologia estouraram entre fazendeiros e interesses capitalistas. Conhecida como a Guerra Anglo-Boer (1899-1902), esse período de conflito testemunhou o nascimento do nacionalismo africâner, que se baseava em um sentimento de religião e experiência histórica compartilhadas pelos boers. A Guerra Anglo-Boer foi basicamente a respeito de quem deveria dominar a África do Sul: os britânicos, que controlavam a mineração, ou os boers, que controlavam a política.

Esse conflito preparou o palco para a reconstrução social, política e econômica após a vitória britânica, em 1902, e para o governo branco unitário sob a coroa britânica, em 1910. Os investimentos britânicos e de outros estrangeiros na produção agrícola aprofundou a remoção de africanos de suas propriedades de terra em uma era de expansão do capital estrangeiro. Contra esse pano de fundo, políticas costumeiras de segregação e discriminação foram abrigadas pela lei entre 1905 e 1945. Africanos negros continuaram a ter sua participação negada na máquina governamental; eles não podiam nem votar ou deter uma função oficial até o fim do *apartheid*, na década de 1990.

ESTADOS-NAÇÃO EUROPEUS, NACIONALISMO E O "NOVO" IMPERIALISMO

Enquanto novas nações e identidades nacionais estavam sendo forjadas no contexto dos impérios nas Américas, África e Austrália, o mapa da Europa estava sendo redesenhado na esteira da Revolução Francesa e das guerras napoleônicas. As monarquias europeias que resistiram contra a revolução e contra Napoleão – Grã-Bretanha, Rússia, Prússia e Áustria – tentaram interromper a onda de nacionalismo revolucionário, mas eles tiveram sucesso apenas momentâneo. Na maior parte do século XIX, as tentativas de criar Estados-Nação baseados em Constituições contratuais foram realizadas em toda a Europa, do leste do Báltico ao Mar Negro e ao sul até o Mediterrâneo. Em 1835, o nacionalista e patriota italiano Giuseppe Garibaldi (1805-1872), que mobilizou as aspirações nacionais italianas, expressou sua compreensão sobre nação:

> Uma nação é uma associação entre aqueles que se aproximam pela linguagem, pelas condições geográficas existentes ou pelos papéis a eles designados pela história, aqueles que reconhecem os mesmo princípios e que marcham juntos para a conquista de um único objetivo definido sob o comando de um regime legal uniforme.
> (Herbert H. Rowen, ed., *Absolutism to Revolution, 1648-1848* (2nd edn), Englewood Cliffs, N.J.: Prentice Hall, 1969, p. 277)

Figura 7.2 Restauração e defesa da liberdade britânica na África do Sul (1900). Soldados posaram com seus rifles em frente a uma mulher e uma bandeira para criar uma imagem de lembrança da masculinidade protegendo a inocência dos valores britânicos durante a Guerra dos Boer. Esse conflito brutal testemunhou o primeiro uso do termo "campo de concentração" para descrever a internação britânica de mulheres, crianças e soldados inimigos.

Em 1848, as revoluções que exigiam Constituições, parlamentos e independência política, baseadas em identidades éticas, varreram a

Europa. Embora as revoluções de 1848 tenham sido suprimidas, seu legado foi visível na unificação dos territórios italianos no Reino da Itália, em 1861, e na criação do Segundo Reich (império) Germânico, em 1871 (o primeiro existiu nos tempos medievais).

A noção de passado compartilhado desempenhou um papel vital na formação das identidades nacionais, então as visões da história – o que significou, como foi praticada e como foi utilizada – foram essenciais na formação e manutenção do nacionalismo. A escrita da história tornou-se uma disciplina profissional na Europa do século XIX, e seu desenvolvimento esteve intimamente ligado com a emergência do Estado-Nação europeu e da ideologia nacionalista. Leopold von Ranke (1795-1886), um historiador alemão, teve um papel central na criação da história como disciplina acadêmica moderna. De acordo com Ranke, a tarefa do historiador é reconstruir o passado tão objetiva e compreensivamente quanto possível, para apresentá-lo "wie es eigentlich gewesen" (como era de verdade). O historiador realiza essa tarefa por meio do uso crítico das evidências contidas em textos escritos reunidos em arquivos nacionais, ou outros repositórios oficiais de documentos. Os historiadores eram participantes-chave na construção das novas identidades coletivas dos Estados-Nação europeus durante o século XIX. Mas a objetividade de Ranke não foi sempre a melhor maneira de promover o nacionalismo. Um século antes de Benedict Anderson cunhar o termo "comunidade imaginada" para evocar a natureza construída do nacionalismo, um contemporâneo de Ranke, Ernst Renan, observou que "esquecendo, eu até diria que o erro histórico é um fator crucial na criação de uma nação" (Eley e Suny 1996, p. 45). O argumento de Renan era o de que a manipulação do passado para enaltecer a consciência nacional foi tão importante quanto o trabalho de arquivo dos historiadores.

A competição entre os novos nacionalismos na Europa iniciou um processo que espalhou a ideia de nação ao redor do globo por meio do novo imperialismo. Conforme o crescimento dos limites do capitalismo industrial (ver Capítulo 6) começou a ser sentido nas economias europeias durante a segunda metade do século XIX, mercados e recursos alternativos foram encontrados no além-mar. Enquanto ainda havia pouca possibilidade de uma utilização mais intensiva dos recursos europeus, cada vez mais os europeus concentraram suas atenções na exploração de outras partes do mundo. No final do século XIX, o imperialismo completou o processo de dominação europeia do mundo que começou com a abertura da fronteira do atlântico durante o século XVI. Engendrado pelo capitalismo industrial e pelos Estados-Nação, o novo imperialismo disseminou tanto o industrialismo quanto o nacionalismo ao redor do mundo. Nada estimulou mais o capitalismo do que a competição, conforme os novos Estados-Nação competiam por poder e território. As novas forças econômicas libertadas pelo capitalismo industrial estenderam os tentáculos dos impérios ao redor do globo e acirraram essa rivalidade.

O princípio do equilíbrio do poder entre Estados-Nação europeus – quer dizer, a nenhum

Figura 7.3 *A Revolução Francesa: Queima das carruagens reais em Chateau d'Eu (1848)*.Publicada pelos famosos gravuristas norte-americanos Currier e Ives, que produziram mais de um milhão de impressões para o mercado de massa entre 1835 e 1907, essa vívida litografia retrata um ataque contra a residência do rei francês, Luis Filipe, durante as sublevações revolucionárias, em 1848. Era intitulada como *A Revolução Francesa*, descrevendo os eventos da época, quando os cidadãos franceses se rebelaram contra a restauração da monarquia francesa, ao mesmo tempo em que relembrava a violência da Revolução Francesa original, de 1789.

único Estado deveria ser permitido dominar o território ou controlar a economia do continente – guiou as decisões diplomáticas e políticas que faziam parte da expansão global por meio do imperialismo. Conforme os Estados-Nação europeus criavam impérios e colônias, o equilíbrio do poder veio a ser aplicado em uma escala global. Conforme se buscava o equilíbrio global entre as nações europeias, contudo, o desequilíbrio entre potências europeias e aqueles que eram colonizados por elas estava aumentando. Entre 1800 e 1914, a dissolução de antigos impérios e Estados produziu novos nacionalismos, na Europa e em todo o mundo, que finalmente alterariam o equilíbrio do poder no século XX (ver Capítulo 11).

O NOVO IMPERIALISMO, O COLONIALISMO E A RESISTÊNCIA NA ÁFRICA

A África, que os europeus chamaram de "continente obscuro" porque seu interior era praticamente desconhecido para eles, foi colonizada por conquista de uma ponta do continente à outra. Na Conferência de Berlim (1884-1885), as potências europeias e os Estados Unidos se reuniram para proteger suas "esferas de influência" (áreas de interesses econômicos e políticos especiais) e estabelecer os mecanismos para realizar novas reivindicações territoriais (ver Capítulo 10). A divisão do território africano estava em ação. A independência política foi perdida conforme um território após o outro foi sendo conquistado. Embora o domínio colonial pós-Conferência de Berlim tenha sido seguido por décadas e talvez séculos de envolvimento, sua imposição foi imediata. O uso da força militar foi necessário em todos os lugares para estabelecer e manter o controle europeu dos territórios africanos.

As "ferramentas imperiais" europeias, tanto o quinino (para tratar da malária) quanto barco a vapor, as estrada de ferro e a metralhadora, possibilitaram que a penetração e a conquista fossem completas. Em alguns lugares, como o

Mapa 7.5 Estados-Nação europeus no século XIX que faziam fronteira com os impérios Russo e Otomano.

reino Benin da Nigéria, em 1897, os europeus removeram à força os governantes locais (o oba e seus chefes) do poder e os enviaram ao exílio. Os tesouros culturais que expressaram o poder e registraram a legitimação historicamente sancionada do reinado de Benin foram roubados e levados para a Europa, onde foram leiloados para recuperar os custos da expedição. Consequentemente, os marfins e bronzes de Benin estão hoje em museus mundiais, de Berlim a Londres e Nova York.

A conquista e a exploração por meio do uso da força atraíram resistência imediata em todas as partes do continente colonizado. Em 1890, no sul da Tanganyika, os principais adversários eram o comandante alemão Hermann von Wissman e Macemga, chefe governante do povo Yao. Quando Wissman exigiu subordinação de Macemba, o líder africano respondeu por meio de uma carta escrita em Kiswahili:

> Eu escutei suas palavras mas não encontrei um motivo para obedecer você – eu preferiria morrer antes... Eu procurei por um motivo pelo qual eu deveria obedecê-lo e não achei o menor motivo. Se seu desejo for a amizade, então eu estaria pronto para ele, hoje e sempre; mas não para ser seu súdito, isso eu não posso ser. Se seu desejo for a guerra, então eu estou pronto, mas não para ser seu súdito. Eu não irei me render a você, pois você é uma criatura de Deus tanto quanto eu. Eu sou sultão aqui na minha terra. Você é o sultão na sua. Ainda assim escute, eu não digo que você deve me obedecer; pois eu sei que você é um homem livre. Quanto a mim, eu não irei procurá-lo, e se você é forte o suficiente, então venha e me leve.
>
> (Citado em Basil Davidson, *African Civilization Revisited from Antiquity to Modern Times*, Trenton, N.J.: Africa World Press, 1991, p. 417-18)

A resposta de Macemba foi característica de um grande número de respostas africanas. Sem equivalência tecnológica com os armamentos europeus avançados, o fracasso da resistência africana foi endêmico até boa parte do século XX, quando a elite educada e as massas finalmente encontraram bases políticas, e algumas vezes nacionalistas, comuns.

Às vezes, até mesmo estratégias tradicionais de resistência foram empregadas para se opor ao domínio colonial. A Guerra das Mulheres Ibo, de 1929, foi um protesto contra um dos mecanismos básicos do domínio colonial: os impostos. Posta em prática por aproximadamente 10 mil mulheres do sudeste da Nigéria, a guerra foi, na verdade, uma resposta tradicional às injustiças experimentadas pelas mulheres ibo, uma resposta conhecida como "sentar sobre um homem". Quando uma mulher não conseguia resolver o conflito com um homem, ela utilizava organizações de comunicação e parentesco para espalhar suas palavras de reclamação e para induzir a participação de outras mulheres solidárias a ela.

A específica reclamação de 1929 começou com um assistente do ofício colonial, que foi enviado para contar o número de cabras de certa mulher. Com medo que esse inventário de sua propriedade fosse significar algum dia a cobrança de impostos, a mulher se recusou a cooperar e acabou sendo agredida pelo empregado. Logo depois do incidente, centenas de mulheres nuas carregando armas masculinas (bastões e lanças) cercaram as casas dos acusados e cantaram canções ridicularizantes do ritual de "sentar sobre um homem". Esse protesto teria tradicionalmente isolado o acusado até que as reparações fossem feitas. Contudo, a resposta britânica a essa assembleia pacífica de mulheres foi rápida e violenta, e cerca de 50 mulheres foram mortas ou feridas. Finalmente a taxa foi imposta.

Os britânicos venceram a guerra, e sua linguagem prevaleceu na forma em que o evento foi conhecido. Nos documentos coloniais, essa "guerra" foi chamada de "Tumultos Aba" pelos britânicos, mesmo que o evento não tenha sido caótico nem tenha se limitado unicamente à aldeia de Aba. As mulheres africanas eram "invisíveis" na terminologia britânica. Uma das consequências do domínio colonial foi a de que os colonizadores controlaram a linguagem e o conteúdo da história. Contudo, formas tradicionais de resistência, como a de sentar sobre um homem, sobreviveram na história oral inspiradora das mulheres Ibo. Sua estratégia de resistência também sobreviveu até a década de 1990, quando foi testemunhada por agentes governamentais corruptos da Nigéria pós-independência. A resistência amplamente disseminada contra a violenta imposição do domínio colonial não foi bem-sucedida, mas seu legado permaneceu.

DE IMPÉRIO A NAÇÃO: O IMPÉRIO OTOMANO E A TURQUIA

O processo que levou ao enfraquecimento e desintegração do Império Otomano opôs as forças do nacionalismo europeu contra os outrora poderosos otomanos. No século XVIII, os otomanos não eram mais aqueles inimigos formidáveis que ameaçaram a Europa durante séculos; pelo contrário, era a Europa que ameaçava os otomanos.

Durante o século XVIII, a enorme confiança que caracterizou o, aparentemente, invencível Império Otomano em expansão gradualmente erodiu, em face dos poderosos Estados-Nação europeus em processo expansivo. Muitos muçulmanos no Império Otomano viram a mudança de sua sorte como uma punição de Deus e clamaram por uma volta ao "verdadeiro" Islã. Outros, especialmente aqueles no governo, tiveram uma abordagem mais pragmática. Eles estavam convencidos de que o império poderia voltar ao seu antigo poder e influência apenas se reformas sistemáticas fossem introduzidas para eliminar a corrupção e modernizar o governo e as forças armadas. No começo do século XIX, uma série de reformas foi realizada para ocidentalizar e modernizar o governo otomano. A mais intensamente ocidental dessas reformas foi chamada de "Tanzimat" (reorganização).

A maioria dos Estados europeus, incluindo a Grã-Bretanha, na verdade, deu apoio às reformas como forma de fortalecimento do Império Otomano e para garantir direitos especiais para as minorias cristãs. Os europeus tenderam a encorajar as aspirações nacionais dessas minorias, e esse fato causou ressentimento entre os muçulmanos, somando, dessa forma, para as forças de oposição ao Estado. O Tanzimat continuou durante o restante do século XIX. Os europeus foram convidados a ajudar a dinamizar o governo, a ensinar em escolas técnicas, a treinar o exército e a marinha e a melhorar a infraestrutura do Estado. Infelizmente, toda essa atividade custava dinheiro, o que teve de ser emprestado pesadamente da Europa. Quando o império faliu, foi forçado a entregar suas finanças aos governos e banqueiros europeus.

No começo do século XX, um grupo de jovens turcos "ocidentalizados" formou uma organização clandestina, o Partido Jovem Turco, que se espalhou entre a inteligência e o exército. Em 1908, o partido planejou um *coup d'etat* (golpe de estado) e forçou o sultão a restaurar a Constituição. Esse evento inaugurou um breve período de liberdade política, no qual os papéis do turquismo, arabismo, islamismo e ocidentalismo foram intensamente discutidos. Durante esse período, os Jovens Turcos começaram a equalizar "Otomano" com "Turco". Quando os Jovens Turcos adquiriram o poder em outro golpe, em 1913, o novo governo inclinou-se em direção a Alemanha, que parecia ser um modelo de organização e não aparentava ter nenhum desejo sobre o Império Otomano.

A derrota alemã na Primeira Guerra Mundial significou que os Aliados trataram o Império Otomano como uma potência derrotada, planejando dissolvê-la (ver Capítulo 11). A resistência turca organizada logo encontrou um líder na pessoa de Mustafá Kemal (1881-1938), um general do exército otomano que se associava ao movimento reformista Jovem Turco contra o governo autocrático dos otomanos. Kemal expulsou os ocupantes da Anatólia um por um, e, em 1923, foi eleito o primeiro presidente da República Turca. Subsequentemente, liderou a adoção de uma série de medidas ambiciosas com o objetivo de transformar a Turquia em um moderno país ocidental. Kemal, que recebeu o título honorífico de "Ataturk" (Pai dos Turcos), e os nacionalistas turcos acreditavam que a modernização (que eles entendiam como ocidentalização) era essencial para a prosperidade e sobrevivência de seu país. Eles exigiram que os turcos fossem iguais aos principais Estados europeus, em quase todos os aspectos.

O novo governo tomou muitas ações a respeito da religião: aboliu o califado (a liderança religiosa do mundo muçulmano que fora apropriada pelos últimos sultões otomanos); substituiu os tribunais religiosos por tribunais civis e leis civis baseadas em modelos europeus; dispersou as irmandades religiosas; aboliu o fez (chapéu masculino) e o véu para as mulheres, que eram símbolos do conservadorismo religioso; substituiu o calendário muçulmano pelo europeu e oficialmente destituiu o Islã como a religião estatal. Outras medidas foram igualmente abrangentes. O alfabeto latino substituiu o árabe. A poligamia foi abolida, às mulheres foi dado o direito de votar e atuar em profissões e ofícios públicos no país. Um sistema de escolas e universidades públicas foi estabelecido.

De 1923 até sua morte, em 1938, Ataturk governou a Turquia como um tipo de ditador benevolente, por meio de um governo de partido único. Além dos modelos ocidentais de autoridade política, a construção do moderno Estado-Nação turco concretizou a inclusão forçada de grupos étnicos que não desejavam ser turcos, como os curdos, que viviam dentro dos limites políticos de mais de um Estado-Nação (no Iraque, assim como na Turquia), juntamente da erradicação de outros (armênios) que pareciam ser hostis à moderna identidade nacional turca.

DE IMPÉRIO A NAÇÃO: O RAJ BRITÂNICO E A ÍNDIA

Como em outras partes do globo, o subcontinente indiano tornou-se um peão das políticas europeias e, também, dos conflitos entre os desígnios imperialistas. No século XVII, o império Mughal, que um dia controlou grandes extensões do subcontinente, enfraqueceu, de forma que tornou mais fácil para os europeus fazer sua presença ser sentida. Nessa época, as maiores potências europeias eram a Grã-Bretanha e a França, e os franceses perderam sua posição (exceto por alguns poucos pontos comerciais costeiros) e influência para os britânicos na Paz de Paris, em 1763, após a derrota na Guerra dos Sete Anos.

Inicialmente, os interesses britânicos foram representados pela Companhia das Índias Orientais britânica, mas com o tempo o controle inglês foi cada vez mais formalizado por meio de mecanismos que ligavam políticas no subcontinente à vigilância de Londres. Em 1857, a chamada Rebelião Sepoy (sipaios) dos soldados indianos deu o pretexto pelo qual os britânicos agiram para deixar o subcontinente sob seu controle direto, como uma colônia formal. O Ato do Governo da Índia, de 1858, e as leis subsequentes fizeram da Índia parte do império britânico. A Companhia das Índias Orientais desapareceu de cena, e o governador-geral tornou-se um vice-rei representando a Rainha Victória, que foi proclamada imperadora da Índia, em 1876, e a cuja coroa imperial foi, dessa forma, adicionada a "joia" da Índia.

O agente do nacionalismo foi o Congresso Nacional Indiano, formado em 1885 pelos membros de uma elite urbana de educação inglesa. Mas a resistência ao Raj foi disseminada pelas regiões e classes sociais, então o pensamento nacionalista indiano não estava limitado a sua expressão por meio do Congresso Nacional Indiano. A convergência da demanda por independência do governo britânico entre intelectuais urbanos com movimentos populares de resistência, como o de *ulgulan* (grande tumulto) de 1899-1900, realizado pela tribo Munda da fronteira de Bengala-Bihar, foi essencial para o sucesso final do Congresso Nacional Indiano.

No começo, as exigências do Congresso Nacional Indiano eram moderadas, reformistas mais do que revolucionárias, objetivando dar voz aos indianos na gerência de seu próprio país. A sugestão prática do Congresso para atingir esse objetivo incluía a reorganização do Serviço Civil Indiano, para dar aos indianos mais oportunidades de participar do governo controlado por britânicos, conhecido como o "Raj". O progresso do movimento nacionalista indiano foi lento e repleto de diferenças regionais e religiosas, das quais as divisões entre hindus e muçulmanos eram as mais complicadas.

O Jovem advogado indiano Mohandas K. Gandhi (1869-1948) foi até a África do Sul, onde desenvolveu sua filosofia de não violência e muitas de suas técnicas de desobediência civil. Na África do Sul, Gandhi vivenciou discriminação, incluindo surras por sul-africanos brancos, e até mesmo foi jogado para fora de um trem de passageiros de primeira classe por causa da cor de sua pele. Quando retornou, em 1906, para participar do Congresso Nacional Indiano, Gandhi incorporou suas experiências sul-africanas em uma compreensão mais profunda da resistência à injustiça. Gandhi começou a vestir o *dhoti* (vestimenta) indiano, em vez das roupas de alfaiataria europeia, e adotou a dieta de um pobre camponês indiano. Ele utilizou técnicas como o boicote, o desacato, as greves e as marchas para protestar contra o domínio inglês. Quando o Congresso Nacional Indiano se reuniu, em 1906, adotou o objetivo do autogoverno, *swaraj*; como Gandhi usou o termo, significava independência política e econômica e autocontrole psicológico pessoal.

Um boicote particularmente efetivo que Gandhi apoiou por vestir simbolicamente o *dhoti* foi o movimento *swadeshi* ("do nosso próprio país"), que se originou em 1905, em Bengala, opondo-se à repartição britânica de Bengala entre áreas de maiorias hindus e muçulmanas. O boicote às mercadorias britânicas foi feito com o fim de apoiar a indústria têxtil nativa, e também como forma de protestar contra a divisão de Bengala. Começando com petições e pedidos, o boicote *swadeshi* transformou-se em um amplo movimento nacionalista, com a queima dos saris (vestimenta feminina indiana) feitos por britânicos. Em 1908, o boicote era tão bem-sucedido que as importações de têxteis caíram em 25%.

Quando o Raj adotou uma nova política, em 1919, objetivando controlar as atividades políticas, uma manifestação contrária, em Amritsar, um centro de resistência indiana ao domínio britânico e também uma cidade sagrada de Sikhs, causou um confronto entre manifestantes indianos desarmados e tropas inglesas. Quando as tropas dispararam contra a multidão, 400 manifestantes foram mortos. O Massacre de Amritsar intensificou a resistência ao domínio britânico e a pressão pela independência; também reanimou o apoio, por todo o país, ao movimento de Gandhi.

Um dos protestos mais famosos de Gandhi aconteceu em 1930, em uma marcha pacífica contra os impostos britânicos, especialmente a taxa do sal, que encorajou seus seguidores a negarem-se a pagar. No aniversário do Massacre de Amritsar, Gandhi e centenas de seus seguidores marcharam mais de 125 Km em direção ao mar. Quando eles chegaram ao oceano, Gandhi arrastou-se até as ondas e pegou um punhado de sal natural. Com esse ato, Gandhi e seus seguidores desafiaram abertamente o monopólio britânico do sal, que proibiu a manufatura independente e a venda do sal, uma mercadoria essencial. Os britânicos responderam a esse desafio de sua autoridade com violência, prendendo e aprisionando dezenas de milhares de líderes nacionalistas e seguidores, incluindo o próprio Gandhi. A Liga da Independência Indiana proclamou sua convicção de que a única solução da situação de conflito e violência intensos repousa na pronta e completa independência do domínio britânico.

Com o advento da Segunda Guerra Mundial, a Inglaterra não foi capaz de contar com o total apoio e lealdade indiana. O Exército Nacional Indiano foi formado para apoiar os esforços japoneses de invadir as possessões britânicas na Ásia e participou da ocupação japonesa da Burma britânica. Muitos indianos aparentemente acreditavam que se fosse para serem súditos de um governo imperial estrangeiro, o domínio asiático era preferível ao europeu. Os efeitos destrutivos da Segunda Guerra Mundial na Grã-Bretanha permitiram aos nacionalistas indianos a finalmente realizar seu sonho. Uma Lei de Independência Indiana foi adotada pelo governo britânico, em 1947.

A independência, contudo, não trouxe paz, mas sim violência e divisões. O subcontinente foi dividido entre a Índia, o Estado hindu e o Paquistão, que era muçulmano, um acerto forjado a partir das divisões religiosas e étnicas que importunaram o nacionalismo indiano desde seu começo. As novas nações forneceram molduras para a construção das modernas identidades nacionais, a partir da complexa mistura étnica e religiosa de suas populações. Os dois países escolheram tornar-se membros da flexível organização econômica e cultural conhecida como Comunidade Britânica de Nações (Commomealth). A autoridade britânica na Índia terminou formalmente em 15 de Agosto de 1947, quando a bandeira britânica foi arriada e substituída pelas bandeiras dos dois novos Estados. O próprio Gandhi quase não teve tempo de testemunhar a obtenção da independência indiana. Ele foi assassinado, em 1948, por um extremista hindu que se opunha a Gandhi em relação à inclusão de muçulmanos.

IMPERIALISMO, MARXISMO E REVOLUÇÃO

Por mais que a violência tenha temperado a transformação do Raj Britânico na Índia e no Paquistão, a mudança foi relativamente lenta e evolucionária. Os modelos para a mudança revolucionária do século XX começaram com a luta revolucionária norte-americana pela independência contra os britânicos; as sublevações populares do século XVIII na Revolução Francesa; e as complexidades culturais, étnicas e políticas da Revolução do Haiti. As revoluções de 1848, na Europa, inspiraram os pensamentos de Karl Marx sobre as relações entre capitalismo industrial e os Estados-Nação e levaram à formulação do modelo marxista da mudança histórica revolucionária (ver Capítulo 11). De acordo com esse modelo, os modos de produção ou sistemas econômicos e as relações de classes que eles geram fornecem as forças dinâmicas que empurram e direcionam a mudança histórica. O primeiro grande impacto da ideologia política marxista veio com a Revolução Russa de 1917. Quando Marx criou esse modelo de mudança histórica baseada na observação da sociedade capitalista industrial europeia da metade do século XIX, ele não se importou com o mundo não europeu ou até mesmo com a Rússia, que era "atrasada" em comparação com a Europa ocidental da época. Ele percebeu, em partes do mundo não europeu, como a Índia e a China, exemplos daquilo que chamou de "modo asiático de produção", que era baseado nas relações de soberania e vassalagem feudais.

Marx não concedeu nenhum papel revolucionário aos camponeses cultivadores de qualquer sociedade, incluindo as da Europa, argumentando que por os fazendeiros serem isolados, pela natureza de seu modo de vida, individualistas e centrados em si mesmos – preocupados somente com o que eles podem produzir em seus próprios pedaços de terra – lhes falta a consciência de sua condição de opressão como uma classe e eles permaneceriam como uma força conservadora na sociedade. Em contraste, o proletariado urbano, a classe trabalhadora industrial, pela natureza de seu trabalho em fábricas, sujeitos ao gerenciamento opressivo de empreendedores capitalistas que lhes retiravam a mais valia de seu trabalho, ela desenvolveria a consciência de classe necessária para a mudança revolucionária.

Marx sabia pouco sobre o mundo não europeu, e ele não podia prever o impacto do imperialismo e do colonialismo sobre o capitalismo industrial, o qual lhe era familiar na Europa. Na geração seguinte a de Marx, afastada da revolução industrial europeia, na qual estava a Rússia na virada do século VI. Lênin (1870-1924) enxergou além da visão marxista as realidades de seu próprio tempo. Enquanto a Primeira Guerra Mundial estava em progresso, Lênin escreveu *Imperialismo, a fase superior do capitalismo* (1916-1917), argumentando que o imperialismo estendeu a vida do capitalismo ao melhorar as condições do proletariado nas nações industrializadas avançadas e, portanto, possibilitando às sociedades capitalistas evitar a revolução.

De acordo com Lênin, a previsão de Marx de que a piora das condições das classes trabalhadoras em sociedades industriais avançadas levaria à revolução não se realizou porque o imperialismo permitiu a expansão das economias capitalistas. Mesmo que duras desigualdades econômicas persistissem, o crescimento geral significava que as condições das classes trabalhadoras não pioraram e podem até mesmo ter melhorado. Lênin concluiu que Marx não estava errado sobre o processo, apenas fora de tempo, pois os efeitos imprevistos do imperialismo deram os meios para se estender a vida do capitalismo. Contudo, na visão de Lênin, o imperialismo carregava com ele as sementes de sua própria destruição. Ele acreditava estar testemunhando essa destruição na Primeira Guerra Mundial, o resultado de uma disputa de rivalidades imperialistas que levou ao militarismo e à guerra e espalhou o descontentamento popular. Lênin parecia estar certo sobre a Rússia, pelo menos. A Primeira Guerra Mundial contribuiu significativamente para o colapso da monarquia russa e para a oportunidade do partido de Lênin, os bolcheviques, chegar ao poder, como fizeram em 1917.

O sucesso da Revolução Bolchevique impressionou muitos intelectuais do mundo colonial e os atraiu para o estudo do Marxismo. O modelo da Revolução Russa foi exportado para a China no começo da década de 1920, quando russos e outros agentes da Internacional Comunista (Comintern) ajudaram a organizar o crescimento do Partido Comunista. Devido ao seu foco ideológico em relação ao proletariado urbano e da necessidade de uma base industrial, a Revolução Russa teve aplicabilidade limitada na Ásia e na África, lugares que eram predominantemente agrícolas. Em contraste, a Revolução Mexicana (1910-1913) ostentou um modelo de mudança revolucionária muito diferente: reforma agrária, a redistribuição da terra como base da riqueza. Esse modelo de mudança revolucionária, apesar do imperfeito resultado que teve no México, forneceu um exemplo para as revoluções em andamento em grande parte do mundo colonizado e semicolonizado do século XX, em que a reforma agrária ainda era a questão central para a maior parte da população desamparada.

A principal transformação na ideologia marxista, que transformou o marxismo em um modelo de mudança revolucionária para as sociedades agrárias, aconteceu na China, onde o setor urbanizado e industrializado da sociedade era bem menor do que aquele da Rússia e onde o campesinato era a vasta maioria da população. Embora os primeiros chineses revolucionários marxistas tenham sido inspirados pela Revolução Russa, guiados pelos mentores russos, e buscassem um proletariado urbano como apoio, o jovem Mao Tse-Tung (1893-1976) desafiou a visão marxista da consciência revolucionária dos trabalhadores urbanos com sua própria visão do campesinato como essencial para a mudança revolucionária:

> A revolução é uma sublevação, um ato de violência no qual uma classe derruba a outra. Uma revolução rural é uma revolução pela qual o campesinato derruba a autoridade da classe de senhores feudais... Se os camponeses não usam o máximo de suas forças, eles nunca conseguirão subjugar a autoridade dos senhores de terras que esteve profundamente enraizada durante milhares de anos... Em um curto período de tempo... várias centenas de milhões de camponeses irão levantar-se como um tornado ou tempestade, uma força tão extraordinariamente rápida e violenta que poder algum, tão grande quanto seja, será capaz de suprimi-la.
> (Citado em James P. Harrison, *The Long March to Power: A History of the Chinese Communist Party, 1921–1972*, New York: Praeger, 1974, p. 84)

Escritas em 1927, as palavras de Mao ecoam a violência da Revolução Francesa, embora fosse distante em tempo, contexto e resultado. Como seus antecedentes revolucionários franceses, influenciado pela ideia rousseauniana de contrato social, Mao foi um estudante da nova ideia de seu tempo: o marxismo. Ele participou do emocionante mundo intelectual do "Iluminismo Chinês", em Pequim, por volta de 1920, às vésperas da fundação do Partido Comunista Chinês.

Menos de uma década depois que Mao escreveu essas palavras, ele tomou o controle do

Partido Comunista Chinês e finalmente liderou esse grupo, apoiado pelo Exército Vermelho, para mobilizar o apoio camponês e organizar a guerra de guerrilha contra os japoneses no noroeste da China durante a Segunda Guerra Mundial. Ao final, a ação coletiva resultou na vitória sobre os nacionalistas na guerra civil após o término da Segunda Guerra Mundial. Um século de agressão imperialista, começando com as Guerras do Ópio, na metade do século XIX, e as "esferas de influência" dos poderes ocidentais na China, culminou no estabelecimento do moderno Estado-Nação, materializado na República Popular da China, em 1949. Em que extensão a revolução chinesa foi uma revolução agrária de camponeses subjugando séculos de opressão, tanto interna quanto, mais recentemente, externa, ainda é debatido por historiadores. Conforme a história da República Popular se desenvolveu na última metade do século XX, os dilemas de revolucionários no poder tornaram-se mais e mais aparentes. O Estado revolucionário tornou-se um grande opressor em seu próprio proveito, como revelam os eventos da Praça da Paz Celestial, em 1989.

Em todos os lugares onde o imperialismo europeu penetrou, seja por meio da colonização ou de formas menos estruturadas como aquelas das "esferas de influência" da China, a mudança revolucionária tomou a forma do nacionalismo. Seja originado em resposta ao imperialismo apenas ou em conjunto com a resistência ao Estado tradicional, o nacionalismo poderia tornar-se ou uma força revolucionária que reverteria a ordem social tradicional ou poderia derrubar a antiga estrutura estatal, mas não aqueles que estavam no poder. As revoluções tenderam a recriar hierarquias de poder dentro do Estado revolucionário, que, por sua vez, gerou resistência contra a liderança revolucionária.

DESCOLONIZAÇÃO, NACIONALISMO E REVOLUÇÃO NA ÁSIA E NA ÁFRICA

Nas regiões colonizadas da Ásia e da África, o processo de descolonização do pós-guerra foi moldado pelos legados da resistência anticolonialista e pela natureza e o grau do controle colonial. A declaração de independência indiana, em 1947, por exemplo, foi o produto de muitos anos de resistência nacionalista organizada, personificada por Ghandi, mas também influenciada pela elite indiana com educação britânica (incluindo Ghandi, que estudou Direito na Inglaterra) que tomou as rédeas do poder.

Disputas entre insurgentes nacionalistas e as forças dos governos coloniais ocorreram ao final da Segunda Guerra Mundial em quase todos os Estados no sudeste da Ásia (ver Capítulo 11). Burma e o Ceilão foram libertados do controle britânico. Naquelas partes do sudeste da Ásia, que foram colonizadas por franceses, os líderes nacionalistas desafiaram a autoridade colonial francesa e trabalharam para derrubar as ordens social e política tradicionais. No Vietnã, uma colônia francesa desde 1860, um movimento nacionalista teve início no começo do século XX. Ho Chi Minh, que foi introduzido ao marxismo quando jovem, em Paris, desempenhou o papel principal na Fundação do Movimento Nacional de Independência, com tendências comunistas, o Viet Minh, que lutou contra a ocupação japonesa na Segunda Guerra Mundial, e estava determinado a resistir contra a restauração do colonialismo francês quando a guerra acabou. Após a derrota dos franceses, em 1954, os norte-americanos assumiram o papel de potência colonial, e, nos anos de 1960, envolveram-se na Guerra do Vietnã. Os comunistas vietnamitas declararam a vitória em 1975, com a queda da capital sulista de Saigon, renomeada como Cidade de Ho Chi Minh, em homenagem ao líder nacionalista.

Em outros lugares do Sudeste da Ásia, como na Indonésia e nas Filipinas, a combinação de legados coloniais com composições étnicas e religiosas complexas moldaram nova ordem política e social. Um movimento pela independência da Indonésia do domínio holandês foi iniciado em 1927, com o estabelecimento do Partido Nacional Indonésio, chefiado por um jovem engenheiro chamado Sukarno (1901-1970). A repressão holandesa ao nacionalismo indonésio atingiu seu auge em 1940, quando as autoridades coloniais holandesas proibiram o uso do nome Indonésia. Durante a Segunda Guerra Mundial, quando a Indonésia foi ocupada pelos japoneses, a extensão da oposição aos holandeses, exposta na relativamente passiva aceitação do domínio japonês, que não era considerado pior, e talvez fosse melhor, do que o domínio holandês. Embora a independência da Indonésia tenha sido declarada por um governo cliente dos japoneses, em 1943, e novamente após o final da guerra, em 1945, por Sukarno, o reconhecimento holandês da independência da Indonésia veio apenas em 1949.

O complexo legado colonial das Filipinas inclui a dominação espanhola, iniciando no século XVI, seguido da hegemonia norte-americana após a guerra hispano-americana de 1898, e finalmente a conquista japonesa durante a Segunda Guerra Mundial. A forte resistência ao controle norte-americano foi visível na liderança de Emílio Aguinaldo (1869-1964) entre 1899 e 1902 e após. A reconquista das Filipinas contra os japoneses, na Segunda Guerra Mundial, ocorreu com a ajuda de grupos guerrilheiros, como o movimento comunista Hukbalahap (das palavras na linguagem Tagalog, significando "Exército do Povo contra os japoneses"). Os Huks, como eram conhecidos, representaram um importante movimento rural de resistência, como o Viet Minh, que desafiou as hierarquias sociais e econômicas tradicionais no interior e apoiou os interesses dos pobres fazendeiros.

Os africanos não estavam desavisados de que a Segunda Guerra Mundial havia varrido o colonialismo europeu para fora da Ásia. Um símbolo-chave da hegemonia europeia na África foi a Argélia, uma colônia francesa desde a metade do século XIX. Lutas nacionalistas ocorridas nessa colônia levaram a quase uma década de guerra civil. A independência argelina, em 1962, representou a culminação de atividades de massa de partidos políticos da Frente Nacional de Libertação (FLN), começando no período de 1937 a 1946. As mulheres argelinas, marginalizadas política e socialmente pela sociedade tradicional, desempenharam papéis essenciais na revolução. Elas eram espiãs, contrabandistas e assumiam até posições de combatente. O crescimento da luta na Argélia, onde pelo menos 2 milhões de colonos franceses residiam, forçou o governo francês a negociar a independência dessa colônia e de outros territórios.

O surgimento de movimentos de independência deu um fim à maioria das lideranças tradicionais e aristocráticas que precederam a era colonial. Já minados pela classe média mercantil e pelas elites missionárias – e coloniais – educadas, poucos líderes tradicionais africanos permaneceram no poder. Os que restaram viraram alvos simbólicos de ações políticas de massa, como a revolta armada Mau Mau no Quênia, entre 1940 e 1955, que começou com o assassinato do chefe sênior, Waruhiu, e a ocorrência de um intenso período de guerra de guerrilhas populares. Durante o embate Mau Mau, ações rurais violentas aterrorizaram os colonos ingleses, que receberam terras retiradas de fazendeiros africanos. Embora os Mau Mau tenham sido derrotados, a luta convenceu os britânicos a aceitar as leis do domínio da maioria africana, sob os protestos dos colonos brancos. O Quênia finalmente conquistou a independência em 1963.

Na África do Sul, o grande ponto de virada foi a eleição nacional de 1948, pela qual o Partido Nacionalista chegou ao poder e implementou a política da segregação e da opressão, também conhecida como "apartheid". As políticas do *apartheid* reafirmaram um código de cor que favorecia os brancos em relação aos outros e ditava onde a maioria da população africana podia morar, trabalhar e para onde podiam viajar. Os negros eram sistematicamente excluídos de postos políticos oficiais e da votação, mas ainda assim sua força de trabalho era essencial ao processo de industrialização. Africanos negros eram obrigados a carregar vistos de identificação que revelavam sua classificação racial. A minoria branca decretou "leis de vistos" para restringir os movimentos africanos e, particularmente, controlar o fluxo de trabalhadores das áreas rurais para as urbanas. Atos de segurança interna legalizaram a violenta repressão da resistência com brutais violações aos direitos humanos. O Congresso Nacional Africano (CNA), fundado

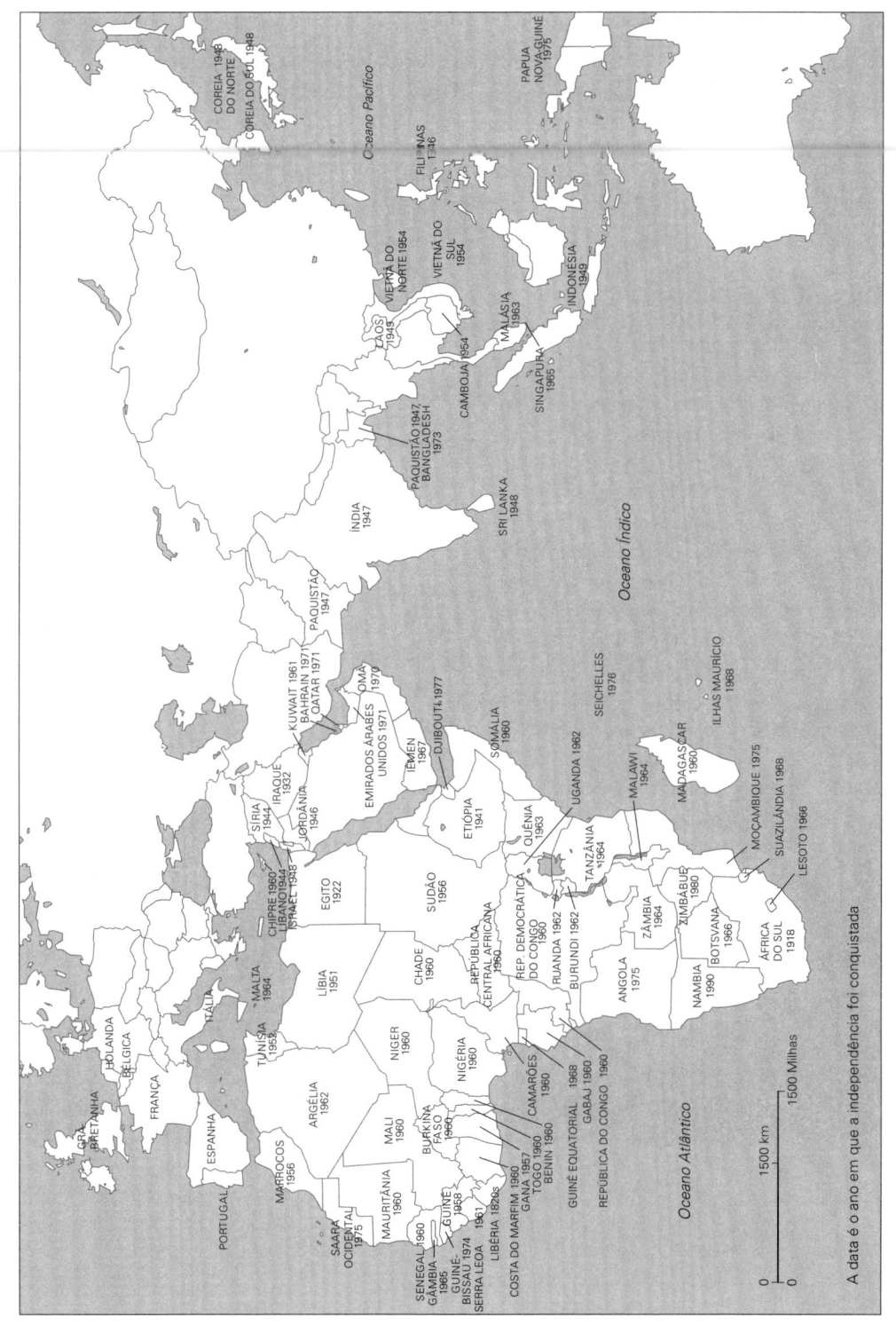

Mapa 7.6 Anônimo, "Descolonização, 1947-1990". Novas nações na África e na Ásia (Boston, Mass.: Houghton Mifflin, 2002).

A data é o ano em que a independência foi conquistada

em 1912, inicialmente trabalhou com técnicas não violentas da massiva resistência ao *apartheid* e, por fim, adotou um programa de terrorismo direcionado contra o repressivo Estado sul-africano. Liderado por Nelson Mandela (1918) e outros, o CNA finalmente teve sucesso e, em 1994, Mandela tornou-se o primeiro africano eleito presidente da África do Sul.

NOVOS ESTADOS, NOVO COLONIALISMO E NOVO IMPÉRIO

O século XX testemunhou não só o desmantelamento do novo imperialismo europeu na conflagração de duas guerras mundiais (ver Capítulo 11), mas também o surgimento de um novo tipo de Estado. O Estado totalitário (em que o poder total reside no Estado) tomou forma em conjunturas políticas diversas, e expressou aspirações vastamente diferentes das pessoas que alegavam representá-lo. Na Rússia soviética, o Estado totalitário emergiu a partir da revolução marxista anticzarista e anti-imperialista. Líderes germânicos promoveram a ideia de que o Estado nazista foi herdado da pura tradição do *volk* (povo) histórico germânico. Ambos alegaram personificar as aspirações do povo incluído na definição da nação, e ambos excluíam aqueles que não pertenciam ao mesmo grupo: judeus, por exemplo, na Alemanha nazista e na Rússia Stalinista*, foram perseguidos ou assassinados pelos esforços para "purificar" a nação. Os Estados totalitários foram possibilitados, em parte, por causa das tecnologias que tornaram possível a comunicação em massa. Identidades coletivas formadas pela mídia popular e grandes espetáculos, como os encontros da juventude hitlerista, representaram um novo tipo de Estado-Nação, bem distante do ideal do contrato social que inspirou as revoluções no mundo atlântico do século XVIII.

O colapso dos impérios europeus e a independência das antigas colônias ao final da Segunda Guerra Mundial não necessariamente significavam o fim da dependência ou do império. Diversos, esses eventos simplesmente conduziram a uma nova era de colonialismo. Como observou Kwame Nkrumah (1909-1972), o primeiro presidente de Gana pós-independência:

O neocolonialismo é... a pior forma de imperialismo. Para aqueles que o praticam, significa o poder sem responsabilidade. Para suas vítimas, significa a exploração sem compensação. Nos dias do antigo colonialismo, o poder imperial tinha de pelo menos explicar e justificar em sua terra as ações que tomava no exterior. Na colônia, aqueles que serviam ao domínio do poder imperial podiam pelo menos buscar sua proteção contra qualquer movimento violento de seus oponentes. Com o neocolonialismo isso não acontece.

(Kwame Nkrumah, *Neo-Colonialism: The Last Stage of Imperialism*, London: Thomas Nelson e Sons, 1965, p. xi)

Ecoando na obra de Lênin, *Imperialismo, a fase superior do Capitalismo*, Nkrumah tentou explicar os laços de dependência que persistiram depois que os Estados africanos conquistaram a independência formal das potências coloniais, como aconteceu com Gana, em 1957. Mkrumah viu esperanças no pan-africanismo, unindo o continente para alcançar a verdadeira independência econômica, social e política. Essa esperança provou-se não realizável durante sua vida, ou até mesmo no futuro, embora o plano econômico de Nkrumah para a unidade africana tenha tornado-se o projeto para a União Econômica Europeia.

Como percebeu precisamente Nkrumah, no mundo bipolar do pós-guerra que opôs os Estados Unidos à União Soviética, antigas colônias na Ásia e na África, que obtiveram sua independência política formal, continuavam sob a dominação de uma das duas superpotências por meio de auxílios econômicos e pressão diplomática. Os esforços para se organizar contra essa polarização, como a Conferência das Nações Não Alinhadas de Bandung (Indonésia),

---

* N. de R.T.: Os pogroms contra os judeus foram realizados durante a Rússia Czarista. Sob o regime soviético de 1917 a 1991, boa parte dos cargos de comando eram ocupados por judeus e o Estado era uma federação multiétnica.

em 1955, foi simbolicamente importante, mas relativamente sem efeito algum.

Um dos principais participantes da Conferência de Bandung foi a República Popular da China. Após uma nova geração de sublevações econômicas, sociais e políticas, a China finalmente emergiu como uma potência global ao final do século XX, atraindo novamente a atenção para a Ásia, seguindo o crescimento econômico do Japão no pós-guerra. Herdeiro do império chinês de 2.000 anos de idade, o moderno Estado-Nação chinês foi um produto do nacionalismo revolucionário como resposta ao imperialismo, mesmo que a China nunca tenha sido, diretamente, colônia de alguma potência europeia. A identidade chinesa moderna está ligada tanto ao senso de seu legado cultural ancestral quanto à dolorosa memória das humilhações frente às potências ocidentais e ao século de guerra e revolução que se seguiu.

CONCLUSÕES

Junto do crescimento da China, no final do século XX, tanto o colapso da União Soviética, em 1991, quanto a criação da União Europeia assinalaram mudanças no poder global. A União Europeia, inspirada pelo desejo de construir uma comunidade econômica, moveu-se na direção oposta daquela da dissolução da União Soviética de criar uma organização protetora transcendente, mas não erradicante ou redutora, às identidades nacionais.

Um acontecimento mais significativo que o fim da União Soviética, o crescimento da China ou a evolução da União Europeia, é a rápida proliferação das conexões tecnológicas de pessoas ao redor de todo o mundo, além das fronteiras dos Estados e impérios. Ligações transnacionais – pela família, pelo trabalho, pela língua e pela cultura – levaram os indivíduos a se identificarem com comunidades que não são definidas pelos laços territoriais do Estado-Nação. Embora o nacionalismo se mantenha forte, é um novo nacionalismo, moldado pela lealdade étnica e pelo compartilhamento de histórias mais do que pelos limites geográficos dos Estados dos séculos XIX e XX (ver Capítulo 10). O nacionalismo de inspiração religiosa, mais proeminentemente associado ao Islã, ofereceu um novo modelo de identidade coletiva para substituir a noção de sociedade civil baseada em um contrato social independente de laços religiosos, culturais, étnicos, linguísticos ou sanguíneos (ver Capítulo 4). Como a ideia de modernidade é identificada com a rejeição da religião em favor de uma racionalidade secular –, a noção de Estado como propriedade pessoal do governante substituída pela racionalidade burocrática impessoal do Estado moderno –, a religião como uma fonte de autoridade política e identidade coletiva não desapareceu. Isso está mais visível atualmente no mundo islâmico, mas certamente não é exclusivo a ele.

O gênero e a etnia deram forma ao nacionalismo moderno, conforme eram elementos poderosos na identidade coletiva de formações políticas que começaram nos antigos Estados e impérios. Termos como "terra mãe" e "pátria" são comumente usados para se referir à nação, e a maternidade foi promovida como uma ferramenta da nação ao encorajar as mulheres a darem à luz cidadãos e soldados, e as recompensando pela reprodução da nação (ver Capítulo 5). Na Revolução Francesa, que negou direitos iguais às mulheres, uma imagem feminina foi utilizada como símbolo para a revolução. A palavra "nação" deriva da palavra em latim *natio*, que significa "nascimento", e, dessa forma, sustenta a ideia de que o lugar do nascimento de alguém determina sua cidadania no mundo moderno de Nações-Estado que patrulham suas fronteiras e exigem passaportes para provar a cidadania oficial. O ideal da nação europeia no século XIX estava enraizado no compartilhamento da cultura, da história, da língua e do território, e essa noção foi exportada, pelas forças do imperialismo europeu, para as Américas, para a África e para a Ásia, onde interagiu com outras formas de identidade coletiva, baseadas na etnia, na cultura e na religião.

Os líderes de Estados-Nação, conforme se desenvolviam no século XIX, tiveram de criar novos símbolos, não conectados com a pessoa ou a família do governante, que se tornaram os meios pelos quais os cidadãos se identificam com eles. Manifestações populares de nacionalismo, como as bandeiras e a veneração e glorificação dos heróis nacionais como Simon Bolívar, Napoleão, Marcus Garvey ou George Washington, tudo contribuiu para a formação e expressão das identidades nacionais, assim como o teatro, os festivais e as celebrações em massa.

As bandeiras, como todos os símbolos de uma nação, são representações das identidades coletivas que podem ser manipuladas para se atingir objetivos de inclusão e exclusão e para favorecer certas definições de nação sobre outras. Nos Estados dinásticos europeus, o brasão da família Bourbon, na França, exemplifica isso, e a substituição pela bandeira revolucionária francesa foi um símbolo poderoso dos objetivos revolucionários. A bandeira hasteada, em 1947, para declarar a independência indiana dos britânicos utilizou um antigo símbolo, o *chakra*,

Figura 7.4 Bandeira nacional indiana. O símbolo *chakra* de Nehry substituiu a visão mais limitada da luta, no século XX, materializada na roda de tear de Ghandi, para sugerir a continuidade com um passado remoto, porém extenso e poderoso.

a "Roda da Lei", em seu centro para ligar a Índia Moderna ao período do imperador Ashoka (século III a.C.), que alegou governar como o Rei budista *chakravartin* ("Aquele para quem a roda da lei gira") (ver Capítulo 4), mas também conhecido por ter expandido seu império pelo norte do continente indiano e além. Defendida pelo primeiro ministro indiano, Jawaharlal Nehru (1884-1969), essa bandeira promoveu uma identidade histórica antiga para a nação indiana que diferia significativamente da versão anterior proposta por Ghandi, que substituiu a roda de tear em seu centro – um símbolo associado ao boicote dos têxteis produzidos na Inglaterra e sua campanha pela independência econômica. Conforme as forças da globalização continuaram reformulando as identidades no século XXI, antigas fontes de identidade, enraizadas na linguagem, na cultura, na religião e na história, não foram esquecidas e continuam a provar poderosas respostas.

Como outras fontes de identidade, o nacionalismo, se baseado em limites geográficos, linguagem comum e cultura ou história compartilhadas, é uma construção que cria um senso de comunidade (ou identidade coletiva) e sobrevive enquanto for estimulado mais do que enfraquecido por alguma comunidade. O nacionalismo continua uma potente força que pode ser vista no forte desejo dos palestinos de estabelecer um Estado, como o Estado de Israel, que foi criado após a Segunda Guerra Mundial como a pátria dos judeus. Um senso de identidade nacional palestina existe, mas a questão dos limites para um Estado-Nação palestino continua sem uma solução.

Assim como o nacionalismo não desapareceu em face das novas identidades globais, também não desapareceram os impérios. Alguns veem os Estados Unidos do século XXI como um novo império, argumentando que a invasão do Iraque, em 2003, foi apenas uma manifestação de seu papel imperialista como superpotência em um mundo unipolar. Comparações com os impérios romano e britânico não se sustentam, contudo, devido à ordem mundial contemporânea ser muito diferente, na qual qualquer Estado individual está circunscrito em algum grau à interdependência econômica e à lei internacional. Formas mais novas de "império" são, na verdade, construídas com ligações globais tecnológicas e econômicas, e seu poder é exercido com muito mais sutileza pelas organizações, agências e auxílios internacionais do que no passado. Alguns argumentaram que a própria globalização constitui um novo tipo de império, substituindo os Estados-Nação obsoletos na regulamentação das atividades humanas. Outros insistem que o Estado-Nação mantém controle substancial sobre a vida econômica, social e até mesmo política do povo e que o poder do nacionalismo até cresceu, em resposta às ansiedades produzidas pelo terrorismo internacional e pela interdependência econômica global. Questões globais de segurança militar, ambiental e econômica exigem ações coletivas pelos âmbitos religiosos, nacionais e culturais para se construir um sentido de identidade coletiva – cidadania global – para todos aqueles cuja sorte está em jogo no destino do planeta e da espécie humana.

REFERÊNCIAS SELECIONADAS

Anderson, Benedict ([1983] 2000) *Imagined Communities: Reflections on the Origins and Spread of Nationalism*, Londres: Verso. Estudo inovador da relação entre as origens do capitalismo de imprensa e o nascimento da consciência nacional na Europa e suas repercussões globais.

Burton, Antoinette, ed. (2003) *After the Imperial Turn: Thinking With and Through the Nation*, Durham, N.C.: Duke University Press. Coleção de ensaios sobre o Estado-Nação como uma categoria analítica no estudo da história e da cultura e sobre os conceitos relacionados, como o do imperialismo.

Eley, Geoff and Ronald Grigor Suny, eds (1996) *Becoming National: A Reader*, Nova York and Oxford: Oxford University Press. Seleções a partir de uma ampla gama de leituras sobre nacionalismo e assuntos relacionados, como o do colonialismo.

Esherick, Joseph W., Hasan Kayah, and Erik Van Young, eds (2006) *Empire to Nation: Historical Perspectives on the Making of the Modern World*,

Lanham, Md.: Rowman e Littlefield. Uma coleção de artigos de conferências questionando a narrativa histórica do progresso de império para Estado-Nação, focando-se nos impérios espanhol, otomano, chinês, russo e de seus herdeiros.

Geary, Patrick (2002) *The Myth of Nations: The Medieval Origins of Europe*, Princeton, N.J. and Oxford: Princeton University Press. Um historiador da Europa medieval mostra como o nacionalismo europeu é o produto das origens míticas do período medieval.

Hardt, Michael and Antonio Negri (2000) *Empire*, Cambridge, Mass. and London: Harvard University Press. Uma discussão provocativa e controversa de que a globalização constitui uma nova forma de império, distinto dos impérios e do imperialismo de eras anteriores.

Levine, Philippa, ed. (2004) *Gender and Empire*, Nova York and Oxford: Oxford University Press. Coleção de ensaios focando o império britânico, sob as lentes do gênero.

McIntosh, Susan Keech, ed. (1999) *Beyond Chiefdoms: Pathways to Complexity in Africa*, Cambridge: Cambridge University Press. Uma coleção interdisciplinar de ensaios de arqueólogos, antropólogos e historiadores sobre como os casos africanos desafiaram os modelos tradicionais de reinos e Estados.

Meeker, Michael E. (2002) *A Nation of Empire: The Ottoman Legacy of Turkish Modernity*, Berkeley: University of California Press. Um estudo sobre o Distrito de Of, no Mar Negro, e suas relações com o governo otomano em Istambul e, mais tarde, com o governo turco em Ankara.

Pagden, Anthony (1995) *Lords of All the World: Ideologies of Empire in Spain, Britain and France, c. 1500–c. 1800*, New Haven, Conn.: Yale University Press. Uma comparação das ideologias do império na Espanha, na Inglaterra e na França em relação ao Novo Mundo conquistado e colonizado.

Scott, James C. (1998) *Seeing Like a State: How Certain Schemes to Improve the Human Condition Have Failed*, New Haven, Conn. and London: Yale University Press. Um estudo comparativo de projetos sociais de engenharia de grande escala executados por Estados do século XX que falharam ao produzir os resultados desejados e acabaram aumentando a miséria humana.

Suny, Ronald Grigor (1994) *The Revenge of the Past: Nationalism, Revolution and the Collapse of the Soviet Union*, Stanford, Calif.: Stanford University Press, 1994. Uma análise das classes e da nacionalidade na formação e desintegração da União Soviética.

Tilly, Charles (1990) *Coercion, Capital, and European States, A.D. 990–1990*, Oxford: Basil Blackwell. Uma discussão provocativa de um sociólogo histórico de que as demandas financeiras da guerra foram cruciais para a formação dos Estados nacionais europeus.

FONTES *ONLINE*

Annenberg/CPB Bridging World History (2004) <http://www.learner.org/channel/courses/worldhistory/>. Projeto multimídia com *website* interativo e vídeos por demanda; veja especialmente as Unidades 6, Order and Early Societies, 11, Early Empires, 20, Imperial Designs, 21, Colonial Identities, 26, World History and Identity.

The Mongols in World History <http://afe.easia.columbia.edu/mongols/>. Parte da Ásia para *website* de educadores na Universidade de Columbia, essa seção fornece um pano de fundo útil sobre vários aspectos do Império Mongol.

Experiência de Desigualdades

Dominação e resistência na história mundial

8

Quando a lenda da música *reggae*, Bob Marley (1945-1981), cantou "Get up, Stand up", era um chamado para a guerra. O *reggae* tornou-se o hino da resistência na Jamaica, uma antiga colônia britânica onde a cor, a classe e o capitalismo se misturaram em uma encruzilhada urbana de pobreza e subdesenvolvimento. A letra da canção continua sendo uma verdade para muitos povos distantes do Caribe:

> Levante, resista
> Lute por seus direitos
> Levante, resista
> Não desista da luta

Em sua pátria jamaicana, o *reggae* estava ligado à religião Rastafari, uma filosofia de descendência africana que combinava ensinamentos bíblicos cristãos com crenças enraizadas no reinado histórico do último imperador etíope, Haile Selassie I (1930-1974), como o deus vivo do povo negro. Canções de liberdade eram "canções de redenção". Surgindo das tradições populares jamaicanas e abrangendo múltiplos estilos musicais, de fontes locais e importadas, a música *reggae* também estava enraizada na consciência histórica. A canção de Marley, "War", foi retirada quase que inteiramente de um discurso de Haile Selassie. Outras músicas cantaram histórias silenciadas por aqueles que detinham o poder; na letra da música "Buffalo Soldier", sobre os soldados afro-americanos esquecidos que lutaram pela liberdade nos Estados Unidos, Marley lembrava a seus ouvintes que "se você conhecesse sua história, você saberia de onde vem".

O talento artístico de Bob Marley atraiu a atenção da ordem política jamaicana, que foi forçada a levar os pobres a sério, principalmente a subclasse negra da ilha. Mas a mensagem do *reggae* transcendia os limites políticos e religiosos. Bob Marley cantou para as esperanças e aspirações dos oprimidos e para uma nova geração de jovens e revolucionários que buscavam filosofias alternativas para desafiar o *status quo*. Ele clamou pela liberdade pessoal e pela revolução. Suas canções atingiam as paradas musicais em todas as partes do mundo e vieram a ser associadas com as lutas pela independência política dos negros. Em 1980, Bob Marley foi convidado a ir ao Zimbábue para se apresentar na cerimônia de independência da nação africana. Embora Marley tenha morrido no ano seguinte, a autenticidade política da música *reggae* forneceu um modelo para a revolução e para a resistência além da Jamaica nos anos que se seguiram. Além do mais, ela virou um hino para o reconhecimento da diferença e do papel que esta poderia desempenhar na solidariedade e na mudança.

Como sugerido pela musica de resistência de Bob Marley, as ideias e circunstâncias que inspiraram a mudança revolucionária no século XX foram encontradas tanto na experiência dos povos oprimidos ao redor do globo quanto nos exemplos históricos de outros movimentos de resistência. A história contada a partir do ponto de vista daqueles no poder poderia ser uma ferramenta para silenciar outros passados; mas a memória histórica também poderia ser um meio de outorgar poder àqueles que buscavam mudanças sociais e políticas.

INTRODUÇÃO

Embora tendamos a pensar que as desigualdades começaram a desaparecer no mundo moderno, elas tornaram-se surpreendentemente mais agudas, pois continuam reforçando, e algumas vezes até intensificando, as duradouras disparidades econômicas e sociais que podem ser traçadas até as mais antigas sociedades estabelecidas. As desigualdades podem ser criadas por forças políticas ou sociais e podem ser medidas pelas disparidades econômicas, refletindo marcadamente o diferente acesso aos recursos adquiridos por indivíduos ou grupos. Os agentes das desigualdades são variados – desde gênero, idade, casta ou classe até raciais ou outras identidades. Entre as questões históricas mundiais mais importantes está a consideração sobre como e por que os humanos persistem nas relações hierárquicas e de gêneros que colocaram alguns em posições dominantes e outros em posições subordinadas. As expressões de desigualdade e diferenças variaram de categorias herdadas ou determinadas até outras distintas. As desigualdades foram expressas tanto por meio de ideias quanto por condições materiais. As diferenças dão origem a posições de privilégio que permitem que indivíduos ou grupos consigam concentrar o poder e exercer estratégias para acumular riqueza, poder e oportunidades desproporcionais. Enquanto a desigualdade foi institucionalizada por uma variedade de meios, dentre os mais importantes estão aqueles que ocorreram pelo acesso desigual à terra, à divisão do trabalho e à criação de hierarquias sociais, econômicas e políticas associadas.

Na moderna Jamaica, na qual Bob Marley cantou, o legado da escravidão e do colonialismo criou prolongados sistemas de exploração baseados em diferenças de raça, gênero e classe. Compreender as desigualdades abre oportunidades para a exploração dos esforços de equilíbrio daqueles indivíduos e grupos que resistiram aos sistemas de desigualdade e buscaram uma justiça social mais elevada durante a história.

Quais são as origens da desigualdade? Como a desigualdade é institucionalizada? O Filósofo francês Jean-Jacques Rousseau escreveu um discurso sobre o assunto em 1754, tentando responder a questão sobre se a desigualdade é ou não sancionada por leis naturais. Ele pergunta "Por que devemos saber a fonte da desigualdade entre homens, se nós não começamos por conhecer a humanidade?". Além da evidente exclusão das mulheres nessa questão, para Rousseau e outros, a história mundial nos dá a oportunidade de tentar responder a questão da origem das desigualdades. Rousseau acreditava que a resposta residia no mundo material; mas pode haver outros fatores em jogo. Como o filósofo alemão Karl Marx (1818-1883) sugeriu posteriormente, divisões de classe surgem a partir de diferenças dentro de um sistema econômico. Marx previu que esses conflitos resultariam em condições favoráveis ao trabalho, fossem eles conflitos entre escravos e mestres como em tempos antigos ou entre modernos trabalhadores industriais e detentores de capital sob o imperialismo moderno.

Este capítulo examina as origens e a experiência das desigualdades e como elas se alteraram com o passar do tempo, incluindo a história das desigualdades baseada na construção das posições sociais, econômicas, de gênero e de identidades étnicas ou raciais. Podemos identificar qualquer agente de desigualdade comum ou duradouro desde as sociedades primitivas até os tempos modernos? De que maneira a atual era de globalização se difere das eras anteriores? Embora possamos considerar grandes períodos significativos para a história das desigualdades em sociedades complexas, a sequência e o tempo não são uniformes ao redor do globo. Antes de 500 a.C., a maioria das regiões mundiais testemunhou a emergência de sociedades ordenadas por acúmulo de riqueza e recursos. Essas sociedades complexas deram às elites novas possibilidades de controle estratégico da terra e do trabalho, com tecnologias de guerras e de controle de recursos que possibilitaram a expansão da complexidade e o florescimento de divisões sociais, políticas e econômicas. Entre 500 a.C. e 1800 d.C., sistemas de exploração em expansão foram construídos em torno do acesso desigual à terra e ao trabalho, embora esses conceitos fossem valorados diferentemente entre uma sociedade e outra. A globalização das desigualdades e também da resistência se intensificou com o mundialmente amplo movimento de formas de trabalhado forçado, dando origem ao nascimento do sistema capitalista global de desigualdade. O imperialismo moderno, no século XIX, refletiu o pior dos padrões de desigualdade conforme foram combinadas as disparidades. Hoje o mundo tem sido descrito como um "planeta de favelas", sugerindo a penetração das formas globais de desigualdade. Que percepções deve esse período nos oferecer conforme tentamos compreender as causas e o significado das grandes divisões que caracterizam o mundo moderno?

EMERGÊNCIA DE DESIGUALDADES DE GÊNERO E HIERARQUIAS SOCIAIS

As diferenças mais básicas inerentes à condição humana são aquelas sentidas mais pessoalmente – gênero e idade. O que significa ser uma criança ou um idoso e como as identidades masculina e feminina são experimentadas varia drasticamente de acordo com as culturas de um período da história humana para outro. Distinto do sexo biológico, o gênero pode ser utilizado para descrever os papéis socialmente construídos e as identidades implicadas em ser homem ou mulher em uma sociedade em particular. Esses papéis e identidades não estão sós; na verdade eles cruzam com outras realidades. Suas divisões expressam não só uma diferenciação de papéis, mas os atributos associados com as noções socialmente construídas de poder na sociedade. Quando as diferenciações de gênero foram empregas opressivamente para dominar e subordinar mulheres, as explicações biológicas foram frequentemente adotadas como a ideologia subjacente. Por exemplo, a justificativa da divisão do trabalho por gêneros pode estar baseada em diferenças na biologia masculina e feminina, constituindo a menstruação ou a lactação uma situação indesejável ou uma fraqueza. O significado dessas diferenças biológicas é ideologicamente construído, não biologicamente determinado.

Ideias sobre gênero não são estáveis com o passar do tempo e do espaço e nem universalmente fixas no contexto da vida de um indivíduo – em vez disso, são transformadas pelas suas intersecções com a idade, a classe e outras categorias de compreensão do mundo.

Supõe-se que as sociedades primitivas caçadoras e coletoras fossem mais igualitárias e que possivelmente lhes faltasse hierarquia. Contudo, a verificação das evidências dos papéis do gênero no trabalho é problemática. Mulheres como coletoras e homens como caçadores era algo comum, mas não era a divisão universal dos papéis. Algumas artes rupestres retratam mulheres pré-históricas como caçadoras e algumas gravações revelam agrupamentos separados, compostos só por homens ou só por mulheres. A imagem estereotipada de mulheres coletoras e homens caçadores foi ainda mais rejeitada posteriormente pela percepção de que alimentos colhidos formavam a base substancial da dieta pré-histórica. Ainda assim, na maioria dos contextos de caça e coleta conhecidos, embora a carne dificilmente fosse central à dieta, era altamente valorizada como um alimento de prestígio. A grande mutabilidade de papéis teria sido uma vantagem em sociedades de pequena escala, altamente móveis, de caçadores e coletores.

Os antropólogos traçaram tentativas masculinas de tentar obter controle da capacidade reprodutiva feminina. A desigualdade de gênero está ligada à crescente complexidade social comum a grandes sociedades estabelecidas. O controle sobre a reprodução social e biológica parece ter caminhado lado a lado com o surgimento do patriarcado, uma forma de organização social na qual o macho está designado como o chefe da unidade familiar ou social. Não importam as consequências – o controle sobre o trabalho ou sobre a riqueza medidos pelo acesso aos bens materiais –, o controle sobre a capacidade reprodutiva feminina teve implicações importantes para o controle sobre a riqueza, pois o trabalho era tão importante quanto qualquer outro recurso que podia ser acumulado. Tal controle podia ser e era traduzido, por elites e especialistas masculinos, em poder instrumental e criativo.

A primeira evidência bem disseminada de diferenciação de *status* acompanha os primeiros assentamentos humanos permanentes, mesmo se alguns aspectos do patriarcado possam ser anteriores ao sedentarismo em comunidades (ver Capítulo 3). Conforme as sociedades se estabeleciam, a dependência do trabalho humano organizado tornou-se essencial à sobrevivência e ao sucesso das comunidades. Viver em um lugar por um longo tempo encorajou a elaboração da expressão cultural e a possessão de itens de cultura material, que marcavam a identidade e o *status*. Conforme se expandiam as oportunidades para a acumulação material, também expandia o potencial da riqueza ser ostentada e manipulada. A distribuição desigual de recursos e seu controle estratégico se intensificaram conforme as sociedades se tornaram mais complexas. Embora nem todas as sociedades tenham trilhado o mesmo caminho de crescente hierarquia e centralização do poder, esses eram padrões comuns que emergiram e eram expressos em uma variedade de formas em todo o mundo, do quarto milênio a.C. até a metade do primeiro milênio a.C. (ver Capítulo 7).

Mas por que a necessidade de ordem gerou sociedades cada vez mais centralizadas e hierárquicas? Por que as pessoas pareciam desistir de viver em sociedades igualitárias em troca da vida em sociedades estratificadas ordenadas por um Estado? A resposta óbvia, mas não necessariamente completa, é o desejo pela vida comunitária, o que incluía a complexidade social que surgia a partir da introdução da agricultura, da consequente especialização e da característica comercial das sociedades sedentárias. Ainda assim, muito do que os historiadores sabem sobre sociedades urbanas vem de descrições escritas por uma elite letrada, sendo que não se sabe se e em que extensão as pessoas não letradas seguiam as mesmas normas de desigualdade descritas. Como a maioria das pessoas não vivia em centros urbanos até recentemente, como a vasta maioria de pessoas usou esses modelos de desigualdade para ordenar seus próprios mundos é difícil saber.

Na tentativa de compreender o desenvolvimento da complexidade social, os cientistas sociais frequentemente designavam estágios evolucionários – bandos, tribos, reinados, Estados – e também presumiram que a desigualdade é um produto inevitável da crescente complexidade. Mas esse foi sempre o caso e, portanto, inevitável, ou existem exemplos contrastantes de sociedades que não seguiram esse modelo evolucionário e, em vez disso, exibiram formas alternativas de ordenar o mundo? Os historiadores agora veem as relações entre a crescente complexidade social e a desigualdade como uma relação complicada. A idade e o sexo são as diferenças primárias entre pessoas em sociedades caçadoras e coletoras de pequena escala. Os papéis do gênero diferenciaram-se entre as atividades realizadas por homens e mulheres; na maioria das sociedades sedentárias, os homens se associavam à caça e as mulheres ao trabalho doméstico. Os mais velhos ganharam mais poder do que os irmãos mais jovens nos grupos de parentes; homens mais velhos frequentemente subordinavam jovens homens e mulheres. Mulheres mais velhas, fora de seus anos férteis, frequentemente ganhavam *status*. Os historiadores discutem sobre se a construção de hierarquias baseadas na idade e no gênero era o resultado inevitável da crescente complexidade social.

PARENTESCO, LINHAGEM, FAMÍLIA E HIERARQUIAS DE GÊNERO

O parentesco fornece uma moldura cultural para a construção da identidade ao longo da história mundial, para uma sensação de pertencimento e de exclusividade de grupos. Enquanto os significados relacionados com as diferenças de gênero e idade são construídos em um contexto social, essas diferenças também interagem com outras categorias sociais como a etnia, a classe ou o *status* social. Outros agentes de desigualdade surgem do ordenamento de grupos sociais. Poderosas ideologias emergem dos mais básicos arranjos de pessoas relacionadas por sangue e compartilhando um lar. Essas ideias – de família e de pertencimento como membros ou estranhos do tecido social – algumas vezes foram influenciadas ou sancionadas por estruturas políticas e sociais maiores. Algumas vezes, os conceitos de parentesco ajudaram a definir ou legitimar o poder. Relações de parentesco podiam ser moldadas por reivindicações genealógicas, padrões de descendência, idade e gênero. A posição de um indivíduo dentro de uma família (por exemplo, como um membro mais velho ou mais novo) ou as reivindicações de terras ou rituais, direitos ou acesso a recursos, feitas por um grupo familiar, tudo podia dar origem às desigualdades de posição e *status*. A ostentação do *status* de idoso conferia respeito em muitas sociedades e, com o passar do tempo, podia ser traduzida em *status* herdado disponível para os descendentes ao longo das gerações.

Hierarquias de *status* existiram entre as sociedades primitivas baseadas na linhagem ao redor do mundo. Na Península Arábica, os nômades pré-islâmicos das linhagens de criadores de camelos ostentavam o mais alto *status*, embora fossem eles os mais pobres em recursos e riqueza, e provavelmente representavam não mais do que 25% da população. Seu *status* se devia em muito a suas habilidades militares e sua mobilidade no ambiente árido, uma característica que lhes permitia grande independência. A invasão de um contra outro em busca de animais era uma parte constante na vida desses povos nômades, pois a propriedade dos animais significava a vida para aqueles que subsistiam no árido ambiente. Abaixo dos criadores de camelos estavam os criadores nômades e seminômades de ovelhas e cabras, e ainda mais abaixo na linha de *status* estavam os fazendeiros sedentários e os habitantes das vilas.

Mesmo dentro de cada grupo econômico, se pensava que algumas linhagens possuíam mais honra que outras, honra sendo medida em termos de poder regional, reputação pela hospitalidade e pela segurança garantida aos membros da linhagem. Dentro de uma linhagem, certas famílias também possuíam alto *status*, e elas normalmente exercitavam a liderança perene de uma linhagem como um todo. Famílias que se apoiavam em linhagens políticas algumas vezes negociavam isso em forma de liderança. Após o surgimento e a dispersão do Islã, alegar ligações com linhagens proporcionava vantagens distintas aos muçulmanos, morassem eles no leste da África ou no leste da Ásia. Por exemplo, os Swahili costeiros leste-africano pós 800 d.C. podiam ganhar prestígio como comerciantes ao enfatizar suas relações com as famílias reais sultanesas do exterior, assim como os comerciantes árabes se swahilizaram no leste da África conforme seus propósitos.

As ordens política e social baseadas em laços genealógicos podem ser encontradas na maioria das regiões do mundo, incluindo a África, as Américas, a Ásia e a Europa. Por exemplo, o povo akan de Gana criou um dos mais poderosos Estados e impérios florestais do oeste africano, iniciando por volta do século XIV e culminando no Império Ashanti no final do século XVII. Central à identidade akan estava a estrutura matrilinear da sociedade, centrada na *abusua* (um termo referindo-se ao grupo familiar ou matriarcal, assim como ao clã). A descendência matrilinear na sociedade akan refere-se a padrões pelos quais os homens e mulheres akan marcavam seus lugares no contínuo de ancestrais, pela referência ao lado feminino da família. Não possuía qualquer conotação especial para a distribuição do poder político, que como em outros lugares, em Estados de grande escala, trabalhava a favor dos homens.

A preocupação akan com a fertilidade e a reprodução reconhecia a importância da *abusua* ao adquirir identidade individual e comunitária. Indivíduos tinham seus direitos reconhecidos apenas por meio de suas posições dentro da *abusua*. Sem a proteção despendida aos membros, eles eram considerados sem ancestrais e sem identidade sexual.

Sem surpreender, as mulheres também não desempenharam um papel proeminente na elite autoritária pré-imperial, dominada por homens, da sociedade oeste-africana. As mulheres raramente são mencionadas nos registros históricos orais, que foram controlados por homens tradicionalistas (*griots*) e seus descendentes masculinos até recentemente. No épico malês de Sundiata, do século XIV, as mulheres aparecem como potenciais fontes de poder – mães, irmãs e feiticeiras –, apesar de seu acesso desigual ao poder instrumental político. A manipulação do parentesco com o propósito de dominação era uma característica comum das expressões cada vez mais hierárquicas de poder e autoridade.

Ao redor do mundo, a família refletia e fornecia o modelo para as desigualdades encontradas nas ordens políticas. O código do rei mesopotâmico Hamurábi (1792-1750 a.C.) é um dos mais antigos documentos que fornecem regulamentos explícitos em relação à família. Essa coleção de casos legais revela ideias sobre castidade feminina, obrigações contratuais e as dimensões da propriedade da família, dos servos e dos escravos. Entre outras coisas, o Código de Hamurabi via a família como uma unidade econômica e composta por relações definidas de gênero e autoridade parental, como demonstrado no seguinte exemplo:

> Se um homem casar com uma mulher e ela lhe der filhos e morrer e ele tomar outra esposa e esta segunda esposa lhe der filhos, se o pai morrer, então os filhos não devem repartir a propriedade conforme as mães que tiverem. Eles devem dividir os dotes de suas mães da seguinte forma: os bens do pai devem ser divididos igualmente entre todos eles.
> (Mark Anthony Meyer, *Landmarks of Western Civilization*, Guilford, Conn.: Dushkin Publishing Group, 1994, p. 28, citado em C. H. W. Johns, ed., *Babylonian and Assyrian Laws, Contracts, and Letters*, Library of Ancient Inscriptions, New York: Charles Scribner's Sons, 1904)

A habilidade das mulheres de compartilhar igualmente o controle sobre os recursos parece ter dependido também de seu papel de reprodução da sociedade. A produtividade podia ser aumentada pelo fornecimento de mais crianças para o trabalho, estabelecendo reivindicações genealógicas derivadas da geração de crianças, ou pela adição de terras e força de trabalho pela expansão territorial.

GÊNERO E GUERRA

Alguns historiadores argumentaram que as desigualdades de gênero tiveram sua origem com as tecnologias de guerra e violência humana. Acompanhando a concentração de população e recursos estava o crescimento das forças militares: para proteger estoques de alimentos, para defender o território e, finalmente, para expandir tanto o controle de pessoas como o de terras. A transformação das sociedades em culturas guerreiras promoveu a dominação patriarcal por meio do controle de itens como armas, cavalos e riqueza, coisas que a conquista e as invasões podiam produzir. O ordenamento por gênero seguiu o padrão da associação feminina com a geração de crianças e com o lar, e a associação masculina com a guerra. Na antiga Suméria, existem algumas evidências da erosão gradual dos direitos femininos quando as mulheres perderam o direito à herança em proveito das famílias. Isso pode ter ocorrido como resultado da guerra constante (possivelmente refletindo a escassez de recursos e uma crise ecológica, devido à mudança climática que causou a desertificação) e o crescimento da propriedade privada. Onde existiu o controle dos recursos com base no parentesco, esse controle foi centrado no lar e dominado por mulheres. O controle sobre a propriedade por indivíduos, e não pela família, tendeu a mudar a ênfase dada às atividades realizadas por homens fora do ambiente doméstico; isso pode ter aberto o caminho para o controle masculino e para a dependência feminina.

Na maioria das sociedades agrícolas e bélicas, a divisão do trabalho podia levar à subordinação da mulher. Por exemplo, a antiga sociedade egípcia era patriarcal: os homens e seus herdeiros masculinos controlavam a maioria das relações. No âmbito doméstico, as mulheres egípcias da elite controlavam a propriedade, os negócios, os rituais e os assuntos familiares. Isso nem sempre é óbvio nos registros remanescentes, que geralmente são imparciais e, no caso de documentos compostos apenas por escribas masculinos, dirigidos a uma audiência composta apenas por leitores homens.

Às mulheres egípcias despendia-se igualdade teórica sob a maioria das leis relacionadas a propriedade e herança. Contudo, a ausência das mulheres nos postos governamentais e a realidade do patriarcado (incluindo diferenças na capacidade da mulher herdar e possuir propriedades) preveniram o acesso igualitário às posições de influência e limitaram o acúmulo independente de riqueza. A subordinação estava ligada ao conceito de fertilidade, que concedia a uma mulher a responsabilidade e o dever da reprodução como um serviço ao seu marido. Isso foi revelado por autores do Reino Antigo (terceiro milênio), que aconselhavam aos homens, "Quando você prosperar, encontre seu lar. Tome uma boa esposa, um filho lhe será gerado" e "Agrade seu (da mulher) coração enquanto durar sua vida; ela é um campo fértil para o senhor".

Não é surpreendente reconhecer o trabalho como uma metáfora para a opressão da mulher. Não só no gênero, mas também as distinções no *status* e nas divisões sociais apareceram nas antigas sociedades agrícolas. A arte em tumbas descreve histórias visuais hieroglíficas (escrita sagrada por meio de figuras) sobre a divisão da vida cotidiana de egípcios urbanos e rurais, da família real até seus escravos. A terra e o trabalho continuariam como arenas para a expressão e para a resistência contra as crescentes desigualdades, à medida que elas se tornavam cada vez mais fortes ao redor do mundo.

Em outros lugares, há evidências que contestam a presumida correlação entre o gênero masculino e a guerra. Nas vastas paisagens das estepes do Ural, no sul da Rússia, em um lugar chamado Pokrovka, arqueólogos encontraram o local de descanso dos ossos de uma garota de 13 ou 14 anos. Ela viveu há mais de 2.500 anos em uma sociedade nômade de pessoas que davam de pastar a suas ovelhas e seus cavalos nas estepes, movendo-se sazonalmente, de pasto para pasto. Os gregos chamavam esses povos de "sauromatas"; seus contemporâneos eram bem conhecidos pela descrição, do historiador grego Heródoto, das mulheres guerreiras que ele chamou de "amazonas" (aquelas que não são alimentadas com leite materno). Essas filhas de nômades montavam cavalos, utilizavam arcos e flechas e delas se exigia que tivessem matado um inimigo antes de se casar.

Dos ossos curvados da perna do esqueleto da jovem menina, escavados em Pokrovka, pode-se determinar que ela passou sua breve vida montada em cavalos. Enterrada com ela havia uma quantidade de armas, incluindo uma adaga e dúzias de pontas de flecha em um estojo de madeira e couro. Ao redor de seu pescoço ela usava um amuleto de bronze no formato de ponta de flecha dentro de um estojo de couro. Uma grande presa de javali, um dia provavelmente suspensa em seu cinto, agora repousa em seus pés. É provável que o amuleto e a presa tenham sido recebidas para melhorar suas habilidades guerreiras e garantir seu sucesso.

Outras escavações nas estepes russas demonstraram que algumas mulheres do início da Era do Ferro mantinham uma posição única na sociedade. Elas controlavam a riqueza, realizavam rituais familiares, montavam cavalos, caçavam e lutavam. Tais amazonas foram identificadas em outras partes do mundo, do oeste da África até as Américas e Austrália. Esses e outros dados de sociedades primitivas sugerem que as mulheres não eram inerentemente mais pacíficas que os homens. Contudo, também há evidências de que o militarismo que acompanhou a formação de sociedades complexas também tenha contribuído para a subordinação da mulher, que cada vez mais foi excluída do treinamento guerreiro e do alto *status* que ele conferia.

Se o impacto da guerra nas desigualdades de gênero não foi universal, a interpretação das evidências disponíveis é essencial. Sabemos pouco sobre as mulheres nos períodos iniciais da China, mas a evidência de uma tumba real sugere que a mulher podia ostentar poder militar de forma praticamente igual ao homem. A tumba de Fu Hao, consorte de um rei que governou por volta de 1400 a.C., rendeu evidências de que ela controlou um enorme exército em seu próprio nome. Fora isso, os limites do conhecimento atual dificultam falar muito sobre a posição da mulher na sociedade Shang (cerca de 1750-1050 a.C.) e sobre as atitudes em relação às mulheres. Embora as figuras de fertilidade feminina, que podiam representar uma deusa, tenham sido encontradas em sítios neolíticos na China, elas não aparecem nos sítios Shang ou em outros posteriores, quando havia uma ordem patriarcal.

CASTA, CLIENTELA E DESIGUALDADE

Não apenas grupos familiares, mas os laços de hereditariedade que transcendiam a família foram utilizados para distinguir categorias de *status* desigual. Existem várias teorias sobre a origem histórica do sistema de castas sul-asiático, a divisão da sociedade em rígidas posições hierárquicas definidas pelo nascimento. A casta era uma alternativa distinta da linhagem e da clientela como forma de abordar a organização social e as relações de poder. O sistema de castas pode ter sido criado pela imposição do domínio de invasores indo-europeus sobre as populações nativas do subcontinente indiano, durante a metade do segundo milênio a.C. Distinções entre castas eram, quem sabe, inicialmente realizadas de acordo com a cor da pele, pois o termo *varna* (cor), em sânscrito, é o primeiro termo usado para classificar um grupo social. Por volta de 1000 a.C., a população do Vale do Rio Indo e das planícies do Ganges foi dividida em quatro grupos: religiosos (sacerdotes), guerreiros, mercadores ou fazendeiros e, finalmente, servos ou escravos. A divisão da sociedade foi justificada e explicada pelas escrituras védicas (o mais antigo documento de literatura escrito sobrevivente na região) como o resultado do desmembramento de um ser cósmico em quatro pedaços. O sistema de castas, que se tornou uma das características essenciais da vida sul-asiática, desenvolveu-se a partir da complexa divisão da sociedade de acordo com diferenças sociais e ocupacionais.

O uso das distinções de castas como uma forma de estabelecer uma organização social não foi rígido nem imutável. Com o tempo, tais divisões foram ainda mais subdivididas em grupos étnicos e ocupacionais cada vez mais complexos. O sistema hereditário de estratificação social é conhecido como *jati*, significando literalmente "nascimentos", uma referência à crença de que o lugar de alguém na vida é dado pelo nascimento. O sistema *jati* estava amplamente associado com profissões específicas e outras distinções baseadas na geografia. Casamentos inter-*jati*, desafiadores do sistema de castas, também constantemente as redefiniam. As categorias eram intimamente ligadas às complexas teias de interdependência, incluindo troca de serviços, mercadorias e direitos sobre a terra.

O conceito e a prática das castas envolvia a parceria corporativa, a descendência comum e a endogamia: membros das castas compartilhavam uma identidade comum pois pertenciam ao mesmo grupo social e cultural; eles eram descendentes de ancestrais comuns e seu parentesco continuou ao longo de gerações por meio de práticas matrimoniais que restringiam os laços aos outros do mesmo grupo. Três dos quatro grupos iniciais foram definidos pela ocupação, embora o quarto pareça ter sido uma categoria étnica.

As castas tornaram-se uma distinção hereditária que era demonstrada por meio das regras proibindo o casamento com pessoas de fora, exigindo que os membros comessem juntos e restringindo outros tipos de atividades entre membros de diferentes subcastas. Membros pertencentes a uma casta eram percebidos como ritualmente impuros para os membros de outras; o contato entre diferentes castas resultava na contaminação. Noções como o ritual de pureza e poluição limitava o contato entre diferentes grupos de casta e fornecia uma justificativa ideológica para elas, assim como tais ideias eram frequentemente aplicadas a categorias de gênero. Também é provável que essas práticas tenham resultado da primitiva distinção social, mais do que terem sido suas formadoras, e, dessa forma, ajudaram a manter os membros e não membros em uma estrutura social e política ordenada. O uso das distinções de casta como meio de estabelecer organização social não foi rígido nem imutável. Com o tempo, as divisões de casta foram ainda mais subdivididas em grupos étnicos ou ocupacionais cada vez mais complexos, cada um com suas próprias regras de comportamento. Quebrar essas regras levaria ao ostracismo social, enquanto as seguir rigidamente poderia permitir que alguém reencarnasse em uma casta mais elevada.

As castas têm sido debatidas como um conceito aplicável a outras partes do mundo, além do sul da Ásia. Frequentemente descrita como um sistema de castas, a ordem social do Japão Tokugawa (1600-1850) foi rigidamente estruturada em torno do ideal de um sistema de classe quadripartido, importado da China e modificado para se adequar à sociedade japonesa do século XVII. Os guerreiros (samurai) estavam no topo, os fazendeiros vinham em segundo, artesãos em terceiro e abaixo deles estavam os mercadores. O governo Tokugawa tentou manter esses grupos estritamente separados, e, em teoria, a filha de um mercador não poderia casar com o filho de um samurai. Tais proibições sociais criaram tensões ricamente retratadas no teatro popular da época. Apesar de sua posição inferior na ordem social, o crescimento econômico no Tokugawa enriqueceu os mercadores e fez de alguns deles os mais ricos do Japão. No ponto mais inferior da ordem social, além das quatro classes, estavam os *eta*, os "intocáveis", aos quais eram dadas as sujas tarefas de enterrar os mortos, curtir peles e outras ocupações desagradáveis. Esse grupo não era como os intocáveis do sistema indiano de castas, e a discriminação continua contra eles no Japão atual.

Em algumas sociedades africanas, a base na clientela, uma relação de dependência não necessariamente relativa a parentesco, foi o pilar essencial para os sistemas políticos centralizados. Era comum dizer, nas tradições orais do oeste e do centro da África, que um rei era seu povo. Por exemplo, na Dahomey pré-colonial, a metáfora de um pote perfurado era usada para descrever o Estado: o rei era como a água do pote, que todos tinham que ajudar a manter dentro. Em outras palavras, as figuras de autoridade eram necessárias e existiam para servir às necessidades essenciais dos membros do grupo social, incluindo a proteção e a extração do trabalho para grandes empreendimentos sociais. A parceria em tais sociedades estava baseada não em laços de sangue ou genealógicos, mas a serviço do rei, uma relação de dependência na qual o rei era o patrono e o povo seu cliente.

A presença das relações de clientela nas sociedades africanas revela as desigualdades sociais e políticas que levaram a sua existência. Enquanto em outras partes do mundo a clientela envolvia proprietários de terra fornecendo terrenos para os que não possuíam, na África essas relações raramente envolviam terras. Elas, algumas vezes, envolviam a transferência de outras formas de propriedade, como a de seres humanos e do valor de seu trabalho. Por exemplo, por volta de 1000 d.C., o rei de Ife (Ioruba, Nigéria) não era proprietário das terras em volta da cidade, mas controlava a força de trabalho disponível e designava pessoas para trabalhar as terras circundantes da cidade real. Sua contraparte no norte da Nigéria, o governante de Kanem, no século XI, era celebrado em uma canção que comemorava sua habilidade de capturar e controlar a força de trabalho:

> Os melhores você pegou (e mandou para casa) como os primeiros frutos da batalha,
> As crianças choravam, você as separou de suas mães,
> Você pegou a mulher escrava de um escravo e os mandou para terras bem distantes uma da outra.

Na África subsaariana, onde a densidade populacional permaneceu baixa e a terra era menos valorizada que as pessoas, a autoridade era expressa mais em termos pessoais do que territoriais. Isso era particularmente verdadeiro nas sociedades pastoris. Em Ruanda, a clientela foi iniciada por uma transação de gado entre o dono do gado e o cliente pastor: "Me dê leite, faça-me rico, seja meu pai". Na sociedade Sena, de Moçambique, um sistema pré-europeu de clientela foi o resultado de motivos econômicos, frequentemente surgidos durante tempos de seca e fome, quando um grupo de linhagem desesperado podia, temporariamente, empregar a força de trabalho de um membro em uma unidade doméstica maior e mais rica. Também indicava a necessidade de proteção, e era iniciada pelo ato ritual de "quebrar a mitate", literalmente entrar na casa de um potencial patrono e quebrar um pote de argila, um ato que criava obrigações e resultava em um período de servidão para o "ofensor". Os vários meios de estabelecer relações recíprocas resultaram na acumulação de recursos humanos por grupos grandes e ricos, que, por sua vez, obtiveram grande importância política. A ordem política e social, por volta do século XV, no Império Mwenemutapa, no sul da África, foi construída sobre relações de dependência pessoal que se expandiram, de maneira bem-sucedida, sobre um grande território. Os indivíduos deviam lealdade, serviços e trabalho agrícola para o governante, que, em troca, dava proteção e outros benefícios.

A presença da clientela resultou em laços de obediência por parte do cliente e de obrigação por parte do patrono. A dependência das relações de clientela parece ocorrer quando os Estados estão surgindo ou desaparecendo. O sistema de clientela podia ser tanto parte de uma devolução de poder (como na decadência de políticas) quanto de uma evolução emergente de Estados altamente centralizados (como impérios). Os exemplos africanos indicam uma variedade de políticas flexíveis, nas quais as desigualdades baseadas em posições herdadas com diferentes acessos à riqueza e à influência foram integradas de tal forma que permitiu a todos – tanto os mais poderosos quanto os menos poderosos – o sustento de seu tecido social comum, diante de ameaças externas. Esses vários sistemas foram soluções temporárias e locais para o problema central de manter relações de poder hierárquicas em meio a grandes desigualdades sociais. As características definidoras das formas sociais não só foram reconstruídas em resposta às mudanças nos contornos políticos, mas foram propositalmente alteradas para servir aos interesses políticos daqueles no poder.

DESIGUALDADES ECONÔMICAS: FEUDALISMO E SERVIDÃO

O termo "feudalismo" foi utilizado para descrever um sistema político (ver Capítulo 7) que se desenvolveu em algumas partes da Europa, onde os governos centrais ruíram e as funções, obrigações e privilégios públicos foram dominados por indivíduos operando sob uma variedade de arranjos hierárquicos privados, criados por obrigações pessoais. Em teoria, toda a terra era dominada pelo soberano e entregue aos seus senhores feudais na forma de feudos. Os senhores feudais se concentravam em tornar seus feudos autossuficientes, com trabalhadores livres, na forma de camponeses. Os camponeses livres continuaram a viver em aldeias, onde grande parte da terra estava sujeita à realocação familiar ou comunitária, conforme ditasse a necessidade. Eles deviam seu trabalho (corveia) ao senhor local que, por sua vez, os protegia. Graças às dívidas e ao colapso das economias com bases urbanas como opções viáveis de emprego, alguns camponeses livres abriram mão de sua mobilidade (de seu trabalho) com o objetivo de obter segurança econômica e militar para si mesmos e suas famílias. Assim, os servos transformaram-se na força de trabalho não livre da Europa Medieval.

Europa

A economia de muitas sociedades antigas era baseada em Estados agrícolas autossuficientes. Na Europa feudal, entre os séculos XI e XIV, quase 90% da população ganhava o sustento a partir da produção agrícola. A principal unidade social e econômica a organizar essa produção era o feudo, uma propriedade pertencente a um rico senhor feudal e cultivada por inquilinos que eram ou camponeses livres ou servos (pessoas que deviam obrigações de produção e trabalho para o senhor feudal).

O feudalismo envolvia a relação entre senhores feudais, na qual os proprietários mais poderosos forneciam auxílio e proteção aos menos poderosos, que possuíam riqueza suficiente para adquirir cavalos e armas. Os senhores feudais menos poderosos, por sua vez, tinha dever de lealdade e de serviço militar para com os mais poderosos. Os vassalos (ou clientes) gradualmente passaram a ser identificados como Cavaleiros, guerreiros ao redor dos quais se desenvolveu uma cultura e um estilo de vida altamente elaborados. O prestígio do cavaleiro dependia de suas lutas e ele justificava sua existência travando guerras. Muitos cavaleiros eram descendentes de elites, por meio da linhagem masculina, e mantinham seu poder por meio de uma rede de parentesco e alianças com outros lordes poderosos.

Japão

No Japão, durante praticamente o mesmo período, a sociedade também era amplamente baseada em propriedades agrícolas conhecidas como *shoen*. Como os feudos, os *shoen* pertenciam a ricos proprietários e eram cultivados principalmente por camponeses, que arrendavam a terra. Diferente do sistema feudal, contudo, os proprietários japoneses não viviam nos *shoen*, diferenciando a prática da instituição da servidão, baseada nos direitos hereditários de trabalhar a terra, pois todos no *shoen* tinham alguns direitos legalmente reconhecidos sobre a terra. As desigualdades da sociedade japonesa evoluíram a partir de uma tradição social aristocrática com base na linhagem, na qual as relações senhor-cliente formavam os alicerces da organização política e os meios de governar o Estado. Esse processo foi exemplificado pelo reinado da família Fujiwara, do nono ao décimo primeiro século, a parte inicial do Período Heian (794-1185), batizada com o nome de sua capital (a moderna Kyoto). A nobreza Heian viveu com o luxo suportado pelo trabalho de camponeses em propriedades de terras que ficavam distantes da vida na Corte Heian. Finalmente, o controle sobre as propriedades foi perdido para administradores de propriedades locais e para militares, dos quais se esperava a proteção dos feudos contra assaltos.

Rússia

Na Rússia, como em outras partes do mundo onde as obrigações ordenavam os sistemas sociais e a terra estava prontamente disponível, o poder e a riqueza eram baseados no controle da força de trabalho. Não existiam diferenças religiosas ou étnicas entre os mestres e os servos, nem houve conquistas envolvidas. A servidão se desenvolveu como trabalho agrícola forçado, quando os governos imperiais se expandiram em direção ao leste, sob o comando dos czares moscovitas pós-mongóis e logo depois da queda de Constantinopla para os Otomanos, em 1453. E expansão do Estado moscovita criou uma revolução no sistema de propriedade de terras. O czar era o senhor e abaixo dele estavam as elites servis, que se autoproclamavam "eslavos" (escravos). Eles estavam sob a proteção direta do czar. Sendo assim, a noção moscovita de subserviência ligava tanto o mestre quanto o servo em um conjunto de relações e obrigações recíprocas. Fora da órbita de proteção do czar estavam os "órfãos" ou "peregrinos" – participantes sem poder em um modelo de obrigações como uma condição sagrada (da mesma forma que eles deviam servir a Deus). Apenas membros do clã governante Kalita podiam herdar terras – a todos os outros era garantido o uso da terra em uma vasta e pobre região agrícola, conhecida pelo seu clima duro e acesso complicado. Na medida em que os czares recompensavam oficiais militares e nobres com enormes propriedades nos arredores, havia, em correspondência, uma enorme deficiência de mão de obra dos camponeses para trabalhar nas terras. A solução foi a de limitar a mobilidade dos camponeses até o ponto em que, no ano de 1649, eles foram proibidos de abandonar seu local de trabalho e esse *status* era hereditário. Nos anos de 1660, proprietários compravam e vendiam servos sem-terra e, no século XVIII, a prática tornou-se comum.

Narrativas de servos são raras, mas, como aquelas de escravos de outros lugares, sugerem as lembranças da passagem de seu *status* de servidão. Os escritos de Nikolai Shipov, que escapou da servidão, sugerem que as lembranças de sua terra natal misturavam a violência e a perda de direitos conexas com seu *status* de servo. Ele escreveu:

> Eles me colocaram em uma calabouço, retiraram meu dinheiro, separaram-me de minha esposa, do meu filho e da minha

filha, mandaram dentro de minha casa e deram ordens como quiseram; eles me mandaram para longe de minha estimada terra natal e me proibiram de derramar lágrimas na terra de meus parentes.

(John MacKay, "'And Hold the Bondsman Still': Biogeography and Utopia in Slave and Serf Narratives," *Biogeography*, 25, 1 (2002): 110–29, at p.129)

A servidão gradualmente evoluiu para a escravidão, no final do reinado de Pedro I (1725). A combinação de revolução na propriedade de terras e um Estado cada vez mais poderoso, que podia regular e impor leis sobre a imobilidade da força de trabalho, ajudaram a cimentar a existência de um trabalho nativo forçado, que sobreviveu até 1861.

ESCRAVIDÃO E OUTROS SISTEMAS DE DESIGUALDADE

Entre as formas mais extremas de desigualdade na história estavam os sistemas de servidão e escravidão humana. Da Eurásia às Américas e à África, formas de trabalho coercitivo criaram um espectro de intrincadas relações de dependências e obrigações. A desigualdade social, como refletida nas relações familiares, de linhagem e de clientela, constitui uma expressão comum da exploração da diferença em sociedades de menor escala. Começando mais ou menos na metade do primeiro milênio a.C., os sistemas de exploração também começaram a ser construídos em torno do acesso desigual à terra e ao trabalho em Estados maiores. Os escravos foram encontrados em quase todas as partes do mundo antigo. Os sistemas de escravidão ficavam no lado mais extremo desse contínuo de desigualdade e exploração. Eles apareciam em políticas de grande escala ao redor do mundo. Os historiadores nem sempre concordam sobre quanto aplicar o termo "escravidão" em uma variedade de sistemas culturais de desigualdade. Algumas vezes, os sistemas de trabalho eram impostos sobre populações conquistadas, resultando na perda de direitos e em obrigações laborais.

Escravidão na Grécia e em Roma

Embora a escravidão tenha se originado a partir de processos sociais, econômicos e políticos vastamente diferentes, todos os sistemas de escravidão se caracterizavam pela ameaça ou efetivo uso da violência para coagir o trabalho em benefício de outros. A escravidão deve ter sido consequência da captura na guerra ou em processos internos de julgamentos judiciais, punições ou endividamento econômico, o que resultava na perda total dos direitos pessoais dos punidos ou capturados. Na sociedade romana, a maioria dos escravos era originada como cativos de guerra, cujas vidas eram poupadas. Eles eram legalmente definidos como pessoas que eram propriedade de terceiros. Na Grécia antiga, os escravos estavam ligados a grandes conjuntos domésticos ou a templos, em tempos de fome ou divida, por meio de um processo ritual. Em algumas sociedades, a escravidão doméstica podia ser temporária ou tornar-se permanente por meio do casamento internamente a uma família adotada. Por exemplo, os escravos romanos em unidades familiares urbanas eram adotados como servos domésticos. Escravos em muitas culturas forneceram mão de obra para mineração, unidades familiares, em artes altamente especializadas e no comércio.

O comércio de escravos era uma atividade principal dos Estados que dependiam da expansão militar. O ciclo de expansão imperial resultou em cativos de guerra e foi acompanhado pelo aumento da população escrava. Sistemas escravistas de grande escala por toda a história mundial foram suportados pelo poder e autoridade de governantes e permitiu a extensão de seu acesso à força de trabalho. Havia também uma ligação íntima entre a terra e o trabalho dos escravizados. Conforme as conquistas territoriais estendiam o controle sobre os territórios, os povos conquistados eram vistos como fontes essenciais de trabalho ou tributo.

Hierarquias no sistema tributário inca

Enquanto os motivos econômicos serviram como base para a existência e a expansão da escravidão, esses sistemas podiam também ser

Figura 8.1 Uma cena de uma procissão triunfal nessa placa de terracota de "campana" exibe cativos acorrentados em uma carroça aberta, sendo levados pelas ruas de Roma. Início do século II d.C.

ra eles devessem se mudar de lugar para lugar, de acordo com os inventários burocráticos de pessoas e recursos, como uma garantia contra a revolta e a rebelião.

A autoridade do Sapa Inca era mantida por um elaborado sistema hierárquico administrativo, por laços de linhagem sanguínea e por suas funções religiosas. Todos seus súditos eram divididos em grupos, arranjados em um modo ordenado de responsabilidade; por exemplo, os pais eram responsáveis pelas ações de suas crianças. Outro padrão organizacional tinha a ver com o trabalho: todos os súditos possuíam tarefas designadas. Quando o Estado expandiu seu controle sobre o território, isso também incluía a força de trabalho das pessoas, algumas vezes denominado de corveia (significando uma obrigação laboral). A maior obrigação laboral era o cultivo da terra, que era dividida em três tipos: a que era necessária para o Estado, a que era necessária ao culto do sol e a que era necessária às pessoas. Outros deveres laborais genéricos incluíam a manutenção da tecelagem; supervisionar os rebanhos de lhamas, que eram propriedade do Estado; e a manutenção das estradas, pontes e construções públicas monumentais.

suportados por complexas crenças e rituais. Como os faraós egípcios que eram deuses vivos, o Sapa Inca, ou "Imperador Supremo", era visto como o descendente do deus do Sol e seu representante na Terra. Incorporando as tradições andinas de veneração dos ancestrais, os corpos mumificados de reis falecidos tornaram-se a ligação tangível entre o povo inca e seu panteão. Para preservar essa ligação e garantir a continuidade de sua própria ordem política, os incas tinham de manter os mortos reais com o esplendor adequado para a eternidade; sendo assim, uma receita constante era necessária, e isso podia ser fornecido apenas por meio de conquistas contínuas. A cada conquista, os incas realizavam um inventário completo de pessoas, terras e recursos que eles tinham conquistado, todos os quais revertiam ao Sapa Inca: todas as terras, todo o ouro e toda a prata, toda a força de trabalho (uma forma de taxa bem como de dever), todas as pessoas. Como em muitas outras sociedades, as mulheres eram consideradas uma forma de propriedade. O adultério, portanto, era punido como um crime contra a propriedade. Súditos do Sapa Inca eram fornecidos com terras, embo-

Estados do oeste africano

A intersecção de desigualdades de gênero e outras dependia de construções sociais e culturais complexas e frequentemente mudavam com o tempo. Durante a expansão do Estado Akan (no oeste da África), durante e depois dos séculos XIV e XV d.C., nem mulheres nem crianças adquiriam *status* ou poder. A ênfase na guerra resultou em homens ganhando *status*, e o crescente número de escravos disponíveis para realizar tarefas domésticas, de forma geral, desvalorizou o trabalho da mulher e diminuiu sua influência ainda mais. Conforme a sociedade akan tornou-se escravista, dependente do trabalho escravo, as classes sociais tornaram-se mais distantes e as desigualdades proliferaram. A incerteza e a ambiguidade inerentes à ausência de ancestralidade e *status* são mais bem exemplificadas pelo fato de que os inimigos capturados pelo Estado

Akan em expansão tornavam-se escravos permanentemente, a menos que fossem integrados em uma *abusua* por meio da adoção ou do casamento.

Uma característica geral dos impérios foi a cada vez maior e mais sistemática exploração da desigualdade social. A expansão territorial de um império, no final das contas, dependia de seu crescente suprimento de alimento para os exércitos e outras fontes de riqueza para o comércio. Além de seu papel reprodutivo, a mulher produzia mercadorias. Outra característica importante dos sistemas imperiais era a expansão do controle territorial sobre a propriedade. Um viajante árabe do século XIV, Ibn Battuta, descreveu a extensão da desigualdade social no Mali. Uma das consequências da expansão do império pelo comércio e pela guerra foi a captura de prisioneiros de guerra, que então se transformavam em fonte de soldados e mulheres escravas. As cidades do Império Mali no Sahel e do Saara eram organizadas tanto como entrepostos para o comércio de caravanas de longa distância como centros comerciais para os variados produtos oeste-africanos. Em Taghaza, por exemplo, o sal era comercializado; em Takedda, o cobre. Ibn Battuta observou o uso do trabalho escravo em ambas as cidades. Durante a maior parte de sua jornada, Ibn Battuta viajou com um grupo que incluía escravos, muitos dos quais carregavam mercadorias para o comércio, mas também seriam comercializados como escravos. Na volta de Takedda para o Marrocos, sua caravana transportou 600 escravas, sugerindo que a escravidão era uma parte substancial da atividade comercial das bordas do império.

O crescimento imperial dependia, em parte, das mulheres, da apropriação do trabalho feminino, bem como dos mecanismos de exclusão delas das fontes de poder político e econômico. Havia muito mais escravas do que escravos comercializados no império, um fato que aponta a desigualdade que existia entre os gêneros. A variação nas posições sociais das mulheres aumentou com o crescimento das cidades. As mulheres, normalmente escravas, eram valiosas carregadoras no comércio de caravanas transarianas. Algumas vezes elas serviam de concubinas. Ainda, o trabalho feminino produzia sal e tecidos para exportação e grande parte dos alimentos locais, essenciais para as provisões necessárias aos centros urbanos. Os homens eram caçadores, fazendeiros, mercadores e especialistas, além de frequentemente serem recrutados como soldados.

Tenha ou não a estrutura social hierárquica monopolizado a força de trabalho, controlado o acesso a alimentos ou posições estratégicas por meio de fazendas, palácios, templos ou cidades, o poder organizou as relações na sociedade. A divisão do trabalho, a variabilidade ecológica e o acúmulo de riqueza material resultaram na propensão de proliferação de hierarquias. A habilidade de apropriar-se do trabalho e obter o acesso preferencial a recursos estratégicos, por sua vez, criou maiores disparidades. A escravidão era a forma mais extrema de alienação social e podia resultar da subjugação da força de trabalho, da transferência de direitos sobre as pessoas, ou por meio de sanções que transformavam o indivíduo não apenas em "cativo", mas também em alguém sem parentes. Perder a ascendência era equivalente a ter negado o direito individual de pertencer a uma comunidade.

Islamismo, expansão imperial e escravidão

Pertencer a uma comunidade era especialmente importante no mundo do Islã, no século XV d.C., o *dar al-Islam* se estendia da Península Arábica à Península Ibérica e ao norte da África, África subsaariana, e então ao leste até os três grandes impérios islâmicos dos turcos otomanos, dos safavids persas e da Índia Mughal, e grande parte do sudeste da Ásia. Enquanto os diversos povos do *dar al-Islam* estavam espalhados por três continentes, a terra não era escassa. O *dar al-Islam* era uma civilização de cidades, onde a riqueza e o poder estavam baseados no dinheiro e no comércio por grandes distâncias marítimas e terrestres. Era também um sistema de pequenas comunidades interligadas nos arredores daquelas cidades – áreas de abrangência que forneciam ao povo da cidade os alimentos essenciais e o comércio de mercadorias que sustentava seus empreendimentos comerciais. Particularmente, em áreas mais urbanas do sudoeste da Ásia, o uso comum do trabalho escravo se dava em situações domésticas e militares. As leis islâmicas proíbem a escravidão de companheiros muçulmanos. Ser muçulmano era ser livre. Portanto, os escravos podiam ser apenas não muçulmanos e, preferencialmente, não serem "Povos do Livro Sagrado" (cristãos e judeus). De acordo com Ahmad Baba de Timbuktu (1556-1627):

> A razão da escravidão é a falta de crença, e os infiéis sudaneses são como outros *kafir* (infiéis), tanto cristãos, judeus, persas, berberes quanto quaisquer outros que permanecem infiéis e não adotam o Islã... Isso quer dizer que não há diferenças entre qualquer *kafir* nesse aspecto. Quem for capturado em uma condição de descrença, é legal apropriar-se dessa pessoa, quem quer que seja, mas não aquele que se converteu ao Islã voluntariamente, desde o começo, em qualquer nação a que ele pertença, seja em Bornu, Kano, Songhai, Katsina, Gobir, Mali e algum lugar de Zakzak (Zazzau). Esses são os muçulmanos livres, cuja escravidão não é permitida de forma alguma.
>
> (Citado em Paul E. Lovejoy, *Transformations in Slavery: A History of Slavery in Africa*, Cambridge: Cambridge University Press, 1983, p. 30)

A escravidão por dívida e a perda de *status* no sudeste da Ásia

Uma maneira alternativa de compreender a escravidão ocorreu em sociedades nas quais os escravos se originavam a partir de pessoas com *status* de degradação ou em desgraça. No sudeste da Ásia e em algumas partes da África, os escravos podiam ser nativos em vez de serem vistos como "forasteiros" (de fora das redes sociais e de parentesco do território familiar). Essas sociedades eram unidas por laços verticais de obrigações entre a elite e os menos poderosos, e a escravidão era meramente uma das muitas opções de um espectro de obrigações. A terra presumia-se abundante e, portanto, não era um indicador de poder. A riqueza e o poder repousavam na força de trabalho masculina (e feminina) que alguém podia obter. Para os pobres e fracos, por outro lado, a segurança e a oportunidade dependiam de estar ligados a alguém forte o suficiente para tomar conta deles. Fundamental ao sucesso e à riqueza era a habilidade de ser bem-sucedido ao ganhar o controle sobre as pessoas e não sobre a terra.

A origem mais comum desse sistema de servidão era a dívida, embora também houvesse cativos de guerra. Quando muito endividados (devido ao pagamento de dotes, talvez, ou rituais caros como o do abatimento de um búfalo no evento da morte de um membro familiar), um homem podia se vender e/ou sua esposa e filhos ao credor. Mais frequentemente, ele se tornavam um escravo doméstico, como um membro jovem da família, realizando todas as atividades subalternas, mas ainda assim intimamente ligado à ela e compartilhando todos seus triunfos e desastres. De seu proprietário se esperava, por outro lado, que sustentasse seu escravo, até mesmo ao procurar uma esposa. A força de trabalho por dívidas possuía um valor definido, contudo, e eles podiam ser vendidos, comercializados e trocados. E, mais importante, o dono e administrador do escravo estava ligado direta ou indiretamente ao drama humano da escravidão por meio de várias alianças ou pactos de lealdade.

Embora a agricultura fosse amplamente a atividade dominante no sudeste da Ásia, o modo escravista de produção parece não ter existido lá: agricultores deviam uma parcela de sua produção aos seus senhores, mas não eram pessoalmente propriedade deles – mesmo quando deviam algum tipo de tributo. Os papéis mais característicos dos escravos eram como domésticos, atores do entretenimento, costureiros e tecelões. Eles também funcionavam como significativos símbolos de *status* e de poder. Reis e nobres poderosos constantemente lutavam pelo controle sobre os homens: os reis buscando maximizar o número de pessoas a ele obrigadas pela corveia (trabalho gratuito na propriedade) e os nobres para desviar os homens da corveia para seu próprio uso. Nos centros em crescimento de Angkor, Ayudhuya, Malacca, Banten, Aceh e Makassar, as populações chegaram a cem mil em cada cidade, e os escravos eram o item mais importante de propriedade. Eles carregavam *status* simbólico: era importante que a elite não realizasse qualquer trabalho manual e que fosse vista sempre servida por um grupo de escravos. Da mesma forma, os mercadores estrangeiros não podiam funcionar eficientemente a menos que possuíssem homens ligados a eles. Nessas sociedades, a existência de escravos servia para definir o *status* dos indivíduos e os limites da comunidade.

A GLOBALIZAÇÃO DA DESIGUALDADE

Entre cerca de 1500 e 1850, a globalização da escravidão, o trabalho forçado e o comércio de escravos definiu os parâmetros para o crescimento do capitalismo e a era de exploração e conquista que se seguiu. O comércio de escravos de longa distância conectou regiões do mundo, da Eurásia e África até as Américas. O comércio de escravos do Oceano Índico fornecia um ponto de conexão para escravos da Europa, do norte e do leste da África e da Ásia. A globalização do comércio de humanos como mercadorias integraria essas regiões muito diferentes em um único e integrado sistema de exploração e lucro, globalizando, portanto, a desigualdade.

Comércio de força de trabalho

O extensivo comércio mundial, que se seguiu após a circunavegação do globo e da expansão marítima europeia, estendeu os mercados e as oportunidades para o movimento de populações escravizadas. Escravos eram levados pelos oceanos Atlântico e Pacífico, mas as rotas terrestres também permaneceram. Durante o período entre 1500 e 1800, escravos eram comercializados pelo Saara e pelo Mar Vermelho, da África até o Mediterrâneo muçulmano, continuando o comércio dos tempos medievais. No norte e no leste do Mediterrâneo, um comércio de pessoas caucasianas de língua eslava enviava cativos para o Império Otomano. Cativos do leste da África e de Madagascar foram para a Ásia, para as ilhas do Oceano Índico e por fim para África e Américas. O comércio de escravos do subcontinente indiano e do sudeste da Ásia foi para lugares próximos e distantes da rede do Oceano Índico. Os escravos sempre foram propriedades valiosas e símbolos do *status* e poder de seu dono ou dona. Quando o capital comercial começou a dirigir a economia global, os escravos eram comprados e vendidos como mercadorias. No processo de venda, centenas de milhares de asiáticos e africanos foram transportados para todos os pontos do globo. O novo comércio de escravos mudou a identidade de milhões.

As primeiras sociedades modernas carregavam o legado de muitas formas diferentes de valorizar a terra e o trabalho. Algumas sociedades valorizavam a propriedade individual de terras, outros a propriedade real, enquanto outros enfatizavam o significado da propriedade comunal, e outros mais não nutriam crenças de que a terra pudesse ser apropriada de qualquer forma. Na organização dessas comunidades humanas, algumas sociedades deram importância às obrigações sociais recíprocas para unir as pessoas, enquanto para outras a ênfase estava na obediência hierárquica inflexível, de baixo para cima. Quando entraram em contato com as Américas, e então conquistaram grande parte de suas terras, eles perceberam suas experiências dentro de uma compreensão das profundas diferenças entre os modelos de pessoas e terras.

Escravidão nas Américas

A primeira indústria verdadeiramente global – a mineração – dependia pesadamente do trabalho escravo. Enquanto a exploração da prata nas Américas formou a base para o crescimento do comércio global com a Ásia, a criação de uma economia do Atlântico fundou-se em duas outras mercadorias: açúcar e escravos. A entrada da Europa no mundo das Américas teve efeitos catastróficos sobre os povos indígenas, que sucumbiram a doenças e políticas genocidas dos europeus; e em uma onda de declínio das populações ameríndias, outras formas de trabalho coercitivo, incluindo a escravidão, foram exploradas na construção do "novo mundo". Populações não cristãs recentemente conquistadas foram confiadas aos espanhóis, que garantiriam seu bem-estar físico e espiritual, em troca do que eles deveriam trabalhar e entregar parte de sua produção. Na verdade, um sistema de escravidão foi criado, embora logo depois desmantelado pela Coroa. Na época, a Coroa havia estabelecido seu próprio modelo de trabalho, a restauração da *mita* inca. Quando os depósitos de prata em Potosí, no Peru, foram identificados, os conquistadores espanhóis observaram os sistemas locais de trabalho dos incas, que haviam reassentado milhões de pessoas. A obrigação de trabalho do sistema de corveia, conhecido como *mita*, serviu para taxar o trabalho da população para o benefício do governante. Nas mãos espanholas foi uma escravidão brutal e coercitiva. Eles dividiram a população e a utilizaram para minerar, para cultivar ou para servir. Comunidades indígenas inteiras fugiram para territórios além do alcance dos conquistadores, alguns se tornando servos nas *encomiendas* ou nas propriedades espanholas, trocando seu trabalho por proteção.

A história do comércio do Atlântico é inseparável da história da escravidão, e a transferência tanto de capital quanto de força de trabalho pelo Atlântico está intimamente ligada à produção de açúcar. A tecnologia e a cultura estavam interligadas no desenvolvimento da indústria do açúcar. Poucos ibéricos dos séculos XVI e XVII foram contra o uso de escravos africanos, mas a escravização de povos nativo-americanos era altamente contestada na Espanha. O trabalho necessário para as plantações nas Américas era satisfeito por meio de coerção e trabalho forçado, estabelecendo relações de desigualdade que continuam a atormentar as estruturas sociais de grande parte das Américas.

Desigualdade no Caribe

Nas Américas não havia apenas mineração da prata mas também o cultivo de açúcar e fazendas, atividades que exigiram grandes investimentos de capital e também um constante fluxo de mão de obra, e os investidores precisavam garantir essas duas condições. Para que a produção de açúcar desse lucro, caras plantações, enormes pedaços de terra, de pelos menos 80 a 100 hectares (198 a 247 acres) de tamanho, eram essenciais. Muitas das maiores plantações eram administradas como um negócio por proprietários ausentes, do outro lado do oceano. A sua operação bem-sucedida exigia tanto o trabalho especializado quanto o não especializado, assim como um suprimento de equipamentos industriais para dar apoio ao processamento das colheitas e dos produtos para a exportação.

Fornecer mão de obra para as plantações caribenhas era um problema constante. Muitos povos indígenas resistiam e eram assassinados, outros fugiram para as regiões mais inacessíveis do interior das grandes ilhas e do continente. Aqueles menos afortunados sucumbiram por conta das doenças europeias. Na América central, a população caiu de 25,2 milhões, em 1519, para 16,8 milhões, em 1532, e para 750 mil, em 1622. Na medida em que aldeias inteiras de ameríndios desapareceram, os europeus voltavam sua atenção para outras fontes de trabalho disponíveis, incluindo servos europeus, pessoas a quem frequentemente se oferecia pedaços miseráveis de terra (o que normalmente não se concretizava) em troca do fornecimento de mão de obra para as plantações, e os condenados e prisioneiros de guerra europeus também eram enviados às centenas ou até mesmo milhares. Dessa forma os prisioneiros escoceses e irlandeses, por exemplo, também foram levados para a Jamaica. Mais tarde, no século XIX, os sul-asiáticos foram transportados como trabalhadores contratados.

Nem os povos indígenas nem os europeus corresponderam adequadamente às necessidades de trabalho nas plantações das Américas. Os escravos africanos foram trazidos do outro lado do

Atlântico logo depois de uma década das viagens de Colombo. Primeiro em pequenos números e depois em quantidades impressionantes, os suprimentos regulares de escravos eram fornecidos por comerciantes que os haviam comprado na África, onde a maioria se originava como cativos de guerra, de conflitos entre africanos. As populações escravas africanas vinham frequentemente de ambientes tropicais, similares, de muitas formas, com aqueles do Caribe; eles estavam acostumados com o calor e a umidade. Se sobreviveram na infância e na adolescência, já haviam, diferentemente de ameríndios adultos, desenvolvido resistência contra as epidemias mais mortais do Velho Mundo (afro-europeias), incluindo a varíola e muitas outras doenças tropicais.

Africanos escravizados

No final das contas, os custos favoreciam o uso dos escravos. A taxa de mortalidade mais baixa dos escravos africanos e suas habilidades agrícolas e tecnológicas, sopesadas com a hostilidade dos trabalhadores livres e contratados da Europa, que conheciam a linguagem, a cultura e as fraquezas do senhor, tornou o trabalho dos africanos preferível. A dependência da escravidão era tão grande que, no século XVIII, os africanos eram numericamente superiores aos descendentes europeus na região circunvizinha ao Caribe (em proporções tipicamente tão altas quanto 11 ou 13 para 1). Suas cores mais escuras de pele também tornavam mais fácil que fossem identificados como escravos, e não como homens livres; conforme a palavra "negro" veio sendo transformada em sinônimo de "escravo", o racismo nasceu. A partir da justificativa europeia da escravização e comércio de africanos, emergiu uma ideologia de superioridade baseada na cor da pele. Essa ideologia veio declarar a superioridade dos europeus brancos e seus valores culturais sobre o resto dos povos do mundo.

Tanto as companhias privadas quantos aquelas unidas aos monopólios governamentais desencadearam operações nas aldeias costeiras africanas, onde eles construíam fortes e castelos sobre terras arrendadas de comunidades africanas. As doenças tropicais, contras as quais os adultos europeus não tinham imunidade, e um clima e ambiente considerados duros e complicados para os europeus, impediram que eles adentrassem o interior do continente a partir da costa muito antes do século XIX. Além do mais, seus postos comerciais costeiros satisfaziam os propósitos pelos quais eles vieram à África: eles se tornaram entrepostos para a acumulação de riqueza e promoção da desigualdade.

Capitães de navios negreiros adquiriam suas cargas ao navegar ao longo da costa oeste ou central africana e ao comprar escravos junto a vários negociantes africanos independentes, ou na compra de escravos diretamente junto a um agente europeu, chamado de intermediário, em um dos grandes postos comerciais costeiros, chamados de feitorias. Esses escravos eram fornecidos por negociantes, principalmente de Estados africanos. Os escravos normalmente se originavam como cativos de guerra; eram vítimas de um período de numerosas guerras e uma atmosfera geral de instabilidade política e insegurança pessoal, que era comum a muitas regiões do interior do continente africano, durante a era do comércio de escravos do Atlântico. As rivalidades africanas, abastecidas pela posse de armas de fogo adquiridas de comerciantes europeus, tornaram-se incrivelmente violentas.

Originando-se como prisioneiros de guerras, os escravos africanos eram vendidos para os mercadores europeus em troca de armas e outros produtos manufaturados, como tecidos e metais, que eram mercadorias valiosas utilizadas pelas elites africanas para dar *status*. Os escravos vendidos aos comerciantes europeus eram, frequentemente, masculinos, enquanto as mulheres capturadas eram retidas pelas elites africanas, pois contribuíam para a produtividade. A escravidão africana, concebida em termos sociais e políticos, finalmente deu lugar à escravidão econômica, com as propriedades dependendo de um modelo escravista de produção, onde a geração de riqueza dependia do trabalho escravo. A era Atlântica resultou na transformação de muitos africanos em consumidores dependentes dos produtos europeus baratos, vivendo em sociedades escravocratas cada vez mais violentas. O historiador Walter Rodney chamou esse processo de "como a Europa subdesenvolveu a África". Os tentáculos inter-relacionados da desigualdade social, econômica e política caracterizariam a era colonial, apoiados no maquinário do capitalismo industrial.

Mudanças sociais e ideológicas resultaram da complexa negociação cultural e econômica entre os comerciantes europeus. Classes mercantis de elite foram criadas em alguns lugares – os *compradores* ou príncipes mercadores do oeste da África, por exemplo – e o empobrecimento cultural e material dos grupos foi o resultado em outros lugares, como os Hottentots sul-africanos, um termo depreciativo dado pelos holandeses para os servos Khoisan, que adotaram a linguagem e a vestimenta holandesa em uma tentativa desesperada de comprar de volta suas terras e gado, e que foram dizimados ou absorvidos por seu contato com os europeus. Especialmente em regiões costeiras, o impacto do capitalismo mercantil foi aprofundado pelas transformações da escravidão e da violência política e social que a acompanhava. A aceitação do trabalho humano como uma mercadoria, depois do século XVI, foi refletida na crescente dependência dos Estados na escravidão, no trabalho forçado e no crescimento da prostituição em áreas urbanas. Junto com mercadorias europeias baratas, o corpo das mulheres e posições tituladas de cavalheiros podiam ser adquiridas sem referência a categorias culturais tradicionais de identidade e acesso ao poder, ritualmente sancionadas e herdadas. Essas e outras contradições seriam lembradas como formadoras da base da resistência ao colonialismo europeu nos séculos seguintes.

Diásporas africanas e asiáticas

Escravos e trabalhadores contratados forneciam os sistemas dos Oceanos Índico e Atlântico de trabalho forçado, representando a maior transferência de pessoas conhecida anterior ao século XIX (ver Capítulo 1). Entre cerca de 1518 e 1860, estima-se que 12 a 20 milhões de africanos tenham sido transportados para as Américas. Um total de pelo menos 30 milhões de sul-asiáticos formou parte do êxodo em massa de trabalhadores contratados, no século XIX, com talvez aproximadamente 6 milhões de trabalhadores assentados em uma comunidade de diáspora. O impacto do comércio de escravos do Atlântico na região circunvizinha ao Caribe é o mais óbvio nos modelos de produção e lucros das plantações, o legado da dependência econômica do Caribe em relação à Europa, e a diversidade étnica da região.

A criação das diásporas (literalmente, "dispersões") africana e sul-asiática ao longo do mundo atlântico dependia da sobrevivência dos indivíduos e de suas habilidades de construir uma vida no Caribe, nas Américas ou no Oceano Índico, que em muito se assemelhava com suas heranças africanas e asiáticas (ver Capítulo 1). Havia obstáculos em se criar uma continuidade cultural. Por exemplo, senhores escravos declararam ilegais os tambores africanos e separaram pessoas que falavam a mesma língua, com o objetivo de desencorajar a comunicação e a solidariedade entre escravos. Tais condições fizeram com que fosse difícil a vida familiar africana ou, em alguns casos, impossível. Ainda assim, a vitalidade de centenas de linguagens e culturas africanas distintas, junto com a coragem e a resistência dos povos africanos nas Américas, garantiu sua continuidade em face da escravidão e da opressão, mesmo quando negociaram uma nova identidade. Alguns escravos fugiram; outros sabotaram a operação do sistema. Outros ainda participaram em atos de rebelião armada. A diáspora sul-asiática foi similarmente diversa em linguagem e religião.

Durante a segunda metade do século XIX, dois milhões de chineses do sul migraram para uma ampla variedade de destinos, incluindo Sibéria, Manchúria, a península Malaia, Indonésia, Filipinas, Austrália, Havaí, México, Peru, Cuba e Estados Unidos. Muitos chineses foram, como trabalhadores contratados, construir estradas de ferro, minerar e cultivar. Alguns saíram da China como mercadores. As pessoas deixaram a China do século XIX devido às condições adversas resultando de condições de fome, superpopulação, invasão estrangeira e guerra civil. Tanto a localização social quanto a geográfica eram fatores significativos na determinação dos padrões migratórios.

Desigualdade e identidade

Encarando a discriminação em suas novas pátrias, os imigrantes criaram identidades, com o passar do tempo, que transcendiam as fronteiras nacionais. Ao mesmo tempo em que sua movimentação global reforçou e definiu os contornos do moderno capitalismo global, a resistência contra as condições causadas pelo capitalismo foi imediata e contínua. O sucesso da resistência ajudou a manter vivas as culturas africanas ou asiáticas, enquanto providenciava uma contínua fonte de identidade africana e asiática que promovia a sobrevivência contra todas as dificuldades. A resistência foi mais violenta em sociedades escravistas. Tanto dentro das comunidades de quilombolas fugidos quanto naquelas das plantações das quais eles vieram, as continuidades culturais na dança, na linguagem, na comida, nos sistemas econômicos informais, na tecnologia, na música, nas vestes, na cerâmica, na organização familiar, na religião e em outras áreas, estão bem documentadas na vida caribenha e americana. Elas testemunham os processos de transformação, no qual todas as continuidades e descontinuidades criaram os modelos de mudança histórica e determinaram sua direção e abrangência.

O legado da escravidão e da migração forçada de milhões é uma característica do mundo contemporâneo. O comércio expandido deu a base para o crescimento de uma nova economia global. Estudos comparativos sobre atitudes em relação ao trabalho forçado e à escravidão são essenciais para uma compreensão das transições intelectuais e econômicas de uma sociedade. Alguns historiadores argumentaram que a industrialização deu origem ao aumento do progresso dos sistemas econômicos globais modernos, da exploração de escravos e outros que eram coagidos, em graus variados, em sistemas de trabalho forçado. A compreensão do mundo de hoje requer a compreensão das circunstâncias dos trabalhadores que construíram a infraestrutura.

Industrialização global e desigualdade

Os primeiros modelos que emergiram na exploração global da terra e do trabalho também caracterizaram processos posteriores de industrialização global (ver Capítulos 2 e 6). E tanto a industrialização como a urbanização foram agentes da disseminação de desigualdades. A instituição distintiva da Revolução Industrial capitalista era o sistema fabril de produção, no qual os trabalhadores eram reunidos e, algumas vezes, trancados em fábricas durante horas pré-determinadas de trabalho em máquinas elétricas. As fábricas, contudo, substituíram lentamente a indústria doméstica, na qual os trabalhadores fiavam e teciam em seus próprios lares, utilizando suas próprias rodas de fiar e de tear. Exceto na fiação e na tecelagem do algodão, já nos anos de 1830, muitos empregadores continuaram a considerar a indústria doméstica mais rentável e a preferir a pequena produção das lojas mais do que o empreendimento de grandes fábricas. Trabalhadores tradicionais também tenderam a resistir à reorganização do local de trabalho. Os locais de trabalho continuaram divididos de acordo com o gênero e a raça.

O uso de máquinas elétricas sob condições fabris, um aspecto que caracteriza a Revolução Industrial, foi possível devido a capitalistas ousados que estavam dispostos e disponíveis para investir quantias substanciais em inovações e a assumir os riscos na busca por lucros. Nem todos os capitalistas, entretanto, estavam dispostos a assumir os riscos envolvidos no desenvolvimento de novos modos de produção. Enquanto os métodos de produção tradicionais e de trabalho intensivo foram lucrativos, a maioria dos capitalistas continuou a investir neles, em vez de investir na produção fabril com maquinário. A indústria de trabalho intensivo continuou como o principal modo de produção até bem depois de 1800, mesmo com o aumento da produção de máquinas.

Conforme as fábricas se multiplicavam, jovens aprendizes, muitos dos quais eram mulheres, que não tinham qualquer compromisso com os antigos modos de produção, substituíram os artesãos tradicionais e os trabalhadores idosos. O trabalho nas fábricas significava a perda da independência do artesão e um reajuste nas relações familiares, pois a produção saiu do lar e alterou os papéis dos trabalhadores individuais. Em 1831, um conselho governamental na Inglaterra, investigando o trabalho infantil na indústria têxtil, descobriu as duras circunstâncias da vida cotidiana de muitas crianças, condenadas a trabalhar nas fábricas para complementar a renda familiar. Elizabeth Bentley, de 23 anos, descreveu seu trabalho em uma indústria têxtil quando tinha 6 anos, trabalhando das 5 às 21 horas, com porções miseráveis de comida de péssima qualidade para seu sustento. Bentley foi entrevistada pelo assistente social Michael Sadler (1780-1835), que ficou preocupado devido ao sofrimento dos pobres não receber a atenção do governo.

> (Em uma) sociedade na qual as pessoas gozam de medidas desiguais de liberdade econômica, não é verdade que a busca individual do próprio interesse levaria necessariamente ao bem estar coletivo.

Sadler também não culpava os pais, sem apontar para as causas estruturais da injustiça:

> Os pais as acordam de manhã e as recebem cansadas e exaustas quando termina o dia; eles as veem cabisbaixas e doentes, e, em muitos casos, enfraquecem e morrem antes de amadurecer; eles fazem tudo isso porque de outra forma morreriam de fome. É uma ironia afirmar que esses pais têm escolha. Eles escolhem dos males o menor, e relutantemente entregam sua prole ao cativeiro e à poluição da indústria.
> (Michael Sadler, Discurso na House of Commons, 16 de Março, 1832)

Muitas pessoas compararam a fábrica ao trabalho doméstico, onde os pobres ou doentes eram enviados para trabalhar. Muitos donos de fábricas, que se acreditava moral e também fisicamente justificados no controle e disciplina de seus trabalhadores, introduziram rígidos códigos que regulavam cada aspecto do dia de trabalho na fábrica, assim como as atividades depois dele. Apesar da relutância de alguns empreendedores e da resistência de alguns trabalhadores, o sistema fabril tornou-se o modo comum de produção perto da metade do século XIX, e os capitalistas industriais que eram donos das fábricas organizaram e controlaram a vida econômica, cultural e até mesmo religiosa das comunidades fabris.

Esse padrão de mudança tecnológica e exploração refletiu nas experiências dos trabalhadores ao redor do globo. No Japão, a industrialização do ramo da seda, após a restauração Meiji (1868), resultou em sublevações sociais e mudanças. As políticas Meiji encorajaram a rápida industrialização e, como resultado, muitas fábricas foram construídas em regiões produtoras de seda. Essas fábricas atraíam um grande número de mulheres muito jovens, que eram requisitadas para trabalhar longas horas em péssimas condições e a viver em dormitórios sem higiene. Além disso, as mulheres foram alocadas para os trabalhos mais monótonos e humilhantes das fábricas, enquanto os trabalhos mais especializados eram reservados para os homens. Essa divisão desigual do trabalho refletia-se no pagamento desigual – mesmo quando as mulheres se tornaram a força de trabalho dominante da indústria japonesa da seda, no final do século XIX, tendo seus salários permanecido muito menores do que o dos homens bem depois do início do século XX.

Na onda do capitalismo industrial, o crescimento das cidades não foi rápido nem regular. Foi um processo lento, variado e desarticulado, pelo qual as dinâmicas sociais anteriores foram misturadas a novos sistemas urbanos em desenvolvimento; mas, uma vez em progresso, o processo de acumulação de níveis de complexidade e diversidade continuou sem cessar ou regredir. As novas formas de tecnologia e produção dependiam de formas de trabalho mais amplas e mais organizadas. As fábricas forneciam empre-

Figura 8.2 Favelas (Gustave Doré, aproximadamente 1880), Essa gravura retrata as duras e tumultuadas vidas cotidianas dos pobres urbanos nos bairros pobres de Londres, celebrada por muitos como a "melhor cidade do mundo" ao fim do século XIX.

go para um grande número de pessoas que, de outra forma, seriam sem-teto ou pobres, aí incluindo mulheres e crianças. A evolução do sistema de bem-estar social, na Inglaterra, começou com a utilização do espaço da fábrica como lares temporários para os pobres. Uma nova agricultura de mercado era necessária para a expansão dos centros urbanos. A lucratividade da industrialização aumentou o acúmulo de capital em centros de produção e atraiu um número ainda maior de pessoas a essas fronteiras de oportunidades. A cultura da classe média urbana incluía palácios bem construídos, nos quais toalhas de mesa, guardanapos, porcelana chinesa e cristais podiam ser encontrados. Alimentos importados e vinhos eram servidos para a classe média pelos serviçais da casa. Bem-sucedidos, os ricos burgueses passaram a vestir sedas e veludo, da mesma forma que faziam os aristocratas. Ainda assim, seus valores eram fundamentalmente diferentes: eles enfatizavam o "espírito do capitalismo", a capacidade de trabalhar duro, economizar e investir. Eles se tornaram uma verdadeira "classe média" entre trabalhadores e a aristocracia, com sua própria cultura.

Enquanto o encanto da vida industrial urbana oferecia a possibilidade de benefícios materiais, variedade cultural e diversão, assim como ganhos econômicos, para muitas pessoas as cidades europeias eram sinônimos de pobreza e falta de moradia. Tradicionalmente, a Igreja desempenhou um papel principal ao consolar os vagabundos e os desabrigados, mas gradualmente esse papel foi tomado pelo Estado. "Leis de miseráveis" criadas na Inglaterra do século XVI exigiam dos agentes governamentais locais que registrassem os pobres de cada paróquia e proibissem pedintes sem licença. Essa legislação também dava poder aos governos locais para arrecadar impostos chamados de "taxa dos pobres", que se destinavam ao suporte dos pobres da comunidade. Na Inglaterra, uma lei de 1601 criou administradores dos pobres e estabeleceu albergues para eles – como auxílio aos fisicamente capazes. No tempo em que Revolução Industrial estava a todo vapor, esses albergues foram institucionalizados e serviram como suprimento de mão de obra infantil e feminina para as novas fábricas. Imortalizados por Charles Dickens em seu romance *David Copperfield* (1850), os horrores da fábrica de sapataria de Warren, para onde o autor foi enviado com 12 anos, são descritos contra o pano de fundo amargo do aprisionamento por uma dívida que acometeu o pai de Dickens. Até mesmo assistentes sociais como Michael Sadler podiam não ter sucesso em eliminar as causas subjacentes das desigualdades econômicas e sociais. Na medida em que a Revolução Industrial global espalhava as forças da urbanização ao redor do globo, o controle sobre o capital, a terra e o trabalho tornou-se cada vez mais ligado ao fato de as políticas ou indivíduos serem vítimas ou vencedores na rede do capitalismo.

IMPERIALISMO, DESIGUALDADE E O CRESCIMENTO DO RACISMO GLOBAL

A globalização da escravidão e outras formas de trabalho forçado tiveram um impacto na perpetuação das desigualdades e das ideologias que davam suporte àquelas desigualdades. As bases pseudocientíficas do racismo do século XIX estavam ligadas ao primado do método científico e à noção de que o mundo podia ser compreendido com certeza por meio da aplicação racional dos princípios científicos.

Pseudociência da raça

Desde a década de 1850, a raça tem sido uma construção histórica poderosa erigida sob alegações errôneas sobre as identidades e diferenças humanas. Os humanos foram classificados em categorias distintas, baseadas na cor da pele, às quais foram ligados estereótipos sobre habilidade e inteligência. Por exemplo, em seu *Um ensaio sobre as desigualdades das raças humanas* (1853), Joseph Arthur Comte de Gobineau dividia as raças com base na geografia, argumentando que a etnia é a questão mais importante da história e que a desigualdade pode ser utilizada para explicar como os destinos das pessoas estão interligados.

A pesquisa científica demonstrou que as "raças" biologicamente distintas não existem. A espécie humana é singular e nenhuma característica significativa, tipologia física (tamanho da cabeça ou cor de pele), ou diferença biológica (como o tipo sanguíneo) podem ser demonstradas como estando ligadas à identificação de grupos humanos como grupos raciais. Em outras palavras, não existem raças biológicas. Ainda assim, o conceito errôneo foi e ainda é utilizado amplamente na construção da identidade. Aparecendo primeiro na sociedade europeia, o conceito de raça desenvolveu-se no contexto da perseguição ou opressão histórica de grupos étnicos, incluindo judeus e africanos. Discriminações raciais tornaram-se um fenômeno global associado ao imperialismo, e seu uso tem sido visível (como na separação física de raças no *apartheid* da África do Sul) e velado (como o traço do perfil racial de afro-americanos). A consciência da diferença pode ser um ingrediente poderoso na identidade individual ou do grupo, esteja ou não repousando sobre fatos suportados cientificamente. Nas palavras do intelectual afro-americano Cornel West, "a raça faz diferença".

Ideologias e estruturas de desigualdade

Não só a ideologia, mas também as estruturas políticas contribuíram para exacerbar as desigualdades no mundo moderno. O imperialismo foi mais do que a extensão do controle territorial. Desde os anos de 1880, as formas imperiais de poder e autoridade criaram novos padrões de riqueza que aumentaram desproporcionalmente a riqueza de algumas nações à custa de outras. Por exemplo, na Índia, onde os Impérios Mughal e Britânico privilegiaram os proprietários de terra, o investimento na agricultura, na saúde e na educação estagnou, e isso criou condições de extrema desigualdade, pobreza e fome.

A maior parte da população mundial vivenciou o imperialismo e o colonialismo – como colonizadores ou colonizados – nos séculos XIX e XX. Essa experiência comum, embora localmente variada, ajudou a integrar as pessoas em todo o mundo por meio do comércio, da língua, dos esportes, dos alimentos e da cultura material. O colonialismo também resultou na formação de relações desiguais baseadas em classe, raça, gênero e etnia. Compreender a experiência da vida sob um sistema colonial é essencial para compreender a história do imperialismo como economia ou política. A principal ideologia do imperialismo estava baseada na promessa da superioridade e do direito de algumas nações dominarem outras. A experiência colonial não foi simplesmente determinada pela imposição do domínio colonial sobre um poder estrangeiro. Mais do que isso, essa experiência sempre foi alterada e modificada pelas respostas e reações dos povos colonizados. A experiência colonial modelou a identidade tanto dos colonizados quanto dos colonizadores.

Nas colônias americanas, a abolição da escravidão (1863) e a 14ª Emenda à Constituição dos Estados Unidos confirmaram os direitos constitucionais dos afro-americanos ao fim da Guerra Civil. Sabendo que isso estava em jogo, muitos negros se alistaram como soldados para a causa nortista, enquanto os escravos do sul foram forçados a ajudar seus mestres confederados. Os ideais de igualdade, de soberania popular e de contrato social do século XVIII, que eram a base da Revolução Americana e do Estado-Nação que dela resultou, eram, em teoria, legalmente reconhecidos a todos os norte-americanos. Na prática, levou mais de um século para que os afro-americanos começassem a concretizar os direitos reconhecidos na 14ª Emenda.

Intersecção de desigualdades

A historiadora norte-americana do século XIX, Lydia Maria Child, argumentou contra a escravidão em *The Duty of Disobedience to the Fugitive Slave Act* (1850), um tratado antiescravidão. Mas para fazer isso, como uma mulher, ela teve de defender seu próprio direito de falar perante o legislativo.

> Sinto que não há motivo para me desculpar perante o Legislativo de Massachusetts por uma mulher dirigir a palavra a ele. Sir Walter Scott disse: "A verdade divina nunca foi comprometida com uma língua, mesmo as fracas, mas deu o direito de uma língua anunciar misericórdia, enquanto declarava o julgamento". E, tendo em vista tudo aquilo que aquelas mulheres fizeram, e estão fazendo, intelectual e moralmente, para o progresso do mundo, eu presumo que nenhum legislador esclarecido estará disposto a negar que a "verdade divina" é frequentemente outorgada a elas, e que, às vezes, é pronunciada com um grau de poder que influencia enormemente a sua época de vida. Eu, portanto, não ofereço qualquer perdão a esse respeito. Mas sinto que algum tipo de pedido de desculpa é necessário para se tentar convencer homens de humanidade ordinária e senso comum que o projeto de lei do escravo fugitivo é totalmente injustificado e, consequentemente, não deve ser cumprido.
>
> (Lydia Maria Child, *The Duty of Disobedience to the Fugitive Slave Act*, Boston, Mass.: American Anti-Slavery Society, 1860)

A passagem sugere não só que a época de Child foi atormentada pela desigualdade, mas também que as pessoas, algumas vezes, lutaram contra as injustiças que vivenciaram, construindo coalizões por meio de experiências de opressão similares, mas não idênticas.

O imperialismo ajudou a espalhar as desigualdades raciais e econômicas, assim como a revolução. Vozes revolucionárias no século seguinte incluíram intelectuais e ativistas como

Frantz Fanon (1925-1961), nascido na Martinica, mas buscou a justiça e a mudança na África. Enquanto estava na França, Fanon escreveu seu primeiro livro, *Pele negra, máscaras brancas* (1925), uma análise do efeito da subjugação colonial e do racismo sobre a psique humana. Seu último trabalho foi *Os condenados da Terra* (1961), que analisa o papel das classes, das raças, das culturas nacionais e da violência nas lutas de libertação nacional. Nessa obra, Fanon descreve as divisões criadas pelo colonialismo:

> O mundo colonial é um mundo dividido em dois... A causa é a consequência; você é rico porque é branco, você é branco porque é rico... A violência que dominou sobre a ordem do mundo colonial... será reivindicada e controlada pelo nativo no momento em que, decidindo personificar a história em sua própria pessoa, ele se insurgir contra os bairros proibidos.
> (Frantz Fanon, *Os condenados da Terra*, Paris, 1963, p. 38-40)

O envolvimento de Fanon no movimento de libertação da Argélia levou ao seu reconhecimento do papel da violência tanto como causa quanto consequência das desigualdades estruturais. Precisou acontecer em algumas outras nações do continente africano (África do Sul, por exemplo) até o final do século XX para se livrarem das correntes do racismo estrutural e sistemático. Ao fim, a intersecção de desigualdades tornou-se um poderoso antídoto na suposição de que a história mundial seria uma história sem fim do progresso humano.

As guerras modernas também foram utilizadas para sancionar a escravidão de grupos. Por todo os séculos XIX e XX, a política de imigração norte-americana era severamente preconceituosa contra não brancos, exceto nos propósitos de importar trabalhadores para o trabalho pesado. Depois de os japoneses bombardearem Pearl Harbor, o governo iniciou o encarceramento sumário de mais de 110 mil pessoas naturais ou de descendência japonesa na costa do Pacífico. A população geral foi colocada em campos de desalojados e japoneses suspeitos de serem leais ou causadores de problemas eram enviados para campos de internação, entre março e a metade de agosto de 1942, demonstrando a completa diferença na maneira com que os imigrantes europeus e os não europeus eram vistos.

Uma decisão da Suprema Corte norte-americana, em 1943 (*Hirabayashi* v. *EUA),* sustentou o direito dos militares de tratar os nipo-americanos como inimigos estrangeiros, apesar dos protestos e das ações que confirmavam a lealdade. Um exemplo disso foi a unidade 442 do exército norte-americano, composta apenas por japoneses, que lutou efetivamente nos campos de batalha da Segunda Guerra Mundial e tornou-se a unidade mais condecorada de toda a história do exército. Os nipo-americanos também serviram aos Estados Unidos como tradutores durante a guerra. Os 150 mil japoneses que viviam no Havaí não foram enviados para acampamentos de internação, pois seu trabalho era necessário na agricultura e para a reconstrução dos estaleiros, diferentemente dos japoneses da costa oeste, cujas terras agrícolas confiscadas e os pequenos negócios tinham qualidades desejadas por outros.

A consciência racial e o racismo foram determinantes no sentimento individual de pertencimento a um grupo e na exclusão de uma pessoa ou grupo das oportunidades sociais e econômicas. Ainda assim, quando as pessoas competem como indivíduos, as fronteiras raciais são dissolvidas. Isso foi aparente na história da África do Sul, talvez o exemplo mais grosseiro de um Estado-Nação racialmente dividido no século XX. Depois da descoberta inicial de diamantes e de ouro (1867-1884), indivíduos brancos encontravam-se despreparados para competir com africanos na economia rapidamente industrializada. Fronteiras raciais entre grupos foram intencionalmente construídas para proteger os brancos contra a competição dos trabalhadores negros sul-africanos. A racialização da sociedade se intensificou depois da eleição do *apartheid,* em 1948. Ainda assim, nos anos de 1980, o sucesso econômico de parte da maioria africana estava começando a tirar o foco, se não a dissolver, as distinções das fronteiras raciais artificialmente construídas. A constituição sul-africana de 1994 foi delineada para garantir os direitos de todos – incluindo da minoria branca opressora – em uma sociedade multirracial. As forças históricas que impulsionaram a mistura de pessoas desde o século XX provavelmente continuarão a destruir a noção de raça como fonte de identidade.

RESISTÊNCIA E ORGANIZAÇÃO TRABALHISTA

Conforme o imperialismo gerou movimentos de resistência por todo o mundo colonizado, o impacto da Revolução Industrial sobre as condições de vida das pessoas também provocou resistência, por meio da organização de movimentos trabalhistas em nações industrializadas. O método do sistema fabril de produção na Revolução Industrial, um dos mercados essenciais do mundo moderno, estimulou a consciência de interesses comuns entre trabalhadores industriais e levou à organização do trabalho. No século XIX, a resistência ativa ao *status* de subordinação das mulheres deu origem aos movimentos por direitos femininos, os quais foram complicados por divisões de raça e de classe. No século XX, os movimentos de resistência internacional, nas frentes trabalhistas e de gênero, misturaram-se com as revoluções políticas que ocorreram tanto no campo cultural quanto no campo político.

Nos estágios iniciais da Revolução Industrial, os governos proibiram os trabalhadores de se organizar na busca por maiores salários e melhores condições de trabalho. Com a expansão do sufrágio masculino, na segunda metade do século XIX, os trabalhadores homens europeus eram capazes de usar seus votos para reduzir as restrições à organização trabalhista. O reconhecimento oficial de sindicatos veio na Inglaterra, em 1871, na França e na Alemanha, na década de 1880. A primeira organização trabalhista nacional norte-americana, o Sindicato Trabalhista Nacional, foi fundado logo após a Guerra Civil (1866).

Conforme a participação em sindicatos aumentou – 2 milhões na Inglaterra e 850 mil na Alemanha, por volta de 1900 – sua influência política cresceu. Nos Estados Unidos, 7,5% dos trabalhadores pertenciam a sindicatos em 1900 (cerca de 2,2 milhões de membros). Votando como um bloco, os trabalhadores foram capazes de apoiar candidatos que representavam os interesses da classe trabalhadora. Em 1906, o Partido Trabalhista Britânico teve 29 membros eleitos ao parlamento; após a Primeira Guerra Mundial, o Partido Trabalhista tornou-se o segundo maior partido da Grã-Bretanha. Com o resultado da Primeira Guerra Mundial, os partidos socialistas alemão e francês, apoiados por trabalhadores, desempenharam papéis fundamentais nos governos parlamentares.

Quando a representação política de trabalhadores tornou-se inadequada e os governos não correspondiam às demandas dos sindicatos trabalhistas, os trabalhadores se voltaram às greves como método para atingir seus objetivos. Contudo, os efeitos da depressão econômica – perda de postos de trabalho e salários decrescentes – precipitaram mais greves do que a inércia ou ineficácia do governo. Por exemplo, a depressão nos Estados Unidos, em meados da década de 1870, produziu o maior confronto trabalhista norte-americano do século, a greve dos ferroviários de 1877; durante a grave depressão na Inglaterra, ao final do século XIX, a Greve das Docas Londrinas (1889) fechou o porto de Londres pela primeira vez desde a Revolução Francesa.

Uma das ferramentas de resistência mais poderosas das organizações de trabalhadores é a greve geral, na qual todos os trabalhadores deixam seus postos e paralisam a sociedade. Em 1886, líderes sindicalistas dos Estados Unidos convocaram uma greve geral em busca do dia de trabalho com oito horas. O fantasma de uma greve nacional assustou o público, embora a greve, que iniciou no Dia Internacional do Trabalho, dia 1º de Maio, tenha sido um fiasco. Cerca de 190 mil trabalhadores largaram suas ferramentas, mas eles eram principalmente de grandes cidades, como Nova York e

Chicago. Em Chicago, a situação foi complicada por uma greve independente contra a McCormick Harvester Company, durante a qual os grevistas entraram em conflito com a polícia e um homem foi morto. Uma reunião de protesto foi convocada na Praça Haymarket, naquela cidade; quando a polícia apareceu, alguém jogou uma bomba, matando um policial e ferindo outros. A polícia, armada, investiu contra a multidão. Oito "anarquistas" foram condenados, quatro foram enforcados e a oposição contra os trabalhadores foi o resultado do que ficou conhecido como "o conflito de Haymarket".

Em uma noite de novembro, em 1909, milhares de comerciantes de roupas reuniram-se no Sindicato Cooper de Nova York para protestar contra as condições de trabalho e os baixos salários na indústria de vestuários da cidade. Principalmente as mulheres, muitas delas imigrantes, recebiam apenas 3,50 dólares por semana; algumas eram forçadas a comprar suas próprias agulhas e linhas e pagar pela eletricidade consumida. A reunião, convocada pelo Sindicato Internacional de Mulheres Trabalhadoras da Indústria de Vestuário (ILGWU), seguia em ordem até que foi interrompida por uma jovem russa que levantou para anunciar que ela também tinha de "trabalhar e sofrer", mas que estava cansada de falar e propôs que elas entrassem em uma greve geral. Na noite seguinte, mais de 20 mil trabalhadoras da indústria de vestuário abandonaram seus empregos. Seu empenho recebeu ampla simpatia. Em rara solidariedade transclassista, clubes de mulheres ricas, estudantes de colégio e sufragistas uniram-se às trabalhadoras. Pela primeira vez, as mulheres estavam na vanguarda de uma luta trabalhista bem-sucedida nos Estados Unidos.

TRABALHO INTERNACIONAL E EMANCIPAÇÃO POLÍTICA

A migração internacional do trabalho e das indústrias ajudou a expandir o impacto das organizações laborais ao redor do mundo no século XX. Os sindicatos de trabalho e comércio tornavam-se cada vez mais políticos. Nas colônias europeias, a luta do trabalho (empregados) contra o capital (o governo e suas indústrias) incentivou sentimentos anticoloniais e anti-imperialistas. Na colônia caribenha britânica de Barbados, Grantley Adams, o líder do Partido Trabalhista de Barbados, e o Sindicato dos Trabalhadores expressaram a conexão entre trabalho e sufrágio universal em um discurso no Dia do Trabalho de 1946:

> Hoje, desejo fazer um apelo especialmente a você. Já passou da hora de o trabalhador – o trabalhador da rua ou o estivador – poder manter-se por sua conta e ter a esperança de vencer a luta contra o capital... Eu quero que cada um de vocês olhe para esse dia como o marco inicial do caminho para a democracia na indústria... O povo deste país faz a fortuna da nação, e é para o poder organizado deste país dizer como a riqueza será distribuída. Por séculos tem sido a prática da classe capitalista a de acumular riqueza a partir do esforço e do suor dos trabalhadores. Se for a sorte infeliz dos trabalhadores a de não ter o voto neste governo, é nosso dever mudar essa situação... Se nos mantivermos solidamente unidos, nos podemos, e devemos, ser os senhores deste país.
>
> (Shirley C. Gordon, *Caribbean Generations*, New York: Longman Caribbean, 1983, p. 239-40)

Barbados não foi um exemplo isolado da ligação entre o poder econômico e o político. Da América Latina à África e Ásia, os trabalhadores foram essenciais às lutas por justiça social e política.

Os objetivos do trabalho organizado foram, tanto políticos quanto econômicos, particularmente em sistemas políticos autoritários, sejam da esquerda ou da direita, nos quais não havia formas efetivas institucionalizadas de desafiar o poder do Estado. A manifestação dos estudantes que desencadearam o Movimento de 4 de Maio na China, em 1919, foi apoiada por greves trabalhistas e boicotes comerciais em Pequim, Xangai e Cantão, os maiores centros industriais e comerciais. A organização chinesa do trabalho começou com o Movimento de 4 de Maio e se intensificou com as ações de anarco-sindicalistas, aqueles que se negavam a trabalhar dentro do sistema político (anarquistas), a favor da organização dos trabalhadores para controlar o governo (sindicalistas).

No começo da década de 1920, o principal foco das atividades do Partido Comunista Chinês era a organização do trabalho. Eles foram em muito influenciados pelas ideias de sindicalistas comerciais, especialmente dos anarco-sindicalistas, que acreditavam que o sistema de salários e propriedade privada havia criado as divisões de classe. O sucesso desses esforços foi evidente com a greve dos marinheiros comerciantes em Hong Kong, no começo de 1922, quando 40 mil marinheiros, apoiados por greves de simpatizantes por todo o sul da China, ganharam aumentos nos salários. No Japão, durante o mesmo ano, uma greve de estivadores no porto de Kobe demonstrou o poder do trabalho organizado.

Mas, tanto na China quanto no Japão, os primeiros sucessos foram comprometidos por falhas que revelaram as fraquezas da organização trabalhista ao lidar com governos militares (a China controlada por um comandante) ou governos com parlamentos instáveis (Japão). Uma greve de 50 mil mineradores de carvão, no norte da China, em 1922, terminou fracassada, assim como a greve das fiadoras de seda, na periferia de Xangai naquele mesmo ano, embora essa última tenha sido a maior greve de mulheres na história da China. Embora não tenha assinalado o começo de um movimento trabalhista de larga escala, um exemplo bem mais antigo de organização de trabalhadores da indústria têxtil – essencial à Revolução Industrial na Inglaterra e em outros lugares – foi a greve de 100 mulheres trabalhadoras na oficina de seda de Amamiya, no norte do Japão, em 1886. Quando os proprietários de 73 oficinas de seda nessa área formaram uma organização para aumentar o controle sobre aproximadamente 4.500 trabalhadoras que eles empregavam, 100 mulheres se recusaram a trabalhar; os empregadores garantiram algumas concessões e a disputa terminou.

Um dos fracassos mais trágicos na história trabalhista chinesa foi a greve de 1923, do Sindicato Unido de Ferroviários do Sistema de Pequim-Hankou, uma linha que servia o território de um comandante, cujos soldados atacaram os ferroviários em greve e mataram 65. A atividade antissindical cresceu na China durante os dois anos seguintes, mas em 1925, quando a polícia inglesa, do Acordo Internacional de Xangai, atirou contra um grupo de manifestantes e matou 10 deles, uma greve geral foi organizada em resposta a essa brutalidade. A greve envolveu 150 mil trabalhadores, comerciantes e estudantes e durou três meses, embora simpatizantes por toda a China tenham contribuído com dinheiro, boicotado mercadores estrangeiros, e ensaiado greves por mais de um ano. Esse evento ficou conhecido como o Movimento de 30 de maio e foi o auge do sucesso da organização trabalhista durante esse período inicial.

O potencial da organização de trabalhadores de causar mudança política, contudo, foi demonstrado na Polônia comunista, durante a década de 1980, quando greves generalizadas transformaram-se em uma revolta da classe dos trabalhadores. Vários sindicatos se uniram sob o mesmo nome, "Solidariedade", um movimento nacional que utilizou seu foco nos males econômicos do país para reunir apoio para a transformação da Polônia, de um Estado governado pelo Partido Comunista para um governo de representantes eleitos pelo povo. No verão de 1989, membros do movimento Solidariedade foram eleitos ao parlamento (antes controlado inteiramente pelo Partido Comunista Polonês). Eles se tornaram o primeiro partido livremente eleito em um país comunista. O uso da organização trabalhista para desafiar governos em Estados comunistas é particularmente irônico, pois, teoricamente, os Estados comunistas representam os interesses dos trabalhadores.

GÊNERO E RESISTÊNCIA

No século XIX, os direitos das mulheres – então conhecidos como a "questão feminina" – foram amplamente debatidos na sociedade europeia.

Figura 8.3 *Protesto Econômico,* gravura de José Guadeloupe Posa (1852-1913). Donas de casa iradas protestam contra os altos preços dos alimentos e ameaçam um comerciante estrangeiro.

Intelectuais masculinos, como o filósofo inglês John Stuart Mill, que apoiaram a promoção do *status* da mulher, e o filósofo alemão Friedrich Nietzsche, que expressou profundas opiniões misóginas, debateram a questão e influenciaram as ideias populares sobre o papel da mulher na sociedade.

Na década de 1830, mulheres norte-americanas no norte dos Estados Unidos se juntaram à cruzada antiescravidão e foram ativas no movimento abolicionista. Essa experiência na vida pública ajudou a preparar as mulheres para organizar os movimentos de direitos femininos.

Embora as mulheres europeias tenham participado nas revoluções que varreram a Europa em 1848, aquele ano marcou o momento decisivo para as mulheres de todo mundo, devido à convenção de direitos femininos realizada em Seneca Fall, em Nova York. Organizada por Lucretia Mott (1793-1880) e Elizabeth Cady Stanton (1815-1902), esse encontro de aproximadamente 300 pessoas foi dedicado exclusivamente aos problemas das mulheres e editou um documento, a "Declaração de Direitos e Sentimentos", que teve um impacto poderoso sobre os direitos femininos invocados, tanto nos Estados Unidos quanto na Europa. Outras convenções se seguiram, e novos líderes surgiram. Em 1851, uma escrava liberta, que se chamava Sojourner Truth, disse a uma multidão em Akrom, Ohio, que as mulheres não eram o sexo frágil, citando como evidência as condições por que passaram as mulheres africanas sob a escravidão.

Outra importante líder do movimento dos direitos femininos, nos Estados Unidos, foi Susan B. Anthony (1820-1906); Mott, Stanton e Anthony trabalharam em busca de reformas na educação superior, empregos, *status* das esposas e pelo sufrágio. Após a Guerra Civil, a exigência por sufrágio feminino total começou a aumentar; ao final do século XIX, a questão do sufrágio havia tornado-se central no estabelecimento de políticas, pois era a chave para se realizar uma reforma política. O termo "sufragista" descrevia popularmente qualquer mulher que exigia o direito de votar. No começo do século XIX na Grã-Bretanha, sufragistas radicais, como Emmeline Pankhurst (1857-1928), se acorrentavam a construções para realizar discursos invocando o direito de votar ou, de outras forma, para tentar chamar a atenção das pessoas para apoiar suas causas. Algumas mulheres britânicas radicais foram presas por seus atos; Pankhurst acabou indo parar na Etiópia, onde viveu em exílio.

Ao redor do mundo, as mulheres foram ativas em movimento para obter o direito ao voto. Mulheres do Império Habsburgo organizaram-se para exigir seu direito de se envolver em atividades políticas e de votar. Partidos socialistas e comunistas na Europa, na Austrália e nos Estados Unidos defenderam os direitos femininos e apoiaram o sufrágio da mulher. Por exemplo, Adela Pankhurst Walsh (1885-1961), filha de Emmeline Pankhurst, ajudou a fundar o Partido Comunista da Austrália e lutou pelo sufrágio feminino naquele país. Após a revolução de 1905, na Rússia, as mulheres adquiriram consciência política de sua subjugação. Nadezdha Krupskaya (1869-1938), a esposa de V. I. Lênin, escreveu o primeiro grande trabalho russo sobre a questão feminina do ponto de vista do marxismo, *The Woman Worker* (1900). Alexandra Kollontai (1872-1952), nascida aristocrata, foi uma defensora radical dos direitos femininos e exerceu cargos no governo soviético. A Nova Zelândia, colonizada pelos britânicos, na verdade tornou-se o primeiro país do mundo a garantir o sufrágio feminino (1893); A África do Sul garantiu à mulher africana o direito de votar na eleição nacional de 1994.

Raça e classe misturaram-se ao gênero na luta pelos direitos femininos. Para as mulheres negras no pós-Guerra Civil nos Estados Unidos, a discriminação com base no gênero foi acirrada pela discriminação racial. Líderes das mulheres negras, como Ida B. Wells (1862-1931), batalharam pelo voto feminino, mas também lutaram pela igualdade racial e pela justiça. Mulheres de classe média formaram a espinha dorsal do movimento sufragista; mulheres trabalhadoras e pobres não possuíam o tempo nem a educação necessários para participar de manifestações ou outras atividades que exigiam tempo longe do trabalho e da família.

Após a Primeira Guerra Mundial, as mulheres conquistaram o voto nos Estados Unidos, na União Soviética e em muitos países europeus. Desde o começo da década de 1880, as mulheres no Japão têm sido ativas em movimentos populares por direitos, e alguns brilhantes intelectuais do período Meiji, como Fukuzawa Yukichi (1835-1901), defendiam a promoção da posição da mulher. As mulheres japonesas eram ativas em organizações moderadas e nos esforços para abolir a prostituição. Mas legislações de 1889 e 1900 proibiam a atividade política de mulheres, e as socialistas atacaram tais limitações. Outras mulheres foram menos preocupadas com a emancipação e se voltaram às atividades associadas com papéis femininos mais tradicionais. Por exemplo, a Associação de Mulheres Patrióticas, fundada em 1901, dava assistência a soldados feridos e a famílias de luto, que sofriam como resultado do crescimento do militarismo e do imperialismo do Estado Meiji. Em contraste, a Sociedade Bluestocking, fundada em 1911, era um movimento intelectual de classe média que defendia o autoconhecimento das mulheres; durou até os anos de 1930, quando todas as organizações ou foram absorvidas ou suprimidas pelo Estado. Embora o voto universal masculino tenha sido concedido no Japão em 1925, como a França e outros países europeus, o Japão não estendeu o voto às mulheres antes do final da Segunda Guerra Mundial.

A GLOBALIZAÇÃO E A LUTA POR IGUALDADE

A luta por igualdade dá destaque às tensões entre o modelo ideal de democracia e as implicações políticas e econômicas do capitalismo global. Por exemplo, durante grande parte do século XX, a política exterior dos Estados Unidos pareceu ignorar as aspirações políticas de povo ao redor do mundo em sua busca por expansão capitalista, acesso contínuo aos lucros e na persecução dos interesses da segurança nacional. De Gana e do Congo até Cuba, as políticas governamentais norte-americanas tentaram impor os valores do capitalismo no exterior por meio do envolvimento dissimulado e direto, utilizando força militar e sanções econômicas.

Economias de Terceiro Mundo

Durante a Guerra Fria, o desenvolvimento de nações da África, da América Latina e da Ásia gradualmente tornou-se associado ao rótulo de nações de "Terceiro Mundo", sugerindo suas posições na periferia da industrialização e da acumulação de capital.

Seu *status* econômico se comparava com aquele das potências do Primeiro Mundo (Estados Unidos e União Soviética) e os países de Segundo Mundo (Europa industrializada, Canadá, Japão, Austrália, Nova Zelândia). Muitas das chamadas nações de Terceiro Mundo, mesmo aquelas produtoras de petróleo, eram estranguladas por suas dívidas com os bancos ocidentais, provenientes de acordos de auxílio que uniam empréstimos a juros altos como "esquemas de desenvolvimento". As contradições também caracterizaram as condições sócioeconômicas domésticas que atraíam imigrantes ao mesmo tempo em que conduziam a grandes disparidades entre ricos e pobres. Enquanto as realidades do pós-Guerra Fria podem ter criado uma compreensão mais variada da divisão simplista entre superpotências e nações em desenvolvimento, o recente rótulo "Quarto Mundo", aplicado a países como Haiti e Bangladesh, isso também sugere que a extrema miséria necessita de uma nova categoria.

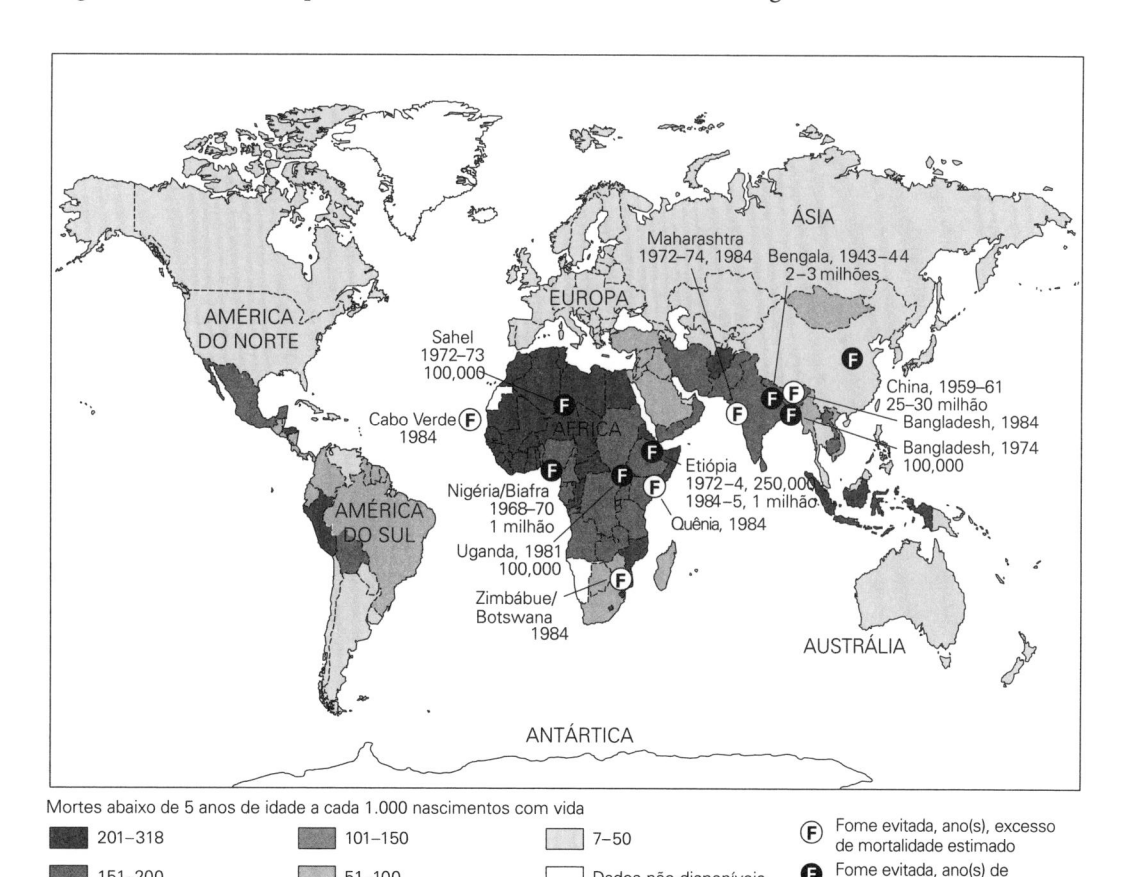

Mapa 8.1 Padrões globais de fome e mortalidade infantil.

A globalização, como o imperialismo, intensificou as desigualdades. Da mesma forma com que ela levou ao crescimento econômico também aumentou a pobreza. Os mercados globais fortaleceram os métodos imperiais de legitimação ao acesso desigual à acumulação de riqueza. Na Índia, por exemplo, nos primeiros dias de independência (pós-1947), o nacionalismo reduziu o impacto da era precedente de imperialismo britânico e a pobreza diminuiu. Então, após a década de 1980, e especialmente depois de 1991, políticas econômicas orientadas ao livre mercado podem ser relacionadas com os dias imperiais. O crescimento rápido aumentou a desigualdade ainda mais rapidamente nessa democracia. A globalização elevou a desigualdade no controle social da riqueza em muitas partes do mundo, não só em Estados democráticos. Sob o impacto das forças da globalização, a distância importava menos (conforme a mobilidade crescia) e então elas moviam capitais, mercadorias e pessoas com crescente rapidez, afetando a vida cotidiana de quase qualquer canto do globo. Posições hierárquicas são definidas por questões de localização espacial, gênero, etnia e classes e ainda influenciadas pelo poder estatal e a autoridade masculina.

Feminismos globais

Os feminismos globais também emergiram como focos de resistência. Nos anos de 1970, a segunda onda de feminismo norte-americano fez uso do conceito marxista de classe para representar o gênero. Em 1969, um manifesto de um grupo conhecido como "Redstockings de Nova York" alegou que as mulheres constituíam uma classe social. Ao mesmo tempo, a identidade sexual estava tornando-se uma questão política, homens e mulheres homossexuais começaram a se organizar para alcançar aceitação social e direitos iguais. No mesmo dia em que as Redstockings de Nova York publicaram seu manifesto, a polícia invadiu um bar *gay* no Greenwich Village, em Nova York; como os clientes revidaram, diferentemente de outras invasões, esse incidente (de Stonewall, o nome do bar) tornou-se o símbolo da liberação homossexual. Após Stonewall, ativistas conclamaram *gays* e lésbicas a afirmar publicamente suas identidades sexuais e a rejeitar as vidas secretas que levavam. A diversidade de feminismos desde a Conferência de Mulheres de Nairóbi (1985) sugere a oportunidade para uma maior unidade na oposição comum contra a opressão e as hierarquias.

Resistência política

Eventos de resistência social ou política como os de Stonewall ou de Seneca Falls, a Revolução da Nicarágua, a Praça da Paz Celestial ou a Guerra das Mulheres Ibo, transformaram-se nos momentos decisivos na vida de suas respectivas comunidades. Sejam ou não lembradas pelos participantes, sobreviventes ou seus descendentes, as gerações subsequentes utilizaram esses eventos como pontos de encontro para continuar a realizar a mudança. Tenham sido bem-sucedidos ou não, os atos de resistência produziram comunidades cujas identidades foram profundamente revistas. A resistência contra a hegemonia europeia e norte-americana se deu de muitas formas, desde o ativismo não violento de Gandhi até a militância dos *fedayeen* (combatentes) da OLP. A resistência também trilhou diferentes caminhos, moldada de acordo com seus objetivos. Em alguns casos, o controle direto do colonialismo foi resistido, como no movimento nacionalista indiano. Em outros, a resistência estava direcionada contra os governos nacionais, como no Peru durante os anos de 1970 e de 1980, onde a guerrilha do Sendero Luminoso realizou campanhas de terrorismo para desestabilizar o governo.

A República Popular da China foi criada em uma luta revolucionária que buscou derrubar as duras desigualdades da sociedade confucionista e do imperialismo. As mulheres seriam libertadas dos laços de dependência em relação aos pais e maridos, e os princípios igualitários foram materializados na primeira constituição da RPC, em 1950. A antiga elite confucionista já havia perdido sua posição anteriormente no século XX, mas uma nova elite vinha sendo produzida pelo Partido Comunista. A participação no PCC era procurada como um mercado de *status* social, econômico e político, e, com o passar do tempo, os partidários tornaram-se membros de uma elite opressora. A desigualdade cresceu conforme a economia chinesa se modernizou e se industrializou nos anos de 1960, e, apesar das tentativas de Mao e outros de sabotar esse desenvolvimento, nos anos de 1970 – e especialmente depois do sucessor de Mao tomar o poder – a sociedade chinesa novamente testemunhou uma crescente desigualdade. Desta vez não tanto os partidários, mas sim os empreendedores prósperos que obtiveram riqueza e poder por meio do acesso à educação, aos postos de emprego e aos bens de consumo. A população rural de regiões remotas continuou a lutar à margem de uma economia global.

CONCLUSÕES

Conforme o imperialismo teve sucesso em costurar culturas diferentes em um único sistema político e econômico e o capitalismo estendeu seus tentáculos mundialmente, a experiência de partes vastamente diferentes do globo levaram ao reconhecimento de uma identidade comum. Essa identidade, chamada por Franz Fanon de identidade "dos miseráveis do planeta", foi também o começo de uma determinação comum no sentido de acabar com todas as formas de opressão e injustiça. A solidariedade internacional e as ligações entre as linhas de classe, cultura e cor aumentaram dramaticamente depois da virada do século XX. A presença de qualquer injustiça não apenas era vista como uma ameaça a todos os membros de uma comunidade, mas a derrota dos inimigos comuns trouxe muitas causas para uma visão revolucionária única.

A tecnologia dos séculos XX e XXI tornou possível que os indivíduos se informassem e participassem da resistência e das lutas revolucionárias ao redor do mundo. As primeiras revoluções na América e no Haiti não teriam sucesso sem o apoio de aliados estrangeiros, com seus próprios objetivos diferentes. Pela solidariedade das atividades de trabalho sindicalizadas, a Guerra Civil Espanhola possuía alguns seguidores na América Latina e no Caribe. Os cubanos participaram das lutas angolanas e moçambicanas. Espectadores ao redor do mundo observaram e ouviram protestos contra eventos desde a China até a África do Sul. As redes de terrorismo, antes e após 11 de Setembro, dependeram da rede mundial de computadores, dos celulares e da tecnologia do satélite para aprofundar seus objetivos e receber atenção global.

Conforme as sociedades atingiam maior complexidade tecnológica e social, elas criavam repulsivos sistemas de desigualdade de ordem social, política e econômica. A persistência, e até mesmo o aumento, da desigualdade é percebida nos estimados 27 milhões de pessoas escravizadas do século XXI e nas crescentes disparidades econômicas que separam globalmente as vidas dos que "têm" daquelas dos que "não têm". De acordo com o relatório da ONU, *Relatório sobre a Situação Social Mundial 2005: O Problema da Desigualdade*, a tendência atual das desigualdades está em progressão. A extensão em que essa ordem foi imposta pelo imperialismo, mais do que o resultado de um processo em desenvolvimento, ou por condições materiais ou por ideologias, sugerindo algum grau de primazia da desigualdade na manutenção e no equilíbrio de pelo menos algumas sociedades modernas. Em suas origens, a era industrial ostentou uma poderosa promessa de riqueza, igualdade e progresso. A migração global de trabalho e capital resultou no cruzamento de pessoas, ideias e tecnologias. Até mesmo quando o capitalismo industrial conectou o mundo em uma rede global de comércio e cultura, ele ampliou as desigualdades e diferenças existentes. A escravidão moderna, o imperialismo e o capitalismo industrial dependeram largamente da proliferação global da diferença e da desigualdade. A globalização da desigualdade acelerou a decadência das condições de trabalho, as divisões de classe, a desigualdade de gênero, a instabilidade econômica e política, saúde, violência e degradação ambiental. Ainda assim, a ascensão e o declínio de sociedades e sistemas não podem, sozinhos, explicar a história da desigualdade. Em vez disso, ambos devem ser percebidos quando as hierarquias se unem para conduzir recursos para o topo e quando elas se ramificam ao longo de gerações de resistência.

REFERÊNCIAS SELECIONADAS

Curtin, Philip (1991) *The Tropical Atlantic in the Age of the Slave Trade*, with a foreword by Michael Adas, series editor, Washington, DC: American Historical Association. Obra clássica definindo a criação de um mundo atlântico por meio da escravidão.

Davis, Mike (2006) *Planet of Slums*, London: Verso. Examina o impacto da exploração global da marginalização dos moradores de favelas.

Frederickson, George M. (2002) *A Short History of Race*, Princeton, N.J.: Princeton University Press. Explora ideias de diferença nos mundos antigo e moderno, relacionando as perseguições religiosas ao surgimento do racismo.

Hoogvelt, Ankie (1991) *Globalization and the Postcolonial World: The New Political Economy of Development*, Baltimore, Md.: Johns Hopkins University Press. Examina como o capitalismo global opera com redes de cooperação, privilegiando alguns lugares em detrimento de outros.

Mann, Michael (1986–93) *The Sources of Social Power* (2 vols.), Cambridge: Cambridge University Press. Examina a evolução dos sistemas políticos de dominação a partir de redes sociais de poder.

Manning, Patrick (1996) *Slave Trades, 1500–1800: Globalization of Forced Labour*, Variorium: Aldershot. Volume 15 de *An Expanding World*, editado por A. J. Russell-Wood. Explora a globalização da escravidão e o movimento forçado da mão de obra após 1500.

Wiesner-Hanks, Merry (2001) *Gender in History: NewPerspectives on the Past*, London: Blackwell. Examina a miríade de forma com que o gênero se inter-relaciona com a família, a economia, a religião, a vida social, a educação e a política.

FONTES *ONLINE*

Annenberg/CPB Bridging World History (2004) <http://www.learner.org/channel/courses/worldhistory/>. Projeto multimídia com *website* interativo e vídeos por demanda; Veja especialmente as unidade 14, Land and Labor Relationships, 19, Global Industrialization, 20, Imperial Designs, 23, People Shape the World, and 24, Globalization and Economics.

Transmissão de Tradições
História, cultura e memória

9

O colossal monumento de pedra, conhecido como Esfinge, guarda as grandes pirâmides do antigo Egito na planície de Gizé. Possuindo mais de 10 vezes a altura de um ser humano, a Esfinge – uma escultura que é parte homem, parte deus e parte animal – foi construída por volta de 2600 a.C. Ela serve como uma poderosa lembrança do passado egípcio. Embora tendamos a considerar esses tesouros monumentais como memórias culturais imutáveis, esse não é o caso. No tempo do faraó Thutmose IV, na época de 1401 a.C., a Esfinge já era antiga, já havia sido alterada e necessitava de uma grande reforma. De acordo com as inscrições em uma placa de granito vermelho, erigida em frente à estátua, Thutmose removeu a areia do deserto e restaurou o corpo de leão danificado com grandes blocos de pedra calcária, para a proteção contra a erosão do vento.

Após outros mil anos, os gregos e os romanos visitaram e novamente reformaram a Esfinge. O historiador grego Heródoto (século V a.C.) passeou pelo Vale e escreveu o guia turístico definitivo até antes do século XIX. Começando com os romanos, os visitantes também roubaram monumentos menores, mais fáceis de carregar, tentando se apropriar de seus poderes como ícones históricos. A apropriação da história, aparentemente, é tão antiga quanto os monumentos. No século XV, líderes islâmicos desfiguraram a grande escultura, temendo que os egípcios locais ainda prestassem homenagens à sua grandiosidade e durabilidade. Um provérbio árabe diz que "o homem teme o tempo, mas o tempo teme as pirâmides". Saqueadores modernos, na forma de caçadores de tesouros e cientistas, apareceram na época do imperador francês Napoleão, cujas tropas invadiram o Nilo, em 1798, e redescobriram a Esfinge, seguidos por exploradores e arqueólogos europeus que começaram a cavar centenas de tesouros antigos, que eventualmente foram encaminhados para museus e coleções ao redor do mundo.

Hoje, se a Grande Esfinge pudesse olhar para trás, ela contemplaria uma paisagem transformada, desfigurada por restaurantes de *fast-food*, poluição do ar e turistas. A vista à sua frente permanece como as areias do deserto do Saara; como as areias do tempo, elas estão sempre mudando. Que a Esfinge e outros monumentos do Vale do Nilo sobrevivessem aos milênios era precisamente a intenção dos egípcios, que os construíram e pintaram com cores vivas na antiguidade. Contudo, sua intenção também era a de que nunca mais alguém entrasse nesses monumentos. Enquanto as gerações posteriores trataram as grandes estruturas como monumentos humanos, para os antigos egípcios esses monumentos eram algo cósmico e eterno. Ainda assim, a deterioração das faces de pedra da Grande Esfinge continua em uma velocidade alarmante. Talvez seja apropriado que o símbolo do serviço de internet *América Online* seja uma pirâmide, pois as centenas de *sites* dedicados ao antigo Egito talvez logo sejam a única forma de visitar tais monumentos como a Grande Esfinge.

A memória não é nem tão durável nem tão monumental como uma pirâmide. Ideias sobre o passado podem ser inseridas nos relatos que os historiadores contam ou nas canções que as crianças cantam. Elas podem refletir nos objetos ou nas tecnologias que criam o mundo material. Seu formato cultural específico, os sistemas que as transmitem ao longo das gerações e os significados que os historiadores extraem delas são o foco deste capítulo.

INTRODUÇÃO

A memória humana é a matéria da história. A memória ajuda a dar sentido ao passado, ajustando seletivamente sua vastidão em eventos significativos. A memória pode ser individual ou coletiva e ambas são modeladas pela experiência cultural. A história se preocupa não só com a organização do passado ao longo de uma linha de tempo linear. A relação entre história e memória é construída por meio de um complexo processo cultural e social.

A memória cultural é a acumulação de todas as experiências, informações, eventos e lembranças que uma sociedade transmitiu ao longo das gerações. Ela está presente em várias formas e meios culturais. Nesse sentido, ela é o "arquivo", não literalmente um arquivo de documentos escritos, mas sim uma mistura de experiências, informações e totalidade de significados unidos para existir em um contexto cultural e social particular.

A memória cultural pode ser transmitida formalmente, como instruções, ou informalmente, pela prática e pelo hábito. Mudanças nas culturas podem ser respostas a ideias ou condições materiais – sejam de origens naturais ou humanas – como mudanças ambientais e climáticas, guerras e conquistas, a memória da mudança é preservada em sistemas de memória cultural. Como é um processo social dinâmico, os sistemas de memória não preservam ou reproduzem conhecimento sem, às vezes, alterá-lo, moldá-lo ou até mesmo reinventá-lo, seja de maneira consciente ou inconsciente. E os próprios sistemas de memória podem e efetivamente mudam. Como agentes das mudanças que registram e preservam, sistemas de memória exercem poderosa influência sobre comunidades cujas experiências culturais eles armazenam e transmitem ou apagam seletivamente.

A prática da história é uma exploração nos reinos da memória cultural. Como os historia-

Figura 9.1 A Grande Esfinge e a Pirâmide de Gizé. Esculpida a partir de pedras calcárias locais, no terceiro milênio a.C., uma das mais antigas esculturas mundiais, retrata uma criatura meio humana/meio leão que se acredita ser um faraó.

dores utilizam a memória dependerá de como sabemos o que sabemos do passado, qual é o processo de relembrar o passado e como e por quem a memória cultural é controlada. Escritos, tradições orais, mitos, sagas e épicos constituem o enorme domínio da memória cultural, mas também os artefatos a partir dos quais os historiadores podem também reconstruir a memória cultural e buscar uma compreensão mais completa da história. Esses arquivos de cultura material incluem a arte, a arquitetura, a tecnologia, as instituições e até mesmo as performances – como procissões, música e dança.

A disciplina moderna de história é apenas um dos sistemas de memória pelos quais uma comunidade é definida e o conhecimento cultural é transmitido. Entre os artefatos dos sistemas de memória cultural que conhecemos estão as artes visuais e performáticas, a literatura, as instituições, a arquitetura e a tecnologia. Os sistemas de memória compartilham com a história o processo de modelar, definir e perpetuar a memória cultural da comunidade. Transmissores de conhecimento cultural comunitário, como professores e pregadores, historiadores e dramaturgos, empreendedores e artistas, ajudam a definir a identidade de uma comunidade cuja memória cultural eles dão forma. Historiadores, artistas, cientistas, líderes religiosos e filósofos, todos moldam os sistemas de memória cultural de suas comunidades, criando, propagando e perpetuando a cultura comum ao longo do tempo e pelas fronteiras espaciais. Seus papéis na transmissão e na transformação da memória cultural podem sustentar e apoiar ou desafiar instituições de poder e a autoridade dos governantes e das elites.

A cultura é moldada por todos os membros de uma comunidade, mas a maioria dos humanos, individualmente, não possui nem o poder nem a habilidade de criar sistemas de memória cultural, que frequentemente são controlados por uma instituição ou grupo. A memória oficial, como aquela produzida por governos, Igrejas ou outras instituições, pode impor um esquecimento seletivo, assim como uma lembrança seletiva. A memória cultural popular, contudo, manifestada em uma grande variedade de formas, como artes performáticas e literatura, frequentemente fornece um meio de expressar resistência contra a memória cultural oficial e, dessa forma, funciona como uma agente da mudança cultural, seguindo seus próprios princípios de lembrança e esquecimento coletivos.

Este capítulo fornece evidências de uma variedade de sistemas de memória cultural, conforme eles evoluíram ao redor do globo, primeiro como sistemas culturais locais e regionais e, posteriormente, globais. Questionamos sobre como as ferramentas básicas da memória cultural, a palavra escrita e falada e suas instituições perpetuam ideias e histórias sobre o passado. Quais são os outros tipos de sistemas de memória? Como a tecnologia e as artes performáticas e visuais, que repousam principalmente na expressão corporal e na imagem, criam memória cultural? Instrumentos essenciais, como o relógio, também ajudaram a organizar e integrar as sociedades humanas, enquanto tornavam possível o estudo da mudança ao longo do tempo. A análise dos sistemas de memória cultural da Ásia, da África, da Europa e das Américas levam a uma consideração da resistência contra a memória cultural politicamente sancionada. Como a resistência afeta a mudança da consciência histórica? Examinamos mais atentamente o processo que transforma a identidade histórica ao longo da ponte entre o passado e o presente.

TRADIÇÕES ORAIS

O mais antigo sistema de memória cultural pode estar intimamente relacionado à evolução da capacidade humana de se comunicar: primeiro por expressões corporais e, eventualmente, pela palavra falada. Sistemas escritos de transmissão cultural possuem menos de 6 mil anos, mas as tradições orais, baseadas em conhecimento cultural oralmente transmitido, datam do tempo em que as espécies humanas tornaram-se capazes de falar e se comunicar. Desde aquele tempo, as comunidades humanas transmitiram oralmente suas culturas compartilhadas. Mesmo na era do computador, as tradições orais continuam sendo um importante meio de preservar e transmitir memória cultural. Muitas sociedades anteriores à escrita dependiam das tradições orais para registrar o passado, mas até mesmo as memórias orais de sociedades com escrita apresentam aos historiadores fontes alternativas para o passado oficialmente sancionado.

A tradição oral pode ser um sistema de transmissão cultural formal e altamente ritualizado, mas também pode refletir mudanças. Como construções humanas, os sistemas de memória estão sujeitos à revisão. Alguns aspectos das narrativas orais se conformam às realidades políticas e sociais atuais de suas comunidades, enquanto outros resistem à revisão e permanecem historicamente válidos, características físicas da memória oralmente transmitida. Os aspectos alterados e fixos das histórias orais não são tão opostos como aparentam ser inicialmente. Eles refletem a tendência da evidência oral de fornecer memória cultural imutável e também historicamente dinâmica.

Muitas culturas orais dependiam de especialistas, que, como os escribas, sacerdotes ou acadêmicos de sociedades letradas, ou pertenciam à elite (devido às informações culturais que controlavam) ou estavam intimamente ligados a ela por meio de relações de patrocínio. Em grande parte do oeste da África, os historiadores orais, conhecidos popularmente como *"griot"*, detinham uma posição de poder e importância como individualmente responsáveis pela preservação e transmissão dos registros do passado de forma oral. O papel histórico do *griot* é descrito na versão do épico Mande de Sundiata (cerca de 1190-1255), atribuído ao *griot* Mamadou Kounyaté. Ele soma importância à memória cultural, explicando seu papel como agente da transmissão cultural:

> (Nós) somos o receptáculo do discurso, somos os repositórios que abrigam segredos com séculos de idade. A arte da eloquência não guarda segredos para nós; sem nós, o nome dos reis desaparecia no esquecimento, somos a memória da humanidade; pela palavra falada damos vida às façanhas e proezas dos reis para as gerações mais jovens.
>
> (D. T. Niane, *Sundiata: An Epic of Old Mali*, Harlow, Essex: Longman, 1994, p. 1)

Na sociedade Mande, no Império Mali, o *griot* desempenhou um papel essencial na continuidade política. Ele era juiz e conselheiro dos reis, assim como o historiador da corte, que, pelo conhecimento do passado, era capaz de moldá-lo e controlá-lo. De acordo com Mamadou Kounyaté, "a história não guarda mistérios" e o próprio conhecimento é uma forma de poder. A influência do *griot* era tamanha que causava inveja àqueles que buscavam o poder. Suas palavras não só davam vida ao passado, mas também afetavam profundamente o curso presente dos eventos. Visto que possuíam e podiam moldar o conhecimento dos eventos passados, os *griots* podiam aumentar o poder do rei e de sua Corte e influenciar as tradições culturais que eles preservavam.

Em outra sociedade do oeste africano, aquela dos ancestrais de Ioruba, no sudoeste da Nigéria, os que preservavam a memória cultural eram conhecidos como *arokin*. Eles eram funcionários da Corte, historiadores oficiais que atuavam como bardos ou músicos. O povo ioruba também reencenava mitos de fundação das linhagens, bairros, aldeias e reinos em festivais anuais e cerimônias temporárias associadas aos chefes e reis. Os *arokin* realizavam rituais reais e religiosos que ajudavam a preservar os mitos. A memória cultural ioruba categorizava o passado de várias formas diferentes. Sua visão do passado consistia em percepções imutáveis do mundo, que eram publicamente aceitas, e de mitos e rituais que eram constantemente sujeitos a revisões e novas interpretações por parte de novas forças contestadoras, políticas e sociais em sua comunidade. Havia também a "verdade absoluta", o conhecimento dos reinos do espiritual, que podia subverter mitos e rituais variantes e, além disso, era perigoso ao *status quo*, pois ele o minava e dava origem à resistência subversiva e à oposição contra aqueles que detinham a autoridade, incluindo os que controlavam a memória cultural oficial dos iorubas.

DISPOSITIVOS DE MEMÓRIA

Enquanto hoje a memória pode existir "virtualmente", nos recursos *online*, quase todo sistema de memória cultural ajuda a fazer a memória mais permanente, por meio de uma gama de dispositivos de "lembrança" mnemônica. Para os Luba, da África Central (chamados de "Kamilambian" e "Kisalian", desde aproximadamente 600 d.C.), existe um rico vocabulário de imagens e palavras para descrever ideias sobre memória histórica e conectividades, sobre lembrar e esquecer, como se fosse lados interdependentes da memória. Os agentes Luba ainda realizam recitais orais da história local. Tradicionalmente, historiadores estatais eram homens rigorosamente treinados, chamados *bana balute* ("homens da memória"). Eles recitavam genealogias e listas de reis e recontavam os eventos fundamentais do reinado. Eles viajavam com os reis e, como os *griots*, espalhavam propaganda sobre o prestígio e o poder da cultura de seus patronos. Eles usavam dispositivos ou objetos visuais ou mnemônicos para auxiliar e organizar suas lembranças.

O mundo Luba é literalmente repleto de dispositivos mnemônicos, imagens e objetos que são usados para relembrar e reconfigurar o passado. Entre esses se incluem emblemas reais, altares e marcos em túmulos, cajados, tronos, colares de contas e os objetos conhecidos como *lukasa* (tábua de memória). A *lukasa* é uma tábua de madeira portátil, coberta por pinos coloridos e contas; algumas vezes pintadas ou gravadas com marcações geométricas que são adicionadas para evocar eventos particulares, lugares ou nomes do passado. Tais objetos representam visualmente o vocabulário da memória, para ser "lido" apenas por aqueles que detêm a habilidade e o treinamento para traduzir a complexidade do significado codificado ali. A *lukasa* é usada em cerimônias de iniciação, para ensinar aos iniciados as histórias dos heróis culturais, das migrações dos clãs e da sabedoria sagrada. Ela também fornece um mapeamento visual do complicado ordenamento político e social da sociedade, do mundo natural e do mundo dos espíritos.

Como os sistemas tradicionais de memória de Luba, dos Mande ou dos Iorubas na África, o dos Incas, no centro dos Andes, na América do Sul, também era oral. As tradições orais incas eram organizadas de forma específica à sua cultura e transmitidas com a ajuda de dispositivos mnemônicos únicos. Embora seu sistema de memória cultural fosse fundamentalmente oral, as comunidades incas utilizavam também uma corda com nós, chamada de *khipu* ou *quipu*, cujas cores e comprimentos registravam importantes números, como valores censitários, datas cronológicas e transações cotidianas. Como as *lukasa* dos luba, a *khipu* parece ter funcionado como um dispositivo mnemônico, uma ferramenta útil na memorização de grandes quantidades de informações.

A forma do dispositivo tornava-o extremamente portátil nas vastas regiões montanhosas no Império Inca. A recente descoberta de um manuscrito jesuíta, do século XVII, na Itália, levantou a possibilidade não só de decifrar esses documentos de corda, mas também de descobrir que o *khipu* era utilizado para guardar outras informações, além da contabilidade, como calendários, observações astronômicas, relatos de batalhas e sucessões dinásticas, assim como literatura. De acordo com esse observador europeu:

> Quéchua (a linguagem inca)... é uma linguagem similar à música e tem várias notas: uma linguagem para todos; uma linguagem sagrada, (a qual) era composta apenas por nós; (e) outra linguagem que era composta por meio de tecidos e gravações nos monumentos e nas joias e em pequenos objetos. Vou contar para vocês... sobre o *quipu*, que é um dispositivo complicado composto de nós coloridos... há um *quipu* geral, usado por todos, para contar e para a comunicação diária, e há outro *quipu* para manter os segredos religiosos e sociais... Eu visitei... os arquivos daqueles *quipus* que contam a verdadeira história

Figura 9.2 Tábua de memória luba (*lukasa*), Zaire. A *lukasa* é utilizada para ensinar sobre eventos históricos coletivos, como migrações, heróis culturais e genealogias. Significados individuais são determinados aos espaços particulares criados pela colocação deliberada das contas, de diferentes cores e formatos, na tábua.

do povo inca, e que está escondido dos comuns. Esses *quipus* diferem daqueles usados para cálculos, pois eles tem símbolos elaborados... que começam a partir da corda principal... A escassez das palavras e a possibilidade de mudar o mesmo termo utilizando partículas e sufixos, para obter diferentes significados, permitem que eles perfaçam um livro escrito, sem papel, tinta ou caneta... Esse *quipu* é baseado, por natureza, na escassez de palavras, suas composições essenciais e sua leitura estruturam-se em suas divisões silábicas... (Foi) explicado, "se você divide a palavra *Pachacamac* (a divindade inca da terra e do tempo) em sílabas, *Pa-cha-ca-mac*, você tem quatro sílabas. Se você... deseja indicar a palavra "tempo", *pacha* em quéchua, será necessário fazer dois símbolos (no *quipu*)

representando *Pachacamac* – um deles com um pequeno nó para indicar a primeira sílaba, o outro com dois nós, indicando a segunda sílaba".

(Los Retratos de los Incas en la Cronica de Fray Martin de Murua. Oficina de Asuntos Culturales de la Corporacion Financiera de Desarrollo S. A. COFIDE, Lima, 1985)

Se esse manuscrito se provar autêntico, seria possível até mesmo compreender a poesia inca, que era registrada usando o *khipu*. Contudo, os debates acadêmicos sobre a autenticidade desse manuscrito já chegaram a uma conclusão, sua descoberta destaca a complexidade do *khipu* no sistema de memória cultural inca e nos lembra de que até mesmo as cordas com nós, utilizadas com propósitos de contabilidade, podem ser

SISTEMAS DE ESCRITA

Entre os mais complexos sistemas de memória estava a invenção da escrita. A escrita, onde quer que tenha surgido, serviu a uma variedade de propósitos na formação e transmissão da cultura. Ela coexistiu com outros sistemas de memória, os quais ou davam suporte ou, às vezes, subvertiam a memória cultural escrita. Essa interpenetração entre os sistemas de memória escritos e não escritos, algumas vezes, criou mudanças políticas e sociais significativas. O desenvolvimento da escrita cuneiforme entre os povos da Mesopotâmia, no oeste da Ásia, durante o começo do terceiro milênio a.C., e a evolução posterior de uma escrita alfabética transmitida pelos comerciantes fenícios, ao redor das costas do leste do Mediterrâneo, foram inovações relacionadas, em parte, com as necessidades do comércio. Os mercadores necessitavam de uma maneira de manter os inventários e registros financeiros das transações. Os sistemas de escrita pictórica chinesa e mesoamericana provavelmente se desenvolveram independentemente da prática da manutenção de registros. No caso dos códigos mexicanos e algumas das gravações em tumbas egípcias, os pictógrafos são lembranças ou dispositivos mnemônicos para a memória cultural. Em que ponto a tentativa de exibir ideias visualmente resultou nas formas escritas, com a habilidade de traduzir a informação de uma linguagem?

Os sistemas de escrita mais antigos parecem ter sido inventados e adaptados para atingir múltiplos propósitos, desde exposição real até funções religiosas e administrativas. O desenvolvimento da escrita também foi associado ao exercício do poder nos primitivos Estados oeste-asiáticos, permitindo que os escribas, a serviço dos governantes, registrassem eventos, mantivessem os registros populacionais para cobrança de impostos, propagassem e preservassem a lei, por volta de 3200 a.C. Códigos legais escritos, como o do rei babilônico Hamurábi, são exemplos da duradoura importância dos sistemas escritos de memória cultural.

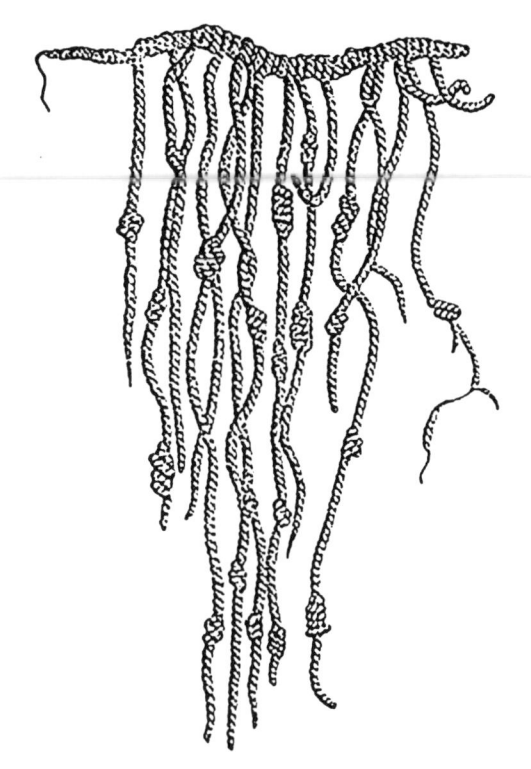

Figura 9.3 Dispositivos de memória, como o quipu (ou khipu), desenvolveram-se em sociedades onde os sistemas orais de memória dependiam de todos, menos da elite, como no Império Inca e suas sociedades predecessoras. Na verdade, consistiam em linhas de tecido enroladas, de pelo de lhama ou alpaca, com valores numéricos e outros mais codificados por nós, em um sistema de base decimal.

um rico e duradouro repositório de memória cultural.

A história geral do Império Inca era secreta e transmitida por especialistas, similares aos especialistas iorubas. Eles a ensinavam em escolas reservadas aos membros da elite, aos quais o Estado dava abrigo e alimento. Como os *griots* males, os homens da memória em Luba, os especialistas ioruba e os leitores de *khipu* incas garantiam o controle estatal da memória cultural. Pela preservação dos aspectos dos feitos de um governante, os quais ele desejava que fossem lembrados e, dessa forma, censurando o passado, eles reordenavam seletivamente o passado para que servisse às necessidades do presente.

Figura 9.4 Tábua cuneiforme, Iraque. Os sumérios desenvolveram a escrita em tábuas de argila úmida, utilizando pictogramas e, mais tarde, símbolos silábicos. Aquelas que eram mantidas como registro eram secas ao sol ou em fornos e depois armazenadas.

A escrita dos mitos podia, às vezes, dar suporte ao poder real, como os mitos que cercavam o deus Marduk, na Babilônia. Escrever, além disso, contribuía para o estabelecimento de novos Estados e governantes pela manutenção das continuidades com as tradições culturais anteriores.

No antigo norte da África, hieróglifos ("pictógrafos sacerdotais") egípcios eram uma escrita sagrada sob o controle de um sacerdócio que servia aos faraós, após 2900 a.C. Um pouco antes, marcações com ossos nos jarros de cerâmica datavam de aproximadamente 3200 a.C. Escritas posteriores, incluindo aquelas desenvolvidas durante o segundo milênio a.C., nos reinos de Kush e Axum, nas quais o poder sagrado e secular era registrado em gravações e inscrições na pedra. Um elemento essencial na evolução das escritas foi a invenção do alfabeto, composto por sinais que se relacionavam a cada fonema.

Algumas escritas foram utilizadas em "documentos" mais perecíveis. Nas Américas, os maias criaram uma escrita, no primeiro milênio d.C., que era usada para manter registros históricos e astronômicos. Evidências pintadas ou em tinta não sobreviveram, exceto os grifos mesoamericanos um pouco anteriores (metade do primeiro milênio a.C.), experimentados com marcos de identidade em desenvolvimento, em representações de linguagem de múltiplas formas. No milênio seguinte, a escrita foi mais uma mistura de elementos ideográficos e fonéticos, utilizando símbolos gráficos ou desenhos para representar objetos e sons. Isso incluía um conjunto completo de caracteres escritos, cada um representando uma sílaba; então, em teoria, tudo poderia ser escrito foneticamente, na forma como soava quando falado; contudo, a escrita maia nunca foi utilizada inteiramente para comunicação fonética, pois os ideogramas eram considerados religiosamente simbólicos e, assim, tinham um grande prestígio. Isso provavelmente refletiu o desejo das elites letradas – sacerdotes e escribas – a manter seu monopólio sobre a escrita, conhecimento o qual lhes conferia poder. Escribas, que controlavam informações astronômicas, históricas e religiosas, tinham suas próprias divindades protetoras, como Itzamna, considerado o criador e inventor da escrita. Os hieróglifos maias apareceram em uma variedade de materiais, incluindo pedra e papel cortiça, embora relativamente poucos manuscritos em papel tenham sido preservados. Quando foram finalmente traduzidos, na década de 1990, os hieróglifos maias foram compreendidos como sendo formados tanto por um sistema fonético quanto por um sistema de logogramas, significando palavras inteiras. Os antigos maias coordenaram os limites de seu sistema de memória por meio da pintura, da escultura narrativa, da decoração arquitetônica e da cerâmica – todas as formas fornecendo informações complementares em textos escritos.

O sânscrito, a língua dos indo-europeus que migraram para a Índia, na metade do segundo milênio a.C., era transcrito em uma escrita alfabética e utilizado para registrar textos religiosos de tradição védica, no antigo sul da Ásia. A escrita de hinos para deuses indo-europeus, por exemplo, ajudou a manter a memória cultural da elite indo-europeia e a consolidar seu poder conforme eles se mudavam para o subcontinente indiano. Muito mais tarde, no terceiro século a.C., inscrições gravadas para proclamar a crença do governante indiano Ashoka no budismo e para declarar suas reivindicações pelo poder secular, bem como prescrever os padrões de comportamento, ilustram ainda mais a utilidade da escrita para preservar e transmitir uma mensagem política útil. Instruções religiosas posteriores, no centro e no norte da Índia, também tomaram a forma de narrativa em painéis de baixo-relevo como parte da arquitetura do templo e retrataram histórias, relatos e crenças essenciais para o membro ordinário da comunidade.

Enquanto os sistemas de escrita podem ser encontrados praticamente em qualquer região do mundo, em lugar algum a palavra escrita esteve dotada de tanto poder quanto na China. Na China Shang (1600-1050 a.C.), o desenvolvimento da escrita arcaica encontrada em ossos de oráculos esteve ligado às praticas divinatórias. Acreditava-se que os ancestrais dos reis Shang, divindades que se comunicariam com o deus supremo, Di, tornariam públicos seus desejos pelos ossos de animais usados em sacrifícios. Para contatar os espíritos desses ancestrais reais, um adivinho iria gravar um osso ou um casco de tartaruga com caracteres escritos e então aplicar um alfinete de bronze aquecido nele. Vários tamanhos e padrões de rachaduras iriam aparecer no casco ou osso, e suas relações com os caracteres escritos seriam interpretadas pelo adivinho como oráculos e mantidos como registros. Os caracteres nos ossos eram formas arcaicas das modernas escritas e, assim, forneceram evidências da fundação da escrita chinesa.

A prática chinesa de utilizar ossos de oráculo para profecias e aconselhamento, conhecida como escapulomancia, também ilustra o papel de uma elite sacerdotal na criação e preservação da memória cultural. Como no Egito e entre os maias, um sacerdote escriba controlou o sistema de memória e o dotou de uma qualidade sagrada e de um caráter ritual. A associação íntima da elite escriba chinesa com aqueles que exerciam o poder político providenciou aos líderes do primitivo Estado chinês uma base religiosa. Até mesmo as primeiras inscrições nos ossos de oráculo, que registraram eventos como batalhas, colheitas, casamentos e nascimentos reais, podem ser vistos como dados históricos, e a manutenção de registros escritos do passado tornou-se uma preocupação central àqueles que detinham o poder na China imperial.

Mais de 2 mil anos depois, o sistema de escrita chinês, completamente desenvolvido, espalhou-se para outras partes do leste da Ásia, principalmente como meio de transmitir a cultura chinesa e o budismo para a Coreia e o Japão. Adaptada por coreanos e japoneses para transcrever suas próprias memórias culturais, a escrita chinesa foi utilizada pelos Estados centralizados emergentes da Coreia e do Japão com os mesmos propósitos para os quais serviu na China: a preservação da memória cultural para servir os interesses daqueles no poder. Por exemplo, o Kojiki, um registro dos mitos e crônicas da fundação do Japão, compilados sob o patrocínio imperial em 712 d.C., foi escrito utilizando a escrita chinesa de forma diferente, para o som e o significado, um exemplo do processo de adaptação. A escrita de mitos que davam suporte às alegações da família imperial em relação à descendência divina é uma clara indicação do poder dos textos escritos como um sistema de memória cultural.

TECNOLOGIA E A TRANSMISSÃO DA MEMÓRIA CULTURAL

As inovações tecnológicas foram integrantes ao desenvolvimento dos dispositivos de memória, incluindo aqueles que contribuíram para a criação de sistemas de escrita e registro. A tecnologia é também uma categoria do conhecimento cultural e, junto com os sistemas de memória como a história, a literatura e a arquitetura, transmite conhecimentos culturais essenciais de geração para geração. A tecnologia inclui tanto ferramentas como práticas, e as maneiras com que as ferramentas são utilizadas pelas pessoas para manipular seu ambiente e construir o mundo físico que as rodeia. A tecnologia por si só é um sistema de memória, uma ligação cultural que é reveladora da experiência histórica, como a arte e a literatura. A tecnologia também auxiliou e transformou os sistemas de memória cultural, especialmente os papéis que desempenharam na transmissão de informação pelas fronteiras de espaço e tempo.

Não só a memória cultural está imbuída na história da tecnologia, mas a própria tecnologia frequentemente ajuda na preservação e transmissão da memória. Inovações tecnológicas tornaram o armazenamento e a transmissão da memória cultural cada vez mais externa ao corpo humano. O papel, que é essencial para a impressão, foi inventado na China, no começo da dinastia Han (202 a.C.-220 d.C.). Os primeiros textos impressos em papel foram feitos na Coreia e no Japão do século VIII, por meio do entalhe de texto em blocos de madeira, que eram então untados com tinta e cobertos com papel, produzindo a impressão de um texto. Os mais antigos textos chineses que sobreviveram, feitos por meio da impressão com blocos de madeira, é o *sutra* budista da metade do século IX. A impressão com blocos de madeira favoreceu o método de reprodução de textos por todo o leste da Ásia, em contraste com as cópias manuscritas utilizando pincéis e tinta. Esse método permitiu que menos erros e omissões ou outras mudanças surgissem nos textos, pois os blocos de madeira entalhados, embora sujeitos à deterioração com o tempo, eram meios relativamente permanentes e imutáveis de reprodução de textos. Além de propagar a religião e disseminar a cultura por meio de literatura, a impressão era utilizada para espalhar novas tecnologias para a agricultura e para a produção da seda e, desta forma, contribuiu substancialmente para a revolução econômica da era Song.

No século XI, os tipos móveis – em argila, madeira e metal – foram inventados na China, 400 anos antes de aparecerem na Europa. Na verdade, devido ao uso de uma escrita ideográfica com milhares de caracteres, em contraste com a escrita alfabética com menos de cem letras, os tipos móveis não dominaram a impressão na China porque era relativamente mais eficiente entalhar uma página em bloco de madeira do que manter disponíveis milhares de peças de tipos necessários para dispor uma página de texto. Ainda assim, o desenvolvimento de uma indústria gráfica comercial no período Song e a proliferação de blocos de impressão tornaram o aprendizado e a cultura escrita mais acessíveis a uma população mais ampla, auxiliando na transmissão da literatura popular, bem como dos textos históricos e filosóficos utilizados no estudo dos exames para o serviço civil.

A dispersão das tecnologias de confecção do papel aumentou o impacto das tecnologias de impressão na Europa, na Ásia e na África. As tecnologias de fabricação de papel partiram da China, onde o papel foi inventado no primeiro século d.C., em direção ao oeste, por rotas comerciais e de conquista, por volta do século IX. No século XII, a fabricação de papel se espalhou do norte da África para a Espanha muçulmana e a Sicília, e então para além do continente europeu. Muito mais barato que os papiros egípcios ou os manuscritos de pele (de bezerro ou pelica) utilizados na Europa, o papel tornou possível o desenvolvimento e a ampla distribuição dos livros, estimulando a literatura e a expansão da elite educada, enquanto espalhava mais genericamente o conhecimento na África, na Europa e no oeste da Ásia.

Em contraste com a China, onde a impressão com blocos de madeira continuou importante, apesar da invenção dos tipos móveis, a introdução desses dispositivos na Europa, no século XV, causou mudanças na forma como a memória cultural era moldada, transcrita e transmitida, mudanças comparáveis com aquelas resultantes da invenção da escrita, no terceiro milênio a.C., ou da introdução do processador de texto e do computador, no final do século XX. Johannes Gutenberg (aproximadamente 1394-1468), um ourives da cidade alemã de Mainz, foi o responsável por uma série de invenções que revolucionaram a transmissão do conhecimento. O experimento de Gutenberg com a tecnologia de impressão resultou no desenvolvimento dos moldes de estampas para tipos forjados; o processo de impressão; e tinta com base a óleo que iria produzir impressões de boa qualidade, com muitas cópias de texto. Os esforços de Gutenberg foram financiados por empréstimos junto a outro ourives, Johann Faust, mas, depois de haver passado cinco anos sem que um único livro surgisse da gráfica de Guttenberg, Faust o processou em busca de seu dinheiro e deixou Gutenberg falido. Faust, então, criou o primeiro livro impresso, em 1456, com outro desenvolvedor dos tipos, Peter Schöffer; ironicamente, esse livro ficou conhecido como "a Bíblia de Gutenberg".

A Bíblia de Gutenberg foi o primeiro livro impresso na Europa com a utilização dos tipos móveis, mas o processo de Gutenberg logo foi usado para imprimir muitos tipos de livros. Os clássicos gregos e romanos tornaram-se disponíveis para uma audiência muito maior, e a impressão tornou-se um empreendimento comercial no qual o lucro importava mais que o aprendizado. As demandas de consumo, os custos de produção e as estratégias de mercado, todos desempenharam um papel na determinação de quais livros seriam publicados e quem poderia comprá-los. Embora inicialmente a maioria dos trabalhos impressos na Europa estivesse em latim, a língua da Igreja e do Estado, um número crescente de publicação nas línguas vernáculas europeias vinha sendo impresso. A impressão, tanto na Europa quanto na China, contribuiu para a expansão das literaturas vernaculares e seculares. Ao fazer isso, a impressão tornou o conhecimento mais amplo e mais facilmente disponível para uma crescente audiência letrada.

A expansão global dessas novas tecnologias esteve acompanhada pelos receios sobre como elas poderiam fazer ruir os limites. Os contemporâneos pensavam que as gráficas poderiam substituir os empregos individuais, incluindo dos escribas muçulmanos, que vinham ilustrando manuscritos coloridos, e que ela permitiria que a propaganda fosse amplamente disseminada e que os erros fossem permanentes e imutáveis. Alguns pensaram que essa nova tecnologia tornaria as pessoas preguiçosas, uma vez que não exigia muito trabalho tornar-se letrado. Também se pensava que essa nova tecnologia era muito multimídia, que permitiria que o poder da imagem fosse substituir o poder da linguagem e da escrita. Esses receios ecoaram fortemente nas primeiras respostas à internet e à rede mundial. Na verdade, tanto a imprensa quanto a internet permitiram que novos conhecimentos emergissem globalmente. Pessoas de diferentes locais eram capazes de compartilhar conhecimento por amplas redes, permitindo grandes saltos no conhecimento.

TECNOLOGIA DE INFORMAÇÃO E TRANSMISSÃO DE IDEIAS

Cruciais para entender o frenético padrão de mudança tecnológica são os meios pelos quais as ideias são transmitidas. A maioria das sociedades complexas desenvolveu sistemas para registrar a variedade de informações, desde transações econômicas até linhagens e feitos de reis, rainhas e presidentes. Algumas vezes, a tecnologia da informação envolveu papiros ou tecidos, outras foram hieróglifos em pedras ou inscrições em bronze. A acumulação de conhecimento resultou na proliferação de especialistas e eventualmente acadêmicos de tempo integral. Uma nova compreensão do mundo eurasiano, entre os humanistas do renascimento, foi inicialmente inspirada pela redescoberta dos pensadores gregos, como Platão, cujos trabalhos foram traduzidos dos manuscritos gregos e arábicos para o latim. Até a introdução da impressão gráfica, na metade do século XV, os textos manuscritos eram trabalhosas cópias feitas a mão, frequentemente em edições únicas, disponíveis apenas para os homens letrados nas instituições de ensino.

As impressões começaram o *continuum* de inovações que contribuíram para a globalização do conhecimento. Conforme elas exploravam novos locais do globo, capitães de navios carregavam em suas embarcações obras impressas sobre outras partes do mundo, mapas, relatos de viajantes e descrições das culturas e histórias mundiais. Inovações tecnológicas no transporte estiveram acompanhadas por meios ainda mais rápidos de comunicação, na medida em que as pessoas começaram a reunir notícias de eventos de todas as partes do mundo e com crescente sincronia. Já em 1820, André-Marie Ampère (1775-1836), um físico francês, utilizou o eletromagnetismo para enviar uma mensagem por um fio; em 1837, Samuel F. B. Morse (1791-1872) patenteou um sistema prático de telegrafia elétrica, nos Estados Unidos. Em 1851, um cabo telegráfico submarino, pelo canal inglês, forneceu comunicação quase instantânea entre Londres e Paris, e, em 1866, um cabo transatlântico estabeleceu, com sucesso, a comunicação telegráfica entre a Inglaterra e a América do Norte. Dez anos mais tarde, o canadense Alexander Graham Bell exibiu de forma bem-sucedida seu telefone e, com melhorias e modificações, foi adotado por toda a América e depois na Europa.

Enquanto a fotografia, o cinema e a televisão forneciam toda uma nova tecnologia para armazenar e exibir informações pictográficas, o telégrafo, o telefone, o fonógrafo, o gravador de fitas e o rádio nos deram novas tecnologias para armazenar e transmitir informações auditivas e a evolução do computador foi capaz de integrar todas essas tecnologias em um único sistema. O computador é único, contudo, na possibilidade de manipular e transformar a informação sem a intervenção humana.

Como na antiga invenção da imprensa gráfica, críticos sociais contemporâneos se preocuparam com o impacto da nova tecnologia. Não há dúvida de que os computadores aumentaram a produtividade humana, enquanto seu impacto na natureza do trabalho e do lazer e sobre a qualidade de vida ainda é debatido. A tecnologia do computador foi originada para satisfazer as necessidades da instituição mais nacionalista do século XX, o exército norte-americano, e hoje a autoestrada da informação, uma rede mundial de computadores, entrega informações instantâneas transmitidas por computador para uma comunidade transnacional ainda mais ampla.

A REVOLUÇÃO DO COMPUTADOR E A MEMÓRIA CULTURAL

A era da informação refere-se ao século XX, quando os sistemas de memória cultural foram revolucionados e proliferados pelo mais moderno dispositivo de memória externa, o computador. A noção de que as máquinas podiam substituir o corpo humano e suas funções foi um poderoso catalisador do desenvolvimento do computador, provavelmente uma das invenções mais importantes do século XX. O computador revolucionou a velocidade do acesso à informação. Muitas aplicações e inovações do final do século XX, desde as secretárias eletrônicas até os fornos micro-ondas e os sistemas de controle do tráfego aéreo, não poderiam ter sido concebidos sem o desenvolvimento do computador. Nenhuma outra invenção teve um impacto tão revolucionário nas relações globais e nas vidas cotidianas. A primeira geração de computadores também contou com outra inovação, as válvulas (vacuum tube), os mesmos dispositivos que permitiram a invenção da televisão. Por conta disso, os primeiros computadores eram objetos enormes que preenchiam salas inteiras.

Grandes desenvolvimentos na tecnologia do computador criaram uma era da informação; alguns desses desenvolvimentos podem ser creditados ao contra-almirante da marinha norte-americana, Grace Murray Hopper (1906-1992), um matemático recrutado para trabalhar no projeto de um computador da Universidade de Harvard. Dr. Hopper, que percebeu que as pessoas se comunicavam melhor falando do que com símbolos matemáticos, criou e padronizou o que veio a ser conhecido como COBOL, uma linguagem de programação comum orientada para negócios. O uso de dados matemáticos complexos para traduzir e manipular palavras e conceitos também tornou possível a revolução da comunicação em massa que inter-

Figura 9.5 Homem branco transmitindo um programa a partir de uma casa *mbari* (ritual), Ibo, Nigéria. Artistas africanos pegaram emprestado imagens das ferramentas do império europeu, capturando simbolicamente seu poder para o propósito de resistência.

conecta o globo, enquanto revelava o potencial de armazenamento e recuperação da informação dessa nova tecnologia da computação.

ARQUITETURA E MEMÓRIA CULTURAL

Já vimos como os sistemas de memória escritos e orais utilizavam tanto palavras quanto imagens para se reportar e relembrar o passado. Igualmente importante, como um sistema de memória cultural, são os monumentos materiais das culturas do passado, assim como as artes plásticas e outras artes representativas, como a pintura. Construções e monumentos, esculturas e pinturas são meios visíveis e tangíveis de manter a continuidade cultural ao longo dos séculos e de engendrar mudanças. Como historiadores e poetas, artistas e artesãos criam trabalhos que refletem e ajudam a moldar a cultura de seu tempo. E como o trabalho escrito (e o transmitido oralmente), trabalhos em pedra ou pinturas – cerâmica e imagens, construções e estátuas – são registros culturais do poder religioso e secular.

Memoriais e monumentos estão entre as mais poderosas e politizadas formas de memória. Parte do arquivo coletivo de memória cultural, formas não verbais renovam e reconstroem poderosos padrões de significado. Grandes construções de materiais permanentes, como a pedra, estão entre os exemplos mais antigos de artefatos que promovem a memória cultural. Pela construção de prédios que refletem as necessidades e os ideais de seus tempos, os arquitetos e artesãos imbuíam a memória daqueles tempos em seu trabalho. A arquitetura pode ser considerada um arquivo de memória coletiva intrínseca e extrinsecamente, mas também figurava na ampla gama de cerimônias públicas, paradas e outras comemorações do passado de uma comunidade.

Monumentos africanos

Nenhum outro registro preserva a cultura dos antigos egípcios mais claramente que a pirâmide, uma estrutura monumental de pedra que representava o sol, um poder quase tão importante para os egípcios quanto o próprio Nilo.

As Pirâmides também comemoram intencionalmente o poder do faraó que ordenou sua construção e, como um elemento do complexo funerário real, significava a sobrevivência do poder do governante além de seu reino individual. A pirâmide de Khufu, em Gizé, é a maior construção individual de que se tem notícia. É reconhecida como uma façanha extraordinária na construção, precisão e beleza proporcional. Os arquitetos e operários que construíram os templos e pirâmides do antigo Egito criaram monumentos às suas habilidades técnicas e visões artísticas que eram repositórios importantes da informação histórica e cultural sobre as práticas políticas e sociais do Egito e de seus ideais religiosos. A arquitetura monumental de pedra também sobrevive no sítio do Grande Zimbábue, um centro de comércio e cerimônias no sul da África, aproximadamente do século XI, definido por uma série de muralhas de pedra que protegia a elite da comunidade.

Em outros lugares do continente africano, a arquitetura monumental apareceu não só em pedras mas também em barro ou em outros materiais perecíveis, onde as pedras não estavam disponíveis. As muralhas de barro ao redor dos centros urbanas oeste-africanos, como o de Jenne-Jeno (antes de 900 d.C.) ou Benin (após 900 d.C.), exigiram uma impressionante organização do trabalho e indicaram as necessidades defensivas e os propósitos comerciais dessas cidades. Sua manutenção era visível e contínua, representativa do processo de autoridade central comandando a força de trabalho e, portanto, definindo os limites da comunidade. Obras modernas funcionam similarmente dentro de sistemas de memórias. A Torre Eiffel, em Paris, que foi a maior estrutura do mundo até 1932, foi concebida como um monumento às realizações da era do ferro e do aço, quando foi construída em 1889.

Muito da arte visual e da arquitetura dos Estados florestais oeste-africanos esteve associado com o reinado divino. Devido ao fato de a sucessão dos reis depender, em tese, de reivindicações genealógicas, o conhecimento e o controle da história eram utilizados para validar o poder e a autoridade. Dentro da estrutura arquitetônica conhecida como o palácio do oba, ou rei, de Benin, santuários e altares foram construídos para relembrar os reis do passado e seus feitos (cerca de 1400-1800). Ligadas por rituais e conteúdos de lembrança visual como dentes de marfim entalhados com cenas históricas de batalhas, bronze forjado e cabeças ornamentais de latão retratando reis específicos e rainhas-mães, os santuários formavam uma parte importante do extenso calendário do ritual de vida no palácio.

Outra fonte de informação histórica em Benin era a coleção de plaquetas retangulares forjadas em várias ligas de cobre. As placas, aparentemente, deviam estar presas junto aos pilares da estrutura do palácio real. Cenas nas plaquetas retratavam eventos da história do reinado. Elas podiam ser lidas como um livro de história dos costumes, da tecnologia, da política e da cultura ao longo do tempo. Tais placas eram mantidas dentro do palácio, e sua produção estava limitada aos membros da corporação de forjadores de latão do oba. Dentro de uma cultural oral, elas também serviam como dispositivos mnemônicos, permitindo a recuperação do conhecimento passado com o propósito de recitação e ritual. As construções e suas decorações, como as placas de Benin ou as pirâmides egípcias, e outras obras arquitetônicas monumentais de pedra do mundo antigo, ajudam a preservar as ideias políticas e religiosas, bem como a memória cultural.

Monumentos religiosos asiáticos

A arquitetura e as artes ao redor do mundo fornecem expressões visuais, auditivas e táteis das ideias religiosas. Na Índia, o berço do budismo, a religião inspirou a arte monumental, que também foi influenciada por povos estrangeiros invasores. Seguido da morte do governante devoto ao budismo, Ashoka, e do colapso de seu império, no terceiro século a.C., ondas de povos migrantes – gregos, citas e kushans da Ásia Central – trouxeram influências estrangeiras novas para o subcontinente. A antiga arte budista, refletida nas cavernas de Bamiyan (séculos IV a V d.C.), no Afeganistão, exibe a influência das esculturas dos gregos e romanos transmitida pelos Kushans da Ásia Central. As cavernas Ajanta no Planalto de Deccan, no centro-sul da Índia, contém extensos resquícios das pinturas Mahayana budistas nas paredes, datando do século V até o século VII, muitas das quais ilustram as lendas de *jataka* das reencarnações anteriores de Buda.

Os templos budistas indianos, ou *stupas*, que tomaram sua forma característica entre os séculos III a.C. e III d.C., foram arranjos formais dos portões e caminhos de pedra que cercavam um altar funerário, ou túmulos, das relíquias budistas, como um osso ou outro resquício físico do Buda histórico. O domo da *stupa* que cobria os túmulos era um símbolo da abóbada celeste, encobrindo a montanha do mundo. Os fiéis percorriam os terraços circulares dentro das trilhas, que eram um espaço sagrado, exibindo cenas da vida de Buda assim como símbolos de morte e renascimento. Afrescos táteis esculturais adornam as *stupas* em um fluxo contínuo de imagens, como uma narrativa em afrescos pintados. Muitas *stupas* são grandes, com domos erguidos sobre plataformas elaboradas, como em vários monumentos antigos no Sri Lanka.

As cavernas dos templos de Yun'gang e Longmen, no norte da China, são testemunhos da poderosa influência do budismo conforme foi se espalhando da Índia pela Ásia Central e pelo leste. As esculturas budistas na China, durante o período de quando o budismo se espalhou (aproximadamente entre os séculos III e VI), refletiram-se tanto nas influências na Índia quanto na Ásia central. Imagens gigantes de Buda e numerosas esculturas menores em Yun'gang e Longmen exibem a devoção de ricos e poderosos fiéis, como a Imperatriz Wu (aproximadamente 690-705), na China, que adotou o complexo de Longmen como um ato de devoção e, talvez, pelo desejo de legitimar sua autoridade. A arte religiosa era produzida sob o patrocínio dos templos e mosteiros budistas, assim como por governantes por todo o leste da Ásia. As pinturas nas paredes das cavernas de Dunhuang, no noroeste da China, datando dos séculos VI até o VIII, ilustram temas budistas criados para seduzir a audiência chinesa, mas eram claramente influenciados pelo estilo da Ásia Central.

Quando o budismo se espalhou da China para Coreia e Japão, influenciando a arquitetura e as artes plásticas, assim como as crenças religiosas, imagens das divindades budistas tornaram-se objetos de adoração nos templos budistas e nos monastérios. Imagens que se proliferaram pelo Japão foram simbolizadas pela construção da estátua do Grande Buda em Nara, no ano de 752.

Sob o governo Gupta (cerca de 350-540) da Índia, que foram patronos hindus do culto a Vishnu, o budismo decaiu como uma fé independente e foi reabsorvido pelo hinduísmo. A grande era da arte budista indiana chegou ao fim, e o hinduísmo tornou-se a fonte primária da inspiração para os artistas sul-asiáticos, embora as imagens budistas não desaparecessem totalmente. Com o crescimento dos cultos de devoção (*bhaktiI*) ao hinduísmo, centrados em torno de Shiva, o Destruidor, ou Vishnu, o Preservador, e suas encarnações, Rama e Krishna, suas imagens, tanto em peças inteiras como em relevo, juntavam figuras de budas e *bodhisattvas* como arte decorativa.

A arquitetura dos templos e esculturas hindus e a qualidade unitária da arte indiana, na qual o erótico e o demoníaco são expressões mútuas da unidade cósmica. Esculturas sensuais exibindo tais divindades como Shiva e sua esposa Parvati, unidos em um abraço erótico, manifestando o aspecto erótico da divindade, enquanto imagens de Parvati como uma mulher feroz brandindo armas, preparando-se para lutar, ilustravam seu lado demoníaco. Pelo século IX, os templos hindus eram cobertos por entalhes em relevos e padrões esculturais. Havia uma preferência por figuras humanas, embora elas normalmente representassem deuses e seres míticos, algumas vezes híbridos, meio homem meio animal, como Ganesha, o filho de Shiva, retratado com um corpo humano com cabeça de elefante. Histórias épicas também eram representadas; figuras femininas, graciosas ninfas e deusas eram comuns.

A dispersão do budismo e do hinduísmo para o sudeste da Ásia é exemplificada por dois complexos de templos impressionantes, Borobudur, em Java, e Angkor Wat, no Camboja. Criado no século VIII, Borobudur é uma montanha artificial que combina os conceitos de uma *stupa* budista com aqueles do Monte Meru, a montanha do mundo, no começo da cosmologia indiana. O complexo inteiro representa um enorme diagrama mágico do cosmos. Quando os peregrinos criaram o santuário com terraços, ele era imaginado como reencenando simbolicamente a ascensão de uma alma do mundo de desejo para o mundo de perfeição espiritual e união final com o Buda cósmico. Angkor, a capital sagrada do império Khmer, era o local de numerosos templos incorporando imagens hindus e budistas durante o auge do poder Khmer, no século XII.

Catedrais europeias

Temas religiosos similarmente dominaram a arte europeia no período medieval (aproximadamente 1000-1300), quando a Igreja era a força dominante na sociedade europeia e a principal patrocinadora das artes. Embora os temas religiosos ditassem o assunto das pinturas e esculturas, como as figuras da Virgem Maria, de Cristo e dos santos, a religião inspirou gênios artísticos, mais visíveis na arquitetura monumental das catedrais. Conforme as cidades cresciam e floresciam, seus residentes construíram belas e impressionantes igrejas que eram tanto monumentos à riqueza e ao orgulho urbano quanto eram a casa da divindade cristã.

Um dos mais celebrados desses monumentos foi a catedral francesa de Saint Pierre, em Beauvais, cujo arco excedia 46 metros, tornando-a a mais alta das igrejas góticas. Tendo ruído duas vezes, essa catedral nunca acabou de ser construída. Ela ainda é um exemplo impressionante do orgulho cívico e do fervor religioso que produziam tais artes. As catedrais representavam a unidade das funções sagradas e seculares de outras formas também. Elas serviam suas comunidades como refúgios para os desabrigados e pobres, dessa forma, materializando as virtudes éticas esperadas pela comunidade cultural mais ampla, mesmo quando os cristãos não viviam nas áreas imediatamente circundantes da estrutura. Mais importante ainda, seus artefatos materiais e sua arquitetura serviram para transmitir a tradição religiosa. Eles retratavam histórias e crenças essenciais na forma de painéis de narrativa decorada nos componentes arquitetônicos. A exposição a tais informações visuais, exibidas ao longo de gerações, mantém os detalhes das escrituras e o poder simbólico de suas crenças vivos na mente das pessoas que a visitavam.

Abóbadas e mesquitas do oeste asiático e da África

No oeste da Ásia, a contraparte dos templos budistas e hindus do sul e do leste da Ásia e das catedrais da Europa eram as mesquitas islâmicas, caracteristicamente uma estrutura com abóbadas. Embora os domos estivessem em uso no oeste da Ásia antes da conquista árabe, os muçulmanos posteriormente elevaram essa forma arquitetônica até proporções monumentais; os domos das mesquitas são a evidência das habilidades sem igual dos engenheiros e arquitetos do oeste asiático. Centenas de estruturas abobadadas, principalmente mesquitas, foram construídas por todo o oeste asiático e além, quando o Islã se expandiu. Na medida em que os domos foram introduzidos em partes do oeste da África, pela expansão do Islã, eles foram construídos com materiais locais seguindo tradições que ditavam sua construção com o barro, exigindo um ciclo constante de manutenção e reparos dedicados.

Após a captura de Constantinopla pelos turcos otomanos, em 1453, eles direcionaram recursos consideráveis para a construção de um elaborado complexo de cisternas, represas, reservatórios, diques e aquedutos para suprir de água sua nova capital, construída no sistema romano/bizantino. Esse sistema ainda está em uso. Uma seção desse lindo aqueduto possui 150 metros de comprimento, com 11 arcos pontiagudos. Além dos sistemas de água, havia outros projetos de obras públicas cuja construção exigia engenheiros qualificados, como no caso de pontes e construções abobadadas. Engenheiros e arquitetos combinaram suas habilidades para produzir arcos e domos tanto com propósitos estéticos como para outros objetivos, um dos quais era cobrir um grande espaço, evitando a necessidade de filas de pilares para sustentar o teto.

No começo do período moderno, centenas de estruturas com abóbadas, principalmente igrejas e mesquitas, foram construídas por toda a Europa, oeste da Ásia e norte da África. Estilos locais de arquitetura emergiram no oeste asiático entre os otomanos, na Turquia, os safávidas, no Irã, e os mamelucos, no Egito. O estilo otomano foi simbolizado por domos imensos nas mesquitas de Istambul, com seus brilhantes minaretes em forma de lápis; o estilo persa safávida das deslumbrantes mesquitas, cobertas com azulejo, de Isfahan e seus domos bulbosos; e o estilo árabe mameluco pelos domos de pedra caprichosamente unidos e entalhados nas tumbas dos sultões no Cairo.

O domo que coroava a mesquita de Suleymaniye, em Istambul, resumia os domos de grande escala. Ele foi desenvolvido para Suleyman, o Magnífico, por Sinan (1588), o maior arquiteto otomano e um valoroso rival de seu contemporâneo europeu, Michelangelo. Terminado em 1557, depois de sete anos de trabalho, o domo de Suleymaniye tinha um diâmetro de 24 metros e ficava 48 metros acima das cabeças dos fiéis. Repousava sobre quatro enormes pilastras e se estendia da frente até os fundos da mesquita com mais duas metades de domo, de diâmetro igual e altura de 36 metros. Até mesmo os visitantes de hoje se surpreendem com essa façanha.

A cultura mughal, na Índia, foi o produto de influências pérsico-islâmicas e hindus, e refletia essa mistura cultural. O monumento mais famoso da arquitetura mughal é o Taj Mahal, construído como um mausoléu para a esposa do xá Jahan, Mumtaz Mahal, após sua morte ao dar à luz, em 1631. Dessa forma, o monumento refletia a tentativa individual de preservar a memória pessoal. Desenvolvido por dois arquitetos persas, precisou de mais de 20 mil trabalhadores e mais de 20 anos para ser construído. Foi chamado de a maior obra individual da arte safávida, mas em sua dependência dos materiais e operários indianos, pode ser visto mais como um excelente exemplo do sincretismo cultural mughal do que como uma importação persa. O Taj Mahal, contudo, também foi visto como um símbolo de opressão por parte do xá Jahan. Mumtaz Mahal morreu em Deccan, uma região da Índia em que seu marido precisou empreender guerras custosas para assumir o controle, o que causou dizimação dos camponeses locais por causa de uma das piores fomes registradas na Índia. Shah Jahan gastou apenas 5 mil rúpias dos fundos imperiais por semana para ajudar a aliviar a fome e a miséria disseminadas em Deccan; não muito tempo depois disso, ele gastou bilhões em um trono de pavão e no mausoléu de sua esposa, o Taj Mahal. A construção reflete uma tentativa de elevar a memória individual para uma memória coletiva mais ampla.

Monumentos nas Américas

A arquitetura pode ser também uma fonte de memória cultural que reflete continuidade e mudança. Os restos tangíveis das comunidades norte-americanas sugerem uma base espiritual para a cultura tão penetrante quanto as religiões mundiais afro-eurasianas. Muitos norte-americanos levavam uma vida nômade, com poucas necessidades no que toca a estruturas permanentes. Trabalhos de terraplenagem, como o Grande Monte Serpente (cerca de 500-1000 d.C.), em Ohio, parecem ter sido desenvolvidos para funcionar como efígies sagradas e podem ter sido construídos como pontos de referência para povos assentados. Há outros em forma de panteras, ursos, pássaros e humanos, encontrados em uma variedade de locais. Os montes monumentais de Cahokia serviram a propósitos religiosos e políticos. Alguns eram montes funerários, tumbas de madeira cobertas de terra em vários formatos.

O conteúdo desses montes funerários forneceu evidências das habilidades artísticas dos habitantes de Cahokia e refletiu suas práticas religiosas e seu evidente consumo de mercadorias luxuosas (metais, conchas e dentes). Estruturas públicas e residências foram construídas em alguns montes e refletiam a graduação das estruturas sociais e políticas da sociedade. Genericamente, os maiores montes são templos. O "Monte Monk", em Cahokia, continha 600 mil metros cúbicos de terra, tudo isso carregado para o local com cestas. Essa foi uma façanha de engenharia comparável à construção das pirâmides do Egito.

É possível que as tradições monumentais da América do Norte tenham sido importadas por imigrantes do sul ou pelo menos inspiradas pela arquitetura mais antiga da América Central. Há um entendimento geral de que a cultura Olmeca (cerca de 1200-400 a.C.) forneceu uma base comum para as culturas mesoamericanas que vieram depois dela. A arte monumental clássica maia (cerca de 300 a.C.) reflete um ambiente no qual as pedras eram abundantes. Característico das ruínas maias são templos em forma de pirâmides compostas por pedra calcária estucada, "palácios" com muitas salas, trilhas conectando grupos de estruturas em cidades e as próprias cidades, incluindo monumentos de pedra frequentemente inscritos de hieróglifos maias. Em Tikal, as edificações de uma acrópole central foram construídas sobre tumbas antigas da elite, cortadas direto no leito de pedra. A acrópole tinha funções cerimoniais e era cercada por um grande subúrbio. A pedra era o meio primário para a arte mesoamericana, e os monumentos de Tikal forneceram evidências significativas das complexas conexões políticas e culturais pelas terras baixas do sul.

Desconstrução da memória cultural

Potências coloniais, mais tarde, destruíram muitos dos templos das Américas e utilizaram suas pedras para erguer catedrais, atos de apropriação cultural não esquecidos pelos colonizadores ou pelos colonizados. A habilidade de controlar a memória cultural significava ter o poder de "apagar" e também relembrar o passado. Poder, identidade e pertencimento podiam ser reforçados pelo estabelecimento de locais de autoridade reconhecidos.

Após o fim do império Khmer, Angkor foi gradualmente absorvida pela selva, para ser descoberta apenas por europeus no curso de sua colonização do sudeste asiático. Na metade do século XIX, uma expedição francesa começou a documentar as ruínas de Angkor, e até 1972, quando a guerra civil do Camboja os forçou a sair, a École Française d'Extrême Orient trabalhou firmemente na restauração do local. Apesar dos esforços dos trabalhadores locais para continuar, pouco foi feito nos 20 anos seguintes, conforme o Camboja foi envolvido pela guerra. Apenas em 1991, as Nações Unidas, por meio da Unesco, estabeleceram presença em Angkor para fornecer suporte internacional para os esforços de recuperação e proteção das estruturas que corriam risco de desabar devido ao afundamento do solo. Angkor, dessa forma, foi reconhecida não só como um monumento à identidade cultural para o povo do Camboja, mas também um local de herança mundial. Sítios assim foram envolvidos por elites que procuravam legitimidade, e sua arquitetura era vista como tendo testemunhado um passado glorioso e capaz de refletir valores que serviram à identidade nacional moderna. Na onda de devastação da guerra e do genocídio, aquela manifestação da memória cultural tornou-se ainda mais importante para um país buscando curar as feridas de um conflito fratricida.

Outros locais de herança cultural e religiosa tiveram menos sorte. As cavernas de Bamiyan, no Afeganistão, guardavam duas enormes estátuas budistas que foram entalhadas nos paredões do Hindu Kusj, entre os séculos II e VI d.C. Uma das estátuas possuía 10 andares de altura, e ambas eram consideradas representações únicas de Buda. Quando o Talibã conquistou o poder no Afeganistão, no final dos anos de 1990, eles prepararam a criação de um Estado islâmico puro e isso significava, nos termos mais radicais, a erradicação de todas as imagens representando outras religiões. Apesar das pressões internacionais para preservar os budas de Bamiyan, os talibãs os destruíram em 2001. A destruição dos budas ocorreu junto a da cidade de Bamiyan e seus habitantes, xiitas do grupo étnico Hazara, que foram perseguidos pelos sunitas talibãs. Nesse caso, tanto a memória cultural do budismo quanto a existência de um povo foram apagadas pelas ações do talibã.

INSTITUIÇÕES E TRANSMISSÃO DA MEMÓRIA CULTURAL

Os vários sistemas de memória cultural foram produtos privados da criação individual ou o resultado dos projetos e esforços públicos da comunidade. Quaisquer que sejam as formas da memória cultural, os meios pelos quais ela é criada, armazenada, mantida e transmitida estão frequentemente associados com instituições como igrejas, escolas, corporações, irmandades, livrarias e universidades. Essas instituições podem ser representadas por estruturas físicas ou existir como modelos de interações sociais ou políticas. No processo de preservação e transmissão do conhecimento cultural, as instituições são agentes da memória cultural, adicionando uma distintiva dimensão social. Tais instituições podem consolidar a autoridade das elites sociais e culturais, mas também podem atuar como agentes de mudança ao demonstrar resistência contra os ideais e normas culturais prevalecentes.

Instituições religiosas

Comunidades nas quais os indivíduos se dedicam a objetivos espirituais, os mosteiros também serviram como instituições da memória cultural. Eles transmitiam ideias religiosas por meio da prática e, algumas vezes, tornaram-se agentes poderosos no mundo social e político exterior ao monastério. Embora os monges e freiras fossem removidos da vida secular, sua principal contribuição era a cópia de manuscritos e a manutenção das livrarias, e o mosteiro, dessa forma, serviu como a principal instituição para a transmissão da memória cultural eurasiana. Os mosteiros cristãos na Europa controlaram a preservação e a reprodução do conhecimento cultural, tanto quanto as instituições e as ideias confucionistas dominaram esse processo na China, os budistas e hindus o fizeram na Índia e os islâmicos no oeste da Ásia e na África.

A vida monástica budista alcançou toda a Ásia, da Índia à China, o sudeste asiático e o Japão. Na China, seitas budistas independentes estabeleceram redes de mosteiros que abrigavam centenas de milhares de monges e freiras. No período Tang (618-907), os mosteiros budistas eram ricos proprietários de terras, os abades e sacerdotes budistas socializavam com a corte aristocrática e eram membros altamente educados da elite letrada. Os mosteiros e templos budistas também serviam como escolas, fornecendo a educação primária nos textos confucionistas, bem como nos budistas. Os monastérios budistas, como suas contrapartes na Europa, frequentemente funcionavam como repositórios de aprendizado e serviam também como instituições educacionais que preservavam e transmitiam conhecimento, incluindo ideias seculares como as do confucionismo, no leste da Ásia. As instituições monásticas budistas no Japão medieval eram centros de aprendizado apadrinhados pelos líderes militares da época, de forma muito parecida com os monastérios da Europa medieval, embora as mulheres também buscassem refúgio em seus domínios.

Como nas comunidades de monges e freiras nos mosteiros budistas e cristãos pela Ásia e pela Europa, no mundo islâmico as fraternidades sufistas, chamadas de *tariqas* (caminhos para a comunhão com Deus), brotaram nos séculos XII e XIII e estabeleceram redes de alojamentos por todo o oeste da Ásia. Essas acomodações eram tipicamente organizadas em torno de um místico impressionante, cuja tumba era normalmente incorporada ao alojamento principal. Acomodações auxiliares foram posteriormente fundadas onde os grupos de seus discípulos e os sectários deveriam se encontrar. Cada alojamento tinha seus próprios rituais e costumes, e alguns eram restritos a algumas profissões ou estratos específicos da sociedade. As fraternidades nas cidades, especialmente as associadas a profissões, frequentemente adotavam seus próprios códigos de ética.

Os *tariqas* desempenharam um grande papel na dispersão do Islã e na manutenção da memória cultural. Uma das mais famosas fraternidades foi inspirada por Jalal ad-Din ar-Rumi (1207-1273), um místico sufista e poeta, cuja tumba em Konya, na Anatólia, tornou-se um local de peregrinação para seus discípulos e seguidores. Jalal ad-Din utilizou a música e a dança para ajudar a induzir o estado místico, e dançar tornou-se uma característica de destaque dos rituais religiosos associados às fraternidades sufistas.

Os *tariqas* apareceram no oeste africano com a dispersão do Islã, que acompanhou a expansão do Império Mali (aproximadamente nos séculos XIII e XIV). As fraternidades muçulmanas provaram ser compatíveis com as instituições culturais nativas do oeste africano e tornou mais fácil a conversão ao Islã. Entre os povos linguisticamente interligados no oeste da África, existiram sociedades secretas de homens e mulheres, centrados no comércio e em sua regulamentação, em meio às classes mercantis. Esses alojamentos urbanos, espalhados por todo o Império Mali, aumentaram a solidariedade cultural dentro da comunidade comercial, pagaram os custos do comércio e das viagens de indivíduos e aumentaram ainda mais o sucesso das conexões culturais e comerciais oeste-africanas com o mundo islâmico. Informações especializadas e lendas históricas eram controladas por grupos familiares. Após a chegada do Islã, histórias locais foram apropriadas, reescritas em árabe e transmitidas para a nova religião de convertidos.

Guildas europeias

As contrapartes dos alojamentos islâmicos podem ser encontradas no sistema de guildas da Europa medieval. Com a expansão do comércio na Europa, entre 1200 e 1500, associações mútuas para auxílio e proteção se desenvolveram entre os habitantes urbanos envolvidos em objetivos comuns. Conhecidas como "guildas", essas sociedades eram meios pelos quais a manufatura, o comércio, o trabalho e até mesmo o governo nas vilas e cidades eram regulamentados e protegidos. Como os alojamentos urbanos no oeste da África, as corporações de ofício forneciam uma base para a retenção e transmissão do conhecimento especializado, oferecendo solidariedade comunitária, e estavam entre os agentes da mudança política e cultural no final da era medieval europeia, além de serem umas das mais importantes instituições daquela época.

Havia quase tantas guildas quantas fossem as diferentes atividades: havia corporações para sineiros, trovadores, fabricantes de velas, pedreiros, reparadores de ruas e tecelões, para dar alguns exemplos. Membros das guildas participavam de rituais e cerimônias públicas, como a celebração do Doge (governante) de Veneza, em 1268, uma parada na qual cada uma das guildas da cidade marchou em bandos, vestidos suntuosamente, carregando faixas e bandeiras e sendo anunciados por músicos. Essas coloridas procissões tornaram-se uma expressão da memória e da identidade coletiva de suas comunidades de participantes e foram, provavelmente, testemunhadas por Marco Pólo, antes de partir em suas viagens.

Universidades, bibliotecas e educação

Muitas sociedades desenvolveram, sistematicamente, meios de adquirir e transmitir conhecimentos culturais vitais por meio de uma variedade de instituições educacionais, tanto religiosas quanto seculares. No oeste asiático islâmico, as instituições educacionais (*madrasas*) surgiram principalmente para fornecer instrução religiosa e legal, de acordo com o Corão e seus intérpretes. O árabe era a linguagem da instrução nas *madrasas*, que foram estabelecidas para treinar teólogos ortodoxos sunitas. Um ou mais desses colégios foram construídos nas maiores cidades do império, onde eles eventualmente tornaram-se um elemento da definição muçulmana de uma aldeia ou cidade como o lugar onde estava a mesquita, a *madrasa*, o banheiro público e o mercado. Geralmente, a *madrasa* era um prédio quadrado com uma a quatro salas arqueadas (salas de aula) que se abriam para um pátio central com colunas e que possuía quartos residenciais para os estudantes e professores.

No norte da Índia, a grande universidade budista, em Nalanda, foi fundada no século VI d.C. e contava com um rol de 5 mil estudantes, incluindo muitos acadêmicos estrangeiros e distintos professores. Os textos budistas e a filosofia védica e hindu eram ensinados. As divisões de casta eram refletidas em outras instituições educacionais, como os garotos *brahman* da elite (e, ocasionalmente, garotas) que eram educados quase que totalmente por tutores domésticos, que os ensinavam a ler e escrever, as artes militares, a dança, a pintura e a música.

Figura 9.6 Escultura em arenito de mulher indiana escrevendo com um buril, norte da Índia, século XI d.C. A ponta do instrumento era pressionada contra o tablete úmido de argila, imprimindo o sinal desejado. Manuscritos em folhas de palmeiras também foram utilizados por todo o sul e sudeste asiático. Acadêmicos que eram frequentemente apoiados por patronos incluíam escribas femininos da elite.

Em contraste com a China, onde as elites dotavam de poder sagrado a palavra escrita, mais importância era dada à tradição oral na Índia primitiva. A memorização rotineira do Vedas era enfatizada, embora a escrita fosse utilizada eventualmente como auxiliar à memorização. Como na Europa medieval, as bibliotecas foram estabelecidas em monastérios e palácios. Cópias manuscritas em folhas de palmeiras eram uma indústria que envolvia escribas profissionais e era frequentemente considerada uma atividade religiosa, também centrada em monastérios e palácios.

Escolas catedráticas, junto com os tradicionais centros monásticos de aprendizado, eram centros de educação na Europa até o aparecimento das universidades, no século XII. Estudantes eram considerados clérigos, embora pudessem nunca se tornar padres. As primeiras universidades talvez possam ser vistas como escolas catedráticas urbanizadas e expandidas. A primeira apareceu em Bolonha, na Itália, no começo do século XII, e a primeira ao norte dos Alpes foi a de Paris (1200). A Universidade de Paris tornou-se o principal centro para estudos teológicos e filosóficos na Europa, uma indicação de suas origens e do papel proeminente da Igreja na educação da época.

Na China, a noção confucionista de que as escolas eram responsabilidade do Estado persistiu desde a antiguidade. No século II a.C., havia uma "Universidade Imperial" na capital que ensinava os clássicos confucionistas. As instituições educacionais eram intimamente ligadas às operações do sistema de exames. Com base no uso de recomendações sistemáticas daqueles considerados adequados para o serviço governamental, já na dinastia Han (206 a.C.-220 d.C.), o sistema de exames, instituído no período Tang (618-907), foi desenvolvido para recrutar e selecionar homens para postos no governo imperial. Com o tempo, isso se tornou o mecanismo mais poderoso de reprodução da elite cultural, social e política na China imperial.

Para adquirir o vasto conhecimento necessário para passar pelos testes, os estudantes tinham de começar em uma idade muito adiantada e trabalhar durante longas horas, por muitos anos, para dominar toda a obra dos clássicos confucionistas, os comentários escritos sobre esses clássicos e os trabalhos históricos documentando a transmissão da tradição escolástica do confucionismo ao longo do tempo. Obras de literatura, tanto poesias quanto ensaios, estavam incluídas no currículo. Parte da educação inicial ocorria em monastérios budistas, onde os textos confucionistas eram transmitidos junto com os textos budistas. Os exames do serviço civil não apenas testavam o conhecimento dos clássicos, seus comentários e histórias, mas também exigiam que os candidatos propusessem políticas para lidar com problemas da administração governamental, como as questões fiscais. Além disso, pedia-se aos candidatos que escrevessem poemas de certa forma e sobre temas específicos, com o objetivo de demonstrar suas habilidades como homens de cultura.

Potenciais candidatos, de famílias profundamente estabelecidas nessa tradição cultural, ou daquelas que aspiravam ao *status* e ao poder, eram educados por tutores particulares em suas casas, se fossem ricos, ou por meio de uma extensa rede de escolas que se irradiavam a partir da capital até praticamente cada região do império, no século XII. Essas escolas não eram "públicas", no sentido de estarem abertas a todos, mas eram uma importante fonte de aprendizado para a elite. As famílias, algumas vezes, doavam terras para fornecer receitas para uma escola familiar, e, às vezes, líderes comunitários promoviam esforços conjuntos para estabelecer uma escola que servisse aos filhos das famílias da elite. Academias privadas também começaram a se proliferar no século XII, e essas academias consistiam em um local para a nova síntese do aprendizado clássico, chamada de "neoconfucionismo".

Bibliotecas maravilhosas com livros de papel também foram estabelecidas por todo o oeste asiático, nos séculos IX e X. Embora todos os tipos de livros fossem reunidos, entre os mais importantes estavam aqueles sobre as ciências gregas. As bibliotecas serviam como academias onde os acadêmicos de todas as fés e origens se reuniam para estudar, discutir e debater as ciên-

Figura 9.7 O colégio de Henricus de Alemannia. Pintura colorida em miniatura sobre pergaminho, por Laurentius de Voltolina, 18 x 28 cm. Retirada de "Liber ethicorum des Henricus de Alemannia", século XIV, essa ilustração retrata uma típica universidade europeia da época. O alto aprendizado ocorria em uma comunidade sob a tutela de um mestre reconhecido, que lidava com matérias que iam desde matemática e astronomia até música e retórica.

cias, assim como outros assuntos. As bibliotecas exerciam uma grande influência na transmissão do aprendizado antigo por todo o mundo islâmico e de lá para o reino cristão. Entre as mais famosas bibliotecas muçulmanas estava uma que foi fundada em Bagdá, em 833, e outra fundada no Cairo, em 1005.

Como suas contrapartes europeias, oeste-asiáticas e norte-africanas, a Universidade de Sankore, no Timbuktu, às margens do grande Rio Níger, testemunhou o despertar intelectual entre as sociedades islâmicas do oeste da África do século XV. A universidade, na realidade, consistia em uma constelação de quase 200 pequenas escolas, mesquitas e bibliotecas, que juntas acumulavam e disseminavam conhecimento do mundo árabe e de várias tradições orais africanas. Duas famosas *tarikhs*, ou histórias escritas, datam desse período e eram, na verdade, transcrições em árabe das tradições locais sudanesas. Em sua maioria, o currículo da universidade era controlado por clérigos e representava uma cultura privilegiada das elites, que era reproduzida por meio dos laços familiares. O currículo incluía teologia muçulmana, jurisprudência, astronomia, geografia e história – matérias de interesse para apenas uma pequena minoria da elite urbana.

Gênero e instituições

Como outros aspectos das instituições, a transmissão da memória cultural não era moldada apenas pelas classes sociais e pela cultura, era também altamente ligada aos gêneros. A tradição islâmica de compilação de dicionários biográficos, algo como as vidas dos santos cristãos, formam a base da compreensão da história da comunidade islâmica como a acumulação das contribuições de indivíduos masculinos e femininos que criaram e transmitiram a cultura islâmica. Uma dessas vidas foi a da estudiosa Umm Hani (1376-1466), que aparece no dicionário de 12 volumes de al-Sakhawi (falecido em 1947) como uma "luz brilhante".

De acordo com al-Sakhawi, Umm Hani nasceu e morreu no Cairo. Primeiro foi ensinada por seu avô, e depois estudou com cerca de 20 mestres diferentes. Umm Hani casou-se por duas vezes, e seus filhos foram educados no direito. Tornou-se professora de outros estudantes, incluindo o próprio al-Sakhawi, que escreveu que ela sabia mais do que ele era capaz de aprender. Quando era jovem, Umm Hani memorizou o Corão e podia recitar grandes passagens das *hadiths* (tradições). Ela era uma ótima poetisa e fazia versos improvisados na hora. Quando seu segundo marido morreu, ela herdou sua fortuna e seu negócio – uma oficina têxtil que ela gerenciava. Sakhawi também informa que Umm Hani realizou o *hajj* (peregrinação) para Meca 30 vezes, frequentemente permanecendo meses em Medina e Meca para lecionar.

O verbete do dicionário para Umm Hani é um dos 11.691, uma das 1.075 mulheres para as quais foram escritas citações. Nos séculos XIV e XV, as mulheres figuraram proeminentemente entre as listagens biográficas dos estudiosos islâmicos, provavelmente encorajadas pela afirmação das mulheres como pesquisadoras religiosas pelos *ulamas* (clérigos) sírios e egípcios. Nos séculos posteriores, contudo, as mulheres praticamente desapareceram dos dicionários; no final do século XIX, al-Baytar (falecido em 1918) encontrou espaço para apenas duas mulheres entre as 777 pessoas lembradas em sua biografia.

Pelo controle da transmissão e disseminação do conhecimento cultural, instituições de memória cultural, como monastérios, igrejas, universidades e fraternidades, tenderam a reproduzir os padrões predominantes das relações de poder e reforçar a hegemonia cultural, o poder ou o controle exercido de cima para baixo. Essas instituições geraram autoridades ideológicas que podiam sustentar uma ordem social e política assim como reforçar os ideais culturais da elite. Ao mesmo tempo, tais instituições eram fontes de dissenso e contribuíram para a revisão da memória cultural pelo desafio ou pela resistência contra o conhecimento cultural herdado. No processo de transmissão e reprodução, ocorreram transformações que reordenaram fundamentalmente as relações de poder ou rejeitaram o poder das elites dominantes ao desafiar as bases de sua autoridade.

RENASCIMENTOS: TRADIÇÕES E SUAS TRANSFORMAÇÕES

Sistemas de memória cultural também podem ser alterados pela ação de reviver ou pela promoção do passado e substituição de um conjunto de ideias por outro anterior. A cultura e a sociedade do final da era medieval europeia (cerca de 1000-1200) foram dominadas pelas tradições do cristianismo e pela instituição da Igreja Católica. Após 1200, ambas erodiram pelas mudanças causadas em parte pela expansão do comércio, o declínio das estruturas políticas feudais, e, começando no século XV, pela abertura da fronteira atlântica e pelas influências asiáticas, africanas e americanas.

O renascimento europeu ocorreu a partir do século XIV até o século XVI, e significou para os contemporâneos, que cunharam o termo, um renascimento do aprendizado cultural na medida em que se voltaram para Grécia e Roma como fonte de inspiração e de ideais culturais distintas daquelas do cristianismo medieval. Esses ideais culturais podem ser descritos pelo termo "humanismo secular", enfatizando preocupações seculares ou mundanas acima daquelas da fé religiosa e as preocupações humanistas sobre aquelas referentes a Deus. Ao rejeitar as preocupações medievais com a fé cristã e o senso de comunidade fornecido pela unidade da cristandade medieval, os pensadores renascentistas eram atraídos pelo individualismo que encontravam nas obras de autores gregos e romanos. O ideal de individualismo foi encorajado e apoiado pelas realidades sociais e econômicas do capitalismo comercial e pelo processo de urbanização que ocorreu nos séculos entre 1200 e 1500.

O renascimento europeu assinalou o "renascimento" de um sistema de memória cultural europeu contra o pano de fundo do cristianismo medieval. Os pensadores da Europa foram inspirados por escritores gregos e romanos, por valores e ideais que eram seculares, não sagrados, humanísticos, não relacionados a Deus, e baseados mais na razão do que na fé cristã. De forma semelhante, um "renascimento" do confucionismo ocorreu na China após o século VIII e culminou, por volta de 1200, no que é conhecido no ocidente como neoconfucionismo.

Como a redescoberta dos clássicos gregos e dos textos latinos e a rejeição da cristandade medieval que caracterizou o renascimento europeu, o ressurgimento do confucionismo e o cultivo de suas ideias fundamentais estiveram ligados à rejeição dos ideais espirituais do budismo, bem como foi uma resposta para o desafio do budismo em relação aos ideais políticos e sociais do confucionismo. Os pensadores neoconfucionistas buscaram dar respostas confucionistas à questões metafísicas budistas – sobre a natureza da existência e do universo – e criar instituições e práticas confucionistas que atendiam às necessidades da sociedade. No reino da metafísica, os neoconfucionistas explicaram o propósito da existência nos termos da sabedoria confucionista: as pessoas deveriam aspirar a realizar a verdadeira natureza humana, que era essencialmente boa, e a utilizá-la a serviço da comunidade.

Em contraste, o budismo convocava as pessoas a rejeitar sua ligação com o mundo e a buscar a "iluminação" na realização de sua natureza budista: a extinção (nirvana) do eu individual na unidade de todos os seres. Ao mesmo tempo, as instituições budistas forneceram não só refúgio da sociedade nos mosteiros e conventos, mas também serviços de bem estar social, como a alimentação dos famintos e o cuidado aos órfãos. O clero budista também exercia importantes funções para o povo, realizando ritos funerários, há muito uma preocupação central dos confucionistas, começando com prescrições elaboradas para os ritos funerais apropriados, descritos nos textos rituais da antiguidade. O pensador neoconfucionista Zhu Xi (1130-1200) foi o autor de um novo conjunto de práticas, baseadas no confucionismo, para a vida familiar e suas necessidades, como os ritos funerários e as cerimônias de casamento, os quais pretendiam substituir as práticas budistas e eliminar a dependência do clero budista e seus templos.

No pensamento confucionista, a identidade sempre foi definida em termos de relações humanas fundamentais, como aquelas entre pai e filho ou marido e esposa. O eu era definido principalmente em relação aos outros, especialmente na família, mas também na comunidade mais ampla. O neoconfucionismo deu nova importância para o eu como fonte de ordem e harmonia na comunidade, na medida em que pensadores como Zhu Xi argumentavam que a cultivação do eu da natureza humana de alguém divinamente dotado era essencial para a ordem política e social. Os pensadores neoconfucionistas da era Song (960-1279), depois de basearem essas noções nas ideias retiradas do Grande Aprendizado, uma porção de um dos cinco clássicos de Confúcio, o *Livro dos Ritos*. Nesse texto, a retidão moral individual está ligada aos regulamentos familiares, à ordem estatal e à harmonia no mundo.

REGISTRO DO TEMPO

As instituições religiosas desempenharam um papel essencial na integração das sociedades humanas e na promoção da própria história, ajudando a introduzir o papel da contagem do tempo em nossa vida cotidiana. Essencial para a prática dos historiadores modernos é ser capaz de identificar e medir a mudança ao longo do tempo. Medir o tempo foi essencial para o surgimento das sociedades complexas. Os sistemas mais antigos para registrar o passar do tempo foram várias formas de relógios solares, que dependiam da observação dos movimentos regulares dos planetas. Os egípcios e os chineses também utilizaram um mecanismo de tempo que envolvia o fluxo da água. Comunidades religiosas medievais europeias utilizaram relógios de sol, relógios de água, velas marcadas e, eventualmente, no século XIII, relógios mecânicos para sincronizar o trabalho e as preces diárias dos membros da comunidade.

Outras sociedades instituíram a contagem do tempo para coordenar e extrair um sentido do mundo, e as sociedades modernas continuam a depender de dispositivos externos compartilhados – desde relógios solares até relógios de pulso, calendários e relógios. Os chineses utilizaram relógios de rodas hidráulicas tanto para realizar previsões astrológicas quanto registros de calendários, que alguns historiadores pensam que provavelmente eram mais precisos do que relógios mecânicos europeus mais antigos. O primeiro tipo de dispositivo à água, que data do século X e reproduz os movimentos do sol, da lua e de estrelas escolhidas, foi descrito por Zhang Sixun, em 979 d.C. Mas a necessidade por precisão também mudou com o passar do tempo, como resposta a outras inovações tecnológicas. Um grande estímulo à melhoria da precisão e da confiabilidade dos relógios foi a importância da contagem precisa do tempo para a navegação marítima, que também dependeu da observação das estrelas e dos planetas. A grande invenção foi o primeiro cronômetro marinho de alta precisão, inventado por John Harrison na metade do século XVIII, que permitiu a tomada de medidas longitudinais. No século XXI, o Sistema de Posicionamento Global (GPS) depende de marcadores atômicos de tempo de extrema precisão para calcular posições no espaço, onde um erro de um nanossegundo poderia se traduzir em um erro de distância de 1.000 ou mais quilômetros.

Não só historiadores, marinheiros e astronautas dependiam do relógio. O uso padrão do tempo comanda a vida cotidiana de grande parte do mundo hoje, mas não recebia a atenção de agricultores rurais. Foi nas cidades industriais que o compartilhamento de horários tornou-se uma marca essencial da vida urbana e permitiu o controle sobre os indivíduos. Eventualmente, o tempo tornou-se portátil, utilizado e lido em relógios desde o surgimento dos relógios de pulso, no começo do século XIX. Na metade dos anos de 1880, "pulseiras de relógio" de couro eram consideradas tão desejáveis quanto acessórios de joias para as mulheres. Dentro de poucas décadas, o relógio de pulso era banal, embora principalmente utilizado por mulheres. Não antes da Primeira Guerra Mundial a praticidade do relógio de pulso tornou-se irresistível aos homens.

Conforme a vida industrial urbana foi se espalhando ao redor do globo, a contagem do tempo tornou-se a marca da nova era científica. A adaptação comum global dos sistemas de registro do tempo representam um exemplo do impacto da ciência nos sistemas humanos de memória. Durante a era comumente chamada de "revolução científica", culminando em cerca de 1700 d.C, mudanças nas percepções sobre as formas de conhecimento começaram a declarar o papel do cientista e do pensamento científico sobre a sabedoria recebida da memória cultural imbuída na tradição religiosa. O mundo foi considerado reconhecível pela investigação sistemática da evidência, experimental ou observada, levando em direção a uma nova era, na qual o empirismo assumiu um papel central. A ênfase no material, mais do que no reino espiritual da memória cultural, gradualmente abriu caminho para o conceito de modernidade como uma visão de mundo secular.

SISTEMAS DE MEMÓRIA CULTURAL E NOVOS ENCONTROS

Após cerca de 1500, diferentes sistemas de memórias culturais cada vez mais entraram em contato uns com os outros por meio de viagens marítimas e explorações. A dispersão de religiões, impérios e comércio serviu para colocar em contato distintos sistemas de memória cultural. Durante o período de exploração europeia depois de 1500, as ideias e tecnologias eurasianas encontraram os contextos culturais vastamente diferentes da África, das Américas e da Oceania. Os encontros fizeram tanto dos portadores quanto dos receptores coparticipantes em um processo interativo de mudança cultural. Mas seria um erro pensar que os sistemas de memória cultural apenas serviram para preservar e promover as "tradições". Manter um sistema cultural viável significava filtrar constantemente novas ideias, e reformulá-las em um formato mais socialmente aceitável. As culturas no passado estavam, como estão hoje, em constante mudança. Os sistemas de memória cultural funcionaram para executar e regular essas mudanças.

Os encontros que ocorreram com a expansão da Europa foram marcados pelo processo de empréstimo coletivo dos objetos e ideias que se acreditava ter valor. O mundo material também dava oportunidade para as transformações na medida em que os sistemas de memória cultural encontravam outros sistemas. A primeira arte turística apareceu junto com a distribuição de objetos culturais em novas áreas. Por exemplo, tecelões oeste-africanos desfiavam tecidos de seda importada da Ásia e os teciam novamente em seus teares, nos seus próprios padrões familiares. Europeus navegando pela Oceania mimetizaram as tatuagens dos polinésios (tattoo vem da palavra samoana *tatau*, que significa riscar duas vezes), alternando suas complexas simbologias e suas memórias culturais de forma parecida. Pintores de telas de seda do Japão viajaram para o México e pintaram festivais indígenas durante a era do comércio de prata. Esses são exemplos de sistemas de memória cultural se adaptando aos novos locais e novos meios.

A culinária cultural sempre fez parte dos sistemas de memória que ligavam o mundo externo, seus alimentos e sabores, ao corpo humano. O que as pessoas comiam expressava sua identidade, para elas mesmas e para outros, e o que as pessoas comiam mudava com o tempo. Essas mudanças moldavam as culturas de consumo ao redor do mundo, e, algumas vezes, até direcionavam os movimentos das populações, o declínio de algumas e o drástico aumento de outras.

A COLONIZAÇÃO DA MEMÓRIA

As colônias foram processos poderosos na transformação das sociedades, as quais uniram colonizadores e colonizados. Novos estudos sobre a era colonial enfatizam o impacto mútuo do colonialismo em ambos os grupos. O processo de "descolonização da mente" envolveu mudanças sutis e intencionais na linguagem, na maneira de se vestir e em outros sistemas de memória cultural. Da mesma forma com que os colonizadores extraíram as riquezas da colônia, na forma de recursos naturais, eles similarmente tentaram se apropriar do passado dos povos que conquistaram. Quando o escritor nigeriano, Chinua Achebe, escreveu seu primeiro romance, *Things Fall Apart*, ele descreveu a experiência histórica do que sentia ao ser colonizado, a partir da perspectiva dos africanos, a quem o colonialismo tentou silenciar.

A imposição das linguagens europeias aprofundou os objetivos coloniais. Em partes colonizadas do mundo, como a Ásia, a África e o Caribe, as línguas europeias também representaram uma oportunidade – pelo uso de uma linguagem comum – de resistência pela promoção da solidariedade e da unidade, levando à independência. A língua dos colonizadores também simbolizou a continuidade do neocolonialismo e da dependência cultural experimentada até mesmo após a independência política ser conquistada. Na Jamaica, o escritor Louis Bennett trouxe a fala das ruas e o patoá derivado da África, junto a dispositivos orais de narração de histórias, até o nível da literatura, dando voz a novas gerações de escritores e *rappers*. Escrevendo no vernáculo, o poeta jamaicano Andrew Salkey (1929-1996) utilizou o herói folclórico de origem africana, Anansi, a aranha, para expressar o horror em relação à ditadura na Guiana. Anansi assume a vestimenta dos lutadores da liberdade e realiza sua mágica no breve livro de Salkey, *The One*, vingando-se da morte do historiador e ativista político caribenho, Walter Rodney (1942-1980).

No continente africano, Ngugi wa'Thiongo voltou a escrever em sua língua materna, o Kikuyu, mais do que na língua inglesa do colonizador, pois ele acreditava que a própria linguagem colonizava a mente. Em contraste, o nigeriano laureado pelo Nobel, Wole Soyinke, usou não só a língua inglesa, mas particularmente o inglês de Shakespeare para refletir sobre a experiência ioruba do século XX em *Death and the King's Horseman*, um livro que poucos nigerianos podem comprar ou até mesmo ler nos dias de hoje, pois o governo da Nigéria o proibiu. O escritor afro-caribenho Frantz Fanon sugeriu que a literatura do antigo mundo colonial primeiro passa por uma fase cultural nacionalista que romantiza o passado pré-colonial. A tendência entre os romancistas africanos estava distante do romantismo e próxima do realismo, e até mesmo do surrealismo (além ou acima do realismo), para descrever seus mundos pós-coloniais.

RESISTÊNCIA EM MOVIMENTO: MEMÓRIA CULTURAL, POLÍTICA E PERFORMANCE

Até mesmo nos sistemas de memória em que as tensões entre o conhecimento vivido e escrito estavam ausentes, a resistência podia ameaçar o controle da elite sobre o conhecimento. As culturas populares e da elite, algumas vezes, serviam a diferentes populações e representavam versões conflitantes da memória cultural, da mesma forma que as histórias familiares e da corte deveriam diferir amplamente em seus interesses e na interpretação do passado. Por exemplo, com o passar dos séculos, os iorubas oeste-africanos conceberam rituais como jornadas reais e virtuais. A transformação da memória cultural pode ocorrer mesmo que os rituais sejam realizados na forma de procissões ou paradas públicas, peregrinação, fantasias ou êxtases de possessão nos quais os praticantes dançam e incorporam a identidade de heróis culturais e divindades poderosas.

O desempenho ritual pode tanto subverter quanto reforçar a ordem mundana. O que pode ser mais difícil de captar em sua descrição escrita do ritual e outras performances vividas é sua ligação simultânea com a tradição ou com a memória cultural e com a inconstância e a mudança. A religião dos antigos gregos era similarmente focada na ação: rituais, festivais, procissões, disputas atléticas, oráculos e sacrifícios. O culto de Atenas, deusa da sabedoria, centrava-se ao redor de esplêndidos festivais mais do que outra representação fixa ou escrita. A experiência vivida e a comunicação não verbal podiam criar um poderoso sistema de memória, mesmo quando os sistemas verbais estivessem presentes.

Danças e rituais, em partes do mundo onde eles eram parte integrante da cultura política, também desempenharam um papel significativo no armazenamento e na transmissão da memória cultural e na criação de interstícios de transformação e resistência. Nos movimentos rituais e de dança, os corpos dizem aquilo que não pode ser falado. As práticas culturais, incluindo as danças e atividades sinestésicas como a tradição indiada da Hatha Yoga (um método de limpeza e purificação do corpo para a obtenção de benefícios espirituais), constituíram meios de ensinamentos cosmológicos e visão espiritual, e transmitiram identidade aos seus seguidores. As danças e os movimentos corporais – do comportamento ritualizado à marcha militar – podiam preservar e comunicar complexos sistemas de memória em auxílio ou contra o *status quo*.

Performance e resistência

Por exemplo, respostas contra o domínio colonial oscilaram desde rebeliões armadas bem-sucedidas até formas de resistência cultural e colaboração ativa. A resistência africana ao colonialismo ocorreu, algumas vezes, na forma sutil e complexa do mimetismo. Começando aproximadamente em 1925, o movimento Hauka, no oeste africano, incorporou a resistência colonial nos rituais e danças de possessão de espíritos nos quais os colonizadores europeus eram ridicularizados. Membros das trupes de dança viajavam por todo o interior do Niger, convertendo e espalhando mensagens de escárnio e rebelião. Os dançarinos vestiam-se como soldados europeus e imitavam o comportamento deles. Ao se apropriar do estilo e forma de movimentação corporal dos europeus, os membros Hauka esperavam fortalecer-se em oposição à administração francesa de seu território.

Em uma era de globalização, os corpos dos dançarinos também falavam sobre suas próprias histórias complexas de formação de identidade através de movimentos do samba, uma forma de dança brasileira única que mistura danças ameríndias, africanas e europeias. O samba em três tempos, entre batidas, e os movimentos intrincados do rebolar dos quadris e os pés resistindo à corrente da batida de dois por quatro tornou-se uma metáfora que celebra a fusão de tradições separadas. Na síncope e no ritmo do Brasil, da África (congolesa) e da ameríndia (índios cariri) se trabalha contra a forte batida. Um tipo de camada de movimentos permite a um ritmo resistir e alternadamente silenciar os outros na forma sincrética do samba. Após a abolição da escravidão, em 1888, embora alguns documentos históricos referentes à escravidão tenham sido destruídos na tentativa de erradicar um passado doloroso, as histórias viveram em formas como o samba.

No Brasil do século XX, e em outras partes do mundo afro-caribenho, as políticas de resistência vieram a ser realizadas como artes e rituais, da mesma forma como fizeram sob a escravidão. Danças e outras artes performáticas eram resistências em movimento. Os oprimidos utilizaram a expressão religiosa para outorgar poder a indivíduos, inverter a ordem social e, algumas vezes, até transformar a identidade política e reafirmar a memória cultural. Seja nos rituais de dança ou em outras cerimônias da religião de origem africana, conhecida como *candomblé*, os rituais e os passos de dança do carnaval de Trinidad, a arte marcial brasileira chamada de *capoeira*, ou no samba, que se tornou a dança popular "nacional" do Brasil, elementos de resistência e de expressão cultural sobreviveram como memórias culturais interligadas.

Passos de dança e instrumentos musicais tiveram múltiplos significados na história da resistência. O *berimbau* brasileiro, um arco com uma única corda e com uma cabaça ressonante amarrada, era tocado como um instrumento, e, de acordo com um músico, "na hora da dor, deixa de ser um instrumento e se torna uma arma". O *candomblé*, uma fé sincrética combinando elementos católicos com as divindades iorubas, originou-se nos violentos encontros culturais do mundo atlântico. Mas também emergiu no contexto da ação comunitária e coletiva. Como expressão criativa, a dança não era só relevante para a resistência, ela continuou sendo central à identidade histórica. De acordo com uma estudiosa da dança, Barbara Browning, "a insistência dos brasileiros em continuar dançando não é uma fonte de esquecimento, mas sim de perseverança, e uma tentativa rígida de intelectualizar, teorizar e compreender a história e o presente de uma injustiça difícil de acreditar, e ainda mais de explicar".

Memória cultural e revolução cultural na China

Uma das disputas mais violentas a respeito de memória cultural ocorreu não só como resistência contra a escravidão ou colonialismo, mas também contra o passado entendido como domínio de uma elite cultural. A revolução cultural, na China, começou em 1965, com uma revisão crítica de uma peça sobre a demissão de um oficial leal pelo imperador Ming. O crítico do drama zombou da peça como um ataque velado contra o tratamento dispensado a um oficial do Partido Comunista pelo "imperador" Mao Tse-Tung. Esse conflito, aparentemente artístico, era, na realidade, uma estratégia política desenvolvida por Mao e seus apoiadores para invalidar seus críticos. O debate transformou-se em reações populares cada vez mais violentas por toda a China, que bateram naquilo que era visto como "reminiscências da cultura feudal". A guarda vermelha, pessoas jovens liberadas de escolas e universidades fechadas, viajou pelo país destruindo ícones dos antigos modos de vida, incluindo da cultura religiosa e tradicional. Os templos budistas foram destruídos, livrarias esvaziadas e os livros queimados – tudo aquilo que estava ligado à antiga sociedade e cultura estava sob ataque, incluindo pessoas, como escritores e professores. Mao tentou criar uma nova cultura em nome dos trabalhadores, camponeses e soldados, cuja cultura era glorificada como uma substituição da veneração dos intelectuais educados, consagrados como foram pela tradição confucionista. Essa revolução cultural ecoou no movimento de 4 de maio, em 1919, que atacou o confucionismo e a sociedade tradicional, mas em nome dos ideais ocidentais da "senhora ciência e o senhor democracia", mais do que a revolução cultural dos anos de 1960 que foi inspirada pelos marxistas chineses e pela rejeição maoísta do ocidente.

TECNOLOGIAS TRANSNACIONAIS E A MEMÓRIA CULTURAL GLOBAL

Não foram apenas as instituições e Estados que moldaram a memória cultural. Atualmente, a tecnologia do satélite e a distribuição de direitos de televisão e cinema (e, mais recentemente, de mídia impressa) por corporações multinacionais tiveram um impacto sobre aquilo que é visto e lido e por quem vê e lê. Frequentemente se afirmou que o cinema era a quintessência da forma de arte do século XX. As tecnologias modernas, da televisão aos computadores, tornaram a expressão e a comunicação visual algo essencial na vida das pessoas. A invenção da fotografia, no século XIX, foi seguida de forma quase imediata pela ideia potencial de se colocar imagens fotográficas em sequência para criar um filme. No final do século XX, praticamente todas as regiões do mundo haviam começado a participar da criação da cultura visual por meio de imagens de fotografia, filmes e televisão. No final do século XX, as audiências globais haviam-se unido eletronicamente como uma única comunidade midiática. A ascendência de imagens transnacionais e suas reproduções tornaram possível a criação de ícones globais de memória cultural a partir de ícones nacionais, como a famosa fotografia do líder revolucionário cubano Che Guevara, que ganhou circulação global em todas as Américas e na Eurásia.

O cinema considerou as relações de poder alteradas do período entre guerra do século XX e os desafios sociais e econômicos da globalização. A habilidade de filmar para transcender e até mesmo manipular o tempo e o espaço a fez uma ferramenta valiosa para persuasão e propaganda, desde os filmes na era nazista, de Leni Riefenstahl, até as propagandas do Super Bowl. Embora os filmes tenham um rico pano de fundo em vários países, alguns dos mais distintivos, impressionantes e poderosos exemplos dessa nova forma de arte foram produzidos em nações não ocidentais. Os filmes criaram a possibilidade para a expressão multidimensional de questões culturais e sociais complexas. Também foram um meio de comunicação entre culturas, não limitado à tradução da expressão verbal, seja escrita ou oral/auditiva.

Enquanto o controle sobre a produção e distribuição de filmes por corporações multinacionais, desde os anos de 1950, impediu a criação de filmes independentes, alguns produtores usaram, de forma bem-sucedida, filmes e vídeos para promover ideias de contracultura, validando a observação anterior de que o filme é a "verdade 24 vezes por segundo". Por exemplo, o produtor senegalês, Ousmane Sembene, encontrou formas de ligar o papel tradicional do *griot* oeste-africano, um historiador/contador de histórias oral, por intermédio de filmes. Um pioneiro dos filmes africanos, Sembene vê os produtores modernos substituindo os *griots* como "os historiadores, os contadores de estórias, a memória viva e a consciência de seu povo". Seus filmes (*Emitai* [1971] e *Ceddo* [1976], por exemplo) foram baseados em eventos históricos. Sembene também utilizou as possibilidades da mídia de filmagem para retratar a natureza não linear do tempo e as crenças mágicas/espirituais de sua cultura africana. Diferentemente de muitos produtores de países em desenvolvimento,

Sembene teve sucesso em produzir filmes em linguagens africanas.

A posição japonesa, desde o final do século XX, como uma grande força econômica está refletida na riqueza de seu cinema, embora os maiores diretores japoneses tenham feito alguns dos melhores filmes nos anos de 1950, não muito tempo depois da derrota cataclísmica na Segunda Guerra Mundial. Ozu Yasujirô (1903-1963) narrou a vida íntima da família japonesa, o núcleo da sociedade japonesa, em filmes como *Tokyo Story* (1953). As estéticas técnicas da produção de Ozu são classicamente japonesas: leves, sóbrias e sutis, com grande apelo emocional, e retratam um mundo social que está declinando em face das influências modernas, ocidentais. O casal idoso no filme *Tokyo Story* representa a vida antiga da aldeia e da família, enquanto seus filhos são profissionais urbanos ocupados, que não tem tempo para seus pais idosos e antiquados. Naruse Mikio, estabelecido como diretor já no Japão pré-guerra, solidariamente documentou a continuidade da vida das mulheres entre as mudanças dramáticas do período pós-guerra, em muitos de seus filmes, como o *When a Woman Ascends the Stairs* (1960). Os filmes de outros diretores japoneses, como Akira Kurosawa (1910-1998), misturaram tanto a tradição japonesa quanto a modernidade junto às influências globais. Kurosawa adaptou Shakespeare nas tramas de vários de seus filmes.

No recente sucesso mundial das novelas gráficas (*mangá*) e do *anime* (animação), os japoneses retiraram os fundamentos da arte gráfica dos quadrinhos norte-americanos e reenquadraram a imagem e as palavras em uma nova forma cultural narrativa. A cultura popular no Japão tem entre seus temas principais a globalização e o nacionalismo, a cultura do consumo e a tradicional *kata* (forma padrão). A arte expressiva bidimensional se anima nas imagens planas móveis na tela digital e deriva de uma tradição artística popular que data das antigas impressões em blocos de madeira para grandes audiências. O discurso público em torno da nova identidade transnacional é um foco central desses novos meios que servem aos sistemas de memória cultural.

Produtores na República Popular da China começaram a experimentar, no final dos anos de 1970 e nos anos de 1980, tópicos anteriormente proibidos, como as relações sexuais, a opressão da mulher e muitas falhas e fracassos da vida na nova sociedade. Sem dúvida, o filme mais poderoso e controverso a ser produzido nesse período foi um documentário de seis capítulos para a televisão, "He shang". A produção, de 1988, usou o Rio Amarelo como uma metáfora para a China. O tema central é o da continuidade e da renovação cultural, familiar às experiências de todas as sociedades "modernizadas" não ocidentais. A questão da continuidade cultural em face da profunda mudança parece particularmente aguda no caso da China. Sua história é retratada na rápida justaposição de várias imagens com narrativa histórica, e os contrastes entre imagens realizam afirmações dramáticas sobre a complexidade da mudança cultural. O Rio Amarelo era historicamente conhecido como "o sofrimento chinês", devido às suas cheias periódicas nas planícies do norte da China e à devastação que causava. Ele tem sido uma fonte onipresente de sustento bem como de tragédia desde que se lembra a memória humana.

O filme *Lanternas Vermelhas* (1991), do produtor Zhang Yimou, retratou, em um estilo cinematográfico vívido e elegante, a opressão ritualizada do sistema familiar tradicional chinês. O filme era uma evocação tão poderosa da memória cultural que os censores governamentais inicialmente o baniram, como uma crítica em potencial contra o autoritarismo do Partido Comunista. Filmes mais recentes utilizaram alegorias, mas alguns se basearam nas relações entre o cinema global e a diáspora chinesa, de Hong Kong a Paris. No filme *Bicicleta de Pequim* (2001), de Wang Xiaoshuai, a bicicleta torna-se um símbolo da China, sugerindo a rapidez da mudança e as diversas perspectivas do protagonista do interior rural e do ladrão que rouba sua bicicleta na cidade. Esses produtores parecem sugerir que a cultura da China também é, ao

Figura 9.8 Ainda sobre o filme *Ran* de Akira Kurosawa, podemos dizer que os filmes dele atingiram audiências globais, devido ao seu estilo cinematográfico inovador e ágil, bem como ao seu forte conteúdo, que frequentemente se baseava tanto em temas históricos japoneses quanto em tragédias shakespearianas, como *Macbeth* ("Trono manchado de sangue", 1957) ou *Rei Lear* ("Ran", 1985).

mesmo tempo, uma fonte de força e um fardo pesado que os chineses modernos ainda têm de reconciliar com as exigências da história recente e o modelo do ocidente, conforme constroem um sistema viável de memória cultural para o século XXI.

CONCLUSÕES

A forma de novela tradicional japonesa, o *noh*, serve como uma metáfora adequada para o tema deste capítulo: a produção e a reprodução da cultura e sua transmissão como memória cultural por distintos sistemas de memória. As peças *noh* recontam os eventos que ocorreram no passado, e normalmente há uma solução, frequentemente religiosa, de alguns conflitos que ocorreram. Há um coral, algo semelhante às tra-

gédias gregas, que canta ao fundo e comentam sobre os atores e eventos. A peça *noh Atsumori* é baseada em um episódio da *Fábula de Heike*, na qual o jovem guerreiro Atsumori é assassinado por seu inimigo Kumagai, embora este último tenha desejado poupar a vida de Atsumori, devido à sua beleza e juventude. Na peça *noh*, Kumagai torna-se um sacerdote e encontra o fantasma de Atsumori, que o perdoa, em uma demonstração da compaixão budista. No Caso dos *noh,* a reencenação de um evento passado funciona como um meio de purgação dramática, uma forma não só de explicar o evento, mas também de comemorá-lo e de controlá-lo por meio de sua recriação. O que importa não é o objetivo de recontar a história, mas a atribuição de um significado a ela. De uma forma similar, visto que as culturas humanas se autorreproduzem ao longo das gerações, elas fazem isso em parte com intenção. Isto é, as pessoas constroem memórias do passado inseridas em formatos culturais e práticos, pelos quais transmitem o passado de uma maneira proposital.

Algumas culturas enfatizam a manutenção de registros históricos formais e a transmissão do passado de uma forma explícita e consciente, por meio de textos escritos, como os chineses, ou por tradições orais, como os mande, no oeste da África. Outras culturas prestam muita atenção na transmissão de ideias religiosas ou de conceitos universais, como aquelas influenciadas pelo hinduísmo e pelo budismo na Índia e no sudeste asiático. Mas todas as culturas, seja de forma explícita ou implícita, encontraram maneiras de transmitir um entendimento particular de seu passado por meios formais e informais, por meio de instituições e organizações, rituais comunitários e estruturas distintas. Dessa forma, eles negociam, produzem e reproduzem sua memória cultural única no próprio processo de expressão e transmissão desta. Não é por acaso que as palavras "memória" e "comemorar" são relacionadas. A institucionalização da memória por meio de rituais comemorativos do passado é uma forma essencial de reprodução e transmissão cultural.

Neste capítulo, enfatizamos a transmissão da memória cultural por meio de sistemas de memória principalmente, mas não exclusivamente, interiores às culturas. Historiadores mundiais não estão sozinhos em sua participação no processo de relembrar o passado. A transmissão de ideias e práticas por meio de culturas ao longo do tempo ocorre com a utilização de mídias tão diversas quanto o livro de história que você está lendo ou pela contínua globalização da cultura e da culinária que você encontra por aí no século XXI. Os historiadores podem explorar a interação de culturas por meio do desenvolvimento de idiomas culturais globais: a rede de tecnologia da informação digital, das artes visuais e da literatura traduzidas além das fronteiras nacionais, a música criada pela transinspiração por diferentes meios e os filmes e vídeos são formas de arte definidoras do mundo moderno. Suas imagens em movimento documentam a velocidade da mudança, assim como as preocupações universais que dão forma à condição humana e exploram a memória cultural de suas profundas diferenças e semelhanças.

REFERÊNCIAS SELECIONADAS

Apter, Andrew (1992) *Black Critics and Kings: The Hermeneutics of Power in Yoruba Society*, Chicago, Ill. and London: University of Chicago Press. Examina como as formas de ritual e conhecimento iorubas moldaram a história e a resistência.

Assmann, Jan (2005) *Religion and Cultural Memory: Ten Studies*, Palo Alto, Calif.: Stanford University Press. Dez ensaios que exploram as conexões entre religião, cultura e memória, argumentando que a memória cultural é tanto individual quanto social.

Connerton, Paul (1989) *How Societies Remember*, Cambridge: Cambridge University Press. Este livro trata a memória mais como um ato cultural do que um ato individual, focando-se na maneira com que as sociedades transmitem o passado.

Draaisma, Douwe (2000) *Metaphors of Memory: A History of Ideas About the Mind*, Cambridge: Cambridge University Press. Explora múltiplos contextos sobre como as sociedades humanas conceituaram a memória.

Fabian, Johannes (1996) *Remembering the Present: Painting and Popular History in Zaire*, Berkeley: University of California Press. Fornece o exemplo da luta de um artista africano para pintar o passado em um contexto contemporâneo de opressão e silenciamento: levanta questões essenciais sobre o que os historiadores fazem para representar o passado e reproduzir as relações de poder do presente.

Halbwachs, Maurice (1992) *On Collective Memory*, editado, traduzido e com uma introdução de Lewis A. Coser, Chicago, Ill. and London: University of Chicago Press. Obra clássica propondo que todas as memórias funcionam em um contexto coletivo.

Roberts, Mary Nooter and Allen F. Roberts (1996) *Luba Art and the Making of History*, New York: Museum for African Art. Brilhante consideração da arte como memória cultural no Zaire.

White, Jr., Lynn (1966) *Medieval Technology and Social Change*, New York: Oxford University Press. Visão clássica da tecnologia como um sistema de memória.

Zerubavel, Eviatar (2003) *Time Maps: Collective Memory and the Social Shape of the Past*, Chicago, Ill. and London: University of Chicago Press. Explora o processo social de criação da continuidade e da descontinuidade.

FONTES *ONLINE*

Annenberg/CPB Bridging World History (2004) <http://www.learner.org/channel/courses/worldhistory/>. Projeto multimídia com *website* interativo e vídeos por demanda; veja especialmente as unidades 1, Maps, Time, and World History, 2, History and Memory, 17, Ideas Shape the World, 21, Colonial Identities, 25, Global Popular Culture, and 26, World History and Identity.

Cruzando Fronteiras
Limites, encontros e fronteiras

10

Entre os povos que viveram na província da Nova Espanha (atual México) nos tempos pós-conquista estavam os Nahua, que, entre 1550 e cerca de 1800, produziram numerosos documentos em sua própria língua (nahuatl), que foram escritos na escrita europeia. As fontes nahuatl mostram como as estruturas indígenas e os padrões da cultura nahua sobreviveram à conquista em uma grande escala e por um período de tempo muito mais longo do que julgaram os relatórios dos cidadãos espanhóis. Por exemplo, embora os espanhóis "reivindicassem" e "possuíssem" a terra, determinando seus limites, ela foi garantida a outros, frequentemente revertida aos habitantes indígenas. Um trecho do documento abaixo descreve uma garantia de terra de 1583, na cidade de San Miguel de Tocuillán, no México. Sua receptora e a porta-voz da família é Ana:

> Ana falou a seu irmão mais velho, Juan Miguel: "Meu querido irmão mais velho, deixe-nos ficar sob seu teto por alguns dias – apenas por uns poucos dias. Eu não tenho muitas crianças, apenas meu pequeno Juan, filho único. Há apenas três de nós, contando com seu cunhado, Juan".
>
> Então o irmão mais velho disse: "Muito bem, minha irmã mais nova. Mude-se com o que tem, traga todas as suas coisas"...
>
> Então Ana disse: "Não nos deixe causar tantos problemas; deixe-nos ficar com um pedaço da preciosa terra de nosso precioso pai, San Miguel, e lá construiremos uma pequena casa"...
>
> Então Juan Francisco disse: "Quem irá medi-la?"
>
> O senhorio falou: "Quem então? Em outros tempos não era o bom e velho Juan? Ele irá medir".
>
> Então eles disseram para ele: "Venha, tome o tocador de gado e tire as medidas. Tire seis medidas de cada lado".
>
> E quando ele mediu, disseram então: "Essa é toda a terra que iremos lhe dar".
>
> Ana falou: "Muito obrigada; agradecemos sua generosidade".
>
> Então o governante disse: "Vamos começar do jeito certo; não deixe que a falta de pedras a preocupe, mas prepare-se rapidamente para começar os alicerces".
>
> Ana retorquiu: "Vamos entrar para que você prove um pouco mais de pulque (uma bebida alcoólica feita da planta do agave)".
>
> Então o governante disse: "O que mais podemos desejar? Já temos (o suficiente)".
>
> E então Ana e seu marido choraram quando receberam a terra.
>
> Então Ana disse: "Velas serão acesas, e eu irei oferecer incensos para meu precioso pai San Miguel, pois é em suas terras que construirei minha casa"...
>
> Quando os cinco donos de terra falaram, todos se abraçaram.
>
> (James Lockhart, *Nahuas and Spaniards: Postconquest Central Mexican History and Philology*, Stanford and Los Angeles, Calif.: Stanford University Press/UCLA Latin American Center Publications, 1991, p. 70-4)

Mesmo no contexto de seu encontro com os invasores espanhóis, que determinaram novos limites territoriais, o povo Nahua continuou a praticar seus próprios costumes no que tange ao ajuste de limites, incluindo o compartilhamento ritual de comida e bebida, significando o acordo do contrato de terras. Os limites aqui desenhados designavam o local de uma casa, mas as fronteiras também foram utilizadas para mapear reivindicações territoriais de grande escala, como aquelas dos Estados, nações e impérios. Os *conquistadores* espanhóis, por exemplo, mapearam o Império Espanhol na América do Norte, estabelecendo as fronteiras nos limites mais longínquos do controle imperial. Fazendo isso, os espanhóis dependeram do conhecimento geográfico nativo para encontrar o caminho no que eles chamaram de "Nova Espanha".

INTRODUÇÃO

Mais do que a definição do território, traçar os limites também é uma afirmação de identidade, cercamento, inclusão e distinção do próprio território em relação aos "outros". O conceito de fronteira, dessa forma, opera tanto metaforicamente quanto materialmente: as fronteiras podem referir-se ao corpo físico e às categorias sociais e culturais, assim como ao espaço geográfico. As zonas que existem entre os limites – que podem ser geográficos, culturais, sociais ou políticos – são as fronteiras, arenas espacialmente fluidas de interação cultural, social e econômica. Como a fronteira, o termo "área de fronteira" é utilizado para se referir às áreas ao longo de limites que são fluídos e não ainda claramente absorvidos por territórios de ambos os lados, embora ambos ainda possam reivindicá-los. Fronteiras ou áreas de fronteira mudam, alteram-se e frequentemente desaparecem com a expansão ou com a contração dos impérios e com o afinamento dos limites que acompanham a consolidação dos Estados-Nação.

Tanto os impérios quanto os Estados estabeleceram muralhas ou outro tipo de marco para designar as fronteiras, não só as territoriais, mas também as culturais e políticas simbólicas. A Grande Muralha da China marcou a divisão entre as estepes e as terras de plantação e foi um símbolo poderoso da fronteira do norte do Império Chinês, após sua consolidação, no século III a.C.. A Muralha de Adriano, construída no começo do século II d.C., distinguia o reino da civilização romana daquele dos bárbaros do norte, na atual Escócia. Em tempos recentes, o Muro de Berlim separou o leste do oeste durante a Guerra Fria, marcando a linha entre o comunismo e o "mundo livre", assim como fizeram as fronteiras metafóricas da Cortina de Ferro e de Bambu.*

"Encontro", ou "contato", descreve as experiências das pessoas – comerciantes, peregrinos, missionários, aldeões, guerreiros ou turistas – que interagiam pelas fronteiras ou dentro dos limites e áreas de fronteira. Os habitantes das fronteiras e de áreas de fronteira apropriaram-se de novas culturas, criaram alianças, envolveram-se em conflitos e trocaram identidades. A mobilidade social é um produto da mobilidade geográfica para dentro das fronteiras e áreas fronteiriças (ver Capítulo 1).

"Encontros" e "contatos" são termos neutros que mascaram a natureza frequentemente violenta desses encontros e as relações normalmente desiguais entre indivíduos e grupos que vivenciaram esses encontros, embora os de natureza comercial e cultural, entre agentes relativamente iguais, provavelmente sejam pacíficos e produtivos.

Tanto por terra quanto por mar, limites, encontros e fronteiras estão relacionadas com os processos históricos mundiais do movimento de pessoas, formação de Estados, trocas econômicas e a dispersão das religiões (ver Capítulos 1, 4, 6 e 7). Nos limites dos impérios ou nas intersecções das culturas, os povos que cruzaram as fronteiras produziram culturas híbridas e transformações históricas, frequentemente subvertendo o poder e a autoridade dos Estados, impérios e nações. Neste capítulo, iremos focar nos limites, nos encontros e nas fronteiras como forma de iluminar os processos de mudança histórica mundial, mais a partir das periferias do que dos centros. Indivíduos e grupos que cria-

---

* N. de R.T.: Referências às fronteiras do bloco soviético e da China, respectivamente.

ram limites geográficos, envolveram-se em encontros e viveram em zonas de fronteira foram agentes humanos da mudança histórica.

MAPEAMENTO DO MUNDO

A criação de fronteiras e a exploração de territórios na América espanhola, descritas no começo deste capítulo, exigiram mapas que podiam representar tanto o terreno físico quanto as reivindicações humanas feitas em relação a ele. Desde os tempos mais remotos, os mapas serviram a muitos propósitos diferentes, dependendo das necessidades dos povos que os confeccionavam e os usavam. Os primeiros mapas foram feitos a partir de vários materiais, até mesmo confeccionados em pedra ou feitos de gravetos, como as cartas geográficas, exibindo as correntes oceânicas e as distâncias entre os atóis e as ilhas do Pacífico, utilizadas pelos nativos das Ilhas Marshall.

O desenvolvimento da cartografia científica, contudo, foi crucial para a navegação por longas distâncias com propósitos comerciais, de exploração e de dispersão das religiões. A cartografia foi relacionada às ciências dos céus, e o mais famoso dos astrônomos-cartógrafos do antigo mundo mediterrâneo foi Ptolomeu (127-151), o bibliotecário de Alexandria, o centro da comunidade egípcia e grega. Ptolomeu desenvolveu mapas do mundo que davam uma visão geral das relações entre os mares e massas de terra conhecidas. Ele foi o primeiro a usar paralelos (de latitude) e meridianos (de longitude) em seu mapeamento, e seus mapas do mundo foram os mais transmitidos da antiguidade para a Europa medieval. Ptolomeu tinha consciência de que o mundo era redondo, mas erros, como ao subestimar a circunferência do globo, atrapalharam o uso prático de sua geografia. Contudo, os erros de cálculo de Ptolomeu tiveram um efeito prático. Encorajaram Colombo, que, baseando-se nas informações de Ptolomeu, subestimou em muito a distância em direção ao oeste até as Índias, quando programou sua primeira viagem.

Mapas possuem mais do que funções práticas: eles também são formas de representar o mundo, e frequentemente refletem a perspectiva cultural do mundo de quem os confecciona. No tempo de Ptolomeu, o crescimento da cosmografia religiosa (representações do universo) na Europa retardou o desenvolvimento da ciência da cartografia. De acordo com a cosmologia cristã, o mundo era representado como um disco, simbolizando a relação dos homens com o céu, e o sistema gradeado de coordenadas que mapeava o mundo em paralelos e meridianos foi abandonado. Enquanto isso ocorria na Europa, o astrônomo-cartógrafo e sismologista chinês, chamado de Zhang Heng (78-139), fez uso do sistema gradeado de mapeamento do mundo. Embora a cosmografia religiosa no leste da Ásia também tenha tido seu papel na criação de mapas, as grades de Zhang Heng forneceram uma moldura independente e padronizada para os mapas chineses, daqueles tempos até os dias de hoje.

A cosmografia religiosa dominou a cartografia árabe até o mapa-múndi do estudioso norte-africano al-Idrisi (1099-1166). Esse sofisticado mapa mundial foi confeccionado na metade do século XII, para o governador normando da Sicília, Roger II (aproximadamente 1132-1154), que era conhecido por seu interesse pelas ideias e instituições estrangeiras. O mapa de al-Idrisi foi feito na tradição ptolomaica, baseado em um sistema de linhas cruzadas que lembrava os mapas gradeados chineses, cujos exemplos existentes podem ser datados da metade do século XII. Não está claro como a tradição ptolomaica foi transmitida nem em que extensão a influência chinesa teve um papel no ressurgimento da cartografia científica na Europa, mas por volta de 1300 cartas marítimas foram utilizadas no Mediterrâneo, testemunhando a reintrodução da cartografia científica baseada no uso do compasso dos marinheiros, que se tornou conhecido na Europa bem antes de 1200.

Refugiados dos ataques turcos em Constantinopla, fugindo para a Itália nos séculos XIV e XV, carregaram com eles preciosos manuscritos da cidade. Entre eles estavam textos gregos da *Geografia* de Ptolomeu, uma obra do século II, conhecida dos cartógrafos árabes desde, pelo menos, o século IX d.C. Durante o século XV, o guia de Ptolomeu para a confecção de mapas foi traduzido para o latim, e os mapas posteriores foram adicionados e atualizados. Eles tiveram um enorme impacto nos modelos e significados ligados à descoberta geográfica durante o século seguinte. A *Geografia* incluía instruções sobre como fazer projeções cartográficas – mapas que incluíam meridianos e paralelos, linhas longitudinais e latitudinais baseadas no reconhecimento astronômico.

Uma importante consequência da invenção da impressão durante o Renascimento europeu (ver Capítulo 9) foi a criação e a distribuição de mapas impressos, incluindo o mapa-múndi de Ptolomeu (impresso pela primeira vez em Ulm, no ano de 1486). A habilidade de reproduzir cópias idênticas permitiu que a multiplicidade de cópias circulasse e aumentasse a quantidade de informação cartográfica que podia ser acumulada ou apurada nos mapas desenhados. Centros de aprendizado renascentista, como os de Florença e outras cidades italianas, atraíram estudiosos e também mestres artesãos que construíam mapas e modelos de globos durante os anos de exploração europeia, um tempo em que a compreensão das relações entre a água e a terra foi drasticamente alterada.

Os primeiros mapas a exibir o mundo do atlântico, desenhados sobre pele de ovelha, foram as cartas geográficas manuscritas, no estilo portulano, utilizado por capitães de navios. Utilizados para guiar navios, os portulanos se preocupavam muito com o fornecimento de detalhes, informações precisas sobre a linha costeira e pontos cardeais para a navegação, mas lhes faltava o sistema de projeção dos mapas ptolomaicos, um sistema ordenado de meridianos e paralelos. O mapa, de estilo portulano, de Juan de La Cosa, da época de 1500, mostra as descobertas das viagens de Colombo e a exploração posterior da América do Sul, junto com as viagens do inglês John Cabot (1497) próximo a Newfoundland (Terra Nova).

O primeiro mapa impresso exibindo as descobertas nas Américas apareceu em Florença, em 1506. Diferentemente do mapa de la Cosa, o mapa de Giovanni Contarini e seu desenhista, Francesco Rosseli, tinha uma projeção regular. Esse mapa, e o mapa gravado de 1507, por Johannes Ruysch, um holandês que vivia na Alemanha, forneceu os meios para o reconhecimento gradual de que um novo mundo havia sido descoberto (não as Índias ou Cathay, como Colombo equivocadamente imaginou) e sim outro continente que, portanto, deveria ser adicionado à representação cartográfica do mundo. Esse reconhecimento foi ilustrado no mapa de Martin Waldeseemüller, de 1507; seu mapa impresso é também o primeiro mapa datado onde o nome "América" aparece.

Os muitos avanços no conhecimento, resultantes da exploração geográfica do século XVI, culminaram no grande mapa-múndi de 1569, elaborado por Gerardus Mercator, de Flandres. A projeção de Mercato emprestou as linhas de bússolas, o que a tornou mais fácil de ler pelos navegadores. Finalmente, uma verdadeira carta geográfica navegacional havia sido feita. O mapa-múndi de Mercator incluía as descobertas europeias que permitiram o delineamento das Américas, o Estreito de Magalhães e outras descobertas. Também colocou a Ásia, as Américas, a Europa e a África em uma única visão global, correspondendo à incorporação de grande parte do mundo em um novo sistema mundial dominado pela Europa.

ENCONTROS SAGRADOS: PEREGRINOS CRISTÃOS, ISLÂMICOS E BUDISTAS

A confecção de mapas foi estimulada não só pelas necessidades dos mercadores e exploradores de navegar por mar ou em rotas terrestres, mas também pelo desejo de peregrinos e missionários de visitar cidades sagradas ou buscar novos fiéis em lugares distantes (ver Capítulo 4). Cada cultura no mundo tinha seus lugares sagrados, reconhecidos e visitados por seu povo como centros de poder. Alguns eram bosques sagrados, como no caso da Europa Céltica, ou cavernas, para o Zimbábue, na África. Outros eram o topo de montanhas, praias ou cidades.

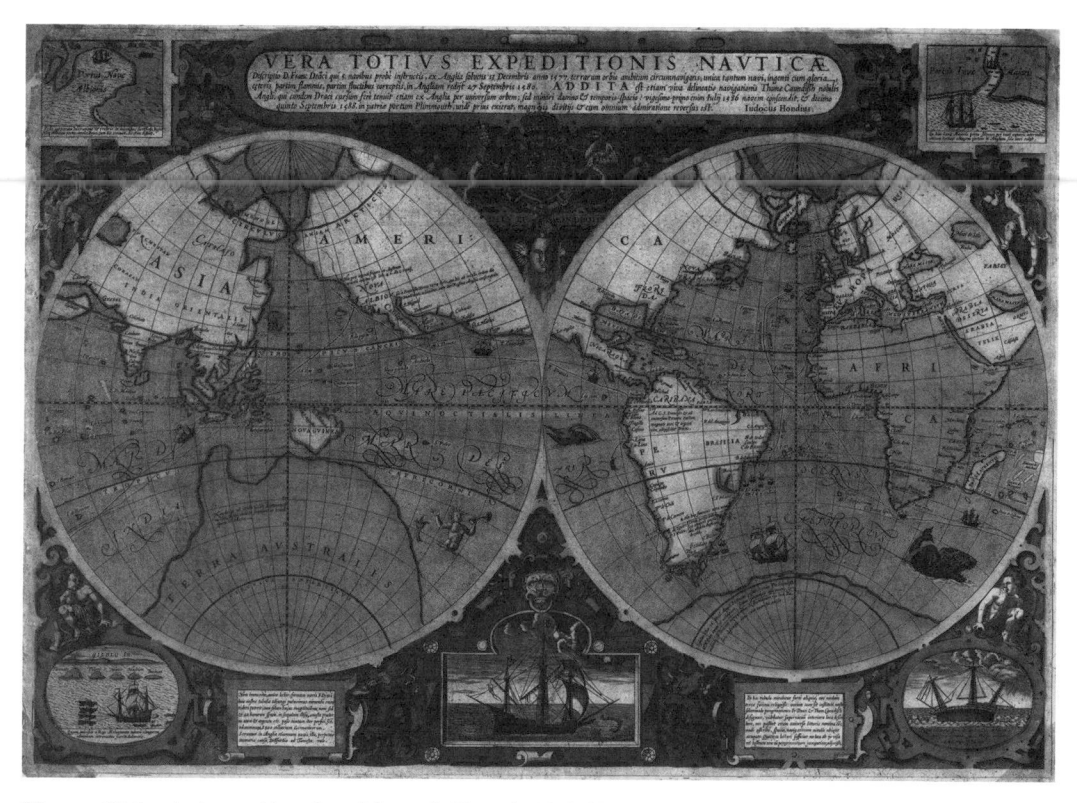

Figura 10.1 Jodocus Hondius, Mapa da Terra (1595). Hondius era um artista flamengo, desenhista e cartógrafo que ajudou a dar publicidade ao trabalho anterior de Gerardus Mercator. Na sua própria confecção de mapas, Hondius fazia uso das informações colhidas nas viagens do inglês Sir Francis Drake, que circunavegou o globo no final da década de 1570. O trabalho de Hondius ajudou a estabelecer Amsterdã como centro de excelência em cartografia na Europa do século XVII.

E como algumas religiões se espalhavam bem além de suas fronteiras culturais originais, disseminadas por pressões políticas ou econômicas e, algumas vezes, pela persuasão, os peregrinos tornaram-se viajantes mundiais cujos horizontes se expandiam com outras culturas.

No século IV, os peregrinos cristãos estavam visitando a Palestina, vindos da África, da Europa e do oeste da Ásia. Em santuários de Belém, Nazaré e Jerusalém, eles buscavam a intervenção divina para cura, filhos e riqueza. Alguns buscavam o perdão de Deus para atos pecaminosos do passado, e mais tarde, depois do século VI, muitos vieram da Europa para pagar promessas. Em parte devido ao grande número de vagantes sem-teto e de peregrinos na estrada, era uma prática cristã comum abrir as portas para estranhos e fornecer-lhes comida e bebida. Qualquer pessoa pobre ou desabrigada tinha o direito e o privilégio de encontrar abrigo em igrejas. No século X, cristãos também viajaram para lugares santos na Europa, a maioria dos quais eram ou tumbas de santos ou igrejas que detinham os ossos ou outras relíquias de santos. Nessa época, as aldeias ao redor dos locais sagrados brotaram, prestando serviços aos peregrinos. Guias conhecendo várias línguas, assim como restaurantes e estalagens, eram encontrados nessas vilas. Downpatrick, na Irlanda, o local de um santuário de São Patrício, o santo patrono da Irlanda, era um desses centros de visitação do século X; aldeias similares podiam ser encontradas em toda a Europa. No leste da Europa, peregrinos cristãos visitavam mais frequentemente os monastérios, procurando meditação com Deus com os homens santos internos.

A peregrinação foi mais formalmente estruturada no Islã. Pelos dogmas da fé, todos os muçulmanos deveriam realizar a peregrinação (*hajj*) a Meca, pelo menos uma vez na vida. No século VIII, a cidade recebia milhares de peregrinos de todo o oeste da Ásia durante o mês de peregrinação todos os anos. No século X, ainda mais chegavam e de lugares muito mais distantes: Índia, oeste e norte da África e Espanha. Meca tornou-se o maior centro de peregrinação do mundo. Peregrinos muçulmanos também visitaram as tumbas dos profetas na Palestina e as tumbas dos santos em outros lugares, mas em número menor.

As expedições das cruzadas, pelas quais os cristãos europeus ocidentais buscaram recapturar a Palestina, foram em parte um reflorescimento dos contatos entre os peregrinos cristãos e os muçulmanos, visitando sua "Terra Sagrada". Por meio das experiências e contatos no leste do Mediterrâneo, os cruzados europeus foram capazes de recuperar com os árabes muito dos conhecimentos que foram perdidos após a queda de Roma. Além de tornar disponível grande parte do conhecimento grego na Europa Ocidental, a matemática, a ciência e a medicina árabe eram mais avançadas do que os conhecimentos ou práticas da Europa ocidental. O comércio e a agricultura da Europa tinham muito a aprender com as práticas negociais e com a horticultura dos árabes. Palavras comuns, como álgebra, alfafa e álcool, e produtos agrícolas como laranjas, nectarinas e berinjelas, são exemplo do que o contato com os árabes forneceu para a Europa ocidental.

A peregrinação foi também uma importante prática religiosa na Ásia. Para os hindus, além das visitas aos templos e santuários de Shiva, Vishnu e outros deuses e deusas, banhar-se nos sete principais rios da Índia, especialmente o Ganges, era considerado uma forma sagrada de purificação. Excursões de peregrinação para vários templos em uma sequência, cada um dos quais localizados em diferentes partes da Índia, eram populares também. A peregrinação hindu, contudo, exceto por alguns poucos lugares do sudeste da Ásia, foi principalmente limitada propriamente à Índia. Budistas, por outro lado, envolveram-se em peregrinações de longas distâncias até lugares associados à vida de Buda na Índia e, mais tarde, para lugares por toda a Ásia, para onde o budismo se espalhou. No primeiro século d.C., peregrinos budistas do centro e do sudeste da Ásia, bem como de todas as partes da Índia, regularmente visitaram lugares do norte indiano, onde Buda viveu e ensinou. No século VII, a rede de peregrinação budista foi expandida para incluir a China, o Japão e grande parte do sudeste asiático. Os peregrinos viajaram não apenas para a Índia, mas também até templos que mantinham relíquias de Buda, em lugares como Sri Lanka e Burma.

Todos esses peregrinos de longa distância retornavam para suas sociedades como pessoas diferentes do que eram quando saíram, e levavam conhecimentos de diferentes culturas, bem como bens materiais – arte, literatura, alimentos e roupas. Como turistas modernos que retornam, eles passavam seus conhecimentos adiante para seus vizinhos. Completar sua peregrinação lhes conferia um *status* mais elevado e um nível a mais nos negócios e assuntos pessoais em suas próprias sociedades. Essa posição ajudava a disseminar o novo conhecimento que eles haviam adquirido na peregrinação. As rotas seguidas pelos peregrinos frequentemente eram também artérias comerciais cruzadas por mercadores, como as Rotas da Seda atravessando a Ásia Central ou as rotas auríferas na África. Essas rotas de caravanas por si só, junto aos caminhos marítimos como o do Oceano Índico, tornaram-se avenidas para encontros, um tipo de fronteira móvel onde intercâmbios religiosos, culturais e econômicos ocorriam.

ENCONTROS SAGRADOS: MISSIONÁRIOS JESUÍTAS NA ÁSIA, NA ÁFRICA E NAS AMÉRICAS

Como os peregrinos, os missionários também viajaram com propósitos religiosos, mas seu objetivo era diferente: espalhar sua fé por meio do ensino e das boas obras. Um dos movimentos missioneiros mais disseminados e influentes foi o da Companhia de Jesus (jesuítas), aprovado pela Igreja Católica em 1540, como um meio de conter o impacto da reforma protestante (ver Capítulo 4). Como eles receberam treinamento religioso e acadêmico intensivo, além de suas atividades na Europa, os jesuítas foram uns dos principais participantes dos encontros iniciais entre europeus e povos da África, das Américas e da Ásia. Eles escreveram e leram relatos de outras culturas, espalhando informações a respeito delas para os europeus, na medida em que buscavam disseminar sua fé para pessoas ao redor do globo.

Logo depois da fundação de sua ordem, os jesuítas chegaram até a Ásia. Na Goa da metade do século XVI já existiam 80 igrejas e conventos. Seguindo o trabalho missionário em outros lugares da Ásia, Francisco Xavier (1506-1552), um dos membros fundadores da Companhia de Jesus, chegou ao extremo sul do Japão, na ilha de Kyushu, em 1549, e lá começou a fazer conversões ao cristianismo. Chamando-os de "o melhor povo que eles haviam encontrado", Xavier, como outros jesuítas, teve uma boa impressão dos japoneses e de sua sociedade aparentemente bem ordenada.

Para os japoneses, o catolicismo era a religião dos "bárbaros do sul", como os portugueses e espanhóis eram conhecidos, e, no começo, o cristianismo foi compreendido como mais uma linha do budismo, como outras que haviam chegado até o Japão a partir do interior da Ásia. Alguns dos *daimyo* (lordes) do sul do Japão acreditavam que a conversão ao cristianismo traria poder e riqueza, e então eles adotaram pelo menos os aspectos superficiais da nova fé. Um dos mais poderosos *daimyo* do século XVI, Oda Nobunaga, gostava de vestir-se com roupas portuguesas e usar um rosário. Jesuítas e outros missionários inicialmente obtiveram um número substancial de convertidos; o século XVI é, algumas vezes, conhecido como o "século cristão" do Japão.

Francisco Xavier morreu em 1552, enquanto esperava obter permissão para entrar na China. Mas outros rapidamente tomaram seu lugar. O mais famoso foi Matteo Ricci (1551-1610), um italiano estudante de direito, matemática e ciências, bem como cartografia e mecânica. Ricci preparou cuidadosamente uma forma de fazer com que os jesuítas fossem aceitos pelos chineses, adotando o estilo de um acadêmico confucionista e impressionando seus anfitriões chineses, tanto com o conhecimento europeu quanto com sua compreensão da cultura chinesa. Diferente da experiência dos jesuítas no Japão, contudo, onde seus esforços de conversão foram relativamente bem-sucedidos, poucos chineses foram convertidos. A tolerância chinesa para com os jesuítas, e até mesmo seu patrocínio imperial, ocorreu em decorrência dos a interesses pelo conhecimento científico e tecnológico europeu que eles transmitiam. Um jesuíta alemão, Adam Schall von Bell (1591-1666), foi nomeado astrônomo da corte pela dinastia Manchu Qing; o belga Ferdinand Verbiest (1633-1688) foi similarmente nomeado astrônomo da corte e tornou-se um favorito do Imperador Kangxi (aproximadamente 1662-1722).

A adaptação à cultura chinesa por meio da aceitação de práticas como as dos ritos ancestrais confucionistas foi denunciada por ordens religiosas rivais na Europa. No século XVII, o papa declarou inaceitável a prática de tais rituais pelos cristãos chineses, e a influência dos missionários católicos decaiu. Os jesuítas não tiveram mais do que um impacto periférico na China e no Japão, o que fez com que fossem expulsos.

Provavelmente a sociedade africana mais conhecida que os jesuítas ampararam foi o Congo, um poderoso Estado centro-africano. Sua notoriedade e *status* derivavam principalmente dos esforços bem-sucedidos dos missionários portugueses; a realeza congolesa converteu-se ao catolicismo e o tornou a religião estatal. O rei congolês, Afonso (aproximadamente 1506-1545), não só permaneceu como um leal cristão, mas, durante sua vida, viu seu filho Henrique ser ordenado bispo por Roma, que mandou missionários jesuítas a pedido de Afonso. O *status* de reino cristão garantiu privilégios diplomáticos e comerciais à realeza congolesa, mas os benefícios logo deram lugar à dependência política e econômica quando os portugueses se envolveram na elite cultural e nas políticas locais. Em 1556, quando portugueses locais tentaram indicar seu próprio escolhido como sucessor, após a morte do rei, os cidadãos africanos se rebelaram contra os aristocratas congoleses, matando os europeus e ganhando uma reputação de xenofobia; daquele momento em diante eles passaram a resistir contra estrangeiros.

A conversão religiosa de reis forjou grandes transformações culturais que se infiltraram na elite cultural e, por fim, abrangeram grande parte da sociedade congolesa. Com o esforço dos jesuítas, as elites (incluindo os reis) e outros se tornaram letrados nas linguagens europeias. Os jesuítas produziram um dicionário do congolês escrito e as correspondências entre os reis de Portugal e do Congo são valiosos documentos históricos.

A transferência de ideias europeias não foi a única questão da superimposição destas sobre o pano de fundo primitivo do Congo. As novas fés foram incorporadas à matriz das políticas e crenças tradicionais nos ancestrais e nos espíritos. Esse sincretismo é especialmente aparente na expressão local dos rituais católicos. Descrições do banquete de canonização dos jesuítas, em 1620, de São Francisco Xavier, em Luanda (Kongo), sugere algo da interação e até mesmo das tensões entre as crenças africanas e europeias. Poetas luandenses competiram na composição de canções de louvor ao novo santo. O governador português, um comerciante de escravos de uma das maiores casas financeiras judias, ordenou saudações à artilharia naval e a iluminação noturna por toda a cidade.

A procissão carnavalesca associada com o banquete católico em Luanda foi uma mistura de rituais e símbolos Mbundu e congoleses junto com os inventivos rituais pagãos e cristãos. A procissão retratou satiricamente três Estados africanos ("Angola", "Etiópia" e "Congo") como três gigantes vestidos em roupas formais acompanhados por seu "pai", o conquistador europeu, retratado por um anão negro capturado na guerra. Tais ocasiões permitiram críticas e uma inversão de papéis sem precedentes, sem dúvida servindo para aliviar as tensões e os conflitos causados pelas transformações sociais e religiosas que estavam em curso.

Outras atividades jesuítas se estenderam até as Américas, onde eles ajudaram a garantir o interesse europeu sobre as novas colônias estabelecidas. Seus relatórios anuais escritos encorajavam a colonização, e eles participavam ativamente da exploração. Em 1549, os jesuítas lançaram aquela que seria uma das maiores empreitadas missioneiras entre os índios guaranis, na América do Sul. As missões tornaram-se conhecidas como Reduções paraguaias (do latim, *reducere*, significando "resgatar" ou "arrebanhar"), e abrangiam 30 aldeias e mais de 80 mil índios. Ao longo da duração de suas missões, os jesuítas instruíam os guaranis na linguagem e nas habilidades europeias, e estes se tornaram oficiais, escultores, músicos clássicos, calígrafos e construtores de catedrais barrocas.

Talvez a exploração jesuíta mais conhecida na América do Norte tenha sido a do Padre Jacques Marquette (1637-1675), que foi enviado para a missão central permanente em Sault Saint Marie, no que é hoje a península superior de Michigan, um território habitado por índios Huron. As "missões" jesuítas eram pouco mais do que postos avançados sustentados pelas aldeias agrícolas dos Huron. Marquette acompanhou as viagens de Green Bay no Lago Michigan até o alto Mississipi e descendo para o Rio Arkansas. Entre os Illini, na nação Illinois, ao sul do Lago Michigan, Marquette observou uma alta incidência de poligamia em série; outros notaram o tratamento abusivo dispensado às mulheres, que acompanhava a poligamia, nas comunidades Illini, onde as proporções entre os sexos eram alteradas pela redução da população masculina por causa da guerra. De forma que não pode ser prevista pelos missionários jesuítas, as mulheres illini viram no catolicismo um meio de outorga de poder em suas próprias comunidades.

A filha de um proeminente chefe, uma mulher que conhecemos, a partir dos registros de um padre, como Marie Rouensa, convertida ao catolicismo e que, pelo menos inicialmente, rejeitou o casamento com um comerciante de peles francês que seus pais haviam arranjado para ela. Eles a converteram e ela se casou – um casamento monogâmico oficial sancionado pela Igreja Católica, em contraste com os casamentos poligâmicos informais que eram comuns em sua comunidade, onde as mulheres eram numericamente superiores aos homens. Ela também encorajou, de forma bem-sucedida, outras mulheres illini a adotar a fé católica (Sleeper-Smith 2001: Cap. 2). Embora notável, a história de Marie não é única. Ela fornece um exemplo convincente das formas com que a fronteira dos Grandes Lagos era um espaço, um "meio físico", onde os povos nativos negociavam com comerciantes de peles franceses e com jesuítas missionários para garantir suas próprias posições. Essa história sugere que as mulheres, em particular, foram capazes de utilizar as novas ideias religiosas para ganhar poder em suas próprias comunidades.

FRONTEIRAS DE GÊNERO

Os missionários cruzaram intencionalmente as fronteiras culturais com o propósito de disseminar sua fé, embora os resultados de seus esforços tenham sido influenciados pelas culturas de suas audiências. Em ambas as sociedades, dos missionários e daqueles onde eles estabeleciam suas missões, os limites sociais também influenciaram a natureza de seus encontros. O gênero era um dos limites sociais mais importantes que circunscreviam o pensamento e o comportamento das mulheres e dos homens, e moldava profundamente as comunidades que construíam (ver Capítulo 8).

As relações entre gênero e religião são extraordinariamente complexas, indo desde a exclusão da mulher das buscas espirituais até a santificação de mulheres como tendo acesso especial ao poder divino e espiritual. Em sua perseguição contra a heresia, a Igreja Católica na Europa condenou algumas mulheres pela prática da bruxaria, mas as comunidades religiosas frequentemente forneciam os meios para que a mulher escapasse das limitações sociais e culturais sobre suas vidas e conseguissem ser educadas. A educação permitiu que as mulheres expressassem suas ideias em formas literárias frequentemente poderosas, como um meio de resistência contra as normas restritivas dentro de suas sociedades, senão da própria Igreja. Na Espanha, Teresa de Ávila (1512-1582) guiou a Ordem das Carmelitas e encorajou as mulheres a se retirarem do mundo para realizar a verdadeira devoção. Seus escritos e seu exemplo de vida inspiraram outras mulheres a se educarem e a utilizar seu aprendizado para promover os interesses femininos.

Uma dessas mulheres foi Juana Inês de la Cruz (1651-1695), uma brilhante poetisa e pensadora independente. Nascida no México, ela representa as primeiras expressões de ressentimento contra o controle da Espanha católica. Depois de uma carreira promissora na corte do vice-rei da Nova Espanha, ela passou os últimos 30 anos de sua vida como a freira Sor Juana, em um convento nos arredores da Cidade do México. Juana tornou-se freira em parte porque era a única forma de ser permitida a ler, estudar e escrever. As centenas de poesias que ela escreveu representam uma contribuição importante à literatura espanhola e representam um despertar da primitiva consciência feminina. "Homens teimosos, que acusam uma mulher sem ter razão" é a linha de abertura de um de seus mais famosos poemas, escrito no final do século XVII, enquanto ela vivia no convento.

Embora as ideias de Sor Juana tenham sido atacadas pelas autoridades católicas no México, as mulheres que promoveram crenças heterodoxas nas colônias da Nova Inglaterra, junto da costa Atlântica da América do Norte, tiveram ainda menos sorte. Um dos grupos religiosos protestantes mais radicais da Inglaterra era o dos quakers. Os quakers acreditavam que cada homem e cada mulher tinha acesso a Deus sem a intervenção do clero ou dos sacramentos da Igreja. De acordo com as crenças quaker, tanto os homens quanto as mulheres poderiam conhecer a vontade de Deus por meio de um estado interno de graça, a "Luz Interna", que os permitia atingir a perfeição espiritual. Duas mulheres, Ann Austin e Mary Fischer, foram enviadas como as primeiras missionárias quaker para a colônia puritana da Baía de Massachusetts, em 1620. Por causa da natureza radical de suas crenças, uma das primeiras convertidas quaker,

Mary Dyer, foi enforcada em 1656, junto de três homens. A independência e autossuficiência das mulheres, como parte da crença quaker, ameaçou a ordem religiosa e social puritana das comunidades da Nova Inglaterra.

A supressão de ideias e comportamentos percebidos como ameaças à hierarquia de gêneros e à comunidade adquiriam um viés violento nos infames julgamentos de bruxaria em Salem, no ano de 1692, que resultou na execução de 20 pessoas, a maioria mulheres. Acusações de feitiçaria por causa das crenças hereges ou de alegadas impropriedades sexuais na Nova Inglaterra foram reflexos da mania de bruxaria que varreu a Inglaterra no século XVII. Em ambos os casos, tensões econômicas e sociais dentro das comunidades frequentemente exacerbavam o medo do sobrenatural e levavam a acusações de que certos indivíduos eram agentes do diabo e ameaçavam o bem-estar das comunidades. Por causa de sua expressão sincera das crenças religiosas, essas mulheres atravessaram fronteiras de gênero claramente definidas.

Outras transformações do poder e da identidade apareceram nas profundas divisões e contradições do mundo atlântico africano, que ofereceu tantas oportunidades para mudanças quanto as que negligenciou. Uma das transformações mais bem sucedidas derivadas da transposição de fronteiras de gênero apareceu no pequeno reino centro-africano de Ndongo, durante uma série de disputas sobre a sucessão real, em 1623. A autoridade foi, ao fim, tomada por Ana Nzinga (aproximadamente 1624-1963), a irmã do rei falecido. Ela reinou sobre Ndongo e até expandiu o território para incluir Matamba, legitimando sua reivindicação para reinar com a alteração de seu gênero. A rainha Nzinga se vestia como homem, casou-se com várias "esposas" (na verdade, homens vestidos de mulher) e carregava e utilizava armas na guerra e em cerimônias. Apesar do fato de ela ter considerado necessário passar por uma transformação de seu próprio gênero, o sucesso de suas ações forjou a mudança duradoura, pois a maioria de seus sucessores foram mulheres e não homens.

LIMITES, ENCONTROS E FRONTEIRAS NA AMÉRICA DO NORTE

Tanto Sor Juana quanto suas contrapartes na Nova Inglaterra viveram em zonas de fronteira na América do Norte. A abertura da fronteira do Atlântico pelas "viagens de descobrimento" permitiu a colonização da América do Norte por europeus que buscavam ganhos econômicos e liberdade religiosa. A sobrevivência econômica em uma econômica global em expansão forçou os colonos a se voltarem para o Atlântico. A expansão por terra definiu as colônias como fronteiras em movimento da cultura, do comércio e do cristianismo europeu, uma zona de interações intensivas com os povos indígenas.

A maiorias das crianças norte-americanas em idade escolar conhecia uma versão da história do índio Squanto, que trouxe comida para os peregrinos à beira da morte pela fome, na colônia de Plymouth, no primeiro inverno duro, e os ensinou a cultivar o milho. Essa versão estabeleceu a mitologia do festival de Ação de Graças dos norte-americanos, celebrado anualmente para comemorar o compartilhamento da comida e a relação cooperativa entre os peregrinos e os habitantes indígenas da terra onde os refugiados ingleses se assentaram. De forma semelhante, a história de Pocahontas, que defendeu com seu pai, o chefe Powhatan, que a vida de John Smith fosse poupada e acabou por garantir a sobrevivência da colônia virginiana de Jamestown, tornou-se parte da mitologia da colonização europeia das Américas. Raramente, contudo, é o final da história que os dois nativos americanos lembram. Tanto Squanto quanto Pocahontas conheceram um destino infeliz: Squanto morreu no exílio de sua própria terra por causa dos conflitos com seu povo causados pela relação com os europeus, e Pocahontas morreu na Inglaterra antes que pudesse voltar para casa.

Powhatan, o pai de Pocahontas, era o líder de uma confederação de tribos que chegava a aproximadamente 9 mil em 1607; quando os colonizadores chegaram, os ingleses eram só mais uma tribo para lidar. Eles chegaram em grandes barcos, carregando poderosas armas,

Figura 10.2 Anônima, *Chegada de Colombo* (1860). O encontro entre Colombo e os povos do Caribe foi romantizado nessa litografia colorida à mão da metade do século XIX.

com roupas estranhas, e construíram em Jamestown – território de Powhatan – um forte que foi nomeado em homenagem a seu rei. Em 1614, Powhatan casou sua filha Pocahontas com John Rolfe, um inglês que trouxe um novo tipo de planta de tabaco da América do Sul, que podia ser cultivada na Virgína e vendida em busca de lucro do outro lado do Oceano. Quando Powhatan morreu, em 1617, as plantações de tabaco cresciam por toda sua terra.

No mesmo ano em que seu pai morreu, Pocahontas, conhecida por seu nome cristão anglicanizado de Rebecca, sentou junto a seu marido, John Rolfe, e com o Rei Jaime e a Rainha Anne, em uma apresentação, em Londres, da peça *The Vision of Delight*, de Ben Jonson. Esse antigo casamento inter-racial na história norte-americana foi o produto de um esforço para aliar os ingleses com o povo de Powhatan, bem como de criar uma ponte sobre a enorme lacuna entre a cultura e a política. Depois da morte de Pocahontas, seu marido e seu filho de sangue misturado retornaram para Virgínia, onde Rolfe morreu em um ataque do meio-tio de Pocahontas, que havia substituído seu pai. Embora Pocahontas e John Rolfe tenham encontrados destinos infortunados, e sua relação não tenha tornado-se o padrão das relações entre europeus e nativos norte-americanos, isso demonstrou as possibilidades não concretizadas para a acomodação e reconciliação por meio do casamento entre dois povos completamente diferentes na fronteira norte-americana.

Na América do Norte, o corredor estratégico da fronteira nordeste era um local de intenso conflito entre nativos americanos, colonizadores britânicos e franceses. Dezenas de fortes e campos de batalha estão espalhados nos resquícios da era de fronteira. A era da rivalidade comercial culminou na Guerra Francesa e Índia (1756-1763), que acabou com a assinatura do Tratado de Paris. Os elos entre a Europa e a América do Norte foram tentadores e potencialmente hostis. Várias das 13 colônias norte-

-americanas, ao longo da fronteira Atlântica – Massachusetts, Pensilvânia e Maryland – foram estabelecidas por refugiados religiosos ingleses não conformistas. Similarmente, os primeiros assentamentos franceses, em Nova York e no Canadá, foram quase sempre acompanhados por padres. Algumas das comunidades fundadas por Europeus fugidos da perseguição religiosa rapidamente viraram as costas para o mundo Atlântico e rumaram em direção ao oeste. Migrantes e seus descendentes cruzaram os Apalaches em 1760, cem anos depois dos primeiros franceses, e continuaram a se expandir.

Grupos religiosos contribuíram para a movimentação da fronteira em direção ao oeste. Como nunca houve uma religião oficial na fronteira anglo-americana, a religião organizada não era uma parceira formal do governo conforme se movia para o oeste, continente adentro. Muito depois, grupos como os mórmons se mudaram para o oeste tentando escapar das hostilidades, finalmente se assentando no que tornaria o estado de Utah. Refugiados da intolerância religiosa europeia, como os hutterites, os menonitas e outros, também escaparam para os espaços vazios fornecidos pela expansão das fronteiras americanas e canadenses para o oeste.

A introdução europeia do cavalo, do ferro e da arma na América do Norte trouxe adições tecnológicas significativas para a vida na fronteira, mas esses itens não eram menos importantes do que o conhecimento da geografia, da adaptação da tecnologia local e dos alimentos que os povos indígenas carregavam para realizar o comércio de peles e outras ocupações econômicas na fronteira. O impacto das doenças europeias (especialmente a varíola e o alcoolismo, encorajado pelo comércio lucrativo do *brandy*, uísque e outros tóxicos) foi devastador para as vidas e estilos de vida dos indígenas.

O fechamento final da fronteira aconteceu com a remoção dos povos culturalmente assimilados de suas terras ancestrais, seguidos pelo seu deslocamento forçado para as reservas. No começo do século XIX, na América do Norte, o extermínio dos índios que se recusaram a se tornar subservientes ao domínio branco foi previsto pelo observador francês Aléxis de Tocqueville, que viajou pela América e registrou suas observações na obra *A democracia na América* (1835).

LIMITES E FRONTEIRAS NO IMPÉRIO RUSSO

Do outro lado do mundo, em relação à América do Norte, a própria Rússia era uma fronteira, tanto para os europeus ocidentais em direção ao leste quanto para os asiáticos que se moviam para o oeste. Começando com a campanha de Carlos Magno, no século IX, os povos germânicos da Europa continuaram a pressionar as fronteiras ocidentais europeias na direção leste, à custa dos povos eslavos que habitavam a área da Bacia do Danúbio até os Urais. No final do século X, o governante do principado de Kiev foi convertido para ao cristianismo ortodoxo oriental (grego, em oposição ao latino), um evento que atraiu os povos eslavos para a órbita cultural do Império Bizantino e os separou do ocidente latino.

Os avanços mais antigos dos russos em direção ao leste, atravessando os Urais, ocorreram durante o século XI, quando Novgorod era o principado russo mais poderoso.

Novgorod tornou-se vigorosa e próspera por meio do comércio com a Europa ocidental e buscou explorar as grandes florestas do nordeste russo para extrair madeiras, peles, ceras e mel para o comércio exterior. No século XIII, os mongóis, sob o comando de Gengis Khan, subjugaram e obtiveram o controle sobre a maioria dos povos da Sibéria e continuaram se movendo para o oeste, pelos Urais, conquistando a Rússia e indo em direção à Bacia do Danúbio. A Rússia continuou sendo a fronteira oeste para os khans mongóis subsequentes até o século XVI. Ivan III (aproximadamente 1462-1505), que recebeu o título de czar (imperador), derrotou os tártaros, os últimos conquistadores asiáticos da Rússia, depois da conquista Mongol. Durante a subjugação dos tártaros, Ivan III colocou Novgorod sob seu controle e Moscou tornou-se o centro de poder na Rússia. Em 1480, Moscou foi declarada a "Terceira Roma", reivindicando o legado perdido do Império Bizantino como o

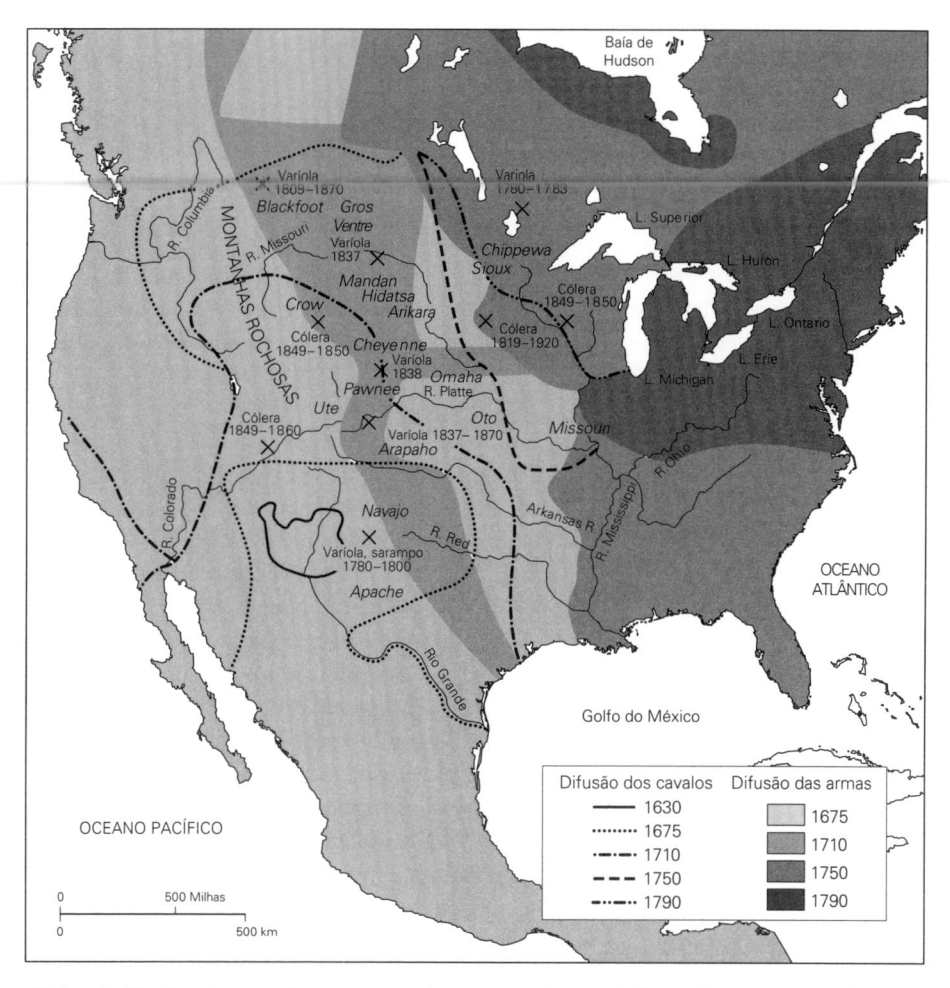

Mapa 10.1 A difusão dos cavalos, armas e doenças ao longo da fronteira norte-americana.

centro do cristianismo ortodoxo oriental. Uma vez tendo assegurado as fronteiras oeste nos Urais, os russos empurraram suas fronteiras na direção leste até os Urais e posteriormente para dentro da Sibéria.

Os russos foram seduzidos em direção ao leste, pela Sibéria, até o Pacífico por motivos parecidos com aqueles que atraíram os europeus para cruzar o continente norte-americano, da costa do Atlântico até a costa do Pacífico. Como na América do Norte, um dos principais atrativos da Sibéria eram as peles – zibelina, arminho e castor – mas, com o tempo, a exploração da terra também se tornou importante. Na metade do século XVI, os empreendedores russos, como a família Stroganov, utilizaram rotas norte terrestres e marítimas para conseguir acesso à Sibéria. Milhares de indivíduos russos, atraídos pela riqueza potencial do comércio de peles, cruzaram a Sibéria para explorar, construir casas no território selvagem e se assentar. Eles foram acompanhados, mais tarde, por refugiados da servidão (laços com a terra), do serviço militar obrigatório ou da perseguição religiosa. Essas comunidades foram criadas em florestas quase inacessíveis e nas vastas estepes da Sibéria e até em territórios reclamados pelos chineses.

A fronteira russa atingiu a área do Pacífico Norte em 1648, quando uma expedição russa singrou o norte da costa do Ártico e circundou a ponta nordeste da Sibéria, passando para Pacífico Norte pelo que viria a ser chamado de

Estreito de Bering. Outras expedições siberianas alcançaram as praias do Pacífico Norte, penetrando a península de Kamchatka, em 1696. Uma expedição russa, na primeira metade do século XVIII, assumiu a tarefa de mapear as costas da Sibéria no Pacífico Norte. Vitus Bering, um dinamarquês empregado de Pedro, o Grande, comandou uma expedição que, em 1728, mapeou o estreito que dividia a Ásia e a América do Norte, estreito que acabou levando seu nome.

Na medida em que os russos atingiam as costas do Pacífico, o Alaska foi colonizado, na primeira metade do século XVIII, a única parte do Império Russo nas Américas. Mas a fronteira russa-norte-americana foi de encontro às fronteiras britânicas, espanholas e americanas, e essas potências europeias aliadas provaram ser mais fatais aos interesses russos no Alaska do que os indígenas haviam sido. Em contraste, a expansão para o leste do continente eurasiano levou o Império Russo a fazer contato com a China. Conforme os russos se expandiram no século XVIII e começaram a pressionar as fronteiras do Império Chinês, eles também se voltaram contra Estados muçulmanos da Ásia Central, a fronteira do mundo islâmico.

O "LAR DO ISLÃ": LIMITES, ENCONTROS E FRONTEIRAS DO MUNDO ISLÂMICO

As fronteiras do mundo islâmico estavam claramente delineadas no pensamento islâmico: *dar al-Islam* era o "lar do Islã", o mundo de fiéis muçulmanos que seguiam a lei islâmica, e o *dar al-Harb* era o mundo dos infiéis, que viviam fora da lei de Deus. Essas eram fronteiras religiosas que transcendiam as políticas dos impérios. Um terceira noção se desenvolveu para abranger a realidade do domínio islâmico sobre populações não muçulmanas. *Dar al-'ahd*, "o lar do pacto", referindo-se ao acordo entre líderes muçulmanos e seus súditos não muçulmanos, aos quais era permitido continuar praticando suas próprias religiões e manter suas propriedades, contanto que pagassem certas taxas.

Em al-Andalus (Espanha islâmica), os cristãos e os judeus viveram sob o domínio muçulmano durante séculos. As populações não muçulmanas, chamadas de *dhimmi*, eram subordinadas aos muçulmanos, em termos de *status* social e legal, e estavam sujeitas à lei islâmica. Havia, portanto, limites bem definidos na Espanha islâmica: o limite geográfico, entre o reino cristão e o muçulmano; o limite ideológico, entre os objetivos de *reconquista* e a *jihad*; e um limite religioso entre as comunidades muçulmanas, cristãs e judias. Mas essa última fronteira era permeável, e as identidades religiosas, maleáveis. Na Córdoba do século IX, Ibn Antonian, um cristão convertido ao Islã, detinha um alto cargo no governo, ostentando um comando impressionante do árabe e um rico conhecimento das culturas árabe e islâmica. Embora sua carreira tivesse sido manchada pelos ataques políticos que questionavam a autenticidade de sua conversão, Ibn Antonian fez surgir na buro-

Mapa 10.2 Expansão russa em direção à Sibéria e ao Pacífico Norte.

cracia oficial de Córdoba a evidência do potencial de conversão para permitir uma mobilidade substancial entre as fronteiras do islamismo e do cristianismo.

Em outros lugares do mundo islâmico contemporâneo, outros exemplos de identidades fluidas abundaram. Um dos casos mais extremos foi o da família Barmakid, sacerdotes budistas originalmente da Região de Oxus, na Ásia Central, que se converteram ao Islã e assumiram cargos no governo abássida, na metade do século VIII, em Bagdá. Embora o domínio islâmico na Península Ibérica tenha chegado ao fim em 1492, com a queda do único reino islâmico, em Granada, os Impérios Islâmicos floresceram em outros lugares e também reinaram sobre populações com diversidade étnica, cultural e religiosa.

No século XVI, o mundo político islâmico foi dividido em três impérios distintos, em uma área que se estendia do norte da África até o subcontinente indiano: os otomanos sunitas, no oeste da Ásia e no norte da África, os safávidas xiitas, no Irã e no Afeganistão, e os mughals, na Índia. Cada um desses impérios dominou culturalmente distintas regiões, e cada uma delas era composta por grupos de linguagens, culturas e etnias. Dentro do *dar al-Islam*, não havia apenas fronteiras religiosas entre sunitas, xiitas e os sufi islâmicos, mas também fronteiras culturais e políticas dentro de cada Império Islâmico. Os mughals incorporaram a cultura, a língua e a religião hindu a seu império, e os otomanos expandiram as bordas do Islã para confrontar a cristandade e os Estados europeus.

Além de representar o *dar al-Islam* nas regiões que controlou do norte da África ao oeste da Ásia, o Império Otomano assentou-se tanto no mundo europeu quanto no asiático. Embora as fronteiras entre o *dar al-Islam* e o *dar al-Harb* fossem distintas, elas não eram impenetráveis. Com a conquista de Constantinopla, em 1453, o Império Otomano começou a invadir as fronteiras europeias. Os otomanos assumiram a herança do Império Bizantino junto com a do Califado Abássida, em Bagdá. Isso foi mais perceptível durante o reino de Suleyman, o Magnífico (aproximadamente 1522-1566), o auge do poder otomano, quando império controlou, talvez, um quarto da Europa, além de todo o leste da costa do Mediterrâneo. A expansão otomana para a Europa continuou nos séculos XVI e XVII, mas, no século XVIII, os Estados europeus e o Império Russo em expansão reduziram significativamente o território controlado pelo Império Otomano.

Os otomanos sunitas foram ainda mais enfraquecidos pelas frequentes guerras travadas em suas fronteiras do leste contra os safávidas xiitas do Irã. Em 1722, como resultado da perseguição de seus súditos sunitas, na área do atual Afeganistão, revoltas estouraram no Irã safávida. O líder das revoltas afegãs invadiu o Irã e forçou o último xá safávida a abdicar. No final do século XVIII, a dinastia Qajar assumiu o legado dos safávidas e governou nos dois séculos seguintes. Embora as fronteiras dos Impérios Islâmicos, como aquelas dos otomanos, tenham definido os limites políticos do Islã, muitos muçulmanos habitaram fora desses limites, da África à Ásia.

LIMITES E FRONTEIRAS DO IMPÉRIO CHINÊS

Os muçulmanos também foram incorporados ao Império Chinês, um contexto político e cultural que integrou povos, linguagens e culturas vastamente diferentes, de forma semelhante aos Impérios Otomano e Mughal. Da perspectiva do Império Chinês, o mundo leste asiático compartilhava uma cultura comum com variações regionais. Japão, Coreia e Vietnã eram todos parte desse mundo cultural chinês, influenciado em graus variados, ao longo dos séculos, pelas ideias chinesas e suas instituições. Os limites da cultura, como percebidos pelos chineses, não estavam nas distinções feitas a partir do que era chinês, coreano, vietnamita ou japonês, mas entre a "civilização" chinesa e os "bárbaros" das estepes. Durantes séculos, a Grande Muralha ajudou a definir os limites geográficos entre os povos pastoris das estepes e terras de pastos e a população agrária assentada na China. Padrões variantes de comércio e guerra caracterizaram

Mapa 10.3 Impérios Otomano, Safávida e Mughal.

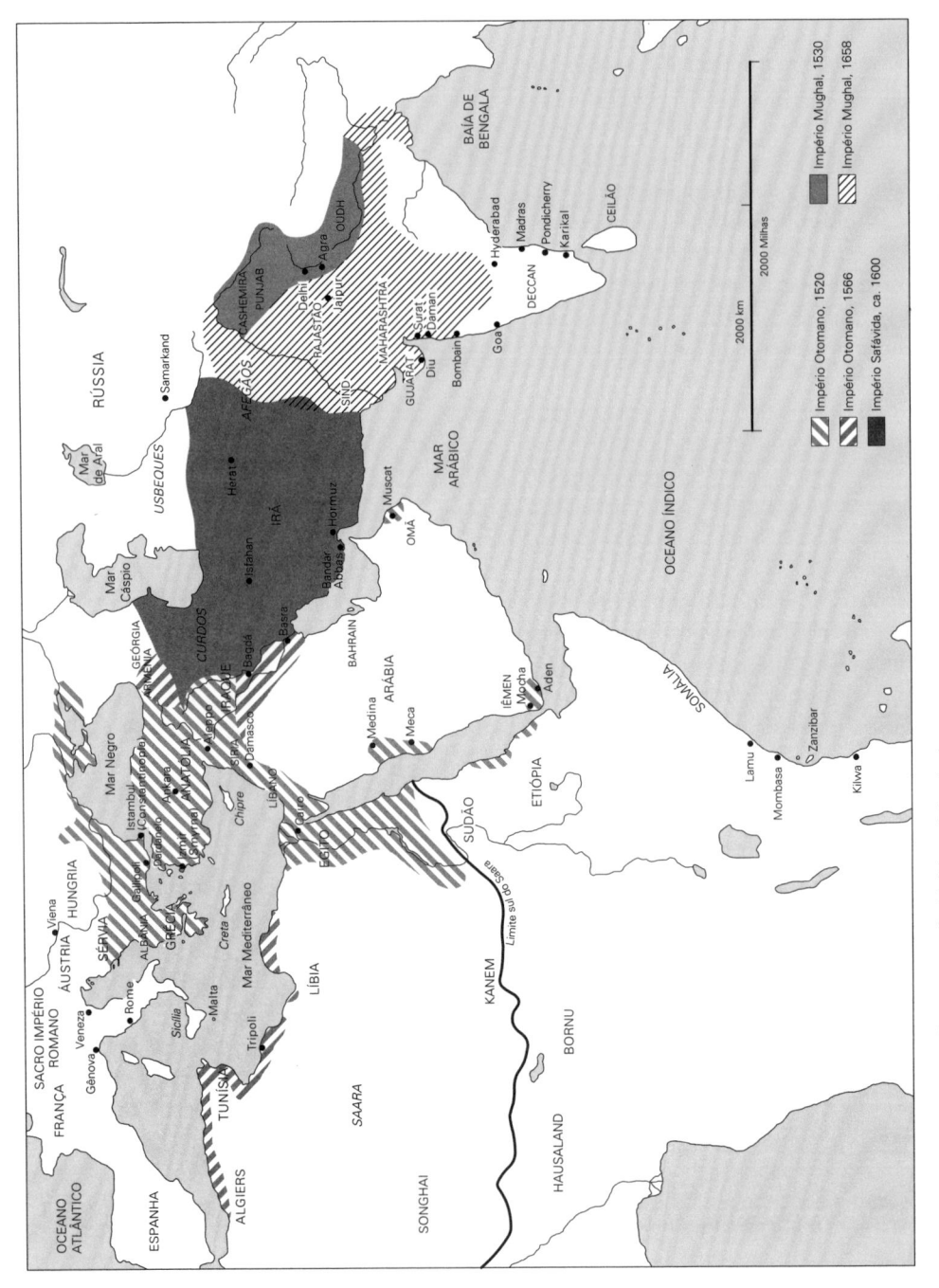

Fonte: Ottoman and Safavid: Albert Hourani, *A History of the Arab Peoples* (New York: Warner Books, 1991), p. 473.

as relações entre essas duas maneiras de viver; e as invasões periódicas dos guerreiros nômades do norte culminaram na conquista mongol do século XIII, quando a China tornou-se parte de um Império Eurasiano.

Após a queda dos mongóis, governantes chineses nativos foram restabelecidos no poder, no século XIV, sob a dinastia Ming (1368-1644). As fronteiras da civilização chinesa foram redefinidas e duas fronteiras distintas emergiram: uma fronteira marítima e uma fronteira interior. As sete viagens realizadas pelo almirante muçulmano chinês Zheng He, entre 1407 e 1433, testemunharam tanto as capacidades navais da marinha chinesa quanto o desejo da corte Ming de comandar uma fronteira marítima. O passado muçulmano de Zheng He o tornou o homem perfeito para essa tarefa, pois muitos dos países visitados pelas expedições eram muçulmanos. Saídos da província sudoeste de Yunnan ("sul das nuvens"), tanto o pai de Zheng He quanto seu irmão eram devotos muçulmanos que fizeram a peregrinação até Meca.

As expedições eram em grande escala: 62 navios, mais de 200 embarcações de apoio e quase 30 mil homens perfaziam o primeiro contingente. A viagem final percorreu mais de 7.500 Km, e, ao todo, a série de expedições visitou pelo menos 30 países ao redor do Oceano Índico. Financiadas e apoiadas pelo patrocínio imperial, as viagens de Zheng He tinham como objetivo demonstrar o poder da China Ming e de afirmar seu lugar como centro do mundo, embora eles tenham descoberto que o mundo além da China era muito maior e mais diverso do que haviam imaginado. Ma Huan (aproximadamente 1380-1451), que acompanhou Zheng He nas viagens, escreveu um relato sobre elas, registrando informações sobre as terras e povos encontrados, enriquecendo, assim, o conhecimento chinês sobre o mundo.

Diferentemente de suas contrapartes europeias mais tarde nesse século, contudo, o propósito das viagens não foi o de estabelecer a presença em terras estrangeiras nem o de buscar mercadorias ou mercados, mas sim de confirmar a ordem básica das relações tributárias pelo recebimento de presentes do imperador chinês, por parte dos governantes de outras terras e aceitando tributos em troca. Quando os ventos mudaram e a corte teve um novo imperador, o financiamento para as viagens foi cancelado por causa de seus grandes custos e devido à desconfiança em relação ao comércio marítimo. Os interesses governamentais se voltaram, em vez disso, para as fronteiras interiores do país e para a consolidação da civilização chinesa dentro de seu reino terrestre.

Uma invasão fracassada no Vietnã, no começo do século XV, e uma custosa guerra na Coreia, contra a invasão japonesa no final do século XVI, limitaram a habilidade do Estado Ming de exercer o controle sobre os países considerados parte de sua zona de domínio cultural. Mais perigoso, contudo, do que assegurar sua posição no Vietnã e na Coreia, foi a ameaça externa à Grande Muralha. Na metade do século XVI, enquanto uma poderosa coalizão de tribos mongóis ameaçavam a fronteira norte, outra ameaça surgiu do nordeste: os manchus. Como a conquista mongol do século XIII, a conquista manchu no século XVII foi o ápice de séculos de interações culturais, políticas e econômicas através das fronteiras. A dinastia Qing Manchu (1644-1910) acarretou a integração de duas formas de vida diferentes, sob o domínio militar dos povos além da Grande Muralha.

Os manchus eram um grupo étnico cuja terra natal estava do lado de fora da Grande Muralha, na região da atual Manchúria. Quando conquistaram a China, no século XVII, realizaram políticas desenvolvidas para manter sua distinção étnica, como a proibição do casamento entre chineses e manchus e a proibição das mulheres manchus de amarrar seus pés, como faziam as mulheres chinesas. Com o tempo, entretanto, os manchus realizaram o casamento com chineses, perdendo gradualmente muito de sua linguagem e cultura. Os imperadores manchus aprenderam o chinês e, no século XVIII, tonaram-se habilidosos calígrafos, poetas, pintores e patronos das artes. O Imperador Kangxi (aproximadamente 1662-1722), que era adepto das habilidades acadêmicas admiradas pelos chineses ao mesmo tempo em que continuava com suas habilidades equestres, desesperou-se ao ver seu filho perder a habilidade de cavalaria e o domínio da linguagem manchu.

No século XVIII, o Império Chinês manchu era o maior Estado do mundo, cobrindo quase 13 milhões de quilômetros quadrados, estendendo-se desde o Himalaia até o Mar da China no leste, e das fronteiras mongóis com o Império Russo até o sudeste asiático. Ele abrangia uma gama enorme de territórios e povos e incorporou em seu aparato governamental duas línguas, pois os documentos governamentais eram escritos tanto em manchu quanto em chinês, bem como, às vezes, em mongólico, e tanto os manchus quanto os chineses detinham altas patentes na burocracia estatal. Uma gama variada de línguagens era falada no âmbito do império manchu chinês, incluindo (além de manchu, chinês e mongólico) o uighur, miao, tibetano, zhuang, árabe e coreano – e havia muitas religiões diferentes também. Além do confucionismo, o budismo, o taoísmo, o budismo tibetano ou lamaísmo, o xamanismo mongol, o cristianismo e o islamismo eram praticados pelos fiéis espalhados por todo o império.

Um longo período de colonização de "novos territórios" (a província moderna de Xinjiang) no noroeste ocorreu no século XVIII. As fronteiras de influências indo-iranianas, islâmicas, turcas, mongóis, tibetanas e chinesas foram misturadas durante séculos. Xinjiang, inicialmente, era uma terra de exilados, tanto

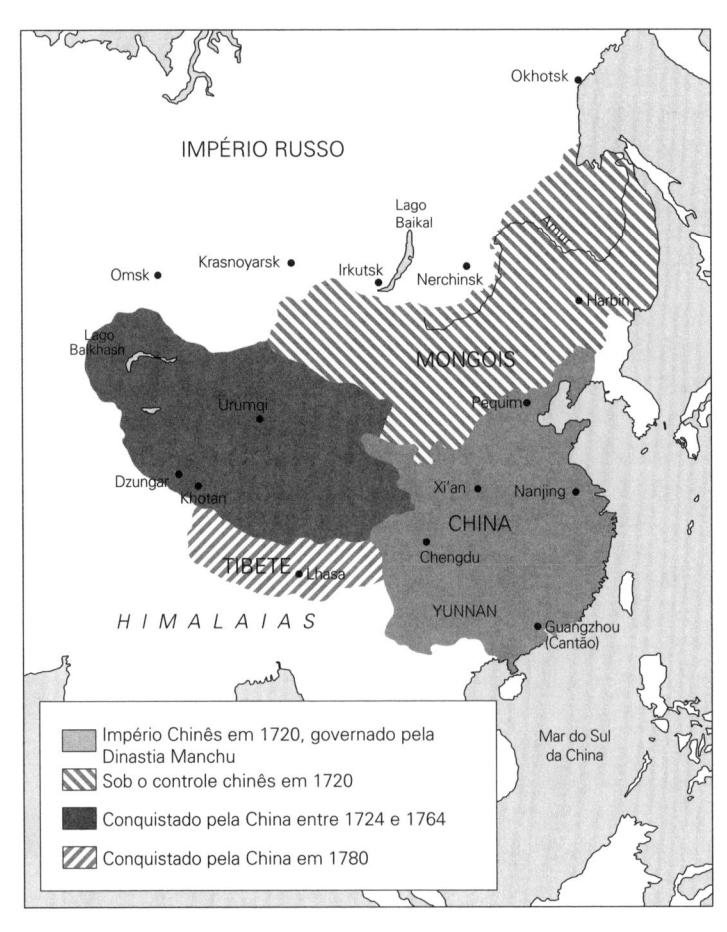

Mapa 10.4 Expansão Chinesa, 1720–80.

Fonte: Richard L. Greaves *et al.*, *Civilizations of the World* (New York: Harper e Row, 1990), p. 451, with Martin Gilbert, *Atlas of Russian History* (London: Dorset Press, 1972), p. 44.

por crimes políticos quanto por crimes comuns; apenas no final do século XIX ela se tornou uma província integrante da estrutura administrativa do Império Chinês. O estudioso chinês exilado, Ji Yun, por exemplo, fez sua jornada para Xinjiang em 1769, observando que ele se sentiu como se tivesse entrado em outro mundo, um mundo dominado por mercadores uighur em roupas estranhas e com cheiros e comidas incomuns. Ainda assim, a capital, Urumchi, contava com uma livraria que vendia textos chineses clássicos, e Ji Yun encontrou outras coisas para se admirar e ter prazer, como os enormes crisântemos que ele podia cultivar em seu jardim. Como outras fronteiras, Xinjiang foi um local onde as pessoas podiam produzir mudanças milagrosas em suas vidas: um condenado emancipado fez fortuna em 1778, abrindo uma loja, na cidade de Ili para vender alimentos nativos da região do Delta do Yangzi.

As províncias ao sudoeste de Yunnan, Sichuan e Guizhou haviam sido anteriormente postas sobre o controle dos manchus, mas continuaram sendo fronteiras de complexas misturas étnicas e culturais. O povo Miao de Guizhou, por exemplo, habitou uma região que se descobriu possuidora de ricos depósitos minerais e foi consequentemente colonizada e desenvolvida pelos chineses. O povo Daí de Yunnan compartilhava uma origem étnica comum com os tailandeses, do outro lado da fronteira sudeste asiática, bem como com povos habitantes das montanhas, os Meng, que também viveram dentro dos limites chineses e no sudeste da Ásia. O Império Manchu, apesar de reivindicar o controle de seu enorme reino, foi um império multicultural que acomodou diversos povos, culturas e religiões, as quais influenciaram o domínio manchu tanto quando o domínio manchu as influenciou.

LIMITES MARÍTIMOS, ENCONTROS E FRONTEIRAS

Os mares e oceanos formaram limites naturais para as massas de terra, e eram também lugares de encontro entre povos que navegavam em suas águas, tornando-se fronteiras, em alguns casos, quando e onde os povos marítimos interagiam rotineiramente entre si. Devido ao seu tamanho relativamente limitado, o Mediterrâneo foi o primeiro grande corpo d'água a ser atravessado regularmente por mercadores que transportavam mercadorias ao longo de sua costa, já no século VII a.C. Mercadores indianos já singravam o Oceano Índico até o sudeste da Ásia no século V a.C. e, finalmente, juntaram-se a eles, séculos depois, marinheiros árabes e do leste africano. Não antes do século XV d.C., as inovações tecnológicas permitiram que marinheiros ibéricos, ingleses e holandeses pudessem navegar o grande Atlântico. Os povos da Oceania navegaram, algumas vezes, longas distâncias entre uma ilha e outra, e os habitantes da Ásia e das Américas, nas voltas das bordas do vasto oceano que conhecemos como Pacífico, estabeleceram conexões marítimas costeiras dois milênios atrás. A travessia regular do Pacífico esperou os baleeiros e barcos a vapor do século XIX.

Apesar dos desafios de navegação encontrados pelos primeiros viajantes que atravessaram o Mediterrâneo, o Atlântico, o Pacífico e o Índico, os mares e oceanos eram vias ligando as massas de terra e não barreiras entre elas. Com a interconexão estabelecida entre esses corpos d'água, depois da circunavegação do globo no final do século XV, foi possível conceber os oceanos do mundo como um vasto corpo d'água conectando terras e povos de todos os lugares. Como os povos e culturas que eles circundavam, os mares e oceanos tinham história também – os nomes refletiam a percepção desses corpos d'água pelos habitantes das ilhas ou por aqueles que viviam às suas margens, bem como por aqueles que os navegavam.

A Oceania era conhecida por seus habitantes como "Nosso Mar de Ilhas", mas para os europeus que navegaram as águas ao redor da Oceania, as ilhas faziam parte do Oceano Pacífico (derivado da palavra latina para "tranquilo"). O Mediterrâneo (do latim para "meio" e "terra") era o *mare nostrum*, "nosso mar", para os romanos, cujo império, em seu auge, cercava completamente esse mar. Muito tempo depois da queda do Império Romano, uma batalha marítima decisiva no Mediterrâneo ajudou a definir os limites terrestres também. A derrota otomana, em Lepanto, em 1571, por uma coalizão de potências europeias, estabeleceu fronteiras informais entre a Europa predominantemente cristã ao norte e oeste e o norte da África, e o oeste da Ásia muçulmano, ao sul e ao leste. O Oceano Índico deriva seu nome da palavra árabe *al-bahr al-Hindi*, uma tradução direta (*hind* do sânscrito para o persa e para o árabe, e então para o grego e para o latim) refletindo a antiga presença de marinheiros árabes navegando esse gigantesco corpo d'água, muito antes das expedições de Zheng He, no começo do século XV. O Oceano Atlântico empresta seu nome da mitologia grega e do nome das montanhas Atlas, no Marrocos. Antes de Colombo, Atlântico referia-se apenas ao mar do oeste da África, mas as descobertas europeias o expandiram, e com elas se expandiu o Oceano Atlântico.

PIRATARIA, COMÉRCIO E POLÍTICA NAS FRONTEIRAS

As batalhas navais, como as travadas em Lepanto, em 1571, ou na derrota da Armada Espanhola, em 1588, que definiram os limites do Império Espanhol na Europa, eram extensões das políticas terrestres, e, algumas vezes, das disputas econômicas. Todos os grandes corpos d'água – o Mediterrâneo, os oceanos Atlântico, Índico e Pacífico – foram palco de pirataria, que algumas vezes apoiou e em outras desafiou os interesses políticos e econômicos dos Estados, impérios e nações. A pirataria ao redor do mundo revelou a permeabilidade das fronteiras e também o desafio das autoridades.

A pirataria pode ser vista como uma forma de comércio, na qual os indivíduos retiram o lucro agindo como intermediários entre os mercadores ou pelo confisco forçado das mercadorias para venda ou troca. A pirataria, em vários lugares, assinalou a existência das fronteiras – zonas de interação – que surgiram quando o controle político enfraqueceu. Fronteiras vulneráveis estavam, frequentemente, nas extremidades ou nos pontos de encontro de grandes políticas. A pirataria fazia parte de um sistema econômico maior; refletia a instabilidade, a desordem e o caos das fronteiras tanto quanto os criava. Às vezes, a pirataria também podia ser patrocinada pelos governantes ou rebeldes que buscavam utilizar os piratas como mercenários, para a obtenção de fins políticos. A pirataria dependia dos olhos de quem a via, e, se algo era pirataria ou comércio, dependia inteiramente da perspectiva do observador. Encontrada no Mediterrâneo, no Oceano Índico, no Atlântico e no Pacífico, a pirataria era uma extensão das experiências dos limites, dos encontros e das fronteiras terrestres.

Piratas e políticas no Mar da China Meridional

Durante o século XVI, os piratas atormentaram a costa sudeste da China. Quando o poder Ming enfraqueceu, a autoridade central era menos capaz de exercer o controle sobre as áreas locais. O único comércio oficialmente sancionado era o do sistema tributário, que estava sob o controle estatal. Agentes locais e empreendedores comerciais frequentemente participavam no comércio privado ilícito (pelas costas das autoridades do Estado) para enriquecer e eram, dessa forma, relutantes contra a imposição de sanções restritivas contra a pirataria. Inicialmente, pequenos bandos de piratas – muitos dos quais eram pessoas comuns que foram excluídas do comércio estatal e forçadas à pirataria devido às circunstâncias econômicas – esporadicamente atacavam vilas costeiras. Eventualmente, esses grupos se organizavam em forças maiores e mais efetivas que podiam realizar privadamente o comércio transoceânico, apesar das sanções oficiais que lhes proibiam. Suas frotas armadas singravam as águas costeiras, e dizem que um líder pirata comandou mais de 50 grandes embarcações.

Após a invasão manchu e a conquista do norte da China, na metade do século XVII, os remanescentes da corte Ming buscaram refúgio no sul. Sustentado por outros apoiadores exilados, o Imperador Ming e sua corte tentaram evitar a conquista manchu no sul e restaurar o reinado Ming. O imperador deposto foi auxiliado nessa empreitada por Zheng Chenggong (1624-1662), que finalmente tornou-se uma das figuras mais notórias e populares da tradição folclórica chinesa. Conhecido pelo nome latinizado de Koxinga, dado pelos holandeses, ele era filho de pai chinês, que foi batizado como cristão pelos portugueses em Macau, e de uma mãe japonesa, do porto japonês sulista de Hirado. Além desses contatos com os portugueses e japoneses, o pai de Koxinga também lidou com os espanhóis, em Manila.

Um apoiador de Ming contra os manchus, Koxinga controlou grande parte da linha costeira sudeste por mais de uma década, na metade do século XVII. A estratégia manchu para derrotar Koxinga dependia da política adotada pelos Mings em suas tentativas de erradicar a pirataria costeira: a restrição ao comércio estrangeiro. Em 1661, Koxinga foi forçado a escapar para Taiwan, de onde expulsou os holandeses. Originalmente batizada de "Formosa" pelos portugueses, Taiwan tornou-se parte do impé-

Figura 10.3 Zheng Yisao, mulher pirata chinesa. Com a morte de Zheng Yi, em 1807, sua mulher, conhecida como Zheng Yisao (a mulher de Zheng), assumiu a posição do marido. Ela agiu rapidamente para criar laços pessoais que fossem capazes de ligar os seguidores de seu marido a ela – especialmente Zhang Bao, o filho adotivo de Zheng Yi. Zhang Bao, filho de um pescador, foi capturado por piratas aos 15 anos e iniciado na pirataria por meio de uma união homossexual com Zheng Yi, subindo de posto rapidamente. Para garantir a lealdade de Zhang Bao a ela após a morte do marido, Zheng Yisao tomou-o como amante e, por fim, casou-se com o jovem.

rio comercial da Companhia das Índias Orientais Holandesa, no começo do século XVII (ver Capítulo 6). Foi também o lar de chineses imigrantes de Fujian, ao longo da costa sudeste, mas não foi integrada ao Império Chinês durante o período Ming.

No século XVIII, o "mundo das águas" cantonês, uma zona marítima que contornava a costa do delta do Rio Pérola em Cantão até o delta do Rio Vermelho, no norte do Vietnã, a pirataria se tornou mais do que uma estratégia temporária de sobrevivência para os pescadores empobrecidos. Quando os eventos políticos no Vietnã se cruzaram com mudanças ecológicas em andamento (superpopulação, falta de terras, expansão do comércio), eles produziram uma intensificação da pirataria e da ação coletiva de grande escala, na forma de uma confederação de piratas. A linha costeira sino-vietnamita era um "mundo das águas", habitado por piratas que se tornaram mercenários a serviço dos líderes da rebelião de Tay-son, que capturou o poder da dinastia governante de Nguyen, no Vietnã, entre 1770 e 1790.

Quando a Rebelião Tay-son foi finalmente reprimida, no final do século XVIII, os piratas chineses que serviram aos lideres Tay-son voltaram à China e formaram uma confederação sob a liderança de um homem chamado Zheng Yi. Ao empregar seus parentes homens como líderes de esquadrão, sob seu comando, e ao casar as mulheres de sua família com seus apoiadores, Zheng Yi misturou as lealdades familiares com o poder político. Em 1805, ele comandou uma confederação de cerca de 50 a 70 mil piratas que controlaram o comércio costeiro e a indústria pesqueira da província sudeste de Guangdong, onde estava localizado o maior porto de comércio exterior do Cantão.

Piratas e corsários nos mundos do Mediterrâneo, do Oceano Índico e do Atlântico

Em outras partes do mundo, a pirataria, de forma semelhante, floresceu nas zonas limítrofes e de fronteira entre culturas. Durante os séculos XVI e XVII, a pirataria atingiu seu auge no Mediterrâneo, onde nem todos os piratas se opuseram ao controle estatal. Os corsários eram piratas licenciados pelo Estado. Sob o pretexto do corso, dois grupos igualmente apoiados, os Corsários Bárbaros e os Cavaleiros da Ordem de São João, agiram como guerreiros em uma extensão da guerra santa entre os turcos otomanos e a Espanha católica. Na verdade, essas duas forças corsárias realizaram um intercâmbio de mercadorias entre muçulmanos e cristãos que, de outra forma, teria sido impossível. Esses piratas estavam tão integrados na economia do Mediterrâneo que o sultão otomano de Costantinopla concordou com seu comércio ao apontar, pela primeira vez, um líder bárbaro ao posto de governador-geral de Argel, em 1518, e mais tarde ao o tornar almirante das frotas otomanas, em 1535.

Da mesma forma que, a colaboração íntima entre piratas e governos no Mediterrâneo, as elites que viviam ao longo da linha costeira do Canal da Mancha deram suporte em longa escala à pirataria durante a Era Elisabetana (nomeada em homenagem à Elizabeth I, aproximadamente 1588-1603). Por todo o século XVI, a *gentry** britânico ao longo da costa sul obteve lucros rápidos ao comercializar os espólios dos saqueadores locais. Essas condições se adequaram bem às aspirações das monarquias da época: a guerra com a Espanha era a maior preocupação internacional da soberana Tudor, mas travar a guerra era um problema, pois a monarquia ainda era dependente de forças voluntárias. Ao sancionar os piratas e os transformar em corsários – navios cujos capitães, durante o período de guerra, recebiam a autorização governamental para atacar portos e navios inimigos – Elizabeth obteve uma marinha sem custos em uma época em que a monarquia inglesa era incapaz de sustentar-se.

A ambiguidade das identidades piratas e a constante transformação da natureza do ambiente em que a pirataria floresceu ocorreram igualmente no Oceano Índico. No começo do século XVIII, um marinheiro independente,

---

* N. de R.T.: Grupo social educado e "de boa família", situados logo abaixo da nobreza.

chamado Kanhoji Angre, aliou-se à confederação de Maratha, que havia se formado na resistência ao Império Mughal. Ele também se aliou aos portugueses em Goa, que estavam interessados em desafiar os britânicos e holandeses, aliados dos Mughal. Contudo, Kanhoji atuou como um agente independente, apesar de sua aliança com os portugueses, de quem ele capturou um dos navios. Ele também capturou um navio inglês levando um agente da Companhia das Índias Orientais Britânica, cuja esposa foi mantida em troca de um resgate (Patrícia Risso, "Cross-Cultural Perceptions of Piracy: Maritime Violence in the Western Indian Ocean and Persian Gulf Region during a Long Eighteenth Century", *Journal of World History*, 12, 2 (2001), p. 293-319). Kanhoji e suas contrapartes, no Oceano Índico, agiram de forma muito semelhante aos piratas de outros lugares. Eles eram como agentes com extrema independência, que eram utilizados por forças políticas terrestres quando necessário. Por sua vez, os piratas mudavam de aliados quando lhes convinha e buscavam enriquecer quando e onde fosse possível.

A hegemonia europeia e a feroz competição durante o século XVIII cruzaram o Atlântico até o Caribe, onde tudo ocorria em um pano de fundo de constante pirataria e corso. Nem toda pirataria é lucrativa. Um dos primeiros piratas a atravessar o Atlântico foi Paulmier de Gonnevil-

le, que tomou, de forma bem-sucedida, mercadorias dos espanhóis, mas não foi capaz de recuperar os custos de sua expedição. Mercadores e navios tinham de se defender contra os piratas e corsários. O *status* de corsário também significava que, se eles fossem pegos por um inimigo, teriam os mesmos direitos dos soldados. Se capturados, eles seriam feitos prisioneiros em vez de serem enforcados como criminosos.

Os criminosos e os bucaneiros, ou servos fugidos escapando de seus contratos de servidão, encontraram segurança da exploração de seus senhores, lucrando ao se tornarem piratas no Caribe. Os bucaneiros começaram como caçadores de gado fugido em Santo Domingo (onde receberam o nome de *boucan*, um *grill* de madeira para carne defumada), e logo começaram a combinar a caça com a pirataria. Os bucaneiros atravessaram o Caribe e o Atlântico e atingiram lugares tão distantes quanto Madagascar, no Oceano Índico, onde estabeleceram a República Pirata de Libertalia.

Como suas contrapartes das águas da Ásia e do Mediterrâneo, os piratas do Caribe se juntaram ao patrocínio político. Na verdade, foi difícil distinguir o contrabando do comércio legítimo, de tão pouco ortodoxas e inescrupulosas que eram, igualmente, as negociações dos mercadores e dos piratas. O famoso bucaneiro do final do século XVII, Henry Morgan, vele-

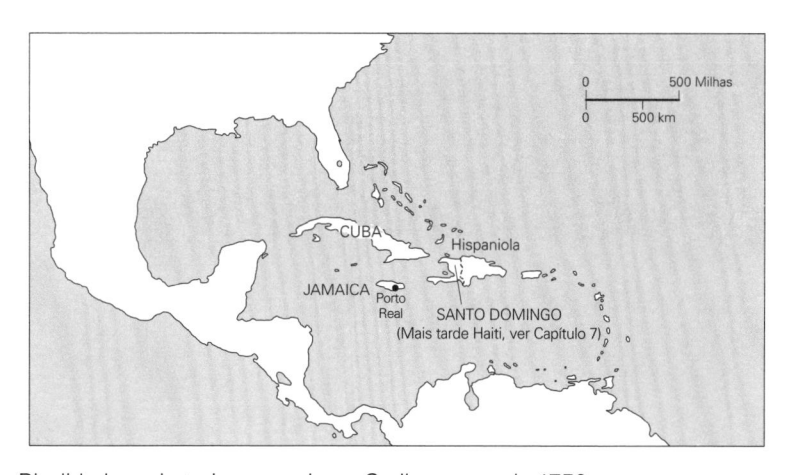

Mapa 10.5   Rivalidade e pirataria europeia no Caribe, cerca de 1750.

Fonte: Baseado em Peter Ashdown, *Caribbean History in Maps* (Trinidad: Longman Carribean, 1979), p. 20.

jou sob as ordens do governador da Jamaica, uma colônia britânica. Sua última expedição foi uma tentativa de capturar e pilhar a Cidade do Panamá, apesar dos acordos entre a Espanha e a Inglaterra de cessar essas ilegalidades. Mais devastador para a pirataria do que as Leis Britânicas de Navegação, que limitaram o comércio aos navios britânicos, foi o terremoto de Port Royal, em 1692, na Jamaica. O terremoto e as ondas altas subsequentes açoitaram esse centro costeiro de pirataria, conhecido como "a cidade mais perversa da terra", até ser coberta pelo mar.

Como no mundo das águas cantonês, mulheres piratas não foram algo tão incomum nas fronteiras do Caribe. Duas dessas mulheres foram Mary Read e Anne Bonny, trazidas perante o governador da Jamaica, em 1720, e sentenciadas ao enforcamento. As mulheres foram ao mar como passageiras, serventes, esposas, prostitutas, lavadeiras, cozinheiras e, com menos frequência, como marinheiras. Para evitar controvérsias e usurpar aquilo que era considerado como uma liberdade masculina, as piratas femininas frequentemente se vestiam como homens, utilizando calças e jaquetas masculinas e carregando pistolas ou machados, se não ambos. Read e Bonny também xingavam e diziam palavrões como qualquer homem. Ambas foram criadas em ambientes familiares não convencionais e se sobressaíram em suas presas escolhidas, sendo reconhecidas como líderes em seus navios piratas. Essas "mulheres guerreiras" foram celebradas ao redor do mundo atlântico em cantigas populares, sugerindo que seu impacto foi tanto econômico quanto cultural.

FRONTEIRAS DE RESISTÊNCIA NO MUNDO ATLÂNTICO

O Caribe não foi apenas um local de pirataria, mas também o destino de navios negreiros originários do oeste e do centro da África. No lado africano do mundo Atlântico, grandes e pequenos Estados se originaram em resposta aos perigos e demandas do tráfico de escravos e de bens manufaturados, inclusive de armas. Nas bordas desses Estados na nova fronteira africana, o caos reinou e novas identidades culturais surgiram.

Do comércio de escravos do início do século XVI, muitos dos escravos tinham origem como cativos de guerra. A guerra era alimentada pela feroz competição econômica e pela rivalidade política. O comércio de escravos era tão lucrativo que não só os Estados africanos concordaram em participar, mas sequestradores africanos autônomos e mercenários também tentaram adquirir prisioneiros de guerra. Inimigos políticos que eram escravos em potencial e escravos que conseguiam escapar, fugiam das cidades e vilas próximas à costa africana, refugiando-se em montanhas menos acessíveis e colinas no interior.

Esses refugiados do comércio de escravos existiram nas fronteiras das comunidades costeiras. Eles se organizavam em torno de senhores poderosos que atacavam os fracos e vulneráveis, em oposição à autoridade tradicional dos reis e da nobreza. A partir dessa mistura de populações fronteiriças, falando diferentes línguas, constituiu-se uma nova e distinta identidade cultural conhecida como "Jaga", ou "Imbangala". Enviadas para as Américas, tropas de "Jaguares negros" lutaram como mercenários para os colonos europeus, ganhando reputação graças à sua ferocidade na batalha.

A transferência da resistência africana pelo Atlântico ocorreu quando os escravos fugidos formaram comunidades nos arredores das plantações. Comunidades bem-sucedidas de escravos fugidos (chamados de quilombolas) funcionaram de forma muito parecida com a das fronteiras da área de escravização na África. Às vezes, eles desestabilizavam a autoridade dos que seriam os opressores; outras vezes, acomodavam-se e adaptavam-se ao seu novo mundo de vida separada. Além disso, os escravos fugidos frequentemente adquiriam padrões africanos de resistência, como seu modelo organizacional. Os *quilombos* do Brasil foram campos de guerra paliçados, modelados nas estruturas Jaga da África Central. Esses assentamentos independentes seguiram os exemplos políticos e sociais africanos, utilizando sua identidade para incutir orgulho e possibilidades às margens do controle europeu.

LIMITES CULTURAIS E FRONTEIRAS NO CARIBE

Após a invasão inicial europeia no Caribe ter dizimado ou enviado para o exílio grande parte das populações indígenas, africanos e europeus dominaram as interações sociais na região. Eles foram acompanhados por outros ameríndios e por asiáticos, bem como pelos descendentes dos casamentos entre pessoas de várias culturas. Populações crioulas, pessoas nascidas no Caribe a partir da mescla entre hindis, iorubas, dinamarqueses, franceses, congoleses (da África Central), ewes e fons (da costa oeste da África), britânicos, arawaks, caribs e outras culturas, foram criados por essas interações.

A história da vida nas *plantations* caribenhas revela os limites variantes das cidades e do país, assim como as complexas e cambiantes linhas que distinguiam raça, etnia e gênero, na medida em que o mundo Atlântico passava a existir. No século VIII, exploradores e cartógrafos eram instrumentos importantes para aqueles que governavam os Estados, e eles desempenharam papéis essenciais no ajuste das disputas territoriais entre os reivindicantes. A cultura resultante construída por eles foi também conhecida como "crioula".

Alguns exploradores dos séculos XVIII e XIX, como Thomas Harrison (aproximadamente 1823-1894), da Jamaica, eram bons conhecedores de botânica; eles anotaram suas atentas observações sobre materiais para construção e colheitas agrícolas nos mapas que produziram, registrando, assim, informações históricas valiosas. Após 1700, os exploradores utilizaram bússolas e medidas padronizadas, na verdade uma corrente com cem elos que media 20 metros e era unida por anéis de latão e contadores de marcas a cada 10 elos. O mapa cadastral de Harrison (exploração de terras), datando de 1891, exigiu décadas de medidas e observações individuais de plantações. Tais linhas precisas de demarcação contrastam com a complexidade das interações sociais e culturais que caracterização a economia de *plantation* e sua sociedade.

Os mapas oficiais foram baseados em uma noção europeia ideal de plantações e colônias, como terrenos rigidamente ordenados e concebidos geometricamente. As operações nas plantações, contudo, revelam a ambiguidade e a utilidade limitada de tais compreensões. As plantações eram zonas internacionais e multiculturais com fronteiras permeáveis. A maioria dos habitantes e trabalhadores era de não europeus, predominantemente africanos, cujos diferentes arcabouços culturais determinaram seu uso do espaço.

Os territórios de provisão de escravos, onde os africanos cultivavam sua produção para suplementar suas dietas, e as comunidades quilombolas, vivendo independentemente nas montanhas, estiveram fora do mapeamento europeu. A terra africana utilizava padrões que seguiam os contornos naturais da terra e os tradicionais princípios organizacionais de assentamentos derivados da África, planejados a partir de uma praça central, área de mercado ou outro espaço comum. Ladrões quilombolas e saqueadores facilmente atravessavam os limites do campo e das fazendas; ocasionalmente eles deixaram os santuários dos territórios que ganharam dos colonizadores e apareceram nas cidades, onde roubavam ou comerciavam as mercadorias de que necessitavam para sua sobrevivência. Algumas vezes, os quilombolas eram empregados pela elite agrária como mercenários e caçadores de recompensas, em troca de sua própria sobrevivência.

O contraste entre a casa grande da plantação (a residência do senhor de escravos) e as casas dos escravos era enorme. Materiais de construção para a casa grande eram trazidos de fora para recriar versões locais das casas dos aristocratas europeus, enquanto as casas dos escravos lembravam as estruturas do centro e do oeste africano em seu estilo e na construção a partir de materiais tropicais. Pessoas de descendência africana que entravam na casa grande atravessavam uma fronteira cultural, como faziam os poucos que trabalhavam como serviçais domésticos ou que se tornavam a senhora dos mestres europeus.

As fronteiras fluidas e permeáveis eram igualmente visíveis na economia informal da ilha. Sistemas internos de mercados transcendiam ao Estado e ao controle das plantações. A cerâmica dos escravos e outras mercadorias, incluindo alimentos dos terrenos de abastecimento escravo, eram trocados entre plantações e ilhas, produzindo uma economia monetária em uma extensão a ponto de alguns observadores reclamarem do fato de que valores menores das moedas locais estivessem quase que inteiramente nas mãos de mercadores escravos e pechincheiros (regateadores). O acesso às plantações permitia a comunicação pelas ilhas e até mesmo das regiões, e, sem dúvida, aumentou a efetividade da resistência dos escravos antes de sua abolição, na década de 1830.

LIMITES, ENCONTROS E FRONTEIRAS DO PACÍFICO

Em contraste com o Caribe, que foi rapidamente submetido à hegemonia política europeia, o enorme Pacífico continuou sendo um território disputado, apesar da presença europeia. A primeira circunavegação foi feita por Magalhães ente 1520 e 1521, e o pacífico – do Chile a Guam – foi muito mais difícil de explorar e conquistar.

A primeira presença europeia permanente, no sul do Pacífico, foi holandesa. De sua base na Batávia (Jacarta moderna), os holandeses navegaram em direção ao sul e, em 1597, reivindicaram aquilo que ficou conhecido como "Terra Australis" (Austrália). Essas reivindicações foram materializadas pela descrição da terra e os detalhes circunstanciais da relação da Austrália com a Nova Guiné, que ficava ao norte. Por todo o século XVII, uma quantidade de navios holandeses navegou para o sul, a partir de Java. As viagens, em 1616 e 1622, realizaram descobertas junto à costa sudoeste da Austrália e exploraram o Golfo de Carpentária. Essas expedições sofreram a resistência aborígine, mas tiveram sucesso em fornecer as primeiras descrições da Austrália, onde os nomes dados pelos holandeses, relacionados a características físicas evidentes foram mantidos, sugerindo o resultado dos conflitos entre os europeus e os aborígines desde então.

As reivindicações holandesas sobre a Austrália foram contestadas pelos britânicos com sucesso, começando em 1688, quando o primeiro navegador inglês de longa distância, William Dampier (1652-1715), avistou a Austrália. O fato de que esse continente tenha, no fim, passado a ser britânico, se deve menos a Dampier do que ao Capitão James Cook (1728-1779), cujas três viagens o tornaram o mais significativo de todos os exploradores europeus no Pacífico.

Durante sua primeira viagem ao Pacífico (1769), o capitão Cook percorreu a costa leste do continente australiano, e, em abril de 1770, ele hasteou a bandeira britânica na Baía de Botany, reclamando para a Inglaterra aquilo que ele chamou de Nova Gales do Sul. Seguindo as viagens de Cook, o próximo inglês a aparecer na Austrália, em 1788, foi em uma frota de colonos que iniciaram uma colônia penal britânica em Port Jackson, na costa da Baía de Botany. Começando com esse assentamento, a Austrália foi mantida com o caráter de colônia penal pelo século seguinte, até que o transporte de condenados da Grã-Bretanha foi praticamente suspenso, em 1839.

A segunda expedição de Cook, em 1772, foi ao redor do Cabo da Boa Esperança, na ponta sul do continente africano, pelo Oceano Índico até a Nova Zelândia, e então para a Terra do Fogo, no extremo sul da América do Sul, atravessando o Cabo Horn até o Atlântico, e em direção ao norte, para a Inglaterra. Essa circunavegação do globo foi uma viagem de grandes proporções, e o trabalho que Cook fez no mapeamento e nas medições tornou conhecidos os principais traços da porção sul do globo, substancialmente da mesma forma com que são conhecidos hoje.

A expedição final de Cook, em 1778, o levou ao Pacífico Norte em busca da muito procurada passagem noroeste que iria conectar o Atlântico ao Pacífico. Nessa viagem, Cook chegou às ilhas

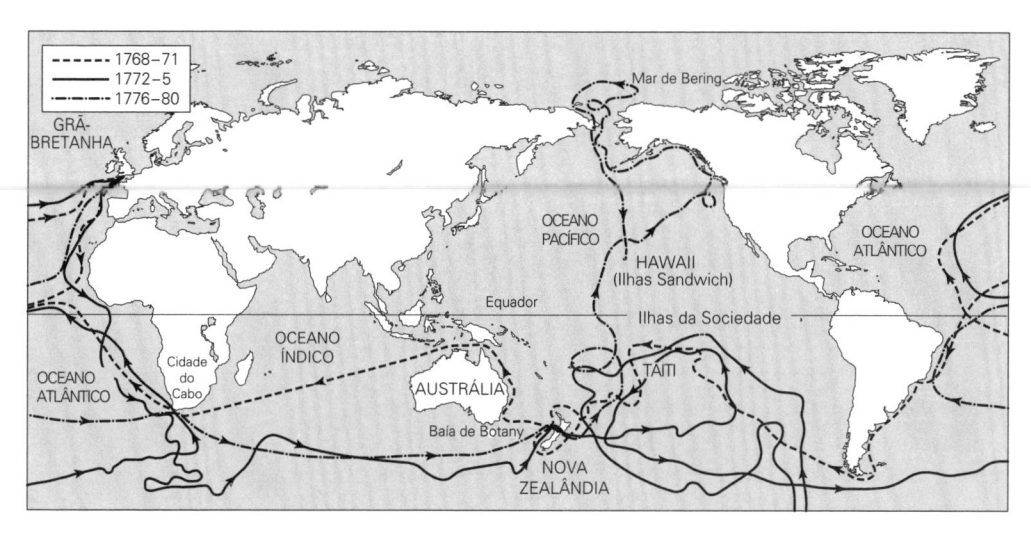

Mapa 10.6 Viagens de Cook.

Fonte: Biblioteca Nacional do Canadá.

havaianas, que ele nomeou de "Ilhas Sandwich" e as reivindicou para a Grã-Bretanha. Na primeira viagem para o Havaí, ele navegou para o norte, em direção à costa noroeste da América do Norte, avistando terras ao longo da costa de Oregon, seguindo a mesma direção, até o Estreito de Bering, entre a América do Norte e a Rússia, antes de retornar ao Havaí, onde veio a falecer.

Não muito tempo depois da viagem de Cook para o Pacífico Norte, a expedição terrestre de Alexander Mackenzie (1763-1820) alcançou a costa do Pacífico na atual Columbia Britânica, em 1793. A expedição de Mackenzie e as viagens do Capitão Cook estabeleceram a orla do Pacífico Norte como a fronteira britânica. As reivindicações espanholas sobre a fronteira do Pacífico Norte na Alta Califórnia datam do século XVI, quando Hernán Cortés enviou uma expedição para lá, e Juan Cabrillo velejou ao longo de sua costa. A colonização espanhola na região começou com a fundação da missão de San Diego de Alcala (1769), pelo padre Junipero Serra. Na metade de século que se seguiu, 20 outros assentamentos missioneiros se espalhavam em direção ao norte, ao longo da costa californiana.

O Pacífico atraiu fortemente os franceses no Vale de Saint Lawrence e os ingleses, ao longo da costa atlântica, desde o tempo em que chegaram e se estabelecem na América do Norte, no final do século XVI e no começo do século XVII, respectivamente. Inicialmente, eles navegaram em direção ao oeste, com a esperança de alcançar a Ásia, e, embora se tenha provado que isso era impossível, a busca pela passagem noroeste continuou até o século XIX. A busca por peles, terras e, com o tempo, por recursos naturais e humanos, incluindo a força de trabalho necessária para abastecer o mercado econômico sempre em crescimento e expansão, resultaria na contínua expansão europeia pela América do Norte até o Pacífico.

A expansão russa em direção ao leste, pela Sibéria, também foi, em parte, gerada pela busca por peles, e a expansão russa até o Pacífico Norte foi motivada pelo mesmo objetivo. Peles de lontras marinhas encontradas anteriormente caíram no gosto dos círculos da Corte Russa, e uma companhia de comércio estatal foi desenvolvida para explorar esse comércio. Nos anos de 1730 e de 1740, russos de assentamentos permanentes de Kamchatka estavam procurando peles nas ilhas Kuriles e Aleutians. Inicialmente, o comércio russo de peles foi uma forma de tributo, com povos indígenas fornecendo pagamentos em peles aos agentes governamentais, como sinal da subjugação política. Ao fim do século XVIII, o comércio privado foi permitido e os mercadores foram crescendo em importância, especialmente no comércio de peles para a China, em troca do chá, da seda e do linho da China, que os russos gostavam tanto quanto gostavam os britânicos.

ENCONTROS DE CULINÁRIA E DE DROGAS

O chá chinês era uma mercadoria comercializada amplamente em toda a Eurásia, da Rússia à Inglaterra. Conforme o ritual de beber o chá foi transportado de sua origem na China, ele finalmente se tornou um novo costume cultural na Inglaterra e na Rússia. Desde tempos remotos, a introdução de novos produtos alimentícios foi uma consequência importante dos encontros marítimos e terrestres. O intercâmbio global de alimentos e produtos agrícolas alterou padrões tradicionais de consumo. Mudanças na dieta, que se seguiram à adoção de novos alimentos, transformaram significativamente a psicologia, a identidade e as culturas humanas.

Alimentos e drogas utilizadas para experiências religiosas e curas medicinais constantemente circularam entre culturas. A consideração de um item como um remédio, alimento ou droga recreativo dependia muito de sua disponibilidade e uso, como ilustrado pela variabilidade da quantidade disponível, do valor e do uso do ópio, que um dia foi um tônico para mulheres, ou pelas mudanças similares no *status* do açúcar, que originalmente era considerado uma especiaria. Em torno de 1670, os holandeses desejavam trocar Nova York pelo território produtor de açúcar do Suriname, junto aos ingleses.

Colombo retornou à Europa com tabaco, uma substância originalmente cultivada por povos indígenas das Américas para o uso em cerimônias religiosas. Na Europa, foi utilizado como uma cura para a enxaqueca, e sua condenação inicial por parte do Rei Jaime I, em 1604, e pelo Papa Inocêncio X, em 1650, foi logo superada pelo seu crescente uso recreativo pela população. Embora esse prazer fosse uma prerrogativa masculina, o comércio europeu espalhou o conhecimento (e o vocabulário) do tabaco desde a Lapônia até a África, onde homens e mulheres fumaram cachimbos e inalaram outras substâncias com fins recreativos e para experiências alucinógenas e religiosas que delas resultavam. Nos anos de 1790, o tabaco e o ópio eram fumados rotineiramente juntos na China, apesar das proibições da era Ming. Os espanhóis começaram a usar outras substâncias, como o quinino, extraídas da casca da cinchona, árvore sul-americana, contra a malária, em 1638. A proteção resultante e os efeitos curativos posteriormente permitiram que os europeus expandissem a cultura para as partes mais tropicais do mundo.

A era entre 1500 e 1800, introduziu novos alimentos e bebidas, incluindo o café da África e do Império Otomano até o norte da África e à Europa. A primeira cafeteria estabelecida em Constantinopla foi em 1554, e, em Oxford, na Inglaterra, foi em 1650, onde estudantes universitários avidamente adotaram a nova bebida. Todas as partes do mundo dependeram dos grãos de Mocha, próximo a Aden, na ponta sul do Mar Vermelho, para seu abastecimento. No século XVIII, os holandeses começaram a plantar café em Java, da mesma forma que os ingleses no Caribe. O chá chinês foi conhecido um pouco antes de ser adotado apaixonadamente no Japão e na Rússia; foi vendido pela primeira vez na Inglaterra, na metade do século XVII. Meio quilo de folhas de chá podiam produzir quase 300 xícaras da bebida; ao final do século XVIII, mais de 816 mil quilos de chá foram consumidos anualmente na Inglaterra.

Na direção oposta, o chocolate viajou das Américas para a Europa, e seu comércio foi inicialmente monopolizado pela Espanha e por Portugal. Na sociedade Asteca, o cacau era um item de luxo; os grãos eram usados como moeda e preparados de muitas formas diferentes. No México do século XVI, as sementes de cacau eram secas, torradas, então amassadas em uma pasta com água; temperos eram adicionados e a mistura era batida até ficar espumosa. A mistura foi oferecida aos primeiros visitantes espanhóis em um banquete; eles enfrentaram o preparado com um misto de apreensão e medo. Contudo, a opinião popular europeia logo concordou com Bernardino de Sahagun, um observador jesuíta, que afirmou que "ela agrada, refresca, consola e revigora".

As crescentes populações europeias, africanas e asiáticas seletivamente adotaram outras culturas agrícolas das Américas: a batata, o tomate e o milho. A batata chegou à Inglaterra na viagem de Drake para a Colômbia, e foi imediatamente cultivada, primeiro como uma planta ornamental e não como comida. Já em 1774, as vítimas da fome prussiana de Kolberg se recusaram a tocar em um carregamento de batatas enviado por Frederico, o grande. A batata, que se originou nos Andes, permitiu que uma grande expansão populacional ocorresse na Irlanda, depois de sua aceitação por lá. A dependência irlandesa de uma única variedade de batata para consumo, contudo, criou uma dependência devastadora, conforme a fome do século XIX deixou bem claro.

A população na China aumentou drasticamente e a culinária foi alterada, graças à introdução do milho, da batata doce e dos amendoins, depois de 1500. No oeste da África, a introdução do amendoim, da pimenta malagueta, da mandioca, do tomate e do milho das Américas forneceu a base para a produção agrícola nas terras marginais e para a expansão populacional e deu auxílio às dietas durante a travessia de escravos. No final do século XVIII, essas comidas tornaram-se os produtos de consumo das culinárias locais e foram necessárias para os escravos nas viagens transatlânticas, até mesmo quando negadas pelos mestres europeus.

As dietas sul-asiáticas também foram significativamente transformadas após 1500. O estabelecimento do domínio Mughal na Índia trouxe novas comidas cotidianas e novos métodos de preparação da comida. Kebabs feitos de pequenos pedaços de carne grelhados em espetos, pilafs (pratos de arroz com guisado de carne), frutas servidas com carne, nozes (cristalizadas), e enrolados de comida com delicadas folhas de ouro e prata em pó (facilmente absorvidos pelo corpo), tudo isso criou uma suntuosa e distinta culinária. A introdução de pimentas das Américas alterou para sempre o gosto do caril preparado com misturas de condimentos, que, por sua vez, foram levados do subcontinente indiano para os mercados e cozinhas da África, da Inglaterra e de outras partes da Ásia e, finalmente, de volta ao Caribe.

AS FRONTEIRAS DO NOVO IMPERIALISMO

O intercâmbio de culinária e drogas foi apenas um aspecto dos encontros globais que se iniciaram no século XVI. Assim que os europeus começaram a explorar e mapear as terras recém descobertas na África, na Ásia e nas Américas, eles as reivindicaram. No século XIX, as potências coloniais europeias estavam ocupadas redesenhando os mapas dos continentes. A conferência de Berlim, de 1885, criou novas fronteiras para os povos sob o controle dos impérios europeus, que se digladiaram pela divisão das riquezas do continente africano (ver Capítulo 7).

Na China do fim do século XIX, os europeus adotaram "esferas de influência", zonas de interesses comerciais e influência política, que infligiram humilhação na enfraquecida dinastia Qing e ajudaram a causar seu eventual colapso. Embora a China nunca tenha sido diretamente colonizada, diferente da maior parte da Ásia (exceto o Japão), foi dividida em "esferas de influência". Anterior às Guerras do Ópio, da metade do século XIX, a abertura forçada dos portos com tratados empregou o conceito de "extraterritorialidade", significando que estrangeiros residindo nos portos aliados chineses, como os de Xangai, estavam sujeitos a suas próprias leis e não à dos chineses (ver Capítulos 6 e 7). Esse conceito criou uma fronteira em torno dos estrangeiros vivendo dentro dos limites do Império Chinês, excluindo-os efetivamente de seus domínios pela criação de enclaves. A intrusão estrangeira ajudou a precipitar a rebelião e, finalmente, a revolução que derrubou o regime Qing, levando, por fim, à fundação do moderno Estado-Nação chinês.

FRONTEIRAS NACIONAIS E FRONTEIRAS TRANSNACIONAIS

As reservas para as populações nativas – "Primeiras Nações" no Canadá –, tanto dos Estados Unidos quanto no Canadá, foram também enclaves dentro dos limites desses Estados-Nação norte-americanos (ver Capítulo 7). Elas eram territórios que separavam uma população, expulsa de sua terra natal, para controlá-la e contê-la, embora não sem resistência. Conflitos similares entre povos indígenas e o crescente poder dos Estados-Nação ocorreram na América do Sul. O leste do Andes e a fronteira do Chaco, que hoje se sobrepõe às fronteiras de três diferentes Estados-Nação (Argentina, Bolívia e Paraguai), no século XIX e no começo do século XX, foi um local de contínua resistência por parte dos índios contra a imposição do poder estatal na região. Os conflitos finalmente terminaram com a derrota dos índios em uma guerra travada entre a Bolívia e o Paraguai, nos anos de 1930 (conhecida como a Guerra do Chaco, 1932-1935). Inicialmente explorada por missões franciscanas, essa zona de fronteira foi posteriormente o foco da construção nacional pela aquisição forçada do território e da força de trabalho. Essa fronteira foi fechada com a Guerra do Chaco, e a maior parte dos povos indígenas se dispersou, buscando refúgio em outros lugares, ou foi levada para campos de prisioneiros.

A experiência tailandesa oferece uma perspectiva diferente da relação entre imperialismo, fronteiras e nação. Como outros Estados no sudeste da Ásia, as fronteiras tailandesas eram elásticas e permeáveis. O Estado tailandês incorporou pessoas de várias identidades étnicas, além de tailandeses (também conhecidos como dais ou tais). Quando os britânicos e os franceses colonizaram grandes áreas da parte insular e interior do sudeste asiático, o reino tailandês rapidamente fixou seus limites e começou a construir o corpo geográfico de uma nação, com o objetivo de resistir à ameaça da colonização. Utilizando os mapas e a história para legitimar o novo Estado-Nação da Tailândia que estava passando a existir, o rei Mongkut (aproximadamente 1851-1868) e seu filho, Chulalongkorn, empreenderam reformas de ocidentalização e modernização para manter a independência diante dos imperialismos britânico e francês. Fronteiras territoriais demarcadas nitidamente, de uma forma que partiu de ideias tradicionais sobre espaço geográfico, foram uma parte importante desse processo. O mapa moderno da Tailândia claramente identifica as fronteiras do Estado, por meio do "corpo geográfico" da nação tailandesa, e, nas palavras de Thongchai Winichakul, é uma ficção histórica e geográfica. Apesar da definição oficial dos limites territoriais da nação tailandesa, suas fronteiras permanecem porosas de muitas maneiras. O Triângulo Dourado, por exemplo, é um termo geográfico que designa uma zona de fronteira sobrepondo-se às fronteiras nacionais de Burma, Tailândia e Laos, um lugar de grande tráfico de drogas que está além do controle de qualquer autoridade desses Estados.

CONCLUSÕES

As guerras globais do século XX foram precipitadas, em parte, devido aos conflitos por fronteiras nacionais, e o fim dessas guerras gerou Estados com novas fronteiras (ver Capítulo 11). No pós-Primeira Guerra Mundial, foram feitos esforços para se criar uma corporação supranacional, a Liga das Nações, e a Segunda Guerra Mundial viu a realização desses esforços na forma das Nações Unidas. Ainda assim, o nacionalismo e as fronteiras dos Estados-Nação permaneceram como um foco primário de atenção por todo o século XX. A descolonização da era pós-Segunda Guerra Mundial rendeu muitos Estados novos, e não houve decréscimo no número de conflitos fronteiriços. Ao contrário, conforme o número de Estados se multiplicava, multiplicavam-se também os conflitos. As fronteiras dos Estados não necessariamente se alinhavam aos limites geográficos dos grupos étnicos, mas havia uma expectativa constante de que evoluiriam nessa direção. Isso levou à divisão de muitas nações, como a Iugoslávia. O fim da União Soviética, em 1991, criou 15 novas nações, amplamente

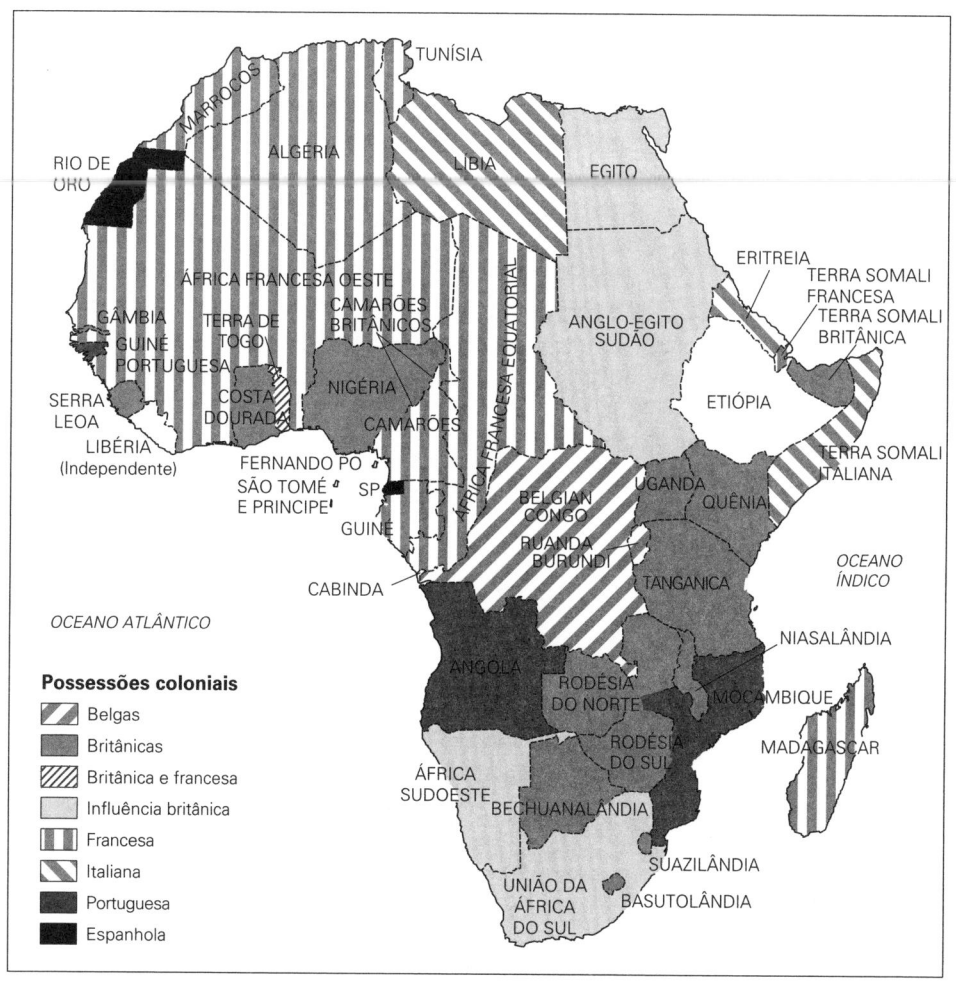

Mapa 10.7 Fronteiras coloniais na África.

baseadas – embora não exclusivamente – sobre identidades étnicas (ver Capítulo 7).

As fronteiras são símbolos e realidade, e também possuem duplo significado. Elas são pontes pelas quais migrantes, refugiados, trabalhadores, turistas e comerciantes se movem. Conforme os Estados-Nação buscaram proteger sua soberania e seu controle interno, as fronteiras também foram barreiras ao movimento, definindo pela inclusão ou exclusão daqueles que são parte da nação e daqueles que não são. A fronteira entre os Estados Unidos e o México é a consequência histórica do desaparecimento dos limites entre a Nova Espanha e os Estados Unidos, conforme este último ia expandindo seu alcance territorial no século XIX, e estabelecendo-se ao longo do Rio Grande. No século XXI, o governo norte-americano gastou recursos substanciais para tentar impedir os imigrantes mexicanos de cruzar a fronteira, enquanto os cidadãos norte-americanos a cruzavam, na direção oposta, para fazer turismo, compras e traficar drogas. Assim como Ana (ver p. 309) negociou a transformação das fronteiras de seu mundo, em 1583, incontáveis cidadãos modernos do mundo atual negociam, criam e cruzam fronteiras.

Outras forças, além dos grupos e indivíduos que cruzavam fronteiras, ofuscaram os limites entre as nações e enfraqueceram a efe-

QUADRO 10.1

Indianos e anglo-indianos: *the young lady's toilet* (1842)

Em "desenhos ilustrando as maneiras e os costumes dos indianos e dos anglo-indianos", essa ilustração do século XIX foi um meio visual para familiarizar o povo britânico com a cultura estrangeira que rapidamente se tornava parte do Império Inglês. Ela mostra uma jovem inglesa em um vestido vitoriano, sendo atendida, em seu banheiro, por serviçais indianas vestindo roupas nativas. Tanto a aparência da mulher (e daquele que parece ser um serviçal muito jovem) e os arredores físicos sugerem diferenças culturais nos trajes e na decoração, que estavam sobrepostas no contexto do colonialismo. Além dos serviçais indianos, o quarto é indiano em seus pertences e evoca a natureza local: a tela decorada, o papagaio, o pavimento corrido, a liteira. De qualquer maneira, a cena poderia ocorrer também no quarto de uma moça na Inglaterra Vitoriana: a penteadeira e o espelho elegantes e o retrato de um oficial masculino pendurado na parede, possivelmente seu noivo ou seu pai, ou outro parente masculino. Até mesmo o xale de caxemira largado de qualquer jeito sobre o lado da jovem mulher podia ser encontrado na Inglaterra do século XIX, bem como na Índia.

Tecida originalmente por artesões indianos, a partir do fino pelo de cabras, produzido nos longínquos territórios do norte da Caxemira, os xales de caxemira eram vendidos em mercados em toda a Ásia, da Pérsia até a China. Sua popularidade alcançou a Europa e até atravessou o Atlântico. Napoleão comprou xales de caxemira

> para a Imperatriz Josefina, e eles caíram no gosto dos parisienses ricos. O desenho característico no formato de lágrima com uma ponta dobrada é visível no xale da gravura, um desenho que se originou como uma flor, mas ficou conhecido, depois de 1850, como um "paisley" (tecido fino) para a cidade escocesa de Paisley, onde imitações de xales de caxemira foram produzidas na primeira metade do século XIX. Originalmente, mercadores e agentes da Companhia das Índias Orientais Britânica trouxeram os xales de caxemira como lembrança e presentes, e conforme eles ganhavam popularidade entre a população britânica na Índia como um item de luxo em casa, os manufatureiros britânicos buscaram uma maneira de produzi-los de forma mais barata, utilizando a tecnologia industrial para replicar sua confecção e seu desenho.
>
> Os xales de caxemira, genuínos ou de imitação, continuaram sendo mercadorias de luxo, tanto na Europa quanto na sociedade indiana. Na Europa e na América do Norte, o tecido podia ser transformado em vestes masculinas ou roupões, capas para pianos, assim como ser vestido por mulheres. Na época dessa ilustração, os xales de caxemira eram considerados itens desejáveis para os enxovais de núpcias de jovens mulheres. Da mesma forma que a história dos xales de caxemira tecem na mesma trama a apropriação cultural de uma indústria de artesanato indiana e uma apreciação transcultural de tecidos finos com belos desenhos, essa ilustração retrata a riqueza da mistura de culturas, o domínio e a submissão das interações coloniais claramente demonstradas com os serviçais indianos atendendo à jovem moça inglesa.

tividade de passaportes, vistos e outros documentos de cidadania, utilizados pelos Estados para excluir alguns e incluir outros. Corporações multinacionais sobrepuseram-se à expansões dos governos nacionais e criaram seus próprios ritmos de continuidade e mudança, em resposta ao mercado global e ao investimento internacional. A tecnologia permitiu a comunicação transnacional que transformou as identidades culturais, sociais, políticas e econômicas ao redor do globo.

Esse processo gera consequências dos dois lados: conforme as identidades diaspóricas se multiplicaram, o Estado-Nação parece ter reduzido em importância, mas, ao mesmo tempo, conforme crescia a consciência de identidades étnicas e religiosas separadas, houve uma contratendência que produzia novos nacionalismos. Nesse contexto, é possível imaginar um Estado sem fronteiras, feito por indivíduos que se identificam como uma nação, mas sem limites "reais" e capaz de se comunicar instantaneamente ao redor do mundo. Não diferente da "comunidade imaginada" de Benedict Anderson, essas formações anunciam uma nova forma de "internacionalismo", estimulado pelas tecnologias do século XXI, época em que comunidades virtuais sem fronteiras tornam-se a fonte primária de identidades, uma cultura híbrida ou crioula é a norma, não a exceção.

REFERÊNCIAS SELECIONADAS

Anderson, Malcolm (1996) *Frontiers: Territory and State Formation in the Modern World*, Cambridge: Polity Press. Um tratamento global do conceito de fronteiras no contexto dos Estados-Nação modernos e as fronteiras internacionais.

Axtell, James (1992) *Beyond 1492: Encounters in Colonial North America*, New York: Oxford University Press. Problematização do conceito de encontros no contexto da América do Norte colonial, focando-se nas estratégias que os povos nativos utilizaram para forjar novas identidades em face da invasão europeia.

Ballantyne, Tony and Antoinette Burton (2005) *Bodies in Contact: Rethinking Colonial Encounters in World History*, Durham, N.C. and London: Duke University Press. Uma coleção de artigos inovadores que examinam gênero, sexualidade e corpo em relação ao colonialismo e ao imperialismo.

Barfield, Thomas J. (1989) *The Perilous Frontier: Nomadic Empires and China, 221 BC to AD 1757*, Cambridge, Mass. and Oxford: Blackwell. A interação da China com povos e impérios nômades, desde sua unificação até o século

XVIII, quando a China foi governada pelo último desses impérios.

Bentley, Jerry H. (1993) *Old World Encounters: Cross-Cultural Contacts and Exchanges in Pre-Modern Times*, New York: Oxford University Press. Encontros transculturais antes de 1500 examinados pela disseminação da religião, do império e do comércio na Afro-Eurásia.

Donnan, Hastings and Thomas M. Wilson (1999) *Borders: Frontiers of Identity, Nation, and State*, Oxford and New York: Berg. Uma perspectiva interdisciplinar, baseada na antropologia, que olha para as fronteiras em relação às transformações de identidade nas nações e nos Estados.

Klein, Bernard and Gesa Mackenthun, eds (2004) *Sea Changes: Historicizing the Ocean*, New York: Routledge. Uma coleção de artigos interdisciplinares oferecendo novas perspectivas sobre a formação das identidades culturais pela mudança da conceituação dos oceanos.

Murray, Dian H. (1987) *Pirates of the South China Coast, 1790-1810*, Stanford, Calif.: Stanford University Press. Um estudo da pirataria sino-vietnamita no "mundo das águas" do Mar do Sul da China no século XVIII.

Power, Daniel and Naomi Standen, eds (1999) *Frontiers in Question: Eurasian Borderlands, 700-1700*, New York: St Martin's Press. Uma coleção de artigos sobre o conceito de fronteira na Eurásia pré-moderna, aplicados em uma variedades de estudo de caso, desde a Península Ibérica até a China.

Sleeper-Smith, Susan (2001) *Indian Women and French Men: Rethinking Cultural Encounter in the Western Great Lakes*, Amherst: University of Massachusetts Press. Um estudo da negociação de gênero e poder pelas mulheres nativas americanas na região dos Grandes Lagos, na América do Norte, durante a era colonial.

Thrower, Norman ([1972] 1996) *Maps and Civilization: Cartography in Culture and Society*, Chicago, Ill.: University of Chicago Press. A natureza e o uso dos mapas desde tempos pré-históricos até o presente, em relação à cultura e à sociedade.

Weber, David J. (1992) *The Spanish Frontier in North America*, New Haven, Conn.: Yale University Press. Um estudo abrangente do conflito e da adaptação entre espanhóis e americanos nativos na fronteira norte-americana, conforme essas experiências formavam novas sociedades.

Winichakul, Thongchai (1994) *Siam Mapped: A History of the Geo-Body of a Nation*, Honolulu: University of Hawaii Press. Um argumento de que a nação moderna da Tailândia é uma construção geográfica criada em resposta ao desenho dos limites territoriais definidos, no sudeste da Ásia, pelas potências imperiais do século XIX.

FONTES *ONLINE*

Annenberg/CPB Bridging World History (2004) <http://www.learner.org/channel/courses/worldhistory/>. Projeto multimídia com *website* interativo e vídeos por demanda; veja especialmente as unidades 7, The Spread of Religions, 9, Connections Across Land, 10, Connections Across Water, 15, Early Global Commodities, 16, Food, Demographics, and Culture, 24, Globalization and Economics, 25, Global Popular Culture.

Electronic Cultural Atlas Initiative <http://ecai.org/>. Baseado na Universidade da Califórnia, em Berkeley, esse projeto em andamento utiliza tanto o tempo quanto o espaço para mapear as culturas humanas e as mudanças históricas.

Imaginando o Futuro
As encruzilhadas da história mundial

11

O adivinho ioruba, Babalawo Kolawole Ositola, senta-se perante uma bandeja de madeira esculpida (*opon*) no bairro Porogun da cidade de Ijebu-Ode, na Nigéria. Ele começa o ritual de adivinhação no qual irá explicar o presente e predizer o futuro ao invocar o passado. Primeiro ele traça os padrões de cruzamento, duas linhas que se interceptam em certo ângulo, no pó *irosun* na superfície da bandeja. A encruzilhada simboliza o ponto de encontro de todas as direções, todas as forças. Como qualquer cruzamento movimentado, a encruzilhada forma um lugar de perigo e confusão, que surge com a oportunidade de mudar de direção. A experiência ioruba do universo é expressa pelas gravações no *opon* e nas palavras que o adivinho profere, de contínua mudança e transformação, em meio às realidades sociais de interação e interdependência. A adivinhação se tornará um diálogo com os ancestrais e as forças espirituais. O mensageiro divino, a divindade Exu/Elegba, será invocado para ajudar a encontrar as verdades profundas sobre a natureza e os perigos e ambiguidades da comunicação humana. A escultura de adivinhação ioruba reflete um ideal de equilíbrio do mundo: humanos estão em equilíbrio com a natureza e as forças invisíveis de interferência e energia; o passado está em equilíbrio com o futuro. De acordo com o estudioso ioruba Robert Farris Thompson, "Se há algo a aprender com [Exu], o deus das encruzilhadas, é que nada é o que parece ser".

Nem todas as visões sociais exigem a intervenção de especialistas dos reinos invisíveis. A metáfora cultural ioruba das encruzilhadas refletem uma visão humana muito mais universal, que imagina o equilíbrio dos pares, das ideias opostas – como o bem e o mal, a guerra e a paz. A certeza do fervor religioso e das ideias relacionadas de identidade étnica, cultural ou nacional outorgaram poder a indivíduos e sociedades para criar boa vontade e segurança, assim como a guerra e o genocídio. As mesmas crenças e ideias dão forma à identidade pessoal ou à solidariedade comunitária no mundo moderno. Quando elas se intensificam aos extremos, essas crenças podem dotar indivíduos e grupos

Figura 11.1 Babalawo Kolawole Ositola começa o ritual de adivinhação em Ijebu-Ode, Nigéria, 1982. Foto: Margaret Thompson Drewal.

de força necessária para criar comunidade integradoras e pacíficas, mas também para usar a violência para matar, como o laureado pelo Nobel, Amartya Sem, argumentou em seu livro *Identidade e violência: a ilusão do destino* (2006). Como o conflito moldou a história mundial no passado e no presente? Como as sociedades atingiram o equilíbrio entre identidades individuais e comunitárias enraizadas em diferentes crenças e formas de vida, e buscam visões de um mundo melhor?

INTRODUÇÃO

Por toda a história, os conflitos entre sociedades foi frequentemente expresso por meio da guerra, embora os meios de condução do estado de guerra tenham mudado desde paus e pedras até armas nucleares e venenos químicos. A Cidade-Estado grega de Esparta, do século XV a.C., se organizava em torno do objetivo da guerra, prezando valores marciais e treinando as crianças espartanas para serem soldados. Para os astecas, os humanos viviam contra o pano de fundo da batalha cósmica diária do Sol pelo céu. A cultura do povo Yanomami, da bacia amazônica, tornou-se conhecida pelas descrições antropológicas de suas guerras – conflitos altamente ritualizados e constantes contra os vizinhos permitia que os homens obtivessem mulheres como esposas e também outros recursos necessários para sua sobrevivência material e espiritual.

Os conflitos dentro e entre sociedades, se levados à guerra ou não, foram causados pela perseguição de visões religiosas ou seculares da sociedade ideal. Na busca pela utopia, as sociedades criaram seu oposto, a distopia. Uma das forças motivacionais da criação do campo da história mundial, no século XX, foi a possibilidade de entender o passado global como uma reserva de ideias sobre nosso futuro compartilhado. O que a história mundial nos conta sobre a possibilidade de os humanos conseguirem aquilo que imaginaram? Esse capítulo conclusivo examina o papel das visões idealísticas da sociedade contra o pano de fundo da realidade dos conflitos na determinação do sucesso da criação, por homens ordinários e excepcionais, do mundo que eles imaginaram. Como os humanos utilizaram essas ideias para criar o equilíbrio ou a desordem na variedade de experiências humanas? Em que extensão o mundo imaginado define nosso futuro humano da mesma forma que fez o nosso passado compartilhado?

MUNDOS IMAGINADOS

Procurando na história mundial os mundos imaginados, encontraremos as previsões de sociedades ideais tão antigas quanto as primeiras expressões do pensamento humano em tradições escritas e orais e nas artes. Os desenhos mitológicos das origens dos mundos natural e humano eram explicações, provenientes da experiência do mundo e da imaginação. Incorpo-

Figura 11.2 Vaso grego do período das pinturas negras, do artista Exekias, exibindo Aquiles e Ajax jogando damas, mas com as armas e capacetes militares ao lado.

radas nesses mitos estavam ideias de família e vida comunitária: como as pessoas deveriam viver juntas, compartilhar recursos e escolher líderes entre si. A religião inspirou a imaginação de mundos além do reino da experiência humana, e esses mundos incorporaram a completa realização do que significava ser humano, bem como as mais terríveis provações que um ser humano podia sofrer. Seja no budismo, no cristianismo ou no islamismo, a percepção de um paraíso e de um inferno encorajou as pessoas a acreditar e praticar suas crenças como indivíduos e como membros de uma comunidade.

Visões religiosas também inspiraram movimentos milenares que projetaram esperança em uma nova era – a chegada do milênio que conduziria a um novo mundo – e exortava os seguidores a agir para chamar a nova era. Os movimentos milenares são encontrados ao redor do mundo em muitos contextos religiosos diferentes, incluindo budistas e cristãos, assim como em numerosas tradições sincréticas (ver Capítulo 4). Eles surgem das diferentes condições históricas e frequentemente tornam-se violentos, como resposta à opressão social, política e econômica. Houve movimentos milenares cristãos na Europa medieval e alguns movimentos budistas na China medieval. A grande Rebelião de Taiping, na metade do século XIX, na China – resultou na morte de, talvez, 20 milhões de pessoas – aglutinou-se sob a liderança de Hong Xiuquan (1811-1854), que teve uma visão de que ele seria o irmão mais novo de Jesus Cristo, enviado por seu pai para trazer o povo chinês de volta à sua crença original em Deus e para criar um "Reino Divino da Grande Paz (Taiping)". Indios Arawakan, do noroeste da Amazônia, seguiram um xamã indígena e líder milenar, Venancio Kamiko, durante os anos de 1850, para resistir contra o controle colonial sobre seu mundo. No Congo, um movimento milenar originou-se com as reivindicações de uma jovem garota congolesa de que ela seria Santo Antônio, na primeira década do século XVIII. Beatriz Kimpa Vita anunciou que ela veio para ensinar a verdadeira religião: os padres eram impostores, Deus e seus anjos eram negros, e o reino dos céus era próximo da pátria congolesa, onde Cristo realmente havia vivido e morrido. Sugerir uma alternativa tão radical em meio ao confronto de culturas era algo perigoso, e o fundador do movimento foi executado. Contudo, o movimento sobreviveu e tornou-se a primeira Igreja sionista africana; o nome "Sião" refere-se à cidade bíblica que era um símbolo de esperança.

Juntos, visionários religiosos, filósofos, artistas, historiadores e escritores de todo o mundo produziram visões seculares de sociedades perfeitas. Em sua obra *República*, o filósofo grego Platão (427-347 a.C.) descreveu o Estado ideal como uma nação governada por um rei-filósofo. O mundo material dos fenômenos, acreditava Platão, é um mundo de sombras vagamente refletidas a partir do mundo real das ideias. É esse mundo das ideias que os reis-filósofos compreendiam e no qual estavam qualificados para governar. Além do mundo das coisas e das experiências, compreendido pelos sentidos, há outro, um mundo fundamental das formas e tipos eternos. Para tudo que experimentamos por meio dos sentidos há uma essência dessa realidade imutável, independente dos "acidentes" materiais que as cercam. Os "acidentes" da vida cotidiana são transcendidos por essências e formas eternas, as quais são objetivos de conhecimento. O rei-filósofo é, por educação, senão por desejo, capaz de guiar o Estado para sair desse caos e das ilusões do mundo externo dos fenômenos sentidos para a ordem e os modelos eternos.

O filósofo chinês Confúcio, no sexto século a.C., ensinou que a sociedade ideal existiu no passado, sob o governo dos reis sábios da antiguidade. A noção do Mandato Divino, que se desenvolveu como a sanção para governar na China imperial, significava que a responsabilidade do governante era de manter a ordem do Paraíso na sociedade humana; se e quando um governante falhasse, então o Mandato era declinado para um novo imperador. O essencial para a harmonia da sociedade, para Confúcio e seus seguidores, era a realização adequada do ritual e das práticas cerimoniais elaboradas em uma compilação de textos do final do primeiro século a.C. e do século I d.C. Nesse texto, o *Livro dos Ritos*, a sociedade sob os reis sábios da antiguidade é retratada como uma era de "Grande Harmonia", na qual todos tinham suas próprias tarefas e seu lugar, todos eram cuidados de acordo com suas necessidades. Esse ideal foi ressuscitado, no final do século XIX, pelo reformador chinês Kang Youwei (1858-1927), que promoveu a sociedade ideal da Grande Harmonia como algo central ao pensamento confucionista. Ele argumentou que Confúcio teria dado apoio às reformas modernas Kang, defendendo que eles teriam vivido na mesma época.

O termo "utopia", usado para descrever uma sociedade ideal, foi cunhado, a partir do grego, por Sir Thomas Morus, ao escrever sobre um mundo imaginário em uma ilha, *Utopia* (1516), onde a propriedade privada não existia e a tolerância religiosa reinava. Como muitas utopias, essa foi inspirada pelas observações do escritor sobre seu mundo contemporâneo, mas também por relatórios do "Novo Mundo". Escrito quase um século depois da *Utopia* de Morus, a peça de William Shakespeare, *A tempestade* (1611), ocorreu em uma ilha, referida como o "bravo novo mundo", onde "não havia necessidade de trabalho, de ricos ou de pobreza". Para os europeus, esse Novo Mundo era um espaço virgem, um paraíso preenchido pela promessa da possibilidade humana; para os povos indígenas do Novo Mundo, a presença europeia trouxe a morte e a destruição.

Fazendo par com o conceito de utopia está o de distopia, o mundo imaginado oposto, de total privação e miséria. Durante muito tempo sob domínio de escritores de ficção científica, uma das mais conhecidas distopias é a de George Orwell, em sua obra *1984* (1949), na qual o personagem principal é gradualmente privado de sua humanidade individual para ser absorvido pelo "grande irmão (Big Brother)" do Estado totalitário do século XX. O romance distópico de Aldous Huxley, *Admirável mundo novo* (1932), retirou seu nome da frase utilizada por Shakespeare em *A tempestade*, e retratou um mundo onde todas as necessidades humanas são satisfeitas e não há guerra ou pobreza, mas também não há religião, filosofia, família ou diferença cultural para enriquecer a vida humana. Drogados em *soma*, as pessoas da obra de Huxley escapam de qualquer coisa desagradável, incluindo emoções e memórias dolorosas. Conforme o romance de Huxley *Admirável mundo novo* vai sendo esclarecido por meio da retração de um mundo utópico que, na verdade, é distópico, visões de sociedades ideais – libertação do desejo, da fome e do medo – nem sempre produzem resultados desejáveis. Os avanços tecnológicos que tornaram possíveis os mundos descritos por Orwell e Huxley foram um produto da Revolução Industrial, que gerou suas próprias visões paralelas de utopia e distopia.

CRÍTICAS AO INDUSTRIALISMO E VISÕES DE COMUNIDADE

Tanto quanto as explorações do Novo Mundo, que influenciaram visões utópicas entre os europeus nos séculos XVI e XVII, o impacto da Revolução Industrial também evocou uma poderosa variedade de respostas entre os pensadores europeus. Alguns reagiram às promessas tecnológicas da Revolução Industrial com ideias sobre como utilizar o que a tecnologia oferecia para criar comunidades ideais; outros viram as condições produzidas para os trabalhadores pela Revolução Industrial como algo a ser combatido.

Robert Owen (1771-1858), um especialista e empreendedor bem-sucedido na indústria têxtil, foi quem buscou mitigar os efeitos mais perturbadores do capitalismo industrial: o declínio do contato pessoal entre empregador e empregados que caracterizava o modo de produção fabril. A solução de Owen não foi a de retornar ao pré-capitalismo, para a sociedade pré-industrial, mas sim de criar um comunitarismo industrial paternalista, baseado no interesse mútuo dos trabalhadores e empregadores. Seu modelo foi implementado em comunidades como a de New Lenark, na Escócia, e New Harmony, em Indiana. A comunidade fabril de New Lenark continha um moinho, armazéns e depósitos cooperativos. O ensino gratuito era fornecido, pois Owen acreditava que trabalhadores educados eram trabalhadores melhores.

O pai de John Stuart Mill (1806-1873) foi um discípulo entusiasta de Jeremy Bentham (1784-1832), o formulador da filosofia do Utilitarismo, que argumentava que o objetivo da sociedade deveria ser o bem maior para o maior número de pessoas. O Utilitarismo atacava o capitalismo industrial sem limites, e Mill, por sua vez, questionou constantemente a estrutura econômica e os modelos sociais da Inglaterra do século XIX. Mill propôs que a distribuição mais igualitária da propriedade e da riqueza poderia ser atingida com pesados impostos sobre a propriedade e tributos sobre a herança. O progresso, insistia Mill, está numa melhor distribuição de bens materiais e na justiça social, incluindo direitos iguais para mulheres, as quais ele defendeu.

Um dos primeiros críticos franceses a começar a dialogar sobre a obtenção de justiça nas sociedades capitalistas industriais foi o Conde Henri de Saint-Simon (1760-1825). Ele aceitou que uma economia baseada na produção industrial asseguraria uma abundância futura que colocaria um fim ao desejo humano. Mesmo vindo de uma antiga família da nobreza, Saint-Simon via a aristocracia como uma classe ociosa, cujos privilégios eram injustificados. Para ele, o privilégio devia pertencer apenas àqueles que trabalhavam para produzir, os quais ele chamou de *industriels* – agricultores, manufatureiros e mercadores. A sociedade, ele proclamava, deveria ser organizada para a promoção e o bem-estar das classes mais numerosas e dos pobres. Em sua obra, *O novo cristianismo* (1825), Saint-Simon tentou reformar a sociedade com base na ética cristã.

Entre os que se aliaram fortemente às ideias de Saint-Simon estavam os profissionais (incluíndo banqueiros e engenheiros), os intelectuais e algumas mulheres da classe operária. Em 1830, cerca de 200 mulheres francesas se identificaram como saint-simonianas, um exemplo primitivo do apelo das visões alternativas da sociedade industrial exercido sobre as mulheres, que eram, com frequência, as vítimas mais oprimidas. Em 1832, um grupo de mulheres saint-simonianas publicou seu próprio jornal, *The Free Woman*, que publicava apenas artigos escritos por mulheres e declarava que "com a emancipação da mulher virá a emancipação do trabalhador". Embora seu movimento tenha fracassado, outros movimentos feministas continuaram a oferecer críticas e alternativas ao capitalismo industrial, no final do século XIX.

Charles Fourier (1772-1837), outro crítico francês do capitalismo industrial, diferia de Saint-Simon pela rejeição do industrialismo. Fourier propunha uma reorganização visionária da sociedade que Saint-Simon buscou tornar justa e racional. Particularmente alarmado pela produção centralizada de grande escala, que ele via como uma ameaça à pequena empresa, Fourier propôs como substituta sua própria concepção de comunidade baseada em uma economia agrícola artesanal. Em sua visão, o trabalho seria não só necessário, mas também satisfatório e realizador, e a vida seria longa e feliz.

A visão utópica da sociedade proposta por Saint-Simon e Fourier não teve grande repercussão pelas massas operárias, não mais do que outras estratégias práticas tiveram. Pierre-Louis Proudhon (1809-1865), um tipógrafo autodidata que escreveu *O que é a propriedade?*, em 1840, era um crítico operário da sociedade industrial capitalista. Para Proudhon, a propriedade era roubo, lucro tomado dos trabalhadores com a conivência do Estado. Proudhon propôs uma sociedade cooperativa de pessoas independentes e iguais baseada na propriedade comum. Por ter rejeitado a propriedade privada, ele foi chamado de socialista, e porque rejeitou o Estado, em favor de organizações cooperativas, foi chamado de anarquista.

Um dos admiradores de Proudhon foi o anarquista russo Mikhail Bakunin (1814-1876), que acreditava ser o Estado a causa das aflições dos homens e mulheres comuns. Bakunin, que defendeu e se engajou em ações violentas contra o Estado, era um exilado da Rússia e familiar ao interior de muitos presídios da Europa. De sua base na Suíça, Bakunin continuou a trabalhar pela revolução contra a ordem social na qual ele se encontrava. O verdadeiro revolucionário, ele escreveu, "cortou cada laço com a ordem social e com todo o mundo civilizado". Bakunin acreditava que os trabalhadores industriais constituíam a vanguarda da atividade revolucionária, que levaria à substituição da sociedade capitalista industrial. Dois outros russos, o Príncipe Peter Kropotkin (1842-1921) e o Conde Leon Tolstoy (1828-1910), também contribuíram para a crítica à sociedade capitalista industrial. Eles, como muitos intelectuais russos e similares a Fourier, viram pequenas comunas rurais enraizadas na comunidade aldeã camponesa tradicional, ou *mir*, como a base para uma sociedade alternativa.

MARX E A CRÍTICA AO CAPITALISMO INDUSTRIAL

A crítica da sociedade capitalista industrial que teria o maior impacto global apareceu na última metade do século XIX. Dois alemães, Karl Marx (1818-1883) e Friedrich Engels (1820-1895), apresentaram suas ideias contra a sociedade capitalista industrial na obra *O manifesto comunista* (1848) e no livro *O Capital*, de Marx, (publicado entre 1867 e 1883). Essas duas obras tornaram-se os textos básicos do "socialismo científico", ou comunismo. Influenciado pelos pensadores franceses e alemães anteriores e baseado em seu estudo da história, Marx combinou uma crítica ao capitalismo industrial com uma teoria de mudança histórica (ver Capítulo 7). Suas ideias ofereceram tanto uma base para a compreensão dos problemas e dos conflitos de sua própria época quanto a visão de uma sociedade ideal que poderia ser alcançada pela ação humana, como parte do inevitável processo histórico.

De acordo com Marx, as condições materiais – tecnologia, recursos naturais e, acima de tudo, modos de produção (escravidão, servidão e o sistema fabril) – determinaram todos os outros aspectos da sociedade e da cultura humana (instituições políticas, organização social, pensamento). A consciência humana, ele acreditava, é formada a partir dessas condições materiais; por exemplo, o pensamento de um trabalhador da indústria irá diferir daquele de um fazendeiro, pois cada um faz parte de um modo de produção diferente. Marx também introduziu o conceito de "classe", divisões da sociedade a partir de diferenças sociais e econômicas. Os conflitos de classe – "a luta de classe" – foram alimentados pelas mudanças no modo de produção e tornaram-se o "motor" da mudança histórica. O conflito característico da sociedade capitalista industrial ocorreu entre aqueles que trabalhavam nas fábricas (assalariados, a quem Marx chamou de "o proletariado") e os capitalistas donos das fábricas.

Marx analisou das disputas do século XIX entre os trabalhadores e os capitalistas industriais com base em uma teoria laboral de valor. O verdadeiro valor de um objeto, ele argumentou, é determinado pelo trabalho que o compõe. A diferença entre o custo de produção (salários e matéria-prima) e o preço de mercado é a mais-valia, a qual os donos dos meios de produção (capitalistas) roubam daqueles que produzem (o proletariado). Reter a mais-valia para si permitiu aos capitalistas que enriquecessem, enquanto o proletariado empobrecia cada vez mais, como resultado dos custos crescentes e dos salários estagnados. A lacuna cada vez mais ampla entre capitalistas e o proletariado aumentou a consciência de classe em ambos os setores e culminou no aumento dos conflitos entre eles. O resultado desse conflito seria a vitória do proletariado, levando à criação de uma sociedade sem classes, onde o conflito iria desaparecer, pois os produtores seriam donos dos meios de produção.

Conforme os aspectos desagradáveis do capitalismo industrial – pobreza em meio à abundância, trabalho repetitivo, deterioração humana, ciclos econômicos, o retardamento do progresso da mudança pelo processo político – tornaram-se comuns na segunda metade do século XIX, a visão de Marx ganhou apelo bem difundido na Europa e acabou encontrando grande aceitação fora dela. Mas antes das ideias de Marx causarem um impacto na história mundial, a guerra global chamou a atenção dos europeus e do resto do mundo, criando uma dura paisagem de horror distópico ao redor do globo.

GUERRA E PAZ GLOBAL NO SÉCULO XX

No século XX, os conflitos entre os Estados-Nação europeus, refletidos nas rivalidades imperialistas no mundo não europeu, por duas vezes levaram à guerra global. O nacionalismo europeu, forjado no período após as guerras napoleônicas do século XIX, alimentou o fogo que levou à conflagração global na Primeira Guerra Mundial. Os novos limites nacionais, delineados após a divisão em grupos causada pela guerra, que eram ligados por linguagem e cultura, aumentaram as tensões causadas pela depressão econômica global até o ponto em que a Segunda Guerra Mundial foi deflagrada. Juntos, os dois conflitos globais demarcaram uma mudança de mundo dominado pela Europa, uma condição que existia desde o século XVI, para um mundo dominado pelos Estados Unidos e cada vez mais por novas nações nascidas do desmantelamento mundial do imperialismo europeu. O impacto desses conflitos foi sentido desde as arenas diplomáticas e políticas dos Estados-Nação até a intimidade da vida cotidiana dos indivíduos.

A Primeira Guerra Mundial

No começo do século XX, as maiores potências europeias se agruparam em duas alianças militares hostis, criadas por estratégias diplomáticas originadas dos poderes políticos e imperialistas do final do século XIX. A Tríplice Aliança era composta pela Alemanha, Áustria-Hungria e Itália; a Tríplice Entente (ou Entente Cordiale) incluía a Grã-Bretanha, a França e a Rússia. As tensões entre essas nações se estenderam para além da Europa. Do final do século XIX até a deflagração da Primeira Guerra Mundial, a rivalidade econômica na África – o Sudão, o leste da África e o Marrocos – alimentou as tensões de forma que em várias ocasiões quase levaram à guerra entre a França, a Grã-Bretanha e a Alemanha. As rivalidades políticas e econômicas, a expansão militar, a manutenção de grandes exércitos regulares e a competição naval deram o pano de fundo para a guerra em 1914.

A Grande Guerra, como é conhecida para os europeus, começou em 1914 como uma guerra local travada entre a Áustria-Hungria e a Sérvia, que defendia a causa do nacionalismo eslavo. O evento que precipitou as hostilidades, em 1914, foi o assassinato do Arquiduque Francisco Ferdinando, herdeiro dos tronos austríaco e húngaro, por um nacionalista sérvio de 19 anos, na capital da Bósnia, Sarajevo. Esse conflito central europeu rapidamente se estendeu para uma guerra geral europeia, por causa dos sistemas opostos de alianças em que a Europa estava dividida. A Alemanha honrou suas promessas e veio em auxílio da Áustria, e a Rússia correu em auxílio à Sérvia, o que também envolveu os aliados franceses e britânicos da Rússia. A participação britânica, por sua vez, envolveu seu aliado asiático, o Japão.

A Guerra finalmente se espalhou para além da Europa e envolveu 32 nações, incluindo as colônias europeias na África e na Ásia. Vinte e oito nações, conhecidas como os Aliados, incluindo a Grã-Bretanha, a França, a Rússia, a Itália (que se uniu aos aliados em 1915) e os Estados Unidos (que só entrou na guerra em Abril de 1917), opuseram-se à coalizão conhecida como Potências Centrais, consistindo na Alemanha, Áustria-Hungria, o Império Otomano e a Bulgária. Embora precipitada por um assassinato político, foi no intenso rompante de nacionalismo da Europa do século XIX, junto com a competição econômica originada do crescimento do capitalismo industrial e sua extensão por meio do imperialismo, que repousou o núcleo do conflito que engolfou a Europa e outras partes do mundo, no começo do século XX.

A guerra durou quatro anos e, após rápidos avanços iniciais, a luta tornou-se praticamente fixa ao longo de uma série de *fronts*: um *front* ocidental na França; um *front* oriental ao longo das fronteiras entre a Rússia, a Alemanha e a Áustria, e um *front* sul ao longo da fronteira entre a Áustria e a Itália. Os alemães construíram um labirinto de corredores, que eram trincheiras criadas para fornecer cobertura para as tropas. Os franceses e seus aliados britânicos, por sua vez, ordenaram suas trincheiras como uma defesa contra possíveis avanços dos alemães. O trabalho de cavar trincheiras, algumas com até 1,2 m de profundidade, significava que os soldados permaneceriam fixos em suas posições defensivas, esperando o combate face a face e a morte. Enquanto isso, eles viviam com câimbras, miseráveis, sem saúde e perigosos dias e noites de constantes tiros de metralhadoras e bombardeios, aliviados apenas nas vésperas de perigosos esforços de romper as linhas e avançar.

O horror da guerra de trincheira foi dramaticamente evocado pelo autor Erich Maria Remarque (1898-1970), na obra *Nada de novo no front*, uma poderosa crítica da guerra, publicada em 1929. Remarque foi alistado no exército alemão com a idade de 18 anos e foi ferido no *front* ocidental, onde observou os horrores que, mais tarde, descreveu em seu romance: "O Sol esconde-se, chega a noite, os obuses assobiam, a vida para. Entretanto, o pequeno bocado de terra esquartejado onde nos encontramos foi conservado, apesar das forças superiores, e só algumas centenas de metros foram sacrificados. Mas por cada metro há um morto". O livro de Remarque foi um pedido de paz, mas para aqueles engajados na guerra, os prospectos pela paz davam pouca esperança enquanto viviam dias sem fim de miséria e derramamento de sangue nas trincheiras enlameadas e nas paisagens áridas da Europa. Quando a Alemanha e seus aliados finalmente foram derrotados, em 1918, mais de 10 milhões de vidas haviam sido perdidas, e as vidas de outros 20 milhões foram marcadas. Muitos milhões morreram mais na epidemia mundial de Influenza, em 1918, do que morreram na Primeira Guerra Mundial, e tanto essa epidemia quanto a guerra civil que engolfou a Rússia, começando com a Revolução Bolchevique de 1917, estavam relacionadas com a devastação causada pela guerra global.

A celebração da paz e a Liga das Nações

Dois conceitos contraditórios de celebração da paz dominaram as negociações na Conferência de Paz de Paris, que encerrou a Primeira Guerra Mundial. Um era a ideia tradicional de que "ao vencedor cabem os espólios", a presunção de que um Estado derrotado teria de sacrificar seu território e riqueza em favor do vitorioso. Contrário a esse espírito e conteúdo era a paz contemplada pelo presidente norte-americano Woodrow Wilson, uma "paz sem vencedores ou vencidos". Ao apresentar seus objetivos de guerra, em abril de 1917, antes de os Estados Unidos entrarem na guerra, Wilson proclamou que ela estava sendo travada para "tornar o mundo seguro para a democracia" e que seria uma guerra para acabar com todas as outras se a autodeterminação de todas as maiores nacionalidades da Europa fosse a base para a paz. Wilson incorporou essas ideias em seus Quatorze Pontos, que foram concluídos com uma proposta para uma Liga das Nações – "uma associação geral de nações... formada sobre pactos específicos com o propósito de oferecer garantias mútuas de independência política e integridade territorial de forma igual para pequenos e grandes Estados" –, uma organização mundial que garantiria a paz.

Apesar do idealismo de Wilson, os termos exarados pelos vitoriosos no tratado de Versalhes, em 1919, foram duros com a Alemanha: a Alemanha foi forçada a desmantelar suas forças armadas, a entregar a maior parte de sua frota mercante e a concordar com extensas reparações – compensações pelos danos econômicos infligidos sobre os aliados durante a guerra. Entre outras reações, o Tratado de Versalhes provocou a expansão da oposição nacionalista na China (no Movimento de 4 de maio) por causa da decisão de garantir as antigas concessões germânicas, as "esferas de influência" que datavam do século XIX, para o Japão, um aliado da Grã-Bretanha, em vez de devolver esse território direto para o controle chinês. O que poucos previram, se é que alguém previu, em Versalhes foi a posição japonesa propícia para colher recompensas políticas, econômicas e militares muito maiores na China e no resto da Ásia. A semente da Segunda Guerra Mundial já estava plantada com o impacto do acordo na Alemanha, bem como pelas repercussões fora da Europa. A Liga das Nações mostrou-se incapaz de equilibrar os interesses nacionais na arena internacional, especialmente sem a participação dos Estados Unidos, que, apesar dos esforços de Wilson, nunca se juntaram à organização.

Os anos entre guerras

As duas décadas (1919-1939) entre os tratados de paz de Paris, que encerraram a Primeira Guerra Mundial, e a irrupção da Segunda Guerra Mundial foram anos de crescimento das tensões e incertezas que minaram a ordem doméstica em quase todos os lugares e contribuíram grandemente para o colapso da cooperação e paz internacional que a Liga das Nações tentou assegurar. As tensões políticas criadas pelos fracassos da celebração da paz, após a Primeira Guerra Mundial, foram acompanhadas pela severa crise econômica originária da Grande Depressão que assolou o mundo em 1929 (ver Capítulo 6).

Pela destruição de grande parte da moldura tradicional da sociedade europeia, a Primeira Guerra Mundial fortaleceu muito as políticas revolucionárias, tanto de direita quanto de esquerda. Na Alemanha, na Itália e na Rússia, revoluções de massa levaram ao surgimento do fascismo e do comunismo. Essas ideologias políticas eram radicalmente opostas entre si, em termos dos ideais que proclamavam, mas ambas concederam poder totalitário ao Estado para ordenar a sociedade e a vida dos indivíduos (ver Capítulo 7). O surgimento desses modelos de Estado conflitantes, em um contexto internacional, preparou o palco para a conflagração global da Segunda Guerra Mundial, na metade do século XX. Apesar de se originar como um conflito europeu, a Segunda Guerra Mundial realmente abrangeu o mundo inteiro, devido a suas conexões, criadas pelo imperialismo, entre a Europa, a Ásia e as Américas.

No mesmo ano de assinatura do Tratado de Versalhes, Adolph Hitler (1889-1945) juntou-se a outros veteranos desempregados, desiludidos pela derrota alemã e amargurados pela aceitação do tratado de Versalhes pelo governo alemão, e formou o Partido Nacional Socialista dos Trabalhadores Alemães (Partido Nazista). Pouco depois, tornou-se seu líder. O fantasma do socialismo também apareceu na desilusão italiana. A Itália juntou-se aos Aliados em 1915, mas vivenciou grandes dificuldades, perdas e humilhações na guerra e saiu dela apenas com uma pequena parcela daquilo que os aliados prometeram como o preço de sua participação. A amargura do pós-guerra, a inflação e o desemprego aumentaram o descontentamento geral e, inspirado pelos eventos na Rússia, encorajaram a dispersão de ideias radicais. Fora dessa espiral de confusão e desilusão, Benito Mussolini (1881-1945) apresentou-se como o salvador nacional, quem iria proteger os italianos tanto do bolchevismo quanto da bancarrota dos preceitos de liberdade e democracia do século XIX. O termo "fascismo" (ditadura estatal sobre a sociedade) foi cunhado por Mussolini em 1919, e se referia ao antigo símbolo romano de poder, os *fascios*, um feixe de gravetos atados a um machado.

O surgimento do Japão como um moderno Estado-Nação e seu papel de jogador poderoso tanto nas políticas asiáticas quanto nas globais, no começo do século XX, é um poderoso lembrete da influência do imperialismo europeu como um modelo. Tanto a economia industrial japonesa quanto o exército cresceram rapidamente no final do século XX, e a derrota da China, em 1895, e da Rússia, em 1905, assinalaram o sucesso do Japão em atingir os objetivos militares e industriais da Restauração Meiji (1868). O Japão adaptou-se rapidamente ao sistema de desenvolvimento global dos Estados-Nação e emergiu como uma potência asiática imperialista ao final da Primeira Guerra Mundial. O Japão, que se modelou como um Estado-Nação europeu, assim como a Prússia no século XIX, e como seus aliados europeus alemães (antiga Prússia) e italianos na Segunda Guerra Mundial, rejeitou o governo parlamentarista e ficou sob o domínio dos militares, em um fascismo aos moldes japoneses. Tendo lucrado economicamente durante a Primeira Guerra Mundial e politicamente com a subsequente paz, o Japão foi severamente afetado pelo colapso financeiro internacional de 1929. Durante a década de 1930, a crise econômica intensificou o apelo político do fascismo. O Japão tomou ações militares no continente asiático para impor sua presença e para proteger sua economia industrial, primeiro colonizando a Manchúria, em 1931, e então lançando uma invasão completa de grande escala na China, em 1937.

A Feira Mundial e a Segunda Guerra Mundial

Embora as condições que levaram à Segunda Guerra Mundial já estivessem presentes no século XX, os planejadores da Feira Mundial de Nova York, que ocorreu em 1939, tentaram criar uma visão futurista da união entre a ciência, a tecnologia e a indústria no Mundo do Amanhã. Como a cidade de Oz no filme *O mágico de Oz*, que estreou no mesmo ano, os planejadores da feira impressionaram seus visitantes com sua visão construída de um mundo imaginado. O local da feira era dominado por uma estreita torre piramidal chamada de Trylon, pairando a 180 metros do chão, e um globo gigante, com 55 metros de diâmetro, chamado de Perisfera. Esses monumentos brancos de estuque eram o eixo de uma roda a partir da qual se projetavam raios, na forma de zonas multicoloridas dedicadas aos alimentos, ao governo e a outras preocupações da "civilização". Como o presidente norte-americano Franklin D. Roosevelt se referiu no discurso de abertura:

> (Os) olhos dos Estados Unidos estão fixados no futuro. Nosso berço está amarrado a uma estrela. Mas é uma estrela de boa vontade, uma estrela de progresso para a humanidade, uma estrela de grande felicidade e menos dificuldades, uma estrela de boas intenções internacionais e, acima de tudo, uma estrela de paz. Que venham os meses que nos levem adiante nos trilhos dessa esperança.
> (Citado em Larry Zim, Mel Lerner, e Herbert Rolfes, *The World of Tomorrow: The 1939 New York World's Fair*, New York: Harper e Row, 1988, p. 9.)

Mas os trilhos dessa esperança já estavam em declínio, mesmo quando Roosevelt discursou. Os Estados Unidos estavam recém saindo de uma década de depressão econômica, e a guerra já havia estourado na Europa.

Enquanto a Feira Mundial de Nova York estava sendo planejada, ideias de supremacia racial causavam mudanças políticas e sociais na Alemanha nazista. Noções históricas pseudocientíficas de descendência alemã, a partir de "arianos" brancos e de supremacia racial, foram derivadas das presunções racistas, bem disseminadas no século XIX, de que a superioridade de alguns povos e a inferioridade de outros era baseada em suas qualidades herdadas. A grande expressão dessa visão de supremacia está contida no filme de propaganda nazista, de Leni Riefenstahl, *O triunfo da Vontade* (1936), a retratação do encontro do Partido Nazista em Nuremberg, em 1934, e *Olympia* (1938), um documentário sobre os Jogos Olímpicos de 1936, no qual os líderes nazistas foram exaltados como um panteão de super-humanos.

Em Janeiro de 1939, antes da abertura oficial da Feira Mundial de Nova York, o governo republicano espanhol caiu perante os fascistas do General Francisco Franco, apoiado tanto por italianos quanto por alemães, e o pavilhão espanhol foi fechado. Em março, a Alemanha de Hitler absorveu a Tchecoslováquia, e os imigrantes tchecos assumiram o pavilhão tcheco. A Polônia foi invadida pela Alemanha em setembro, e o pavilhão polonês foi fechado. Na primavera de 1940, a Dinamarca, a Noruega, a Bélgica, a Holanda e a França caíram perante as forças alemãs, e sua participação na feira foi terminada. De certa forma, a Feira Mundial de Nova York ostentou pouca semelhança com o mundo real, e, de outra forma, revelou as agudas dissonâncias do mundo às vésperas da segunda guerra global do século XX.

Apesar do Pacto de Não Agressão entre nazistas e soviéticos, em 1939, Hitler acreditava que a União Soviética constituía uma ameaça para a segurança e as ambições da Alemanha. Ansiando por obter o controle dos suprimentos alimentares de matéria-prima, especialmente o petróleo, da União Soviética, os alemães lançaram sua invasão em junho de 1941. Quando os Estados Unidos se juntaram aos britânicos e aos russos contra as potências do Eixo, no final de 1941, após o ataque japonês em Pearl Harbor, nas ilhas do Havaí, a segunda fase da Segunda Guerra Mundial começou aquilo que os russos conhecem como a "Grande Guerra Patriótica". Dentro de quatro meses, os alemães chegaram às cercanias de

Figura 11.3 *Trylon, Perisphere e Helicline*, foto de Sam Gottscho (Biblioteca do Congresso). Essas formas futuristas simbolizaram os sonhos do Mundo do Amanhã. O Heliclínio era uma rampa em espiral pela qual os visitantes desciam da Perisfera após assistir "Democracity", um diorama multimídia criado para exibir as possibilidade para a paz e a prosperidade futuras por meio da cooperação.

Figura 11.4 Tropas indianas no leste da África. Tropas indígenas da África e da Ásia serviram nos exércitos coloniais europeus, frequentemente alocados fora dos limites coloniais de suas origens.

Moscou, quando uma combinação do extremo inverno e da contraofensiva russa os sobrepujou. Em 1943, os russos pararam a ofensiva alemã na Ucrânia em uma terrível batalha em Stalingrado. Em junho de 1944, os Aliados lançaram sua invasão na França, enquanto os soviéticos empurravam os alemães em direção ao oeste, e dentro de um ano a Alemanha estava derrotada. A Guerra do Pacífico, como os japoneses a conheceram, continuou, em muito liderada pelos Estados Unidos em nome dos Aliados. Em 6 e 9 de agosto de 1945, os Estados Unidos lançaram duas bombas atômicas nas cidades japonesas de Hiroshima e Nagasaki, forçando a rendição do Japão, em 15 de agosto de 1945, e terminando a fase final da Segunda Guerra Mundial.

O IMPACTO DA GUERRA NA SOCIEDADE

A guerra tende a encorajar o crescimento do poder estatal para a mobilização de recursos e a mobilização dos cidadaos. O controle da economia, a regulação e o planejamento governamental e até a requisição e a racionalização eram necessárias na perseguição dos objetivos nos tempos de guerra. As demandas por inovações tecnológicas e o custo das novas tecnologias demonstraram que a concentração de poder nas mãos dos líderes políticos era uma forma efetiva e essencial para aumentar a produção e contribuir para o poder nacional, por meio do sucesso militar.

Figura 11.5 Idosa alemã entre as tropas em marcha do Sétimo Exército Norte-americano (1945). Tanto os vitoriosos como os derrotados se depararam com a assustadora tarefa de reconstruir a Europa, na onda de devastação da Segunda Guerra Mundial.

Líderes de ambas as guerras mundiais dependeram muito dos soldados alistados. A produção em massa de armas exigia a produção em massa de soldados. Na Segunda Guerra Mundial, unidades de combate eram altamente diversificadas em termos de funções e a nova dependência da tecnologia exigiu muitas unidades dedicadas ao uso e suprimento dessas tecnologias. A divisão tradicional entre soldado e civil desapareceu, conforme os mecânicos tornavam-se tão necessários quanto os soldados para os esforços de guerra. A importância dos cientistas e dos engenheiros cresceu com a percepção de que as novas armas poderiam alterar o equilíbrio em favor de um dos beligerantes e em desfavor de outros. Durante a Segunda Guerra Mundial, os cientistas refugiados europeus, fugindo da Alemanha de Hitler, persuadiram os governos britânico e norte-americano a realizar um esforço de pesquisa e desenvolvimento que produziria a primeira bomba atômica. A ciência e outros aspectos da cultura foram utilizados para servir aos objetivos nacionalistas das sociedades.

Em contraste com os conflitos do século XIX, como as guerras da Crimeia e a franco-prussiana, que foram relativamente limitadas em abrangência e em escala, as guerras globais do século XX foram de longa duração e custaram muito em termos de vidas humanas e recursos. A Primeira Guerra Mundial foi única para aquele tempo em número de participantes e de afetados. As guerras anteriores, como a da Revolução Francesa e as Guerras Napoleônicas, adquiriram a participação ativa de grandes porções da população, mas nunca, antes de 1914, uma guerra chamou tão extensivamente para seu bojo todos os recursos humanos e materiais das nações participantes. Na Segunda Guerra Mundial, o alistamento e o deslocamento de pessoas perseguidas ou que fugiam da guerra causaram enormes mudanças demográficas por toda a paisagem europeia. Entre setembro de 1939 e o começo de 1943, pelo menos 30 milhões de europeus foram deportados ou tiveram de fugir de seus lares. Em tempos recentes, estima-se que quase 60 milhões de homens, mulheres e crianças perderam a vida na Segunda Guerra Mundial, e muitos outros milhões sofreram pela perda ou pelas dificuldades que nunca serão esquecidas. Vinte e sete milhões de pessoas, estima-se, sucumbiram à guerra e a seus efeitos só na União Soviética.

Os custos materiais foram muito altos para serem facilmente compreendidos. As nações combatentes da Primeira Guerra Mundial gastaram uma taxa de 10 milhões de dólares por hora, e o total final das despesas (incluindo danos às propriedades) foi estimado em 186 bilhões de dólares. A Segunda Guerra Mundial custou aos Estados Unidos 341 bilhões de dólares e ao Japão, 562 bilhões de dólares; a União Soviética perdeu aproximadamente 30% de sua riqueza nacional. Essas quantias impressionantes assumem seu verdadeiro significado quando pensamos no que poderia ter sido realizado com o gasto de tanta energia, esforço e dinheiro para realização de objetivos pacíficos como alimentação, moradia e vestimenta para as pessoas.

A aliança entre a indústria e o Estado na guerra foi exemplificada na Alemanha pela história da empresa familiar Krupp. Após a unificação da Alemanha, em 1871, a empresa Krupp tornou-se a principal fornecedora de armas para o Estado alemão, frequentemente se mantendo na vanguarda do desenvolvimento militar de novas armas, como seu canhão "Grande Bertha". Após a Primeira Guerra Mundial, a empresa familiar Krupp mudou sua produção de armas para a produção não militar, desde equipamentos ferroviários até dentaduras de aço inoxidável. Durante os anos entre guerras, contudo, os Krupps, também secretamente, manufaturaram armas banidas pelo Tratado de Paz de Versailles, e desenvolveram algumas novas. Não só eles participaram no rearmamento da Alemanha de Hitler nos anos de 1930, mas também, durante a Segunda Guerra Mundial, 70 mil trabalhadores forçados e internos de campos de concentração trabalharam nas fábricas Krupp em benefício do exército de Hitler. As relações entre o industrialismo militar, os armamentos e a segurança era de um tipo que o mundo, balançando-se entre a guerra e a paz no século XX, continuaria a combater.

As pessoas sentiram o impacto da guerra de muitas formas. O racionamento do açúcar, da gasolina, dos pneus, dos automóveis, do café e de outras mercadorias, as carências e a inflação foram suportadas por milhões. As medidas de guerra e os papéis crescentes dos sindicatos trabalhistas na organização da força de trabalho foram utilizados pelos interesses dos esforços de guerra. A guerra permitiu a intromissão dos Estados na vida cotidiana dos indivíduos e das famílias, algumas vezes promovendo a maternidade enquanto retirava do lar os maridos e os filhos. O fornecimento de um serviço médico de qualidade foi, igualmente, um produto da necessidade de garantir a saúde dos trabalhadores, de modo que eles pudessem atingir o máximo de produtividade. Na era do pós-guerra, as tecnologias que foram criadas para satisfazer as demandas militares foram aplicadas na produção de bens de consumo.

GUERRA E RESISTÊNCIA

A Segunda Guerra Mundial sujeitou grande parte da Europa e do leste da Ásia à ocupação militar estrangeira. As respostas dos povos ocupados variaram de um lugar para outro e entre as populações – algumas vezes até mesmo entre os membros da mesma família – da mesma comunidade. Nas Índias Holandesas do leste, os invasores japoneses foram inicialmente bem recebidos como libertadores do domínio colonial ocidental. Na Noruega, a maioria dos cidadãos resistiu tanto contra os nazistas quanto ao punhado de colaboradores noruegueses reunidos pelos nazistas como um governo marionete. Algumas vezes, o caminho da resistência ofereceu complicados dilemas morais. Por exemplo, aqueles que espionavam para o inimigo ou que escondiam crianças judias e outros refugiados foram, com frequência, obrigados a agir de forma que colocava em perigo suas próprias vidas e as vidas de suas famílias, vizinhos e colegas.

Nem toda resistência ocorreu como atos individuais de consciência moral. Após a queda da França, em 1940, duas formas de oposição francesa contra os alemães surgiram. Os patriotas franceses, liderados pelo General Charles de Gaulle (1890-1970), organizaram a resistência contra os alemães a partir do exterior. Dentro ou fora da França, nos territórios franceses norte-africanos, um movimento de resistência secreto, camuflado, operou com muito sucesso para esconder judeus e pilotos britânicos e norte-americanos abatidos e para ajudar alguns deles a escapar das autoridades alemãs. Muitos homens e mulheres deram suas vidas à Resistência. Houve também movimentos de resistência em comunidades na Dinamarca e na Holanda. A resistência iugoslava tomou a forma de guerrilha contra as forças de ocupação alemãs e italianas, conduzidas por dois grupos: os leais à monarquia e os "partisans", apoiados pela União Soviética e liderados por Josef Broz (1892-1980), conhecido como Tito.

Movimentos de resistência dentro da Alemanha e da Itália opuseram-se aos nazistas e aos fascistas de Mussolini. Por exemplo, Rosa Branca foi o nome de um pequeno grupo de estudantes, professores e intelectuais alemães que se opunham à guerra e distribuíam panfletos pedindo que o povo alemão resistisse aos nazistas e aos esforços de guerra. Dois estudantes e um professor da Universidade de Munique foram executados, em 1943, por conta de suas atividades com a sociedade Rosa Branca. A resistência judia foi extremamente difícil nos campos fortemente vigiados, embora tenha havido focos de protestos isolados, mas notáveis. No gueto de Varsóvia, onde milhares de judeus poloneses estavam confinados em um bairro da cidade e sujeitos ao superpovoamento e à fome, uma rebelião armada ocorreu, em 1943. Os membros da resistência não receberam qualquer apoio externo e a maioria acabou sendo morta pelos nazistas.

É difícil encontrar a documentação da resistência de grande escala contra o governo nazista na sociedade alemã. Um exemplo de resistência massiva das mulheres alemãs ocorreu em 1943, quando cerca de 600 mulheres desarmadas marcharam até um prédio próximo ao quartel general da Gestapo, em Berlim, exigindo que fossem liberados os prisioneiros recolhidos como resultado das leis que restringiam o casamento entre judeus e não judeus. As mulheres manifestantes tiveram sucesso em assegurar a libertação daqueles acusados; suas ações salvaram as vidas de muitos alemães.

MULHERES NA GUERRA E NA PAZ

As condições da guerra global, ironicamente, também forneceram oportunidades para as mulheres ao redor do mundo desafiarem os papéis dos gêneros. Já na Revolução Francesa, os serviços das mulheres foram requisitados durante os tempos de guerra, mas, em tempos anteriores, nunca o papel da mulher na guerra foi tão bem organizado, planejado e completo como na Primeira Guerra Mundial. As mulheres assumiram serviços costumeiramente masculinos, para que os homens pudessem ir para os *fronts* de batalha. As fábricas empregaram mulheres, e seu trabalho na indústria de munição foi uma grande contribuição para os esforços de guerra. As mulheres também assumiram uma variedade de serviços e trabalhos administrativos nos transportes, em escritórios e entraram no ensino e no governo para levar vidas mais públicas. Na Rússia, um "batalhão de morte" foi composto exclusivamente por mulheres (80% das quais foram mortas) e foi enviado ao *front*, em 1917. As mulheres também serviram em combate como enfermeiras e motoristas de ambulância nos hospitais militares. Como resultado da guerra, uma geração de jovens mulheres não se casou ou enviuvou, ficando sem filhos ou tornando-se mães solteiras. As contribuições das mulheres nos esforços de guerra levaram algumas sociedades do pós-guerra a reconsiderar seus papéis. Na Grã-Bretanha, onde um grande movimento sufragista falhou ao tentar obter o direito ao voto feminino, na década anterior a 1914, as mulheres com mais de 30 anos receberam o direito de votar, em 1919. Nos Estados Unidos, o presidente Woodrow Wilson (durante 1913-1921) recomendou que as mulheres fossem emancipadas, como medida de guerra.

Muitas mulheres, assim como homens, não suportaram a guerra. Entre 1890 e 1920, um movimento de direitos femininos encabeçou uma onda de ativismo político. As mulheres começaram a apoiar cada vez mais causas que eram essenciais para o comprometimento com as famílias urbanas e rurais e a lutar pela reforma social, a justiça econômica e a paz internacional. A oposição organizada para a guerra, por parte de mulheres, não era novidade no século XX. *Lisístrata*, uma peça grega do século V a.C., do dramaturgo Aristófanes, conta a história de mulheres que se uniram para impedir a guerra por meio de um pacto de evitar o sexo com seus maridos até que a guerra chegasse ao fim. Em suas origens, no século XVII, as pessoas da religião quaker estavam comprometidas com a paz. Grupos seculares pacifistas foram estabelecidos em Nova York e em Londres depois das guerras napoleônicas, mas foi no final do século XIX que se viu a formação de um movimento pacifista internacional viável. Sua ideologia política era baseada no exterior, incluindo reformistas progressistas, anarquistas e socialistas, e seus membros eram principalmente mulheres, muitas das quais batalharam com a União Americana Contra o Militarismo (AUAM), um grupo lobista que tentou manter a América do Norte fora da guerra. A ligação entre a crescente pressão pelos direitos femininos e o movimento pacifista foi simbolizada na organização do Partido Pacifista Feminino, em janeiro de 1915, em Washington-DC, realizada por sufragistas e reformistas sociais, como Jane Addams.

Delegadas do Partido Pacifista Feminino juntaram-se às mulheres europeias em uma conferência internacional, em Haia, em abril de 1915. Embora difamadas pela grande imprensa e chamadas de "mulheres histéricas" por Theodore Roosevelt, o Partido Pacifista Feminino se manteve. Os traumas da Primeira Guerra Mundial receberam o apoio do movimento pacifista e, em 1919, a Liga Internacional pela Paz e Liberdade foi fundada para promover os objetivos do Congresso Internacional de Mulheres de 1915. Ao final da guerra, uma das líderes das sufragistas, Carrie Chapman Catt, estabeleceu a Conferencia Nacional Sobre a Causa e a Cura da Guerra.

Durante a Segunda Guerra Mundial, as mulheres trabalhadoras da indústria aeronáutica, como Rose Will Monroe (1920-1997), conhecida como "Rosie, a rebitadora", tornaram-se símbolos festejados da irmandade patriótica dos Estados Unidos. Havia, na verdade, diversas "Rosie, a rebitadora", mulheres para as quais as fronteiras de gênero foram temporariamente transpostas, dando a elas acesso total a trabalhos e habilidades que normalmente estavam disponíveis exclusivamente para os homens. Rosie, a rebitadora, que apareceu em filmes no tempo da guerra e em pôsteres promovendo os grupos de guerra, trabalhou na fábrica de peças de aeronaves de Ypsilanti, Michigan. A fábrica de bombas da empresa Ford Motors recrutou mulheres para delicados trabalhos técnicos. Um panfleto aclamava: "As damas mostraram que sabem operar brocas tão bem quanto batedeiras". Algumas empresas fizeram esforços deliberados para recrutar as esposas e filhas dos funcionários que haviam empregado antes da guerra, de forma a não encorajar as mulheres a pensar que seus trabalhos eram permanentes. Mas a guerra também criou novos tipos de dificuldades e opressão para as mulheres.

As mulheres serviram em papéis de combate. Em 1939, a União Soviética alistou mulheres pela primeira vez, a maioria para exercer serviço de apoio. Após o ataque alemão de 1941, muitas mulheres soviéticas participaram dos combates. Do 1 milhão de mulheres que serviram ao exército vermelho e à marinha soviética, cerca de 800 mil delas presenciaram combates. Mais de 100 mil receberam honras militares e 86 receberam o cobiçado *status* de "Herói da União Soviética". Mulheres piloto voaram em inúmeras missões de combate. Um regimento de

Figura 11.6 Mulheres carregando um cartaz pacifista (1915). As mulheres marcharam pela Quinta Avenida, na cidade de Nova York, em um protesto internacional contra a guerra, simbolizando a ligação entre a crescente pressão pelos direitos feministas e o movimento pela paz.

combatentes era formado apenas por mulheres piloto, navegadoras, mecânicas e administradoras de munição; tiveram tanto sucesso em seus bombardeios sobre a Alemanha que os alemães as chamavam de "bruxas noturnas".

Ao mesmo tempo em que os novos papéis das mulheres e novas oportunidades foram criadas pelas demandas dos tempos de guerra, os papéis tradicionais foram promovidos pelas políticas de alguns líderes. Hitler, que via o papel da mulher como confinado à esfera doméstica, encorajou a maternidade como a realização do destino da mulher e seu dever perante o Estado e a sociedade nazista. No dia das mães de 1939, 3 milhões de mulheres receberam a "Cruz de Honra da Mãe Alemã" por terem concebido mais de quatro crianças, devido à necessidade de mais soldados e por conta das carências de mão de obra. No lado oposto da guerra, mas com objetivos similares de elevar a taxa de natalidade, em 1936, a União Soviética instituiu uma nova lei proibindo o aborto, apoiada por multas e sentenças de prisão. Em 1944, o governo soviético lançou a campanha da "mãe-heroína", que recompensava com bônus em dinheiro as mulheres que dessem à luz mais de duas crianças, com a quantia crescendo a cada filho adicional que era concebido.

As mulheres também serviram na guerra em papéis associados aos modos tradicionais de opressão fora da família. As jovens japonesas de famílias pobres eram vendidas para prostíbulos, durante o período pré-guerra, para ajudar a sustentar suas famílias ou pagar suas dívidas. Conforme o Império Japonês se expandia no começo do século XX, os bordéis se estabeleciam por toda a Ásia, incluindo a Sibéria, a Coreia, a China, Manchúria, Hong Kong, Singapura e sudeste asiático. Frequentemente enganadas por promessas de trabalhos lucrativos em países estrangeiros, acabando na servidão e na escravidão sexual, as mulheres japonesas eram chamadas de *karayuki* ("indo para a China", isto é, no exterior). Arrancadas de seus lares e de suas famílias e atraídas para a prostituição, elas viviam suas vidas sem qualquer conforto ou esperança.

A Segunda Guerra Mundial criou uma extensão nova e mais miserável da prostituição para as mulheres nas colônias japonesas, como as de Taiwan e da Coreia, que eram enviadas à força para fornecer serviços sexuais para tropas japonesas estacionadas por toda a Ásia. Em 1941, as autoridades japonesas alistaram as mulheres coreanas como "mulheres de conforto" para as tropas japonesas na Manchúria. Com o começo da Guerra do Pacífico, entre 50 mil e 70 mil meninas e mulheres coreanas foram enviadas como prostitutas, sem salário, ou escravas sexuais para as tropas japonesas por toda a Ásia. Durante o curso da guerra, outras mulheres em áreas ocupadas pelo Japão, como em Taiwan e nas Filipinas, também foram forçadas à prostituição estatal pelo exército japonês.

AS TECNOLOGIAS E OS CUSTOS HUMANOS DA GUERRA GLOBAL

Melhorias na produção em massa de armas e novas armas experimentais intensificaram a condução de ambas as guerras mundiais, algumas vezes com resultados imprevisíveis. Cada lado introduziu novas armas para tentar ganhar vantagens, mas muitas delas não estavam perfeitas. Os aliados introduziram os tanques em 1916, como um meio de encabeçar ataques em territórios controlados por alemães. Esses novos veículos motorizados encouraçados forneceram poder de fogo móvel, mas também quebravam frequentemente e podiam ser facilmente pegos em armadilhas nas trincheiras. Os alemães desenvolveram lança-chamas para atacar tanques móveis. Os protótipos militares do avião dos irmãos Wrigth, em 1903, provou ter um uso militar problemático até que os pilotos pudessem descobrir como atirar sem acertar as hélices. Consequentemente, apesar da fama de "ases" como pilotos de combate, como o alemão Barão Von Richthofen, a guerra no ar era basicamente auxiliar à guerra na terra. Os aviões realizavam reconhecimento atrás das linhas inimigas e serviam como substitutos para a artilharia, atacando e bombardeando os inimigos bem além das linhas de frente, onde os civis, bem como os soldados, eram mortos e mutilados.

A arma nova mais terrível era o gás venenoso, primeiro utilizado por alemães, em abril de 1915. O uso do gás venenoso era imprevisível: ele poderia voltar e matar ou incapacitar aqueles que o lançaram, bem como aqueles que eram o alvo original. Até mesmo a invenção das máscaras de gás forneceu pouca proteção contra os elementos químicos causadores de queimaduras e bolhas. O poeta britânico Wilfred Owen (1893-1918), que foi morto um pouco antes do fim da guerra, descreveu, a partir da experiência pessoal, o horror do gás venenoso:

> ...o sangue
> Vem gorgolejando dos pulmões repletos de vapor.
> Obsceno como o câncer, amargo como o regurgito
> do abominável, úlceras incuráveis nas línguas dos inocentes.
> (Alfred J. Andrea and James H. Overfield, *The Human Record: Sources of Global History*, Vol. II: *Since 1500*, Boston, Mass.: Houghton Mifflin, 1994, p. 370).

Outras armas eram mais controláveis, mas igualmente mortais. Os rifles disparavam rápida e precisamente. A metralhadora, usada pela primeira vez na Guerra Civil Americana, podia atirar várias cargas de munição por minuto, mas a metralhadora giratória, inventada em 1884, por Hiram Stevens Maxim (1840-1916), provou ser superior durante a conquista britânica da África. As balas eram colocadas dentro dessa nova arma por uma tira que continha centenas de balas de munição. Maxim fabricou e vendeu sua metralhadora giratória para as principais nações do mundo, e ela se tornou a principal arma na Primeira Guerra Mundial. Os alemães desenvolveram canhões eficientes de longo alcance, que podiam bombardear eficazmente o inimigo a partir de uma grande distância das linhas de frente. O mais famoso canhão da Primeira Guerra Mundial, conhecido como "Grande Bertha", foi produzido pela fábrica de munições Krupp, a principal fornecedora de armas alemã. Ele era capaz de lançar cartuchos de uma tonelada a distâncias de mais de 15 quilômetros.

Os avanços na tecnologia marítima afetaram a guerra no mar. No final do século XIX, os esforços alemães para construir uma marinha competitiva, em relação à marinha britânica, resultaram em uma corrida para construir novas frotas de navios de combate altamente encouraçados e armados. Em 1914, os britânicos e seus aliados ainda estavam a frente na corrida naval. Quando os britânicos declararam um bloqueio do território inimigo, tinham os meios navais para tornar efetivo esse bloqueio. Essa tática forçou os alemães a retaliar, o que eles fizeram com a construção de submarinos, começando assim um novo capítulo na história da guerra naval. O desenvolvimento do submarino a partir de uma embarcação de curto alcance para a proteção costeira até uma embarcação de alto-mar permitiu que os alemães retaliassem contra o bloqueio britânico de forma terrivelmente efetiva. Também estendeu a guerra para todos os oceanos mundiais.

Atrocidades foram realizadas por soldados em todo o mundo. Um dos casos mais dramáticos foi o do "Massacre de Nanjing", em dezembro de 1937, quando as tropas japonesas engajaram-se em um massacre aleatório e sem misericórdia de estimados 200 mil civis de Nanjing e de seus arredores, durante um período de mais de seis semanas. Os documentos secretos da Unidade 731, uma unidade militar japonesa na Manchúria, na qual doutores e cientistas foram responsáveis pelo assassinato institucionalizado na forma de experimentos médicos letais, vieram a público muito tempo depois do fim da guerra. Experimentos com prisioneiros de guerra capturados incluíam a inseminação do vírus da peste bubônica entre as populações chinesas locais ou a vivissecção de pilotos norte-americanos capturados, na Universidade Imperial de Kyushu, em 1945. Isso espelhou os experimentos médicos nazistas nos internos dos campos de concentração.

Todos os lados cometeram atrocidades. Quase no fim da guerra na Europa, os britânicos incendiaram a cidade alemã de Dresden em um grande ataque incendiário que matou 135 mil pessoas, muitas das quais haviam fugido para o oeste por causa do avanço soviético. O bombardeio de Tóquio, em 9 e 10 de março de 1945, arrasou com 10 Km^2 da cidade e matou entre 80 e 100 mil civis, que foram "chamuscados, fervidos e assados até a morte", nas palavras do general norte-americano Curtis LeMay, o arquiteto do bombardeio. A detonação de uma terrível arma nova apenas uns poucos meses depois causou o fim da Segunda Guerra Mundial, e a guerra nuclear tornou-se uma realidade global.

Secretamente desenvolvida por uma equipe de cientistas trabalhando em vários laboratórios para o governo norte-americano e testada nos desertos do Novo México, a bomba atômica foi uma arma de terror e destruição inacreditáveis. A indagação se a bomba devia ou não ser usada duas vezes, ou até mesmo desenvolvida, levantou uma questão que nunca foi resolvida. A justificativa militar para o uso das bombas foi a de que iria causar o rápido fim de uma guerra aparentemente interminável e, dessa forma, salvaria vidas, especialmente vidas aliadas. Mesmo assim, grande parte do mundo continua a perguntar se outros meios, como os bloqueios restritivos, não poderiam alcançar os mesmos fins. Era necessário largar uma bomba em uma cidade? Acima de tudo, por que foi necessário largar outra bomba logo em seguida? Quais são as consequências ambientais das explosões atômicas? A paz substitui a guerra a custa de muitas incertezas e questionamentos.

ORDEM/DESORDEM NO PÓS-GUERRA

A Segunda Guerra Mundial recapitulou a experiência da Primeira Guerra Mundial na atenção dada à construção do mundo pós-guerra, mesmo enquanto a guerra ainda estava ocorrendo. O presidente Wilson havia colocado suas esperanças na Liga das Nações, apostando que ela garantiria a paz, sem vencedores ou derrotados, e "tornaria o mundo seguro para a democracia", uma visão que hesitou em face das ambições nacionalistas por parte de todos, incluindo os Estados Unidos. A visão aliada do mundo pós-guerra, refletindo a poderosa influência do presidente Franklin Roosevelt, foi talvez a menos idealística e mais pragmática.

Como Wilson, Roosevelt acreditava que uma organização internacional iria ajudar a estabelecer e a manter o domínio da lei entre as nações e o avanço dos interesses norte-americanos; novamente os Estados Unidos tomaram o papel principal na criação de tal organização. As propostas de Roosevelt, que foram recebidas de forma menos cética do que as de Wilson, resultaram na Conferência de São Francisco (abril-junho 1945) que criou a Organização das Nações Unidas antes mesmo que a guerra na Europa estivesse terminada, embora não antes da morte de Roosevelt, em 1945. A nova organização internacional veio a existir antes e independentemente dos tratados de paz posteriores.

Figura 11.7 Bomba atômica (1946). A nuvem em forma de cogumelo subindo do atol de Bikini depois do teste nuclear de 1946.

Mais de meio século após sua criação, as Nações Unidas continuam a lutar pela manutenção da ordem internacional em um clima global de rápida mudança e instabilidade.

A rivalidade entre duas superpotências, os Estados Unidos e a União Soviética, resultou em uma era conhecida como "Guerra Fria", um período entre o fim da Segunda Guerra Mundial e 1990, na qual as armas e a segurança continuaram a desempenhar um papel definitivo. A Guerra Fria foi um jogo de xadrez político global, de movimentos e contramovimentos, no qual as tensões entre as duas superpotências variavam em intensidade. A divisão da Alemanha entre zonas de ocupação aliada e soviética, depois da guerra, criou uma linha de frente da Guerra Fria na Europa, que persistiu na divisão da cidade de Berlim em duas Alemanhas, a oriental e a ocidental, até a queda do Muro de Berlim em 1989. A divisão entre os Estados Unidos e a União Soviética se aprofundou como resultado do Plano Marshall, pelo qual os Estados Unidos forneceram cerca de 22,5 bilhões de dólares para auxiliar na recuperação da Europa Ocidental entre 1948 e 1952. Os soviéticos entenderam a aliança militar entre os governos ocidentais (OTAN), em 1949, como uma ameaça à sua segurança. Eles responderam com a integração econômica de Estados-satélites europeus e com o Pacto de Varsóvia, uma aliança paramilitar. Do oeste da Ásia até a Etiópia e a África do Sul, as superpotências estenderam suas perspectivas por meio de conflitos e estratégias envolvendo "interesses de segurança nacional". A Guerra Fria expressou-se nos empreendimentos tecnológicos, incluindo a corrida espacial até a lua, e no contínuo desenvolvimento de armamentos militares e capacidade nuclear, tomando proporções globais; nenhuma parte do mundo deixou de se envolver.

A Guerra da Coreia foi desencadeada em 1950, quando as tensões entre os Estados Unidos e a União Soviética atingiram o clímax na Península Coreana, seguindo a demarcação de uma linha, no pós-guerra, no paralelo 38, que separava a República Popular Democrática da Coreia, ao norte, da República da Coreia, ao sul. A República Popular da China, uma aliada da União Soviética, sentiu-se ameaçada pela chegada das tropas das Nações Unidas, lideradas pelo general norte-americano Douglas MacArthur, que defendia que se cruzasse a fronteira norte do Rio Yalu até o território chinês e se erradicasse o fantasma do comunismo na Ásia. O conflito terminou com um cessar-fogo em 1953, e simbolizou o crescimento das preocupações estratégicas dos Estados Unidos na Ásia, refletindo a mudança da política de ocupação em relação ao Japão, e a divisão da Coreia, nos moldes da Alemanha do pós-guerra, e posteriormente do Vietnã, entre as duas superpotências e seus Estados clientes.

Temendo a disseminação do comunismo na Ásia, especialmente na sequência da Guerra da Coreia e a construção da Guerra Fria, os Estados Unidos apoiaram os franceses até a derrota destes em Dien Bien Phu, em 1954. Um encontro internacional em Genebra, depois da derrota francesa, dividiu o Vietnã no paralelo 17, com o Vietnã do Norte sob o domínio comunista e o governo sul-vietnamita comandado por Ngo Dinh Diem, um antigo colaborador dos japoneses, que foi apoiado pelos Estados Unidos. Durante as duas décadas seguintes, o envolvimento norte-americano no Vietnã aumentou constantemente, desde o envio de conselheiros militares e apoio material até o comprometimento de milhares de tropas.

A oposição interna no Vietnã contra o governo de Diem cristalizou-se na oposição dos monges budistas contra o governo administrado por católicos, alguns dos quais se queimavam vivos para demonstrar sua resistência. Mas as atividades de guerrilha dos vietnamitas, que se infiltravam no sul em número cada vez maior, eram, com certeza, a ameaça mais séria ao governo sul-vietnamita. Em 1963, Diem foi derrubado em um golpe militar, do qual o governo norte-americano tinha conhecimento de sua iminência, mas não o impediu. Os governos militares vietnamitas seguintes eram dependentes do auxílio norte-americano para sustentá-los.

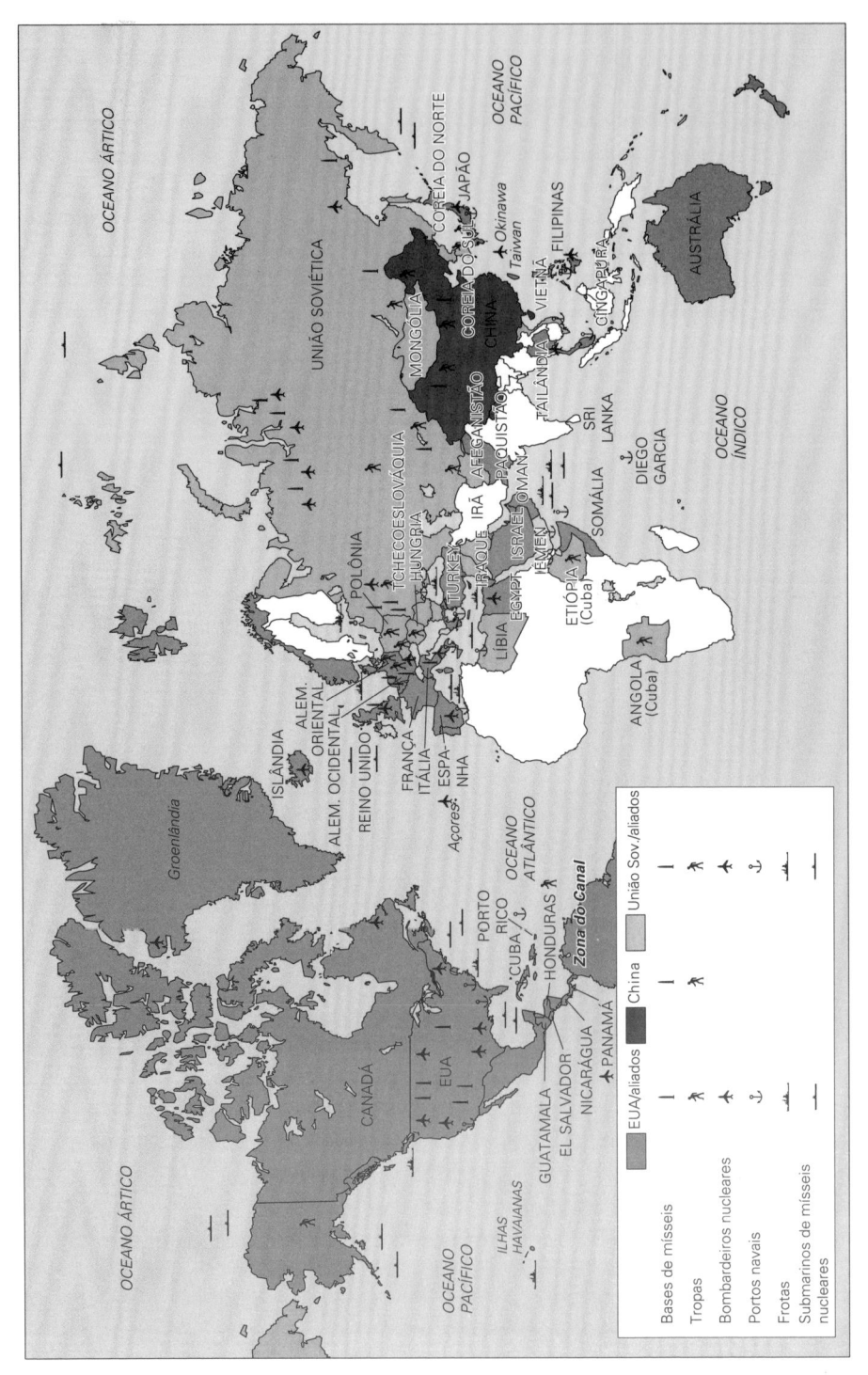

Mapa 11.1 Posições estratégicas da Guerra Fria.

A Guerra do Vietnã foi a primeira derrota militar moderna dos Estados Unidos, com altos custos tanto para vietnamitas quanto para norte-americanos. Mais bombas foram jogadas sobre o Vietnã do que aquelas utilizadas pelos aliados durante a Segunda Guerra Mundial, e o uso de substâncias que causavam a queda das folhas para limpar a vegetação da selva, que fornecia cobertura para os inimigos em terra, deixou para trás muita destruição e poluição no interior do país. O emprego do combate de guerrilha na Guerra do Vietnã e o uso do helicóptero nos terrenos difíceis marcaram um grande ponto de mudança na guerra moderna. A guerra de guerrilha também virou uma "guerra do povo", pois não havia uma linha divisória clara entre a população civil e os militares. O Vietnã provou a força da guerra de guerrilha em território pátrio contra uma força ainda mais poderosa, que eram os Estados Unidos, que detinham enormes recursos humanos, financeiros e materiais. A Guerra do Vietnã também fragmentou a sociedade norte-americana à medida que surgiam conflitos entre as gerações que lembravam da Segunda Guerra Mundial, com seus inimigos declarados, e a geração de 1960, na qual movimentos pacifistas protestavam contra uma guerra aparentemente perdida, sem sentido e moralmente errada.

O colapso da União Soviética e a fragmentação da Eurásia na década final do século XX acabaram com a Guerra Fria. Os custos dessa "guerra" foram mais altos do que os de qualquer conflito global. Recursos humanos, de capital e tecnológicos foram amealhados na competição internacional das superpotências em busca de influência política e vantagem estratégica. O gasto militar de 1960 a 1990 foi de 21 trilhões de dólares. Apesar da grande redução dos armamentos (especialmente após o Tratado de Redução das Armas Estratégicas, de 1991), as perspectivas internacionais sobre o papel das armas na geração de segurança não foram alteradas. O perigo nuclear persiste. O sucesso econômico do Japão e a união econômica da comunidade europeia no pós-guerra, como exemplos das transformações bem-sucedidas onde a interdependência global é equilibrada com o gasto militar limitado, são exceções ao modelo de conflito e desenvolvimento. A persistência da pobreza mundial entre 1 bilhão das pessoas do planeta e a opressão de muitos outros nos lembram de que "as políticas globais no interesse humano" vão além da dualidade e, talvez, acima de perspectivas simplistas da guerra e da paz.

CIÊNCIA E INCERTEZA: A FÍSICA DO SÉCULO XX

A crença nos ideais da ciência e da razão – de que o mundo natural está sujeito a leis que podem ser investigadas e conhecidas – deriva da transformação intelectual comumente chamada de "revolução científica" e do Iluminismo que ocorreu na Europa entre os séculos XVI e XVIII. Essas mudanças causaram transformações na história mundial por meio da Revolução Industrial, quando o progresso era visto em termos de avanços na tecnologia que melhoravam as condições materiais da vida para muitos dos habitantes do planeta. Esses avanços na ciência e na tecnologia têm sido responsáveis por muitas transformações na vida do século XX, desde uma nova visão do universo, introduzida por físicos do começo do século, até os benefícios incertos da fusão atômica no final do século. Tais "avanços" não podem mais ser vistos em termos de simples progresso do século XIX; mais do isso, a mudança científica e tecnológica tem sido cada vez mais compreendida como a adição de uma ambígua complexidade nas vidas do século XX, e a forma diferente com que as pessoas compreendem seu mundo é refletida nos desenvolvimento da psicologia e da filosofia. Muitos dos avanços tecnológicos foram originados na guerra, e vários deles contribuíram para tornar a guerra moderna assustadora em termos de consequências planetárias.

De algum modo a física tem sido a ciência mais significativa dos últimos 300 anos. As formas modernas de conhecimento do mundo e a própria linguagem específica utilizada para descrever o mundo foram desenvolvidas pelos físicos. Os cientistas Isaac Newton (1642-1727) e Robert Laplace (1749-1827) estabeleceram o critério de objetividade racional para a ciência natural, pelo qual o cientista era um mero espectador. A expressão clássica disso era a imagem de Laplace do cientista ideal como um demônio onipresente, que, conhecendo as posições iniciais e as velocidades de todos os átomos do universo no momento de sua criação, seria capaz de predizer e comentar toda a história subsequente do universo. Assim, o mundo do século XIX não era apenas reconhecível, mas também existia como resultado de seu passado, que era a causa de seu futuro. A visão física de causa e efeito no universo foi logo aplicada por muitas outras disciplinas além da física, incluindo a história.

O problema com a visão de causa e efeito, embora tenha sido clara e fácil de acreditar, é que dependia de uma construção artificial: a possibilidade de separar o observador e o observado, a visão do cientista como um espectador objetivo. Exclua isso e, como um castelo de cartas, todo mundo desabaria (e realmente desabou) em uma espiral de incerteza e caos. Entre os cientistas que criaram uma visão pós-newtoniana do universo, o mais importante foi Albert Einstein (1879-1955). Einstein questionou os conceitos de estabilidade da matéria, do tempo e do movimento, que ganharam conhecimento com Newton. Em 1905, Einstein propôs sua teoria da relatividade, que fez do tempo, do espaço e do movimento elementos relativos entre si, assim como para o observador, e não absolutos como se acreditava que eram.

A objetividade não era mais possível. De acordo com Einstein, "esse universo de ideia é um tanto independente da natureza de nossas experiências, da mesma forma que as roupas são diferentes da forma do corpo humano". Quer dizer, as teorias sobre o mundo são como as vestimentas nas quais o mundo é vestido, se encaixando em maior ou em menor grau, mas não serve perfeitamente e não serve para qualquer ocasião, além de serem todas manufaturadas por humanos. Einstein também disse que não podemos nem mesmo comparar nossas teorias com o mundo real. Só podemos comparar nossas previsões teóricas com as observações do mundo, e essas observações são subjetivas e, portanto, inerentemente incertas.

A incerteza também foi algo sugerido pelo trabalho de Joseph Thompson (1856-1940), Hendrick Lorentz (1853-1928) e Ernest Rutherford (1871-1937), os quais, ao descobrir os segredos dos átomos, causaram dúvida nas crenças aceitas sobre a natureza da matéria. Thompson e Lorentz descobriram, independentemente, que os átomos que compõem a matéria são, por sua vez, compostos por partículas pequenas, as quais Lorentz nomeou de elétrons; Thompson e Rutherford imaginaram cada átomo como um sistema solar em miniatura, consistindo de um núcleo (o sol), elétrons (os planetas) e (principalmente) espaço. Eles ainda sugeriram que as partículas do sistema solar atômico podiam não ser feitas de matéria, e sim de energia: as cargas positivas e negativas de eletricidade. Seus trabalhos tornaram possível o impacto prático dos físicos do século XX em esclarecer os detalhes do universo microscópico e subatômico. Dispositivos como transistores, chips de silício, circuitos integrados, supercondutores e poder nuclear, todos dependem do conhecimento do elétron.

Outra grande contribuição à revolução científica do século XX foi o trabalho do físico Werner Heisenberg (1901-1976), a quem se credita a concepção do Princípio da Incerteza, um princípio que tenta explicar a improbabilidade com que a ciência pode conhecer um mundo previsível e ordenado, independentemente do observador. Heisenberg argumentou que o que os cientistas podem observar não é a própria natureza, mas, em vez disso, a natureza exposta ao nosso método de compreensão humana. O novo mecanismo quântico demonstrou que o movimento não pode ser descrito por localização e velocidade, pois há uma perda entre a precisão da medida de cada um.

Desde os anos 1940, mais partículas subatômicas foram identificadas, incluindo os *quarks*. O conjunto de estudos científicos do mundo subatômico, desde 1925, é chamado de "teoria quântica", embora seu impacto tenha sido enorme, dificilmente se trata de uma história que chegou ao fim. Diferentemente da visão newtoniana de mundo, a teoria quântica implica a aleatoriedade – o movimento constante e a organização incerta dos átomos – e uma falta de previsibilidade. Durante grande parte do século XIX, o universo mecânico de Newton exalou confiança em uma realidade independente, essencialmente imutável, que existiria fosse ou não fosse observada. No século XX, a teoria quântica transformou essa certeza em caos.

A realidade compreendida é a realidade alterada, pois a captura e a percepção da informação pelos cientistas são fundamentalmente defeituosas. Além disso, a presença dos cientistas acaba por modificar as condições. No mundo do físico Niels Bohr não existem átomos, apenas observações feitas pelos cientistas. De acordo com Bohr, o átomo é criação da mente humana; a ciência é a ordem imposta e fabricada – feita pelo homem, não natural. Essas ideias científicas questionaram a própria natureza da matéria e aprofundaram um assustador sentimento de incerteza, um sentido de que quanto mais sabemos, menos sólido e confiável parece o mundo natural. Começando nos anos de 1970, o desenvolvimento da teoria das cordas prometeu resolver algumas lacunas na teoria das partículas, especialmente as relacionadas ao problema da gravidade na teoria do campo quântico. A teoria das cordas afirma que estas, e não partículas subatômicas puntiformes, são os componentes fundamentais da matéria e podem explicar melhor a estrutura ou o "tecido" do universo. O universo tem muito mais dimensões que a ciência pode explicar atualmente, e isso parece mais frenético e violento quanto mais de perto seus movimentos são examinados. Conforme os astrônomos e astrofísicos continuam a explorar as origens do universo e a forma com que ele funciona, novas descobertas fazem ruir as presunções anteriores sobre o espaço infinito que cerca o planeta e que fortalece a sensação de incerteza que prevalece sobre as fronteiras científicas.

A IRRACIONALIDADE E A INCERTEZA DO CONHECIMENTO: PSICOLOGIA E FILOSOFIA

No final do século XIX e no começo do século XX, pessoas que trabalhavam no campo da psicologia realizaram um estudo sistemático do comportamento humano, incluindo as relações entre a mente e o corpo. Um dos primeiros desses psicólogos foi Wilhelm Wundt (1832-1920), que testou as reações animais e humanas em condições laboratoriais. O russo Ivan Pavlov (1849-1936), como Wundt, realizou experimentos controlados em animais sob a presunção de que os resultados poderiam ser aplicados aos humanos. Um desses experimentos, com um cachorro, resultou no "reflexo de Pavlov", o conceito de que muitos reflexos humanos não são racionais, mas puramente produtos mecânicos de um estímulo de algo que frequentemente não estamos conscientes.

O salto mais excitante na compreensão da natureza humana, no século XX, foi criado pelo trabalho de Sigmund Freud (1856-1939), o pai de um método de investigação e tratamento chamado psicanálise. Freud concluiu que muito do comportamento humano é irracional, enraizado no inconsciente, e instintivo. O conflito, ele acreditava, não a razão, é a condição básica da vida. Ele acreditava que os conflitos existiam, em grande parte, em um nível de inconsciência e que iniciavam na infância. Tais conflitos causavam frustrações, que se decompunham no subconsciente e resultavam em neuroses e psicoses (desordens mentais de graus variados). As neuroses podem ser tratadas por meio do processo de conscientização da pessoa neurótica dos fatos e das circunstâncias da frustração original. Essa consciência era o objetivo da psicanálise. As ideias de Freud já passaram por três quartos de século de evolução, modificação e rejeição. Apesar da crítica de Freud ter limites temporais, espaciais e, especialmente, de gênero, a psicanálise persiste como uma resposta às confusões e medos dos indivíduos que vivem na incerteza moderna.

As respostas filosóficas para as mudanças do século XX foram variadas e diferentes. As reações europeias, com frequência, eram expressas com extremo pessimismo, uma insistência de que a civilização europeia entrou em colapso e está condenada. O meta-historiador alemão Oswald Spengler (1880-1936) desenvolveu esse argumento em *O declínio do Ocidente* (1918). Para Spengler, a Primeira Guerra Mundial foi o começo do fim da Civilização (germânica) européia. As obras do espanhol José Ortega y Gasset (1883-1955) expressam um sentido similar de decadência e crise, seu livro *A rebelião das massas* (1930) é um lamento da desumanização e do declínio da sociedade racional, que ele acreditava ser o resultado do surgimento de uma cultura material popular e da tendência das massas a usar a força destrutiva para atingir seus objetivos.

Outra reação contra a incerteza do século XX foi o existencialismo. Enraizado no desencantamento e na ansiedade produzidos pelas duas guerras massivas do século XX, o existencialismo tornou-se especialmente proeminente na França após a Segunda Guerra Mundial. De acordo com essa filosofia, não existem absolutismo, permanência ou verdades universais, apenas a inspiração pessoal e o compromisso individual. Os existencialistas argumentavam que não há um sentido final, racional ou irracional para a existência. Os indivíduos simplesmente nascem e existem. Eles são livres e responsáveis pelas decisões que tomam e pelas ações que realizam. Não há verdades ou mentiras finais, definitivas, então os indivíduos devem estabelecer suas próprias regras e modelos e devem ser responsáveis por conviver com eles. Essas regras pessoais são o modelo para a vida que terão após sua morte.

MODERNISMO, ARTES E UTOPIA

Os esforços sistemáticos para entender e interpretar o século XX, a relação das pessoas umas com as outras e o universo que habitam encontraram várias formas de expressão cultural. O modernismo veio a simbolizar as ideias complexas e a cultura global que passou a existir nos centros urbanos do começo do século XX. O ambiente construído – desde prédios a cadeiras e ao *design* gráfico de propaganda – foi imaginado e depois criado pela estética e a ideologia do *design* modernista. O modernismo não foi concebido apenas como um estilo diferente, mas também como uma coleção de ideias, que incluíam a rejeição da ornamentação em favor da abstração. Os modernistas possuíam um desejo utópico de criar um mundo melhor e acreditavam na tecnologia como peça fundamental para se alcançar a melhoria social. No pensamento modernista, a máquina tornou-se um símbolo da habilidade da arte e do *design* tecnológico para transformar a sociedade.

No coração do Modernismo repousa a ideia de que o mundo tem de ser essencialmente remodelado. A carnificina da Primeira Guerra Mundial levou à disseminação do fervor utópico, uma crença de que a condição humana podia ser restaurada por novas abordagens da arte e do *design*. Concentrando-se nos elementos mais básicos da vida cotidiana – lar e mobília, roupas e mercadorias domésticas – os artistas, *designers* e arquitetos reinventaram essas formas para o novo século. A arte estava tornando-se parte da vida cotidiana, e a tecnologia estava sendo estendida para além de seus limites. Arquitetos e artistas de vanguarda lançavam-se no esforço coletivo de arquitetar a mudança social.

Após a revolução de 1917, os *designers* e artistas russos, trabalhando a partir de uma perspectiva socialista, acreditavam que a utopia podia ser alcançada pelo uso da máquina e da produção industrial como forma de criar maior igualdade. O grupo holandês De Stijl acreditava na dimensão espiritual, bem como na dimensão social, de seu trabalho. A escola Bauhaus, na Alemanha, buscou o que eles chamaram de "Nova Unidade" da arte e da tecnologia. Muito do Modernismo foi formulado em oposição aos males percebidos no presente – acima de tudo o autoritarismo repressivo, os Estados totalitários e as evidentes desigualdades sociais do mundo moderno. Em outros tempos, as soluções utópicas da visão moderna do começo e da metade do século eram racionais e práticas. Um novo ambiente – limpo, saudável, leve e cheio de ar fresco – seria suficiente para transformar a vida cotidiana.

Um grande movimento estético do século XX, o surrealismo, cresceu a partir da rejeição de todos os aspectos da cultura ocidental, uma rejeição também associada ao movimento cultural chamado "Dadaísmo" (palavra francesa para cavalo de pau, sugerindo falta de sentido). Ambos movimentos enfatizavam o papel da inconsciência na atividade criativa e eram representados na literatura e nas obras artísticas onde o imaginário dos sonhos e o inconsciente desempenhavam um grande papel. O trabalho do artista espanhol Salvador Dalí (1904-1989) exemplifica o surrealismo na pintura. Sua obra mais famosa é chamada de *A persistência da memória* (1931), retratando relógios moles e fluidos esparramados por uma paisagem de sonhos. Embora baseada na famosa pintura do artista Hieronymous Bosch, do século XVI, *O jardim das delicias terrenas*, a obra de Dalí é um produto do século XX e sugere a quebra das certezas do universo mecânico newtoniano (os relógios fluidos deslizando sobre a paisagem), assim como da percepção humana do próprio tempo. Escritores, pintores e produtores de cinema surrealistas estenderam as noções ocidentais da realidade além do que era conhecido e visível para o olho humano ou para o olho da câmera.

MORALIDADE, DIREITOS HUMANOS, GENOCÍDIO E JUSTIÇA

As duas guerras mundiais deram atenção aos extremos do comportamento humano e seus valores e às diferentes interpretações dos "direitos humanos" que as culturas e os governos construíram para promover interesses domésticos ou internacionais. Após a Segunda Guerra Mundial, as organizações dedicadas à paz e à ordem internacional começaram a discutir direitos humanos universais – as necessidades humanas básicas, a dignidade, os direitos de participação e as liberdades. Poderiam as pessoas de perspectivas culturais e políticas vastamente diferentes concordar em uma convenção básica de direitos humanos?

Na onda de extermínio nazista dos judeus, homossexuais, dos ciganos e de outros, uma campanha foi lançada em prol da aceitação universal das leis internacionais que definiam e proibiam o genocídio. Isso foi alcançado em 1948, com a promulgação da *Convenção sobre a prevenção e punição do crime de genocídio*. Infelizmente, isso não evitou genocídios posteriores, definidos como uma variedade de crimes contra a humanidade, cometidos contra certo grupo alvo nacional, étnico, racial ou religioso. O antigo Estado da Iugoslávia, a Bósnia (local de limpeza étnica, estupros e massacres durante os tempos de guerra); o Camboja (onde o Khmer Vermelho assassinou mais de 1 milhão de compatriotas entre 1975 e 1979); Ruanda (onde pelo menos 1 milhão de tutsis foram massacrados, de abril a julho de 1994), e Dafur (um conflito que se iniciou em 2003 e que matou ou ameaçou a sobrevivência de mais de 5 milhões de africanos), são vários dos locais mais recentes de genocídios modernos, desde 1948. Os historiadores também descobriram exemplos históricos dos campos de concentração e de massacres, como os ocorridos na colônia britânica do Quênia, no Congo Belga.

Guerras globais no século XX resultaram na morte de mais de 100 milhões de pessoas. Enquanto muitas dessas eram baixas da guerra, tanto militares como civis, algumas foram resultado das políticas deliberadas do genocídio. Do massacre de 2 milhões de armênios pelos turcos, em 1915, e dos 15 milhões de judeus, ciganos, eslavos e homossexuais assassinados pelos nazistas durante a Segunda Guerra Mundial, o genocídio foi praticado por governos e por pessoas que carregavam a responsabilidade de executar esses atos de assassinato institucionalizado. Embora o genocídio não tenha sido particular do século XX, a tecnologia o tornou mais eficiente, como podem testemunhar as câmaras de gás nos campos de concentração alemães. Em Auschwitz, até 12 mil vítimas eram mortas diariamente com os gases.

Os julgamentos dos crimes de guerra de Nuremberg e de Tóquio, no final da Segunda Guerra Mundial, tentaram culpar e punir aqueles que transgrediram os limites do comportamento humano civilizado na condução da guerra, como definido pela comunidade internacional em foros como o da Liga das Nações. A convenção de Genebra, por exemplo, estabeleceu regras para o tratamento humano de prisioneiros de guerra, embora ela tenha, mesmo assim, sido violada pelos beligerantes da Segunda Guerra Mundial.

O uso de duas bombas atômicas em Hiroshima e Nagasaki, para causar ostensivamente uma rápida rendição do Japão, levantou questões morais pontuais. Ainda que os números de mortos no holocausto atômico ou no holocausto nazista tenham-se transformado rapidamente em estatísticas estéreis, da mesma forma que os registros fotográficos, por causa de sua própria clareza e objetividade, eles nos tornam familiarizados e confortáveis com as duras realidades da guerra e da crueldade humana. A americana, nascida na Alemanha, filósofa política, Hannah Arendt (1906-1975), escreveu sobre a "banalidade do mal", a ideia de que o mal é um lugar-comum e que tentar defini-lo como algo atípico do comportamento humano não é útil. Mesmo assim, no pós-Segunda Guerra Mundial, embora nem o genocídio nem a guerra tenham acabado em 1945, as pessoas continuaram a questionar a moralidade da guerra, a se opor a ela e a lutar para preveni-la.

Em contraste com a aceitação ioruba da poderosa ambiguidade do mundo, ilustrada no trabalho do adivinho, os europeus do século XIX acreditavam na possibilidade de compreender o homem por meio da observação científica que levaria à descoberta das leis ordenadas e racionais que o fazem funcionar. A dominação europeia do mundo, por meio do imperialismo, reforçou a confiança na civilização europeia. Conforme se aproximava o final do século XIX, contudo, os contemporâneos consideravam o significado do passado e faziam previsões sobre o futuro, não diferentes do adivinho ioruba. Por exemplo, o termo *fin de siècle* ("fim de século") veio a representar uma atitude de desespero, desconforto e inquietude que foi muito além do significado literal do termo em francês. O termo sugeria a possibilidade das mudanças tectônicas nos significados e identidades culturais que podiam surgir de uma nova era e de um futuro incerto; também foi associada com a percepção de decadência dos códigos morais.

No final do século XIX, o filósofo Friedrich Nietzsche (1844-1900) foi um dos muitos europeus que fizeram previsões sobre a era que se aproximava. Escrevendo em 1888, ele alertou que as vidas no novo século seriam caracterizadas pelo conjunto de guerras catastróficas além da imaginação; pela morte de Deus; e por sentimentos de autorrepugnância, ceticismo, cobiça, ganância e cinismo. Certamente alguns sobreviventes do século XX veriam a realização das profecias de Nietzsche nas guerras mundiais; o período negro do fascismo; e nas contradições, desigualdades e injustiças exibidas no mundo do século XX. Tenham ou não as culturas visto as condições humanas como que satisfeitas por hereditariedade com a contradição e ambiguidade, como no mundo do adivinho ioruba, não há dúvida de que a história do século passado deixou a humanidade em uma encruzilhada como aquela vigiada pela divindade ioruba Exu.

CONCLUSÕES

As ideias, propriamente ditas, são abstrações intelectuais. Contudo, quando as ideias inspiram as pessoas a agir, elas se tornam agentes poderosos da mudança no mundo material. Frequentemente identificamos indivíduos com a descoberta ou criação de ideias particulares – como Isaac Newton e a gravidade –, mas essas ideias têm um impacto apenas por meio das ações coletivas e cumulativas dos outros. Todas as ideias são produtos de tempos e lugares específicos, de contextos históricos e culturais particulares. Ao mesmo tempo, elas não são restringidas por esses limites culturais e históricos. Em vez disso, elas são, com frequência, transmitidas amplamente ao longo do tempo e do espaço, onde assumem novos significados em novas definições.

As pessoas que transmitem ideias são aquelas que as usam como ferramentas de análise ou para a ação. Frequentemente são pessoas que se movimentam entre fronteiras culturais, incluindo estudiosos, rebeldes, viajantes, marinheiros, peregrinos e jornalistas. Aqueles que promovem novas ideias podem não as aceitar inteiramente, mas sim tender a adaptar seletivamente ou rejeitar certos aspectos que se encaixem em suas próprias circunstâncias políticas, sociais ou culturais. Desta forma, ideias de todos os tipos são refletidas pelas lentes de culturas específicas. Contudo, essas ideias alteradas e adaptadas ainda podem ser poderosos agentes de mudanças, tanto em sua defesa da criação de um novo mundo quanto encorajando o ressurgimento de ideias do passado.

Os últimos cinco séculos de globalização criaram ligações econômicas e sociais que forneceram avenidas para o rápido intercâmbio de ideias por todo o globo. A globalização também revelou as diferenças, ambiguidades e contradições do mundo moderno e cada vez mais integrado. Regiões do mundo foram percebidas como tão diferentes que as ideias raramente foram transplantadas, sem sofrer mudanças, para um novo contexto cultural. Mesmo assim, quando as oportunidades surgiam, os indivíduos com acesso às novas ideias se esforçavam para colocá-las em ação em uma ampla variedade de lugares.

Nos séculos XIX e XX, as transformações do industrialismo, do nacionalismo, do imperialismo e da guerra global enfraqueceram a estabilidade e a segurança dos indivíduos e de suas comunidades. O colapso das certezas incorporadas nas cosmologias tradicionais produziu uma ansiedade sobre quem somos "nós" e para onde estamos indo. A intrusão da tecnologia em constante transformação em nossas vidas cotidianas criou um sentido de persistente estranhamento e alienação, ao mesmo tempo em que a tecnologia da comunicação aproximou mais as pessoas.

No final do século XX, visões utópicas continuaram a inspirar a mudança social. Na metade dos anos de 1950, por exemplo, Mao Tse-Tung promoveu a criação de "comunas populares" na República Popular da China. Esses eram dois possíveis modelos de um novo tipo de organização social, rompendo com os antigos padrões de família e aldeia para criar a convivência, a alimentação e o trabalho comunal. As comunas populares pretendiam incorporar um ideal comunista-marxista, mas as intensas mudanças econômicas e sociais implementadas sob a liderança de Mao, durante o "Grande Salto Adiante" – também um plano utópico para adaptar o desenvolvimento industrial para a produção agrária –, resultaram na morte de cerca de 20 a 30 milhões de pessoas por causa da fome. Nos anos de 1960, nos Estados Unidos, houve um movimento entre os jovens para que se vivesse em comunas, onde eles compartilhavam a vida, o trabalho e a família e retornavam para um tipo de ideal agrário de agricultura de subsistência. Essas visões comunais, contudo, foram encobertas pelos ideias utópicos de um mundo desenvolvido pelas inovações tecnológicas que aceleravam a mudança em uma escala global.

Essas tecnologias do final do século XX, tais como o mapeamento por infravermelho, um produto secundário dos satélites que registram imagens da terra a partir do espaço, alteraram as percepções das pessoas e dos lugares. Os limites internacionais nunca foram tão precisamente delineados como foram pelos cartógrafos da era espacial, ainda assim esses limites também foram tornados irrelevantes, em alguns aspectos, pelos satélites, que invadem diariamente o espaço cultural e social até mesmo de lugares nos cantos mais isolados do globo. As telecomunicações e as tecnologias computacionais tornaram possíveis ligações íntimas e imediatas entre Los Angeles e Lahore, ou Londres e Lagos.

Tanto as bases materiais das culturas humanas (incluindo tecnologia, ambiente e demografia) quanto as mudanças resultantes das formas com que as pessoas compreendem o mundo forneceram as fontes da identidade individual, bem como das comunitárias, nacionais e, até mesmo, globais. A mudança acelerada tem afetado questões como a das etnias, das raças, das classes e dos gêneros nas vidas dos indivíduos e das comunidades.

Nunca antes a raça humana encarou a possibilidade da extinção como uma consequência do encontro das forças da tecnologia e da população. A combinação de populações crescentes e avanços nas tecnologias industriais alterou a paisagem física de porções cada vez maiores do globo, e causou um crescente desequilíbrio nas relações entre a natureza e a vida humana, enquanto reduziu drasticamente a base dos recursos que davam suporte à vida no planeta. Ao mesmo tempo em que a tecnologia fornecia os meios de se criar um padrão de vida de uma porção da população mundial, ela danificava o ambiente por meio do desmatamento e da poluição da água e do ar, o progresso nas tecnologias de transporte e comunicações aproximou as

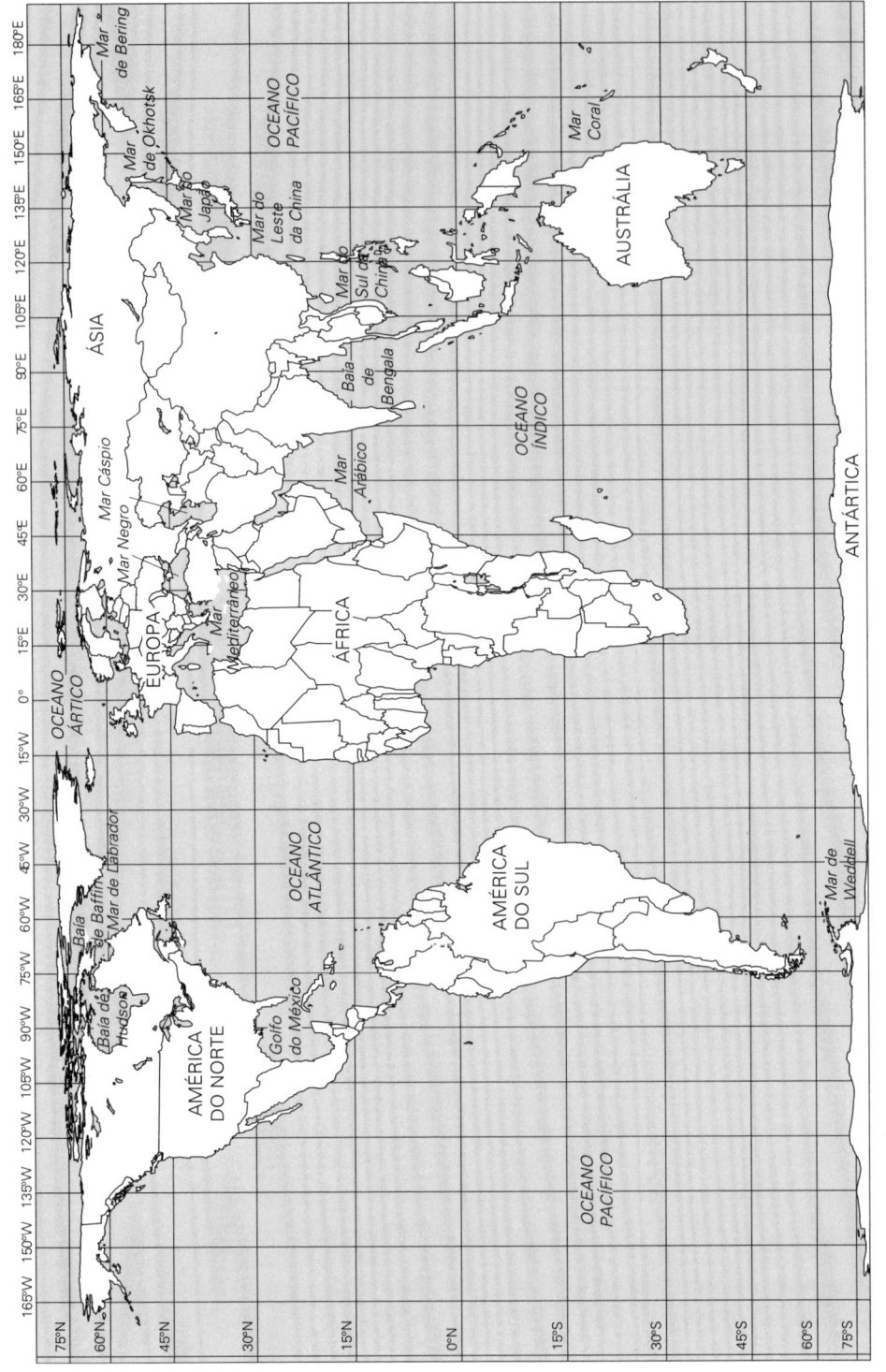

Mapa 11.2 Projeção de Peters representando com precisão o tamanho dos continentes.

pessoas do globo cada vez mais, aumentando a consciência dos destinos e interesses comuns da humanidade.

Na medida em que o mundo se tornou tecnologicamente interligado, a emergente cultura global foi constante e rapidamente transformada; cada vez mais instáveis, fragmentadas e ambíguas ficavam as identidades culturais, e essa foi só uma das consequências. Outra delas é o rico senso de possibilidade que a interação dinâmica das culturas criou. Cultura, os padrões de comportamento desenvolvidos pelas sociedades em seus esforços de compreender, utilizar e sobreviver em seus ambientes, é uma forma básica de poder, não menos importante do que o poder político e econômico que a sustenta e ajuda a moldá-la. A cultura é também simplesmente o "modo de vida" das pessoas, concentrada sobre como elas enxergam a si mesmas, as suas comunidades e o seu mundo, bem como de que maneira os escritores, os artistas e os músicos representam esse mundo. O cantor John Lennon incentivou seus fãs a "imaginar" um mundo sem guerra. Até então isso não havia sido possível. Mas como gerações anteriores, a população de hoje está situada em um ponto de encontro entre o passado e o futuro, onde as preocupações universais moldam a condição humana nas encruzilhadas do século XXI.

REFERÊNCIAS SELECIONADAS

Adas, Michael (1987) *The Prophets of Rebellion: Millenarian Protest Movements Against the European Colonial Order*, Cambridge: Cambridge University Press. Explora as visões milenares, seus usos e o impacto sobre o mundo colonial.

Bartov, Omer (2000) *Mirrors of Destruction: War, Genocide, and Modern Identity*, New York: Oxford University Press. Quatro ensaios provocativos relacionando a guerra total do século XX aos sonhos utópicos, do genocídio e da identidades étnicas e nacionais.

Dower, John W. (1986) *War Without Mercy: Race and Power in the Pacific War*, New York: Pantheon. Um poderoso estudo da raça, propaganda e cultura nos tempos de guerra, focando-se no Japão e nos Estados Unidos.

Fussell, Paul (1977) *The Great War and Modern Memory*, New York: Oxford University Press. Uma vívida recriação da Primeira Guerra Mundial pelos olhos de grandes figuras da literatura que lutaram na guerra e cujas obras literárias foram moldadas pelas suas experiências daquele tempo.

Goldman, Wendy Z. (1993) *Women, the State, and Revolution: Soviet Family Policy and Social Life, 1917–1936*, Cambridge: Cambridge University Press. A mulher e vida familiar na sociedade soviética no entre-guerras.

Havens, Thomas R. H. (1978) *Valley of Darkness: The Japanese People in World War II*, New York: W.W. Norton. Um estudo íntimo da guerra em casa para os Japoneses.

Hochschild, Adam (1999) *King Leopold's Ghost: A Story of Greed, Terror, and Heroism in Colonial Africa*, New York: Houghton Mifflin. Relato persistente do Congo Belga, uma relíquia extremamente distópica do empreendimento colonial.

Keegan, John (1996) *The Battle for History: Re-Fighting World War II*, New York: Vintage. Uma revisão bem ponderada sobre a literatura histórica e as perspectivas da Segunda Guerra Mundial por um grande historiador militar.

McNeill, William (1982) *The Pursuit of Power: Technology, Armed Force, and Society since A.D. 1000*, Chicago, Ill.: University of Chicago Press. Uma pesquisa sobre as relações entre tecnologia e guerra, dos tempos medievais até os modernos.

Segal, Howard P. (2006) *Technology and Utopia*, Washington, DC: Society for the History of Technology and the American Historical Assciation. Uma útil revisão histórica das relações entre as mudanças tecnológicas e as ideias de utopia.

FONTES *ONLINE*

Annenberg/CPB Bridging World History (2004) <http://www.learner.org/channel/courses/worldhistory/>. Projeto multimídia com *website* interativo e vídeos por demanda; veja especialmente 22, Global War and Peace, 26, World History and Identity.

Ilustrações e Créditos

1.1 Mary Leakey escavando. Foto de Bom Campbell. 13
1.2 Arte na pedra de Saharan em Tassili, Algéria. Foto: Jeanne Tabachnick. 17
1.3 Trabalhadores chineses em uma mina de ouro na Califórnia. *Head of Auburn* Ravine, 1852. Telefone DAG – 0101. Cortesia da California *History Room*, Biblioteca Estadual da Califórnia, Sacramento, Califórnia. 31
1.4 Pegada da alunissagem deixada pelo astronauta Neil Armstrong. Cortesia da NASA. 34
2.1 Erupção do Monte Fuji. Cortesia do Museu Hokusai, Obuse, Japão. 37
2.2 Modelo egípcio da confecção do pão e da cerveja. Foto © Fitzwilliam Museum, Universidade de Cambridge. 43
2.3 Fornalha de derretimento de ferro, região de Bassari, Togo, oeste da África. Foto: Candice Goucher. 50
2.4 O aço trabalhado de Edgar Thompson. Cortesia da Biblioteca do Congresso, número da reprodução: LC-USZC4-5728. 55
2.5 Tráfego de Tóquio, cerca de 1957. Cortesia da Biblioteca do Congresso, número da reprodução: LC-USZ62-134146. 58
2.6 Vendedores de garrafas de água, Cidade do México, c. 1910-1915. 60
3.1 Reconstrução de uma seção de Çatalhöyük. <www.angelo.edu/faculty/rprestia/1301/images/IN007CatH.jpg>. 70
3.2 Mural Teotihuacán. Tetila (Pórtico 11, Mural 3), Grande Deusa (detalhe) pintura em estuque. H.43 1/4 in (110 cm). Fotografia de Enrique Franco Torrijos. Imagem © The Metropolitan Museum of Art. 74
3.3 *A Mirror of Actors' Likenesses* extraído de *An Álbum of Toyokuni Actor Portraits*. Edo: Yamadaya Sanshirô, 1804 (imagem 3), Divisão asiática (117). <www.loc.gov/exhibits/ukiyo-e/images/117cs>. Cortesia da Biblioteca do Congresso. 82
3.4 Anônimo, ilustração da cidade de Potosí nas montanhas (1581). Foto: Corbis-Bettmann. 85
3.5 Dakar, Senegal, Oeste da África. Foto: Photovault. 89
4.1 Busto de pedra da Deusa do Milho, maia, Período Clássico tardio (600-800 d.C), de Copán, Honduras. © The Trustees of the British Museum. 107
4.2 Buda pregando, Sarnath, século V d.C. Cortesia da Biblioteca do Congresso, número da reprodução: LC-USZ62-111688. 112
4.3 Página ilustrada do Corão. Cortesia Freer Galery of Art, Smithsonian Institution, Washington, DC. Patrimônio, F1930.60r. 116
4.4 Seguidores da religião afro-braslleira no Rio de Janeiro, Brasil, Foto: PA. 127
5.1 Um Casal Romano. Cortesia do Ackland Art Museum, Universidade

da Carolina do Norte, em Chapel Hill, Ackland Fund. 135
5.2 Xilogravura medieval exibindo o nascimento de uma criança. Foto: Topfoto. Fornecedor: Topham Picturepoint. 136
5.3 Marido e esposa divorciados acusam-se mutuamente frente a um juiz (*qadi*). Cortesia da Bibliothèque Nationale de France. 141
5.4 Figura de fertilidade *akuaba*. © The Trustees of the British Museum. 144
5.5 Cerimônia de casamento asteca. Cortesia da Biblioteca Bodleian, Oxford. MS Arch. Selden A.1, fol. 61r. 150
5.6 Família chinesa contemporânea, Xangai. Foto: Sean Justice. Getty Images. 157
6.1 Camponeses realizando a colheita sob a supervisão dos agentes do lorde (cerca de 1300-25). Topfoto. Fornecedor: Topham Picturepoint. 174
6.2 Qiu Ying, *Spring Festival Up the River,* Dinastia Ming (1368-1644). © Kathleen Cohen, Copenhagen Nationalmuseet, copm2543. 177
6.3 Moinho de açúcar em atividade, Índia Ocidental (1849). Cortesia da Biblioteca Nacional do Congresso, número de reprodução: LC-USZ62-91056. 185
6.4 Ichiyosai Kuniteru, *O interior de uma fábrica de seda japonesa* (1870). Foto: Corbis-Bettmann. 190
7.1 Ho Chi Minh (1967). Cortesia da Biblioteca Nacional do Congresso, Número de Identificação digital YAN 1a38912.. 199
7.2 Restauração e defesa da liberdade britânica na África do Sul. Cortesia da Biblioteca Nacional do Congresso, número de reprodução: LC-USZ62-78566. 220
7.3 *A Revolução Francesa: Queima das carruagens reais em Chateau d'Eu (1848)*. Cortesia da Biblioteca Nacional do Congresso, número de reprodução: LC-USZC2-2370. 221
7.4 Nehru segurando a bandeira nacional indiana. Foto: Topfoto. Fornecedor: Topham Picturepoint. 234
8.1 Imagem de escravos gregos ou romanos de "campana" em terracota com uma placa mostrando uma cena de uma procissão triunfal. © Trustees of the British Museum. 249
8.2 Favelas (Gustave Doré, aproximadamente 1880). Topfoto. Fornecedor: Topham Picturepoint. 258
8.3 *Protesto econômico*, Etching, México, gravura de José Guadeloupe Posa (1852-1913). 265
9.1 A Grande Esfinge e a Pirâmide de Gizé. Foto: C.M. Dixon/Topfoto. 272
9.2 Tábua de memória luba (*lukasa*), Zaire. Foto de Susanne K. Bennet, Cortesia do Museu de Arte Africana, Nova York. 276
9.3 Dispositivos de memória, como o Quipu (ou khipu). <http://en.wikipedia.org/wiki/Quipu>. 277
9.4 Tábua cuneiforme, Iraque. Cortesia da Biblioteca do Congresso. 278
9.5 Homem branco transmitindo um programa a partir de uma casa *mbari* (ritual), Ibo, Nigéria. Foto: Herbert Cole. 283
9.6 Escultura em arenito de mulher indiana escrevendo com uma agulha de pau, norte da Índia, século XI d.C. De Heinrich Zimmer, *Art of Ásia* (Nova York: Pantheon 1955), plate 345. Foto: Gunvor Moitessier. 291
9.7 O colégio de Henricus de Alemannia. Pintura colorida em miniatura em pergaminho, por Laurentius de Voltolina. Foto: Jörg P. Anders. Retirada de "Líber ethicorum des Henricus de Alemannia". Século XIV. Original: Kupferstich kabinett, State Museum of Berlin, Min 1233. 293

9.8 Ainda sobre o filme *Ran* de Akira Kurosawa. Cortesia do British Film Institute. 302

10.1 Jodocus Hondius, Mapa da Terra (1595). ("Vera Totius Expeditionis Nauticae", 1595). Cortesia da Biblioteca do Congresso, número de identificação digital g3201s.ct000130. 309

10.2 Anônima, *Chegada de Colombo* (1860). Cortesia da Biblioteca do Congresso, número de reprodução: LC-USZ62-3010. 315

10.3 Zheng Yisao, mulher pirata chinesa. Cortesia do National Maritime Museum, Greenwich, Londres. 325

11.1 Babalawo Kolawole Ositola começa o ritual de adivinhação em Ijebu-Ode, Nigéria, 1982. Foto: Margaret Thompson Drewal. 339

11.2 Vaso grego do período das pinturas negras, do artista Exekias, exibindo Aquiles e Ajax jogando damas. Museu do Vaticano. 340

11.3 *Trylon, Perisphere e Helicline*, na Feira Mundial de Nova York, 1939. Foto: Sam Gottscho. Cortesia da Biblioteca do Congresso, número de reprodução: LC-G612-T01-34010. 349

11.4 Tropas indianas no leste da África. Cortesia da Biblioteca do Congresso. 350

11.5 Idosa alemã entre as tropas em marcha do Sétimo Exército norte-americano (1945). Cortesia de National Archive and Records Administration. 351

11.6 Mulheres carregando um cartaz pacifista (1915). Cortesia de Corbis-Bettmann. 355

11.7 Bomba atômica no atol de Bikini (1946). Cortesia da Biblioteca do Congresso. 358

MAPAS

1.1 Grupos de linguagens do mundo Fonte: Patrick Mannning, *Migration in World History* (London e New York: Routledge, 2005), figura 2.1, p. 29 Reproduzido com a permissão de Taylor e Francis Books. 19

1.2 Padrões globais de migração, 1650-1940 Fonte: Adaptado de Patrick Manning, *Migration in World History* (Londres e Nova York: Routledge, 2005), Figura 8.1, p. 146. Reproduzido com a permissão de Taylor & Francis Books. 29

2.1 Climas do mundo 41

2.2 Cereais alimentícios do mundo antigo. *Fonte*: *Cambridge Encyclopedia of Human Evolution*, p. 376. 45

2.3 Fontes primitivas de metais. 49

2.4 Pegada ecológica. Adaptado do mapa em <http://globalis.gvu.unu.edu/?840>. 63

3.1 Antigos centros de população, cerca de 750-1250 d.C. 67

3.2 Mudança na distribuição das maiores cidades do mundo em 1925 e 2005. 93

4.1 Expansão do budismo do sul para o leste da Ásia 113

4.2 Dispersão do cristianismo no Mediterrâneo, na Europa e no norte da África antes de 1100 d.C. 115

4.3 Expansão do Islã e dos primeiros Impérios Islâmicos. 117

4.4 Religiões globais contemporâneas. 129

6.1 Rotas e centros comerciais afro-eurasianas, 600–1500. *Fonte*: Francis Robinson, *Cambridge Illustrated History of the Islamic World* (Cambridge: Cambridge University Press, 1996), p. 126 169

6.2 Triângulo comercial do Atlântico, séculos XVI a XIX. *Fonte*: Peter Ashdown, *Caribbean History in Maps* (Trinidad e Jamaica: Longman Caribbean, 1979), p. 16, no alto. 184

6.3 Produtores e consumidores mundiais do café. 194

7.1 Império Khmer e Srivijaya *Fonte*: anônimo, "Early South East Asia"

(Boston, Mass.: Houghton Mifflin, 2001). Cortesia de Houghton Mifflin Company. 201

7.2 Império Mali e Estados primitivos na África. *Fonte:* anônimo, "África, 1200–1500" (Boston, Mass.: Houghton Mifflin, 2001). Cortesia de Houghton Mifflin Company. 207

7.3 O império Mongol. 210

7.4 Novas nações na América Latina. 216

7.5 Estados-Nação europeus no século XIX fazendo fronteira com os impérios Russo e Otomano. 222

7.6 Anônimo, "Descolonização, 1947-1990". Novas nações na África e na Ásia (Boston, Mass.: Houghton Mifflin, 2002). Cortesia de Houghton Mifflin Company. 231

8.1 Padrões globais de fome e mortalidade infantil. 267

10.1 A difusão dos cavalos, armas e doenças ao longo da fronteira norte-americana. 317

10.2 Expansão russa em direção à Sibéria e ao Pacífico Norte. 318

10.3 Impérios Otomano, Safávida e Mughal. *Fonte*: Ottoman and Safavid: Albert Hourani, *A History of the Arab Peoples* (New York: Warner Books, 1991), p. 473. 320

10.4 Expansão Chinesa, 1720-80. *Fonte:* Richard L. Greaves *et al.*, *Civilizations of the World* (New York: Harper & Row, 1990), p. 451, with Martin Gilbert, *Atlas of Russian History* (London: Dorset Press, 1972), p. 44. 322

10.5 Rivalidade e pirataria europeia no Caribe, cerca de 1750. Fonte: Baseado em Peter Ashdown, *Caribbean History in Maps* (Trinidad: Longman Carribean, 1979), p. 20. 327

10.6 Viagens de Cook Fonte: Biblioteca Nacional do Canadá 331

10.7 Fronteiras coloniais na África. 331

11.1 Posições estratégicas da Guerra Fria 360

11.2 Projeção de Peters representando com precisão o tamanho dos continentes. 368

FIGURAS NÃO NUMERADAS

Figura não numerada exibindo as despedidas em realocações, centro de realocação Manzanar. Cortesia da Biblioteca do Congresso, Número de reprodução:LC-DIG-PPPRS-00274. 33

Figura não numerada exibindo uma vista, do século XVIII, da antiga praça, o principal mercado de havana. Cortesia da Bibliothèque Nationale de France 87

Figura não numerada exibindo uma moeda de bronze chinesa da dinastia Tang. © Trustees of the British Museum. 164

Figura não numerada exibindo uma figura equestre, estilo do interior do Delta do Níger, região interior do Delta do Níger, Mali (séculos XIII a XV). Cortesia do Museu de Arte Africana, Smithsonian Institution. 208

Figura não numerada exibindo Indianos e anglo-indianos: *The Young Lady's Toilet*. Foto: Topfoto. Fornecedor: Topham Picturepoint. 336

Índice

Abd al-Wahhab, Ibn 123-125
Abraham 106, 108, 110-111
Abu-Lughod, Janet 161-162
abusua 142-144, 128, 130, 248-250
Acapulco 186-187
Achebe, Chinua 297-298
Acordo Geral de Tarifas e Comércio (GATT) 195-196
Acrópoles 104-105
açúcar 332-333; demanda europeia por 182-184; fontes de 182-184; plantations 184-185; produção nas 252-253
Adi Granth 122-123
Adivinhação 103-104
Afeganistão 284-285, 318-319
África: 39-40; cidades na 75-77, 83-85, 89, 89, 153-154; colonialismo na 151-154, 191-193, 222-224, 260-262, 296-298, 334-335; e clientela 244-246; família na 142-145; religião na 105-106, 120-126
África do Sul 218-221; colonização europeia na 218-219, 260-262
ágora *veja* mercado
agricultura 43-45, 68-69, 171-175
água 46-47, 57, 59-61, 70-71
Aguinaldo, Emilio 230
Ahura Mazda 109-110
Akan 142-145, 240-241, 248-250
Akkad 102-103
akuaba 143-144
al-Andalus 141-142
Alemanha: e efeitos da Grande Depressão 194-195; e interesses no Irã 229-230; Segundo Reich 220-221; *veja também* Era Nazista
Alexandre o Grande 78-80
Algéria 230
al-Ghaza̅lı̅ 139-141
al-Idrisi 307-308
Alimentos 14-16, 39-40, 66-69, 174-179, 182-186, 296-297, 308-310, 332-334
al-Sakhawi 294-295
altiplano 177-178
ambiente: 28-30, 36-37, 39-40, 46-47, 55-56, 61-62, 70-74, 160-161; poluição do 39-40, 43-44, 51-55, 63-62, 64, 90-91, 367, 369; *veja também* aquecimento global
amendoins 187-188

Américas: cidades nas 72-78; colonialismo nas 214-218, 305-306; comércio nas 180-182; escravidão nas 252-253; primeiras crenças nas 99-101
Amitabha 110-111, 118-120
Amsterdã 184-185
Analects 116-118; *veja também* Confúcio, Confucionismo
Anderson, Benedict 337
Angkor Thom 119-120
Angkor Wat 119-120, 285-289
animais: como divindades 99-100; como sacrifícios 45; domesticação de 20-21, 24-26, 47-48; em artes rupestres 17-18, 38-39, 98-100; em experimentos científicos 362-363; em representações religiosas 98-100; extinção de 43-44
anime 301-302
animismo 39-40, 99-100
Anthony, Susan B. 265-266
Anyang 74-75, 100-101
apartheid 259-260
Aquecimento global 61-62, 64
Arendt, Hannah 365-366
Argentina 211-212
Aristófanes 353-354
armas nucleares 348, 351-352, 358-359, 365-366
arokin 274-275
arquitetura 282, 284-290, 363-365
arroz 174-175
arte: 91-92, 96-97, 296-297, 363-366; Africana 143-144, 275-276, 283; Andina 49-50; Budista 112, 119-120; Egípcia 42-43, 271-273; em metal 49-51; Europeu 173-174, 185-186, 220-221, 293-294, 314-315, 363-365; Grega 340-341; Indiana 290-291; Japonesa 37-38, 82-83, 190; Maia 107; nas cidades 54-55, 66-67; pré-histórica 17-18, 22-23, 96--99
arte rupestre 17-18, 38-39, 99-101
Ashoka 110-111, 118-119, 233-234, 284-285
Ásia Central: Comércio de caravanas através da 165-166; Cristianismo nestoriano na 111-114; e Budismo 118-119
Assírios 106, 108
Asteca *veja* Mexica-Asteca
Atena 77-80, 104-105, 297-298
Atenas 104-105
Augustine 111-114, 134-137

Augusto, imperador romano 104-105, 133-134, 157-158
Austin, Ann 313-314
Austrália 22-23; como parte do Império Britânico, 217-218; mito de criação aborígine 102-103; Viagem do Capitão Cook para a 329-330
Australopithecus afarensis 13-14
Avalokiteshvara 110-111, 119-120
Avesta 109-110
ayllu 149-151, 178-179

Baba, Ahmad 250-251
Babilônicos 106, 108
Bagdá 80-81
Bakunin, Mikhail 343-344
Bamba, Sheikh Amadou 91-92
Ban Zhao 146-147
banalidades 172-173
Banco Mundial 195-196
Bantu 20-22
Barmakid 318-319
Batammaliba 141-142
batata 177-178, 332-333
batata-doce 187-188
Batávia 186-187, 329-330
Bauhaus 363-365
Begho 166-167
Benin 83-85, 105-106, 142-143, 284-285
Bentham, Jeremy 342-343
Beríngia 22-24
Besant, Sra. Annie 156-157
bezant 162-163
bhakti 122-123, 285-287
Bhopal 62, 64
Bíblia 106, 108
bibliotecas 291-293
bipedalismo 13-15
bodhisattva 110-111
Boer 219-220
Bolivar, Simon 214-216, 233-234
Bonny, Anne 327-328
Borobudur 119-120, 203-205, 285-287
Bosch, Hieronymous 363-365
Boston 85-86, 88
boucan 327-328
Bramanas 109-110
Brasil: casamento no 152-153; independência no, 216-218; Investimento Português no 182-184; produção de açúcar no 182-185; produtores de café no 193-194; *quilombos no* 328-329; religião no 126-127
Broz, Josef 353-354
bucaneiros 327-328
Buda 109-114
Budismo: Chan 118-119; e mudança política 127-128; e Plataforma Celestial 119-120; Mahayana 110-111; na China 118-119; na Coreia 118-119; na Índia 109-111; no Japão 98-99, 119-120; no Sudeste da Ásia 127-128, 284-287, 301-303; Terra Pura 118-120; Theravada 110-111

bulionismo 181-182
Bundu 122-123
bunraku 82-83
Burma 111-114, 119-120, 226-227, 229-230, 334-335

Cabo da Boa Esperança 329-330
caça e coleta 39-40, 42-47, 69-70
Cahokia 76-78, 180-181, 288-289
Cairo 80-81, 141-142, 161-162, 170-171
Calcutá 84-85, 89
Calicute 170-171
Califado Sokoto 124-125
calpulli 151-152
Calvin, John 120-121
Cambay 170-171
Camboja 334-335
camêlo 20-21, 165-166
camponês de concentração japoneses 33, 260-262
camponeses 172-174
Canadá 217-218
candomblé 126-127, 298-299
Cantão 124-125, 174-175
capitalismo: 55-56, 30-32, 161-162, 189, 191; industrial 257-259, 343-345
caravanas 160-161, 165-166
Caribe: 28-30, 237-239, 252-256; cidades no 85-87; comércio de escravos no 327-329; e movimentos de força de trabalho 263-264; vida nas plantações no 328-330
Carlos Magno 134-137
Carta Magna 173-174, 211-212
cartografia 274-275, 306-309
carvão 53-54
Casa dos Enjeitados 137-139
"casamento de teste" *ver* casamento
casamento e: Asteca 150-152; como um sacramento cristão 134-137; e demografia 137-138; entre os povos Pueblo 149-151; Islâmico 139-141; na China 146-147, 154-155; na Índia 144-145, 152-153; na sociedade Inca149-152; no sudeste da Ásia 145-146; Romano 134-135; Zulu 219-220
casas comunais 147-149, 202-203
castas 144-145, 243-245, 291-293
Çatalhöyük 69-71
Catedral Beauvais 285-287
cavalos: 20-21, 24-26; criação de 161-162, 203-205, 208
Caverna Chauvet 98-99
Caverna Shanidar 133-134
Cavernas Bamiyan 284-285, 288-290
Centro de Realocação Manzanar 33
Ceuta 182-184, 210-211
chá 174-175, 186-187, 330-333
chakra 233-234
chakravartin 110-111, 233-234
Chalcatzingo 98-99
Chang'an 75-76
Chavin de Huantar 72-74, 180-181
Che Guevara *veja* Guevara de la Serna, Ernesto
Chicago: 262-263; e Feira Mundial 91-92

Child, Lydia Maria 259-262
China: 30-32, 45-48, 51-53, 74-76, 279-280, 298-303, 366-367; cidades ma 74-76, 82-84, 90-92; Dinastia Han 75-76, 291-293; Dinastia Manchu Qing 319, 321-323; Dinastia Ming 163, 165, 177-178, 187-188; Dinastia Song 174-178; Dinastia Sui 118-119, 202-203; Dinastia Tang 75-76, 118-119, 174-175, 291-293; Dinastia Yuan 163, 165; e Grande Salto Adiante 366-367; e Mandato dos Céus 341-342; Partido Comunista na 263-264, 301-303; República Popular da 232-234, 267-270; Shang 74-76, 103-104, 243-244, 279-280
chocolate 332-333
Chulalongkorn 334-335
Cícero 134-135
Cidade do México 60-61, 72-74, 88, 94; *veja também* Tenochtitlan
cidades islâmicas 78-81
cinema *veja* filmes
Cingapura 199-200
Civilizações hidráulicas 57, 59
clientela 244-246
clima: 37-39, 41; *veja também* aquecimento global
COBAL 282, 284
coca 177-179
Código de Hamurabi 241-242, 277-278
Colômbia 214-216
Colombo, Cristóvão 181-182
colonialismo: e desigualdade 259-260; e família 152-153; e tropas 350
colonização 16-19, 296-298
comércio: Islâmico 169; marítimo 163, 165-167; nas Américas 180-181; transaarianos 122-123, 163, 165-167
Comércio de peles: russo no Pacífico Norte 330-332
commenda 171-172
Companhia das Índias Ocidentais holandesa 184-185
Companhia das Índias Orientais britânica 224-226
Companhia das Índias Orientais holandesa 186-187, 325-326
Companhia de Jesus *ver* Jesuítas
computador 269-270, 281-282, 284
Conchas de Cauri 162-163
confecção de papel 280-281
Confederação de Maratha 326-327
Conferência de Bandung 232-233
Conferência de Berlim 222-223
Conferência de Medellín 127-128
Conflito de Haymarket 262-263
Conflitos Aba 223-224; *veja também* A guerra das mulheres Ibo
Confúcio 116-119, 145-146, 341-342; *veja também* Confucionismo
Confucionismo 116-119, 267-270, 291-293, 295-296, 298-301
Congo, Belga 365-366
Congo 182-184, 311-313, 341-342; *veja também* Congo Belga
Congresso Nacional Africano 232-233

Congresso Nacional Indiano 224-226
Conselho das Índias 211-212
Constantino 111-114
Constantinopla 80-81
Construtores de montes 100-101
Contra-Reforma 120-121
Cook, Capitão James 329-332
Corão 114-117, 123-124; e casamento 139-141, 153-154 *veja também* Islã; e família 138-139
Córdoba 318-319
Coreia 279-281; religião na 99-100, 118-119
Corsários Bárbaros 326-327
corveia, trabalho 246-247
costa de Coromandel 170-171
Costa de Malabar 144-145, 170-171, 210-211
Costa noroeste 147-149
couro "Marroquino" 166-167
Crianças: como mão-obra urbana 136-137; escravidão e 152-153; na sociedade Akan 143-144, 257-259
crimes de guerra 365-366
crioulos 211-212, 214-216
Cristianismo: e colonialismo 124-126; e família 134-137; e globalização 128, 130; em Axum 111-114; expansão do 116-121; medieval 294-295; Nestoriano 111-114; no Império Bizantino 111-114; origens do 110-114; Pentecostal 128, 130; Protestante 120-121, 128, 130; Sionista 341-342; *veja também* Igreja Católica e Jesuítas
Cruz, Juana Inés de la 313-314
Cruzados 119-120, 171-173
Cultura Harappa 71-72, 98-100
cuneiforme 276-278
Cuzco 85-86, 178-179
Cybele 104-106

daimyo 310-311
Dakar 89, 91-92
Dalai Lama 127-128
Dali, Salvador 363-365
dan Fodio, Usman 124-125
dança 297-299
Dança dos fantasmas Sioux 125-126
Daodejing 118-119
Daoísmo 116-119
dar al-Harb 318-319
dar al-Islam 318-319
Darby, Abraham 53-54
Darfur 365-366
datus 203-205
De Stijl 363-365
DeGaulle, Charles 352-353
Delta do Níger 208
Delta do Rio Pearl 325-326
Delta do Rio Vermelho 325-326
Demeter 104-105
demografia: 67-69; da família e dos arranjos domésticos 137-138; *veja também* população

desmatamento: 39-40, 43-44, 51-53, 57, 59, *veja também* ambiente e metais
Deus do Milho 105-107
Deusa do Sol 96-97, 99-100 *veja também* deusas
Deusa mãe 103-105
Deusas 102-104; no panteão Védico 103-104; *veja também* Cybele, Demeter, Imberombera, Inanna, Ísis, Ishtar, *Magna Mater*, Deusa Mãe, Deusa do Sol
Deuses: 102-104; do milho 107; Gregos 103-104; *veja também* Capítulo 4
devaraja 203-205
Dhammayietra 127-128
dhimmi 318-319
dhoti 191-193
diamantes
diáspora: 24-27; Africana 255-256; Chinesa 255-256; e religiões mundiais 128, 130; Judia 30-32, 106, 108; Sul-Asiática 255-256
Dickens, Charles 257-259
dieta *veja* alimentos
Dinastia Han ver China
Dinastia Ming ver China
Dinastia Pahlavi 229-230
Dinastia Tang ver China
Dinastia Yuan ver China
divórcio: e Cristianismo 139-141, 153-154; no Mundo Islâmico 24-26, 141-142
doenças 28-30, 47-48, 68-69, 81-82, 85-86, 90-91
Domesday Book 171-172
domus 133-134
Dote de casamento 145-146
ducat 162-163
Dunhuang 146-147, 285-287
Dyer, Mary 313-314

Edo 82-83, 90-91
Egito: 42-43, 70-72, 271-273, 277-278; Antigo Reino 243-244; contatos comerciais 114-115; mulheres no antigo 241-244; Novo Reino 103-104; religião no 102-104
Einstein, Albert 361-362
El Nino 40, 42
El Salvador 127-128
eletricidade 56-57, 59, 90-91
Elizabeth I 326-327
energia a vapor 54-56
energia nuclear 38-39
Engels, Friedrich 343-344
Enlil 111-113
Equador 211-212, 214-216
Era da Informação 281-282, 284
Era dos Sonhos 102-103
Era Nazista 24-26, 156-157, 346-354
Escandinávia 120-121, 195-196
escravidão 251-252; e Islã 250-251; e religião 126-128; em Roma 247-250; escravidão nas plantations 184--186; na África 248-251; na Grécia 247-248; nas Américas 252-257; no Caribe 152-153, 184-185, 327-330; no Sudeste da Ásia 290-291
escravidão nas plantações 184-185
escrever *ver* escritas
escritas: chinesa arcaica 103-104, 279-280; Mongol 209-210; *veja também* hieroglífica, cuneiforme
Esfinge, Grande 271-273
Espaço 32, 34-35
Esparta 340-341
especialistas religiosos 66-67, 69-70
Etiópia 13-14, 114-115
Europa 77-78, 81-82, 246-247
Exército Nacional Indiano 226-227
Existencialismo 363-365
Ezana 111-114

fábricas: 255-256; *veja também* industrialização
família 133-134
Família Leakey 13-15
Fanon, Frantz 260-262, 297-298
faraó 102-104
fascismo 346-348, 351
favelas *ver* pobreza
Feira Mundial, Nova York 346-348, 351, 349
feminismos 267-268
Ferro 39-40, 48-56, 49-50, 60-62
ferrovias 55-56, 90-91
fertilidade: declínio da 154-157; e escravidão 57, 59; imagens africanas de 143-144; Imagens neolíticas de 98-99; Na China Shang 243-244
Festival da Panateneia 104-105
feudalismo 202-205, 245-248
Filadélfia 85-86
Filipinas 230
filmes 300-303, 348, 351
Filosofia 362-365
Fisher, Mary 313-314
floresta tropical 177-178, 207, 209
florim 162-163
fogo 42-44
Fotografia 33, 281-282
Fourier, Charles 343-344
Franklin, Benjamin 212-213
Fraternidade Muçulmana 229-230
Freud, Sigmund 362-363
Frumentius 111-114
Fu Hao 243-244
Fukuzawa Yukichi 265-266
Fulani 124-125
Fundo Monetário Internacional 195-196
funerais 97-98; *veja também* tumbas

Gambia 122-123
Gana 144-145, 152-153, 206-207, 240-241
Gandhi, Mohandas K. 226-227
gás venenoso 355-358

Gênero: 238-242, 264-267, 293-295; desigualdades 238-244, 259-262; e fronteiras 313-315
Gengis Khan 202-203, 209-210
Genoa 170-173
genocídio 365-366
Gênova 88; Convenção 365-366
geografia 305-309
Goa 210-211, 310-311
Gobineau, Joseph Arthur Comte de 257-259
Gonneville, Paulmier de 326-327
Gouges, Olympe de 213-214
Grande Caminhada 218--220
Grande Depressão 193-194
Grande Guerra *ver* Primeira Guerra Mundial
Grande História xi
Grande Muralha 306-307, 319, 321-3-322
Great Serpent Mound 100-101, 287-288
Grécia 247-248, 271-272, 340-341; cidades-estado na antiga 199-200, 340-341; religião na antiga 103-105; urbanismo na 77-78
griots 206-207, 241-242, 273-275, 300-301
Guanyin *ver* Avalokiteshvara
Guatemala 127-128
guerra 60-62, 68-69, 88, 241-244
Guerra Anglo-Boer 219-220
Guerra Civil Americana 357-358
Guerra Civil Espanhola 269-270
Guerra da Coreia 329, 361
Guerra das mulheres Ibo 222-223, 267-268
Guerra do Chaco 333-334
Guerra do Pacífico 348, 351
Guerra franco-indiana 314-316
Guerra Fria 265-268, 306-307, 358-360
Guerra(s) do Ópio 90-91, 124-125, 191-193, 333-334
Guevara de la Serna, Ernesto 300-301
Gujarat 170-171
Gupta *ver* Índia
Gutenberg, Johannes 280-281

Haarlem 83-84
hadith 115-117, 123-124 *veja também* Islã
hajj 122-123, 294-295, 308-310 *veja também* peregrinação
Hajnal, John 137-138
Hakka 124-125
Hangzhou 161-162, 176-177
Hani, Umm 294-295
haniwa 96-97
Harrison, Thomas 328-329
Hatha Yoga 297-298
Hathor 99-100
Hauhauism *ver* Pai Marire
Hauka 298-299
Hausa 124-125
Havana 87-88
Hebreus 106, 108
Heisenberg, Werner 361-362
hematita 97-98

Heródoto 243-244, 271-272
Hesíodo 103-104
hieroglifos: Egípcios 103-104, 277-278; Maias 105-106, 277-278
Hinduísmo 99-100, 109-110, 119-120, 285-287, 301-303
Hispaniola 213-214
Hitler, Adolf 346-348
Ho Chi Minh, 198-200, 229-230
Holocausto *veja* genocídio, Era Nazista, crimes de guerra
Homero 103-104
Homo sapiens 14-16, 22-23, 32, 34, 97-98
Hong Kong 91-92
Hong Xiuquan 124-125
Hopper, Grace Murray 282, 284
Huanaco 178-179
Huxley, Aldous 342-343

Ibn Battuta 142-145, 160-161, 170-171, 250-251
Ibn Khaldun 138-139, 201-202
Ibo 200-202, 267-268
Idade 239-240
Idade do Bronze 100-101
identidade coletiva 200-201
Ife 83-84, 245-246
Igbo-Ukwu, 200-202
Igreja Anglicana 120-121
Igreja Católica: 294-295; e Reformas 120-121; Na América Latina 127-128; *veja também* Cristianismo e jesuítas
Ilhas do Pacífico 22-24
Illini 311-314
Iluminismo europeu 57, 59, 361-362
Imberombera 102-103
imperialismo: 57, 59, 259-262, 269-270; como sistema econômico 189, 191-193; e Marxismo 227-229; ecológico 28-30, 57, 59, 62, 64
Império Asante 142-143, 240-241
Império Khmer: 203-207; Budismo e hinduísmo no 119-120
Império Mauryan 110-111
Império Mughal 27-28, 210-211, 287-288, 326-327; mudanças na dieta e 333-334
Império Otomano 27-28, 210-211, 287-288; Declínio do 223-226; e Islã 318-319; e pirataria no Mediterrâneo 326-327; expansão do 141-142
Império Persa 109-110
Império Romano: 36-37, 39-40, 202-203, 247-250, 271-272; como modelo para um império 199-200; cristianismo no 110-114; documentos escritos sobre 36-37; religião no 104-106
Império Russo 316-319
impressão: imprensa 280-282; impressão em bloco de madeira 176-177, 280-281; tipos móveis 174-175, 280-281
Inanna 102-103
Inca 85-86, 177-180, 248-250, 274-277; cidades 66-68, 72-74; império 149-150, 177-178; sistema de estradas 178-179

Índia 66-68; e imperialismo 191-193; Gupta 285-287; nacionalismo na, 224-227, 234-235
Índios Huron 311-313
Indonésia 128, 130, 170-171, 230
indústria têxtil: na Índia 191-193, 336-335, 337; na Inglaterra 191-193; no Brasil 188-189; no Japão 188-191; trabalho infantil inglês na 188-189
industrialização 55-57, 59, 89-92; da Alemanha 352-353; da economia chinesa 195-196; da economia soviética 194-195, 256-259; do Japão 191-193, 346-348; e desigualdade 256-258, 262-263
Inglaterra 226-227
invasões muçulmanas: na Índia 122-123
Ioruba 274-275, 339-340, 365-367
Iroquois 147-149
Ísis 103-106
Islã: e impérios em expansão 119-120; no leste e no oeste da África 122-125; no sudeste da Ásia 123-124; outrinas, origens e dispersão do 114-118; reforma no 122-125
Israel 106, 108
Istambul 55-56
Itália 220-221

Jacobs, Dr. Aletta 156-157
Jaga 328-329
jaguar 99-100
Jainismo 109-110
Jamaica 185-186, 214-216, 237-239, 253-255, 327-328
Japão: castas no período Tokugawa 244-245; cinema no 300-302; cultura urbana em Tokugawa 82-83; desigualdades no antigo 246-247; escrita primitiva no 279-280; feudalismo no 202-205; industrialização in 188-191, 257-259; modernização econômica e militar no 191-193, 346-348; período Heian 119-120, 202-205; período Kamakura 119-120; religião no 96-98, 102-103, 119-120
jati 244-245
Java 170-171, 186-187, 203-205
Jenne-Jeno 75-77, 284-285
Jericó 69-70
Jerusalém 106, 108
Jesuítas 310-314, 332-333
Jesus 110-114, 120-121
jihad 122-123, 127-128
Jovens Turcos 223-224
Judaísmo 97-98, 106, 108
Juvenal 134-137

kabuki 82-83
Kanem 245-246
Kang, Youwei 341-342
Kanhoji Angre 326-327
Karimi 170-171
karma 109-110
Kashmiri shawls 336-335, 337
Kemal, Mustafa 223-226
khipu 274-277
Khoisan 19, 20-21, 255-256

Khomeini, Ayatollah Ruhollah 127-128, 229-230
Khufu *veja* pirâmides
kiva 149-151
Kojiki 279-280
Kollontai, Alexandra 265-266
Koxinga *veja* Zheng Chenggong
Krupskaya, Nadezdha 265-266
kuraka 178-179
kurgans 100-101
Kurosawa, Akira 301-302
Kyoto 82-83

L'Ouverture, Toussaint 213-214
lã 171-172
Laetoli 13-14
Lagos 94, 153-154, 367, 369
Laos 119-120
Laplace, Robert 361-362
lei: alimentar 114-116; islâmica 114-116, 166-167; romana 133-135
Lênin, V. I. 227-228, 232-233
lhama 20-21, 177-178
Li Qingzhao 146-147
Liga das nações 334-335, 337, 345-348, 358-359
Liga do Controle de Natalidade 156-157
Lima 214-216
linguagem 17-19
linhagem e império 201-203; em Igbo-Ukwu 200-202
Livro dos Mortos 103-104
Locke, John 212-213
Londres 82-83, 257-259
Lorentz, Hendrich 361-362
Lotus Sutra 118-119
Luanda 84-85
Luba 274-276
Luís XIV 212-213
Luís XVI 212-213
lukasa 274-276
Luteranismo 120-121
Lutero, Martinho 120-121, 137-138
Lydia 162-163

Ma Huan 319, 321
ma'at 102-104
Macau 210-211
Machu Picchu 179-180
Mackenzie, Alexander 330-332
Madlathule 219-220
madrasas 122-123, 288-289
Madurai 66-68, 78-80
magia simpatética 98-99
Magna Mater 104-105
Mahavira 109-110
Mahayana *veja* Budismo
Maia: 277-280; comércio 180-181; mito de criação 100-101; panteão 105-106; religião 127-128; simbolismo jaguar 99-100; sistema calêndrico 105-106

Majapahit 170-171
Makassar 145-146, 251-252
Malacca 83-84, 170-171, 186-187, 210-211, 251-252
Mali: império 206-210; rei de 160-161, 274-277
Malthus, Thomas 91-93
Mamelucos 287-288
Manchus 321-322 *veja também* China
Mande 166-167, 206-207
manga 301-302
Mani 111-114
Manila 186-187
Maniqueísmo 111-114
Mansa Musa 208
Mao Dun 193-194
Mao Tse-Tung 91-92, 228-229, 269-270, 366-367
Maomé 114-118
Maoris 124-126, 218-219
Marley, Bob 237-239
Marquette, Father Jacques 311-313
Marrocos 166-167
marrons 328-329
Martinho Lutero 120-121, 137-138
Marx, Karl: 238-239, 343-344; e revolução 227-228
Marxismo 227-229; na China 228-229
matança do gado xhosa 125-126
Mataram 123-124
matriarcado 142-143, 147-149
Mau Mau 230
Mazzini, Guiseppe 220-221
Meca 114-116
Medina 114-116
Mehrgarh 98-99
memória 271-274
Mênfis *veja* Cairo
mercadores: caravanas de 160-161; e dispersão do Islã no sudeste da Ásia 123-124; *veja também* Capítulo 6
mercados 66-67, 77-78, 80-81
mercantilismo 181-182, 187-188
Meroe 49-50
Mesopotâmia 102-103, 276-277
Mesquita de Sulemaniye 287-288
mestiços 211-212
metais and metalurgia 48-49; e comércio 160-161; e desmatamento 39-40, 49-54
Mexica-Asteca 47-48; e crenças 340-341; família e unidade familiar entre 149-151; imaginário jaguar entre 99-100
Mfecane 219-220
migração: e evidências linguísticas da expansão bantu 20-22; e guerra 352-353; e religião 97-98; urbana e família 136-137
milenar 125-126, 341-342
milho 46-48, 177-178, 332-333
Mill, John Stuart 264-265, 342-343
missionários: Cristãos 111-114, 124-126; Budistas 118-119
Mississipi: cultura 76-78; conexões comerciais 180-182
Mistérios Eleusinianos 104-105
mita 252-253

Mithras 104-105
Mitos de criação 100-103
Mochica 72-74
Modelos femininos 98-99, 143-144
moedas 162-165, 176-177, 187-188
Mohenjo Daro 71-74
Moisés 106, 108, 110-111
monasticismo: Budista 289-290; Cristão 134-137
Mongkut 334-335
Mongóis: 27-28; e império, 201-205, 209-211; economia dos 161-162
monogamia 145-146
Montreal 88
Morgan, Henry 327-328
Morus, Sir Thomas 341-342
Mott, Lucretia 265-266
Movimento 4 de Maio 154-155, 263-264, 345-346
Movimento Boxer 124-125
Movimento do Lótus Branco 118-119
Mulheres de conforto 355-357
Muralha de Adriano 306-307
Muralha de pedra 267-268
Muro de Berlim 329, 361
música 66-67, 237-239
Musica *reggae* 237-239

Nagasaki 84-85
Nahua 305-306
Nahuatl 305-306
Nairóbi 89
Nalanda 290-291
Nanak 122-123
Nanjing, O Saque de 357-358; Tratado de 83-84
Napoleão Bonaparte 213-214
Naruse Mikio 300-301
nascimentos: e modelos neolíticos 98-99; entre México-Astecas 151-152; Europa medieval 136-137
navios a vapor 90-91
Nehru, Jawaharlal 234-235
Neocolonialismo 232-233
Neolítico: Revolução 43-44; religião no 98-99
New Harmony 342-343
New Lanark 342-343
Newton, Isaac 361-362
Nicarágua 127-128
Nigéria 124-125, 274-275
Nilo 103-104, 271-272
nirvana 109-110
Nkrumah, Kwame 232-233
Noh 301-303 *veja também* teatro
Nova Espanha 211-212, 306-307, 334-335, 337
Nova York 85-86
Nova Zelândia 124-126, 151-152, 218-219
Nzinga, Ana 314-315

O Livro dos Ritos 341-342
O'Higgins, Bernardo 214-216

oba 105-106
Oceania 26-28, 322-323
Oceano Índico 163, 165-168, 174-175, 326-327
Oda Nobunaga 308-310
Ogun 126-127
Olmecas: comércio de jade e 180-181; como base cultural mesoamericana 288-289; imagens jaguar e caiman entre 99-100
11 de Setembro 269-270
ópio 332-333
Oráculos de ossos 103-104, 279-280
Organização Mundial do Comércio (OMS) 195-196
Ortega y Gasset, José 363-365
Orwell, George 342-343
Osaka 82-83, 90-91
Osíris 103-105
OTAN 358-359
Ouro 30-31, 50-51, 75-77, 160-163
Owen, Robert 342-343
Owen, Wilfred 357-358
Ozu, Yasujiro 300-301

Pai Marire 125-126
Palembang 119-120, 161-162, 170-171, 203-205
Palenque 74-75
Palestina: assentamento hebreu na 106, 108; como Terra Sagrada 119-120; estado-nação 235; Romana 110-111
Pankhurst, Emmeline 265-266
Panteão Micênico 103-104
papa: como bispo de Roma 111-114; coroação de Carlos Magno, 134-137; Paulo VI 127-128; Urbano II 119-120
Papel-moeda 176-177
Paquistão 98-99, 226-227
Paraguai 333-334
parentesco 240-242
Paris 55-56, 81-83, 90-91
passagem noroeste 330-332
pastoralismo nômade 160-161
Pataliputra 78-80
paterfamilias 133-135
patriarquia 239-240
Pavlov, Ivan 362-363
pax Mongolica 210-211
Pearl Harbor 33, 260-262
Pedro I 247-248
Península Malaia 119-120, 123-124, 145-146
peninsulares 211-212, 214-216
peregrinação 308-310
Peru 178-179
Peste Negra 137-138, 174-175
petróglifos 98-99 *veja também* arte rupestre
piedade filial 132-133
Pirâmide do Sol 100-101
pirâmides: Egípcias 100-101 *ver também* Esfinge
pirataria 324-325
planícies índias 149-151
Plataforma Celestial *ver* Budismo

Platão 104-105, 341-342
pobreza 238-239, 257-259, 265-267, 269-270
Pocahontas 314-316
Polinésia 23-24, 26-27
polis 103-105
Polônia 264-265
Ponto de Pobreza 100-101
Popul Vuh 100-101
população 19, 28-30, 67-69, 77-78, 91-93, 173-174, 176-177, 187-188, 252-253
potlatch 202-203
Potosí 84-86
povos Pueblo 149-151
Praça Tian'anmen 228-229
prata 187-188
Primeira Guerra Mundial: 344-348; e a Grande Depressão 193-194; e a Revolução Russa 227-228; e Irã 229-230; e mulheres 353-355
Primeiras Nações 217-218
produção de cerveja 42-43
Proudhon, Pierre-Louis 343-344
psicologia 362-363
Ptolemeu: e *Geografia* 307-308; e confecção de mapas 306-308
purdah 144-145

Qajar 319, 321
Quaker 313-314, 353-354
Quebéc 85-86
Quechua 151-152, 275-276
Quênia 57, 59, 152-153, 230, 365-366
Quetzalcoatl 105-106
quinino 332-333
Qutb, Sayyid 229-230

raça: e discriminação 257--260; e identidade 237-238, 257-262
Rainha Victoria 224-226
Raj 224-227
Read, Mary 327-328
Rebelião de Taiping 124-125, 341-342
Rebelião Grande Urso-Métis 217-218
Reduções paraguaias 311-313
Reforma Protestante 120-121; e impacto na família 137-138; *veja também* Cristianismo
refrigeração 56-57
Região Andina 177-178; *veja também* Inca
região do Senegâmbia 122-123
religião minoana 103-104
religiões de mistério 104-105
Remarque, Erich Maria 345-346
Renan, Ernst 222-223
renascimentos 281-282, 294-296
Restauração Meiji: 90-91; industrialização e 188-189, 191-193, 257-258, 346-348; Xintoísmo e 96-97
Revolta dos Camponeses 174-175
Revolução Americana 212-213

Revolução Bolchevique *veja* Revolução Russa
Revolução Científica 53-54
Revolução do Haiti 213-216
Revolução Francesa 212-214, 220-221, 228-229, 233-234
Revolução Industrial: 53-56, 188-189, 191, 256-257, 263-264, 361-362; e família 137-138, 161-162; e migração 30-32, 263-264; na Inglaterra 176-177, 188-189, 191; no Japão 188-189, 191
Revolução Iraniana 127-128
Revolução Mexicana 227-229
Revolução Russa: 227-228; e arte 363-365
Reza Shah 229-230
Ricardo II, Rei 174-175
Ricci, Matteo 310-311
Riefenstahl, Leni 348, 351
Rio Amarelo 46-47, 301-303
Rio Ganges 72-74
Rio Yangzi 46-47
ritual 96-97, 120-121, 339-340
Rodney, Walter 253-255
Rolfe, John 314-316
Romani 24-26
Rosa Branca 353-354
Rota da Seda 75-76, 80-81, 163, 165-166, 195-196
Rouensa, Marie 311-314
Rousseau, Jean-Jacques 138-139, 212-213, 238-239
Roy, Rammohan 152-153
Ruanda 365-366
Rutherford, Ernest 361-362

Saara 20-21, 38-40, 42, 76-77, 122-123, 165-166, 250-251
Sadler, Michael 256-259
Safávidas 210-211, 287-288, 318-319, 321
Sahagun, Bernardino de 332-333
sahel 163, 165
Saint-Simon, Count Henri de 342-343
sal: comércio 51-53, 160-161, 166-167; protestos 89
Salkey, Andrew 297-298
Samarkand 165-166
samba *ver* dança
samsara 109-110
Samudra-Pasai 123-124
samurai 203-205
San Martin, José de 214-216
Sandburg, Carl 91-92
Sanger, Margaret 156-157
Sânscrito 279-280
Santeria 126-127
Sapa Inca 248-250
sati 152-153
Schall von Bell, Adam 310-311
seda: indústria no Japão, 188-190; produção na China, 174-175, 187-188, 193-194
Segunda Guerra Mundial: e crescimento do Japão 346-348; e imperialismo 346-348; e independência indiana 226-227; e Vietnã 197; mulheres na 354-357

Selassie, Haile I, Imperador 237-238
Sembene, Ousmane 300-301
Sena (Moçambique) 245-246
Seneca Falls 267-268
Senegal *ver* Dakar
servidão 134-137, 174-175; na Rússia 246-248
servos 171-173 *veja também* servidão
Shaka 219-220
Shakespeare, William 301-302, 341-342
shakti 103-104
Shang *ver* China
Shanghai 90-91, 264-265
shari'a 114-117 *veja também* Islã
Shi'i 116-118
Shinto 96-98
Shiva 103-104, 119-120, 203-205, 285-287
shoen 203-205, 246-247
Sicília 199-200
Sikh 122-123
Sima Qian 201-202
sincretismo: na dispersão do Islã 122-123
Sindicatos trabalhistas 262-265
Sistema de exames 291-293
sistema tributário 187-188
Sojourner Truth 265-266
Sor Juana *ver* Cruz, Juana Inés de la
Soyinke, Wole 297-298
Spengler, Otto 363-365
Squanto 314-316
Srivijaya: como império 203-205; e comércio marítimo 170-171; e religião 119-120
Stanton, Elizabeth Cady 265-266
Stonehenge 100-101
Stopes, Dr. Marie 156-157
stupa 284-287
Sudeste da Ásia 203-207, 210-211; e comércio 167-171
Sufismo 116-118; e dispersão islâmica no oeste da África 124-125, 289-290; na Índia 122-123; *veja também bhakti*
Sukarno 230
Sul da Ásia 78-80, 84-85, 89, 285-287, 290-291; cidades do 71-74; colonialismo no 152-153
Suleyman o Magnífico 318-319
Sumatra 119-120, 123-124
Suméria 102-103, 241-242, 277-278
Sundiata 206-207, 273-274
Sunita 116-118
sutras 118-119
swadeshi 226-227
Swahili 170-171
swaraj 226-227

tabaco 332-333
Taghaza 160-161
Tailândia 333-335; como parte do império Srivijayan 119-120
Taiwan 325-326
Taj Mahal 287-288

Talibã 288-289
Talmud 114-116
tariqas 289-291
tatuagens 296-297
Te Ua Haumene 125-126
teatro 82-83, 301-303, 314-316
tecnologia 37-39, 56-57, 59, 279-282, 284; e guerra 60-62, 351-353, 355-358
Tehuacan 47-48
telefone 281-282
telégrafo 281-282
tempo e relógios 295-297
Tenochtitlan 88, 151-152
Teologia da libertação 127-128
Teoria de cordas 362-363
teoria quântica 362-363
Teotihuacán 72-75, 100-101, 105-106, 180-181
Teresa de Ávila 313-314
Terra Pura *ver* Budismo
Thanawi, Mawlana Ashraf Ali 154-155
Thompson, Joseph 361-362
Thongchai Winichakul 334-335
Tikal 105-106, 288-289
Timbuktu 122-123, 291-294
tipos móveis 280-282
Tito *ver* Josef Broz
Tocqueville, Alexis de 316-317
Tokugawa *ver* Japão
Tóquio 58, 94, 300-301, 357-358; e julgamento de crimes de guerra 365-366
totem 147-149, 202-203
tradições orais 97-98, 143-144
transporte 55-56, 58 *ver também* ferrovias
Tratado de Paris 224-226, 314-316
Tratado de Tordesilhas 186-187, 210-211
Tratado de Versalhes 345-348, 352-353
Triângulo Dourado 334-335
tsunamis 36-37
tumbas 96-97, 100-101
turquesa: uso e comércio da 180-181
Turquia 223-226

União Econômica Europeia 232-233
União Soviética: criação da 344-348; dissolução da 334-335, 337; e pacto de não-agressão nazi-soviéticot 348, 351
universidades 290-294
Upanishads 109-110
Ur 100-101
urbanização *ver* Capítulo 3
Uruk 102-103

Vale do Indo 71-72, 98-99, 103-104
Vale e Delta do Rio Mekong 119-120, 167-168

varna 244-245
Vedas 103-104
Veneza 161-162, 170-173, 181-184
Venezuela 214-216
Verbiest, Ferdinand 310-311
vida doméstica: no mundo islâmico 139-141; *veja também domus*
Vietnã: colonialismo e revolução 229-230; como parte do império 119-120; Dinastia Nguyen no 326-327; e pirataria 325-326; guerra 329, 361; invasão chinesa no 319, 321; mudanças ecológicas no 325-326; nacionalismo no 198-200; Rebelião Tay-son no 326-327
Vikings 26-27
Vishnu 103-104, 285-287
vodun 126-127
von Ranke, Leopold 220-221
vulcões 13-14, 36-38

Wa'Thiongo, Ngugi 297-298
Walsh, Adela Pankhurst 265-266
wampum 162-163
Wang Xiaoshuai 301-303
Wanka 178-180
Wells, Ida B. 265-266
William o Conquistador 171-172
Wilson, Woodrow 345-346
Wounded Knee 125-126
Wovoka 125-126
Wundt, Wilhelm 362-363

xamanismo 99-101
Xavier, Francis 310-311
xiismo *see* Shi'i
xoguns 82-83

Yawata (Japão) 90-91
Yuan Cai 132-133, 146-147

Zaire *ver* Congo
Zapoteca 99-100
zebu 99-100
Zhang Heng 307-308
Zhang Yimou 301-303
Zheng Chenggong 324-326
Zheng He 319, 321
Zheng Yi 326-327
Zheng Yisao 325-326
Zhuangzi 118-119
zigurate 100-101
Zimbábue 152-153, 282, 284
Zoroastra 109-114
Zoroastrismo 106, 108-110, 114-115
Zulu 152-153; reino 199-200, 219-220

IMPRESSÃO:

GRÁFICA EDITORA
Pallotti
IMAGEM DE QUALIDADE

Santa Maria - RS - Fone/Fax: (55) 3220.4500
www.pallotti.com.br